2011 FUJIAN STATISTICAL YEARBOOK
福建统计年鉴

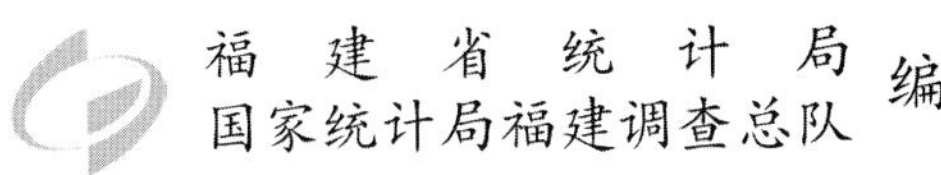

（京）新登字041号

图书在版编目（CIP）数据

福建统计年鉴. 2011 : 汉英对照 / 福建省统计局, 国家统计局福建调查总队编. -- 北京 : 中国统计出版社, 2011.8
ISBN 978-7-5037-6288-8

Ⅰ. ①福… Ⅱ. ①福… ②国… Ⅲ. ①统计资料—福建省—2011—年鉴—汉、英 Ⅳ. ①C832.57-54

中国版本图书馆CIP数据核字(2011)第144322号

·福建统计年鉴-2011

作　　者/ 福建省统计局　国家统计局福建调查总队
责任编辑/ 佘竞雄
责任校对/ 周万春
封面设计/ 陈培亮
出版发行/ 中国统计出版社
通信地址/ 北京市西城区月坛南街57号
邮　　编/ 100826
办公地址/ 北京市丰台区西三环南路甲6号
电　　话/ (010)63376907
E-mail / yearbook@gj.stats.cn
印　　刷/ 福州青盟印刷有限公司
经　　销/ 新华书店
开　　本/ 880×1230 毫米　1/16
字　　数/ 1776千字
印　　张/ 39.75
印　　数/ 1-1500册
版　　别/ 2011 年 7 月第 1 版
版　　次/ 2011 年 7 月第 1 次印刷
书　　号/ ISBN 978-7-5037-6288-8/C·2506
定　　价/ 270.00 元

编委会及编辑人员

EDITORIAL BOARD AND STAFF

编者说明

一、《福建统计年鉴—2011》，是一部信息高度密集的统计资料书。全书系统收录了2010年福建省全省及各地区、各部门经济和社会发展各方面的统计数据，以及重要年份福建国民经济主要指标的统计数据，是一部全面反映福建经济和社会发展情况的资料性年刊。

二、全书内容分为23个部分：1.综合；2.国民经济核算；3.人口、就业和职工工资；4.固定资产投资；5.对外经济；6.能源；7.人民生活；8.价格指数；9.城市概况；10.财政金融；11.农业；12.工业；13.建筑业；14.交通运输和邮电通信业；15.批发零售、住宿餐饮和旅游业；16.科学和教育；17.文化和体育；18.卫生事业；19.环境保护；20.公共管理和其他社会活动；21.企业调查；22.市县国民经济主要指标；23.海峡西岸经济区主要经济指标。各篇末均附有《主要统计指标解释》。

三、与《福建统计年鉴－2010》相比较，本年鉴在统计内容和编辑上主要做了如下修订：1. 对个别篇章顺序进行了调整，对外经济篇提前到第五篇。2.对社会领域的篇章进行了合并。原“文化、出版、体育与卫生”篇和“环境保护与其他社会活动”篇经合并重组，更改为“文化和体育”、“卫生事业”、“环境保护”和“公共管理和其他社会活动”。3.主要年份统一调整为1978，1990，2000，2005，2009，2010等六个年份。4.根据新情况，某些篇章增加了少量统计表。如人口、就业和职工工资篇增加人口结构和抚养比的统计资料等。

四、金门县统计资料除另有注明外，暂未列入本年鉴。

五、本年鉴重要统计数据的资料来源、计算口径等均在各篇另有注明。

六、本年鉴使用的度量衡单位均采用国家统一的标准计量单位。

七、本年鉴对过去发布的统计资料重新进行了核实，凡与本年鉴数据有出入的，以本年鉴为准。

八、本年鉴中部分合计数或相对数由于单位取舍不同而产生的计算误差，均不做机械调整。

九、本《年鉴》符号使用说明：“空格”表示没有、未掌握该指标数据或不足小数位的数据；“#”表示其中项。

十、本年鉴产值总量指标按当年价格计算，增长速度和产值指数按可比价格计算。

十一、本年鉴计算增长速度、指数均采用“水平法”。

Editor's Notes

Ⅰ.*Fujian Statistical Yearbook-2011* is an annual statistic publication of comprehensive information with highly density. The yearbook covers very comprehensive data in 2010 and some selected data series in important years of provincial and regional levels and in different departments , reflects various aspects of Fujian social and economic development.

Ⅱ.The yearbook contains twenty-two chapters: 1.General Survey ; 2.National Accounts ; 3. Population,Employment and Wages; 4.Investment in Fixed Assets; 5 .Foreign Trade; 6. Energy; 7. People's Living Conditions; 8.Price Indices; 9.General Survey of Cities; 10.Finance; 11.Agriculture; 12.Industry; 13.Construction ; 14. Transportation, Postal and Telecommunication Services ; 15.Wholesale,Retail Trades, Hotels and Catering Services and International Tourism; 16.Science and Education; 17.Culture and Sports ; 18.Health ; 19. Environment Protection ; 20.Publish Administration and Others; 21. Enterprise Survey ; 22.Main Economic Indicators of City Prefecture and County; 23. Main Economic and Social Indicators of the Economic Zone on the West Coast of Taiwan Straits etc. At the end of each chapter, Explanatory Notes on Main Statistical Indicators are included.

Ⅲ. In comparison with the *Fujian Statistical Yearbook 2010*, following revisions have been made in this new version in terms of the statistical contents and in editing:

1. The order of the individual chapters have adjusted, Foreign Trade advance to the fifth chapter. 2.Chapter on the social field were merged.The "Culture, Publishing, Sports and Health" and "Environmental Protection and Others" become "Culture and Sports", "Health","Environmental Protection" and "Public Administration and Others. "3.Years mainly uniformed justment 1978,1990,2000,2005,2009,2010 six years. 4 Under the new situation, some chapters to increase a small amount of tables. Such as "Population,Employment and Wages" increase dependency ratio to population statistics and so on.

Ⅳ.The data of Jinmen county are not included in this yearbook except for some additional notes on it.

Ⅴ.Data source, calculation scope for important statistical data in this yearbook are noted in each chapter.

Ⅵ.The units of measurement used in this yearbook are national standard measurement units.

Ⅶ. The statistics data published in the past is re-verified in this book. Any discrepancy between the data of this book, it prevails.

Ⅷ. As a result of the different unit choices,part of the total or relative data produce calculation error in The yearbook,we do not mechanical adjustment.

Ⅸ. Notations used in the yearbook: “Blank Space” indicates absence or ignorance or insufficient decimal place of data indicator; “#” indicates a major breakdown of the total.

Ⅹ.The indicator of production value in this yearbook is calculated according to prices of the year. Growth rate and indices of production value is calculated according to comparable prices.

Ⅺ.Growth rates and indices in this yearbook are calculated by “level approach”.

目　　录

Contents

第一篇　综合
General Survey

第二篇　国民经济核算
National Economy Accounting

第三篇 人口、就业和职工工资
Population,Employment and wages

第四篇　固定资产投资
Investment in Fixed Assets

第五篇 对外经济
Foreign Trade

第六篇 能源
Energy

第七篇 人民生活
People's Living Conditions

第八篇 价格指数
Price Indices

第九篇 城市概况
General Survey of Cities

第十篇 财政金融
Finance

第十一篇 农业
Agriculture

第十二篇　工业
Industry

第十三篇 建筑业
Construction

第十四篇　交通运输和邮电通信业
Transportation, Postal and Telecommunication Services

第十五篇　批发零售、住宿餐饮和旅游业
Wholesales,Retail Sales,Wholesales, Retail Sales, Hotels,Catering Service and Tourism

第十六篇 科学和教育
Science and Education

第十七篇　文化和体育
Culture and Sports

第十八篇 卫生事业
Health

第十九篇 环境保护
Environment Protection

第二十篇　公共管理和其他社会活动
Public and Others

第二十一篇　企业调查
Enterprise Survey

第二十二篇 市县国民经济主要指标
Main Economic Indicators of City Prefecture and County

第二十三篇 海峡西岸经济区各市主要经济指标
Main Economic and Social Indicators of the City on the West Coast of Taiwan Straits Economic Zone

第一篇　综合

Chapter 1　General Survey

资料整理：余波

Datebase Editor: Yubo

简 要 说 明

本篇资料的主要内容及来源

本篇包括全省行政区划及国民经济和社会发展综合资料俩部分。

行政区划划分资料由福建省民政厅提供。国民经济和社会发展综合部分来源于本年鉴各篇章中的资料，由省统计局综合统计处加工整理。

Brief Introduction

Main Content and Source of Data

This chapter mainly covers two parts: the data of divisions of administrative areas and general survey of economy and society development.

Data on divisions of administrative areas are provided by the Bureau of Civil Affairs of Fujian Provincial Department. Data on general survey of economy and society development are compiled and processed by the Division of Comprehensive Statistics of the Fujian Provincial Bureau of Statistics.

1-1 全省行政区划(2010年底)

Division of Administrative Areas in Fujian,End of 2010

设区市名称 Cities	县级行政单位数(个) Number of Administrative Units at County Lever				县级行政单位名称 Name of Administrative Units at County Level
	合计 Total	县 County	县级市 Cities at County Level	市辖区 District	
总计 Total	85	45	14	26	
福州市 Fuzhou	13	6	2	5	鼓楼区 仓山区 台江区 马尾区 晋安区 福清市 长乐市 闽侯县 连江县 罗源县 闽清县 永泰县 平潭县 Gulou Cangshan Taijiang Mawei Jin'an Fuqing Changle Minhou Lianjiang Luoyuan Minqing Yongtai Pintan
厦门市 Xiamen	6			6	思明区 海沧区 湖里区 集美区 同安区 翔安区 Siming Haicang Huli Jimei Tongan Xiang'an
莆田市 Putian	5	1		4	城厢区 涵江区 荔城区 秀屿区 仙游县 Chengxiang Hanjiang Licheng Xiuyu Xianyou
三明市 Sanming	12	9	1	2	三元区 梅列区 永安市 明溪县 清流县 宁化县 大田县 尤溪县 沙县 将乐县 泰宁县 建宁县 Sanyuan Meilie Yongan Mingxi Qingliu Ninghua Datian Youxi Shaxian Jiangle Taining Jianning
泉州市 Quanzhou	12	5	3	4	鲤城区 丰泽区 洛江区 泉港区 石狮市 晋江市 南安市 惠安县 安溪县 永春县 德化县 金门县 Licheng Fengze Luojiang Quangang Shishi Jinjiang Nan'an Huian Anxi Yongchun Dehua Jinmen
漳州市 Zhangzhou	11	8	1	2	芗城区 龙文区 龙海市 云霄县 诏安县 漳浦县 长泰县 东山县 南靖县 平和县 华安县 Xiangcheng Longwen Longhai Yunxiao Zhao'an Zhangpu Changtai Dongshan Nanjing Pinghe Hua'an
南平市 Nanping	10	5	4	1	延平区 邵武市 武夷山市 建瓯市 建阳市 顺昌县 浦城县 光泽县 松溪县 政和县 Yanping Shaowu Wuyishan Jian'ou Jianyang Shunchang Pucheng Guangze Songxi Zhenghe
龙岩市 Longyan	7	5	1	1	新罗区 漳平市 长汀县 永定县 上杭县 武平县 连城县 Xinluo Zhangping Changting Yongding Shanghang Wuping Liancheng
宁德市 Ningde	9	6	2	1	蕉城区 福安市 福鼎市 霞浦县 古田县 屏南县 寿宁县 周宁县 柘荣县 Jiaocheng Fu'an Fuding Xiapu Gutian Pingnan Shouning Zhouning Zherong

1-2 国民经济和社会发展总量和速度指标

项目 Item	总量指标 Aggregate Data 1978	1990	2000	2005
人口与就业 **Population and Employment**				
年末总人口（万人） **Population at Year-end(10000 persons)**	**2446**	**3005**	**3410**	
#城镇人口 Urban		642	1431	
年末从业人员（万人） **Employment at Year-end(10000 persons)**	**924.41**	**1348.38**	**1660.19**	**1868.50**
城镇登记失业人员 Number of Registered Unemployed Persons in Urban Areas	20.82	9.00	9.10	14.86
城镇单位在岗职工平均工资（元） **Average Wage of Staff and Workers on the Job(yuan)**	**567**	**2162**	**10584**	**17146**
国民经济核算 **National Accounts**				
地区生产总值（亿元） **Gross Domestic Product(100 million yuan)**	**66.37**	**522.28**	**3764.54**	**6554.69**
第一产业 Primary Industry	23.93	147.01	640.57	827.36
第二产业 Secondary Industry	28.19	174.47	1628.45	3175.92
工业 Industry	23.85	150.55	1422.34	2801.88
建筑业 Construction	4.34	23.92	206.11	374.05
第三产业 Tertiary Industry	14.25	200.80	1495.52	2551.41
人均地区生产总值（元） Per Capita GDP(yuan)	273	1763	11194	18353
固定资产投资 **Investment in Fixed Assets**				
全社会固定资产投资总额（亿元） **Total Investment in Fixed Assets(100 million yuan)**	**13.35**	**115.41**	**1082.47**	**2344.73**
按登记注册类型分 By Status of Registration and Region				
#国有经济 State-owned	8.66	69.49	436.49	785.82
集体经济 Collective-owned	2.22	12.17	43.58	70.80
私营个体经济 Private	2.47	31.69	160.75	418.68
港澳台商及外商投资 Funds from HongKong, Macao, TaiWan and Foreign Enterprises			262.27	496.99

Principal Aggregate Indicators on National Economic and Social Development and Growth Rates

		平均增长速度(%) Average Annual Growth Rate(%)				2010年比上年增长(%) 2010 as Percentage of the last Years(%)
2009	2010	1979-2010	1991-2010	2001-2010	2006-2010	
	3693	**1.3**	**1.0**	**0.8**		
	2108		6.1	3.9		
2168.86	**2181.33**	**2.7**	**2.4**	**2.8**	**3.1**	**0.6**
15.19	14.49	-1.1	2.4	4.8	-0.5	-4.6
28666	**32647**	**13.5**	**14.5**	**11.9**	**13.7**	**13.9**
12236.53	**14737.12**	**12.8**	**13.6**	**12.3**	**13.8**	**13.9**
1182.74	1363.67	6.0	5.6	3.4	3.5	3.3
6005.30	7522.83	15.7	17.3	14.8	16.3	18.1
5106.38	6397.71	16.2	17.7	14.9	16.1	18.0
898.92	1125.12	8.2	14.1	14.1	18.3	19.3
5048.49	5850.62	13.5	12.8	11.9	13.4	10.6
33437	40025	11.3	12.3	11.2	13.1	13.2
6362.03	**8273.42**	**22.3**	**23.8**	**22.6**	**28.7**	**30.0**
2356.63	2827.69	19.8	20.4	20.5	29.2	20.0
251.56	267.45	16.2	16.7	19.9	30.4	6.3
1650.38	2200.13	23.6	23.6	29.9	39.4	33.3
850.71	1071.62			15.1	16.6	26.0

1-2 续表1

项目 Item	总量指标 Aggregate Data 1978	1990	2000	2005
按城乡分 By Urban and Rural				
城镇 Urban	9.45	81.39	863.21	1986.31
#房地产开发 Real Estate Development		13.47	207.37	540.39
农村 Rural	3.90	34.02	219.26	358.42
全社会施工房屋建筑面积（万平方米） Floor Space of Buildings under Construction(10000 sq.m)		**336.21**	**10118.93**	**17805.02**
全社会竣工房屋建筑面积（万平方米） Floor Space of Buildings Completed(10000 sq.m)			4806.13	7140.36
能源生产与消费 Production and Consumption of Energy				
能源生产总量（万吨标准煤） Total Energy Production(10000 tons of SCE)	461.00	966.52	1654.17	2423.87
能源消费总量（万吨标准煤） Total Energy Consumption(10000 tons of SCE)	688.00	1458.30	2942.60	6141.60
财政 Revenue				
财政总收入（亿元） Budgtary Revenue of Local Government(100 million yuan)	15.13	57.06	369.67	788.11
地方财政一般预算收入（亿元） Budgtary Revenue of Local Government(100 million yuan)			234.11	432.60
财政支出（亿元） Government Expenditure(100 million yuan)	15.14	68.45	324.18	593.07
金融 Finance				
金融机构人民币各项存款余额（亿元） Deposits RMB of Financial System(100 million yuan)	**25.95**	**359.45**	**3114.32**	**7248.40**
#企业存款 Deposits by Enterprises		105.06	1002.17	2164.86
财政存款 Fiscal Deposits			39.59	128.33
农业存款 Agricultural Deposits		9.77	54.87	131.92
储蓄存款 Savings Deposits			1767.59	3903.05
金融机构人民币各项贷款余额（亿元） Loans RMB of Financial System(100 million yuan)	**31.43**	**381.93**	**2438.82**	**5068.68**
#短期贷款 Short-term Loans			1728.01	2366.93

Continued

		平均增长速度(%) Average Annual Growth Rate(%)				2010年比上年增长(%) 2010 as Percentage of the last Years(%)
2009	2010	1979-2010	1991-2010	2001-2010	2006-2010	
5679.44	7460.07	23.2	25.3	24.1	30.3	31.4
1136.35	1818.86		27.8	24.3	27.5	60.1
682.59	813.34	18.2	17.2	14.0	17.8	19.2
25885.54	**30754.70**		**25.3**	**11.8**	**11.5**	**18.8**
7392.86	7166.91			4.1	0.1	-3.1
2946.50	3260.42	6.3	6.3	7.0	6.1	10.7
8916.46	9808.52	8.7	10.0	12.8	9.8	10.0
1694.63	2056.01	16.6	19.6	18.7	21.1	21.3
932.43	1151.49			17.3	21.6	23.5
1411.82	1695.09	15.9	17.4	18.0	23.4	20.1
14702.34	**18309.45**	**22.7**	**21.7**	**19.4**	**20.4**	**24.5**
4659.67	5124.36		21.5	17.7	18.8	10.0
549.46	678.08			32.9	39.5	23.4
302.69	441.40		21.0	23.2	27.3	45.8
7078.81	8101.02			16.4	15.7	14.4
12360.32	**15231.36**	**21.3**	**20.2**	**20.1**	**24.6**	**23.2**
5215.58	6594.50			14.3	22.7	26.4

1-2 续表2

项目 Item	总量指标 Aggregate Data 1978	1990	2000	2005
中长期贷款 Medium-term &Long-term Loans			510.32	2350.80
保险公司赔款及给付金额（亿元） Payment of Insurance Companies(100 million yuan)			**17.76**	**40.55**
价格指数（上年=100） Price Indices(preceding year=100)				
居民消费价格指数 Consumer Price Index	100.2	99.3	102.1	102.2
工业品出厂价格指数 Producer Price Index			100.5	100.2
原材料、燃料、动力购进价格指数 Purchasing Price Index forRaw Material,Fuel and Power			112.4	108.1
固定资产投资价格指数 Price Index for Investment in Fixed Assets			100.2	100.7
农业 Agriculture				
农林牧渔业总产值（亿元） Gross Output Value of Agriculture,Forestry,Animal Husbandry and Fishery(100 million yuan)	**36.33**	**227.12**	**1037.27**	**1373.01**
主要农产品产量（万吨） Output of Major Farm Products(10000 tons)				
粮食 Grain	744.90	879.64	854.68	662.04
油料 Oil-bearing Crops	13.80	17.66	25.79	27.42
甘蔗 Sugar Cane	288.03	344.28	82.71	93.33
烤烟 Tobacco	1.23	4.26	9.14	11.51
茶叶 Tea	2.03	5.82	12.60	18.48
水果 Fruits	10.10	75.78	356.44	479.36
肉类 Meat	24.27	61.65	145.92	164.85
禽蛋 Poultry Eggs		12.94	40.69	37.91
奶类 Milk	0.93	4.87	9.91	19.10
水产品 Aquatic Products	54.44	145.59	527.89	542.37
食用菌 Edible Fungus		18.24	46.25	56.00

Continued

		平均增长速度(%) Average Annual Growth Rate(%)				2010年比上年增长(%) 2010 as Percentage of the last Years(%)
2009	2010	1979-2010	1991-2010	2001-2010	2006-2010	
6625.53	8372.64			32.3	28.9	26.4
94.73	**102.90**			**19.2**	**20.5**	**8.6**
98.2	103.2	5.4	4.4	1.7	2.4	3.2
95.5	103.2				0.2	3.2
93.2	107.7			3.9	3.7	7.7
98.0	103.3			1.9	3.0	3.3
2001.24	**2307.06**	**6.6**	**6.4**	**3.6**	**3.9**	**3.5**
666.88	661.89	-0.4	-1.4	-2.5		-0.7
26.27	26.64	2.1	2.1	0.3	-0.6	1.4
65.85	61.55	-4.7	-8.2	-2.9	-8.0	-6.5
14.46	12.45	7.5	5.5	3.1	1.6	-13.9
26.57	27.26	8.5	8.0	8.0	8.1	2.6
564.08	564.48	13.4	10.6	4.7	3.3	0.1
175.15	180.21	6.5	5.5	2.1	1.8	2.9
28.75	26.28		3.6	-4.3	-7.1	-8.6
15.56	15.74	9.2	6.0	4.7	-3.8	1.2
569.67	587.42	7.7	7.2	1.1	1.6	3.1
72.24	76.27		7.4	5.1	6.4	5.6

1-2 续表3

项目 Item	总量指标 Aggregate Data 1978	1990	2000	2005
荒山荒(沙)地造林面积（万亩） **Areas of Afforestation**	**292.06**	**455.86**	**36.75**	**36.33**
工业 **Industry**				
工业总产值（亿元） Gross Industrial Output Value(100 million yuan)	63.14	531.49	3994.86	9995.89
主要工业产品产量 **Output of Major Industrial Products**				
原煤(万吨) Coal	423.05	925.37	375.03	1331.74
原盐(万吨) Salt	94.67	67.21	28.37	34.49
糖(万吨) Sugar	28.92	32.68	6.11	6.25
罐头(万吨) Canned Food	4.10	14.41	26.78	78.57
布(亿米) Cloth	1.12	2.26	5.59	20.13
纱(万吨) Yarn	1.84	5.48	14.36	68.00
机制纸及纸板(万吨) Machine-made Paper and Paperboard	20.08	52.09	85.07	187.11
农用化肥(万吨) Chemical Fertilizers	16.40	43.64	61.38	60.27
烧碱(万吨) Caustic Soda	4.32	8.70	15.64	25.51
水泥(万吨) Cement	120.45	540.04	1513.64	2713.62
平板玻璃(万重量箱) Plain Glass	43.59	66.06	479.87	641.51
生铁(万吨) Pig Iron	26.57	62.60	149.37	393.96
钢材(万吨) Rolled Steel	13.82	56.28	283.79	735.90
彩色电视机(万台) Color TV		123.14	204.19	373.90
微型电子计算机（万台） Micro-computers			88.77	371.44
汽车(万辆) Motor Vehicles	0.09	0.07	2.96	7.03
发电量(亿千瓦小时) Electricity	40.69	136.65	403.73	778.25

Continued

		平均增长速度(%) Average Annual Growth Rate(%)				2010年比上年增长(%) 2010 as Percentage of the last Years(%)
2009	2010	1979-2010	1991-2010	2001-2010	2006-2010	
49.89	**44.81**	**-5.7**	**-11.0**	**2.0**	**4.3**	**-10.2**
18681.48	23805.32	19.5	21.3	18.1	19.8	25.1
2466.13	2442.73	5.6	5.0	20.6	12.9	-0.9
37.53	33.39	-3.2	-3.4	1.6	-0.6	-11.0
5.85	3.73	-6.2	-10.3	-4.8	-9.8	-36.3
162.88	203.21	13.0	14.1	22.5	20.9	24.8
27.12	31.20	11.0	14.0	18.8	9.2	15.1
158.04	184.74	15.5	19.2	29.1	22.1	16.9
339.19	432.06	10.1	11.2	17.6	18.2	27.4
59.67	57.87	4.0	1.4	-0.6	-0.8	-3.0
21.64	20.11	4.9	4.3	2.5	-4.6	-7.1
5446.50	5793.20	12.9	12.6	14.4	16.4	6.4
2091.67	2715.05	13.8	20.4	18.9	33.4	29.8
552.90	558.81	10.0	11.6	14.1	7.2	1.1
1341.89	1340.56	15.4	17.2	16.8	12.7	-0.1
681.84	903.10		10.5	16.0	19.3	32.4
607.20	738.27			23.6	14.7	21.6
13.50	19.50	18.3	32.7	20.7	22.6	44.4
1170.71	1356.32	11.6	12.2	12.9	11.8	15.9

1-2 续表4

项目 Item	总量指标 Aggregate Data 1978	1990	2000	2005
规模以上工业企业主要经济指标（亿元） Principal Indicators of Industrial Enterprises above Designated Size(100 million yuan)				
资产总计 Original Value of Fixed Assets			3368.64	6841.37
主营业务收入 Revenue from Principal Business		352.56	2468.69	7848.24
利润总额 Total Profits	6.75	16.09	110.80	407.55
建筑业 Construction				
建筑业企业从业人员（万人） Number of Employed Persons(10000 persons)	4.54	30.98	41.37	81.72
建筑业总产值（亿元） Gross Output Value(100 million yuan)	3.31	32.54	271.15	889.41
房屋施工面积（万平方米） Under Construction(10000 sq.m)	416.57	969.35	4085.40	10268.29
房屋竣工面积（万平方米） Completed Construction(10000 sq.m)	183.40	499.30	1729.00	4191.35
交通运输邮电 Transportation,Postal and Telecommunication				
铁路营业里程（公里） Length of Railways in Operation(km)	**1009**	**1021**	**1454**	**1613**
公路通车里程（公里） Length of Highways in Operation(km)	29109	41011	51073	58286
高速公路 Expressway			351	1208
内河通航里程（公里） Length of Navigable Inland Waterways in Operation(km)	3629	3888	3701	3245
客运量（万人） Passenger Traffic(10000 persons)	**7928**	**39495**	**44203**	**55615**
铁路 Railways	718	1234	1428	1486
公路 Highways	6285	36639	41696	52452
水运 Waterways	924	1567	726	985
民航 Civil Aviation	1.15	55.49	353.25	692.19
货运量（万吨） Freight Traffic(10000 tons)	**4871**	**20321**	**29483**	**40400**
铁路 Railways	1261	1902	2475	3601

Continued

		平均增长速度(%) Average Annual Growth Rate(%)				2010年比上年增长(%) 2010 as Percentage of the last Years(%)
2009	2010	1979-2010	1991-2010	2001-2010	2006-2010	
13344.47	16058.70			16.9	18.6	20.3
16338.61	21479.37		22.8	24.2	22.3	31.5
1104.05	1754.18	19.0	26.4	31.8	33.9	58.9
182.97	229.57	13.0	10.5	18.7	22.9	25.5
2302.37	3062.17	23.8	25.5	27.4	28.1	33.0
21690.97	28406.86	14.1	18.4	21.4	22.6	31.0
7435.06	9095.78	13.0	15.6	18.1	16.8	22.3
2110	**2111**	**2.3**	**3.7**	**3.8**	**5.5**	
89504	91015	3.6	4.1	5.9	9.3	1.7
1961	2351			20.9	14.2	19.9
3245	3245	-0.3	-0.9	-1.3		
76121	**77153**	**7.4**	**3.4**	**5.7**	**6.8**	**1.4**
2083	3640	5.2	5.6	9.8	19.6	74.8
71586	70714	7.9	3.3	5.4	6.2	-1.2
1340	1444	1.4	-0.4	7.1	8.0	7.8
1112.39	1356.00	24.7	17.3	14.4	14.4	21.9
58231	**66159**	**8.5**	**6.1**	**8.4**	**10.4**	**13.6**
3631	3765	3.5	3.5	4.3	0.9	3.7

1-2 续表5

项目 Item	总量指标 Aggregate Data			
	1978	1990	2000	2005
公路 Highways	2671	16710	22924	27579
水运 Waterways	929	1708	4078	9210
民航 Civil Aviation	0.02	0.83	5.84	10.09
沿海主要港口货物吞吐量（万吨） Volume of Freight Handled at Major Coastal Ports (10000 tons)	**408.13**	**1496.50**	**6944.17**	**19605.25**
邮电业务 Business Volume of Postal and Telecommunication Services				
函件（万件） Number of Letters Delivered(10000 piece)	8790	16228	24163	22879
报刊期发数（万份） Number of Newspapers and Magazines Distributed	258	614	650	501
移动电话年末用户（万户） Number of Mobile Telephone Subscribers at Year-end (10000 household)			441	1302
固定电话年末用户（万户） Number of Fixed Telephone Subscribers at Year-end (10000 household)	6	23	563	1399
国内贸易 Domestic Trade				
社会消费品零售总额（亿元） Total Retail Sales of Consumer Goods(100 million yuan)	30.56	207.74	1320.80	2351.72
批发和零售业 Wholesale and Retail Trades	27.14	148.80	1104.69	2016.93
住宿和餐饮业 Hotels and Catering Services	0.97	9.25	152.54	287.56
进出口 Exports and Imports				
海关进出口总额（亿美元） Total Exports and Imports(customs)	2.03	43.39	212.23	544.11
出口总额 Total Exports	1.90	24.49	129.08	348.42
进口总额 Total Imports	0.13	18.90	83.15	195.69
旅游 Tourism				
接待入境游客人数（万人次） Number of Tourists (Overnight Visitors)		**70.79**	**161.33**	**197.39**
#外国人 Foreigner		10.54	49.75	72.36
台湾同胞 Compatriots from Taiwan		36.28	47.79	58.94

Continued

		平均增长速度(%) Average Annual Growth Rate(%)				2010年比上年增长(%) 2010 as Percentage of the last Years(%)
2009	2010	1979-2010	1991-2010	2001-2010	2006-2010	
40317	45575	9.3	5.1	7.1	10.6	13.0
14271	16803	9.5	12.1	15.2	12.8	17.7
12.66	15.81	23.2	15.9	10.5	9.4	24.9
30541.81	**32687.01**	**14.7**	**16.7**	**16.8**	**10.8**	**7.0**
25991	25198	3.3	2.2	0.4	1.9	-3.1
511	503	2.1	-1.0	-2.5	0.1	-1.6
2639	3022			21.2	18.3	14.5
1245	1046	17.6	21.1	6.4	-5.6	-16.0
4480.99	5310.03	17.5	17.6	14.9	17.7	18.5
3819.11						
580.73						
796.49	1087.80	21.7	17.5	17.8	14.9	36.6
533.19	714.93	20.4	18.4	18.7	15.5	34.1
263.30	372.87	28.2	16.1	16.2	13.8	41.6
312.03	**368.14**		**8.6**	**8.6**	**13.3**	**18.0**
97.84	115.27		12.7	8.8	9.8	17.8
123.43	156.92		7.6	12.6	21.6	27.1

1-2 续表6

项目 Item	总量指标 Aggregate Data 1978	1990	2000	2005
港澳同胞 Compatriots from Hong Kong,Macao		23.97	63.80	66.09
国际旅游外汇收入（亿美元） Foreign Exchange Earnings from International Tourism			**8.94**	**13.05**
教育 Education				
在校学生数（万人） Students Enrollment(10000 persons)				
普通高等学校 Regular Institutions of Higher Education	2.05	5.56	13.14	40.70
普通中等学校 Regular Secondary Schools	119.98	120.69	269.46	302.74
普通小学 Primary Schools	370.23	337.08	369.10	273.27
科技 Science and Technology				
从事科技活动人员（万人） Number of Scientists and Engineers(10000 persons)		**2.04**	**6.82**	**8.62**
研究与试验发展经费内部支出（亿元） Expenditures on Research and Development (100 million yuan)			21.19	53.73
技术市场成交额（亿元） Volume of Transaction in Technical Markets (100 million yuan)		**0.44**	**17.26**	**17.20**
专利情况（项） Patent				
申请量 Number of Applicated		540	4211	9460
授权量 Number of Granted		276	3003	5147
文化 Culture				
图书出版总印数（万份） Number of Books Published(10000 copies)	6818	16312	20298	10643
杂志出版总印数（万份） Number of Magazines Issued(10000 copies)	388	3157	4463	2841
报纸出版总印数（万份） Number of Newspaper Issued(10000 copies)	14784	41455	68897	87962
电视节目制作时间（小时） Time for TV Programs Production			**16519**	**42637**
艺术表演团体（个） Art Performance Troupes(unit)	101	91	96	91
公共图书馆（座） Libraries(set)	23	74	81	84

Continued

		平均增长速度(%) Average Annual Growth Rate(%)				2010年比上年增长(%) 2010 as Percentage of the last Years(%)
2009	2010	1979-2010	1991-2010	2001-2010	2006-2010	
90.77	95.94		7.2	4.2	7.7	5.7
25.99	**29.78**			**12.8**	**17.9**	**14.6**
60.63	64.78	11.4	13.1	17.3	9.7	6.8
276.25	260.22	2.4	3.9	-0.3	-3.0	-5.8
239.76	238.89	-1.4	-1.7	-4.3	-2.7	-0.4
16.71	**17.87**		**11.5**	**10.1**	**15.7**	**6.9**
135.38	170.89			23.2	26.0	26.2
26.23	**38.12**		**25.1**	**8.2**	**17.3**	**45.3**
17559	21994		20.4	18.0	18.4	25.3
11282	18063		23.3	19.7	28.5	60.1
7689	7749	0.4	-3.7	-9.2	-6.1	0.8
2828	2940	6.5	-0.4	-4.1	0.7	4.0
82900	99982	6.2	4.5	3.8	2.6	20.6
55325	**55424**			**12.9**	**5.4**	**0.2**
90	93	-0.3	0.1	-0.3	0.4	3.3
85	86	4.2	0.8	0.6	0.5	1.2

1-2 续表7

项目 Item	总量指标 Aggregate Data 1978	1990	2000	2005
博物馆（个） Museums(unit)	13.00	58.00	81.00	82.00
居民生活 **People's Living Conditions**				
城镇居民人均可支配收入（元） **Per Capita Annual Disposable Income of Urban Households (yuan)**	**371**	**1749**	**7432**	**12321**
城镇居民人均消费支出（元/人） Per Capita Consumption in Urban Areas	285	1431	5639	8794
城镇居民人均住房建筑面积（平方米） Per Capita Floor Space of Residential Buildings(sq.m)		18.1	28.0	31.4
农民人均纯收入（元） **Per Capita Net Income of Rural Residents(yuan)**	**138**	**764**	**3230**	**4450**
农民人均生活消费支出(元) Peasants'per Capita Living Consumption Expenditure(yuan)	113	708	2410	3293
农村居民人均住房使用面积（平方米） Per Capita Floor Space of House(sq.m)		18.5	32.1	40.2
城乡居民储蓄存款余额（亿元） Outstanding Amount of Saving Deposits in Urban and Rural Areas（100 million yuan)			1768	3903
卫生 **Health Care**				
卫生机构数（个） **Number of Health Institutions(unit)**	**3809**	**4885**	**9807**	**7932**
#医院、卫生院 Hospitals	1111	1198	1323	1318
卫生技人员数（人） **Medical Technical Personnel(person)**	**54855**	**86772**	**97569**	**100937**
医生 Doctor	22097	35696	41461	44309
卫生机构床位数（张） **Number of Hospital Beds(set)**	**51505**	**68073**	**90091**	**88239**
#医院、卫生院 Hospitals	45331	60664	82389	81268

Continued

		平均增长速度(%) Average Annual Growth Rate(%)				2010年比上年增长(%) 2010 as Percentage of the last Years(%)
2009	2010	1979-2010	1991-2010	2001-2010	2006-2010	
93.00	94.00	6.4	2.4	1.5	2.8	1.1
19577	**21781**	**13.6**	**13.4**	**11.4**	**12.1**	**11.3**
13451	14750	13.1	12.4	10.1	10.9	9.7
37.5	38.5		3.8	3.2	4.2	2.7
6680	**7427**	**13.3**	**12.0**	**8.7**	**10.8**	**11.2**
5016	5498	12.9	10.8	8.6	10.8	9.6
46.8	49.3		5.0	4.4	4.2	5.5
7079	8101			16.4	15.7	14.4
6984	**6999**	**1.9**	**1.8**	**-3.3**	**-2.5**	**0.2**
1288	1325	0.6	0.5	...	0.1	2.9
127446	**140133**	**3.0**	**2.4**	**3.7**	**6.8**	**10.0**
51959	55402	2.9	2.2	2.9	4.6	6.6
104189	**112334**	**2.5**	**2.5**	**2.2**	**4.9**	**7.8**
95980	103933	2.6	2.7	2.4	5.0	8.3

1-3 国民经济和社会发展结构指标

Composition Indicators on National Economic and Social Development

单位：%　　　　(%)

项目 Item	1978	1990	2000	2005	2009	2010
一、人口						
Population						
（一）性别结构						
Sexual Composition						
男 Male	51.73	51.36	51.5			51.5
女 Female	48.27	48.64	48.5			48.6
（二）城乡结构						
Urban and Rural Composition						
城镇 Urban			42.0			57.1
乡村 Rural			58.0			42.9
二、就业产业结构						
EmploymentIndustrial Composition						
第一产业 Primary Industry	75.12	58.36	46.8	37.6	29.4	29.2
第二产业 Secondary Industry	13.44	20.55	24.5	31.2	35.8	37.4
第三产业 Tertiary Industry	11.45	21.09	28.7	31.2	34.8	33.4
三、国民经济核算						
National Accounting						
（一）地区生产总值产业结构						
Industrial Composition						
第一产业 Primary Industry	36.0	28.2	17.0	12.6	9.7	9.3
第二产业 Secondary Industry	42.5	33.4	43.3	48.5	49.1	51.0
第三产业 Tertiary Industry	21.5	38.4	39.7	38.9	41.2	39.7
（二）地区生产总值需求结构						
Demand Composition						
最终消费 Final Consumption Expenditure	79.9	73.0	54.4	50.2	42.8	42.6
资本形成总额 Gross Capital Formation	34.0	29.0	42.5	44.8	54.1	54.2
货物和服务净出口 Net Exports of Goods and Services	-13.9	-2.0	3.1	5.0	3.1	3.2
四、固定资产投资						
Investment in Fixed Assets						
（一）产业结构						
Industrial Composition						
第一产业 Primary Industry			1.8	2.6	2.0	1.9
第二产业 Secondary Industry			44.5	39.6	37.2	35.0

1-3 续表1

Continued

单位：% (%)

项目 Item	1978	1990	2000	2005	2009	2010
第三产业 Tertiary Industry			53.7	57.8	60.8	63.1
（二）经济类型结构 Economic type Composition						
#国有经济 Stated-owned	64.9	60.2	40.3	33.5	37.0	34.2
集体经济 Collective-owned	16.6	10.6	4.0	3.0	4.0	3.2
私营个体经济 Private and individual economy	18.5	27.5	14.9	17.9	25.9	26.6
外商及港澳台 Enterprises with Funds from HongKong,Macao,TaiWan			24.2	21.2	13.4	13.0
五、能源 Energy						
能源消费结构 Composition of Total Energy Consumption						
煤炭 Coal	63.7	67.0	54.4	62.0	67.6	57.8
石油 Petroleum	12.9	12.1	23.3	22.3	18.3	23.6
天然气 Natural Gas				0.1	1.3	4.0
水力发电 Hydro power	23.4	20.9	22.3	15.6	12.5	14.2
风力发电 Wind power					0.3	0.4
六、农业 Agriculture						
（一）农林牧渔业产值结构 Composition of Gross Output Value of Agriculture						
农业 Farming	77.7	52.1	40.6	40.3	41.3	42.3
林业 Forestry	6.4	9.5	7.9	7.1	8.1	8.2
牧业 Animal Husbandry	10.5	22.9	20.1	19.4	18.3	16.5
渔业 Fishery	5.5	15.6	31.4	28.9	28.3	29.2
农林牧渔服务业 Services of Agriculture , Forestry , Animal Husbandry and				4.4	4.0	3.8
（二）农作物播种面积 Total Sown Areas of Farm Crops						
粮食作物 Grain Crops	81.9	75.8	65.5	60.2	54.5	54.3
非粮作物 Non-grain Crops	18.1	24.2	34.5	39.8	45.5	45.7
七、工业 Industry						
工业企业资产结构 Composition of Capital of Industrial Enterprises						

1–3 续表2

Continued

单位：%　　(%)

项目 Item	1978	1990	2000	2005	2009	2010
大型企业 Large Enterprises				22.0	22.7	23.7
中型企业 Medium-sized Enterprises				41.7	41.3	40.9
小型企业 Small Enterprises			64.5	36.3	36.0	35.4
规模以上工业增加值 Value- added of Industry above Designated Size						
大型企业 Large Enterprises			13.5	18.2	16.5	20.1
中型企业 Medium-sized Enterprises			35.2	40.4	41.2	39.3
小型企业 Small Enterprises			51.3	41.4	42.3	40.6
八、建筑业 Construction						
建筑业总产值经济类型结构 Composition of Gross Output Value ofConstruction Industry						
国有企业 State-owned Enterprise	56.8	41.1	48.6	21.9	15.7	14.6
集体企业 Collective-owned Enterprises	39.9	34.7	33.0	9.9	2.6	2.0
港澳台商投资企业 Enterprises with Funds from Hong Kong, Macao & Taiwan				1.2	1.0	1.1
外商投资企业 Foreign Funded Enterprises				0.5	0.1	0.1
其他 Other Enterprises				66.5	80.6	82.2
九、交通运输业 Transportation						
（一）货运量结构 Composition ofPassenger Traffic						
铁路 Railways	25.9	9.4	8.4	8.9	6.2	5.7
公路 Highways	54.8	82.2	77.8	68.3	69.2	68.9
水运 Waterways	19.1	8.4	13.8	22.8	24.5	25.4
民航 Civil Aviation			0.020	0.025	0.022	0.024
（二）客运量结构 Composition of Freight Traffic						
铁路 Railways	9.1	3.1	3.2	2.7	2.7	4.7
公路 Highways	79.3	92.8	94.3	94.3	94.0	91.7
水运 Waterways	11.7	4.0	1.6	1.8	1.8	1.9

1-3 续表3

Continued

单位：%　　　　(%)

项目 Item	1978	1990	2000	2005	2009	2010
民航 Civil Aviation	0.01	0.14	0.8	1.2	1.5	1.8
十、国内贸易 Domestic Trade						
社会消费品零售总额结构 Composition of Retail Sales of Consumer Goods						
市 Cities	28.9	47.5	56.7	63.1	67.3	
县 Counties		22.5	12.1	11.6	11.5	
县以下 Below Counties		30.0	31.3	25.3	21.2	
十一、海关货物进出口 Imports and Exports of Goods						
（一）出口货物总额 Composition of Exports						
初级产品 Primary Goods			10.6	6.2	6.8	7.4
工业制成品 Manufactured Goods			89.4	93.8	93.2	92.6
（二）进口货物总额 Composition of Imports						
初级产品 Primary Goods			12.3	17.0	25.6	27.5
工业制成品 Manufactured Goods			87.7	83.0	74.4	72.5
十二、国际旅游 International Tourism						
来华旅游人数结构 Composition of Tourists Visiting China						
#外国人 Foreigners		14.9	30.8	36.7	31.4	31.3
港澳同胞 Hong Kong and Macao Compatriots		33.9	39.5	33.5	29.1	26.1
台湾同胞 Taiwan Compatriots		51.3	29.6	29.9	39.6	42.6
十三、科技 Science and Technology						
（一）R&D经费内部支出按支出来源分（亿元） Intramural Expenditure for R&D by Expenditure Source (100 million yuan)						
#政府资金 Government Funds			14.6	9.9	10.8	10.3
企业资金 Enterprises Funds			74.5	87.7	86.1	86.9
国外资金 Abroad Funds			1.7	0.2	0.6	0.8
（二）R&D经费内部支出（亿元） Intramural Expenditure for R&D(100 million yuan)						

1-3 续表4

Continued

单位：%　　　　(%)

项目 Item	1978	1990	2000	2005	2009	2010
基础研究 Basic Research			3.1	2.2	2.4	2.5
应用研究 Applied Research			6.7	9.5	7.9	5.6
试验发展 Experimental Development			86.4	87.1	89.7	92.0
十四、居民消费 **People's Consumption Conditions**						
（一）城镇居民消费结构 **Consumption Composition of Urban Residents**						
食品 Food				40.9	39.7	39.3
衣着 Clothing			8.7	8.1	8.7	8.7
家庭设备用品及服务 Household Appliances and Service			8.6	5.2	6.4	6.6
医疗保健 Health Care and Medical Services			4.7	5.4	4.4	4.2
交通通信 Transport and Communications			8.6	11.9	14.8	14.9
教育文化娱乐服务 Education, Cultural and Recreation Services			10.4	12.6	11.2	12.1
居住 Residence			9.4	12.2	10.4	10.9
杂项商品与服务 Miscellaneous Goods and Services			4.9	3.7	4.5	3.4
（二）农村居民消费结构 Consumption Composition of Rural Residents						
食品 Food			48.7	46.1	45.9	46.1
衣着 Clothing			4.9	5.7	5.8	5.6
居住 Residence			14.6	13.9	16.4	15.7
家庭设备用品及服务 Household Appliances and Services			4.6	4.7	5.2	5.3
交通通讯 Transport and Telecommunications			8.6	11.1	11.4	11.6
文教娱乐用品及服务 Education, Cultural and Recreation and Services			10.6	10.8	8.4	8.4
医疗保健 Health Care and Medical Services			3.6	4.7	4.4	4.6
其他商品及服务 Other Goods and Services			4.6	3.1	2.5	2.6

1-4 国民经济和社会发展比例和效益指标

Indicators on National Economic and Social Development

项目 Item	1978	1990	2000	2005	2009	2010
一、人口与就业 Population and Employment						
出生率（‰） Birth Rate(‰)	25.35	24.44	11.60	11.60	12.20	11.27
死亡率（‰） Death Rate(‰)	6.31	6.71	5.85	5.62	6.00	5.16
自然增长率（‰） Natural Growth Rate(‰)	19.04	17.73	5.75	5.98	6.20	6.11
城镇登记失业率（%） Registered Unemployment Rate in Urban Areas(%)	9.10	2.60	2.60	4.00	3.90	3.77
二、国民经济核算 National Accounting						
工业增加值占地区生产总值比重(%) Proportion of Value added of Industry to GDP(%)	35.9	28.8	37.8	43.3	41.7	43.4
人均地区生产总值（元） Per Capita GDP(yuan)	273	1763	11194	18353	33437	40025
三、固定资产投资 Investment in Fixed Assets						
全社会固定资产投资相当于地区生产总值比例（%） Proportion of Investment in Fixed Assets to GDP（%）	20.1	22.1	28.8	35.8	52.0	56.1
房地产投资占全部固定资产投资比重（%） Proportion of Investment in Real Estate toFixed Assets（%）		11.7	19.2	23.1	17.9	22.0
全社会房屋建筑面积竣工率（%） Rate of Total Floor Space of BuildingsCompleted in Construction（%）	…		140.4	41.1	28.6	23.3
四、财政金融 Finance						
财政总收入相当于地区生产总值比例（%） Proportion of Government Revenue to GDP（%）	22.8	10.9	9.8	12.0	13.9	14.0
财政支出相当于地区生产总值比例（%） Proportion of Government Expenditures to GDP（%）	22.8	13.1	8.6	9.1	11.5	11.5
金融机构年末人民币存款余额相当于地区生产总值比例（%） Bank Deposits as Percentage of GDP（%）	39.1	68.8	82.7	110.6	120.2	124.2
金融机构年末人民币贷款余额相当于地区生产总值比例（%） Bank Loans as Percentage of GDP（%）	47.4	73.1	64.8	77.3	101.0	103.4
金融机构现金支出相当于收入比例（%） Proportion of Cash Outlay to Cash Receiptin Bank（%）	100.9	96.9	100.3	100.3	100.0	100.3

1-4 续表1

Continued

项目　Item	1978	1990	2000	2005	2009	2010
五、能源 Energy						
能源消费弹性系数 Elasticity Ratio of Energy Consumption		0.52	0.66	1.12	0.65	0.72
电力消费弹性系数 Elasticity Ratio of Electricity Consumption		0.73	1.45	1.20	0.47	1.14
单位地区生产总值能耗（吨标准煤/万元） Energy Consumption per Unit of GDP（ton of SCE/ 10 000 yuan)				0.94	0.81	0.78
规模以上工业增加值单位能耗（吨标准煤/万元） Energy Consumption per Unit ofIndustrial Enterprises above Designated Size（ton of SCE/ 10 000 yuan)				1.45	1.15	1.08
六、农业 Agriculture						
每亩农产品产量（千克） Output of Farm Crops per Hectare of Sown Area(kg)						
粮食 Grain	219	282	312	326	361	358
油料 Oil-bearing Crops	85	105	138	149	159	159
七、工业 Industry						
规模以上工业 Industrial Enterprises above Designated Size						
工业增加值率（%） Ratio of Industrial Value-added to Gross IndustrialOutput Value(%)			27.46	27.47	27.50	27.60
总资产贡献率（%） Ratio of Total Assets to Industrial Output Value(%)			9.26	11.89	15.27	18.80
资产负债率（%） Assets-LiabilityRatio(%)			57.52	52.71	53.44	52.74
流动资产周转次数（次） Number of Times of Annual of TurnoverCirculating Funds (time)			1.89	2.41	2.66	2.87
成本费用利润率（%） Ratio of Profits to Industrial Cost(%)			4.76	5.52	7.28	8.83

1-4 续表2

Continued

项目 Item	1978	1990	2000	2005	2009	2010
产品销售率（%） Proportion of Products Sold(%)			96.95	97.33	97.34	97.76
八、建筑业 **Construction**						
建筑业劳动生产率(按增加值计算)（元/人） Overall Labor Productivity(in terms of value-added per employee)			20402	26597	38958	42605
技术装备率（元/人） Value of machines per laborer(yuan/person)						
按全部职工计算 In terms of total staff & worker			7503	7764	5304	5065
产值利税率（%） Ratio of Pre-tax Profit to Gross Output Value(%)		1.5	5.2	5.7	7.0	6.4
九、交通运输业 **Transportation**						
铁路网密度（公里/万平方公里） Railway Density(km/sq.km)			117.26	130.08	170.16	170.24
公路网密度（公里/万平方公里） Highway Density(km/sq.km)			4315.00	4700.48	7218.06	7339.92
十、对外贸易 **Trade**						
进出口总额相当于地区生产总值比例 Proportion of Total Value of Imports & Exports to GDP		43.4	46.7	68.0	44.5	50.0
#出口总额相当于地区生产总值比例（%） Proportion of Total Value of Exports to GDP		24.5	28.4	43.5	29.8	32.8
机电产品出口占出口总额的比重 Proportion of Total Value of Mechanical and Electrical Products to GDP	...			45.1	41.5	41.1
高新技术产品出口占出口总额的比重 Proportion of Total Value of High and New-tech Products to GDP	...			22.5	19.6	18.4
十一、自然资源 **Natural Resources**						
工业废水排放达标率（%） Percentage of Industrial Waste Water Meeting Discharge Standards(%)			80.83	97.70	98.80	98.68

1-4 续表3

Continued

项目 Item	1978	1990	2000	2005	2009	2010
森林覆盖率（%） Forest Coverage(%)	39.5	43.2	60.52	62.96	63.10	63.10
十二、居民生活 **People's Living Conditions**						
城镇基尼系数 Gini Coefficient of Urban		0.300	0.310	0.330	0.346	0.350
农村基尼系数 Gini Coefficient of Rural		0.238	0.295	0.358	0.367	0.365
城镇恩格尔系数（%） Engle Coefficient of Urban(%)		63.5	44.7	40.9	39.7	39.3
农村恩格尔系数（%） Engle Coefficient of Rural(%)		60.0	48.7	46.1	45.9	46.1
城镇居民人均可支配收入与农民人均纯收入之比（以农民人均纯收入为1） Proportion of Income in Urban Areas to in Rural Areas (Rural=1)	2.70	2.29	2.30	2.77	2.93	2.93
十三、科技教育卫生 **Science and Technology ,Education,Health Care**						
研究与试验发展经费（R&D）支出相当于地区生产总值比例（%） R&D Expenditures as Percentage of GDP			0.56	0.82	1.11	1.16
学龄前儿童毛入学率（%） Rough Enrollment Rate of Pre-primary Schools(%)		99.10	99.86	99.79	99.97	100.00
小学毕业生升学率（%） Graduation Rate of Primary Schools(%)		64.96	97.27	98.34	97.05	96.70
初中毕业生升学率（%） Graduation Rate of Junior high schools(%)		49.71	49.97	77.66	98.86	92.90
每千人口拥有卫生技术人员数（人） Number of Licensed(Assistant) Doctors per 1000 Population (person)				2.75	3.52	3.97
#医生 Doctor	0.90	1.20	1.20	1.00	1.49	1.50
每千人口拥有卫生机构床位数（张） Number of Hospital Beds per 1000 Population(set)	2.10	2.20	2.60	2.50	2.98	3.18

1-5 平均每天主要社会经济活动

Selected Indicators on Average Daily Social and Economic Activities

项目 Item	1978	1990	2000	2005	2009	2010
一、全省每天创造的财富						
Daily Provice Production						
地区生产总值（亿元） Gross Domestic Product(100 million yuan)	0.18	1.43	10.29	17.96	33.52	40.38
农林牧渔总产值（亿元） Gross Output Value of Farming,Forestry, AnimalHusbandry and Fishery(100 million yuan)	0.10	0.62	2.83	3.76	5.48	6.32
工业总产值（亿元） Gross Output Value of Industry(100 million yuan)	0.17	1.46	10.91	27.39	51.18	65.22
财政总收入（亿元） Government Revenue(100 million yuan)	0.04	0.16	1.01	2.16	4.64	5.63
#地方财政一般预算收入 Local Government Revenue			0.64	1.19	2.55	3.15
财政一般预算支出（亿元） Government Expenditure(100 million yuan)	0.04	0.19	0.89	1.62	3.87	4.64
原煤(吨) Coal(ton)	11590.41	25352.60	10246.72	36486.03	67565.24	66923.97
原盐(吨) Salt(ton)	2593.70	1841.37	775.14	944.93	1028.25	914.87
发电量(万千瓦时) Electricity(10000 kwh)	1114.79	3743.84	11030.87	21321.92	32074.25	37159.45
粗钢(吨) Crude Steel(ton)	442.74	1415.34	3413.66	10474.79	20959.95	29777.62
钢材(吨) Rolled Steel(ton)	378.63	1541.92	7753.83	20161.64	36764.22	36727.72
生铁(吨) Pig Iron(ton)	727.95	1715.07	4081.15	10793.42	15147.97	15309.73
水泥(吨) Cement(ton)	3300.00	14795.62	41356.28	74345.75	149219.12	158717.68
平板玻璃(重量箱) Plain Glass(weigh case)	1194.25	1809.86	13111.20	17575.62	57306.02	74384.88
布(万米) Cloth(10000 m)	30.68	61.92	152.64	551.41	742.95	854.80
纱(吨) Yarn(ton)	50.41	150.14	392.46	1863.13	4329.92	5061.27
服装(万件) Clothes(10000 pcs)		30.46	108.95	223.40	651.34	800.75
机制纸及纸板(吨) Machine-made Paper and Paperboard(ton)	550.14	1427.12	2324.32	5126.30	9292.98	11837.36
农用化肥(吨) Chemical Fertilizers(ton)	449.32	1195.62	1677.05	1651.23	1634.78	1585.60
烧碱(吨) Caustic Soda(ton)	118.36	238.36	427.32	698.90	592.94	551.01

1-5 续表1

Continued

项目 Item	1978	1990	2000	2005	2009	2010
彩色电视机(万台) Color TV(10000 set)		0.34	0.56	1.02	1.87	2.47
糖(吨) Sugar(ton)	792.33	895.34	166.94	171.23	160.39	102.13
卷烟(万箱) Tobacco(10000 ton)	0.06	0.21	0.27	0.33	0.44	0.46
罐头(吨) Canned Food(ton)	112.33	394.79	731.69	2152.60	4462.54	5567.37
粮食(吨) Grain(ton)	20408.22	24099.73	23351.91	18138.08	18270.57	18134.01
油料(吨) Oil-bearing Crops(ton)	378.07	483.91	704.61	751.35	719.62	729.98
甘蔗(吨) Sugar Cane(ton)	7891.30	9432.43	2259.83	2557.11	1804.23	1686.34
茶叶(吨) Tea(ton)	0.01	0.02	0.03	0.05	0.07	0.07
水果(吨) Fruits(ton)	0.03	0.21	0.97	1.31	1.55	1.55
肉类（吨） Meat(ton)		1967.95	3986.89	4516.44	4798.68	4937.26
水产品（吨） Aquatic Products(ton)	1491.51	3988.77	14423.22	14859.45	15607.44	16093.65
食用菌（吨） Edible Fungus(ton)		499.73	1263.62	1534.23	1979.27	2089.49
二、全省每天消费量 Daily Provice Consumption						
最终消费支出（亿元） Final Consumption Expenditure(100 million yuan)	0.15	1.04	5.60	9.03	14.78	17.26
居民消费支出 Household Consumption Expenditure	0.12	0.79	4.21	6.56	10.85	12.91
政府消费支出 Government Consumption Expenditure	0.02	0.25	1.39	2.47	3.93	4.35
能源消费量（万吨标准煤） Energy Consumption(10000 tons of SCE)	1.88	4.00	8.04	16.83	24.43	26.87
社会消费品零售总额（亿元） Total Retail Sales of Consumer Goods(100 million yuan)	0.08	0.57	3.61	6.44	12.28	14.55
三、每天其他经济活动（万元） Other Daily Economic Activities(10000 yuan)						
资本形成总额（亿元） Gross Capital Formation(100 million yuan)	0.06	0.41	4.38	8.06	18.68	21.98
固定资产形成总额（亿元） Gross Fixed Capital Formation(100 million yuan)	0.04	0.30	3.32	7.27	17.64	20.11

1-5 续表2

Continued

项目 Item	1978	1990	2000	2005	2009	2010
存货增加（亿元） Changes in Inventories(100 million yuan)	0.03	0.12	1.05	0.79	1.04	1.87
全社会固定资产投资总额（万元） Total Investment in Fixed Assets(10000 yuan)	365.75	3161.84	29575.73	64239.26	174302.27	226669.00
城镇 Urban	258.90	2229.86	23584.97	54419.41	155601.10	204385.60
农村 Rural	106.85	932.05	5990.71	9819.85	18701.17	22283.40
住宅竣工面积（平方米） Floor Space of Completed Building(sq.m)	1889.00	66820.00	93795.36	109726.85	108466.02	99310.78
国际旅游外汇收入（万美元） Foreign Exchange Earnings from International Tourism (10000 USD)			244.21	357.61	712.05	815.96
能源生产总量（万吨标准煤） Total Energy Production(10000 tons of SCE)	1.26	2.65	4.52	6.64	8.07	8.93
货运周转量（亿吨公里） Freight Traffic(100 million tons km)	0.20	0.75	1.88	4.32	6.79	8.17
客运周转量（万人公里） Passenger Traffic(10000 person km)	978.90	4805.48	9124.86	13090.96	16376.71	17774.25
货物进出口总额（万美元） Total Value of Imports and Exports(10000 USD)	55.62	1188.79	5798.72	14907.21	21821.75	29802.81
出口总额（万美元） Total Exports(10000 USD)	52.05	670.98	3526.85	9545.74	14607.95	19587.16
进口总额（万美元） Total Imports(10000 USD)	3.56	517.81	2271.87	5361.47	7213.79	10215.66
主要港口货物吞吐量（万吨） Freight Handled at Principal Seaports(10000 tons)	1.12	4.10	18.97	53.71	83.68	89.55
邮电业务总量（万元） Business Volume of Postal and Telecommunication Services (10000 yuan)	27.67	200.55	6730.60	14240.00	27281.37	32717.53
邮寄函件（万件） Number of Letters(10000 piece)	24.08	44.46	66.02	62.68	71.21	69.04
图书出版总印数（万份） Books(10000 copies)	18.68	44.69	55.46	29.16	21.07	21.23
杂志出版总印数（万份） Magazines(10000 copies)	1.06	8.65	12.19	7.78	7.75	8.06
报纸出版总印数（万份） Newspapers(10000 copies)	40.50	113.58	188.24	240.99	227.12	273.92
四、全省每天婚姻变动 **Daily Marriages Changes**						
结婚对数（对） Marriages(couples)			714	746	988	1046
离婚对数（对） Divorces(couples)			33	71	114	120

主要统计指标解释

行政区划 指国家对行政区域的划分.根据宪法规定,我国的行政区域划分如下:(1)全国分为省、自治区、直辖市;(2)省、自治区分为自治州、县、自治县、市;(3)自治州分为县、自治县、市;(4)县、自治县分为乡、民族乡、镇;(5)直辖市和较大的市分为区、县;(6)国家在必要时设立的特别行政区。

平均增长速度 我国计算平均增长速度有两种方法:一种是习惯上经常使用的"水平法",又称几何平均法,是以间隔期最后一年的水平同基期水平对比来计算平均每年增长(或下降)速度;另一种是"累计法",又称代数平均法或方程法,是以间隔期内各年水平的总和同基期水平对比来计算平均每年增长(或下降)速度。在一般正常情况下,两种方法计算的每年平均增长速度比较接近;但在经济发展不平衡、出现大起大落时,两种方法计算的结果差别较大。

本《年鉴》内所列的平均增长速度,均用"水平法"计算。从某年到某年平均增长速度的年份,均不包括基期年在内。如建国四十三年的平均增长速度是以1949年为基期计算的,则写为1950-1992年平均增长速度,其余类推。

国民经济行业分类 自2003年定期报表开始使用新的《国民经济行业分类》(GB/T4754-2002),该分类是由国家统计局组织修订,经国家质量监督检验检疫总局批准,于2002年5月10日发布实施。这次修订是在1994年分类标准的基础上,参照联合国《全部经济活动的国际标准产业分类》(ISIC/Rev.3)进行的。修订后的《国民经济行业分类》(GB/T4754-2002)共有门类20个,大类95个,中类396个,小类913个。新增门类4个,大类增加3个,中类增加28个,小类增加67个。

企业(单位)登记注册类型 是以在工商行政管理机关登记注册的各类企业为划分对象,以工商行政管理部门对企业登记注册的类型为依据,将企业登记注册类型分为内资企业、港澳台商投资企业和外商投资企业三大类。内资企业包括国有企业、集体企业、股份合作企业、联营企业、有限责任公司、股份有限公司、私营公司和其他企业;港澳台商投资企业和外商投资企业分别包括合资经营企业、合作经营企业、独资经营企业和股份有限公司。对不在工商行政管理部门进行登记注册的行政机关、事业单位和社会团体,主要按其经费来源和管理方式进行划分。

国有企业 指企业全部资产归国家所有,并按《中华人民共和国企业法人登记管理条例》规定登记注册的非公司制的经济组织。不包括有限责任公司中的国有独资公司。

集体企业 指企业资产归集体所有,并按《中华人民共和国企业法人登记管理条例》规定登记注册的经济组织。

股份合作企业 指以合作制为基础,由企业职工共同出资入股,吸收一定比例的社会资产投资组建,实行自主经营,自负盈亏,共同劳动,民主管理,按劳分配与按股分红相结合的一种集体经济组织。

联营企业 指两个及两个以上相同或不同所有制性质的企业法人或事业单位法人,按自愿、平等、互利的原则,共同投资组成的经济组织。联营企业包括国有联营企业、集体联营企业、国有与集体联营企业和其他联营企业。

有限责任公司 指根据《中华人民共和国公司登记管理条例》规定登记注册,由两个以上、五十个以下的股东共同出资,每个股东以其所认缴的出资额对公司承担有限责任,公司以其全部资产对其债务承担责任的经济组织。有限责任公司包括国有独资公司以及其他有限责任公司。

股份有限公司 指根据《中华人民共和国公司登记管理条例》规定登记注册,其全部注册资本由等额股份构成并通过发行股票筹集资本,股东以其认购的股份对公司承担有限责任,公司以其全部资产对其债务承担责任的经济组织。

私营企业 指由自然人投资设立或由自然人控股,以雇佣劳动为基础的营利性经济组织。包括按照《公司法》、《合伙企业法》、《私营企业暂行条例》规定登记注册的私营有限责任公司、私营股份有限公司、私营合伙企业和私营独资企业。

其他内资企业 指上述企业之外的其他内资经济组织。

与港澳台商合资经营企业 指港澳台地区投资者与内地企业依照《中华人民共和国中外合资经营

企业法》及有关法律的规定，按合同规定的比例投资设立、分享利润和分担风险的企业。

与港澳台商合作经营企业　指港澳台地区投资者与内地企业依照《中华人民共和国中外合作经营企业法》及有关法律的规定，依照合作合同的约定进行投资或提供条件设立、分配利润和分担风险的企业。

港澳台商独资经营企业　指依照《中华人民共和国外资企业法》及有关法律的规定，在内地由港澳台地区投资者全额投资设立的企业。

港澳台商投资股份有限公司　指根据国家有关规定，经外经贸部依法批准设立，其中港、澳、台商的股本占公司注册资本的比例达25% 以上的股份有限公司。凡其中港、澳、台商的股本占公司注册资本的比例小于 25%的，属于内资企业中的股份有限公司。

中外合资经营企业　指外国企业或外国人与中国内地企业依照《中华人民共和国中外合资经营企业法》及有关法律的规定，按合同规定的比例投资设立、分享利润和分担风险的企业。

中外合作经营企业　指外国企业或外国人与中国内地企业依照《中华人民共和国中外合作经营企业法》及有关法律的规定，依照合作合同的约定进行投资或提供条件设立、分配利润和分担风险的企业。

外资企业　指依照《中华人民共和国外资企业法》及有关法律的规定，在中国内地由外国投资者全额投资设立的企业。

外商投资股份有限公司　指根据国家有关规定，经外经贸部依法批准设立，其中外资的股本占公司注册资本的比例达 25% 以上的股份有限公司。凡其中外资股本占公司注册资本的比例小于 25%的，属于内资企业中的股份有限公司。

行政机关、事业单位和社会团体　参照企业登记注册类型，主要按其经费来源和管理方式划分。具体规定如下：

(1)行政机关：包括国家机关和政党机关，原则上均列为“国有”。但有特殊规定的，如供销社等，则列为“集体”。

(2)事业单位：包括经国家机构编制部门和有关业务主管部门批准成立的各类事业单位，不包括实行企业化管理的事业单位。事业单位的划分办法如下：

①由国家财政预算拨款或列入财政预算外资金管理以及经费主要来源于国有主管部门或国有上级单位的事业单位，列为“国有”。

②经费主要来源于集体单位的事业单位，列为“集体”。

③公民个人(或个人合伙)开办的事业单位，列为“私营”。

④上述以外的其他事业单位，如果其经费来源不明确，按管理方式进行归类。

(3)社会团体：包括经民政部门批准成立以及未纳入社会团体管理条例范围的工会、妇联等各类社会团体。社会团体的划分办法如下：

①未纳入民政部社会团体管理条例范围的工会、妇联、共青团、青联、工商联、科协、侨联等社会团体，国家拨款设立的基金会或基金管理组织以及经费主要来源于国有业务主管部门或国有上级单位的社会团体，列为“国有”。

②经费主要来源于集体单位的社会团体，列为“集体”。

③公民个人(或个人合伙)开办的社会团体，划为“私营”。

④上述以外的其他社会团体，如果其经费来源不明确，改按管理方式进行归类。

Explanatory Notes on Main Statistical Indicators

Administrative Division refers to the division of administrative areas by the state. The Constitution of the People's Republic of China stipulates that the administrative areas in China are divided as:1) The whole Country is divided into provinces, autonomous regions and municipalities directly under the central government; 2) Provinces and autonomous regions are divided into autonomous prefectures, counties, autonomous counties and cities; 3) Autonomous prefectures are divided into counties, autonomous counties and cities; 4) Counties and autonomous counties are divided into townships, nationality townships and towns; 5) Municipalities and large cities are divided into districts and counties, 6) The state shall, when necessary, establish special administrative regions.

Average Annual Growth Rate Two methods for calculating average annual growth rate are applied in China,one is often called level approachor the method of calculating geometric average,which is derived by comparing the level of the last year of the interval with that of the beginning year;the other is calledaccumulative approach or algebraic average or equation method,which is derived by the summation of the actual figure of each year in the interval divided by the figure in the base year.Usually the results calculated by the two methods are fairly close, but they differed sharply when uneven economic development occurred with striking fluctuations in growth.

The average annual growth rates listed in this statistical yearbook are calculated by level approach except for the growth rate of investment in fixed assets. The base years are not listed when the years are listed for average annual growth rates. For instance,the average annual growth rate of 43 years since 1949 is listed as average annual growth rate of 1950-1992 without listing the base year 1949.And the analogy of this is also the same for the rest of the years.

Industrial Classification of the National Economy The new *Industrial Classification of the National Economy* (GB/T 4754-2002) is introduced starting from the compilation of 2003 annual statistics. The new revision was based on the 1994 classification and organized by the National Bureau of Statistics taking into consideration of the *International Standards of the Industrial Classification of All Economic Activities* (ISIC/Rev.3) of the United Nations, and the new Classification was promulgated by the National Administration of Quality Supervision, Inspection and Quarantine on May 10, 2002. The revised version of the *Industrial Classification of the National Economy* (GB/T 4754-2002) is composed of 20 major divisions, 95 divisions, 396 major groups and 913 groups, including 4 new major divisions, 3 new divisions, 28 major groups and 67 groups.

Registration Status of Enterprises Enterprises are classified into 3 categories, namely domestic-funded enterprises, enterprises with investment from Hong Kong, Macau and Taiwan, and enterprises with foreign investment, in the light of the registration status of an enterprise in industrial and commercial administration agencies. Domestic-funded enterprises include state-owned enterprises, collective-owned enterprises, cooperative enterprises, joint ownership enterprises, limited liability corporations, share-holding corporations Ltd., private enterprises and other enterprises. Included in the enterprises with investment from Hong Kong, Macau and Taiwan and enterprises with foreign investment are joint-venture enterprises, cooperative enterprises, sole investment enterprises and share-holding corporations Ltd. For government agencies, institutions and social organizations which are not requested to be registered in industrial and commercial administration agencies, they are classified mainly by their sources of funds and way of management.

State-owned Enterprises refer to non-corporation economic units where the entire assets are owned by the state and which have registered in accordance with the *Regulation of the Peoples Republic of China on the Management of* limited liability corporations.

Collective-owned Enterprises refer to economic units where the assets are owned collectively and which have registered in accordance with the *Regulation of the Peoples Republic of China on the Management of Registration of Corporate Enterprises*.

Cooperative Enterprises refer to a form of collective economic units (enterprises) where capitals come mainly from employees as their shares, with certain proportion of capital from the outside, where production is organized on the basis of independent operation, independent accounting for profits and losses, joint work, democratic management, and a distribution system that integrates remuneration according to work with dividend according to capital share.

Joint Ownership Enterprises refer to economic units established by two or more corporate enterprises or corporate institutions of the same or different ownership, through joint investment on the basis of equality, voluntary participation and mutual benefits. They include state joint ownership enterprises, collective joint ownership enterprises, joint state-collective enterprises, other joint ownership enterprises.

Limited Liability Corporations refer to economic units established with investment from 2-50 investors and registered in accordance with the *Regulation of the Peoples Republic of China on the Management of Registration of Corporations*, each investor bearing limited liability to the corporation depending on its share of investment, and the corporation bearing liability to its debt to the maximum of its total assets. Limited liability corporations include exclusive state-funded limited liability corporations and other limited liability corporations.

Share-holding Corporations Ltd. refer to economic units registered in accordance with the *Regulation of the Peoples Republic of China on the Management of Registration of Corporations*, with total registered capitals divided into equal shares and raised through issuing stocks. Each investor bears limited liability to the corporation depending on the holding of shares, and the corporation bears liability to its debt to the maximum of its total assets.

Private Enterprises refer to profit-making economic units invested and established by natural persons, or controlled by natural persons using employed labour. Included in this category are private limited liability corporations, private share-holding corporations Ltd., private partnership enterprises and private-funded enterprises registered in accordance with the *Corporation Law, Partnership Enterprises Law and Interim Regulations on Private Enterprises*.

Other Domestic-funded Enterprises refer to domestic-funded economic units other than those mentioned above.

Joint-venture Enterprises with Funds from Hong Kong, Macau and Taiwan refer to enterprises jointly established by investors from Hong Kong, Macau and Taiwan with enterprises in the mainland of China in accordance with the *Law of the Peoples Republic of China on Sino-foreign Joint Venture Enterprises* and other relevant laws, where the share of investment, profits and risks is stipulated in the contract.

Cooperative Enterprises with Funds from Hong Kong Macau and Taiwan established by investors from Hong Kong, Macau and Taiwan with enterprises in the mainland of China in accordance with the *Law of the Peoples Republic of China on Sino-foreign Cooperative Enterprises* and other relevant laws, where the investment or provision of facilities, and the share of profits and risks is stipulated in the cooperative contract.

Enterprises with Sole (exclusive) Investment from Hong Kong, Macau and Taiwan refer to enterprises established in the mainland of China with exclusive investment from investors from Hong Kong, Macau and Taiwan in accordance with the *Law of the Peoples Republic of China on Foreign-Funded Enterprises* and other relevant laws.

Share-holding Corporations Ltd. with Investment from Hong Kong, Macau and Taiwan refer to share-holding corporations Ltd. established with the approval from the Ministry of Foreign Trades and Economic Relations in line with relevant state regulations, where the share of investment from Hong Kong, Macau or Taiwan businessmen exceeds 25% of the total registered capital of the corporation. In case the share of investment from Hong Kong, Macau or Taiwan is less than 25% of the total registered capital, the enterprise is to be classified as domestic-funded share-holding corporation Ltd.

Joint-venture Enterprises with Foreign Investment refer to enterprises jointly established by foreign enterprises or foreigners with enterprises in the mainland of China in accordance with the *Law of the Peoples Republic of China on Sino-foreign Joint Venture Enterprises* and other relevant laws, where the share of investment, profits and risks is stipulated in the contract.

Cooperation Enterprises with Foreign Investment refer to enterprises jointly established by foreign enterprises or foreigners with enterprises in the mainland of China in accordance with the *Law of the Peoples Republic of China on Sino-foreign Cooperative Enterprises* and other relevant laws,where the investment or provision of facilities, and the share of profits and risks is stipulated in the cooperative contract.

Enterprises with Sole (exclusive) Foreign Investment refer to enterprises established in the mainland of China with exclusive investment from foreign investors in accordance with the *Law of the Peoples Republic of China on Foreign-Funded Enterprises* and other relevant laws.

Share-holding Corporations Ltd. with Foreign Investment refer to share-holding corporations Ltd. established with the approval from the Ministry of Foreign Trades and Economic Relations in line with relevant state regulations, where the share of investment from foreign investors exceeds 25% of the total registered capital of the corporation. In case the share of foreign investment is less than 25% of the total registered capital, the enterprise is to be classified as domestic-funded share-holding corporation Ltd.

Government Agencies, Institutions and Social Organizations are classified into following categories by source of funds and way of management taking reference of the registration status of enterprises:

(1) Government Agencies: include state and party agencies, classified in principle as "state-owned". There are exceptions, such as supply and marketing cooperatives which are classified as "collective".

(2) Institutions: include institutions of various types established with the approval by organization and staffing departments of the government, but exclude institutions where enterprise management system is introduced. Institutions are further classified as follows:

(a) Institutions whose main budget is listed in the government budget appropriations or extra-budget funds, or allocated from the budget of their competent government agencies. Such institutions are classified as "state-owned".

(b) Institutions whose budget mainly comes from collective units. Such institutions are classified as "collective".

(c) Institutions other than those mentioned above whose source of budget is not clear. Such institutions are classified by way of management.

(3) Social Organizations: include social organizations established with the approval from the Ministry of Civil Affairs, and organizations that are not covered by social organization management regulations such as Trades unions, women's federations etc.. Social organizations are further classified as follows:

(a) Social organizations that are not covered by social organization management regulations of the Ministry of Civil Affairs such as Trades unions, women's federations, communist youth leagues, youth associations, industrial and commerce associations, scientists associations, overseas Chinese associations, etc., foundations and fund management organizations established with funds from the state, and social organizations whose funds mainly come from the budget of their competent government agencies. Such institutions are classified as "state-owned".

(b) Social organizations whose budget mainly

comes from collective units. Such institutions are classified as “collective”.

(c) Social organizations established by individual or a group of citizens, which are classified as “private”.

(d) Social organizations other than those mentioned above whose source of budget is not clear. Such organizations are classified by manner of management.

第二篇　国民经济核算

Chapter 2　National Economy Accounting

资料整理：孙晓峰 陈玲 张凯

Datebase Editor: Sunxiaofeng Chenling Zhangkai

简要说明

本篇资料的主要内容及来源

国民经济核算篇主要包括福建省地区生产总值及其增长、结构、三次产业对经济增长的贡献、消费水平等方面的资料。

1993 年以后福建省地区生产总值的数据已按照国家统计局制定的统一方案，根据 2004 年全国经济普查资料，采用国际上通用的“总趋势离差法”进行了调整。

本篇资料来源于国民经济核算统计报表，由省统计局国民经济核算处整理提供。

Brief Introduction

Main Content and Source of Data

Data in the chapter reflect the overall situation and development of economy on the macro level, including growth rate and components of GDP, share of the three industries to the increase of GDP and household consumption expenditure.

Historical data of GDP were recompiled in accordance with the uniform plan of NBS and revised by trend approach.

Data in this chapter are prepared according to the data of national accounts and compiled by the Division of National Accounts of Fujian Provincial Bureau of Statistics.

2-1 主要社会经济效益指标

Main Indicators on Economic Efficiency

项目 Item	2000	2005	2006	2007	2008	2009	2010
社会劳动生产率 （元/人） Overall Labor Productivity(yuan/person)	**22878**	**35599**	**39726**	**46652**	**52858**	**57602**	**67754**
总产出中间投入率 （%） Ratio of Imput to Total Output (%)	**61.9**	**61.4**	**61.7**	**61.6**	**62.6**	**62.3**	**62.1**
第一产业 Primary Industry	38.2	39.7	40.1	40.8	41.1	40.9	40.9
第二产业 Secondary Industry	73.5	72.1	72.3	72.3	72.8	72.8	71.7
工业 Industry	73.9	72.2	72.7	72.8	73.2	73.3	72.4
建筑业 Construction	70.9	71.4	68.2	68.2	70.0	70.0	67.5
第三产业 Tertiary Industy	44.2	34.2	39.2	38.1	41.6	39.4	41.4
#交通运输、仓储和邮政业 Transport,Storage,Post and Telecommunication Services	47.2	46.6	45.7	46.0	54.8	54.4	55.7
批发和零售业 Wholesale,Retail Trade and Catering Services	44.0	22.9	24.2	19.9	28.8	27.7	28.6
增加值率 （%） Value-added Rate (%)	**38.1**	**38.6**	**38.3**	**38.4**	**37.4**	**37.7**	**37.9**
第一产业 Primary Industry	61.8	60.3	59.9	59.2	58.9	59.1	59.1
第二产业 Secondary Industry	26.5	27.9	27.7	27.7	27.2	27.2	28.3
工业 Industry	26.1	27.8	27.3	27.2	26.8	26.7	27.6
建筑业 Construction	29.1	28.6	31.8	31.8	30.0	30.0	32.5
第三产业 Tertiary Industy	55.8	65.8	60.8	61.9	58.4	60.6	58.6
#交通运输、仓储和邮政业 Transport, Storage, Post and Telecommunication Services	52.8	53.4	54.3	54.0	45.2	45.6	44.3
批发和零售业 Wholesale and Retail Trade	56.0	77.1	75.8	80.1	71.2	72.3	71.4

注：1.本表均按当年价格计算；2.本部分2004年及以前年份第一产业，不包括农林牧渔服务业。交通运输、仓储和邮政业包括电信业，但不包括城市公共交通业。批发和零售业包括餐饮业。

Note:a)Data in this table are caculated at current prices. b)Primary industry before 2004 exclude services of farming,forestry,animal,husbandry and fishery. The Data of transport, storage,post and telecommunication services include telecommunication, but exclude urban public transport. The Data of wholesale and retail trade include catering services.

2-2 主要年份总产出

Total Output in Selected Years

(100 million yuan)

年份 Year	总产出（亿元） Output (100 million yuan)	第一产业 Primary Industy	第二产业 Secondary Industy	第三产业 Tertiary Industy	总产出指数 Indices 以1952为100 (year of 1952=100)	以上年为100 (preceding year=100)
1952	18.43	11.07	4.70	2.66	100.0	124.5
1957	35.64	17.05	10.59	8.00	192.6	105.5
1962	42.16	14.81	13.84	13.51	206.5	98.4
1965	54.35	18.80	21.45	14.10	287.7	113.4
1970	67.81	21.12	29.79	16.90	365.1	118.0
1975	96.03	27.06	51.33	17.64	506.0	104.8
1978	138.83	36.33	73.71	28.79	710.6	121.7
1979	155.69	43.11	83.80	28.78	764.6	107.6
1980	169.83	45.49	95.85	28.49	831.7	108.8
1981	204.17	56.11	103.73	44.33	960.5	115.5
1982	229.65	63.73	116.27	49.65	1057.9	110.1
1983	253.07	68.08	126.43	58.56	1140.8	107.8
1984	306.08	80.66	159.41	66.01	1344.9	117.9
1985	399.54	99.05	210.91	89.58	1645.3	122.3
1986	466.22	107.07	249.31	109.84	1802.0	109.5
1987	603.52	132.97	316.59	153.96	2156.0	119.6
1988	838.36	182.00	451.80	204.56	2565.6	119.0
1989	1040.95	209.92	554.54	276.49	2898.2	113.0
1990	1175.79	227.12	600.94	347.73	3244.1	111.9
1991	1428.36	253.51	747.33	427.52	3811.4	117.5
1992	1910.42	295.54	1053.44	561.44	4895.9	128.5
1993	2993.36	386.34	1743.08	863.94	6564.2	134.1
1994	4229.26	574.05	2422.96	1232.25	8562.5	130.4
1995	5483.28	738.63	3244.08	1500.57	10041.8	117.3
1996	6419.24	850.67	3776.66	1791.91	11642.0	115.9
1997	7436.80	925.56	4462.70	2048.54	13690.5	117.6
1998	8220.00	973.37	4978.46	2268.17	15280.3	111.6
1999	8877.25	1010.82	5410.96	2455.47	16989.2	111.2
2000	9870.58	1037.27	6154.43	2678.88	18759.6	110.4
2001	10506.33	1061.61	6591.76	2852.96	20560.0	109.6
2002	11324.01	1088.70	7252.42	2982.89	23028.4	112.0
2003	12866.74	1135.20	8462.96	3268.58	26154.9	113.6
2004	14912.98	1301.21	10008.78	3602.99	29629.1	113.3
2005	16995.93	1373.03	11385.95	4236.95	33523.8	113.2
2006	19833.74	1445.08	13329.91	5058.74	37533.4	112.0
2007	24160.16	1692.16	16197.54	6270.47	43725.7	116.5
2008	28960.02	1965.02	19557.35	7437.65	50656.1	115.8
2009	32436.81	2001.24	22110.23	8325.34	58001.2	114.5
2010	38915.25	2307.05	26616.53	9991.67	66974.0	115.5

2-3 总产出

Total Output

单位：亿元 (100 million yuan)

项目 Item	2000	2005	2006	2007	2008	2009	2010
总产出(亿元) Total Output(100 million yuan)	**9870.58**	**16995.93**	**19833.74**	**24160.16**	**28960.02**	**32436.81**	**38915.25**
第一产业 Primary Industry	1037.27	1373.03	1445.08	1692.16	1965.02	2001.24	2307.05
第二产业 Secondary Industry	6154.43	11385.95	13329.91	16197.54	19557.35	22110.23	26616.53
工业 Industry	5447.13	10065.44	11847.50	14341.78	17141.44	19115.57	23152.34
建筑业 Construction	707.30	1320.52	1482.42	1855.76	2415.91	2994.66	3464.19
第三产业 Tertiary industy	2678.88	4236.95	5058.74	6270.47	7437.65	8325.34	9991.67
#交通运输、仓储和邮政业 Transport,Storage,Post and Telecommunication Services	777.53	844.23	968.60	1173.59	1556.13	1649.35	1965.92
批发和零售业 Wholesale,Retail Trade and Catering Services	713.07	741.74	848.68	962.31	682.44	1443.96	1835.11
总产出指数(上年=100) Indices of Total Output(preceding year=100)	**110.4**	**113.2**	**112.0**	**116.5**	**115.8**	**114.5**	**115.5**
第一产业 Primary Industry	103.1	102.9	110.8	104.5	105.7	105.0	103.5
第二产业 Secondary Industry	112.2	113.5	108.7	118.8	116.9	115.1	117.5
工业 Industry	113.1	114.4	107.6	119.0	116.5	113.6	119.5
建筑业 Construction	101.2	105.7	118.8	116.9	120.4	126.8	103.3
第三产业 Tertiary industy	107.5	116.0	122.1	113.7	115.5	115.2	112.2
#交通运输、仓储和邮政业 Transport,Storage,Post and Telecommunication Services	108.9	107.5	111.5	109.9	125.9	110.8	112.1
批发和零售业 Wholesale,Retail Trade and Catering Services	105.6	110.0	114.5	106.5	126.4	117.7	114.1
总产出构成(%) Composition of Total Output(%)	**100.0**	**100.0**	**100.0**	**100.0**	**100.0**	**100.0**	**100.0**
第一产业 Primary Industry	10.5	8.1	7.3	7.0	6.8	6.2	5.9
第二产业 Secondary Industry	62.4	67.0	67.2	67.0	67.5	68.1	68.4
工业 Industry	55.2	59.2	59.7	59.4	59.2	58.9	59.5
建筑业 Construction	7.2	7.8	7.5	7.6	8.3	9.2	8.9
第三产业 Tertiary industy	27.1	24.9	25.5	26.0	25.7	25.7	25.7
#交通运输、仓储和邮政业 Transport,Storage,Post and Telecommunication Services	7.9	5.0	4.9	4.9	5.4	5.1	5.1
批发和零售业 Wholesale and Retail Trade	7.2	4.4	4.3	4.0	4.4	4.5	4.7

2-4 主要年份地区生产总值

Gross Domestic Products in Selected Years

单位：亿元　　(100 million yuan)

年份 Year	地区生产总值 Gross Domestic Product	第一产业 Primary Industry	第二产业 Secondary Industry	工业 Industry	建筑业 Construction	第三产业 Tertiary Industy	人均GDP（元） Per Capita GDP (yuan)
1952	12.73	8.39	2.42	2.17	0.25	1.92	102
1957	22.03	12.31	5.20	4.23	0.97	4.52	154
1962	22.12	10.26	5.12	4.00	1.12	6.74	137
1965	28.81	13.48	8.31	6.55	1.76	7.02	166
1970	34.70	15.34	10.64	8.56	2.08	8.72	173
1975	46.48	19.43	17.81	14.29	3.52	9.24	203
1978	66.37	23.93	28.19	23.85	4.34	14.25	273
1979	74.11	27.97	31.37	26.20	5.17	14.77	300
1980	87.06	31.95	35.68	29.55	6.13	19.43	348
1981	105.62	39.30	39.75	33.16	6.59	26.57	416
1982	117.81	44.24	42.92	35.25	7.67	30.65	457
1983	127.76	47.27	46.05	37.76	8.29	34.44	487
1984	157.06	55.72	56.39	44.47	11.92	44.95	591
1985	200.48	68.13	72.56	62.09	10.47	59.79	737
1986	222.54	72.24	82.19	67.06	15.13	68.11	809
1987	279.24	89.24	101.28	82.69	18.59	88.72	999
1988	383.21	118.16	141.82	120.45	21.37	123.23	1349
1989	458.40	135.77	163.82	142.45	21.37	158.81	1589
1990	522.28	147.01	174.47	150.55	23.92	200.80	1763
1991	619.87	168.64	217.74	188.29	29.45	233.49	2041
1992	784.68	194.87	291.60	241.78	49.82	298.21	2557
1993	1114.20	254.36	455.79	381.95	73.84	404.05	3556
1994	1644.39	362.90	720.97	618.06	102.91	560.52	5193
1995	2094.90	464.82	882.34	748.92	133.42	747.74	6526
1996	2484.25	537.38	1026.64	875.50	151.14	920.23	7646
1997	2870.90	576.63	1214.81	1039.62	175.19	1079.46	8775
1998	3159.91	610.04	1335.05	1132.79	202.26	1214.82	9603
1999	3414.19	628.86	1434.30	1230.22	204.08	1351.03	10323
2000	3764.54	640.57	1628.45	1422.34	206.11	1495.52	11194
2001	4072.85	651.11	1803.50	1586.48	217.02	1618.24	11691
2002	4467.55	664.78	2036.97	1808.95	228.02	1765.80	12739
2003	4983.67	692.94	2340.82	2061.31	279.51	1949.91	14125
2004	5763.35	786.84	2770.49	2438.62	331.87	2206.02	16235
2005	6554.69	827.36	3175.92	2801.88	374.05	2551.41	18353
2006	7583.85	865.98	3695.04	3230.49	464.56	3022.83	21105
2007	9248.53	1002.11	4476.42	3896.76	579.66	3770.00	25582
2008	10823.01	1158.17	5318.44	4593.24	725.20	4346.40	29755
2009	12236.53	1182.74	6005.30	5106.38	898.92	5048.49	33437
2010	14737.12	1363.67	7522.83	6397.71	1125.12	5850.62	40025

2-5 主要年份地区生产总值构成

Composition of Gross Domestic Product in Selected Years

单位：% (%)

年份 Year	地区生产总值 Gross Domestic Product	第一产业 Primary Industry	第二产业 Secondary Industry	工业 Industry	建筑业 Construction	第三产业 Tertiary Industy
1952	100.0	65.9	19.0	17.0	2.0	15.1
1957	100.0	55.9	23.6	19.2	4.4	20.5
1962	100.0	46.4	23.1	18.1	5.1	30.5
1965	100.0	46.8	28.8	22.8	6.1	24.4
1970	100.0	44.2	30.7	24.7	6.0	25.1
1975	100.0	41.8	38.3	30.7	7.6	19.9
1978	100.0	36.0	42.5	35.9	6.5	21.5
1979	100.0	37.8	42.3	35.4	7.0	19.9
1980	100.0	36.7	41.0	33.9	7.0	22.3
1981	100.0	37.2	37.6	31.4	6.2	25.2
1982	100.0	37.6	36.4	29.9	6.5	26.0
1983	100.0	37.0	36.0	29.6	6.5	27.0
1984	100.0	35.5	35.9	28.3	7.6	28.6
1985	100.0	34.0	36.2	31.0	5.2	29.8
1986	100.0	32.5	36.9	30.1	6.8	30.6
1987	100.0	31.9	36.3	29.6	6.7	31.8
1988	100.0	30.8	37.0	31.4	5.6	32.2
1989	100.0	29.6	35.7	31.1	4.7	34.7
1990	100.0	28.1	33.4	28.8	4.6	38.4
1991	100.0	27.2	35.1	30.4	4.8	37.7
1992	100.0	24.8	37.2	30.8	6.3	38.0
1993	100.0	22.8	40.9	34.3	6.6	36.3
1994	100.0	22.1	43.8	37.6	6.3	34.1
1995	100.0	22.2	42.1	35.7	6.4	35.7
1996	100.0	21.6	41.3	35.2	6.1	37.1
1997	100.0	20.1	42.3	36.2	6.1	37.6
1998	100.0	19.3	42.3	35.8	6.5	38.4
1999	100.0	18.4	42.0	36.0	6.0	39.6
2000	100.0	17.0	43.3	37.8	5.5	39.7
2001	100.0	16.0	44.3	39.0	5.3	39.7
2002	100.0	14.9	45.6	40.5	5.1	39.5
2003	100.0	13.9	47.0	41.4	5.6	39.1
2004	100.0	13.7	48.1	42.3	5.8	38.3
2005	100.0	12.6	48.5	43.3	5.4	38.9
2006	100.0	11.4	48.7	43.7	5.7	39.9
2007	100.0	10.8	48.4	43.4	5.7	40.8
2008	100.0	10.7	49.1	42.4	6.7	40.2
2009	100.0	9.7	49.1	41.7	7.4	41.2
2010	100.0	9.3	51.0	43.4	7.6	39.7

注：2004年以前年份第一产业增加值不含农林牧渔服务业。

Note:The value-added of primary industry before 2004 exclude services of farming , forestry , animal , husbandry and fishery.

2–6 分行业地区生产总值

Gross Pomestic Product by Sector

单位：亿元 (100 million yuan)

项目 Item	2000	2005	2006	2007	2008	2009	2010
地区生产总值 Gross Pomestic Product	**3764.54**	**6554.69**	**7583.85**	**9248.53**	**10823.01**	**12236.53**	**14737.12**
第一产业 Primary Industry	**640.57**	**827.36**	**865.98**	**1002.11**	**1158.17**	**1182.74**	**1363.67**
农、林、牧、渔业 Agriculture , Forestry , Animal Husbandry and Fishery		827.36	865.98	1002.11	1158.17	1182.74	1363.67
农业 Agriculture		356.1	386.15	435.62	484.22	522.67	616.32
林业 Forestry		65.23	69.86	78.78	97.26	104.99	122.08
畜牧业 Animal Husbandry		143.36	141.13	179.5	223.96	192.22	198.53
渔业 Fishery		227.84	231.69	266.41	307.62	316.08	376.37
农、林、牧、渔服务业 Services of Agriculture , Forestry , Animal Husbandry and Fishery		34.83	37.15	41.8	45.11	46.78	50.37
第二产业 Secondary Industry	**1628.45**	**3175.92**	**3695.04**	**4476.42**	**5318.44**	**6005.3**	**7522.83**
工业 Industry	1422.34	2801.88	3230.49	3896.76	4593.24	5106.38	6397.71
采矿业 Mining and Quarrying		83.25	102.09	143.12	198.42	252.54	313.39
制造业 Manufacturing		2496.73	2819.35	3450.72	4111.11	4555.67	5731.47
电力、燃气及水的生产和供应业 Production and Supply of Electric Power, Gas,Water		221.9	309.06	302.92	283.71	298.17	352.85
建筑业 Construction	206.11	374.05	464.56	579.66	725.2	898.92	1125.12
第三产业 Tertiary Industy	**1495.52**	**2551.41**	**3022.83**	**3770**	**4346.4**	**5048.49**	**5850.62**
交通运输、仓储和邮政业 Transport, Storage and Post Services	410.66	447.2	521.16	626.32	703.72	751.42	871.16
信息传输、计算机服务和软件业 Information Transmission, Computer Software and Services		184.93	205.92	269.35	290.64	314.29	344.19
批发和零售业 Wholesale and Retail Trade	399.11	571.3	641.13	769.15	897.32	1043.42	1310.94
住宿和餐饮业 Lodgings and Catering Services		120.84	151.83	175.1	205.57	235.98	266.47
金融业 Finance	118.85	186.12	243.9	385.84	497.65	612.2	767.58
房地产业 Real Estate	147.60	331.8	435.22	511.5	506.98	656.61	679.03
租赁和商务服务业 Rent and Business Services		82.03	107.09	144.75	177.7	208.52	237.04
科学研究、技术服务和地质勘查业 Scientific Reseach, Ploytechnic Services and Geological Prospecting		36.83	42.41	59.61	71.06	90.69	103.13
水利、环境和公共设施管理业 Water Conservancy, Environment and Public Facilities Management		18.28	19.23	24.87	27.42	30.51	51.18
居民服务和其他服务业 Resident Services and Others		113.65	129.76	162.15	203.12	261.42	265.81
教育 Education		169.62	184.09	231.32	266.22	239.05	269.91
卫生、社会保障和社会福利业 Health Care, Social Ensure and Walfare		75.49	80.72	98.84	114.04	164.36	206.54
文化、体育和娱乐业 Culture, Sports and Entertainment		45.94	62.66	79.54	98.76	110.93	124.87
公共管理和社会组织 Public Management and Social Organizations		167.4	197.75	231.67	286.2	329.09	352.77
国际组织 National Organizations							

2-7 主要年份地区生产总值指数(上年=100)

Indices of Gross Domestic Product in Selected Years(preceding year=100)

单位：以上年为100 (preceding year=100)

年份 Year	地区生产总值 Gross Domestic Product	第一产业 Primary Industry	第二产业 Secondary Industry	工业 Industry	建筑业 Construction	第三产业 Tertiary Industy	人均GDP Per Capita GDP
1952	123.3	112.1	131.5	145.7	138.9	119.3	121.1
1957	106.7	109.5	95.3	124.2	50.4	117.3	103.0
1962	98.6	107.6	94.2	79.4	155.7	94.6	96.4
1965	110.9	111.5	120.3	126.2	101.2	100.4	107.5
1970	109.9	105.0	123.2	112.9	101.9	101.0	105.7
1975	102.9	100.5	106.6	108.7	98.2	101.1	100.5
1978	117.8	101.5	132.4	138.7	90.4	121.5	115.6
1979	105.5	104.9	109.7	107.0	137.4	99.0	103.9
1980	118.4	113.9	118.1	113.5	155.1	125.7	117.2
1981	115.5	108.5	110.3	113.8	91.0	136.3	114.0
1982	109.3	106.8	108.2	104.5	134.9	114.2	107.5
1983	106.2	104.7	107.3	107.4	106.7	106.5	104.4
1984	117.9	110.1	120.3	124.9	93.7	124.3	116.3
1985	117.6	105.3	123.3	124.2	115.8	123.5	114.9
1986	105.7	102.1	113.0	105.2	177.0	99.4	104.5
1987	113.6	110.5	110.0	117.1	75.4	121.9	111.8
1988	114.3	102.6	125.1	132.7	67.6	109.7	112.6
1989	107.8	109.7	104.9	108.5	51.2	110.7	106.1
1990	107.5	101.7	108.1	109.3	63.6	111.4	104.7
1991	114.2	109.1	122.0	123.7	111.2	111.5	111.4
1992	120.3	110.5	128.5	126.8	140.6	120.0	119.0
1993	122.6	109.4	135.9	139.5	112.8	118.3	120.1
1994	120.3	109.3	132.6	133.9	122.0	113.0	119.0
1995	114.6	109.5	117.3	116.4	125.2	114.2	113.0
1996	113.3	108.8	114.3	115.2	107.6	114.6	112.0
1997	114.0	108.0	116.1	116.5	113.4	114.5	113.2
1998	110.8	106.7	112.4	112.5	111.6	110.8	110.2
1999	109.9	105.7	111.5	112.5	101.9	109.9	109.3
2000	109.3	102.6	111.2	112.2	100.4	110.0	107.5
2001	108.7	103.5	110.2	110.8	105.6	109.2	104.9
2002	110.2	102.7	113.8	115.1	104.2	109.2	109.1
2003	111.5	103.3	115.6	115.4	117.7	109.7	110.8
2004	111.8	104.4	114.9	115.3	111.3	110.8	111.2
2005	111.6	102.7	112.3	112.3	111.7	113.7	110.9
2006	114.8	100.8	116.6	116.0	121.5	117.1	114.1
2007	115.2	103.9	118.2	118.5	116.4	114.6	114.5
2008	113.0	105.0	115.1	115.0	115.6	112.3	112.3
2009	112.3	104.7	113.7	113.0	118.8	112.3	111.6
2010	113.9	103.3	118.1	118.0	119.3	110.6	113.2

2-8 主要年份地区生产总值指数(1952年=100)

Indices of Gross Domestic Product in Selected Years(year of 1952=100)

单位：以1952年为100　　(year of 1952=100)

年份 Year	地区生产总值 Gross Domestic Product	第一产业 Primary Industry	第二产业 Secondary Industry	工业 Industry	建筑业 Construction	第三产业 Tertiary Industy	人均GDP Per Capita GDP
1952	100.0	100.0	100.0	100.0	100.0	100.0	100.0
1957	172.0	137.1	226.0	200.7	452.0	233.3	150.0
1962	159.8	86.4	259.5	193.1	885.4	317.5	122.3
1965	215.1	132.1	363.8	319.7	759.5	348.9	153.2
1970	255.9	146.5	480.3	425.5	969.2	400.0	157.4
1975	331.5	171.0	810.3	723.4	1495.8	423.9	179.7
1978	451.2	188.5	1207.1	1197.8	1095.1	698.2	229.5
1979	476.1	197.7	1324.7	1282.1	1505.1	690.9	238.3
1980	563.9	225.3	1564.4	1455.1	2334.6	868.4	279.3
1981	651.1	244.4	1725.4	1655.8	2124.0	1183.8	318.2
1982	711.6	261.1	1866.4	1731.0	2865.6	1351.6	342.1
1983	755.3	273.2	2002.4	1858.8	3057.8	1439.1	357.2
1984	890.7	300.8	2408.9	2321.9	2865.6	1788.3	415.3
1985	1047.5	316.7	2968.2	2884.7	3318.8	2207.8	477.4
1986	1107.3	323.4	3354.0	3033.9	5873.0	2194.6	498.8
1987	1257.9	357.5	3689.9	3554.0	4426.5	2674.7	557.7
1988	1437.6	366.7	4616.0	4716.4	2993.7	2933.4	627.7
1989	1549.3	402.3	4842.1	5118.2	1533.5	3246.6	665.9
1990	1665.8	409.0	5233.3	5595.3	975.0	3615.6	696.9
1991	1902.8	446.1	6384.1	6919.7	1084.3	4030.9	776.4
1992	2288.8	492.8	8205.4	8776.3	1524.9	4835.4	924.1
1993	2806.2	539.0	11153.4	12245.5	1719.7	5720.9	1109.8
1994	3375.7	589.0	14790.3	16402.4	2097.4	6461.8	1320.9
1995	3869.0	644.9	17347.3	19090.2	2625.3	7376.8	1493.2
1996	4384.0	701.5	19836.0	21987.4	2824.9	8455.2	1671.7
1997	4998.3	757.7	23037.7	25605.2	3204.0	9679.2	1893.1
1998	5538.0	808.3	25890.5	28798.0	3576.2	10720.4	2085.4
1999	6086.9	854.3	28860.0	32407.2	3644.2	11777.1	2279.9
2000	6653.7	876.2	32080.0	36372.6	3660.4	12954.3	2451.1
2001	7229.8	906.9	35339.6	40308.3	3865.7	14150.5	2570.9
2002	7964.4	931.4	40210.4	46395.4	4029.4	15453.7	2805.6
2003	8877.3	962.2	46501.5	53537.1	4741.1	16958.1	3108.2
2004	9927.7	1004.9	53417.5	61744.0	5276.4	18784.7	3455.0
2005	11079.3	1031.5	59968.7	69361.6	5892.1	21357.2	3831.0
2006	12719.0	1039.4	69938.6	80438.8	7160.7	25010.5	4371.8
2007	14652.3	1079.5	82670.5	95284.9	8335.3	28655.6	5004.6
2008	16557.1	1133.2	95139.3	109593.1	9632.7	32174.5	5619.0
2009	18595.9	1186.5	108138.7	123788.4	11444.8	36143.2	6272.6
2010	21180.7	1225.7	127711.8	146008.6	13655.5	39974.4	7101.4

2–9 三次产业对经济增长的贡献及拉动(1980–2010年)

Contribution Share and Contribution of the Three Components of GDP to the Growth of GDP(1980-2010)

单位：% (%)

年份 Year	贡献率(%) Contribution Share(%) 第一产业 Primary Industry	第二产业 Secondary Industry	#工业 Industry	第三产业 Tertiary Industry	地区生产总值增长率(%) Growth of Gross rate Domestic Product(%)	拉动（百分点）Contribution（percentage point） 第一产业 Primary Industry	第二产业 Secondary Industry	#工业 Industry	第三产业 Tertiary Industry
1980	25.1	43.2	28.6	31.7	18.4	4.6	8.0	5.3	5.8
1981	20.6	26.6	29.9	52.8	15.5	3.2	4.1	4.6	8.2
1982	26.0	33.5	16.3	40.5	9.3	2.4	3.1	1.5	3.8
1983	26.1	44.7	38.6	29.2	6.2	1.6	2.8	2.4	1.8
1984	19.2	43.1	45.1	37.7	17.9	3.4	7.7	8.1	6.8
1985	9.5	51.4	47.3	39.1	17.6	1.7	9.0	8.3	6.9
1986	10.4	92.8	32.9	-3.2	5.7	0.6	5.3	1.9	-0.2
1987	21.3	32.1	45.6	46.6	13.6	2.9	4.4	6.2	6.3
1988	4.9	74.1	85.3	21.0	14.3	0.7	10.6	12.2	3.0
1989	29.9	29.1	47.4	41.0	7.8	2.3	2.3	3.7	3.2
1990	5.4	48.3	55.0	46.3	7.7	0.4	3.6	4.1	3.5
1991	19.0	50.9	47.4	30.1	14.4	2.7	7.2	6.7	4.3
1992	14.7	49.5	40.8	35.8	20.3	3.0	10.0	8.3	7.3
1993	10.8	59.8	56.9	29.4	22.6	2.4	13.5	12.9	6.7
1994	10.6	67.0	62.0	22.4	20.3	2.2	13.6	12.6	4.5
1995	13.7	54.4	46.2	31.9	14.6	2.0	7.9	6.8	4.7
1996	13.3	50.7	47.7	36.0	13.3	1.8	6.7	6.4	4.8
1997	11.0	54.7	50.0	34.3	14.0	1.5	7.7	7.0	4.8
1998	11.4	55.4	50.2	33.2	10.8	1.2	6.0	5.4	3.6
1999	10.1	56.8	55.8	33.1	9.9	1.0	5.6	5.5	3.3
2000	4.7	59.6	59.4	35.7	9.3	0.4	5.6	5.5	3.3
2001	6.9	50.7	47.2	42.4	8.7	0.6	4.4	4.1	3.7
2002	4.3	59.5	57.3	36.2	10.2	0.4	6.1	5.8	3.7
2003	4.3	62.0	54.2	33.7	11.5	0.5	7.1	6.2	3.9
2004	5.2	59.2	54.2	35.6	11.8	0.6	7.0	6.4	4.2
2005	3.0	51.3	46.0	45.7	11.6	0.3	6.0	5.3	5.3
2006	0.7	54.4	46.1	45.0	14.8	0.1	8.0	6.8	6.7
2007	2.8	59.1	52.5	38.1	15.2	0.4	9.0	8.0	5.8
2008	3.8	58.8	51.4	37.4	13.0	0.5	7.6	6.7	4.9
2009	3.6	57.1	47.6	39.3	12.3	0.5	7.0	5.9	4.8
2010	2.1	67.9	58.7	30.0	13.9	0.3	9.4	8.2	4.2

2-10 主要年份按收入法计算的地区生产总值

Gross Domestic Product by Income Approach in Selected Years

单位：亿元 (100 million yuan)

年份 Year	地区生产总值 Gross Regional Product	劳动者报酬 Compensation of Employees	生产税净额 Net Taxes on Production	固定资产折旧 Depreciation of Fixed Assets	营业盈余 Operating Surplus	占地区生产总值比重（%）Ratio(%) 劳动者报酬 Compensation of Employees	生产税净额 Net Taxes on Production	固定资产折旧 Depreciation of Fixed Assets	营业盈余 Depreciation of Fixed Assets
1978	66.37	42.16	7.07	5.85	11.29	63.5	10.7	8.8	17.0
1979	74.11	47.78	7.75	6.48	12.1	64.5	10.5	8.7	16.3
1980	87.06	55.96	8.97	7.55	14.58	64.3	10.3	8.7	16.7
1981	105.62	68.13	10.45	9.22	17.82	64.5	9.9	8.7	16.9
1982	117.81	76.46	11.34	10.21	19.8	64.9	9.6	8.7	16.8
1983	127.76	82.74	12.24	11.12	21.66	64.8	9.6	8.7	17.0
1984	157.06	101.47	14.8	13.84	26.95	64.6	9.4	8.8	17.2
1985	200.48	126.06	19.89	18.38	36.15	62.9	9.9	9.2	18.0
1986	222.54	139.73	21.78	20.54	40.49	62.8	9.8	9.2	18.2
1987	279.24	175.22	27.25	25.84	50.93	62.7	9.8	9.3	18.2
1988	383.21	241.25	39.27	35.49	67.2	63.0	10.2	9.3	17.5
1989	458.40	281.5	46.73	43.13	87.04	61.4	10.2	9.4	19.0
1990	522.28	322.04	50.9	51.24	98.1	61.7	9.7	9.8	18.8
1991	619.87	376.87	62.25	63.31	117.44	60.8	10.0	10.2	18.9
1992	784.68	472.85	80.58	79.79	151.46	60.3	10.3	10.2	19.3
1993	1114.20	623.02	125.34	114.12	251.72	55.9	11.2	10.2	22.6
1994	1644.39	832.09	184.89	155.7	471.71	50.6	11.2	9.5	28.7
1995	2094.90	1101.69	210.71	231.67	550.82	52.6	10.1	11.1	26.3
1996	2484.25	1291.05	247.08	284.74	661.38	52.0	9.9	11.5	26.6
1997	2870.90	1498.69	275.15	345.43	751.62	52.2	9.6	12.0	26.2
1998	3159.91	1650.26	316.66	388.04	804.95	52.2	10.0	12.3	25.5
1999	3414.19	1769.6	345.36	431.13	868.11	51.8	10.1	12.6	25.4
2000	3764.54	1824.79	371.62	491.48	1076.64	48.5	9.9	13.1	28.6
2001	4072.85	1960.79	392.29	555.29	1164.49	48.1	9.6	13.6	28.6
2002	4467.55	2172.3	434.87	630.3	1230.08	48.6	9.7	14.1	27.5
2003	4983.67	2412.18	522.41	735.98	1313.1	48.4	10.5	14.8	26.3
2004	5763.35	2539.45	780.6	704.03	1739.27	44.1	13.5	12.2	30.2
2005	6554.69	2890.79	868.51	914.15	1881.24	44.1	13.3	13.9	28.7
2006	7583.85	3334.3	1019.66	989.48	2240.42	44.0	13.4	13.0	29.5
2007	9248.53	3997.16	1314.35	1070.74	2866.27	43.2	14.2	11.6	31.0
2008	10823.01	5728.03	1334.19	1317.13	2443.65	52.9	12.3	12.2	22.6
2009	12236.53	6510.05	1553.2	1412.19	2761.08	53.2	12.7	11.5	22.6
2010	14737.12	7400.03	1867.67	1562.99	3906.43	50.2	12.7	10.6	26.5

2-11 主要年份第三产业增加值

Value-added of the Tertiary Industry in Selected Years

单位：亿元 (100 million yuan)

年份 Year	第三产业 Tertiary Industy	#交通运输、仓储和邮政业 Transport,Storage and Post	#批发和零售业 Wholesale and Retail Trade	#金融业 Finance	#房地产业 Real Estate
1952	1.92	0.27	1.00		
1957	4.52	0.64	2.21		
1962	6.74	0.88	2.29		
1965	7.02	1.10	1.57		
1970	8.72	1.47	2.23		
1975	9.24	1.85	1.15		
1978	14.25	3.35	3.47	3.01	0.69
1979	14.77	3.32	3.29	3.08	0.81
1980	19.43	4.40	5.08	4.03	0.92
1981	26.57	6.01	7.01	5.49	1.26
1982	30.65	6.85	8.12	6.34	1.46
1983	34.44	7.29	9.38	7.19	1.65
1984	44.95	9.69	11.82	9.48	2.18
1985	59.79	12.35	15.17	13.00	2.98
1986	68.11	14.54	16.53	14.98	3.43
1987	88.72	19.37	23.14	18.71	4.29
1988	123.23	32.50	40.58	17.40	4.40
1989	158.81	42.60	41.31	29.06	5.23
1990	200.80	48.56	49.53	34.40	8.31
1991	233.49	55.05	60.46	40.52	12.50
1992	298.21	70.51	79.64	48.34	18.89
1993	404.05	99.48	115.99	53.76	33.66
1994	560.52	134.95	146.90	90.76	52.70
1995	747.74	189.55	203.09	93.76	71.37
1996	920.23	235.07	257.03	105.58	83.47
1997	1079.46	283.44	306.22	109.07	93.27
1998	1214.82	326.63	341.19	114.01	105.50
1999	1351.03	366.27	364.97	113.40	126.22
2000	1495.52	410.66	399.11	118.85	147.60
2001	1618.24	428.87	429.56	124.84	165.31
2002	1765.80	445.06	465.91	138.28	188.09
2003	1949.91	478.84	520.56	150.09	215.84
2004	2206.02	537.41	595.35	171.00	248.44
2005	2551.41	447.20	571.30	186.12	331.80
2006	3022.83	521.16	641.13	243.90	435.22
2007	3770.00	626.32	769.15	385.84	511.50
2008	4346.40	703.72	897.32	497.65	506.98
2009	5048.49	751.42	1043.42	612.20	656.61
2010	5850.62	871.16	1310.94	767.58	679.03

2-12 第三产业增加值构成（1978-2010年）

Composition of Value-added of the Tertiary Industry(1978-2010)

单位：%　　(%)

年份 Year	第三产业 Tertiary Industy	#交通运输、仓储和邮政业 Transport,Storage and Post	#批发和零售业 Wholesale and Retail Trade	#金融业 Finance	#房地产业 Real Estate
1978	100.0	23.5	24.4	21.1	4.8
1979	100.0	22.5	22.3	20.9	5.5
1980	100.0	22.6	26.1	20.7	4.7
1981	100.0	22.6	26.4	20.7	4.7
1982	100.0	22.3	26.5	20.7	4.8
1983	100.0	21.2	27.2	20.9	4.8
1984	100.0	21.6	26.3	21.1	4.8
1985	100.0	20.7	25.4	21.7	5.0
1986	100.0	21.3	24.3	22.0	5.0
1987	100.0	21.8	26.1	21.1	4.8
1988	100.0	26.4	32.9	14.1	3.6
1989	100.0	26.8	26.0	18.3	3.3
1990	100.0	24.2	24.7	17.1	4.1
1991	100.0	23.6	25.9	17.4	5.4
1992	100.0	23.6	26.7	16.2	6.3
1993	100.0	24.6	28.7	13.3	8.3
1994	100.0	24.1	26.2	16.2	9.4
1995	100.0	25.3	27.2	12.5	9.5
1996	100.0	25.5	27.9	11.5	9.1
1997	100.0	26.3	28.4	10.1	8.6
1998	100.0	26.9	28.1	9.4	8.7
1999	100.0	27.1	27.0	8.4	9.3
2000	100.0	27.5	26.7	7.9	9.9
2001	100.0	26.5	26.5	7.7	10.2
2002	100.0	25.2	26.4	7.8	10.7
2003	100.0	24.6	26.7	7.7	11.1
2004	100.0	24.4	27.0	7.8	11.3
2005	100.0	17.5	22.4	7.3	13.0
2006	100.0	17.2	21.2	8.1	14.4
2007	100.0	16.6	20.4	10.2	13.6
2008	100.0	16.2	20.6	11.4	11.7
2009	100.0	14.9	20.7	12.1	13.0
2010	100.0	14.9	22.4	13.1	11.6

2-13 第三产业增加值指数(上年=100)

Indices of Value-added of the Tertiary Industry(preceding year=100)

单位：以上年为100 (preceding year=100)

年份 Year	第三产业 Tertiary Industy	#交通运输、仓储和邮政业 Transport,Storage and Post	#批发和零售业 Wholesale and Retail Trade	#金融业 Finance	#房地产业 Real Estate
1979	99.0	93.8	86.8	100.0	114.3
1980	125.7	132.5	143.7	124.5	108.0
1981	136.3	136.4	136.4	136.2	136.8
1982	114.2	114.2	114.1	114.1	114.6
1983	106.5	106.4	106.4	106.5	106.0
1984	124.3	124.3	124.2	124.3	124.7
1985	123.5	123.5	123.5	123.4	123.4
1986	99.4	100.5	96.7	100.1	100.0
1987	121.9	120.4	125.2	121.0	121.0
1988	109.7	135.7	129.5	76.1	84.0
1989	110.7	110.2	90.8	140.2	99.6
1990	111.4	98.2	110.4	103.1	138.2
1991	111.5	107.2	116.7	113.8	145.4
1992	120.0	120.1	127.1	113.5	139.2
1993	118.3	116.8	121.7	99.1	164.5
1994	113.0	118.9	108.4	122.8	115.3
1995	114.2	117.3	120.8	99.9	117.2
1996	114.6	116.1	118.6	104.5	108.7
1997	114.5	116.0	117.9	104.6	109.1
1998	110.8	109.6	114.8	102.4	103.7
1999	109.9	110.5	111.1	97.8	116.4
2000	110.0	109.1	110.5	106.0	116.8
2001	109.2	107.2	109.8	106.5	113.1
2002	109.2	104.7	109.3	110.8	112.4
2003	109.7	108.3	111.5	107.8	112.5
2004	110.8	111.3	111.4	109.8	108.7
2005	113.7	106.8	108.6	107.4	130.3
2006	117.1	112.6	111.9	129.5	126.2
2007	114.6	110.0	112.6	121.7	110.2
2008	112.3	108.3	110.7	117.8	93.4
2009	112.3	101.9	115.8	125.4	115.7
2010	110.6	112.1	115.2	114.9	101.2

2-14 第三产业增加值指数(1978年=100)

Indices of Value-added of the Tertiary Industry(year of 1978=100)

单位：以1978年为100 (year of 1978=100)

年份 Year	第三产业 Tertiary Industy	#交通运输、仓储和邮政业 Transport,Storage and Post	#批发和零售业 Wholesale and Retail Trade	#金融业 Finance	#房地产业 Real Estate
1979	99.0	93.8	86.8	100.0	114.3
1980	124.4	124.3	124.7	124.5	123.4
1981	169.6	169.5	170.1	169.6	168.9
1982	193.7	193.6	194.1	193.5	193.5
1983	206.3	206.0	206.5	206.1	205.1
1984	256.4	256.0	256.5	256.1	255.8
1985	316.7	316.2	316.8	316.1	315.7
1986	314.8	317.8	306.4	316.4	315.7
1987	383.7	382.6	383.6	382.8	382.0
1988	420.9	519.2	496.7	291.3	320.8
1989	466.0	572.2	451.0	408.4	319.6
1990	519.1	562.0	498.1	421.1	441.6
1991	578.8	602.4	581.4	479.4	642.0
1992	694.6	723.4	738.9	543.9	893.9
1993	821.8	845.1	899.4	538.9	1470.7
1994	928.2	1005.0	975.2	661.6	1696.0
1995	1059.6	1179.2	1178.4	661.1	1986.9
1996	1214.5	1368.8	1397.2	691.0	2159.1
1997	1390.3	1588.1	1647.0	722.9	2356.6
1998	1539.9	1740.9	1890.5	740.2	2444.3
1999	1691.7	1924.6	2100.4	723.8	2845.8
2000	1860.8	2099.4	2320.4	767.0	3323.9
2001	2032.6	2251.2	2548.4	817.1	3760.5
2002	2219.8	2357.6	2786.0	905.8	4227.4
2003	2435.9	2553.6	3107.4	976.4	4755.9
2004	2698.2	2842.6	3461.4	1072.5	5170.8
2005	3067.7	3034.5	3760.7	1151.6	6738.3
2006	3592.5	3417.7	4207.8	1491.8	8501.2
2007	4116.1	3758.2	4739.5	1815.1	9364.8
2008	4621.5	4068.9	5244.9	2138.7	8750.4
2009	5191.6	4144.2	6073.8	2681.5	10128.4
2010	5741.9	4644.2	6997.0	3081.0	10249.9

2-15 主要年份地区生产总值收入法构成项目

Income Approach Components of GDP in Selcted Years

单位：亿元 (100 million yuan)

项目 Item	2000	2004	2005	2006	2007	2008	2009	2010
劳动者报酬 Compensation of Employees	**1824.79**	**2539.45**	**2890.79**	**3334.30**	**3997.16**	**5728.03**	**6510.05**	**7400.03**
第一产业 Primary Industry	550.52	744.79	785.71	856.31	993.96	1148.76	1171.82	1352.56
第二产业 Secondary Industry	635.86	1020.25	1209.53	1423.15	1683.09	2515.86	2942.67	3372.40
#工业 Industry	511.27	837.20	996.77	1151.65	1340.96	1991.03	2289.48	2554.42
第三产业 Tertiary industy	638.41	774.41	895.55	1054.84	1320.10	2063.41	2395.56	2675.07
#交通运输、仓储和邮政业 Transport,Storage,Post and Telecommunication Services	154.70	133.08	130.44	149.24	177.90	355.61	373.73	429.09
批发和零售业 Wholesale and Retail Trade	173.17	121.56	102.01	132.09	152.95	389.20	469.34	558.19
生产税净额 Net Taxes on Production	**371.62**	**780.60**	**868.51**	**1019.66**	**1314.35**	**1334.19**	**1553.20**	**1867.67**
第一产业 Primary Industry	20.10	16.16	13.56	2.54	2.94	3.76	4.36	3.29
第二产业 Secondary Industry	213.86	489.85	539.43	623.25	765.59	819.81	884.90	1091.51
#工业 Industry	185.40	447.59	524.46	563.42	690.40	734.51	780.09	960.61
第三产业 Tertiary industy	137.67	274.59	315.52	393.87	545.83	510.62	663.94	772.87
#交通运输、仓储和邮政业 Transport,Storage,Post and Telecommunication Services	35.24	59.67	58.46	66.10	79.83	56.28	50.46	58.73
批发和零售业 Wholesale and Retail Trade	63.09	136.71	127.88	137.93	181.25	255.84	313.65	393.63
固定资产折旧 Depreciation of Fixed Assets	**491.48**	**704.03**	**914.15**	**989.48**	**1070.74**	**1317.13**	**1412.19**	**1562.99**
第一产业 Primary Industry	18.07	25.89	28.09	7.13	5.21	5.65	6.56	7.82
第二产业 Secondary Industry	204.18	289.74	435.75	465.92	492.95	610.40	644.01	701.16
#工业 Industry	185.07	276.56	388.25	447.15	469.44	587.26	615.52	665.46
第三产业 Tertiary Industy	269.23	388.40	450.31	516.43	572.57	701.08	761.62	854.01
#交通运输、仓储和邮政业 Transport,Storage,Post and Telecommunication Services	85.46	125.07	65.80	74.23	86.12	124.09	133.85	156.66
批发和零售业 Wholesale and Retail Trade	30.80	24.02	22.95	29.48	32.01	43.23	49.25	65.32
营业盈余 Operating Surplus	**1076.64**	**1739.27**	**1881.24**	**2240.42**	**2866.27**	**2443.65**	**2761.08**	**3906.43**
第一产业 Primary Industry	51.88							
第二产业 Secondary Industry	574.56	970.65	991.21	1182.73	1534.78	1372.37	1533.72	2357.76
#工业 Industry	540.60	877.27	892.39	1068.26	1395.97	1280.44	1421.29	2217.22
第三产业 Tertiary Industy	450.21	768.62	890.03	1057.69	1331.49	1071.28	1227.36	1548.67
#交通运输、仓储和邮政业 Transport,Storage,Post and Telecommunication Services	135.27	219.59	192.50	231.58	282.47	167.74	193.39	226.68
批发和零售业 Wholesale and Retail Trade	132.04	313.06	318.45	341.63	402.94	209.05	211.18	293.80

注：2005年及以后年份行业分类为按新国民经济行业分类(GB/T 4754-2002)划分。

Note: The classifived standards of national ecomonic sector in 2005 and follow years are adopted GB/T 4754-2002.

2-16 分行业地区生产总值收入法构成项目(2010年)

Income Approach Components of GDP by Sector(2010)

单位：亿元 (100 million yuan)

项目 Item	增加值 Value-added	劳动者报酬 Compensation of Employees	生产税净额 Net Taxes on Production	固定资产折旧 Depreciation of Fixed Assets	营业盈余 Operating Surplus
地区生产总值 Gross Pomestic Product	**14737.12**	**7400.03**	**1867.67**	**1562.99**	**3906.43**
第一产业 Primary Industry	**1363.67**	**1352.56**	**3.29**	**7.82**	**...**
第二产业 Secondary Industry	**7522.83**	**3372.40**	**1091.51**	**701.16**	**2357.76**
工业 Industry	6397.71	2554.42	960.61	665.46	2217.22
建筑业 Construction	1125.12	817.98	130.90	35.70	140.54
第三产业 Tertiary Industry	**5850.62**	**2675.07**	**772.87**	**854.01**	**1548.67**
交通运输、仓储和邮政业 Transport, Storage and Post Services	871.16	429.09	58.73	156.66	226.68
信息传输、计算机服务和软件业 Information Transmission, Computer Software and Services	344.19	66.99	26.50	120.72	129.98
批发和零售业 Wholesale and Retail Trade	1310.94	558.19	393.63	65.32	293.80
住宿和餐饮业 Lodgings and Catering Services	266.47	211.40	19.38	21.01	14.68
金融业 Finance	767.58	192.72	93.24	19.82	461.80
房地产业 Real Estate	679.03	56.65	122.21	311.54	188.63
租赁和商务服务业 Rent and Business Services	237.04	81.28	18.19	23.90	113.67
科学研究、技术服务和地质勘查业 Scientific Reseach, Ploytechnic Services and Geological Prospecting	103.13	53.70	9.24	8.66	31.53
水利、环境和公共设施管理业 Water Conservancy, Environment and Public Facilities Management	51.18	28.98	2.51	9.98	9.71
居民服务和其他服务业 Resident Services and Others	265.81	226.63	11.45	14.88	12.85
教育 Education	269.91	223.61	1.78	40.69	3.83
卫生、社会保障和社会福利业 Health Care, Social Ensure and Walfare	206.54	147.59	2.21	10.48	46.26
文化、体育和娱乐业 Culture, Sports and Entertainment	124.87	90.25	10.67	12.40	11.55
公共管理和社会服务业 Public Management and Social Organizations	352.77	307.99	3.13	37.95	3.70

2-17 主要年份支出法地区生产总值

Gross Domestic Product by Expenditure Approach in Selected Years

单位：亿元 (100 million yuan)

年份 Year	支出法地区生产总值 Gross Domestic Product by Expenditure Approach	最终消费 Final Consumption Expenditure	资本形成总额 Gross Capital Formation	货物和服务净出口 Net Exports of Goods and Services	资本形成率(%) Capital Formation Rate(%)	最终消费率(%) Consumption Rate(%)
1952	12.73	11.86	1.42	-0.55	11.2	93.2
1957	22.03	18.19	5.67	-1.83	25.7	82.6
1962	22.12	21.87	0.13	0.12	0.6	98.9
1965	28.81	24.38	6.31	-1.88	21.9	84.6
1970	34.70	32.47	9.68	-7.45	27.9	93.6
1975	46.48	39.66	10.54	-3.72	22.7	85.3
1978	66.37	53.02	22.59	-9.24	34.0	79.9
1979	74.11	60.51	23.07	-9.47	31.1	81.6
1980	87.06	68.06	27.08	-8.08	31.1	78.2
1981	105.62	79.02	28.48	-1.88	27.0	74.8
1982	117.81	91.16	33.21	-6.56	28.2	77.4
1983	127.76	98.26	35.61	-6.11	27.9	76.9
1984	157.06	116.36	43.76	-3.06	27.9	74.1
1985	200.48	145.82	64.54	-9.88	32.2	72.7
1986	222.54	165.37	81.72	-24.55	36.7	74.3
1987	279.24	192.92	97.92	-11.60	35.1	69.1
1988	383.21	262.23	124.64	-3.66	32.5	68.4
1989	458.40	325.85	139.14	-6.59	30.4	71.1
1990	522.28	381.13	151.46	-10.31	29.0	73.0
1991	619.87	443.55	190.40	-14.08	30.7	71.6
1992	784.68	542.90	261.23	-19.45	33.3	69.2
1993	1114.20	682.09	440.95	-8.84	39.6	61.2
1994	1644.39	946.94	735.23	-37.78	44.7	57.6
1995	2094.90	1174.13	953.71	-32.94	45.5	56.0
1996	2484.25	1406.39	1135.23	-57.37	45.7	56.6
1997	2870.90	1630.58	1278.88	-38.56	44.5	56.8
1998	3159.91	1723.93	1451.90	-15.92	45.9	54.6
1999	3414.19	1831.55	1513.82	68.82	44.3	53.6
2000	3764.54	2049.66	1601.29	113.59	42.5	54.4
2001	4072.85	2214.11	1693.63	165.11	41.6	54.4
2002	4467.55	2412.57	1826.23	228.75	40.9	54.0
2003	4983.67	2651.77	2077.08	254.82	41.7	53.2
2004	5763.35	2975.97	2469.87	317.51	42.9	51.6
2005	6568.93	3295.55	2943.65	329.73	44.8	50.2
2006	7749.62	3765.94	3637.46	346.22	46.9	48.6
2007	9339.51	4269.36	4704.56	365.59	50.4	45.7
2008	11431.86	5053.95	5975.76	402.15	52.3	44.2
2009	12595.80	5395.37	6819.66	380.77	54.1	42.8
2010	14790.35	6299.02	8022.95	468.38	54.2	42.6

2-18 主要年份支出法地区生产总值结构

年份	最终消费支出 Final Consumption Expenditure				
	绝对数(亿元) Level (100 million yuan)				
	合计	居民消费支出	农村居民	城镇居民	政府消费支出
Year	Total	Household Consumption Expenditure	Rural Household	Urban Household	Government Consumption Expenditure
1952	11.86	10.96	8.68	2.28	0.90
1957	18.19	16.42	11.89	4.53	1.77
1962	21.87	19.44	12.30	7.14	2.43
1965	24.38	21.73	14.77	6.96	2.65
1970	32.47	29.07	20.48	8.59	3.40
1975	39.66	33.89	22.69	11.20	5.77
1978	53.02	44.52	29.36	15.16	8.50
1979	60.51	51.08	33.75	17.32	9.43
1980	68.06	58.04	37.12	20.92	10.02
1981	79.02	68.42	43.71	24.70	10.60
1982	91.16	79.14	49.99	29.15	12.02
1983	98.26	84.99	53.60	31.39	13.27
1984	116.36	101.28	63.38	37.89	15.08
1985	145.82	127.72	75.96	51.76	18.10
1986	165.37	140.94	81.88	59.05	24.43
1987	192.92	163.04	93.28	69.76	29.88
1988	262.23	214.16	122.70	91.46	48.07
1989	325.85	261.21	147.41	113.80	64.64
1990	381.13	289.33	165.17	124.15	91.80
1991	443.55	338.57	177.61	160.95	104.98
1992	542.90	419.67	211.55	208.12	123.23
1993	682.09	534.45	242.40	292.06	147.63
1994	946.94	741.05	327.95	413.10	205.89
1995	1174.13	951.68	397.38	554.29	222.45
1996	1406.39	1100.78	443.46	657.32	305.61
1997	1630.58	1270.82	501.53	769.29	359.76
1998	1723.93	1318.23	526.40	791.83	405.71
1999	1831.55	1374.02	548.91	825.11	457.53
2000	2049.66	1539.58	559.80	979.78	510.09
2001	2214.11	1634.83	592.39	1042.44	579.28
2002	2412.57	1753.57	595.01	1158.56	659.00
2003	2651.77	1920.99	595.26	1325.73	730.79
2004	2975.97	2150.13	635.50	1514.63	825.84
2005	3295.55	2393.17	700.94	1692.23	902.38
2006	3765.94	2775.43	796.54	1978.89	990.51
2007	4269.36	3131.13	886.43	2244.70	1138.23
2008	5053.95	3722.10	1026.10	2696.00	1331.85
2009	5395.37	3959.15	1077.17	2881.98	1436.22
2010	6299.02	4710.82	1151.37	3559.45	1588.20

Components of Gross Domestic Product by Expenditure Approach in Selected Years

最终消费支出=100 Final Consumption Expenditure=100		居民消费支出=100 Household Consumption Expenditure=100		资本形成总额 Gross Capital Formation				
构成(%) Composition (%)				绝对数（亿元） Level(100 million yuan)			构成(%) Composition (%)	
居民消费支出 Houserhold Consumption Expenditure	政府消费支出 Government Consumption Expenditure	农村居民 Rural Household	城镇居民 Urban Household	合计 Total	固定资本形成总额 Fixed Capital Formation	存货增加 Changes in Invertories	固定资本形成总额 Fixed Capital Formation	存货增加 Changes in Invertories
92.4	7.6	79.2	20.8	1.42	0.85	0.57	59.9	40.1
90.3	9.7	72.4	27.6	5.67	3.11	2.56	54.9	45.1
88.9	11.1	63.3	36.7	0.13	2.11	-1.98	1623.1	-1523.1
89.1	10.9	68.0	32.0	6.31	4.79	1.52	75.9	24.1
89.5	10.5	70.5	29.5	9.68	7.24	2.44	74.8	25.2
85.5	14.5	67.0	33.0	10.54	7.35	3.19	69.7	30.3
84.0	16.0	65.9	34.1	22.59	13.25	9.34	58.7	41.3
84.4	15.6	66.1	33.9	23.07	16.35	6.72	70.9	29.1
85.3	14.7	64.0	36.0	27.08	19.70	7.38	72.7	27.3
86.6	13.4	63.9	36.1	28.48	19.64	8.84	69.0	31.0
86.8	13.2	63.2	36.8	33.21	23.36	9.85	70.3	29.7
86.5	13.5	63.1	36.9	35.61	28.71	6.90	80.6	19.4
87.0	13.0	62.6	37.4	43.76	33.51	10.25	76.6	23.4
87.6	12.4	59.5	40.5	64.54	45.16	19.38	70.0	30.0
85.2	14.8	58.1	41.9	81.72	61.19	20.53	74.9	25.1
84.5	15.5	57.2	42.8	97.92	73.76	24.16	75.3	24.7
81.7	18.3	57.3	42.7	124.64	84.36	40.28	67.7	32.3
80.2	19.8	56.4	43.6	139.14	90.45	48.69	65.0	35.0
75.9	24.1	57.1	42.9	151.46	108.02	43.44	71.3	28.7
76.3	23.7	52.5	47.5	190.40	143.21	47.19	75.2	24.8
77.3	22.7	50.4	49.6	261.23	198.45	62.78	76.0	24.0
78.4	21.6	45.4	54.6	440.95	348.16	92.79	79.0	21.0
78.3	21.7	44.3	55.7	735.23	549.29	185.94	74.7	25.3
81.1	18.9	41.8	58.2	953.71	707.12	246.59	74.1	25.9
78.3	21.7	40.3	59.7	1135.23	849.23	286.01	74.8	25.2
77.9	22.1	39.5	60.5	1278.88	960.86	318.01	75.1	24.9
76.5	23.5	39.9	60.1	1451.90	1116.58	335.32	76.9	23.1
75.0	25.0	39.9	60.1	1513.82	1150.19	363.62	76.0	24.0
75.1	24.9	36.4	63.6	1601.29	1216.91	384.38	76.0	24.0
73.8	26.2	36.2	63.8	1693.63	1269.93	423.71	75.0	25.0
72.7	27.3	33.9	66.1	1826.23	1383.54	442.69	75.8	24.2
72.4	27.6	31.0	69.0	2077.08	1672.63	404.45	80.5	19.5
72.2	27.8	29.6	70.4	2469.87	2100.48	369.39	85.0	15.0
72.6	27.4	29.3	70.7	2943.65	2654.95	288.70	90.2	9.8
73.7	26.3	28.7	71.3	3637.46	3310.15	327.31	91.0	9.0
73.3	26.7	28.3	71.7	4704.56	4344.88	359.68	92.4	7.6
73.6	26.4	27.6	72.4	5975.76	5601.36	374.40	93.7	6.3
73.4	26.6	27.2	72.8	6819.66	6438.28	381.38	94.4	5.6
74.8	25.2	24.4	75.6	8022.95	7341.57	681.38	91.5	8.5

2-19 居民消费支出

Household Consumption Expenditure

单位：亿元 (100 million yuan)

项目 Item	2004	2005	2006	2007	2008	2009	2010
总计 Total	**2150.13**	**2393.17**	**2775.43**	**3131.13**	**3722.10**	**3959.15**	**4710.82**
农村居民 Rural Household	**635.50**	**700.94**	**796.54**	**886.43**	**1026.10**	**1077.17**	**1151.37**
食品类支出 Food	268.39	285.22	301.12	344.81	393.87	411.14	443.95
衣着类支出 Clothing	30.41	35.09	39.60	43.44	48.01	52.05	54.27
居住类支出 Residence	49.39	52.27	63.58	80.83	96.70	89.50	90.05
家庭设备、用品及服务类支出 Household Facilities, Articles and Services	29.43	29.02	31.07	33.96	40.59	46.51	51.21
医疗保健类支出 Health Care and Personal Articles	25.99	28.95	30.12	32.10	36.04	39.08	43.98
交通和通信类支出 Transportation and Communications	58.32	68.71	80.09	85.80	97.39	101.75	111.65
文教娱乐用品及服务类支出 Recreation, Education and Culture Articles	59.66	67.01	61.93	65.68	71.07	75.24	80.87
金融服务消费支出 Financial Service	30.62	42.67	64.82	65.35	107.80	113.40	114.26
保险服务消费支出 Insurance Service			14.51	14.83	5.83	20.88	12.50
其它支出 Others	83.29	92.00	109.70	119.63	128.80	127.62	148.63
城镇居民 Urban Household	**1514.63**	**1692.23**	**1978.89**	**2244.70**	**2696.00**	**2881.98**	**3559.45**
食品类支出 Food	541.13	590.89	651.35	741.48	899.45	977.16	1166.60
衣着类支出 Clothing	95.38	116.49	132.61	162.36	195.75	214.59	258.12
居住类支出 Residence	138.57	176.17	208.45	217.67	230.25	255.43	323.60
家庭设备、用品及服务类支出 Household Facilities, Articles and Services	69.39	74.84	88.83	111.39	127.89	157.31	195.87
医疗保健类支出 Health Care and Personal Articles	76.00	78.63	86.80	86.71	95.74	126.66	146.81
交通和通信类支出 Transportation and Communications	168.27	172.36	208.32	277.33	314.71	365.09	442.59
文教娱乐用品及服务类支出 Recreation, Education and Culture Articles	167.43	181.93	223.30	246.17	257.36	275.58	359.80
金融服务消费支出 Financial Service	30.82	42.94	64.30	65.71	108.30	113.87	131.56
保险服务消费支出 Insurance Service			21.76	22.11	54.43	36.23	20.37
其它支出 Others	227.64	257.98	293.17	313.77	412.12	360.06	514.13

2-20 主要年份居民消费水平

Household Consumption Expenditure in Selected Years

年份 Year	居民消费水平(元/人) Households Consumption(yuan/person) 总计 All Households	农村 Rural	城镇 Urban	城乡居民消费水平对比(农村居民=1) Urban/Rural Consumption Ratio(Rural Households=1)	居民消费水平指数 Households Consumption (以上年为100) Preceding Year=100 总计 All Households	农村 Rural	城镇 Urban	(以1952为100) Year of 1952=100 总计 All Households	农村 Rural	城镇 Urban
1952	88	79	159	2.0				100.0	100.0	100.0
1957	115	98	214	2.2	101.6	97.8	122.1	122.0	116.8	122.5
1962	120	92	252	2.7	104.1	107.7	106.3	93.7	83.6	100.2
1965	125	102	246	2.4	107.3	107.1	107.9	116.5	103.0	132.3
1970	145	119	304	2.6	102.2	105.5	100.4	133.1	118.2	165.3
1975	148	115	357	3.1	98.9	97.5	102.2	134.4	112.7	192.1
1978	183	140	455	3.3	111.2	110.9	111.2	162.1	134.7	235.9
1979	206	162	473	2.9	106.8	105.9	102.1	173.2	142.7	240.8
1980	231	180	533	3.0	106.9	105.6	104.8	185.1	150.7	252.2
1981	269	211	546	2.6	114.3	114.4	99.8	211.6	172.4	251.8
1982	305	238	607	2.6	107.2	107.3	102.4	226.8	185.0	257.9
1983	322	252	609	2.4	106.7	106.8	102.6	242.0	197.5	264.5
1984	378	297	672	2.3	109.6	108.5	106.1	265.3	214.3	280.6
1985	465	358	818	2.3	116.0	116.4	107.3	307.7	249.4	301.0
1986	507	384	880	2.3	102.9	101.3	100.6	316.6	252.8	302.9
1987	577	432	987	2.3	104.3	103.0	102.5	330.2	260.3	310.5
1988	744	560	1218	2.2	102.4	102.9	97.1	338.2	267.8	301.5
1989	893	659	1462	2.2	100.9	100.3	101.7	341.4	268.7	306.7
1990	979	718	1473	2.1	104.7	104.4	99.4	357.4	280.4	304.8
1991	1118	775	1867	2.4	110.2	104.2	122.3	393.9	292.1	372.8
1992	1371	923	2342	2.5	118.3	117.1	115.4	465.9	342.1	430.4
1993	1725	1146	2931	2.6	109.4	108.7	107.1	509.7	371.8	460.8
1994	2375	1564	3812	2.4	108.7	107.6	103.7	554.2	399.9	477.8
1995	3019	1997	4590	2.3	110.7	111.6	103.4	613.7	446.4	494.1
1996	3446	2265	5080	2.2	107.9	107.6	103.6	662.3	480.4	511.7
1997	3935	2540	5765	2.3	112.2	110.7	110.7	743.3	531.9	566.5
1998	4052	2548	6025	2.4	103.2	100.8	104.5	767.4	536.2	591.8
1999	4194	2597	6159	2.4	103.8	101.7	103.6	796.6	545.6	613.1
2000	4574	2788	6648	2.4	107.1	106.0	104.6	852.9	578.4	641.2
2001	4770	2811	7125	2.5	105.1	101.7	107.7	896.1	588.1	690.9
2002	5076	2915	7642	2.6	107.2	103.7	109.4	960.5	610.1	756.0
2003	5524	3052	8571	2.8	108.7	104.8	111.5	1044.0	639.6	843.1
2004	6144	3335	9502	2.8	107.3	105.6	106.4	1120.2	675.3	896.9
2005	6793	3730	10296	2.8	108.5	109.1	106.6	1215.5	736.9	956.1
2006	7826	4290	11710	2.7	111.1	109.5	110.3	1350.4	806.9	1054.6
2007	8772	4808	13006	2.7	106.7	106.9	105.7	1440.9	862.6	1114.7
2008	10361	5633	15223	2.7	110.6	108.7	110.0	1593.9	937.2	1226.1
2009	10950	6037	15739	2.6	110.1	111.4	107.7	1754.3	1044.2	1320.6
2010	12871	6879	17920	2.6	108.0	107.8	103.5	1894.6	1125.6	1366.8

2-21 三大需求对经济增长的贡献及拉动(1980-2010年)

Contribution Share and Contribution of the Three Components of GDP to the Growth of GDP(1980-2010)

单位：%　　　　(%)

年份 Year	贡献率(%) Contribution Share(%)			地区生产总值增长率(%) Growth rate of Gross Domestic Product(%)	拉动（百分点） Contribution（percentage point）		
	最终消费 Final Consumption Expenditure	资本形成总额 Gross Capital Formation	货物和服务净出口 Net Exports of Goods and Services		最终消费 Final Consumption Expenditure	资本形成总额 Gross Capital Formation	货物和服务净出口 Net Exports of Goods and Services
1980	35.8	27.1	37.2	18.4	6.6	5.0	6.8
1981	68.1	5.0	26.9	15.5	10.5	0.8	4.2
1982	71.0	41.7	-12.7	9.3	6.6	3.9	-1.2
1983	108.7	20.7	-29.3	6.2	6.7	1.3	-1.8
1984	51.2	30.6	18.2	17.9	9.2	5.5	3.2
1985	74.5	46.0	-20.5	17.6	13.1	8.1	-3.6
1986	93.3	77.0	-70.4	5.7	5.3	4.4	-4.0
1987	44.0	23.7	32.4	13.6	6.0	3.2	4.4
1988	46.1	32.7	21.3	14.3	6.6	4.7	3.0
1989	43.7	59.7	-3.4	7.8	3.4	4.7	-0.3
1990	140.4	-37.2	-3.3	7.7	10.8	-2.9	-0.2
1991	64.9	37.6	-2.4	14.4	9.3	5.4	-0.3
1992	63.6	35.8	0.5	20.3	12.9	7.3	0.1
1993	30.7	66.8	2.5	22.6	6.9	15.1	0.6
1994	26.4	76.1	-2.5	20.3	5.4	15.4	-0.5
1995	38.6	61.0	0.5	14.6	5.6	8.9	0.1
1996	45.2	58.5	-3.6	13.3	6.0	7.8	-0.5
1997	52.8	52.7	-5.4	14.0	7.4	7.4	-0.8
1998	30.4	61.4	8.2	10.8	3.3	6.6	0.9
1999	38.2	37.7	24.2	9.9	3.8	3.7	2.4
2000	54.4	31.7	13.9	9.3	5.1	2.9	1.3
2001	52.6	31.3	16.1	8.7	4.6	2.7	1.4
2002	50.8	34.2	15.0	10.2	5.2	3.5	1.5
2003	47.0	47.6	5.4	11.5	5.4	5.5	0.6
2004	36.6	54.1	9.3	11.8	4.3	6.4	1.1
2005	36.0	62.5	1.5	11.6	4.2	7.2	0.2
2006	37.2	61.3	1.5	14.8	5.5	9.1	0.2
2007	24.6	74.9	0.5	15.2	3.7	11.4	0.1
2008	36.6	62.6	0.8	13.0	4.8	8.1	0.1
2009	37.0	64.0	-1.0	12.3	4.5	7.9	-0.1
2010	23.6	72.4	4.0	13.9	3.3	10.1	0.5

注：2004年以前年份第一产业增加值不含农林牧渔服务业。

Note:The value-added of primary industry before 2004 exclude services of farming , forestry , animal , husbandry and fishery.

主要统计指标解释

国内生产总值(GDP) 指按市场价格计算的一个国家(或地区)所有常住单位在一定时期内生产活动的最终成果。国内生产总值有三种表现形态，即价值形态、收入形态和产品形态。从价值形态看，它是所有常住单位在一定时期内生产的全部货物和服务价值超过同期投入的全部非固定资产货物和服务价值的差额，即所有常住单位的增加值之和；从收入形态看，它是所有常住单位在一定时期内创造并分配给常住单位和非常住单位的初次收入之和；从产品形态看，它是所有常住单位在一定时期内最终使用的货物和服务价值减去货物和服务进口价值。在实际核算中，国内生产总值有三种计算方法，即生产法、收入法和支出法。三种方法分别从不同的方面反映国内生产总值及其构成。

三次产业 三产业的划分是世界上较为常用的产业结构分类，但各国的划分不尽一致。我国的三次产业划分是：

第一产业是指农、林、牧、渔业。

第二产业是指采矿业，制造业，电力、煤气及水的生产和供应业，建筑业。

第三产业是指除第一、二产业以外的其他行业。

劳动者报酬 指劳动者因从事生产活动所获得的全部报酬。包括劳动者获得的各种形式的工资、奖金和津贴，既包括货币形式的，也包括实物形式的，还包括劳动者所享受的公费医疗和医药卫生费、上下班交通补贴、单位支付的社会保险费、住房公积金等。对于个体经济来说，其所有者所获得的劳动报酬和经营利润不易区分，这两部分统一作为劳动者报酬处理。

生产税净额 指生产税减生产补贴后的余额。生产税指政府对生产单位从事生产、销售和经营活动以及因从事生产活动使用某些生产要素(如固定资产、土地、劳动力)所征收的各种税、附加费和规费。生产补贴与生产税相反，指政府对生产单位的单方面转移支出，因此视为负生产税，包括政策亏损补贴、价格补贴等。

固定资产折旧 指一定时期内为弥补固定资产损耗按照规定的固定资产折旧率提取的固定资产折旧，或按国民经济核算统一规定的折旧率虚拟计算的固定资产折旧。它反映了固定资产在当期生产中的转移价值。各类企业和企业化管理的事业单位的固定资产折旧是指实际计提的折旧费；不计提折旧的政府机关、非企业化管理的事业单位和居民住房的固定资产折旧是按照统一规定的折旧率和固定资产原值计算的虚拟折旧。原则上，固定资产折旧应按固定资产当期的重置价值计算，但是目前我国尚不具备对全社会固定资产进行重估价的基础，所以暂时只能采用上述办法。

营业盈余 指常住单位创造的增加值扣除劳动者报酬、生产税净额和固定资产折旧后的余额。它相当于企业的营业利润加上生产补贴，但要扣除从利润中开支的工资和福利等。

支出法国内生产总值 是从最终使用的角度反映一个国家(或地区)一定时期内生产活动最终成果的一种方法，包括最终消费、资本形成总额及货物和服务净出口三部分。计算公式为：

支出法国内生产总值=最终消费+资本形成总额+货物和服务净出口

最终消费 指常住单位为满足物质、文化和精神生活的需要，从本国经济领土和国外购买的货物和服务的支出。它不包括非常住单位在本国经济领土内的消费支出。最终消费分为居民消费和政府消费。

居民消费 指常住住户在一定时期内对于货物和服务的全部最终消费支出。居民消费除了直接以货币形式购买的货物和服务的消费支出外，还包括以其他方式获得的货物和服务的消费支出，即所谓的虚拟消费支出。居民虚拟消费支出包括如下几种类型：单位以实物报酬及实物转移的形式提供给劳动者的货物和服务；住户生产并由本住户消费了的货物和服务，其中的服务仅指住户的自有住房服务和付酬的家庭雇员提供的家庭和个人服务；金融机构提供的金融媒介服务；保险公司提供的保险服务。

政府消费 指政府部门为全社会提供的公共服务的消费支出和免费或以较低的价格向居民住户提供的货物和服务的净支出，前者等于政府服务的产出价值减去政府单位所获得的经营收入的价值，后者等于政府部门免费或以较低价格向居民住户提供的货物和服务的市场价值减去向住户收取的价值。

资本形成总额 指常住单位在一定时期内获得

减去处置的固定资产和存货的净额，包括固定资本形成总额和存货增加两部分。

固定资本形成总额　指生产者在一定时期内获得的固定资产减处置的固定资产的价值总额。固定资产是通过生产活动生产出来的，且其使用年限在一年以上、单位价值在规定标准以上的资产，不包括自然资产。可分为有形固定资本形成总额和无形固定资本形成总额。有形固定资本形成总额包括一定时期内完成的建筑工程、安装工程和设备工器具购置(减处置)价值，以及土地改良、新增役、种、奶、毛、娱乐用牲畜和新增经济林木价值。无形固定资本形成总额包括矿藏的勘探、计算机软件等获得减处置。

存货增加　指常住单位在一定时期内存货实物量变动的市场价值，即期末价值减期初价值的差额，再扣除当期由于价格变动而产生的持有收益。存货增加可以是正值，也可以是负值，正值表示存货上升，负值表示存货下降。存货包括生产单位购进的原材料、燃料和储备物资等存货，以及生产单位生产的产成品、在制品和半成品等存货。

货物和服务净出口　指货物和服务出口减货物和服务进口的差额。出口包括常住单位向非常住单位出售或无偿转让的各种货物和服务的价值；进口包括常住单位从非常住单位购买或无偿得到的各种货物和服务的价值。由于服务活动的提供与使用同时发生，一般把常住单位从非常住单位得到的服务作为进口，非常住单位从常住单位得到的服务作为出口。货物的出口和进口都按离岸价格计算。

Explanatory Notes on Main Statistical Indicators

Gross Domestic Product (GDP) refers to the final products at market prices produced by all resident units in a country (or a region) during a certain period of time. Gross domestic product is expressed in three different forms, i.e. value, income, and products respectively. GDP in its value form refers to the total value of all goods and services produced by all resident units during a certain period of time, minus the total value of input of goods and services of the nature of non-fixed assets; in other term, it is the sum of the value-added of all resident units. GDP in the form of income includes the income created by all resident units and distributed to resident and non-resident units. GDP in the form of products refers to the value of all goods and services for final consumption by all resident units minus the imports of goods and services during a given period of time. In the practice of national accounting, gross domestic product is calculated with three approaches, i.e. production approach, income approach and expenditure approach, which reflect gross domestic product and its composition from different aspects.

Three Industries Classification of economic activities into three branches of industries is a common practice in the world, although the grouping varies to some extent form country to country. In China economic activities are categorized into following industries:

Primary industry: refers to agriculture, forestry, animal husbandry and fishery.

Secondary industry: refers to mining and quarrying, manufacturing, production and supply of electricity, water and gas, and construction.

Tertiary industry: refers to all other economic activities not included in primary or secondary industry.

Labourers Remuneration refers to the whole payment of various forms earned by the labourers from the productive activities they are engaged in. It includes wages, bonuses and allowances the labourers earned in monetary form and in kind. It also includes the free medical services provided to the labourers and the medicine expenses, traffic subsidies and social insurance, housing fund paid by the employers. As the individual economy is concerned, since the labourers remuneration is not easily distinguished from the operating profit, both are treated as labourers remuneration.

Net Taxes on Production refers to the difference of the taxes on production minus the subsidies on production. The taxes on production refers to the various taxes, extra charges and fees levied on the production units on their production, sale and business activities as well as on the use of some factors of production, such as fixed assets, land and labour in the production activities they are engaged in. In contrast to the taxes on production, the subsidies on production refer to the unilateral government transfer to the production units and are therefore regarded as negative taxes on production. They include subsidies on the loss due to implementation of government policies, price subsidies, etc.

Depreciation of Fixed Assets refers to the depreciation of fixed assets of a given period, drawn in accordance with the stipulated depreciation rate for the purpose of compensating the wear loss of the fixed assets or the depreciation of fixed assets calculated in a fictitious way in accordance with the stipulated unified depreciation rate in the national economic accounting system. It reflects the value of transfer of the fixed assets in the production of the current period. The depreciation of fixed assets in various enterprises and institutions managed as enterprises refers to the depreciation expenses actually drawn. In government agencies and institutions not managed as enterprises which do not draw the depreciation expenses, as well as for the houses of residents, the depreciation of fixed assets is the imputed depreciation, which is calculated in accordance with the stipulated unified depreciation rate. In principle, the depreciation of fixed assets should be calculated on the basis of the re-purchased value of the fixed assets. However, there is no actual condition to re-evaluate all the fixed assets in China. Therefore, the above-mentioned methods are temporarily adopted at present.

Operating Surplus refers to the balance of the value added created by the resident units after deducting the labourers remuneration, net taxes on production and the depreciation of fixed assets. It is equivalent to the business profit of the enterprises plus subsidies on production, but the wages and welfare expenses paid from the profits should be deducted.

GDP by Expenditure Approach refers to the method of measuring the final results of production activities of a country (region) during a given period from the perspective of final use. It includes final consumption, gross capital formation and net export of goods and services, i.e.:

GDP by expenditure approach = final consumption + gross capital formation + net export of goods and services

Final Consumption refers to the total expenditure of resident units for purchases of goods and services from domestic economic territory and abroad to meet the requirements of material, cultural and spiritual life. It excludes the expenditure of non-resident units on consumption in the economic territory of the country. The final consumption is broken down into household consumption and government consumption.

Households Consumption refers to the total expenditure of resident households on the final consumption of goods and services. In addition to the consumption of goods and services bought by the households directly with money, the households consumption also includes expenditure on goods and services obtained by the households in other ways, i.e. the so-called imputed consumption expenditure, which includes the following: (a) the goods and services provided to the households by the employer in the form of payment in kind and transfer in kind; (b) goods and services produced and consumed by the households themselves, in which the services refer only to the owner-occupied housing and domestic and individual services provided by the paid household workers; (c) financial intermediate services provided by financial institutions; (d) insurance services provided by insurance companies.

Government Consumption refers to the expenditure on the consumption of the public services provided by the government to the whole society and the net expenditure on the goods and services provided by the government to the households free of charge or at low prices. The former equals to the output value of the government services minus the value of operating income obtained by the government departments. The latter equals to the market value of the goods and services provided by the government free of charge or at low prices to the households minus the value received by the government from the households.

Gross Capital Formation refers to the fixed assets acquired minus those disposed of and the net value of inventory, including the gross fixed capital formation and the increase in inventory.

Gross Fixed Capital Formation refers to the value of fixed assets acquired minus those disposals of during a given period. Fixed assets are the assets produced through production activities with specified unit value which could be used for over one year, excluding natural assets. Gross fixed capital formation can be categorized into total tangible capital formation and total intangible capital formation. The total tangible capital formation include the value of the construction projects, installation projects completed and the equipment, apparatus and instruments purchased as well as the value of land improved, the value of draught animals, breeding stock, animals for milk, for wool and for recreational purpose, and the newly increased forest with economic value during a given period. The total intangible capital formation includes the prospecting of minerals, the acquisition of computer software minus the disposal of them.

Increase in Inventory refers to the market value of the change in inventory of resident units during a given period, i.e. the difference of value between the beginning and the end of the period minus the current gains due to the change in prices. The increase in inventory can be positive or negative. A positive value indicates the increase in inventory while a negative value indicates the decrease in inventory. The inventory includes the raw materials, fuels and reserve materials purchased by the production units as well as the inventory of finished products, semi-finished products, work-in-progress, etc.

Net Export of Goods and Services refers to the difference of the exports of goods and services minus the imports of goods and services. The imports include the value of various goods and services sold or gratuitously transferred by the resident units to the non-resident units. The imports include the value of various goods and services purchased or gratuitously acquired by the resident units from the non-resident units. Because the provision of services and the use of them happen simultaneously, the acquisition of services by the resident units from abroad is usually treated as import while the acquisition of services by non-resident units in this country is usually treated as export. The export and import of goods are calculated at FOB.

第三篇　人口、就业和职工工资

Chapter 3　Population,Employment and wages

资料整理：林增武 廖瑛 郑盈
Datebase Editor: linzengwu Liaoying zhengying

简 要 说 明

本篇资料的主要内容及来源

本篇主要包括人口、计划生育、就业、工资等资料。人口资料还包括了建国以来进行的六次人口普查主要数据。

户籍人口由省公安厅提供；计划生育相关资料由省计生委提供；失业统计资料由省劳动和社会保障厅提供；常住人口数由省统计局人口处根据人口抽样调查推算，人口普查主要数据、就业和工资资料由省统计局人口统计处提供。

Brief Introduction

Main Content and Source of Data

Data in this chapter show the basic condition of population, employment ,wage of staff and works ,family planning. Data of population include the six national population censuses.

The data on household registered population are provided by Fujian Provincial Department of Public Security. Data on family planning come from Fujian Provincial Department of Family planning commission. Total region population are estimated by the Division of Population Statistics of Fujian Provincial Bureau of Statistics in according with the annual national sample survey on population changes. The data of population census, employment and wages are provide by the Division of Population Statistics of Fujian Provincial Bureau of Statistics.

3-1 主要年份年末总人口及人口变动

Total Population and Changes at the Year-end

年份 Year	总人口 (万人) Total Population (10000 persons)	按性别分类 By Sex		按城乡分 By Rural		人口出生率 (‰) Birth Rate (‰)	人口死亡率 (‰) Death Rate (‰)	人口自然增长率 (‰) Natural Growth Rate (‰)	人口密度 (人/平方公里) Population of Per Sq.km(Person/Sq.km)
		男 Male	女 Female	城镇 Urban	农村 Rural				
1952	1270					37.92	13.32	24.60	102
1957	1461					37.56	9.80	27.76	118
1962	1602					41.14	11.65	29.49	129
1965	1759					41.19	7.92	33.27	142
1970	2020					34.23	6.98	27.25	163
1975	2297					29.19	6.58	22.61	185
1978	2446					25.35	6.31	19.04	197
1979	2487					22.91	6.28	16.63	201
1980	2519					18.68	6.27	12.41	203
1981	2563					23.40	6.25	17.15	207
1982	2620					27.91	6.35	21.56	211
1983	2668					24.53	6.31	18.22	215
1984	2720					25.68	6.25	19.43	219
1985	2769					23.88	6.18	17.70	223
1986	2820					24.02	5.85	18.17	227
1987	2875					24.91	5.79	19.21	232
1988	2929					24.34	5.81	18.53	236
1989	2984					24.67	6.10	18.57	241
1990	3037					24.44	6.71	17.73	245
1991	3079					20.03	6.26	13.77	248
1992	3116					18.18	6.02	12.16	251
1993	3150					16.72	5.62	11.10	254
1994	3183					16.24	5.95	10.29	257
1995	3227					15.20	5.90	9.30	261
1996	3261					13.22	5.94	7.28	263
1997	3282					12.41	6.09	6.32	265
1998	3299					11.53	6.20	5.33	266
1999	3316					11.06	5.85	5.21	267
2000	3410	1757	1653	1431	1979	11.60	5.85	5.75	275
2010	3693	1900	1793	2108	1585	11.27	5.16	6.11	298

3-2 人口年龄构成

Population by Age

单位：%　　(%)

年龄组 Age Group	1990			2000			2010		
	合计 Total	男 Male	女 Female	合计 Total	男 Male	女 Female	合计 Total	男 Male	女 Female
总　计 Total	**100.00**	**51.36**	**48.64**	**100.00**	**51.53**	**48.47**	**100.00**	**51.45**	**48.55**
0—4岁 Aged 0-4	11.28	5.91	5.37	4.76	2.63	2.13	5.77	3.20	2.57
5—9岁 Aged 5-9	10.35	5.35	5.00	7.44	4.07	3.37	5.03	2.73	2.30
10—14岁 Aged 10-14	9.84	5.07	4.77	10.80	5.59	5.21	4.67	2.55	2.12
15—19岁 Aged 15-19	11.00	5.63	5.37	9.77	4.91	4.86	7.63	4.03	3.60
20—24岁 Aged 20-24	10.78	5.43	5.35	8.95	4.51	4.44	10.62	5.32	5.30
25—29岁 Aged 25-29	8.91	4.51	4.40	10.60	5.43	5.17	8.94	4.50	4.44
30—34岁 Aged 30-34	7.57	3.93	3.64	10.11	5.18	4.93	8.26	4.23	4.03
35—39岁 Aged 35-39	6.89	3.56	3.33	8.34	4.28	4.06	9.77	5.01	4.76
40—44岁 Aged 40-44	4.73	2.55	2.18	6.49	3.38	3.11	9.29	4.75	4.54
45—49岁 Aged 45-49	3.61	1.98	1.63	6.04	3.11	2.93	7.54	3.85	3.69
50—54岁 Aged 50-54	3.67	1.99	1.68	4.13	2.21	1.92	5.76	2.98	2.78
55—59岁 Aged 55-59	3.35	1.77	1.58	3.02	1.63	1.39	5.30	2.68	2.62
60—64岁 Aged 60-64	2.95	1.52	1.43	2.87	1.52	1.35	3.52	1.83	1.69
65—69岁 Aged 65-69	2.10	1.01	1.09	2.49	1.26	1.23	2.47	1.29	1.18
70—74岁 Aged 70-74	1.44	0.63	0.81	1.99	0.96	1.03	2.16	1.09	1.07
75—79岁 Aged 75-79	0.90	0.34	0.56	1.23	0.53	0.70	1.64	0.77	0.87
80岁及以上 80 and over	0.63	0.18	0.45	0.97	0.33	0.64	1.63	0.65	0.98

注：1990年、2000年及2010年为人口普查数。

Note:Data in 1990, 2000 and 2010 are census data.

3-3 各年龄组人口占总人口的比重

Percentage of Population Group by Age to Total

单位：% (%)

年龄组 Age Group	1982	1990	1995	2000	2010
总计 Total	**100.0**	**100.0**	**100.0**	**100.0**	**100.0**
#育龄妇女(15-49岁) Childbearing Age Woman(15-49)	23.5	25.9	26.7	29.5	30.4
不满周岁婴儿(0岁) Not-Full-One-Year (0)	2.4	2.3	1.3	1.0	1.1
学龄前儿童(1-6岁) Preschool Age(1-6)	13.3	13.3	11.2	6.4	6.8
小学学龄组(7-12岁) Primary(7-12)	15.6	11.6	13.4	11.6	5.6
初中学龄组(13-15岁) Junior Middle School(13-15)	7.5	6.3	5.5	5.9	3.2
劳动年龄组 Laborous					
男(16-59岁) Male (16-59)	28.4	30.3	29.8	33.7	36.7
女(16-54岁) Female (16-54)	24.3	26.6	27.6	30.5	32.6
超过劳动年龄组 Over-Laborous					
男（60岁及以上） Male（60 and Over）	3.0	3.7	4.5	4.6	5.6
女（55岁及以上） Female（55 and Over）	5.5	5.9	6.7	6.3	8.4

注：1982年、1990年、2000年及2010年为人口普查数，1995年为1%人口抽样调查数。
Note:Data in 1982, 1990 , 2000 and 2010 are Census data, Data in 1995 are from Sample survey on 1% population.

3-4 出生孩次构成

Composition of Women Population by Number of Living Children Born

单位：% (%)

项目 Item	1981	1989	1995	2000	2010
一孩 1st Birth	40.9	46.2	64.6	74.5	68.2
二孩 2nd Birth	29.8	32.2	28.6	23.3	28.7
三孩及以上 3rd Birth and Over	29.3	21.6	6.8	2.2	3.1

注：1981年、1989年、2000年及2010年为人口普查数,1995年为1%人口抽样调查数。
Note:Data in 1981, 1989，2000 and 2010 are Census data, Data in 1995 are data from Sample survey on 1% population.

3–5 各种文化程度人口占总人口的比重

Percentage of Population by Educational Attainment

单位：%　　(%)

项目　Item	1982	1990	1995	2000	2010
大专以上 College and Higher Lever	0.6	1.2	1.4	3.2	8.4
高中(含中专) Senior　Secondary School　(Specialized Secondary School)	5.7	7.0	6.7	11.3	13.9
初中 Junior Secondary School	12.6	16.9	20.4	35.7	37.9
小学 Primary School	36.3	43.2	43.8	40.2	29.8
文盲、半文盲 Illiterate and Half-Illiterate	25.2	15.9	14.4	9.6	3.2

注：1982年、1990年、2000年及2010年为人口普查数,1995年为1%人口抽样调查数。

Note:Data in 1982, 1990，2000 and 2010 are Census data, Data in 1995 are data from Sample survey on 1% population.

3–6 家庭户类型构成

Composition of Family Household

单位：%　　(%)

项目　Item	1982	1990	2000	2010
一人户 One Person	7.7	5.8	9.1	12.1
二人户 Two Persons	8.2	8.6	15.5	17.2
三人户 Three Persons	12.2	16.8	25.4	24.3
四人户 Four Persons	17.1	23.6	24.7	21.7
五人户 Five Persons	18.4	21.4	15.8	13.7
六人户 Six Persons	14.7	11.8	5.9	6.4
七人户 Seven Persons	10.1	5.9	2.2	2.6
八人户 Eight Persons	11.6	2.9	0.8	1.1
九人户 Nine Persons		1.4	0.3	0.5
十人及以上户 Ten Persons and Over		1.8	0.3	0.4

3-7 劳动年龄人口负担系数

Number of Persons Raised per Capita at Working Age

单位：% (%)

项目 Item	1982	1990	1995	2000	2010
总负担系数 Total Dependency Ratio	**69.2**	**57.6**	**57.5**	**42.2**	**30.5**
负担少年系数 The Juvenile and Children Dependency Ratio	61.8	49.6	47.3	32.7	20.2
负担老年系数 The Aged Dependency Ratio	7.4	8.0	10.2	9.5	10.3

注：1982年、1990年、2000年及2010年为人口普查数,1995年为1%人口抽样调查数。

Note:Data in 1982，1990，2000 andu 2010 are Census data, Data in 1995 are data from Sample survey on 1% population.

3-8 15岁以上人口婚姻状况构成

Composition of Marital Status above Fifteen Age

单位：% (%)

项目	Item	1982	1990	1995	2000	2010
未婚	Single	28.4	25.1	22.5	24.1	22.9
男	Male	33.9	29.7	26.5	27.7	26.1
女	Female	22.6	20.4	18.5	20.4	19.8
有配偶	Married	63.4	67.8	70.3	69.6	70.6
男	Male	61.4	66.1	69.0	68.4	70.0
女	Female	65.5	69.5	71.6	70.7	71.2
离婚	Divorce	0.6	0.6	0.6	0.7	1.1
男	Male	1.0	0.9	1.0	1.0	1.2
女	Female	0.2	0.2	0.3	0.5	0.9
丧偶	Wid owed	7.6	6.5	6.6	5.6	5.4
男	Male	3.7	3.3	3.5	2.9	2.7
女	Female	11.7	9.9	9.6	8.4	8.1

3-9 六次全国人口普查人口基本情况

Basic Statistics on National Population Census in 1953,1964,1982,1990,2000 and 2010

项目 Item	1953	1964	1982	1990	2000	2010
一、总户数和总人口 **Total Population and Family Household**						
家庭户（万户） Family Household(10000 household)	320	360	514	658	874	1121
总人口（万人） Total Population (10000 persons)	1285	1676	2587	3005	3410	3689
男 Male	662	869	1331	1543	1757	1898
女 Female	623	807	1256	1462	1653	1791
性别比 Sex Ratio (female=100)	106.4	107.8	105.9	105.6	106.3	105.96
平均每户人数（人／户） Population by Age Group(person/household)	4.0	4.7	4.9	4.4	3.6	3.0
二、城乡人口（万人） **Population by Residence (10000 persons)**						
城镇人口 Urban Population		223	548	642	1431	2106
乡村人口 Rural Population		1453	2039	2363	1979	1583
城镇化率（%） Proportion of Urban Population in Total Population(%)		13.3	21.2	21.4	42.0	57.1
三、民族人口（万人） **Population by Ethnicity(10000 persons)**						
汉族人口 Han			2562	2958	3351	3610
占总人口比重(%) Percentage to Total Population(%)			99.0	98.4	98.3	97.8
少数民族人口 Ethnic Minorities			25	47	59	80
占总人口比重(%) Percentage to Total Population(%)			1.0	1.6	1.7	2.2
四、人口年龄构成 **Population by Age Group**						
0-14岁人口(万人) Aged 0-14(10000 persons)	460	709	945	946	760	571
占总人口比重(%) Percentage to Total Population(%)	35.8	42.3	36.5	31.5	22.3	15.46
15－64岁人口(万人) Aged 15-64(10000 persons)	782	914	1530	1907	2422	2828

3-9 续表1

Continued

项目 Item	1953	1964	1982	1990	2000	2010
占总人口比重(%) Percentage to Total Population(%)	60.9	54.5	59.1	63.5	71	76.65
65岁及65岁以上人口(万人) Aged 65 and Ovre(10000 persons)	43	53	113	152	228	291
占总人口比重(%) Percentage to Total Population(%)	3.3	3.2	4.4	5	6.7	7.89
百岁老年人口(人) Population of 100 and over (persons)	16	14	45	143	373	
男 Male	3	2	7	16	46	
女 Female	13	12	38	127	327	
总抚养比（%） **Total Dependency Ratio(%)**	**64.2**	**83.3**	**69.2**	**57.6**	**42.23**	**30.46**
少儿抚养比（%） The Juvenile and Children Dependency Ratio (%)	58.8	77.6	61.8	49.6	32.72	20.17
老年抚养比（%） The Aged Dependency Ratio (%)	5.4	5.8	7.4	8	9.51	10.29
老少比（%） Population in Juvenile and Children to Aged(%)	9.2	7.4	12	16.1	30.1	51.03
平均预期寿命(岁) **Life Expectancy(year old)**			**68.5**	**70.5**	**74.1**	
男 Male			66.2	68.4	71.8	
女 Female			70.7	72.6	76.6	
五、受教育人口 Population with Various Education Attainments						
每十万人拥有小学及以上文化程度人口(人) Population with Various Education Attainments Per 100 000 Persons (person)						
小学 Primary School		26716	36334	43213	40200	29801
初中 Junior Secondary School		5070	12601	16891	35700	37886
高中及中专 Senior Secondary School andTechnical Secondary School		1826	5716	6991	11300	13876
大专以上 Junior College and Above		439	608	1228	3200	8361
文盲人口 Illiterate Population			651	477	327	90
文盲率（%） Illiterate Rate(%)		58.8	25.2	15.9	9.6	2.44

3-9 续表2

Continued

项目 Item	1953	1964	1982	1990	2000	2010
六、劳动力和就业状况 **Labor and Employment**						
劳动适龄人口(万人) Population in suit of Employment	701	816	1364	1710	2188	2556
男(16-59岁) Male (aged 16-59)	367	444	736	911	1148	1353
女(16-54岁) Female(aged 16-54)	335	372	628	799	1040	1203
占总人口比重(%) Percentage to Total Population(%)	54.6	48.7	52.7	56.9	64.2	69.3
七、各种婚姻人口占15岁及以上人口比重(%) Population Aged 15 and Over(%)			100	100	100	100
未婚 Never Married			28.4	25.1	24.1	22.9
有配偶 Married			63.4	67.8	69.6	70.6
离婚 Divorced			0.6	0.6	0.7	1.1
丧偶 Widowed			7.6	6.5	5.6	5.4
八、婚姻状况 **Basic status of Marital**						
育龄妇女人数（万人） Childbearing Women(10000 person)	319	354	608	778	1006	1121
生育旺盛期组(女20－29岁) High Ratio of Childbearing Women	106	109	212	293	328	359
生育率（‰） Fertility Rate (‰)			94.4	90.8	32.9	
总和生育率 Total Fertility Rate			2.7	2.4	1.0	
九、人口自然变动 **Natural Growth**						
出生率（‰） Birth Rate(‰)	36.67	38.59	27.91	24.44	11.6	11.27
死亡率（‰） Death Rate(‰)	12.55	8.68	6.35	6.71	5.85	5.16
自然增长率（‰） Natural Growth Rate(‰)	24.12	29.91	21.56	17.73	5.75	6.11

3-10 就业基本情况

Basic Statistics of Employment

项目 Item	2000	2003	2005	2008	2009	2010
就业人员合计（万人） **Number of Employed Persons(10000 persons)**	**1660.19**	**1756.71**	**1868.50**	**2079.78**	**2168.86**	**2181.33**
第一产业 Primary Industry	776.43	744.79	702.49	647.84	638.63	636.54
第二产业 Secondary Industry	407.05	488.32	582.31	739.70	775.68	815.88
第三产业 Tertiary Industry	476.71	523.60	583.69	692.24	754.55	728.90
就业人员构成（%） **Composition in Percentage(%)**						
第一产业 Primary Industry	46.8	42.4	37.6	31.1	29.5	29.2
第二产业 Secondary Industry	24.5	27.8	31.2	35.6	35.8	37.4
第三产业 Tertiary Industry	28.7	29.8	31.2	33.3	34.8	33.4
按城乡分就业人数（万人） **Employment in Urban and Rural Areas(10000 persons)**						
城镇单位就业人员 **Urban**	**325.88**	**344.63**	**400.07**	**458.69**	**473.96**	**507.14**
#国有单位 State-Owned Units	170.82	152.54	150.88	152.23	151.52	155.51
集体单位 Collective-Owned Units	34.18	24.44	19.10	17.65	16.40	16.58
股份合作单位 Cooperative Units	3.64	4.50	5.80	7.23	7.50	8.14
联营单位 Ownership Units	3.35	3.84	2.67	3.32	2.08	1.95
有限责任公司 Limited Liability Corporations	12.07	23.12	35.88	60.92	75.02	87.40
股份有限公司 Share-Holding Corporations Ltd.	9.32	11.52	16.19	23.66	28.07	31.28
港澳台商投资单位 Units With Funds From Hong Kong, Macao and Taiwan	51.51	76.68	99.45	105.35	104.88	110.25
外商投资单位 Foreign Funded Units	40.26	45.15	64.05	76.53	75.78	81.88
城镇私营和个体从业人员 **Private Enterprise and Self-employed Individuals**	**90.19**	**128.40**	**155.42**	**263.33**	**319.57**	**278.38**
乡村就业人员 **Rural**	**1244.12**	**1283.68**	**1313.01**	**1357.76**	**1375.33**	**1395.81**
城镇单位在岗职工人数（万人） **Staff and Workers in Urban Units(10000 persons)**	**318.00**	**334.08**	**386.99**	**441.58**	**452.76**	**485.94**
国有单位 State-Owned Units	166.78	147.07	144.51	144.23	142.73	145.74
城镇集体单位 Collective-Owned Units	33.15	23.13	18.19	16.70	14.41	15.38
其他单位 Others	118.07	163.89	224.29	280.65	295.63	324.83
私营单位从业人员数（万人） **Private Enterprise and Self-employed Individuals (10000 persons)**				**323.60**	**348.35**	**362.67**
城镇登记失业人数（万人） **Number of Urban Registered Unemployment(10000 persons)**	**9.10**	**14.60**	**14.86**	**14.95**	**15.19**	**14.49**
#16-25岁失业人数（万人） 16-25 years old(10000 persons)	3.60	3.40	2.98	2.92	3.26	3.17
占失业人数比重(%) Proportion to Unemployment(%)	39.6	23.3	20.1	19.5	21.4	21.9
城镇登记失业率（%） **Rate of Urban Registered Unemployment(%)**	**2.60**	**4.10**	**4.00**	**3.86**	**3.90**	**3.77**

3-11 主要年份全社会就业情况(年底数)

Total Employment in Selected Years(End of Year)

年份	从业人员数（万人） Total(10000 persons)								城镇登记失业人数（万人）	城镇登记失业率（%）
	合计	城镇单位在岗职工	国有单位	城镇集体单位	其他单位	城镇个私劳动者	乡村劳动者	其他从业人员		
Year	Total	Staff and Workers	State-Owned Units	Urban Collective Owned Units	Others	Self-Employed Individuals and Private Enterprise	Employed Persons in Rural Areas	Others	Number of Urban Registered Unemployment (10000 persons)	Rate of Urban Registered Unemployment (%)
1952	473.66	19.43	19.02	0.41		32.83	421.40			
1957	531.68	63.05	51.40	11.65		5.54	463.09			
1962	582.96	103.49	77.34	26.15		4.75	474.72			
1965	633.15	118.08	83.83	34.25		4.48	510.59			
1970	759.43	133.12	93.36	39.75		3.91	622.40			
1975	854.32	160.88	111.42	49.47		3.24	690.20			
1978	924.41	205.66	148.49	57.17		1.88	716.87		20.82	9.1
1979	953.72	217.99	156.70	61.29		1.72	734.00		23.35	9.6
1980	963.72	231.12	167.45	63.66		2.77	729.83		16.76	6.7
1981	1001.75	242.45	176.35	66.09		3.22	756.08		14.48	5.6
1982	1027.96	249.80	183.03	66.77		4.25	773.91		12.39	4.7
1983	1056.72	254.02	187.30	66.72		7.65	795.05		9.10	3.4
1984	1101.82	262.78	182.82	79.24	0.72	9.15	829.89			
1985	1152.09	274.11	191.37	80.93	1.81	13.78	864.20		16.50	5.4
1986	1188.93	283.86	198.50	81.79	3.57	15.26	889.81		17.45	2.5
1987	1237.74	293.34	205.34	82.26	5.75	19.33	925.07		5.65	1.8
1988	1281.07	301.71	211.00	81.93	8.78	22.59	956.77		7.90	2.4
1989	1301.81	302.50	211.16	78.49	12.85	25.15	974.16		9.50	2.9
1990	1348.38	310.86	214.65	78.12	18.09	25.28	1012.24		9.00	2.6
1991	1436.50	322.28	219.43	77.43	25.41	37.82	1076.40		7.93	2.2
1992	1489.61	338.80	222.04	78.67	38.09	31.46	1119.35		7.08	1.9
1993	1531.42	344.79	220.48	71.32	52.99	46.61	1131.33	8.69	7.65	1.9
1994	1553.57	352.60	218.77	66.25	67.59	59.82	1134.16	7.00	7.60	1.9
1995	1567.09	344.11	217.06	60.30	66.75	66.04	1148.47	8.48	7.20	1.9
1996	1594.37	351.30	217.97	57.47	75.86	68.58	1166.89	7.59	8.08	1.9
1997	1613.41	357.71	215.60	54.80	87.31	66.49	1181.39	7.82	7.80	1.9
1998	1621.87	334.53	187.80	41.36	105.37	78.57	1200.32	8.46	7.98	2.1
1999	1630.85	320.38	175.04	35.71	109.63	88.07	1213.90	8.49	7.93	2.3
2000	1660.19	318.00	166.78	33.15	118.07	90.19	1244.12	7.87	9.10	2.6
2001	1677.79	314.27	158.27	28.91	127.09	98.90	1255.15	9.47	13.23	3.8
2002	1711.32	315.32	149.10	26.54	139.67	111.35	1274.53	10.12	14.96	4.2
2003	1756.71	334.08	147.07	23.13	163.89	128.40	1283.68	10.55	14.60	4.1
2004	1814.03	365.56	145.42	20.96	199.18	128.32	1311.52	8.63	14.51	4.0
2005	1868.50	386.99	144.51	18.19	224.29	155.42	1313.01	13.07	14.86	4.0
2006	1949.58	412.21	144.06	17.23	250.92	182.15	1340.00	15.22	15.13	3.93
2007	2015.33	429.30	142.73	17.24	269.33	222.77	1342.07	21.19	14.85	3.90
2008	2079.78	441.58	144.23	16.70	280.65	263.33	1357.76	17.11	14.95	3.86
2009	2168.86	452.76	142.73	14.41	295.63	319.57	1375.33	21.20	15.19	3.90
2010	2181.33	485.94	145.74	15.38	324.83	278.38	1395.81	21.20	14.49	3.77

注：1.1998年起职工的统计口径为“在岗职工”。1998年以前国有单位统计口径为国有经济单位，集体单位统计口径为集体经济单位，其他单位统计口径为其他各种经济类型单位。2.2006年乡村劳动者人数为推算数。

Note:The statistic scope of staff and workersfrom 1998 refers to staff and workers on the job. Before 1998, the statistic scope of state-owned units refers to state-owned economic units, collective-owned units refers to collective economic units, others refer to the various other economic types.

3-12 主要年份按三次产业分全社会从业人员及构成

Employment and Compoition by Three Strata of Industry in Selected Years

年份 Year	从业人员数(万人) Number of Employed Persons (10000 Persons)				构成(%) Composition in Percentage (%)		
	合计 Total	第一产业 Primary Industry	第二产业 Secondary Industry	第三产业 Tertiary Industry	第一产业 Primary Industry	第二产业 Secondary Industry	第三产业 Tertiary Industry
1952	473.66	388.16	24.79	60.71	81.9	5.2	12.8
1978	924.41	694.37	124.23	105.81	75.1	13.4	11.4
1980	963.72	702.81	130.58	130.33	72.9	13.6	13.5
1985	1152.09	709.10	223.80	219.19	61.5	19.4	19.0
1986	1188.93	723.44	236.75	228.74	60.8	19.9	19.2
1987	1237.74	741.67	253.70	242.37	59.9	20.5	19.6
1988	1281.07	756.38	269.08	255.61	59.0	21.0	20.0
1989	1301.81	764.93	275.45	261.43	58.8	21.2	20.1
1990	1348.38	786.95	277.09	284.34	58.4	20.6	21.1
1991	1436.50	829.55	300.81	306.14	57.7	20.9	21.3
1992	1489.61	837.82	326.87	324.92	56.2	21.9	21.8
1993	1531.42	819.53	355.25	356.64	53.5	23.2	23.3
1994	1553.57	795.03	371.87	386.67	51.2	23.9	24.9
1995	1567.09	788.09	371.03	407.98	50.3	23.7	26.0
1996	1594.37	786.86	383.50	424.00	49.4	24.1	26.6
1997	1613.41	781.38	398.69	433.34	48.4	24.7	26.9
1998	1621.87	785.77	390.54	445.56	48.4	24.1	27.5
1999	1630.85	788.14	390.49	452.22	48.3	23.9	27.7
2000	1660.19	776.43	407.05	476.71	46.8	24.5	28.7
2001	1677.79	766.93	420.92	489.94	45.7	25.1	29.2
2002	1711.32	765.79	445.95	499.58	44.7	26.1	29.2
2003	1756.71	744.79	488.32	523.60	42.4	27.8	29.8
2004	1814.03	728.89	533.59	551.55	40.2	29.4	30.4
2005	1868.50	702.49	582.31	583.69	37.6	31.2	31.2
2006	1949.58	686.28	646.87	616.43	35.2	33.2	31.6
2007	2015.33	658.08	707.46	649.79	32.7	35.1	32.2
2008	2079.78	647.84	739.70	692.24	31.1	35.6	33.3
2009	2168.86	638.63	775.68	754.55	29.5	35.8	34.8
2010	2181.33	636.54	815.88	728.90	29.2	37.4	33.4

3-13 按产业和登记注册类型分城镇单位从业人员数(2010年)

Number of Employed in Urban Units by Registration Status ,Region and Industry(2010)

单位：万人　　(10000 persons)

行业 Sector	从业人员 Employment	国有单位 State- Owned Units	城镇集体单位 Urban Collective-Owned Units	其他单位 Others
总计 Total	**507.14**	**155.51**	**16.58**	**335.05**
第一产业 Primary Industry	**6.68**	**6.00**	**0.03**	**0.65**
农、林、牧、渔业 Farming, Forestry, Animal Husbandy and Fishery	6.68	6.00	0.03	0.65
第二产业 Secondary Industry	**317.63**	**21.58**	**8.34**	**287.72**
采矿业 Mining and Quarrying	4.79	1.83	0.12	2.84
制造业 Manufacturing	241.20	3.90	2.93	234.37
电力、燃气及水的生产和供应业 Production and Supply of Electricity Gas and Water	9.23	5.64	0.24	3.35
建筑业 Construction	62.40	10.20	5.04	47.16
第三产业 Tertiary Industry	**182.82**	**127.93**	**8.21**	**46.68**
交通运输、仓储和邮政业 Transport, Storage and Post Services	16.66	12.05	0.32	4.29
信息传输、计算机服务和软件业 Information Transmission, Computer Software and Services	4.65	1.70	...	2.94
批发和零售业 Wholesale and Retail Trade	13.86	3.90	1.29	8.67
住宿和餐饮业 Lodgings and Catering Services	7.58	1.86	0.29	5.43
金融业 Finance	12.92	4.96	1.21	6.75
房地产业 Real Estate	9.03	2.33	0.25	6.45
租赁和商务服务业 Rent and Business Services	12.29	3.33	1.64	7.32
科学研究、技术服务和地质勘查业 Scientific Reseach, Ploytechnic Services and Geological Prospecting	5.43	3.83	0.07	1.53
水利、环境和公共设施管理业 Water Conservancy, Environment and Public Facilities Management	4.43	3.85	0.12	0.46
居民服务和其他服务业 Resident Services and Others	1.43	0.78	0.14	0.51
教育 Education	44.71	43.13	0.12	1.46
卫生、社会保障和社会福利业 Health Care, Social Ensure and Walfare	15.75	12.65	2.66	0.44
文化、体育和娱乐业 Culture, Sports and Entertainment	3.69	3.23	0.07	0.39
公共管理和社会组织 Public Management and Social Organizations	30.40	30.33	0.02	0.04

注：本表国民经济行业分类标准采用GB/T 4754—2002。

Note: The classified Standards of national ecomonic sector are adopted GB/T 4754-2002.

3-14 按产业分城镇单位在岗职工人数(年底数)

Number of Staff and Workers in Urban Units by Sector(End of Years)

单位：万人 (10000 persons)

行业 Sector	2003	2005	2008	2009	2010
总计 Total	**334.08**	**386.99**	**441.58**	**452.76**	**485.94**
第一产业 Primary Industry	**7.32**	**7.04**	**5.25**	**4.74**	**4.47**
农、林、牧、渔业 Farming, Forestry, Animal Husbandy and Fishery	7.32	7.04	5.25	4.74	4.47
第二产业 Secondary Industry	**187.93**	**237.95**	**276.42**	**283.39**	**309.03**
采矿业 Mining and Quarrying	3.49	4.14	4.71	4.93	4.69
制造业 Manufacturing	152.14	197.82	221.12	224.00	238.99
电力、燃气及水的生产和供应业 Production and Supply of Electricity Gas and Water	7.81	7.79	9.23	9.43	9.02
建筑业 Construction	24.49	28.20	41.36	45.04	56.33
第三产业 Tertiary Industry	**138.84**	**142.00**	**159.91**	**164.63**	**172.44**
交通运输、仓储和邮政业 Transport, Storage and Post Services	13.56	13.73	14.65	15.21	15.55
信息传输、计算机服务和软件业 Information Transmission, Computer Software and Services	2.97	2.92	3.41	3.79	4.18
批发和零售业 Wholesale and Retail Trade	11.72	10.54	11.93	12.71	13.47
住宿和餐饮业 Lodgings and Catering Services	4.00	4.69	5.49	5.94	7.45
金融业 Finance	8.14	8.33	8.91	9.50	10.01
房地产业 Real Estate	3.31	4.78	6.87	8.36	8.60
租赁和商务服务业 Rent and Business Services	3.41	4.66	10.36	10.22	12.07
科学研究、技术服务和地质勘查业 Scientific Reseach, Ploytechnic Services and Geological Prospecting	3.53	3.70	4.32	4.50	5.16
水利、环境和公共设施管理业 Water Conservancy, Environment and Public Facilities Management	3.11	3.53	3.76	3.94	4.06
居民服务和其他服务业 Resident Services and Others	1.26	1.16	1.45	1.47	1.38
教育 Education	41.69	41.44	43.20	42.57	43.24
卫生、社会保障和社会福利业 Health Care, Social Ensure and Walfare	10.89	11.53	13.30	14.19	14.56
文化、体育和娱乐业 Culture, Sports and Entertainment	3.03	3.04	3.61	3.41	3.45
公共管理和社会组织 Public Management and Social Organizations	28.23	27.95	28.65	28.82	29.26

注：本表国民经济行业分类标准采用GB/T 4754—2002。

Note: The classified Standards of national ecomonic sector are adopted GB/T 4754-2002.

3–15 按登记注册类型和产业分城镇单位在岗职工人数(2010年)

Number of Staff and Workers in Urban Units by Status of Registration and Industry(2010)

单位：万人　(10000 persons)

行业 Sector	在岗职工 Staff and Workers of Urban Units on the Job	国有单位 State-Owned Units	城镇集体单位 Urban Collective Owned Units	其他单位 Others
总计 Total	**485.94**	**145.74**	**15.38**	**324.83**
第一产业 Primary Industry	**4.47**	**3.80**	**0.03**	**0.64**
农、林、牧、渔业 Farming, Forestry, Animal Husbandy and Fishery	4.47	3.80	0.03	0.64
第二产业 Secondary Industry	**309.03**	**20.95**	**7.60**	**280.48**
采矿业 Mining and Quarrying	4.69	1.79	0.12	2.78
制造业 Manufacturing	238.99	3.76	2.87	232.36
电力、燃气及水的生产和供应业 Production and Supply of Electricity Gas and Water	9.02	5.51	0.24	3.27
建筑业 Construction	56.33	9.89	4.37	42.08
第三产业 Tertiary Industry	**172.44**	**120.98**	**7.75**	**43.70**
交通运输、仓储和邮政业 Transport, Storage and Post Services	15.55	11.01	0.31	4.24
信息传输、计算机服务和软件业 Information Transmission, Computer Software and Services	4.18	1.62	...	2.56
批发和零售业 Wholesale and Retail Trade	13.47	3.76	1.20	8.50
住宿和餐饮业 Lodgings and Catering Services	7.45	1.79	0.29	5.37
金融业 Finance	10.01	3.84	1.17	5.01
房地产业 Real Estate	8.60	2.22	0.21	6.17
租赁和商务服务业 Rent and Business Services	12.07	3.21	1.64	7.22
科学研究、技术服务和地质勘查业 Scientific Reseach, Ploytechnic Services and Geological Prospecting	5.16	3.62	0.06	1.48
水利、环境和公共设施管理业 Water Conservancy, Environment and Public Facilities Management	4.06	3.52	0.09	0.44
居民服务和其他服务业 Resident Services and Others	1.38	0.76	0.13	0.49
教育 Education	43.24	41.74	0.11	1.38
卫生、社会保障和社会福利业 Health Care, Social Ensure and Walfare	14.56	11.68	2.45	0.43
文化、体育和娱乐业 Culture, Sports and Entertainment	3.45	3.01	0.07	0.38
公共管理和社会组织 Public Management and Social Organizations	29.26	29.21	0.01	0.04

注：本表国民经济行业分类标准采用GB/T 4754—2002。

Note: The classified Standards of national ecomonic sector are adopted GB/T 4754-2002.

3-16 按产业分城镇单位女性从业人员数(年底数)

Number of Employed Women in the Urban Units by Sector(End of Years)

单位：人 (Person)

行业 Sector	2003	2005	2008	2009	2010
总计 Total	**1513006**	**1800430**	**1952151**	**2028959**	**2168427**
第一产业 Primary Industry	**28678**	**26559**	**22424**	**23929**	**23336**
农、林、牧、渔业 Farming, Forestry, Animal Husbandy and Fishery	28678	26559	22424	23929	23336
第二产业 Secondary Industry	**926778**	**1191904**	**1256827**	**1300207**	**1387397**
采矿业 Mining and Quarrying	9520	8789	7263	8433	7722
制造业 Manufacturing	854236	1112785	1145207	1174516	1256958
电力、燃气及水的生产和供应业 Production and Supply of Electricity Gas and Water	24341	24563	28167	28692	27109
建筑业 Construction	38681	45767	76190	88566	95608
第三产业 Tertiary Industry	**557550**	**581967**	**672900**	**704823**	**757694**
交通运输、仓储和邮政业 Transport, Storage and Post Services	40577	40798	44589	44049	43157
信息传输、计算机服务和软件业 Information Transmission, Computer Software and Services	12567	12710	14707	14800	17072
批发和零售业 Wholesale and Retail Trade	49552	44584	53404	57290	62060
住宿和餐饮业 Lodgings and Catering Services	24892	28374	31663	35238	43034
金融业 Finance	43921	46080	54113	61243	66260
房地产业 Real Estate	10836	14580	21115	25487	28777
租赁和商务服务业 Rent and Business Services	11855	16836	40684	38314	48718
科学研究、技术服务和地质勘查业 Scientific Reseach, Ploytechnic Services and Geological Prospecting	10566	10895	12837	14125	18046
水利、环境和公共设施管理业 Water Conservancy, Environment and Public Facilities Management	12956	14384	16608	16728	17032
居民服务和其他服务业 Resident Services and Others	5691	4550	5538	5392	4449
教育 Education	193401	197494	209710	215416	224198
卫生、社会保障和社会福利业 Health Care, Social Ensure and Walfare	64490	70714	82194	89918	95954
文化、体育和娱乐业 Culture, Sports and Entertainment	12423	12757	14715	14613	14978
公共管理和社会组织 Public Management and Social Organizations	63823	67211	71023	72210	73959

注：本表国民经济行业分类标准采用GB/T 4754—2002。

Note: The classified Standards of national ecomonic sector are adopted GB/T 4754-2002.

3-17 城镇私营及个体劳动者人数(年底数)

Number of Employed Persons in Private Enterprises and Self-employed Individuals in Urban Areas(End of Years)

单位：人 (person)

行业 Sector	2005	2007	2008	2009	2010
合　计 Total	**1554192**	**2227679**	**2633294**	**3195663**	**2783790**
第一产业 Primary Industry	**28100**	**38814**	**46191**	**55047**	**61273**
农、林、牧、渔业 Farming, Forestry, Animal Husbandy and Fishery	28092	38814	46191	55047	61273
第二产业 Secondary Industry	**426800**	**659254**	**725994**	**804864**	**769018**
采矿业 Mining and Quarrying	6875	7773	8914	9385	8588
制造业 Manufacturing	361152	561798	614857	682465	654265
电力、燃气及水的生产和供应业 Production and Supply of Electricity Gas and Water	17264	20284	19710	19381	19962
建筑业 Construction	41471	69399	82513	93633	86203
第三产业 Tertiary Industry	**1099300**	**1529611**	**1861109**	**2335752**	**1953499**
交通运输、仓储和邮政业 Transport, Storage and Post Services	25175	36844	43701	52871	50624
信息传输、计算机服务和软件业 Information Transmission, Computer Software and Services	36173	59431	66114	70751	62011
批发和零售业 Wholesale and Retail Trade	666150	900674	1090561	1399162	1151275
住宿和餐饮业 Lodgings and Catering Services	86834	115756	158587	184166	160647
金融业 Finance			6179	9145	11140
房地产业 Real Estate	32316	52999	62670	72042	62229
租赁和商务服务业 Rent and Business Services	87222	159429	193278	228636	197354
科学研究、技术服务和地质勘查业 Scientific Reseach, Ploytechnic Services and Geological Prospecting			44792	56246	46699
水利、环境和公共设施管理业 Water Conservancy, Environment and Public Facilities Management			8407	9448	7895
居民服务和其他服务业 Resident Services and Others	124935	132552	157548	217025	165763
教育 Education			3206	3428	3285
卫生、社会保障和社会福利业 Health Care, Social Ensure and Walfare	4005	6479	7603	7152	7927
文化、体育和娱乐业 Culture, Sports and Entertainment	11150	15404	17552	25680	26144
公共管理和社会组织 Public Management and Social Organizations			911		506

注：1.本表国民经济行业分类标准采用GB/T 4754—2002。2.其他行业包括：科学研究、技术服务和地质勘查业、水利、环境和公共设施管理业和教育业。

Note: a)The classified Standards of national ecomonic sector are adopted GB/T 4754-2002.b)others include scientific research,technology services and Geological Prospecting,Water conservancy,environment and Public facilities management and education.

3-18 城镇单位企业 事业 机关年末在岗职工人数(1990-2010年)

Number of Staff and Workers in Enterprises, Institutions and Agencies in Ubran Units(1990-2010)

单位：万人 (10000 persons)

年份 Year	总计 Total	企业 Enterprise	事业 Institution	机关 Agencies Organizations
1990	310.86	231.35	56.08	23.43
1991	322.28	238.78	58.89	24.60
1992	338.80	251.24	62.27	25.29
1993	344.79	259.72	58.90	26.18
1994	352.60	263.95	61.56	27.09
1995	344.11	252.76	64.44	26.91
1996	351.30	255.42	68.51	27.38
1997	357.71	260.51	69.76	27.44
1998	334.53	236.48	71.29	26.76
1999	320.38	223.23	70.58	26.57
2000	318.00	221.41	69.62	26.97
2001	314.27	216.69	69.81	27.78
2002	315.32	220.38	67.52	27.42
2003	334.08	238.72	67.09	28.27
2004	365.56	269.41	67.68	28.47
2005	386.99	291.09	67.40	28.51
2006	412.21	315.43	68.14	28.63
2007	429.30	331.12	69.42	28.76
2008	441.58	341.83	70.48	29.27
2009	452.76	361.24	62.52	28.84
2010	485.94	385.88	70.50	29.27

注：1998年起“职工人数”统计口径为“在岗职工人数”。

Note:Statistic scope of staff and workers from 1998 refers to staff and workers on the job.

3-19 城镇单位从业人员变动情况

Changes of Employment in Urban Units

单位：人 (person)

项目	Item	2000	2003	2005	2008	2009	2010
一、本年增加人数	**Increase Population**	**407732**	**709854**	**972655**	**999242**	**984840**	**1222972**
从农村招收	From Rural	222904	379533	628832	600809	608199	752107
从城镇招收	From Urban	54929	103276	111358	143223	142789	177506
录用复员转业军人	Demobilize Soldier	6295	8612	8179	8103	7056	7293
录用大中专技校毕业生	Junior or Senior Technical School Graduated	54876	67477	110163	138014	146261	189897
调入	Taken-In	31947	42684	43190	38539	28351	40062
其他	Others	36781	108272	70933	70554	52184	56107
二、本年减少人数	**Reduce Population**	**412800**	**525334**	**778973**	**1030308**	**880835**	**975438**
离休退休退职	Retire	58903	55710	86155	96757	109719	146165
开除除名辞职	Discharge	75275	69789	135152	101364	79625	80413
终止解除合同	Stop Contract	139375	220543	348383	592260	529582	575399
离开本单位仍保留劳动关系	Leave the unit still retain labor relations	39682	20924	12935	20022	13315	10435
死亡	Death			2241	2053	2059	1967
调出	Taken-Out	31478	49706	42856	42518	30384	35626
其他	Others	68087	108662	151251	175334	116151	125433

3-20 城镇新就业人数

Number of New Employed Persons in Urban Areas

单位：万人 (10000 persons)

项目	Item	2000	2003	2005	2008	2009	2010
城镇新就业人数	**New Employed Persons in Urban Areas**	**42.89**	**88.03**	**124.37**	**140.49**	**154.73**	**81.11**
#城镇单位净增从业人数	Net added Employed Persons in Urban Enterprises	-3.01	19.19	22.39	8.20	15.27	33.18
城镇个私净增从业人数	Net added Employed Persons in Urban Self-employed Individuals' and Private Enterprises	2.12	17.05	27.10	40.56	56.25	-41.19
按就业人员安置去向分	By Settle						
国有经济单位	State-Owned	10.25	13.25	14.41	14.55	11.61	14.08
城镇集体经济单位	Collective-Owned	3.53	5.37	2.95	2.41	2.50	1.78
其他各种经济类型单位	Others	26.99	52.36	79.90	82.96	84.37	106.43
城镇个私劳动者	Self-employed Individuals and Private Enterprise in Urban Areas	2.12	17.05	27.10	40.56	56.25	-41.19

注：新就业人数包括：（1）城镇个体、私营报告期年净增从业人员；（2）城镇单位当年录用的退伍军人、外单位调入人员、大中专及技校毕业生和从城镇和农村新招收人员等。

Note:New Employed Persons include：（1）employed persons added annually in Urban self-employed individuals' and private enterprises' reports.（2）Veterans, persons from other units, graduates from universities, colleges and technical schools, and newly recruited persons from urban and rural areas, who are employed by urban units in the year.

3-21 按登记注册类型分城镇单位职工平均工资

Average Wage of Staff and Workers in Urban Units by Status of Registration

单位：元 (yuan)

年份 Year	平均货币工资 Average Earning (yuan)				指数(上年=100) Indices (preceding year=100)			
	总计 Total	国有单位 State-owned Units	集体单位 Collective-owned Units	其他单位 Others	合计 Total	国有单位 State-owned Units	集体单位 Collective-owned Units	其他单位 Others
1978	567	594	520					
1979	610	642	530		107.6	108.1	101.9	
1980	703	737	613		115.2	114.8	115.7	
1981	715	746	637		101.7	101.2	103.9	
1982	765	792	691		107.0	106.2	108.5	
1983	827	861	730		108.1	108.7	105.6	
1984	921	966	813	1742	111.4	112.2	111.4	
1985	1059	1115	912	1855	115.0	115.4	112.2	106.5
1986	1243	1328	1027	1498	117.4	119.1	112.6	80.8
1987	1319	1402	1097	1571	106.1	105.6	106.8	104.9
1988	1644	1742	1342	2100	124.6	124.3	122.3	133.7
1989	1895	2009	1499	2532	115.3	115.3	111.7	120.6
1990	2162	2288	1704	2674	114.1	113.9	113.7	105.6
1991	2420	2502	1936	3217	111.9	109.4	113.6	120.3
1992	2780	2846	2192	3649	114.9	113.7	113.2	113.4
1993	3480	3506	2735	4420	125.2	123.2	124.8	121.1
1994	4890	5001	3644	5763	140.5	142.6	133.2	130.4
1995	5857	5790	4481	7305	119.8	115.8	123.0	126.8
1996	6683	6608	5078	8076	114.1	114.1	113.3	110.6
1997	7559	7621	5582	8636	113.1	115.3	109.9	106.9
1998	8531	8682	6662	8999	112.9	113.9	119.3	104.2
1999	9490	9867	7320	9587	111.2	113.6	109.9	106.5
2000	10584	11170	8140	10422	111.5	113.2	111.2	108.9
2001	12013	13313	9098	11028	113.5	119.2	111.8	105.6
2002	13306	15026	10119	11987	110.8	112.9	111.2	108.7
2003	14310	16460	11386	12719	107.5	109.5	112.5	106.1
2004	15603	18529	12307	13745	109.0	112.6	108.1	108.1
2005	17146	20897	13811	14947	109.9	112.8	112.2	108.7
2006	19318	23926	15695	16880	112.7	114.5	113.6	112.9
2007	22283	28011	18856	19443	115.3	117.1	120.1	115.2
2008	25702	33097	22108	22205	115.3	118.2	117.2	114.2
2009	28666	37345	25588	24556	111.5	112.8	115.7	110.6
2010	32647	41689	27234	28802	113.9	111.6	106.4	117.3

注：本表1998年起“职工平均工资”统计口径为“在岗职工平均工资”。1998年以前“国有单位”统计口径为“国有经济单位”，“集体单位”统计口径为“集体经济单位”，“其他单位”统计口径为“其他各种经济类型单位”，不含私营企业。

Note:The statistic scope from 1998 in this table refers to average wages of staff and workers on the job.Before 1998, the statistic scope of state-owned units refers to state-owned economic units, collective-owned units refers to collective economic units, others refer to the various other economic types.This table is not including Private Enterprises.

3-22 城镇单位企业 事业 机关在岗职工平均工资

Average Wage of Staff and Workers in Urban Enterprises, Institution and Government Agencies

单位：元　　(yuan)

年份 Year	平均货币工资 Average Wage				指数(上年=100) Indices (preceding year=100)			
	总计 Total	企业 Enterprises	事业 Institutions	机关 Agencies & Organizations	合计 Total	企业 Enterprises	事业 Institutions	机关 Agencies & Organizations
1978	567	565	526	657				
1979	610	609	587	672	107.6	107.8	111.6	102.3
1980	703	691	725	828	115.2	113.5	123.5	123.2
1981	715	710	729	777	101.7	102.8	100.6	93.8
1982	765	752	826	805	107.0	105.9	113.3	103.6
1983	827	807	887	949	108.1	107.3	107.4	117.9
1984	921	866	955	995	111.4	107.3	107.7	104.8
1985	1059	1035	1167	1119	115.0	119.5	122.2	112.5
1986	1243	1217	1343	1334	117.4	117.6	115.1	119.2
1987	1319	1261	1585	1412	106.1	103.6	118.0	105.8
1988	1644	1576	1997	1649	124.6	125.0	126.0	116.8
1989	1895	1834	2408	1960	115.3	116.4	120.6	118.9
1990	2162	2048	2698	2235	114.1	111.7	112.0	114.0
1991	2420	2310	3003	2376	111.9	112.8	111.3	106.3
1992	2780	2656	3439	2723	114.9	115.0	114.5	114.6
1993	3480	3403	4049	3222	125.2	128.1	117.7	118.3
1994	4890	4626	5979	5435	140.5	135.9	147.7	168.7
1995	5857	5983	5470	5605	119.8	129.3	91.5	103.1
1996	6683	6809	6304	6476	114.1	113.8	115.2	115.5
1997	7559	7562	7470	7752	113.1	111.1	118.5	119.7
1998	8531	8555	8302	8922	112.9	113.1	111.1	115.1
1999	9490	9298	9671	10604	111.2	108.7	116.5	118.9
2000	10584	10306	10990	11812	111.5	110.8	113.6	111.4
2001	12013	11468	13000	13794	113.5	111.3	118.3	116.8
2002	13306	12641	14614	15251	110.8	110.2	112.4	110.6
2003	14310	13766	15221	16627	107.5	108.9	104.2	109.0
2004	15603	14900	17151	18416	109.0	108.2	112.7	110.8
2005	17146	16157	19520	21357	109.9	108.4	113.8	116.0
2006	19318	18208	22232	24413	112.7	112.7	113.9	114.3
2007	22283	20822	26501	28809	115.3	114.4	119.2	118.0
2008	25702	23804	31422	34587	115.3	114.3	118.6	120.1
2009	28666	26491	35557	40448	111.5	111.3	113.2	116.9
2010	32647	30488	39905	43063	113.9	115.1	112.2	106.5

注：本表1998年起“职工平均工资”统计口径为“在岗职工平均工资”。

Note:The statistic scope from 1998 in this table refers to average wages of staff and workers on the job.

3-23 按行业分城镇单位在岗职工平均工资

Average Wage of Staff and Workers in Urban Units by Sector

单位：元 (yuan)

行业 Sector	2003	2005	2007	2008	2009	2010
合　计 Total	**14310**	**17146**	**22283**	**25702**	**28666**	**32647**
按企事业机关分 Grouped by Enterprises, Institutions and Agencies						
企业 Enterprises	13766	16157	20822	23804	26491	30488
事业 Institutions	15221	19520	26501	31422	35557	39905
机关 Agencies & Organizations	16627	21357	28809	34587	40448	43063
按国民经济行业分 By Sector						
农、林、牧、渔业 Farming, Forestry, Animal Husbandy and Fishery	7975	10017	12736	16768	19462	22923
采矿业 Mining and Quarrying	10860	16664	20639	23877	26085	29399
制造业 Manufacturing	12217	14229	18103	20445	22417	26383
电力、燃气及水的生产和供应业 Production and Supply of Electricity Gas and Water	20562	26695	36546	40196	42907	51335
建筑业 Construction	13779	16161	21170	24268	26595	30344
交通运输、仓储和邮政业 Transport, Storage and Post Services	18181	22623	30402	34086	36351	41046
信息传输、计算机服务和软件业 Information Transmission, Computer Software and Services	33158	40326	44379	48671	54421	61552
批发和零售业 Wholesale and Retail Trade	13373	16491	22193	24876	28256	33155
住宿和餐饮业 Lodgings and Catering Services	10333	12570	16000	17491	18675	22175
金融业 Finance	26245	34993	52568	65119	71753	84307
房地产业 Real Estate	16582	18944	24799	30601	31486	36990
租赁和商务服务业 Rent and Business Services	14538	16986	20896	23864	22842	24595
科学研究、技术服务和地质勘查业 Scientific Reseach, Ploytechnic Services and Geological Prospecting	19913	24346	35483	37450	38461	42553
水利、环境和公共设施管理业 Water Conservancy, Environment and Public Facilities Management	12948	16433	22912	23854	25501	28073
居民服务和其他服务业 Resident Services and Others	15009	15707	19394	22645	27488	34346
教育 Education	15029	19111	26501	31811	37515	41333
卫生、社会保障和社会福利业 Health Care, Social Ensure and Walfare	16589	21733	29219	33990	37530	42629
文化、体育和娱乐业 Culture, Sports and Entertainment	16919	21018	27926	30059	32436	36812
公共管理和社会组织 Public Management and Social Organizations	16567	21616	28958	34761	40568	43077
按三次产业分 By Three Strata of Industry						
第一产业 Primary Industry	7839	10017	12736	16768	19462	22923
第二产业 Secondary Industry	12711	14914	19077	21662	23781	27828
第三产业 Tertiary Industry	16710	21131	28499	33218	37249	41457

3-24 城镇单位从业人员平均劳动报酬(2010年)

Per Capita Payment in Urban Units(2010)

单位：元 (yuan)

项目 Item	单位从业人员 Persons Employed in Units	在岗职工 Staff and Workers on the Job	其他从业人员 Other Employed Persons
合　计 **Total**	**32340**	**32647**	**25148**
按企事业机关分 **Grouped by Enterprises, Institutions and Agencies**			
企业 Enterprises	30377	30488	27692
事业 Institutions	38812	39905	17179
机关 Agencies & Organizations	42033	43063	14629
按国民经济行业分 **By Sector**			
农、林、牧、渔业 Farming, Forestry, Animal Husbandy and Fishery	18041	22923	8085
采矿业 Mining and Quarrying	29328	29399	26181
制造业 Manufacturing	26627	26383	53036
电力、燃气及水的生产和供应业 Production and Supply of Electricity Gas and Water	50529	51335	23648
建筑业 Construction	30138	30344	28220
交通运输、仓储和邮政业 Transport, Storage and Post Services	39741	41046	21927
信息传输、计算机服务和软件业 Information Transmission, Computer Software and Services	59117	61552	37167
批发和零售业 Wholesale and Retail Trade	32850	33155	22651
住宿和餐饮业 Lodgings and Catering Services	22268	22175	27666
金融业 Finance	70532	84307	22974
房地产业 Real Estate	36917	36990	35481
租赁和商务服务业 Rent and Business Services	24511	24595	20327
科学研究、技术服务和地质勘查业 Scientific Reseach, Ploytechnic Services and Geological Prospecting	41592	42553	23274
水利、环境和公共设施管理业 Water Conservancy, Environment and Public Facilities Management	26824	28073	13721
居民服务和其他服务业 Resident Services and Others	33977	34346	25148
教育 Education	40550	41333	16523
卫生、社会保障和社会福利业 Health Care, Social Ensure and Walfare	40844	42629	18983
文化、体育和娱乐业 Culture, Sports and Entertainment	35654	36812	18654
公共管理和社会组织 Public Management and Social Organizations	42000	43077	14557
按三次产业分 **By Three Strata of Industry**			
第一产业 Primary Industry	18041	22923	8085
第二产业 Secondary Industry	28009	27828	34981
第三产业 Tertiary Industry	40310	41457	21279

3-25 按行业分城镇单位在岗职工平均工资(2010年)

Average Wage of Staff and Workers on the Job in Urban Units by Sector(2010)

单位：元 (yuan)

行业 Sector	在岗职工平均工资 Average Wage	国有单位 Stated-owned units	集体单位 Collective-owned units	其他单位 Others
合　计 Total	**32647**	**41689**	**27234**	**28802**
按企事业机关分 Grouped by Enterprises, Institutions Agencies				
企业 Enterprises	30488	42778	26592	28771
事业 Institutions	39905	40304	30206	39432
机关 Agencies & Organizations	43063	43065	31000	
按国民经济行业分 By Sector				
农、林、牧、渔业 Farming, Forestry, Animal Husbandy and Fishery	22923	23051	19144	22362
采矿业 Mining and Quarrying	29399	27119	26132	31014
制造业 Manufacturing	26383	34683	23430	26285
电力、燃气及水的生产和供应业 Production and Supply of Electricity Gas and Water	51335	54523	50645	46023
建筑业 Construction	30344	34273	26116	29870
交通运输、仓储和邮政业 Transport, Storage and Post Services	41046	41000	19724	42697
信息传输、计算机服务和软件业 Information Transmission, Computer Software and Services	61552	55238	21129	65719
批发和零售业 Wholesale and Retail Trade	33155	47563	16681	28783
住宿和餐饮业 Lodgings and Catering Services	22175	25106	21335	21243
金融业 Finance	84307	75776	53707	98206
房地产业 Real Estate	36990	43150	30913	34975
租赁和商务服务业 Rent and Business Services	24595	29557	19235	23598
科学研究、技术服务和地质勘查业 Scientific Reseach, Ploytechnic Services and Geological Prospecting	42553	44102	48365	38433
水利、环境和公共设施管理业 Water Conservancy, Environment and Public Facilities Management	28073	28143	23060	28505
居民服务和其他服务业 Resident Services and Others	34346	36526	20740	34428
教育 Education	41333	41273	43132	42999
卫生、社会保障和社会福利业 Health Care, Social Ensure and Walfare	42629	45733	29413	34467
文化、体育和娱乐业 Culture, Sports and Entertainment	36812	37924	42772	27003
公共管理和社会组织 Public Management and Social Organizations	43077	43126	31077	11092
按三次产业分 By Three Strata of Industry				
第一产业 Primary Industry	22923	23051	19144	22362
第二产业 Secondary Industry	27828	39316	25916	27044
第三产业 Tertiary Industry	41457	42677	28538	40338

注：本表不含私营企业。

Note:This table is not including Private Enterprises.

3-26 私营单位从业人员平均劳动报酬（2010年）

Per Capita Payment in Urban Units(2010)

单位：元 (yuan)

项目 Item	2008	2009	2010	2010年比上年增长(%) Ratio(%)
合　计 Total	**16747**	**18187**	**21039**	**15.7**
按国民经济行业分 By Sector				
农、林、牧、渔业 Farming, Forestry, Animal Husbandy and Fishery	14938	16305	18670	14.5
采矿业 Mining and Quarrying	16337	17641	20428	15.8
制造业 Manufacturing	16201	17372	20082	15.6
电力、燃气及水的生产和供应业 Production and Supply of Electricity Gas and Water	17464	18399	21435	16.5
建筑业 Construction	19265	20759	23914	15.2
交通运输、仓储和邮政业 Transport, Storage and Post Services	17988	19069	21681	13.7
信息传输、计算机服务和软件业 Information Transmission, Computer Software and Services	21458	22933	27749	21.0
批发和零售业 Wholesale and Retail Trade	16254	17590	21512	22.3
住宿和餐饮业 Lodgings and Catering Services	13213	13894	16881	21.5
金融业 Finance	25192	27937	32156	15.1
房地产业 Real Estate	19034	20635	24411	18.3
租赁和商务服务业 Rent and Business Services	17747	18311	20618	12.6
科学研究、技术服务和地质勘查业 Scientific Reseach, Ploytechnic Services and Geological Prospecting	19377	19888	23329	17.3
水利、环境和公共设施管理业 Water Conservancy, Environment and Public Facilities Management	15089	15621	18073	15.7
居民服务和其他服务业 Resident Services and Others	14563	16341	19168	17.3
教育 Education	19231	21567	24306	12.7
卫生、社会保障和社会福利业 Health Care, Social Ensure and Walfare	19472	21139	23527	11.3
文化、体育和娱乐业 Culture, Sports and Entertainment	16109	16910	19582	15.8
公共管理和社会组织 Public Management and Social Organizations	16389	15348	17113	11.5
按三次产业分 By Three Strata of Industry				
第一产业 Primary Industry	14938	16305	18670	14.5
第二产业 Secondary Industry	16900	18171	20940	14.7
第三产业 Tertiary Industry	16244	18307	21502	19.6

主要统计指标解释

人口数 指一定时点、一定地区范围内的有生命的个人的总和。年度统计的年末人口数指每年12月31日24时的人口数。

市、镇、县人口 其定义有两种口径：

第一种口径(按行政建制)

市人口：市管辖区域内的全部人口(含市辖镇，不含市辖区县)；

镇人口：县辖镇的全部人口(不含市辖镇)；

县人口：县辖乡人口。

第二种口径(按常住人口划分)

市人口：设区的市的区人口和不设区的市所辖的街道人口；

镇人口：不设区的市所辖镇的居民委员会人口和县辖镇的居民委员会人口；

县人口：除上述两种人口以外的全部人口。

出生率(又称粗出生率) 指在一定时期内(通常为一年)平均每千人所出生的人数的比率，一般用千分率表示。计算公式为：

出生率＝(年出生人数／年平均人数)×1000‰

式中：出生人数指活产婴儿，即胎儿脱离母体时(不管怀孕月数)，有过呼吸或其他生命现象。年平均人数指年初、年底人口数的平均数，也可用年中人口数代替。

死亡率(又称粗死亡率) 指在一定时期内(通常为一年)一定地区的死亡人数与同期平均人数(或期中人数)之比，一般用千分率表示。计算公式为：

死亡率＝(年死亡人数／年平均人数)×1000‰

人口自然增长率 指在一定时期内(通常为一年)人口自然增加数(出生人数减死亡人数)与该时期内平均人数(或期中人数)之比，一般用千分率表示。计算公式为：

人口自然增长率＝[(本年出生人数－本年死亡人数)／年平均人数]×1000‰＝人口出生率－人口死亡率

在业人口(又称就业人口) 指十五周岁及十五周岁以上人口中从事一定的社会劳动并取得劳动报酬或经营收入的人口。

不在业人口 指十五周岁及十五周岁以上人口中未从事社会劳动的人口，包括在校学生、料理家务、待升学、市镇待业、离退休、退职、丧失劳动能力等非在业人口。

经济活动人口 指在16岁以上，有劳动能力，参加或要求参加社会经济活动的人口；包括就业人员和失业人员。

各单位的就业人员 指在各级国家机关、政党机关、社会团体及企业、事业单位中工作，取得工资或其他形式的劳动报酬的全部人员。包括在岗职工、再就业的离退休人员、民办教师以及在各单位中工作的外方人员和港澳台方人员、兼职人员、借用的外单位人员和第二职业者。不包括离开本单位仍保留劳动关系的职工。各单位的从业人员反映了各单位实际参加生产或工作的全部劳动力。

城镇私营和个体就业人员 指在工商管理部门注册登记，其经营地址设在县城关镇(含城关镇)以上的私营企业从业人员；包括私营企业投资者和雇工。城镇个体就业人员指在工商管理部门注册登记，并持有城镇户口或在城镇长期居住，经批准从事个体工商经营的从业人员；包括个体经营者和在个体工商户劳动的家庭帮工和雇工。

城镇登记失业人员 指有非农业户口，在一定的劳动年龄内，有劳动能力，无业而要求就业，并在当地就业服务机构进行求职登记的人员。

城镇登记失业率 指城镇登记失业人数同城镇从业人数与城镇登记失业人数之和的比。计算公式为：

城镇登记失业率=城镇登记失业人数／(城镇从业人数+城镇登记失业人数)×100%

职工 指在国有经济、城镇集体经济、联营经济、股份制经济、外商和港、澳、台投资经济、其他经济单位及其附属机构工作，并由其支付工资的各类人员，不包括返聘的离退休人员、民办教师、在国有经济单位工作的外方人员和港、澳、台人员(1998年以后的数据均为在岗职工数据，其他相关指标如职工工资总额，职工平均工资等指标也从1998年按此口径进行了相应调整)。

国有单位职工　指在国有经济单位及其附属机构工作，并由其支付工资的各类人员。

城镇集体单位职工　指在城镇集体经济单位及其管理部门工作，并由其支付工资的各类人员。

其他单位职工　指在联营经济、股份制经济、外商投资经济、港、澳、台投资经济单位工作，并由其支付工资的各类人员。

在岗职工　指在本单位工作并由单位支付工资的人员，以及有工作岗位，但由于学习、病伤产假等原因暂未工作，仍由单位支付工资的人员。

工资总额　指各单位在一定时期内直接支付给本单位全部职工的劳动报酬总额。工资总额的计算原则应以直接支付给职工的全部劳动报酬为根据。各单位支付给职工的劳动报酬以及其他根据有关规定支付的工资，不论是计入成本的还是不计入成本的，不论是按国家规定列入计征奖金税项目的，还是未列入计征奖金税项目的，不论是以货币形式支付的还是以实物形式支付的，均包括在工资总额内。

奖金　指支付给职工的超额劳动报酬和增收节支的劳动报酬。

津贴和补贴　指为了补偿职工特殊或额外的劳动消耗和因其他特殊原因支付给职工的津贴，以及为了保证职工工资水平不受物价影响支付给职工的物价补贴。

平均工资　指企业、事业、机关单位的职工在一定时期内平均每人所得的货币工资额。它表明一定时期职工工资收入的高低程度，是反映职工工资水平的主要指标。计算公式为：

职工平均工资＝报告期实际支付的全部职工工资总额／报告期全部职工平均人数

平均工资指数　指报告期职工平均工资与基期职工平均工资的比率，是反映不同时期职工货币工资水平变动情况的相对数。计算公式为：

职工平均工资指数＝报告期职工平均工资／基期职工平均工资

平均实际工资指数　指扣除物价变动因素后的职工平均工资。职工平均实际工资指数是反映实际工资变动情况的相对数，表明职工实际工资水平提高或降低的程度。计算公式为：

职工平均实际工资指数＝(报告期职工平均工资指数／报告期城镇居民消费价格指数)×100%

Explanatory Notes on Main Statistical Indicators

Total Population refers to the total number of people alive at a certain point of time within a given area.The annual statistics on total population is taken at midnight,the 31st of December.

To City, Town and County Population,there are two definitions.The first definition (according to the administrative organizational system):

City Population: Total population under the jurisdiction of City (including population of the town under the jurisdiction of City. excluding the population of counties under the jurisdiction of City).

Town Population: Total population of town under the jurisdiction of County (excluding the population of town under the jurisdiction of City).

County Population: Total population of country under the jurisdiction of County).

The second definition (classified by the permanent population):

City Population: Total population of districts under the jurisdiction of City with district establishment and the population of street under the jurisdiction of City without district establishment.

Town Population: Total resident-committees population of towns under the jurisdiction of City without district establishment and the resident-committees population of towns under the jurisdiction of County.

County Population: Total population except City population and town population.

Birth Rate(or Crude Birth Rate) refers to the ratio of the number of births to the average population during a certain period of time(usually a year) which is often expressed in ‰. The following formula is used:

Brith Rate= (Number of Births/Annual Average Number of Population) ×1000‰

Number of births refers to live births i.e. the births when babies had showed any vital phenomena regardless of the length of pregnancy.

Annual average number of population is the average of the number of population at the beginning of the year and that at the end of the year. Sometimes it is substituted for with the mid year population.

Death Rate(or Crude Death Rate) refers to the ratio of the number of deaths to the average population (or mid year population) during a certain period of time (usually a year) which is often expressed in‰. The following formula is used:

Death Rate =(Number of Deaths/ Annual Average Number of Population)×1000‰

Natural Growth Rate of Population refers to the ratio of natural increase in population(number of births minus number of deaths)in a certain period of time(usually a year)to the average population(or mid year population)of the same period which is often expressed in‰. The following formula is applied:

Natural Growth Rate of Population= [(Number of Births-Number of Deaths)/ Average Number of Population]×1000‰

Natural Growth Rate of Population=Birth Rate-Death Rate

Employed Population refers to population aged 15 or over engaging in social labour which generates income.

Unemployed Population refers to population aged 15 or over not engaging in any social labour which generates income, including students enrolled in schools, house wives,students waiting for entering schools with higher level, urban job seekers, retirees, job quitters, disabled, etc.

Economically Active Population refers to the population aged 16 and over who are capable to work, are participating in or willing to participate in economic activities, including employed persons and unemployed persons.

Persons Employed in Various Units refer to all the persons working in government agencies of various levels, political and party organizations, social organizations，enterprises and institutions, and receiving wages or other forms of payment. They include fully-employed staff and workers , re-employed retirees， teachers in schools run by the local people，foreigners and Chinese compatriots from Hong Kong， Macao，and Taiwan working in various units, part-time employees, employees of other units working temporarily at current posts, and employees holding the second job, but exclude staff and workers who have left their working units while keeping their labour contract (employment relation) unchanged. This indicator reflects the total number of laborers actually engaged in production or other operations in various units.

Persons Employed in Private Enterprises and Self-Employed Individuals in Urban Areas Persons employed in private enterprises refer to the persons employed in the private enterprises which have been registered at the departments of industrial and commercial administration and are situated at a County town (i.e. a town where the County government is located) for business operation or at urban areas with the level higher than a County town. The self-employed individuals in urban areas refer to persons who hold the certificates of residence in urban areas or have resided in the urban areas for a long time and have been registered at the departments of industrial and commercial administration and approved to be engaged in individual industrial or commercial business, including self-employed persons as well as helpers and hired labourers who work in the individual households engaged in industrial or commercial business.

Registered Urban Unemployed Persons The registered unemployed persons in urban areas refer to the persons who are registered as permanent residents in the urban areas engaged in non-agricultural activities, aged within the range of working age, capable to labour, unemployed but desirous to be employed and have been registered at the local employment service agencies to apply for a job.

Registered Urban Unemployment Rate Registered unemployment rate in urban areas refers to the ratio of the number of the registered unemployed persons to the sum of the number of employed persons and the registered unemployed persons . The formula is as follows:

Registered urban unemployment rate = [number of registered urban unemployed persons/(number of urban employed persons + number of registered urban unemployed persons)]×100%

Staff and Workers refer to the persons who work in(and receive payment therefrom)enterprises and institutions of state ownership， collective ownership，joint ownership，share holding，foreign ownership， and ownership by entrepreneurs from Hong Kong， Macao， and Taiwan， and other types of ownership and their affiliated units，excluding the retired persons invited to work in the units again, teachers in the schools run by the local people and foreigners and persons coming from Hong Kong, Macao and Taiwan and working in the state-owned economic units. (Number of staff and workers in this yearbook include only fully employed staff and workers, excluding those who have left their working units while keeping their labour contract/employment relation unchanged).

Staff and Workers in State-owned Economic Units refer to the persons who work in the state-owned economic units or their attached units and are listed in their payrolls.

Staff and Workers of Collective Owned Units in Urban Areas refer to the persons who work in collective owned units in urban areas and their administration departments and receive payment therefrom.

Staff and Workers in Units of Other Types of Ownership refer to those who work in(and receive payment therefrom)enterprises and institutions of joint ownership，share holding，foreign ownership，and ownership by entrepreneurs from Hong Kong，Macao，and Taiwan.

Fully Employed Staff and Workers refer to persons who work in, and receive wages from their working units, as well as persons who have their work posts, but are temporarily absent from work for reasons of study or on sick, injury or maternal leave and still receive wages from their working units.

Total Wages refer to the total remuneration payment to staff and workers in various units during a certain period of time. The calculation of total wages is based on the total remuneration payment to the staff and workers. Therefore, all the wages and salaries and other payments to staff and workers are included in the total wages regardless of their sources, category, and forms (in kind or cash). (Total wages of staff and workers in this yearbook include only total wages of fully employed staff and workers, excluding the living allowances distributed to those who have left their working units while keeping their labour contract/employment relation unchanged).

Bonus refers to remuneration payment to workers for extra work and for increasing earnings and practicing economy.

Subsidies and Allowances refer to subsidies paid to staff and workers for compensating special or extra labour and allowances paid to staff and workers to offset the impact of inflation on real wages.

Average Wage refers to the average wage in money terms per person during a certain period of time for staff and workers in enterprises, institutions, and government agencies, which reflects the general level of wage income during a certain period of time and is calculated as follows:

Average Wage of Staff and Workers =Total Wages of Staff and Workers in Reference Period/Average Number of Staff and Workers in Reference Period

Index of Average Wage refers to the ratio of average wage of staff and workers at the report time to that at the reference time. It reflects the relative changing degree of average wage in money terms at the various of time, which is calculated as following:

Index of Average Wage of Staff and Worker = average wage of staff and workers at the report time/average wage of staff and workers at the reference time

Index of Average Real Wage refers to the average wage which has removed the factor of price change. Index of average real wage of staff and worker reflects the relative changing degree of average real wage, and indicates the degree of the rising or declining degree of real wage of staff and worker, which is calculated as following:

Index of Average Real Wage of Staff and Worker = (Index of Average Wage of Staff and Worker at the Report Time/Urban Consumer Prices Index at the Report Time) ×100%.

第四篇　固定资产投资

Chapter 4　Investment in Fixed Assets

资料整理：程思怡 彭锦华 戴斌 张春芝 叶一标 唐洪民
Datebase Editor:Chengsiyi Pengjinhua Daibin Zhangchunzhi Yeyibiao Tanghongmin

简 要 说 明

本篇资料的主要内容及来源

本篇资料反映全省固定资产投资和房地产开发企业的基本情况，包括固定资产投资的规模、结构、资金来源和投资的效果等资料。

固定资产投资统计资料来源为：除农户投资由国家统计局福建调查总队投资建筑业调查处提供外，其他资料均由省统计局固定资产投资统计处提供。

本篇的统计调查方法除农户投资统计采用抽样调查方法外，其他均为全面统计报表。

Brief Introduction

Main Content and Source of Data

Data in this chapter show the basic conditions of investment in fixed assets and the basic conditions of enterprises for real estate development of Fujian Province etc. mainly including the total investment in fixed assets, the structure of investment, the resources of investment and the results of investment;

Data on the trans-regional projects are provided by the various departments under the Provincial Government. Data on the individual investment in fixed assets in rural areas are provided by the fixed assets and construction Census division of NBS Survey office in Fujian; others statistical data on the investment in fixed assets are provided by the Division of Investment in Fixed Assets, Fujian Statistical Bureau.

Method of data collection: All Data on the investment in fixed assets are collected by the statistical reporting scheme with the coverage of complete enumeration, except data on the investment in fixed assets in rural areas which are collected through sample surveys.

4-1 全社会固定资产投资

Total Investment in Fixed Assets in the Whole Country

项目 Item	2000	2003	2005	2008	2009	2010
投资总额（亿元）	**1082.47**	**1507.87**	**2344.73**	**5301.69**	**6362.03**	**8273.42**
Total Investment in Fixed Assets(100 million yuan)						
按隶属关系分						
By Ownership						
中央	63.50	49.44	99.80	411.50	707.44	757.85
Central						
地方	1018.97	1458.43	2244.93	4890.19	5654.59	7515.57
Local						
#省级	158.60	199.00	293.63	670.39	687.48	912.52
Province						
按三次产业分						
Gruoped By Three stata of Industry						
第一产业	19.41	41.05	60.69	102.61	124.11	154.15
Primary Industry						
第二产业	481.26	535.62	928.73	2035.33	2368.32	2897.37
Secondary Industry						
第三产业	581.80	931.20	1355.32	3163.75	3869.61	5221.90
Tertiary Industry						
按构成分						
Gruop By Construction						
建筑工程	578.28	849.02	1202.74	2845.35	3445.72	4407.14
Construction						
安装工程	90.46	73.93	120.11	238.58	286.35	325.34
Installation						
设备工器具购置	288.75	334.87	542.42	1127.87	1333.59	1457.82
Purchase of Equipment and Instruments						
其他费用	124.98	250.05	479.47	1089.90	1296.37	2083.11
Others						
本年资金来源合计	**1242.90**	**1835.53**	**2946.95**	**6410.27**	**7658.68**	**9645.17**
Total Source of Funds This Year						
上年末结余资金	131.84	170.93	303.45	655.03	567.00	711.09
FundsofLastYear-end						
本年资金来源小计	1111.06	1664.60	2643.51	5755.24	7091.68	8934.08
TotalSourceofFundsThisYear						
国家预算内资金	54.26	92.84	165.29	400.70	538.15	672.50
StateBudgetaryAppropriation						
国内贷款	181.76	307.16	531.26	1070.99	1420.96	1543.17
DomesticLoans						
债券	4.90	2.22	0.69	11.40	42.58	54.74
Bonds						
利用外资	136.26	124.06	132.95	206.24	200.43	286.57
ForeignInvestment						
自筹资金	511.07	802.91	1309.41	3124.85	3469.15	4950.82
Fundraising						
其他资金来源	222.81	335.41	503.91	941.05	1420.41	1426.28
Others						
房屋建筑面积（万平方米）						
Floor Space of Buildings(10000 sq.m)						
施工面积	10118.93	11634.18	17805.02	26034.89	25885.54	30754.70
Floor Space Under Construction						
#住宅	6191.93	7396.05	8832.24	14892.97	13503.71	15359.26
Residential Buildings						
竣工面积	4806.13	4850.26	7140.36	7719.52	7392.86	7166.91
Floor Space Completed						
#住宅	3432.91	3140.13	4005.03	5170.02	3959.01	3624.84
Residential Buildings						

4-2 主要年份按城乡分全社会固定资产投资额

Total Investment in Fixed Assets in the Whole Country by Rural and Urban Areas in Selected Years

单位：亿元 (100 million yuan)

年份 Year	全社会固定资产投资额 Total Investment in Fixed Assets	城镇 Urban	#房地产开发 Real Estate	农村 Rural	集体 Collective-owned	农户 Individuals	全社会固定资产投资比上年增长(%) Ratio(%)	全社会新增固定资产 Newly Increased Total Investment in Fixed Assets	城镇 Urban	农村 Rural
1952	0.62	0.38		0.24	0.11	0.13	68.1	0.63	0.39	0.24
1957	2.42	1.87		0.55	0.40	0.15	-55.2	4.75	4.20	0.55
1962	3.23	2.15		1.08	0.59	0.49	-16.6	2.60	1.52	1.08
1965	4.94	3.40		1.54	0.82	0.72	14.9	4.38	2.84	1.54
1970	7.21	4.85		2.36	1.02	1.34	111.4	4.53	2.18	2.35
1975	10.26	6.79		3.47	1.72	1.75	12.8	9.13	5.65	3.48
1978	13.35	9.45		3.90	1.95	1.95	55.2	8.95	5.05	3.90
1979	15.30	11.27		4.03	2.32	1.71	14.6	11.78	7.75	4.03
1980	18.30	13.57		4.73	2.75	1.98	19.6	13.65	8.91	4.74
1981	18.47	13.49		4.98	2.70	2.28	0.9	15.51	10.53	4.98
1982	24.45	16.32		8.13	3.23	4.90	32.4	18.62	10.49	8.13
1983	26.97	18.38		8.59	4.04	4.55	10.3	22.37	13.78	8.59
1984	34.61	24.23		10.38	5.25	5.13	28.3	29.83	19.45	10.38
1985	55.62	42.35		13.27	6.43	6.84	60.7	39.57	26.30	13.27
1986	64.46	48.63	3.57	15.83	4.18	11.65	15.9	49.55	33.71	15.84
1987	81.60	58.84	3.25	22.76	7.86	14.90	26.6	64.24	41.47	22.77
1988	100.29	71.41	7.13	28.88	8.05	20.83	22.9	84.66	55.79	28.87
1989	101.64	72.29	11.02	29.36	7.92	21.44	1.4	78.55	49.19	29.36
1990	115.41	81.39	13.47	34.02	9.12	24.90	13.5	98.86	64.84	34.02
1991	145.63	105.50	21.07	40.12	11.78	28.34	26.2	112.01	71.88	40.13
1992	227.55	176.76	41.03	50.79	16.45	34.34	56.3	157.43	106.64	50.79
1993	368.45	288.61	60.93	79.84	31.84	48.00	61.9	229.81	157.13	72.68
1994	538.87	437.65	101.98	101.21	34.83	66.38	46.3	349.41	254.88	94.53
1995	681.17	551.18	151.37	129.99	43.26	86.73	26.4	438.60	313.84	124.76
1996	790.00	636.66	151.69	153.34	60.25	93.09	16.0	546.08	417.19	128.88
1997	898.47	721.67	148.33	176.80	72.66	104.14	13.7	786.86	621.39	164.47
1998	1048.52	855.64	165.63	192.88	85.62	107.26	16.7	783.01	602.99	180.02
1999	1040.00	846.39	178.62	193.61	105.83	87.78	3.4	841.20	654.29	186.91
2000	1082.47	863.21	207.37	219.26	132.17	87.09	4.1	865.77	674.96	190.81
2001	1134.48	930.10	225.49	204.38	123.75	80.63	4.8	836.95	662.25	174.70
2002	1230.76	1010.76	248.99	220.00	138.00	82.00	8.5	874.73	758.12	116.61
2003	1507.87	1240.78	362.07	267.09	170.67	96.42	22.5	881.96	691.41	190.55
2004	1899.10	1600.54	477.79	298.55	197.84	100.71	25.9	1013.05	790.86	222.19
2005	2344.73	1986.31	540.39	358.42	255.40	103.03	23.5	1189.77	924.64	265.13
2006	3115.08	2765.12	787.36	349.96	233.33	116.63	38.0	1248.87	982.84	266.03
2007	4321.74	3863.01	1132.49	458.74	323.66	135.07	38.7	1594.61	1243.09	351.53
2008	5301.69	4695.51	1129.09	606.18	452.80	153.39	22.7	2235.32	1781.75	453.57
2009	6362.03	5679.44	1136.35	682.59	501.50	181.10	20.0	2943.38	2399.62	543.77
2010	8273.42	7460.07	1818.86	813.34	607.26	206.08	30.0	3184.37	2545.06	639.31

注：1.1999-2009年农村集体系非农户投资；2.按国家制度要求，为剔除与“农村投资”重复计算因素，从1999年起全社会投资均不含城关镇以下私人建房投资；3.自2006年起城镇工矿区私人建房投资纳入项目统计。

Note:a)Collective investment in rural areas from 1999 to 2009 refers to non farmers' investment. b)In accordance with national regulation, total investment in fixed assets from 1999 excludes the investment in private house building under city town level.c)The data from 2006 includes the inverstment in private house building of town areasand.

4-3 主要年份按登记注册类型分全社会固定资产投资额

Total Investment in Fixed Assets in the Whole Country by Status of Registration and Region in Selected Years

单位：亿元 (100 million yuan)

年份 Year	全社会固定资产投资额 Total Investment in Fixed Assets	国有经济 State-owned Units	集体经济 Collective-owned Units	个私经济 Individuals Economy	其他 Others	#联营经济 Joint Ownership Units	#外商及港澳台商投资企业 Units with Funds from Foreign Funded and Hong kong,Macao, Taiwan
1952	0.62	0.37	0.12	0.13			
1957	2.42	1.81	0.45	0.16			
1962	3.23	1.94	0.67	0.62			
1965	4.94	3.09	0.93	0.92			
1970	7.21	4.36	1.16	1.69			
1975	10.26	6.08	1.96	2.22			
1978	13.35	8.66	2.22	2.47			
1979	15.30	10.51	2.62	2.16	0.01		
1980	18.30	12.60	3.13	2.52	0.05		
1981	18.47	12.27	3.36	2.81	0.03		
1982	24.45	15.12	3.95	5.36	0.02		
1983	26.97	16.91	4.77	5.25	0.04		
1984	34.61	21.07	6.52	6.83	0.19		
1985	55.62	37.10	8.89	9.16	0.47		
1986	64.46	43.74	6.44	13.96	0.32		
1987	81.60	52.14	9.75	19.44	0.27		
1988	100.29	60.82	11.51	27.30	0.66		
1989	101.64	61.65	11.30	26.59	2.11		
1990	115.41	69.49	12.17	31.69	2.06		
1991	145.63	91.11	15.59	34.36	4.56		
1992	227.55	124.36	25.65	50.20	27.34		
1993	368.45	195.26	43.09	75.74	54.36	1.50	46.49
1994	538.87	249.14	50.69	103.83	135.20	7.02	112.60
1995	681.17	306.70	61.10	132.33	181.04	5.26	154.86
1996	790.00	323.20	84.23	145.28	237.29	7.55	199.82
1997	898.47	368.64	94.27	159.48	276.08	7.75	220.10
1998	1048.52	429.57	113.25	181.87	323.83	8.82	239.46
1999	1040.00	450.63	63.58	159.39	366.40	10.79	239.67
2000	1082.47	436.49	43.58	160.75	441.65	7.25	262.27
2001	1134.48	484.42	47.66	157.82	444.58	5.12	273.85
2002	1230.76	501.35	51.09	155.12	523.20	4.88	315.15
2003	1507.87	574.95	61.25	232.80	638.87	8.40	341.29
2004	1899.10	632.51	69.80	328.55	868.25	7.60	440.56
2005	2344.73	785.82	70.80	418.68	1069.43	11.73	496.99
2006	3115.08	1081.29	87.32	702.44	1244.02	6.04	615.83
2007	4321.74	1522.96	117.18	1059.61	1621.99	9.80	731.93
2008	5301.69	1914.63	190.41	1294.82	1901.84	13.95	837.87
2009	6362.03	2356.63	251.56	1650.38	2103.47	8.22	850.71
2010	8273.42	2827.69	267.45	2200.13	2978.15	40.04	1071.62

4-4 按产业和城乡分全社会固定资产投资额

Total Investment in Fixed Assets in the Whole Country by Status of Registration and Region

单位：亿元　　(100 million yuan)

行业 Sector	2008 总计 Total	2008 城镇 Urban	2008 农村 Rural	2009 总计 Total	2009 城镇 Urban	2009 农村 Rural	2010 总计 Total	2010 城镇 Urban	2010 农村 Rural
总计 Total	**5301.69**	**4695.51**	**606.18**	**6362.03**	**5679.44**	**682.59**	**8273.42**	**7460.07**	**813.34**
第一产业 Primary Industry	**102.61**	**29.92**	**72.69**	**124.11**	**49.78**	**74.33**	**154.15**	**63.89**	**90.26**
农、林、牧、渔业 Farming, Forestry, Animal Husbandy and Fishery	102.61	29.92	72.69	124.11	49.78	74.33	154.15	63.89	90.26
第二产业 Secondary Industry	**2035.33**	**1777.20**	**258.13**	**2368.32**	**2074.65**	**293.67**	**2897.37**	**2585.65**	**311.72**
采矿业 Mining and Quarrying	89.34	42.09	47.24	109.03	63.91	45.12	113.23	62.32	50.91
制造业 Manufacturing	1509.31	1329.46	179.85	1734.10	1515.39	218.71	2256.20	2021.20	235.00
电力、燃气及水的生产和供应业 Production and Supply of Electricity Gas and Water	412.40	391.02	21.38	490.75	469.92	20.83	505.00	485.59	19.41
建筑业 Construction	24.29	14.63	9.66	34.45	25.43	9.02	22.93	16.54	6.39
第三产业 Tertiary Industry	**3163.75**	**2888.39**	**275.36**	**3869.61**	**3555.01**	**314.59**	**5221.90**	**4810.54**	**411.36**
交通运输、仓储和邮政业 Transport, Storage and Post Services	708.46	656.64	51.82	1016.25	965.25	51.00	1349.37	1284.27	65.10
信息传输、计算机服务和软件业 Information Transmission, Computer Software and Services	129.11	127.18	1.94	148.64	147.38	1.26	140.37	139.28	1.09
批发和零售业 Wholesale and Retail Trade	63.23	53.51	9.72	101.94	92.54	9.39	155.01	142.73	12.28
住宿和餐饮业 Lodgings and Catering Services	68.47	64.89	3.58	92.40	86.36	6.03	100.47	94.56	5.90
金融业 Finance	15.36	15.27	0.09	17.33	16.91	0.42	23.17	22.90	0.27
房地产业 Real Estate	1319.51	1203.40	116.11	1417.42	1268.97	148.45	2246.15	2065.75	180.39
租赁和商务服务业 Rent and Business Services	59.51	57.66	1.85	68.39	65.50	2.89	95.96	94.36	1.60
科学研究、技术服务和地质勘查业 Scientific Reseach, Ploytechnic Services and Geological Prospecting	12.00	10.42	1.58	16.21	14.67	1.54	17.23	16.69	0.55
水利、环境和公共设施管理业 Water Conservancy, Environment and Public Facilities Management	433.64	400.80	32.83	613.32	565.28	48.04	706.94	625.08	81.87
居民服务和其他服务业 Resident Services and Others	6.08	2.70	3.39	9.20	7.13	2.07	14.59	9.98	4.61
教育 Education	79.55	71.44	8.10	100.17	89.71	10.46	112.96	97.28	15.67
卫生、社会保障和社会福利业 Health Care, Social Ensure and Walfare	36.00	31.88	4.12	49.50	43.52	5.98	56.25	50.25	6.01
文化、体育和娱乐业 Culture, Sports and Entertainment	52.64	48.31	4.33	53.09	45.79	7.30	78.47	70.13	8.34
公共管理和社会组织 Public Management and Social Organizations	180.20	144.29	35.91	165.74	146.00	19.74	124.96	97.29	27.68
国际组织 Intenational Organzition									

注：本表国民经济行业分类标准采用GB/T 4754—2002。

Note: The classified Standards of national ecomonic sector are adopted GB/T 4754-2002.

4-5 全社会固定资产投资资金来源(1981-2010年)

Sources of Funds for Investment in Fixed Assets in the Whole Country(1981-2010)

单位：亿元 (100 million yuan)

年份 Year	本年资金来源小计 Total Source of Funds(100 million yuan)	国家预算内资金 State Budgetary Appropriation	国内贷款 Domestic Loans	债券 Bonds	利用外资 Foreign Investment	自筹资金 Fundraising	其他资金来源 Others
1981	14.98	5.17	2.41		0.19	6.54	0.67
1982	18.36	3.65	5.02		0.82	7.68	1.19
1983	20.38	4.05	5.52		0.43	8.38	2.00
1984	25.66	5.44	9.21		0.32	9.16	1.53
1985	41.67	6.47	15.19		3.39	13.29	3.33
1986	43.80	6.92	17.99		2.29	12.65	3.95
1987	58.47	9.64	19.85		1.93	21.55	5.50
1988	77.88	5.98	24.69		3.89	30.37	12.95
1989	83.28	6.74	18.62		5.52	34.71	17.69
1990	103.45	8.30	22.88		9.57	42.69	20.01
1991	125.24	6.76	32.16		4.13	55.84	26.35
1992	163.43	5.58	53.68		9.47	80.41	14.29
1993	351.73	8.81	84.08		37.37	158.42	63.05
1994	480.87	7.80	91.55		75.84	227.54	78.14
1995	600.66	9.83	113.19		103.74	253.80	120.10
1996	728.83	11.78	144.05		139.92	306.13	126.95
1997	930.40	10.63	146.67		167.47	363.31	242.32
1998	1051.10	23.41	170.86		230.08	436.39	190.36
1999	997.16	38.36	181.87		133.67	423.74	219.52
2000	1111.06	54.26	181.76	4.90	136.26	511.07	222.81
2001	1205.85	66.97	187.52	3.40	132.01	530.73	285.22
2002	1345.83	78.98	266.11	3.74	150.85	576.90	269.25
2003	1664.60	92.84	307.16	2.22	124.06	802.91	335.41
2004	2139.92	84.62	406.01	3.71	135.91	1048.19	461.48
2005	2643.51	165.29	531.26	0.69	132.95	1309.41	503.91
2006	3557.87	175.07	764.60	9.56	146.59	1669.64	792.41
2007	5011.51	286.69	1048.91	15.29	215.67	2437.05	1007.90
2008	5755.23	400.70	1070.99	11.40	206.24	3124.85	941.05
2009	7091.68	538.15	1420.96	42.58	200.43	3469.15	1420.41
2010	8934.08	672.50	1543.17	54.74	286.57	4950.82	1426.28

4-6 全社会固定资产投资资金来源构成(1981-2010年)

Composition of Funds for Investment in Fixed Assets in the Whole Country(1981-2010)

单位：%　　　　(%)

年份 Year	国家预算内资金 State Budgetary Appropriation	国内贷款 Domestic Loans	债券 Bonds	利用外资 Foreign Investment	自筹资金 Fundraising	其他资金来源 Others
1981	34.5	16.1		1.3	43.7	4.5
1982	19.9	27.3		4.5	41.8	6.5
1983	19.9	27.1		2.1	41.1	9.8
1984	21.2	35.9		1.2	35.7	6.0
1985	15.5	36.5		8.1	31.9	8.0
1986	15.8	41.1		5.2	28.9	9.0
1987	16.5	33.9		3.3	36.9	9.4
1988	7.7	31.7		5.0	39.0	16.6
1989	8.1	22.4		6.6	41.7	21.2
1990	8.0	22.1		9.2	41.3	19.3
1991	5.4	25.7		3.3	44.6	21.0
1992	3.4	32.8		5.8	49.2	8.7
1993	2.5	23.9		10.6	45.0	17.9
1994	1.6	19.0		15.8	47.3	16.2
1995	1.6	18.8		17.3	42.3	20.0
1996	1.6	19.8		19.2	42.0	17.4
1997	1.1	15.8		18.0	39.0	26.0
1998	2.2	16.3		21.9	41.5	18.1
1999	3.8	18.2		13.4	42.5	22.0
2000	4.9	16.4	0.4	12.3	46.0	20.1
2001	5.6	15.6	0.3	10.9	44.0	23.7
2002	5.9	19.8	0.3	11.2	42.9	20.0
2003	5.6	18.5	0.1	7.5	48.2	20.1
2004	4.0	19.0	0.2	6.4	49.0	21.6
2005	6.3	20.1		5.0	49.5	19.1
2006	4.9	21.5	0.3	4.1	46.9	22.3
2007	5.7	20.9	0.3	4.3	48.6	20.1
2008	7.0	18.6	0.2	3.6	54.3	16.4
2009	7.6	20.0	0.6	2.8	48.9	20.0
2010	7.5	17.3	0.6	3.2	55.4	16.0

4-7 全社会固定资产投资构成(1993-2010年)

Composition of Fixed Assets in the Whole Country(1993-2010)

年份 Year	本年完成投资 Composition	#建筑工程 Construction	安装工程 Installation	设备工器具购置 Purchase of Equipment and Instruments	其他费用 Others
总量（亿元） Total(100 million yuan)					
1993	368.45	235.36	16.85	78.44	37.79
1994	538.87	352.39	23.51	103.99	58.98
1995	681.17	455.78	31.67	119.14	74.58
1996	790.00	503.53	38.78	154.85	92.84
1997	898.47	534.67	49.41	212.38	102.00
1998	1048.52	624.06	59.18	237.70	127.58
1999	1040.00	578.05	63.74	267.97	130.25
2000	1082.47	578.28	90.46	288.75	124.98
2001	1134.48	588.88	83.49	321.91	140.20
2002	1230.76	685.69	61.96	312.04	171.07
2003	1507.87	849.02	73.93	334.87	250.05
2004	1899.10	1040.66	96.46	443.35	318.62
2005	2344.73	1202.74	120.11	542.42	479.47
2006	3115.08	1566.78	138.67	610.26	799.36
2007	4321.74	2250.77	185.50	808.66	1076.81
2008	5301.69	2845.35	238.58	1127.87	1089.90
2009	6362.03	3445.72	286.35	1333.59	1296.37
2010	8273.42	4407.14	325.34	1457.82	2083.11
构成（%） Composition (%)					
1993	100.0	63.9	4.6	21.3	10.3
1994	100.0	65.4	4.4	19.3	10.9
1995	100.0	66.9	4.6	17.5	10.9
1996	100.0	63.7	4.9	19.6	11.8
1997	100.0	59.5	5.5	23.6	11.4
1998	100.0	59.5	5.6	22.7	12.2
1999	100.0	55.6	6.1	25.8	12.5
2000	100.0	53.7	8.4	26.6	11.4
2001	100.0	51.9	7.4	28.4	12.4
2002	100.0	55.7	5.0	25.4	13.9
2003	100.0	56.3	4.9	22.2	16.6
2004	100.0	54.8	5.1	23.3	16.8
2005	100.0	51.3	5.1	23.1	20.4
2006	100.0	50.3	4.5	19.6	25.7
2007	100.0	52.1	4.3	18.7	24.9
2008	100.0	53.7	4.5	21.3	20.6
2009	100.0	54.2	4.5	21.0	20.4
2010	100.0	53.3	3.9	17.6	25.2

4-8 全社会住宅投资额(1981−2010年)

Total Investment in Residential Buildings in the Whole Country(1981-2010)

单位：亿元 (100 million yuan)

年份 Year	全社会住宅投资额 Total Investment of Residential Buildings	#房地产开发 Real Estate Development	#城乡个人 Urban and Rural Individuals	城镇 Urban Individuals	农村 Rural Individuals
1981	5.20		2.46	0.51	1.95
1982	8.42		4.62	0.43	4.19
1983	8.32		4.27	0.68	3.59
1984	9.62		5.57	1.58	3.99
1985	13.59		7.42	2.15	5.26
1986	17.84	2.56	9.44	1.98	7.46
1987	19.55	2.36	12.75	3.44	9.31
1988	30.15	5.13	18.91	5.76	13.15
1989	32.70	8.02	19.21	4.80	14.41
1990	39.06	9.10	24.68	6.26	18.42
1991	46.92	14.35	25.46	5.49	19.97
1992	78.30	28.76	38.73	14.11	24.61
1993	112.78	39.99	54.68	23.83	30.85
1994	178.38	69.96	77.22	34.15	43.07
1995	219.81	88.51	106.85	41.07	65.78
1996	226.16	75.29	122.01	44.19	77.82
1997	226.72	72.49	123.63	44.27	79.35
1998	256.52	85.44	136.49	56.04	80.45
1999	241.17	105.08	89.22	21.99	67.23
2000	239.64	125.07	90.81	24.54	66.27
2001	235.77	145.22	67.23	17.78	49.45
2002	272.69	160.78	79.14	16.34	62.80
2003	333.28	237.67	76.04	19.95	54.83
2004	414.53	308.45	84.02	21.81	62.21
2005	463.74	363.72	75.43	24.71	50.72
2006	617.48	511.68	68.66	3.59	65.07
2007	933.35	778.39	85.82	2.24	83.58
2008	903.35	735.93	104.59	3.50	101.09
2009	1008.51	743.27	147.01	9.59	137.42
2010	1254.12	975.13	166.34	1.64	164.69

4-9 全社会住宅竣工面积(1981-2010年)

Floor Space of Residential Buildings Completed in the Whole Country(1981-2010)

单位：万平方米 (10000 sq.m)

年份 Year	全社会住宅竣工面积 Total Floor Space of Residential Bulidings Completed	#房地产开发 Real Estate Development	#城乡个人 Urban and Rural Individuals	城镇 Urban Individuals	农村 Rural Individuals
1981	1478.95		1215.12	68.55	1146.57
1982	1481.65		1053.12	68.03	985.09
1983	1254.20		861.96	98.04	763.92
1984	1324.08		944.18	201.59	742.59
1985	1428.30		1066.52	239.52	827.00
1986	2262.99	112.40	1770.52	212.21	1558.31
1987	1693.05	72.21	1394.48	260.75	1133.73
1988	2438.81	112.25	2106.62	328.71	1777.91
1989	1895.20	145.78	1578.25	243.42	1334.83
1990	2438.93	139.47	2093.88	290.35	1803.53
1991	2144.79	147.03	1815.51	240.51	1575.00
1992	2602.66	181.24	2192.19	522.19	1670.00
1993	2443.93	238.46	1957.67	601.67	1356.00
1994	3639.98	359.14	2952.73	860.17	2092.56
1995	3685.20	585.82	2814.57	1009.28	1805.29
1996	4017.69	419.56	3233.36	1044.95	2188.41
1997	3928.96	500.07	3012.71	1083.27	1929.44
1998	4628.66	450.90	3799.44	1175.60	2623.84
1999	2528.71	604.21	1370.93	427.80	943.13
2000	3432.91	771.81	2376.99	446.99	1930.00
2001	2775.24	1020.46	1490.27	389.27	1101.00
2002	3014.69	1011.33	1727.36	232.36	1495.00
2003	3140.13	1074.29	1798.59	380.59	1418.00
2004	3919.39	1260.55	2402.38	364.38	2038.00
2005	4005.03	1304.85	2523.71	407.03	2116.68
2006	3987.83	1128.59	2575.52	46.14	2529.38
2007	4881.91	1344.42	3235.53	28.99	3206.54
2008	5170.02	1422.84	3485.55	18.10	3467.45
2009	3959.01	1690.85	1896.32	89.74	1806.58
2010	3624.84	1715.87	1603.70	2.00	1601.70

4-10 城镇投资项目数及计划总投资(1993-2010年)

Number of Investment Projects and Value of Investment in Urban Areas(1993-2010)

年份 Year	施工项目（个） Number of Projects Under Construction (unit)	全部建成投产项目（个） Number of Projects Completed and Put Into Use (unit)	计划总投资（亿元） Total Investment of Planned (100 million yuan)	年份 Year	施工项目（个） Number of Projects Under Construction (unit)	全部建成投产项目（个） Number of Projects Completed and Put Into Use (unit)	计划总投资（亿元） Total Investment of Planned (100 million yuan)
1993	6256	3018	767.30	2002	6066	3269	2281.43
1994	5495	2810	1083.79	2003	5571	2438	3222.88
1995	5310	2819	1317.22	2004	8857	2594	4308.45
1996	6123	3458	1532.51	2005	7543	2891	5870.27
1997	5616	3057	1771.04	2006	9610	3013	8234.54
1998	6491	3546	2117.06	2007	10713	3699	10429.36
1999	7488	4149	2218.53	2008	11630	4537	13140.14
2000	6231	3579	2121.71	2009	11942	4578	15891.94
2001	5763	3153	2230.89	2010	10751	4014	20508.60

注：本表不含房地产开发。

Note:Data in this table exclude the investment of the real estate development.

4-11 按三次产业分城镇新增固定资产

Newly Increased Total Investment in Fixed Assets in Urban Areas by Sector

单位：万元　　(10000 Yuan)

行业 Sector	城镇新增固定资产投资 Newly Increased Fixed Assets	第一产业 Primary Industry	第二产业 Secondary Industry	第三产业 Tertiary Industry
1995	3138438	26542	961562	2150334
1996	4171918	29567	1372641	2769710
1997	6213913	34270	2080800	4098843
1998	6029888	53699	2634906	3341283
1999	6542937	104613	2378326	4059998
2000	6749598	35593	2863561	3850444
2001	6622464	54362	2353141	4214961
2002	7581186	73912	2813120	4694154
2003	6914113	43138	2356325	4514650
2004	7908627	50759	2988540	4869328
2005	9246365	70219	3489972	5686174
2006	9828376	71354	4791086	4965936
2007	12430850	95946	5585100	6749804
2008	17817461	213955	7183682	10419824
2009	23996153	285723	11058513	12651917
2010	25450575	328619	11601434	13520522

注：本表国民经济行业分类标准采用GB/T 4754-2002。

Note: The classified Standards of national ecomonic sector are adopted GB/T 4754-2002.

4-12 按行业分城镇固定资产投资

Investment in Fixed Assets in Urban Areas by Sector

单位：万元 (10000 Yuan)

行业 Sector	2003	2005	2008	2009	2010
总计 Total	**12407773**	**19863086**	**46955100**	**56794400**	**74600745**
第一产业 Primary Industry	**92142**	**126807**	**299243**	**497790**	**638864**
农、林、牧、渔业 Farming,Forestry,AnimalHusbandyandFishery	92142	126807	299243	497790	638864
第二产业 Secondary Industry	**3877516**	**7629264**	**17771966**	**20746467**	**25856470**
采矿业 MiningandQuarrying	24690	89046	420925	639062	623237
制造业 Manufacturing	2960775	4905734	13294602	15153870	20211977
电力、燃气及水的生产和供应业 ProductionandSupplyofElectricityGasand Water	829368	2407519	3910177	4699194	4855893
建筑业 Construction	62683	226965	146262	254341	165363
第三产业 Tertiary Industry	**8438115**	**12107015**	**28883891**	**35550143**	**48105411**
交通运输、仓储和邮政业 Transport,StorageandPostServices	1647469	2307143	6566449	9652486	12842657
信息传输、计算机服务和软件业 InformationTransmission,ComputerSoftware andServices	589970	667589	1271765	1473783	1392837
批发和零售业 WholesaleandRetailTrade	104879	165035	535125	925442	1427312
住宿和餐饮业 LodgingsandCateringServices	65451	145365	648896	863617	945649
金融业 Finance	18737	64103	152669	169125	228963
房地产业 RealEstate	3977427	5736873	12034040	12689732	20657539
租赁和商务服务业 RentandBusinessServices	124142	113979	576587	655016	943597
科学研究、技术服务和地质勘查业 ScientificReseach,PloytechnicServicesand GeologicalProspecting	35439	39252	104150	146694	166864
水利、环境和公共设施管理业 WaterConservancy,EnvironmentandPublic FacilitiesManagement	684640	1297129	4008026	5652762	6250750
居民服务和其他服务业 ResidentServicesandOthers	15123	15629	26960	71296	99753
教育 Education	412740	541982	714433	897134	972826
卫生、社会保障和社会福利业 HealthCare,SocialEnsureandWalfare	109322	156605	318820	435223	502479
文化、体育和娱乐业 Culture,SportsandEntertainment	80936	135184	483117	457857	701326
公共管理和社会组织 PublicManagementandSocialOrganizations	571840	721147	1442854	1459976	972859
国际组织 InternationalOrganzition					

注：本表国民经济行业分类标准采用GB/T 4754—2002。

Note: The classified Standards of national ecomonic sector are adopted GB/T 4754-2002.

4-13 按行业分城镇新增固定资产

Newly Increased Total Investment in Fixed Assets in Urban Areas by Sector

单位：万元

(10000 Yuan)

行业 Sector	2003	2005	2008	2009	2010
合计 Total	**6914113**	**9246365**	**17817461**	**23996153**	**25450575**
第一产业 Primary Industry	**43138**	**70219**	**213955**	**285723**	**328619**
农、林、牧、渔业 Farming,Forestry,AnimalHusbandyandFishery	43138	70219	213955	285723	328619
第二产业 Secondary Industry	**2356325**	**3489972**	**7183682**	**11058513**	**11601434**
采矿业 MiningandQuarrying	4416	40205	293745	494119	388011
制造业 Manufacturing	1929354	2550195	5864411	7922488	9389603
电力、燃气及水的生产和供应业 ProductionandSupplyofElectricityGasand Water	390829	840007	995406	2570540	1797555
建筑业 Construction	31726	59565	30120	71366	26265
第三产业 Tertiary Industry	**4514650**	**5686174**	**10419824**	**12651917**	**13520522**
交通运输、仓储和邮政业 Transport,StorageandPostServices	472703	830801	2078867	2243142	3155425
信息传输、计算机服务和软件业 InformationTransmission,ComputerSoftware andServices	574254	548367	825886	739300	968162
批发和零售业 WholesaleandRetailTrade	62887	51838	253088	441700	657582
住宿和餐饮业 LodgingsandCateringServices	24310	105202	278439	396736	283819
金融业 Finance	15751	58516	106747	136524	148521
房地产业 RealEstate	2322716	2767238	4009562	4814570	5429820
租赁和商务服务业 RentandBusinessServices	36166	30759	143491	113710	247419
科学研究、技术服务和地质勘查业 ScientificReseach,PloytechnicServicesand GeologicalProspecting	21985	12053	106318	81207	44195
水利、环境和公共设施管理业 WaterConservancy,EnvironmentandPublic FacilitiesManagement	309045	338936	1231447	1776485	1488785
居民服务和其他服务业 ResidentServicesandOthers	7619	8658	9988	35573	24905
教育 Education	219316	309562	288444	505839	265891
卫生、社会保障和社会福利业 HealthCare,SocialEnsureandWalfare	92121	66292	142993	225938	178550
文化、体育和娱乐业 Culture,SportsandEntertainment	30731	48305	163190	148009	220024
公共管理和社会组织 PublicManagementandSocialOrganizations	325046	509647	781364	993184	407424
国际组织 InternationalOrganzition					

注：本表国民经济行业分类标准采用GB/T 4754-2002。

Note: The classified Standards of national ecomonic sector are adopted GB/T 4754-2002.

4-14 按各类型分城镇固定资产投资

Investment in Fixed Assets By Groups

单位：万元 (10000 Yuan)

行业 Sector	2003	2005	2008	2009	2010
总计 Total	**12407773**	**19863086**	**46955100**	**56794400**	**74600745**
按登记注册类型分 Grouped by Status of Registration					
国有企业 Stated-owned Enterprises	4886904	6423753	17098114	21104998	25228272
集体企业 Collective-owned Enterprises	259596	286291	936539	1312529	1260604
股份合作 Share Holding Cooperative Enterprises	95712	68677	90718	101561	382550
联　营 Cooperative Enterprises	180566	346359	295184	237473	555806
有限责任公司 Limited Liability Corporations Enterprises	1903607	3457744	8622568	9840427	15669989
股份有限公司 Share Holding Enterprises	571189	609772	1711832	2291415	2398355
私营企业 Private Enterprises	908340	3278861	9221229	12170598	17126200
港澳台商投资企业 Enterprises with Funds from HongKong, Macao,TaiWan and Foreign	1797863	2651621	4761696	5082451	6244341
外商投资企业 Foreign Funded Enterprises	1503634	2109391	3377339	3229301	4246833
其他 Other Enterprises	300362	630617	839881	1423647	1487795
按隶属关系分 By Ownership					
中央 Central	494412	998046	4104799	7047854	7530732
地方 Local	11913361	18865040	42850301	49746546	67070013
#省 Province	1990039	2936257	6674369	6854272	9100941
按建设性质分 By Kind of Construction					
#新建 New Construction	5388877	9204991	22560372	26690224	32711883
扩建 Expansion	2112809	2963634	7591848	10819715	14350576
改建 Reconstruction	525678	981314	2876889	4730539	6126728

4-15 按行业分城镇固定资产投资构成情况(2010年)

单位：亿元

行业 Sector	合计 Total	按投资构成分 By Type of Construction	
		建筑工程 Construction	安装工程 Installation
总计 Total	**7460.07**	**3834.04**	**306.73**
农、林、牧、渔业 Farming, Forestry, Animal Husbandy and Fishery	**63.89**	**47.05**	**1.14**
农业 Farming	22.42	16.08	0.40
林业 Forestry	6.26	3.92	0.17
畜牧业 Animal Husbandry	16.80	11.94	0.27
渔业 Fishery	2.99	1.52	0.02
农、林、牧、渔服务业 Services in Support of Agriculture	15.41	13.60	0.29
采矿业 Mining and Quarrying	**62.32**	**42.37**	**1.96**
煤炭开采和洗选业 Mining and Washing of Coal	18.86	13.86	0.46
石油和天然气开采业 Extraction of Petroleum and Natural Gas			
黑色金属矿采选业 Mining and Processing of Ferrous Metal Ores	11.96	8.97	0.16
有色金属矿采选业 Mining and Processing of Non-Ferrous Metal Ores	16.73	10.91	0.74
非金属矿采选业 Mining and Processing of Nonmetal Ores	12.66	7.77	0.38
其他采矿业 Mining of Other Ores	2.11	0.86	0.23
制造业 Manufacturing	**2021.20**	**907.45**	**106.91**
农副食品加工业 Processing of Food from Agricultural Products	92.83	48.74	5.16
食品制造业 Manufacture of Foods	61.95	30.56	2.33
饮料制造业 Manufacture of Beverages	51.75	26.25	1.85
烟草制品业 Manufacture of Tobacco	17.80	5.32	0.22
纺织业 Manufacture of Textile	98.69	38.68	2.43
纺织服装、鞋、帽制造业 Manufacture of Textile Wearing Apparel, Footware and Caps	80.39	48.69	2.44
皮革、毛皮、羽毛(绒)及其制品业 Manufacture of Leather, Fur, Feather and Related Products	65.63	40.53	1.73
木材加工及木、竹、藤、棕、草制品业 Processing of Timber, Manufacture of Wood, Bamboo, Rattan, Palm and Straw Products	78.22	41.74	2.47
家具制造业 Manufacture of Furniture	34.72	21.16	1.40

Composition of Investment in Fixed Assets in Urban Areas by Sector(2010)

(100 million yuan)

		按建设性质分 By Use of Construction		
设备工器具购置 Purchase of Equipment and Instruments	其他费用 Others	#新建 New Construction	#扩建 Expansion	#改建和技术改造 Reconstruction and Technical Renovation
1288.45	**2030.85**	**3271.19**	**1435.06**	**612.67**
6.29	**9.40**	**35.13**	**23.66**	**3.81**
1.30	4.65	10.16	10.44	1.82
0.52	1.66	3.24	2.85	0.17
2.77	1.82	13.73	3.08	
1.19	0.25	1.28	0.73	0.40
0.51	1.02	6.72	6.56	1.42
13.16	**4.84**	**16.61**	**19.67**	**25.69**
3.74	0.80	4.37	1.21	13.22
2.12	0.71	1.20	4.32	6.27
3.21	1.88	5.17	7.55	3.99
3.48	1.03	4.65	5.79	2.12
0.61	0.42	1.22	0.79	0.10
742.64	**264.20**	**1150.78**	**561.69**	**217.74**
25.90	13.02	51.54	27.81	9.26
20.38	8.69	27.02	24.19	7.67
14.53	9.12	34.46	10.13	2.16
11.28	0.97	0.77	14.73	1.57
47.50	10.07	46.74	30.84	15.40
21.07	8.19	44.32	27.98	6.42
17.06	6.31	44.84	14.07	4.88
25.12	8.89	37.76	31.34	7.37
8.41	3.74	22.49	10.46	1.11

4-15 续表1

单位：亿元

行业 Sector	合计 Total	按投资构成分 By Type of Construction 建筑工程 Construction	安装工程 Installation
造纸及纸制品业 Manufacture of Paper and Paper Products	67.07	22.83	3.36
印刷业和记录媒介的复制 Printing, Reproduction of Recording Media	16.10	8.94	0.56
文教体育用品制造业 Manufacture of Articles For Culture, Education and Sport Activities	15.90	10.41	0.83
石油加工、炼焦及核燃料加工业 Processing of Petroleum, Coking, Processing of Nuclear Fuel	168.43	33.69	29.61
化学原料及化学制品制造业 Manufacture of Raw Chemical Materials and Chemical Products	96.93	40.52	3.75
医药制造业 Manufacture of Medicines	24.69	12.63	1.09
化学纤维制造业 Manufacture of Chemical Fibers	45.64	12.64	1.89
橡胶制品业 Manufacture of Rubber	26.81	8.22	0.91
塑料制品业 Manufacture of Plastics	65.93	31.99	1.96
非金属矿物制品业 Manufacture of Non-metallic Mineral Products	177.20	86.24	8.23
黑色金属冶炼及压延加工业 Smelting and Pressing of Ferrous Metals	64.54	20.37	3.96
有色金属冶炼及压延加工业 Smelting and Pressing of Non-ferrous Metals	83.37	24.58	8.74
金属制品业 Manufacture of Metal Products	64.58	33.63	1.88
通用设备制造业 Manufacture of General Purpose Machinery	74.53	39.38	2.96
专用设备制造业 Manufacture of Special Purpose Machinery	51.46	28.37	1.63
交通运输设备制造业 Manufacture of Transport Equipment	103.37	53.30	4.16
电气机械及器材制造业 Manufacture of Electrical Machinery and Equipment	89.59	44.44	4.27
通信设备、计算机及其他电子设备制造业 Manufacture of Communication Equipment, Computers and Other Electronic Equipment	107.83	43.25	5.31
仪器仪表及文化、办公用机械制造业 Manufacture of Measuring Instruments and Machinery for Cultural Activity and Office Work	23.29	15.75	0.34
工艺品及其他制造业 Manufacture of Artwork and Other Manufacturing	67.13	32.33	1.39
废弃资源和废旧材料回收加工业 Recycling and Disposal of Waste	4.83	2.24	0.05
电力、燃气及水的生产和供应业 **Production and Supply of Electricity Gas and Water**	**485.59**	**109.13**	**75.46**
电力、热力的生产和供应业 Production and Supply of Electric Power and Heat Power	425.61	81.60	62.52

Continued

(100 million yuan)

设备工器具购置 Purchase of Equipment and Instruments	其他费用 Others	按建设性质分 By Use of Construction #新建 New Construction	#扩建 Expansion	#改建和技术改造 Reconstruction and Technical Renovation
28.24	12.64	31.02	26.57	9.08
5.12	1.49	6.50	6.61	2.42
2.46	2.20	10.24	3.10	1.20
87.33	17.79	163.32	2.88	2.22
29.07	23.58	54.32	20.77	12.71
7.91	3.06	9.31	7.48	5.57
26.02	5.08	14.40	23.00	6.14
11.60	6.07	7.87	14.76	2.20
23.36	8.62	40.44	18.23	5.55
62.65	20.07	87.57	60.41	23.66
35.83	4.38	39.40	5.10	15.50
41.66	8.39	48.13	23.00	10.89
21.02	8.05	42.30	17.63	1.96
25.27	6.91	27.25	34.48	9.63
14.69	6.78	29.70	15.17	4.25
32.94	12.97	66.78	20.12	13.06
31.19	9.69	53.82	21.65	11.13
48.08	11.20	58.53	13.01	16.42
5.42	1.78	7.44	12.42	3.40
10.12	23.30	39.37	22.45	4.49
1.43	1.11	3.11	1.31	0.41
230.77	**70.23**	**225.29**	**206.40**	**44.08**
217.37	64.12	193.10	190.24	37.71

4-15 续表2

单位：亿元

行业 Sector	合计 Total	按投资构成分 By Type of Construction 建筑工程 Construction	安装工程 Installation
燃气生产和供应业 Production and Supply of Gas	23.87	8.28	6.05
水的生产和供应业 Production and Supply of Water	36.11	19.26	6.88
建筑业 Construction	**16.54**	**8.92**	**1.91**
房屋和土木工程建筑业 Construction of Buildings and Civil Engineering	8.66	3.57	1.85
建筑安装业 Building Installation	0.18	0.02	0.01
建筑装饰业 Building Decoration	0.11	0.08	0.01
其他建筑业 Other Construction	7.59	5.26	0.04
交通运输、仓储和邮政业 Transport, Storage and Post Services	**1284.27**	**915.37**	**4.83**
铁路运输业 Railway Transport	269.78	198.18	0.22
道路运输业 Road Transport	743.91	593.36	1.13
城市公共交通业 Urban Public Transport	51.69	42.95	...
水上运输业 Water Transport	135.37	52.05	2.03
航空运输业 Air Transport	27.49	2.42	0.12
管道运输业 Transport Via Pipelines	1.36	1.07	0.08
装卸搬运和其他运输服务业 Loading, Unloading and Other Transport Services	15.79	6.23	0.34
仓储业 Storage	36.46	18.76	0.91
邮政业 Post	2.41	0.34	
信息传输、计算机服务和软件业 Information Transmission, Computer Software and Services	**139.28**	**20.04**	**28.90**
电信和其他信息传输服务业 Telecommunications and Other Information Transmission Services	132.13	16.92	28.58
计算机服务业 Computer Services	0.37	0.19	
软件业 Software	6.79	2.92	0.33
批发和零售业 Wholesale and Retail Trade	**142.73**	**93.73**	**4.12**
批发业 Wholesale Trade	60.38	36.65	3.09

Continued

(100 million yuan)

		按建设性质分 By Use of Construction		
设备工器具购置 Purchase of Equipment and Instruments	其他费用 Others	#新建 New Construction	#扩建 Expansion	#改建和技术改造 Reconstruction and Technical Renovation
7.72	1.83	16.27	1.97	0.86
5.69	4.28	15.91	14.18	5.51
3.31	**2.40**	**8.41**	**1.88**	**4.11**
2.69	0.56	3.33	0.84	4.06
0.05	0.10	0.11		0.05
0.02	…	0.06		
0.55	1.73	4.92	1.04	
107.70	**256.37**	**906.67**	**158.21**	**124.23**
0.67	70.72	251.96	1.99	15.83
2.46	146.96	520.52	114.63	104.58
7.39	1.35	41.62	5.59	0.77
62.10	19.19	57.16	20.36	1.42
23.46	1.49	1.82	2.24	0.24
	0.21	1.36		
6.55	2.67	7.22	2.63	0.38
3.17	13.62	24.92	9.52	1.00
1.90	0.16	0.10	1.24	
82.29	**8.06**	**11.97**	**90.73**	**33.00**
81.90	4.73	5.24	90.73	32.57
0.11	0.07	0.37		
0.28	3.26	6.36		0.43
11.31	**33.56**	**106.00**	**20.48**	**11.50**
5.81	14.82	37.33	9.78	9.52

4-15 续表3

单位：亿元

行业 Sector	合计 Total	按投资构成分 By Type of Construction	
		建筑工程 Construction	安装工程 Installation
零售业 Retail Trade	82.35	57.08	1.04
住宿和餐饮业 Lodgings and Catering Services	**94.56**	**60.11**	**4.88**
住宿业 Lodgings	76.06	46.48	4.28
餐饮业 Catering Services	18.50	13.64	0.60
金融业 Finance	22.90	2.81	0.15
银行业 Bank	21.57	2.32	0.10
证券业 Security Activities	0.37		
保险业 Insurance	0.39		…
其他金融活动 Other Financial Activities	0.58	0.49	0.05
房地产业 Real Estate	**2065.75**	**1012.57**	**57.59**
租赁和商务服务业 Rent and Business Services	**94.36**	**35.14**	**0.75**
租赁业 Rent	4.90	0.06	
商务服务业 Business Services	89.46	35.09	0.75
科学研究、技术服务和地质勘查业 Scientific Reseach, Ploytechnic Services and Geological Prospecting	**16.69**	**8.90**	**0.59**
研究与试验发展 Research and Experimental Development	3.96	1.75	0.04
专业技术服务业 Professional Technical Services	8.75	4.83	0.28
科技交流和推广服务业 Services of Science and Technology Exchanges and Promotion	3.41	1.96	0.27
地质勘查业 Geologic Prospecting	0.57	0.36	
水利、环境和公共设施管理业 Water Conservancy, Environment and Public Facilities Management	**625.08**	**365.41**	**6.54**
水利管理业 Management of Water Conservancy	49.00	37.04	0.65
环境管理业 Environmental Management	24.84	15.92	1.19
公共设施管理业 Management of Public Facilities	551.24	312.44	4.70
居民服务和其他服务业 Resident Services and Others	**9.98**	**7.23**	**0.13**

Continued

(100 million yuan)

		按建设性质分 By Use of Construction		
设备工器具购置 Purchase of Equipment and Instruments	其他费用 Others	#新建 New Construction	#扩建 Expansion	#改建和技术改造 Reconstruction and Technical Renovation
5.50	18.74	68.67	10.70	1.97
8.28	**21.29**	**70.73**	**16.37**	**6.26**
6.69	18.62	58.64	13.38	2.83
1.59	2.67	12.09	2.99	3.43
14.00	5.93	3.77	4.97	0.94
13.61	5.54	3.71	4.18	0.83
0.37				
0.01	0.37			
0.01	0.02	0.06	0.41	0.11
10.12	**985.47**	**177.60**	**18.00**	**22.42**
11.31	**47.16**	**52.13**	**26.26**	**2.89**
4.82	0.02	0.11		
6.48	47.15	52.02	26.26	2.89
4.22	**2.98**	**7.94**	**5.63**	**1.75**
0.72	1.46	1.94	1.28	0.07
2.96	0.68	5.34	2.81	0.33
0.35	0.83	0.50	1.44	1.04
0.19	0.02	0.16	0.10	0.31
11.10	**242.03**	**325.07**	**194.76**	**81.48**
1.58	9.73	17.69	12.63	17.32
3.14	4.59	13.79	3.23	7.83
6.38	227.71	293.59	178.91	56.34
1.16	**1.46**	**5.90**	**1.90**	**1.05**

4-15 续表4

单位：亿元

行业 Sector	合计 Total	按投资构成分 By Type of Construction 建筑工程 Construction	 安装工程 Installation
居民服务业 Services to Households	8.02	5.74	0.08
其他服务业 Other Services	1.95	1.48	0.05
教育 Education	**97.28**	**67.09**	**3.82**
卫生、社会保障和社会福利业 Health Care, Social Ensure and Walfare	**50.25**	**27.83**	**0.91**
卫生 Health	44.34	23.84	0.79
社会保障业 Social Security	0.42	0.09	
社会福利业 Social Welfare	5.48	3.91	0.12
文化、体育和娱乐业 Culture, Sports and Entertainment	**70.13**	**43.07**	**4.50**
新闻出版业 Journalism and Publishing Activities	0.41	0.41	
广播、电视、电影和音像业 Broadcasting, Movies, Television and Audiovisual Activities	3.85	0.84	0.74
文化艺术业 Cultural and Art Activities	22.75	15.03	0.48
体育 Sports Activities	14.48	9.16	0.63
娱乐业 Entertainment	28.65	17.63	2.64
公共管理和社会组织 Public Management and Social Organizations	**97.29**	**59.80**	**1.66**
中国共产党机关 Organs of Communist Party of China	0.39	0.37	
国家机构 Government Agencies	70.12	40.08	0.93
人民政协和民主党派 People's Political Consultative Conference and Democratic Parties	0.07	0.07	
群众团体、社会团体和宗教组织 Non-Governmental Organizations, Social Organizations and Religion Organizations	10.74	8.73	0.14
基层群众自治组织 Grass Roots Self-governing Organizations	15.97	10.55	0.59
国际组织 Intenational Organzition			

Continued

(100 million yuan)

		按建设性质分 By Use of Construction		
设备工器具购置 Purchase of Equipment and Instruments	其他费用 Others	#新建 New Construction	#扩建 Expansion	#改建和技术改造 Reconstruction and Technical Renovation
1.03	1.17	4.43	1.52	0.95
0.12	0.30	1.48	0.38	0.10
5.81	**20.57**	**45.03**	**34.94**	**7.00**
10.42	**11.08**	**23.59**	**14.71**	**2.72**
10.23	9.48	19.58	13.53	2.15
	0.34	0.42		
0.19	1.27	3.59	1.18	0.57
6.00	**16.56**	**43.09**	**12.92**	**10.56**
			0.10	0.30
2.12	0.15	2.20	0.38	0.30
1.18	6.06	10.31	3.13	8.71
0.44	4.25	10.63	3.81	0.04
2.27	6.11	19.95	5.50	1.20
8.58	**27.25**	**55.49**	**21.88**	**11.44**
	0.02		0.18	
5.83	23.28	41.73	16.29	7.25
				0.07
0.13	1.74	4.73	4.44	1.30
2.62	2.21	9.02	0.97	2.81

4-16 按各类型分城镇新增固定资产

Newly Increased Total Investment in Fixed Assets By Groups

单位：万元 (10000 Yuan)

行业 Sector	2003	2005	2008	2009	2010
合计 Total	**6914113**	**9246365**	**17817461**	**23996153**	**25450575**
按登记注册类型分 Grouped by Status of Registration					
国有企业 Stated-owned Enterprises	2581850	2716796	5482240	7041236	6171103
集体企业 Collective-owned Enterprises	156850	117494	382909	574633	571069
股份合作 Share Holding Cooperative Enterprises	88129	37191	43714	43290	631113
联　营 Cooperative Enterprises	113821	152206	127594	151778	319893
有限责任公司 Limited Liability Corporations Enterprises	884618	1458792	2761173	3947729	4957731
股份有限公司 Share Holding Enterprises	293901	314407	532566	854671	935485
私营企业 Private Enterprises	430560	1558513	4543505	6752357	7554233
港澳台商投资企业 Enterprises with Funds from HongKong, Macao, TaiWan and Foreign	999960	1265534	2046658	2494114	1978995
外商投资企业 Foreign Funded Enterprises	1091649	1230549	1673788	1416096	1834273
其他 Other Enterprises	272775	394883	223314	720249	496680
按隶属关系分 By Ownership					
中央 Central	468852	304047	392568	2419519	2139743
地方 Local	6445261	8942318	17424893	21576634	23310832
#省 Province	848063	1087686	2154837	2036759	1732223
按建设性质分 By Kind of Construction					
#新建 New Construction	2349603	3409115	6850245	9619089	9014894
扩建 Expansion	1484031	1667155	3315502	4824189	6290241
改建 Reconstruction	403362	590094	1453978	2562196	3022230

Main Indicators of Enterprises for Real Estate Development

项目 Item	2000	2003	2005	2007	2008	2009	2010
企业个数（个） Number of Enterprises(unit)	**1922**	**1900**	**2596**	**2693**	**3268**	**3316**	**3634**
内资企业 Domestically funded enterprises	1151	1235	1866	2028	2540	2594	2926
#国有 Stated-owned	356	253	225	187	221	223	216
集体 Collective-owned	170	96	91	60	58	51	52
港澳台商投资企业 EnterPries with Funds from HongKong,Macao and TaiWan	543	455	470	443	529	527	529
外商投资企业 Foreign Funded Enterprises	228	210	260	222	199	195	179
土地开发及购置（万平方米） Development and Purchase of Land (10000 sq.m)							
完成土地开发面积 Land Space Under Development	585.74	1019.81	726.14	1158.72	475.21	465.05	
土地购置面积 Purchased Land Space	901.07	1519.37	1822.55	1653.85	1076.24	1120.61	1540.42
本年完成投资（亿元） Investment of Completed (100 million yuan)	**207.37**	**362.07**	**540.39**	**1132.49**	**1129.09**	**1136.35**	**1818.86**
#住宅 Residential Building	125.07	237.67	363.72	778.39	735.93	743.27	975.13
#经济适用房 Economically Affordable Housing	15.47	6.89	11.64	16.77	29.85	18.58	16.50
本年资金来源(亿元) Source of Funds this Year(100 million yuan)	346.60	623.57	982.12	2132.59	1890.45	2253.30	3093.69
#国内贷款 Domestic Loans	44.78	98.65	156.85	464.10	313.56	394.65	432.46
利用外资 Foreign Investment	24.94	12.18	14.81	22.77	41.02	13.86	18.17
自筹资金 Fundraising	54.21	125.29	217.15	476.00	425.50	458.17	1099.64
房屋建筑面积（万平方米） Floor Space of Buildings Completed (10000 sq.m)							
施工面积 Floor Space Under Construction	3422.88	4891.04	6107.75	9651.58	11459.72	11668.17	14189.73
本年竣工面积 Floor Space Completed this Year	1009.36	1362.95	1576.16	1711.33	1906.15	2240.26	2242.47
本年新开工面积 Newiy Started This Year	1102.85	1903.00	2196.57	3927.10	2797.74	2423.35	4679.56
#住宅 Residential Buildings	891.87	1571.39	1727.38	3153.25	2221.29	1860.99	3399.53
#经济适用房 Economically Affordable Housing	134.42	76.85	61.05	157.70	111.35	106.37	34.04
商品房销售面积（万平方米） Real Floor Spale Building Sold (10000 sq.m)	**810.65**	**1250.10**	**1913.84**	**2421.97**	**1625.67**	**2723.23**	**2575.62**
#住宅 Residential Buildings	675.73	1083.79	1720.56	2096.39	1250.00	2420.83	2139.26
#经济适用房 Economically Affordable Housing	61.65	39.80	78.34	81.62	83.81	54.94	52.49

4-18 房地产开发企业（单位）主要指标(1986-2010年)

Main Indicators of Enterprises for Real Estate Development(1986-2010)

年份 Year	本年完成投资（亿元） Investment of Completed (100 million yuan)	#住宅 Residential Buildings	商品房销售额（亿元） Real Value of House Sold (100 million yuan)	#住宅 Residential Buildings	商品房销售面积（万平方米） Real Floor Space Sold (10000 sq.m)	#住宅 Residential Buildings
1986	3.57					
1987	3.25					
1988	7.13					
1989	11.01					
1990	13.49					
1991	21.07					
1992	41.03					
1993	60.93		26.61		248.91	
1994	101.98	46.23	39.37	26.03	241.31	188.96
1995	151.37	88.51	66.16	46.14	368.65	309.44
1996	151.69	75.29	48.59	37.61	273.51	234.28
1997	148.33	72.49	83.50	62.04	426.88	346.14
1998	165.63	85.44	105.10	78.71	515.20	441.67
1999	178.62	105.08	123.75	92.54	599.68	511.64
2000	207.37	125.07	168.96	119.39	810.65	675.73
2001	225.49	145.22	199.08	150.75	987.81	843.00
2002	248.99	160.78	225.28	153.95	1047.05	882.92
2003	362.07	237.67	287.16	222.46	1250.10	1083.79
2004	477.79	308.45	354.47	281.26	1384.83	1224.61
2005	540.39	363.72	605.09	481.90	1913.84	1720.56
2006	787.36	511.68	807.46	637.34	2021.69	1743.39
2007	1132.49	778.39	1134.53	938.33	2421.97	2096.39
2008	1129.09	735.93	712.61	562.26	1625.67	1250.00
2009	1136.35	743.27	1477.83	1299.09	2723.23	2420.83
2010	1818.86	975.13	1611.32	1300.13	2575.62	2139.26

4-19 房地产开发投资完成情况(1986-2010)

Main Indicators of Enterprises for Real Estate Development(1986-2010)

年份 Year	企业个数（个） Number of Enterprises (unit)	本年完成投资（亿元） Investment of Completed (100 million yuan)	施工面积（万平方米） Floor Space Under Construction (10000 sq.m)	竣工面积（万平方米） Floor Space Completed (10000 sq.m)	商品房销售面积（万平方米） Real Floor Spale Building Sold (10000 sq.m)	商品房销售额（亿元） Real Value of House Sold (100 million yuan)
1986	102	3.57	220.84	133.25	73.14	
1987	118	3.25	216.38	98.74	51.33	
1988	174	7.13	368.04	154.12	92.88	
1989	168	11.01	413.56	183.73	102.55	
1990	190	13.49	427.57	193.92	107.79	
1991	241	21.07	561.56	215.98	111.44	9.16
1992	391	41.03	842.30	258.48	134.99	16.77
1993	856	60.93	1258.69	307.55	248.91	26.61
1994	1279	101.98	1889.94	470.78	241.31	39.37
1995	1256	151.37	2506.77	732.63	368.65	66.16
1996	1407	151.69	2283.80	526.28	273.51	48.59
1997	1465	148.33	2401.24	662.77	426.88	83.50
1998	1783	165.63	2748.79	578.74	515.20	105.10
1999	1909	178.62	3166.96	788.82	599.68	123.75
2000	1922	207.37	3422.88	1009.36	810.65	168.96
2001	1941	225.49	3717.31	1280.79	987.81	199.08
2002	1869	248.99	4114.64	1323.49	1047.05	225.28
2003	1900	362.07	4891.04	1362.95	1250.10	287.16
2004	2433	477.79	5795.69	1523.91	1384.83	354.47
2005	2596	540.39	6107.75	1576.16	1913.84	605.09
2006	2755	787.36	6992.74	1408.32	2021.69	807.46
2007	2693	1132.49	9651.58	1711.33	2421.97	1134.53
2008	3268	1129.09	11459.72	1906.15	1625.67	712.61
2009	3316	1136.35	11668.17	2240.26	2723.23	1477.83
2010	3634	1818.86	14189.73	2242.47	2575.62	1611.32

4-20 按各类分组房地产开发投资

Investment of Real Estate Development by Groups

单位：万元　　(10000 Yuan)

项目 Item	2000	2003	2005	2007	2008	2009	2010
完成投资额 Investment of Completed	**2073691**	**3620657**	**5403902**	**11324898**	**11290921**	**11363495**	**18188570**
按登记注册类型分 Grouped by Status of Registration							
国有 Stated-owned	452819	576938	572840	1284348	1696001	1482418	1282208
集体 Collective-owned	95298	208738	189259	171354	254651	269025	276575
股份合作 Share Holding Cooperative	41709	69398	23884	35277	15412	8703	28630
联营 Cooperative	41002	55582	89344	80533	24812	19833	5548
有限责任公司 Limited Liability Corporations	214898	590657	1072799	3777203	3507493	3507053	7056662
股份有限公司 Share Holding Enterprises	103805	212427	74467	138922	168673	408554	580501
私营企业 Private Enterprises	264209	734706	1785456	3525109	3272941	3602058	5863922
港澳台商投资企业 Enterprises with Funds from HongKong, Macao and TaiWan	544809	751668	1061142	1529784	1735227	1445915	2277563
外商投资企业 Foreign Funded Enterprises	304170	396201	514713	620697	608708	583721	701494
其他企业 Other Enterprises	10972	24342	19998	161671	7003	36215	115467
按构成分 By Type of Construction							
建筑工程 Construction	1401960	2438695	3343117	5924273	7128713	6931117	8778945
安装工程 Installation	77820	151746	225972	285347	345376	383122	537215
设备工器具购置 Purchase of Equitment and Instruments	39495	26659	39738	53625	79072	70820	93941
其他费用 Others	554416	1003557	1795075	5061653	3737760	3978436	8778469
按工程用途分 By Use of Project							
商业营业用房 House for Busines Use	299123	382660	478198	763491	808708	872995	1623334
住宅 Residential Building	1250655	2376658	3637199	7783872	7359284	7432742	9751349
办公楼 Office Buildings	152004	106394	107594	209135	247388	378436	496714
其他 Others	371909	754945	1180911	2568400	2875541	2679322	6317173
按隶属关系分 By Ownership							
中央 Central	7188	14621	1943	35137	20371	56849	92324
地方 Local Project	2066503	3606036	5401959	11289761	11270550	11306646	18096246
省 Province	178567	229721	94526	494485	213391	131090	241353

4–21 商品房竣工面积(1986–2010)

Main Indicators of Enterprises for Real Estate Development(1986-2010)

单位：万平方米 (10000 sq.m)

年份 Year	竣工房屋面积 Floor Space Completed	住宅 Residential Buildings	#别墅、高档公寓 High-grade Apartment	#经济适用房 Economically Affordable Housing	办公楼 Office Buildings	商业营业用房 House for Business Used	其他 Others
1986	133.25	112.40					
1987	98.74	72.21					
1988	154.12	114.75					
1989	183.73	145.78					
1990	193.92	139.42					
1991	215.98	147.03			2.50	19.63	46.82
1992	258.48	181.24			2.90	26.91	47.43
1993	307.55	238.46			4.13	28.31	36.65
1994	470.78	359.14	31.86		30.97	51.67	29.00
1995	732.63	585.82	54.07	111.87	34.93	80.46	31.42
1996	526.28	419.56	47.28	51.79	28.33	61.86	16.53
1997	662.77	500.07	69.60	85.53	55.37	80.41	26.92
1998	578.74	450.90	43.15	71.66	34.50	70.05	23.29
1999	788.82	604.21	45.05	111.88	64.75	82.33	37.53
2000	1009.36	771.81	44.24	137.95	71.48	114.68	51.39
2001	1280.79	1020.46	70.99	178.16	50.39	153.42	56.52
2002	1323.49	1011.33	32.95	91.14	46.53	207.54	58.09
2003	1362.95	1074.29	45.06	43.18	45.98	142.37	100.32
2004	1523.91	1260.55	54.46	55.15	29.93	154.43	78.99
2005	1576.16	1304.85	39.53	82.21	22.22	156.54	92.55
2006	1408.32	1128.59	43.93	38.61	44.35	145.36	90.03
2007	1711.33	1344.42	89.66	70.38	55.49	163.30	148.12
2008	1906.15	1422.84	83.05	21.45	97.64	174.98	210.70
2009	2240.26	1690.85	82.18	73.53	47.44	209.32	292.65
2010	2242.47	1715.87	58.22	58.73	35.20	165.39	326.01

4-22 按工程用途分房地产开发投资(1986-2010)

Main Indicators of Enterprises for Real Estate Development(1986-2010)

单位：亿元 (100 million yuan)

年份 Year	本年完成投资 Investment of Completed	住宅 Residential Buildings	#别墅、高档公寓 High-grade Apartment	#经济适用房 Economically Affordable Housing	办公楼 Office Buildings	商业营业用房 House for Business Used	其他 Others
1986	3.57						
1987	3.25						
1988	7.13						
1989	11.01						
1990	13.49						
1991	21.07						
1992	41.03						
1993	60.93						
1994	101.98	46.23					
1995	151.37	88.51	18.89	9.12	18.80	19.06	25.01
1996	151.69	75.29	12.63	5.24	16.80	23.57	36.03
1997	148.33	72.49	11.83	9.76	20.31	23.63	31.90
1998	165.63	85.44	10.79	11.56	19.61	22.69	37.90
1999	178.62	105.08	10.47	19.67	16.08	22.78	34.68
2000	207.37	125.07	14.00	15.47	15.20	29.91	37.19
2001	225.49	145.22	13.47	12.82	12.20	30.63	37.45
2002	248.99	160.78	11.27	6.77	9.99	29.85	48.37
2003	362.07	237.67	11.86	6.89	10.64	38.27	75.49
2004	477.79	308.45	24.82	7.37	9.15	43.93	116.27
2005	540.39	363.72	17.79	11.64	10.76	47.82	118.09
2006	787.36	511.68	32.34	12.27	24.25	56.29	195.15
2007	1132.49	778.39	52.75	16.77	20.91	76.35	256.84
2008	1129.09	735.93	46.18	29.85	24.74	80.87	287.55
2009	1136.35	743.27	43.64	18.58	37.84	87.30	267.93
2010	1818.86	975.13	55.26	16.50	49.67	162.33	631.72

4–23 商品房销售面积(1986–2010)

Main Indicators of Enterprises for Real Estate Development(1986-2010)

单位：万平方米 (10000 sq.m)

年份 Year	商品房销售面积 Real Floor Spale Building Sold	住宅 Residential Buildings	#别墅、高档公寓 High-grade Apartment	#经济适用房 Economically Affordable Housing	办公楼 Office Buildings	商业营业用房 House for Business Used	其他 Others
1986	73.14	73.14					
1987	51.33	42.87					
1988	92.88	72.65					
1989	102.55	92.58					
1990	107.79	88.36					
1991	111.44	93.98					
1992	134.99	113.70					
1993	248.91	209.60					
1994	241.31	188.96					
1995	368.65	309.44			21.36	26.67	11.18
1996	273.51	234.28	29.79	21.77	10.96	23.96	4.32
1997	426.88	346.14	26.30	64.10	27.89	41.55	11.30
1998	515.20	441.67	36.87	53.08	24.70	40.39	8.45
1999	599.68	511.64	40.87	81.22	21.41	54.30	12.34
2000	810.65	675.73	45.57	61.65	41.74	77.89	15.30
2001	987.81	843.00	42.54	144.40	33.31	89.66	21.84
2002	1047.05	882.92	29.91	88.09	31.19	114.41	18.54
2003	1250.10	1083.79	66.37	39.80	34.64	104.86	26.81
2004	1384.83	1224.61	32.24	74.34	21.88	100.39	37.95
2005	1913.84	1720.56	37.18	78.34	21.05	120.76	51.47
2006	2021.69	1743.39	113.13	37.64	41.03	141.95	95.33
2007	2421.97	2096.39	149.21	81.62	80.19	155.38	90.00
2008	1625.67	1250.00	62.18	83.81	66.52	94.32	214.83
2009	2723.23	2420.83	116.99	54.94	32.94	121.26	148.20
2010	2575.62	2139.26	83.01	52.49	82.20	176.35	177.81

4-24 房地产开发施工、竣工和销售情况(2010年)

Condition of Real Estate Under Construction,Completed and Sale(2010)

项目 Item	合计 Total	住宅 Residential Buildings	#90平方米以下 Floor Space Under 90 sq.m	#140平方米以上 Floor Space Over 140 sq.m	#经济适用房 Economical House	#别墅、高档公寓 High-grade Apart-ment	办公楼 Office Buildings	商业营业用房 House for Business Used	其他 Others
房屋施工面积（万平方米） Floor Space Under Construction (10000 sq.m)	**14189.73**	**10572.53**	**2941.12**	**2882.98**	**356.41**	**549.52**	**452.89**	**1273.66**	**1890.66**
#新开工面积 New Building	4679.56	3399.53	773.72	882.31	34.04	198.50	183.46	454.55	642.01
房屋竣工面积（万平方米） Floor Space of Completed(10000 sq.m)	**2242.47**	**1715.87**	**467.85**	**498.04**	**58.73**	**58.22**	**35.20**	**165.39**	**326.01**
商品住宅竣工套数（万套） Set of Completed Buildings(10000 sets)		**16.12**	**6.94**	**2.67**	**0.78**	**0.24**			
竣工房屋价值（亿元） Value of Completed Buildings (100 million yuan)	**415.32**	**317.65**	**85.26**	**98.23**	**9.10**	**13.85**	**6.95**	**38.91**	**51.81**
出租房屋面积（万平方米） Floor Space of Houses Leased (10000 sq.m)	**176.62**	**22.38**	**5.13**	**1.32**	**18.50**		**18.24**	**102.10**	**33.89**
商品房销售面积（万平方米） Floor Space Sold(10000 sq.m)	**2575.62**	**2139.26**	**587.65**	**555.93**	**52.49**	**83.01**	**82.20**	**176.35**	**177.81**
#现房销售面积 Buildings Now Availabal	346.27	202.62	58.43	81.09	16.55	20.24	16.26	55.05	72.35
期房销售面积 Forward Buildings	2229.35	1936.64	529.21	474.84	35.94	62.76	65.95	121.30	105.46
商品房销售额（亿元） Value of House Sold(100 million yuan)	**1611.32**	**1300.13**	**318.93**	**436.96**	**12.81**	**93.61**	**71.78**	**180.57**	**58.85**
#现房销售额 Buildings Now Availabal	204.90	125.85	24.93	65.78	4.12	22.00	7.82	45.19	26.05
期房销售额 Forward Buildings	1406.42	1174.28	294.00	371.19	8.68	71.61	63.96	135.38	32.80
商品住宅销售套数（万套） Set of Commercial Residential Buildings Sold(10000 sets)		**20.05**	**8.42**	**3.08**	**0.64**	**0.35**			
年(月)末待售面积（万平方米） Floor Space of Buildings no Sold (10000 sq.m)	**587.20**	**218.68**	**45.03**	**80.37**	**9.88**	**26.60**	**54.91**	**148.44**	**165.17**
#待售1-3年 One-three Years	239.06	91.41	21.60	39.61	6.27	13.93	31.09	54.53	62.03
待售3年以上 Over Three Years	83.75	15.32	1.90	3.55	0.13	1.69	13.93	38.94	15.57

主要统计指标解释

全社会固定资产投资 指以货币形式表现的在一定时期内全社会建造和购置固定资产的工作量以及与此有关的费用的总称。该指标是反映固定资产投资规模、结构和发展速度的综合性指标,又是观察工程进度和考核投资效果的重要依据。全社会固定资产投资按登记注册类型可分为国有、集体、个体、联营、股份制、外商、港澳台商、其他等。

城镇固定资产投资 指城镇各种登记注册类型的企业、事业、行政单位及个体户进行的计划总投资(或实际需要总投资)50万元及50万元以上的建设项目投资、房地产开发投资。县城及以上区域内发生的投资，县及县以上各级政府及主管部门直接领导、管理的建设项目和企业事业单位的投资均为城镇固定资产投资。

房地产开发投资 指各种登记注册类型的房地产开发公司、商品房建设公司及其他房地产开发法人单位和附属于其他法人单位实际从事房地产开发或经营活动的单位统一开发的包括统代建、拆迁还建的住宅、厂房、仓库、饭店、宾馆、度假村、写字楼、办公楼等房屋建筑物和配套的服务设施，土地开发工程(如道路、给水、排水、供电、供热、通讯、平整场地等基础设施工程)的投资;不包括单纯的土地交易活动。

农村投资 指包括在农村区域范围内进行固定资产投资活动的企业、事业、行政单位及农村个人投资。

固定资产投资的资金来源 根据固定资产投资的资金来源不同，分为国家预算内资金、国内贷款、债券、利用外资、自筹资金和其他资金来源。(1)国家预算内资金:分为财政拨款和财政安排的贷款两部分。包括中央财政的基本建设基金(分经营性基金和非经营性基金两部分)、专项支出(如煤代油专项等)、收回再贷、贴息资金，财政安排的挖潜改造和新产品试制支出、城建支出、商业部门简易建筑支出、不发达地区发展基金等资金中用于固定资产投资的资金;地方财政中由国家统筹安排的资金等。(2)国内贷款:指报告期固定资产投资单位向银行及非银行金融机构借入的用于固定资产投资的各种国内借款，包括银行利用自有资金及吸收的存款发放的贷款、上级主管部门拨入的国内贷款、国家专项贷款(包括煤代油贷款、劳改煤矿专项贷款等)、地方财政专项资金安排的贷款、国内储备贷款、周转贷款等。(3)债券：指企业(公司)或金融机构通过发行各种债券，筹集用于固定资产投资的资金。包括由银行代理国家专业投资公司发行的重点企业债券和基本建设债券。(4)利用外资:指报告期收到的用于固定资产建造和购置的国外资金(包括设备、材料、技术在内)。计算利用外资时，需要折算成人民币，折算中所使用的外汇汇率按现汇计算，即按使用外汇时的汇率计算。包括外商直接投资、对外借款(外国政府贷款、国际金融组织贷款、出口信贷、外国银行商业贷款、对外发行债券和股票)及外商其他投资(包括补偿贸易和加工装配由外商提供的设备价款、国际租赁)。不包括我国自有外汇资金(包括国家外汇、地方外汇、留成外汇、调济外汇和中国银行自有资金发行的外汇贷款等)。(5)自筹资金:指固定资产投资单位报告期收到的，由各地区、各部门及企、事业单位筹集用于固定资产投资的预算外资金，包括中央各部门、各级地方和企、事业单位的自筹资金。(6)其他资金来源:指在报告期收到的除以上各种资金之外其他用于固定资产投资的资金，包括社会集资、个人资金、无偿捐赠的资金及其他单位拨入的资金等。

固定资产投资按国民经济行业分 国民经济行业类别是按企业、事业、行政单位所从事的生产或其他社会经济活动性质的同一性进行的分类。如果项目投产后仍属于原投资单位，则该项目行业类别参照现有单位行业类别；如果项目投产后成为新的独立核算法人单位，则按投产后新法人单位主要产品种类或主要用途及社会经济活动种类来划分行业；审核、核准、备案项目按批文描述划分行业。

固定资产投资按建设性质分 建设项目的性质一般分为新建、扩建、改建和技术改造、迁建、恢复。房地产开发单位、农村投资不划分建设性质。(1)新建:一般指从无到有“平地起家”开始建设的企业、事业和行政单位或独立的工程。现有企业、事业、行政单位一般不属于新建。但如有的单位原有基础很小，经过建设后新增的固定资产价值超过该企、事业、行政单位原有固定资产价值(原值)三倍以上的也应作为新建。(2)扩建:指在厂内或其他地点，为扩大原有产品的生产能力(或效益)或增加新的产品生产能力，而增建主要的生产车间(或主要工程)、分厂、独立的生产线.行政、事业单位在原单位增建业务用房(如学校增建教学用房、医院增建门诊部、病房等)也作为扩建。现有企、事业单位为扩大原有主要产品生产能力或增加新的产品生产能力，增建一个或几个主要生产车间(或主要工程)、分厂，同时进行一些更新改造工程的，也应作为扩建。(3)改建和技术改造:指对原有设施进行技术改造或更新(包括相应配套的辅助性生产、生活福利设施)，没有增建主要生产车间、分厂等。现有企、事业单位为适应市场变化的需要，而改变企业的主要产品种类(如军工企业转产民品等)，或原有产品生产作业线由于各工序(车间)之间能力不平衡，为填平补齐充分发挥原有生产能力而增建不增加本企业主要产品设计能力的车间，也应作为改建。

固定资产投资按构成分　固定资产投资活动按其工作内容和实现方式分为建筑工程、安装工程、设备工具器具购置、其他费用四个部分。（1）建筑工程：是指各种房屋、建筑物的建造工程，又称建筑工作量。这部分投资额必须兴工动料，通过施工活动才能实现，是固定资产投资额的重要组成部分。（2）安装工程：是指各种设备、装置的安装工程，又称安装工作量。在安装工程中，不包括被安装设备本身价值。（3）设备工具器具购置：是指建设单位或企、事业单位购置或自制的，达到固定资产标准的设备工具器具的价值。新建单位及扩建单位的新建车间，按照设计或计划要求购置或自制的全部设备工具器具，不论是否达到固定资产标准均计入“设备工具器具购置”中。（4）其他费用：指在固定资产建造和购置过程中发生的，除上述几项内容以外的各种应分摊计入固定资产的费用。

施工项目　指报告期内进行过建筑或安装施工活动的项目。凡是报告期内施过工的建设项目，不论施工时间长短，均作为施工项目统计。施工项目个数可以反映一定时期固定资产投资的实际规模，与同期建成投产的建设项目个数相比，可以从建设速度的角度反映固定资产投资的效果。根据建设项目施工活动的不同性质，施工项目又分为:本年正式施工项目、本年收尾项目和以前年度全部停缓建项目。

房屋建筑面积　指房屋建筑物勒脚以上外墙外围的水平截面面积，包括房屋建筑物的有效面积和结构面积。该指标是从实物形态上反映建设规模和建设成果的重要指标之一，也是检查工程形象进度、计算工程造价、分析投资效果、研究施工任务和建筑材料之间平衡情况的重要依据。

住宅建筑面积　指施工和竣工房屋建筑面积中供居住用的房屋建筑面积。

施工面积　指报告期内施工的全部房屋建筑面积。包括本期新开工的面积和上期开工跨入本期继续施工的房屋面积，以及上期已停建在本期恢复施工的房屋面积。本期竣工和本期施工后又停缓建的房屋，其建筑面积仍计入本期房屋施工面积中。

竣工面积　指在报告期内房屋建筑按照设计要求已经全部完工，达到住人和使用条件，经验收鉴定合格(或达到竣工验收标准)，正式移交使用单位的各栋房屋建筑面积的总和。

新增固定资产　指报告期内已经完成建造和购置过程，并已交付生产或使用单位的固定资产价值。该指标是表示固定资产投资成果的价值指标，也是反映建设进度，计算固定资产投资效果的重要指标。

竣工房屋住宅套数　指报告期内按照设计要求全部完工，经验收合格，达到居住和使用条件并正式交付使用的成套住宅数量。包括独立厨房、独立卫生间、若干卧室、室内走廊等设施在内的供一户居住和使用的房屋。该指标可以反映住宅建设的产业化程度和城市化进程以及人民居住水平提高的情况。

别墅、高档公寓　指建筑造价和销售价格明显高于一般商品住宅的商品住宅。别墅一般指地处郊区，独立成栋的商品住宅;高档公寓一般指地处市内高尚社区，高层或多层的商品住宅。别墅、高档公寓的确定标准:一是经有房地产投资计划审批权的主管部门审批建设的别墅、高档公寓开发项目;二是销售价格高于当地同等地段商品住宅平均销售价格一倍以上的别墅、公寓开发项目。该指标可以分析房地产投资结构，反映高收入家庭商品住宅的供求平衡情况。

经济适用房　指根据地方经济适用房计划安排建设的政策性住宅。经济是指房屋建筑造价和销售价格低于一般商品住宅;适用是指适合中低收入家庭购买使用。经济适用房主要是由地方统一下达投资计划，房地产公司开发，对外销售;用地一般采用行政划拨或招标投标方式，免收土地出让金;对各种经批准的收费减半征收，开发利润不超过 3%;销售价格实行政府指导价。该指标可以分析房地产投资结构，反映中低收入家庭商品住宅的供求平衡情况。

Explanatory Notes on Main Statistical Indicators

Total Investment in Fixed Assets in the Whole Country refers to the volume of activities in construction and purchases of fixed assets and related fees, expressed in monetary terms. It is a comprehensive indicatorwhich shows the size, structure and growth of the investment in fixed assets, providing basis for observing the progress of construction projects and evaluating results of investment. Total investment in fixed assets in the whole country includes, by type of ownership, the investment by the state-owned units, collective units, individuals, joint ownership units, share-holding units, as well as investment by businessmen from foreign countries and from Hong Kong, Macau and Taiwan, and by other units.

Urban Investment in Fixed Assets refer to construction projects involving a total planned (or required) investment of 500,000 yuan and over by urban enterprises and institutions of various types of ownership, by administrative units and by individuals, investment in real estate development, and housing investment by individuals in urban areas and in industrial and mining areas. In other words, all investments that take place in county towns and urban areas, investment in construction projects under the direct leadership and management of government agencies at and above county levels and investments by enterprises and institutions at and above county levels are covered in urban investment in fixed assets.

Investment in Real Estate Development refers to the investment by the real estate development companies, commercial buildings construction companies and other real estate development units of various types of ownership in the construction of house buildings, such as residential buildings, factory buildings, warehouses, hotels, guesthouses, holiday villages, office buildings, and the complementary service facilities and land development projects, such as roads, water supply, water drainage, power supply, heating, telecommunications, land leveling and other projects of infrastructure. It excludes the activities in pure land transactions.

Investment in Housing Construction in Urban Areas and in Industrial and Mining Areas refers to all private housing construction under the jurisdictionof cities, county towns and industrial and mining areas, no matter whether the owner of the house is registered as the permanent resident in the locality or not.

Investment in Rural Areas refers to investment in fixed assets by enterprises, institutions and individuals in rural areas.

Sources of Funds for Investment in Fixed Assets include fund from state budget, domestic loans, foreign investment, self-raised funds, and others depending on the source of investment. (1) Fund from state budget consists of budgetary appropriation and loans from state budget. More specifically, it includes, from the budget of the central government, capital construction fund (operation fund and non-operational fund), special expenses (e.g. expenses on substituting petroleum with coal), loans from repayment, discount fund, expenses on innovation and trial production of new products, expenses on urban construction, expenses on temporary construction by Trades departments, development fund for less developed areas, as well as local budgetary fund transferred from the central budget. (2) Domestic loans refer to loans of various forms borrowed by investing units from banks and non-bank financial institutions during the reference period for the purpose of investment in fixed assets, including loans issued by banks from their self-owned funds and deposit, loans appropriated by higher responsible authorities, special loans by government (including loan for substituting petroleum with coal, special loan for reform-through-labour coal mines), loans arranged by local government from special funds, domestic reserve loan, and working loan, etc. (3)Bonds, refers to the enterprise (company) or financial institutions through the issuance of bonds, raise funds for investment in fixed assets,including bank acting national professional investment by the key enterprise bond issue company bonds and basic construction.(4) Foreign investment refers to foreign funds received during the reference period for the construction and purchase of investment in fixed assets (covering equipment, materials and technology), including foreign borrowings (loans from foreign governments and international financial institutions, export credit, commercial loans from foreign banks, issue of bonds and stocks overseas), foreign direct investment and other foreign investment. Excluded in this category are capitals in foreign exchanges owned by China (foreign exchanges owned by the central and local governments, foreign exchanges retained by enterprises, foreign exchanges by enterprises through regulating mechanism, loans in foreign exchanges issued by the Bank of China with its own fund, etc.). In calculating the utilization of foreign capitals, foreign currencies are converted into Chinese Renminbi applying the current exchange rate when the foreign capitals are actually used. (5) Self-raised funds refer to extra-budgetary funds for investment in fixed assets received by investing units from central government ministries, local governments, enterprises and institutions, including their self-raised funds. (6) Others refer to funds for investment in fixed assets received from the sources other than those listed above, including capitals raised through issuing bonds by enterprises or financial institutions, funds raised from individuals and through donations, and funds transferred from other units.

Investment in Fixed Assets by Sector The classification of construction projects by sector is determined by the major products or the purpose of the projects when they are put into production or use, and by the nature of their social economic activities. In general, one project or one enterprise or institution can only be classified into one sector.

Investment in Fixed Assets by Type of Construction The construction projects in general can be classified, by the type of construction, into new construction, expansion, reconstruction and technical transformation, moving and restoration. However, investment by type of construction is not applied to investment by real-estate development units, investment in rural areas and investment in housing by urban individuals. (1) New construction in general refers to newly constructed enterprises, institutions, administrative agencies or independent projects from scratch. Construction in the existing enterprises, institutions or agencies is not considered as new construction. In case the assets of the existing unit is quite small, and the value of newly added fixed assets exceeds the original value of assets by three times, the expansion will be considered as new construction.(2) Expansion refers to construction of new major production workshop, branch factory or independent production line within a factory or in other locations, for the purpose of increasing the productioncapacity (or improving efficiency) of the original products. Newly constructed houses for the operation of institutions and administrative organizations (such as the newly constructed buildings for teaching in schools, buildings for clinics or wards in hospitals, etc.) are also classified as expansion.Also included in the expansion are investments by existing enterprises or institutions in building major production line(s) or branch factory(ies) along with some work on innovation, for the purpose of expending the productioncapacity of original products or producing new products. (3) Reconstruction refers to construction projects by existing enterprises or institutions in innovation or technical transformation of the old facilities (including auxiliary production equipment and welfare facilities). Also considered as reconstruction is the construction of new workshops by the existing enterprises or institutions to change the variety of products to meet the market demand (such as the production of civil products by defence industries), or to bring the designed productioncapacity into full play through a more balanced production process on production lines. Technical transformation refers to replacement of old technology or equipment by new technology or equipment, in order to expand the reproduction through improvement of technology contents in production, to improve product quality, to promote new products, to save energy and reduce consumption and to improve overall social-economic efficiency. Contents of technical transformation include: updating of machinery, equipment and tools; reforming production process by using energy or materials saving technology; construction of factory workshops and transformation of public facilities;

improvement of working conditions and environment, etc.

Investment in Fixed Assets by Structure By their contents, investment activities are classified into 4 categories, i.e. construction and installation, purchase of equipment and instrument, and other expenses.(1) Construction refers to the construction of various houses and buildings and installation of various kinds of equipment and instruments.They include construction of various houses; equipment foundations, industrial kilns and stoves, and metal structure work; preparation works for project construction, and clearing up works post project construction; pavement of railways and roads, drilling of mines and putting up of oil pipes; construction of projects of water conservancy; construction of underground air-raid shelters and construction of other special projects; value of equipment for heating, sanitation, ventilation, lighting, gas, painting, etc. that are covered by the budget of housing projects; laying out of various pipelines (for steam, compressed air, petroleum, tap water and sewage) and lines for electric power and for communications; installation of various machinery equipment, testing operation for pre-testing the quality of installation projects, and land and other development work conducted by real estate developers for commercial housing. The value of equipment installed is not included in the value of installation projects. (2) installation: refers to various equipment, equipment installation, also called the installation work. In the installation of equipment is installed, not including itself value.(3) Purchase of equipment and instruments refers to the total value of equipment, tools, and instruments purchased or self-produced which come up to standards for fixed assets by the construction units or investing enterprises or institutions. Equipment, tools and instruments purchased or self-produced for new workshops by newly established or expanded units are categorized as "purchase of equipment and instruments" no matter whether they come up to the standards for fixed assets.(4) Other expenses refer to expenses occurring during the construction or purchase of fixed assets other than those mentioned above.

Projects under Construction refer to projects with construction and installation activities undertaken in the reference period. All projects that have construction activities undertaken during the reference period are reported as projects under construction irrespective of the length of construction work. The number of projects under construction can reflect the actual size of investment in fixed assets during a given period, and when compared with the number of projects completed and put into use during the same period, it demonstrates the results of investment in fixed assets. Depending on the nature of const ruction activities, projects under construction can also be classified into projects under construct ion in current y ear, winding-up projects in current year and stopped or suspended projects in previous years (with preservation work in current year).

Projects Completed and Put into Use Industrial projects refer to the major projects and accessory facilities completed which result in forming productioncapacity and have been checked and accepted while the living and welfare facilities have been completed and can ensure normal production and formally put into production. Non-industrial projects refer to the major project s and accessory facilities completed which possess the designedcapacity and have been checked, accepted and formally put into production.

Floor Space of Buildings under Construction refers to total floor space of the horizontal section of outer walls above the plinth of the building, including the effective area and the area occupied by the structure. This indicator is one of the important indicators in physical terms to reflect the scale and accomplishment of the construction industry, and important basis for monitoring the pr ogress, calculating the cost, analyzing the efficiency and studying the supply of building materials in relation with thc construction projccts.

Floor Space of Residential Buildings refers to the floor space of the residential buildings among the total space of buildings under construction or completed.

Floor Space under Construction refers to

total floor space of all buildings under construct ion during the reference period, including floor space of newly start ed buildings during the reference period, floor space of construction extended from the previous period to the current period, and floor space of construction suspended during the previous period and resumed in the current period. Floor space of const ruction completed in the current period, and floor space of const ruction started and then suspended in the current period are also included in the floor space under const ruction of the current year.

Floor Space of Buildings Completed refers to the floor space of all buildings completed in the reference period, which have been appraised and accepted (or come up to the designed standards) and have been transferred to the owners for use.

Newly Increased Fixed Assets refer to the newly increased value of fixed assets, constructed or purchased, that have been transfer red to the investors. This is an indicator that demonstrates the results of investment in fixed assets in monetary terms, and an important indicator to reflect the speed of construct ion and to calculate the efficiency of investment.

Number of Flats in Completed Residential Buildings refers to total number of flats completed during the reference period, appraised and accepted as meeting the standards for living, and transfer red for use. A flat includes separate kitchen and bathroom, several bedrooms and corridor, suitable for one household. This indicator reflects the degree of industrialization of the residential building construction, the process of urbanization and the improvement of the living standard of people.

Villas, High-Grade Apartments refers to commercial houses whose construction costs and marketing prices are significantly higher than ordinary housing. Villas are independent structures generally located in the suburbs; high-grade apartments are multi-story buildings located in elegant urban neighborhoods. Criteria for villas and high-grade apartments include: 1) projects for the construction of villas or high-grade apartments have to be approved by competent departments in charge of real estate development and investment plans, and 2) prices for projects on villas or high- grade apartments are higher by over 100% compared with the average prices of ordinary commercial housing projects in similar location. This indicator helps to analyze the investment structure of the real estate industry and the demand and supply of housing for high-income households.

Economically Affordable Housing refers to housing constructed according to the State Plan for economically affordable housing. Houses of this category featured in low cost in construction and low prices, and therefore are affordable to mid-income or low-income households. Economically affordable housing projects are developed by real estate companies under the state investment plan, with the land provided through government allocation or tendering procedures. Developers are exempted from land utilization fees and enjoy another 50% exemption of all other legitimate fees, while their profits are limited to less than 3%, and the completed houses are sold under the government guided prices. This indicator helps to analyze the investment structure of the real estate industry and the demand and supply of housing for mid or low income households.

第五篇　对外经济

Chapter 5　Foreign Trade

资料整理：许红琳 程遥 范春霞

Datebase Editor:Xuhonglin Chengyao Fanchunxia

简要说明

本篇资料的主要内容及来源

本篇资料反映全省外经外贸基本情况，主要包括进出口、利用外资、对外承包工程和劳务合作、人民币外汇牌价基本情况等方面的内容。

进、出口数据来源于海关统计，利用外资、对外承包工程和劳务合作等资料来源于省外经贸厅，历年人民币对主要外币的年平均汇价资料来源于国家外汇管理局，是根据当年国家外汇管理局提供的每日汇价进行加权平均计算而得出的当年年平均汇价。

本篇资料由省统计局贸易外经统计处整理提供。

Brief Introduction

Main Content and Source of Data

Data in this chapter show the basic conditions of foreign trade and tourism , mainly including imports and exports, utilization of foreign capitals, contracted projects and labor services cooperation, exchange rate of RMB to other currencies etc.

Data on foreign trade are based on the statements made by the Administration of Customs. Data on utilization of foreign capitals, contracted projects and labor services cooperation are provided by Fujian Department Foreign Trade and Economic Cooperation. Average exchange rates of RMB yuan to other currencies over the years come from the State Administration of Exchange Control. The annual average exchange rate is calculated as the weighted mean of the daily exchange rates provided by the State Administration of Exchange Control.

Data in this chapter are collected and compiled by the Division of Trade and External Economic Relations Statistics of Fujian Provincial Bureau of Statistics.

5-1 对外经济基本情况

Basic Statisics on Foreign Trade

项目 Item	2000	2003	2005	2008	2009	2010
海关货物进出口总额（人民币万元）Total Value of Imports and Exports in Customs (RMB 10000 yuan)	**17568664**	**29242457**	**44572105**	**58908991**	**54408483**	**73638807**
出口总额 Exports	10685474	17492846	28541480	39581403	36422225	48397273
进口总额 Imports	6883190	11749611	16030625	19327588	17986258	25241534
进出口差额 Balance	3802284	5743235	12510855	20253815	18435967	23155739
海关货物进出口总额（万美元）Total Value of Imports and Exports in Customs(10000 USD)	**2122332**	**3532551**	**5441130**	**8482094**	**7964937**	**10878027**
出口总额 Exports	1290828	2113173	3484195	5699184	5331902	7149313
初级产品 Primary Goods		137025	215205	323470	360440	529791
工业制品 Industry Goods		1976148	3268990	5375715	4971463	6619522
进口总额 Imports	831504	1419378	1956935	2782910	2633034	3728715
初级产品 Primary Goods		167792	333239	649384	673287	1024135
工业制品 Industry Goods		1251586	1623696	2133525	1959748	2704521
进出口差额 Balance	459324	693795	1527260	2916274	2698868	3420598
外商直接投资 Foreign Investment Utilized						
新签合同数(个) Number of Projects for Contracted Foreign Direct Investment(unit)	1463	2274	1988	1101	939	1139
合同投资金额（万美元）Total Amount of Contracted Foreign Investment(10000 USD)	431373					
验资口径 Fund Examination Scope			595715	715201	536095	737557
历史可比口径 Old Scope		725117	855655	1141475	907597	1211979
实际利用外资（万美元）Foreign Investment Actually Utilized(10000 USD)	380386					
验资口径 Fund Examination Scope		261318	260775	567171	573747	580279
历史可比口径 Old Scope		499329	622984	1002556	1006481	1031552
外商投资企业工商注册情况 Registration Status of Foreign Funded Enterprises						
年末注册数（个）Number of Enterprises(unit)	16013	16884	17854	18779	18324	17886
投资总额（万美元）Total Investment(10000 USD)	4708446	6611776	7533131	11212877	11745126	12483059
注册资本（万美元）Registered Capital(10000 USD)	2758492	3607903	4307474	6264456	6535595	6935845
对外承包工程和劳务合作 Economic Cooperation with Foreign Countries & Regions						
合同金额（万美元）Contracted Value(10000 USD)	42093	66071	57252	68210	42360	29187
#对外承包工程 Contracted Projects	12486	27047	24713	41862	14476	8607
对外劳务合作 Labor Services	29562	39024	32539	26348	27884	20580
完成营业额（万美元）Value of Turnover Fulfilled (10000 USD)	44878	50154	50551	40018	42251	46740
#对外承包工程 Contracted Projects	10373	19561	19537	13295	17478	23531
对外劳务合作 Labor Services	34479	30593	31014	26723	24773	23209

5-2 进出口总额(1981-2010年)

Gross Value of Imports and Exports(1981-2010)

年份 Year	进出口总额(万美元) Total Imports and Exports(USD 10000)	出口 Exports	进口 Imports	进出口总额(人民币万元) Total Imports and Exports (RMB 10000 yuan)	出口 Exports	进口 Imports
1981	60827	40127	20700	108272	71426	36846
1982	55067	37023	18044	106279	71454	34825
1983	56366	36995	19371	110477	72510	37967
1984	66472	39167	27305	185457	109276	76181
1985	90084	55718	34366	263946	163254	100692
1986	134771	68647	66124	501348	255367	245981
1987	184500	90400	94100	686340	336288	350052
1988	284300	141600	142700	1057596	526752	530844
1989	342200	182800	159400	1611762	860988	750774
1990	433908	244906	189002	2265000	1278409	986591
1991	574776	314746	260030	3115286	1709071	1406215
1992	805873	438666	367207	4633770	2522330	2111440
1993	1004181	515874	488307	5814208	2986911	2827297
1994	1218953	643020	575933	10397669	5484961	4912708
1995	1444569	790806	653763	12105488	6626954	5478534
1996	1551972	838239	713733	12881368	6957384	5923984
1997	1795280	1025560	769720	14861328	8489586	6371742
1998	1716065	996387	719678	14205586	8248092	5957494
1999	1761956	1035193	726763	14585472	8569328	6016144
2000	2122332	1290828	831504	17568664	10685474	6883190
2001	2262601	1392232	870369	18729811	11524896	7204915
2002	2839882	1737086	1102796	23508543	14379598	9128945
2003	3532551	2113173	1419378	29242457	17492846	11749611
2004	4752704	2939476	1813228	39338131	24330043	15008088
2005	5441130	3484195	1956935	44572105	28541480	16030625
2006	6265921	4126174	2139747	49375457	32514251	16861206
2007	7445081	4994039	2451042	56612396	37974673	18637723
2008	8482094	5699184	2782910	58908991	39581403	19327588
2009	7964937	5331902	2633034	54408483	36422225	17986258
2010	10878027	7149313	3728715	73638807	48397273	25241534

5-3 按主要贸易方式分进出口商品贸易额

Value of Imports and Exports by Main Trade Mode

单位：万美元 (USD 10000)

项目 Item	2000	2003	2005	2007	2008	2009	2010
出口总额 Total Exports	**1290828**	**2113173**	**3484195**	**4994039**	**5699184**	**5331902**	**7149313**
#一般贸易 General Trade	609737	962015	1674278	2743122	3168353	3226865	4384049
来料加工贸易 Processing and Assembling with Customer's Materials	114888	111335	185823	243710	291845	299114	380759
进料加工贸易 Processing and Assembling with Import Materials	519328	952607	1434781	1747056	1960381	1568262	1979050
保税仓库进出境货物 Imports and Exports of Bonded Warehouse	42242	41324	81911	128944	130141	86119	93730
保税区仓储转口货物 Transit Goods of Warehouse in Bonded Area	2946	44912	105595	129261	142938	137929	213431
进口总额 Total Imports	**831504**	**1419378**	**1956935**	**2451042**	**2782910**	**2633034**	**3728715**
#一般贸易 General Trade	271095	551015	755531	1052151	1205401	1356725	1924371
来料加工装配贸易 Processing And Assembling With Customer's Materials	59377	68837	149781	319441	381504	378725	528723
进料加工贸易 Processing And Assembling With Imports Materials	358368	508546	697131	672564	735793	590335	911150
来料加工装配进口的设备 Processing Equipments	246	872	1345	2510			2492
外商投资企业作为投资进口的设备、物品 Foreign Funded Equipments	80631	78903	86086	94807	137230	60061	71502
保税仓库进出境货物 Imports and Exports of Bonded Warehouse	35038	48042	75675	142271	185799	133573	170174
保税区仓储转口货物 Transit Goods of Warehouse In Bonded Area	21160	154280	186899	141090	105448	75271	80925

5-4 按企业性质分进出口商品贸易额

Value of of Imports and Exports by Ownership of Enterprises

单位：万美元 (USD 10000)

项目 Item	2000	2003	2005	2007	2008	2009	2010
进出口总额 Total Imports and Exports	**2122332**	**3532551**	**5441130**	**7445081**	**8482094**	**7964937**	**10878027**
出口总额 Exports	**1290828**	**2113173**	**3484195**	**4994039**	**5699184**	**5331902**	**7149313**
#有进出口经营权 国有企业 State Owned Enterprises	473050	486592	552753	695130	699244	553851	753742
有进出口经营权 集体企业 Collective Owned Enterprises	21980	48413	64248	96777	111859	83389	101156
有进出口经营权 私营企业 Privited Enterprises	36109	232286	691823	1302463	1637470	1955125	2798921
外商投资企业 Foreign Funded Enterprises	759661	1345878	2175297	2899413	3250395	2739325	3495247
进口总额 Imports	**831504**	**1419378**	**1956935**	**2451042**	**2782910**	**2633034**	**3728715**
#有进出口经营权 国有企业 State Owned Enterprises	174169	302988	362330	419736	452893	515707	673896
有进出口经营权 集体企业 Collective Owned Enterprises	3963	12096	33200	19775	22406	25656	25754
有进出口经营权 私营企业 Privited Enterprises	7195	83280	160348	283229	343107	451769	684201
外商投资企业 Foreign Funded Enterprises	646028	1020877	1400940	1726888	1962997	1638116	2338407

5-5 进出口主要分类情况

Value of of Imports and Exports by Major Classification

单位：万美元 (USD 10000)

项目	Item	2000	2003	2005	2007	2008	2009	2010
进出口总额	**Imports and Exports**	**2122332**	**3532551**	**5441130**	**7445081**	**8482094**	**7964937**	**10878027**
出口商品总额	**Exports**	**1290828**	**2113173**	**3484195**	**4994039**	**5699184**	**5331902**	**7149313**
初级产品	Primary Goods		137025	215205	295573	323470	360440	529791
工业制品	Manufactured Goods		1976148	3268990	4698466	5375715	4971463	6619522
进口商品总额	**Imports**	**831504**	**1419378**	**1956935**	**2451042**	**2782910**	**2633034**	**3728715**
初级产品	Primary Goods		167792	333239	492630	649384	673287	1024135
工业制品	Manufactured Goods		1251586	1623696	1958413	2133525	1959748	2704521
机电产品进出口	**Total of mechanical and electronic products**		**1709085**	**2602702**	**3522373**	**4105522**	**3418184**	**4703884**
出口总额	Exports		916216	1572365	2246143	2687322	2213798	2939330
进口总额	Imports		792869	1030337	1276230	1418200	1204386	1764554
高新技术产品进出口	**High-tech products**		**841843**	**1279609**	**1537287**	**2218349**	**1884930**	**2560582**
出口总额	Exports		463450	782175	980394	1267814	1046985	1317431
进口总额	Imports		378393	497434	556893	950535	837945	1243151
外商投资企业进出口	**Foreign-Funded Enterprises**	**1405689**	**2366755**	**3576237**	**4626301**	**5213392**	**4377441**	**5833654**
出口总额	Exports	759661	1345878	2175297	2899413	3250395	2739325	3495247
进口总额	Imports	646028	1020877	1400940	1726888	1962997	1638116	2338407
一般贸易进出口	**General Trade**	**880832**	**1513030**	**2429809**	**3795273**	**4373754**	**4583590**	**6308421**
出口总额	Exports	609737	962015	1674278	2743122	3168353	3226865	4384049
进口总额	Imports	271095	551015	755531	1052151	1205401	1356725	1924371
加工贸易进出口	**Processing and Assembling**	**1051961**	**1641325**	**2467516**	**2982771**	**3369523**	**2836436**	**3799681**
出口总额	Exports	634216	1063942	1620604	1990766	2252226	1867377	2359808
进口总额	Imports	417745	577383	846912	992006	1117297	969059	1439872

5–6 按主要国别(地区)分出口商品贸易额

Value of Exports by Country (Region)

单位：万美元 (USD 10000)

国别(地区)	Country (Region)	2000	2003	2005	2007	2008	2009	2010
总计	**Total**	**1290828**	**2113173**	**3484195**	**4994039**	**5699184**	**5331902**	**7149313**
亚洲	**Asia**	**598838**	**982369**	**1451213**	**1982670**	**2273738**	**2219567**	**2902323**
#中国香港	Hong Kong China	150910	218079	287749	359411	372959	350678	455702
中国澳门	Macao China	1712	2501	1049	1781	1554	1401	2998
日本	Japan	235623	427520	575271	621943	659531	507220	540847
菲律宾	Philippines	13669	19666	42498	68018	79492	117396	167682
泰国	Tailand	9247	13789	26149	44385	60640	67591	93315
马来西亚	Malaysia	17160	32427	47458	104747	140854	164461	194220
新加坡	Singapore	33553	44079	64781	88760	100423	97029	112406
阿拉伯联合酋长国	United Arab Emirates	13850	33228	54608	81862	97129	108139	121220
欧洲	**Europe**	**243597**	**420589**	**782456**	**1261120**	**1465109**	**1264698**	**1640547**
#德国	Germany	50336	76191	129290	200119	270675	254420	338727
法国	France	17232	23900	51731	85408	84134	83939	110858
意大利	Italy	20560	34052	59350	89109	103286	94084	125495
芬兰	Finland	2243	6337	11766	24238	27411	15801	20697
英国	United Kingdom	32751	49919	86154	114538	153166	145678	187950
丹麦	Denmark	3295	4767	11986	26328	32525	23301	29589
瑞典	Sweden	4921	8221	14360	20756	21515	20234	24651
瑞士	Switzerland	2219	4662	30875	83521	57260	21942	14742
西班牙	Spain	16783	25853	50610	80134	83551	88787	112045
北美洲	**North America**	**342526**	**551189**	**934389**	**1194448**	**1290114**	**1177783**	**1605509**
#加拿大	Canada	23586	39091	70914	107706	108199	93524	118966
美国	United States	318940	512097	863366	1086714	1181903	1084240	1486505
大洋洲	**Oceania**	**22229**	**39238**	**58104**	**93024**	**108836**	**112401**	**133950**
#澳大利亚	Australia	19539	34260	49842	78549	94332	94761	114185
拉丁美洲及非洲	**South America and Africa**	**83638**	**119788**	**258032**	**462776**	**561387**	**557453**	**864546**

5-7 按主要国别(地区)分进口商品贸易额

Value of Imports by Country (Region)

单位：万美元　　(USD 10000)

国别(地区)	Country (Region)	2000	2003	2005	2007	2008	2009	2010
总计	**Total**	**831504**	**1419378**	**1956935**	**2451042**	**2782910**	**2633034**	**3728715**
亚洲	**Asia**	**625345**	**1052678**	**1397806**	**1704955**	**1842149**	**1668512**	**2466713**
#中国香港	Hong Kong China	28314	27844	20269	13804	10914	10916	16226
中国澳门	Macao China	220	132	8	19	22	19	33
日本	Japan	131488	227591	248474	287213	309798	233009	363345
菲律宾	Philippines	3934	25226	27452	54962	39881	22592	38813
泰国	Tailand	14143	28258	34576	60630	78949	86459	122670
马来西亚	Malaysia	28086	67001	77553	96555	107227	96462	121207
新加坡	Singapore	13641	38443	50249	37733	36853	39403	51225
阿拉伯联合酋长国	United Arab Emirates	3788	1731	4144	3146	2626	1473	2258
欧洲	**Europe**	**88734**	**147011**	**205506**	**272674**	**363467**	**321497**	**436401**
#德国	Germany	17143	49618	61429	86609	113370	100612	121344
法国	France	4959	8128	10947	10439	19353	15760	26250
意大利	Italy	9633	15065	21073	31658	34416	30000	40692
芬兰	Finland	2277	2711	6635	6684	8485	14726	10893
英国	United Kingdom	15857	13667	29740	29077	41197	23820	37122
丹麦	Denmark	1632	4005	3251	4553	5837	3821	4216
瑞典	Sweden	2963	4614	5114	7282	6572	5882	9386
瑞士	Switzerland	6064	11251	14145	14594	8337	5375	8924
西班牙	Spain	3157	3345	6017	10366	13211	12320	31233
北美洲	**North America**	**86030**	**139426**	**209506**	**296682**	**299838**	**316259**	**420234**
#加拿大	Canada	6106	8156	16665	29324	31282	40046	46738
美国	United States	79910	131271	192836	267358	268549	276199	373471
大洋洲	**Oceania**	**12342**	**20109**	**27841**	**35025**	**63643**	**66457**	**108206**
#澳大利亚	Australia	9636	13513	22275	23674	52671	56084	86550
拉丁美洲及非洲	**South America and Africa**	**19053**	**60154**	**116276**	**141707**	**213811**	**260287**	**296951**

5-8 按类章分进出口总额(2007–2010年)

Value of of Imports and Exports by Category(2007-2010)

单位：万美元 (USD 10000)

项目 Item	2007		2008		2009		2010	
	出口 Exports	进口 Imports	出口 Exports	进口 Imports	出口 Exports	进口 Imports	出口 Exports	进口 Imports
一、初级产品 Primary Goods	**295573**	**492630**	**323470**	**649384**	**360440**	**673287**	**529791**	**1024135**
食品及活动物 Food and Live Animals	265388	61528	288379	79427	326858	80967	481404	109572
活动物 Live Animals	312	38	208	22	139	34	5	113
肉及肉制品 Meat and Meat Products	6084	1963	5862	2580	5098	2328	6648	1774
乳品及蛋品 Dairy Products and Eggs	725	1247	962	2071	882	2120	1007	5045
鱼、甲壳及软体类动物及其制品 Fish, Shellfish, Mollusks and Other Aquatic Invertebrates	101912	11020	109619	13613	151919	10744	264914	8278
谷物及其制品 Cereals and Products	2723	5324	2140	6503	2388	5021	3482	10945
蔬菜及水果 Vegetable and Fruits	125629	5056	138765	5860	135828	9690	165117	10981
糖、糖制品及蜂蜜 Sugar ,Sugar Products and Honey	8235	786	6874	779	6993	229	10683	1049
咖啡、茶、可可、调味料及其制品 Coffee, Tea, Coca, Spices and Their Products	9221	514	9856	669	9560	879	12197	2037
饲料 Forage	2496	33764	4006	45408	3479	47437	4879	66477
杂项食品 Others	8051	1814	10087	1923	10573	2485	12388	2382
饮料及烟类 Beverages and Tobacco	1740	1667	2619	2695	3091	4903	3267	7023
饮料 Beverages	1049	1667	1284	2695	1234	4882	1122	6960
烟草及其制品 Tobacco and Tobacco Products	691		1335	1	1857	21	2145	64
非食用原料 Non-edible Raw Materials	21273	355628	28004	473581	25173	456303	24373	674926
生皮及生毛皮 Raw Hides and Furs	9	9024		13929		11485		12142
油籽及含油果实 Oil Seeds and Kernels	123	63649	150	101885	94	115254	18	150830
生橡胶 Raw Rubber	227	33495	1014	41273	409	38708	1133	56506
软木及木材 Cork and Wood	3132	22378	2898	20272	2306	23656	2280	60281
纸浆及废纸 Paper Pulp and Waster Paper	55	48630	33	66853	76	60651	230	75143
纺织纤维(羊毛条除外)及其废料 Textile Fiber and Related Scrap (Excluding Fleece)	3141	6498	3203	4406	1205	2722	2112	8342
天然肥料及矿物(煤、石油及宝石除外) Natural Fertilizers and Mineral (Excluding Coal, Petroleum and Germ)	8120	75397	9353	96933	9466	95743	8714	152323
金属矿砂及金属废料 Metals Ore and Scrap	15	94674	169	124776	328	104958	677	153940
其他动、植物原料 Other Animal And Vegetable Raw Materials	6451	1883	11186	3255	11289	3126	9210	5417
矿物燃料、润滑油及有关原料 Mineral Fuels, Lubrication Oil and Related Materials	6957	47717	4018	52253	5141	89124	20321	201031
煤、焦炭及煤砖 Coal, Coke and Briquette	3	14237	4	26810	5	53187	10	91023

5-8 续表1

Continued

单位：万美元 (USD 10000)

项目 Item	2007		2008		2009		2010	
	出口 Exports	进口 Imports	出口 Exports	进口 Imports	出口 Exports	进口 Imports	出口 Exports	进口 Imports
石油、石油产品及有关原料 Petroleum, Petroleum Products and Related Materials	6953	23907	4014	15286	5136	19173	20312	56052
天然气及人造气 Natural Gas and Man-made Gas		9573	1	10157		16765		53957
动植物油、脂及蜡 Animal and Vegetable Oil ,Fats and Wax	215	26090	449	41427	176	41989	426	31583
动物油、脂 Animal Oil and Fats	155	731	237	966	39	1952	190	2356
植物油、脂 Vegetable Oils and Fats	51	24700	94	35954	120	39323	199	28278
已加工的动植物油、脂及动植物蜡 Processed Animal and Vegetable Oils,Fats and Wax	9	659	118	4507	17	714	37	949
二、工业制品 Industry Goods	**4698466**	**1958413**	**5375715**	**2133525**	**4971463**	**1959748**	**6619522**	**2704521**
化学成品及有关产品 Chemicals and Related Products	170841	366909	203115	407314	141242	419714	224427	515450
有机化学品 Organic Chemicals	19157	144783	27012	159299	22292	127969	32115	152647
无机化学品 Inorganic Chemicals	57027	3775	74343	3972	37999	2612	69541	3766
染料、鞣料及着色料 Dyestuff , Tanning Extracts and Dye Materials	1720	11596	1739	12475	2042	11395	3949	14920
医药品 Medicines	16672	1019	18102	875	19904	2943	25959	2564
精油、香料及盥洗、光洁制品 Essential Oils, Perfumed Materials and Cosmetics	16930	2267	19550	2754	16776	3040	22884	4227
制成废料 Waste Products	14369	578	12892	9	5326	4	15300	
初级形状的塑料 Plastics of Primary Pattern	18763	164951	21960	182946	15536	225875	18904	255793
非初级形状的塑料 Plastics of non Primary Pattern	12320	17632	11451	21519	9481	24209	16281	49303
其他化学原料及产品 Other Chemical Raw and Products	13885	20307	16064	23445	11887	21667	19495	32229
按原料分类的制成品 Products by Raw material	845789	288656	915117	286773	863894	306611	1190460	387399
皮革、皮革制品及已鞣毛皮 Leather, Leather Products and Tanned Hides	6758	33265	4132	27394	3556	23953	6037	29037
橡胶制品 Rubber Products	45523	10184	53296	11902	50290	17032	67670	26524
软木及木制品(家具除外) Cork and Wooden Products	54232	1122	49023	842	48327	609	65278	590
纸及纸板；纸浆、纸及纸板制品 Paper and Paperboard, Articles of Paper Pulp or Paper and Paperboard Products	31150	17673	30620	16257	32712	14181	47806	20045
纺纱、织物、制成品及有关产品 Spin Textile Products and Related Products	182642	65099	221072	58996	227322	57689	282851	71234
非金属矿物制品 Non Metal Minerals products	265228	17849	291525	16561	310889	10846	401494	36492

5-8 续表2

Continued

单位：万美元 (USD 10000)

项目 Item	2007		2008		2009		2010	
	出口 Exports	进口 Imports	出口 Exports	进口 Imports	出口 Exports	进口 Imports	出口 Exports	进口 Imports
钢铁 Steel	63614	58661	65063	60268	29671	76089	60745	78804
有色金属 Non-ferrous Metal	59834	61837	71173	66259	45589	85234	75223	95225
金属制品 Metal Products	136809	22966	129213	28293	115537	20977	183357	29448
机械及运输设备 Machinery and Transport Equipments	1769413	850053	2115050	930623	1659250	785877	2119813	1104787
动力机械及设备 Power Machinery and Equipments	76542	47594	109218	61274	77803	44499	110109	63665
特种工业专用机械 Special Industry Equipment	45567	93701	63955	93989	37965	80593	57327	146878
金工机械 Metal working Machinery	8466	16687	11030	23604	7722	30184	7441	27949
通用工业机械设备及零件 Ordinary Industry Machinery and Parts	138880	73431	171594	107733	155180	71385	210267	119513
办公用机械及自动数据处理设备 Clerical Machinery and Automatic Data Processing Equipments	312073	105876	332680	108312	239129	98543	208199	151123
电信及声音的录制及重放装置设备 Telecommunications and Sound Record and Replay Equipment	575177	67147	679612	89285	566401	69684	744159	81723
电力机械、器具及其电气零件 Power Machinery and Parts	341544	336562	407971	353770	350262	307956	467608	400344
陆路车辆(包括气垫式) Land Vehicles	127269	18414	151318	20295	86778	16077	147999	38517
其他运输设备 Other Transportation Equipment	143895	90641	187414	60569	138009	66954	166705	75074
杂项制品 Miscellaneous Manufactured Articles	1910839	441507	2140805	505791	2305169	446049	3081697	690622
活动房屋、卫生、水道、供热及照明装置 Movable Room, Sanitary Equipment, Supply of Hotand Lighting Apparatus	28250	794	37729	1522	36854	1014	59979	1629
家具及其零件、褥垫及类似填充制品 Furniture and Related Parts	146259	6205	172171	5785	197153	4360	268221	2903
旅行用品、手提包及类似品 Tour Goods, Handbags and Related Products	117267	142	136493	256	132458	126	192981	266
服装及衣着附件 Garments and Related Parts	537599	2601	575394	2335	717031	1418	869783	1732
鞋靴 Footwears	463478	5431	523701	5630	533139	4871	724771	5599
专业、科学及控制用仪器和装置 Special, Scientific and Controlled Instruments and Equipment	132429	376323	192697	425695	220324	359827	338551	575275
摄影器材、光学物品及钟表 Photographic, Optical Instruments and Clocks	65796	25784	74525	40819	71979	51800	102640	72822
未列名杂项制品 Other Miscellaneous Manufactured Articles	419761	24228	428095	23750	396231	22633	524770	30396
未分类的商品及交易品 Unclassified Goods	1584	11288	1627	3024	1907	1497	3125	6263

5–9 人民币汇率(年平均价)

Refercene Exchange Rate of RMB （Period Average）

单位：元　(yuan)

年份 Year	100美元 100 US Dollars	100日元 100 Japanese Yen	100港元 100 Hong Kong Dollars	100欧元 100 Euros
1985	293.66	1.25	37.57	
1986	345.28	2.07	44.22	
1987	372.21	2.58	47.74	
1988	372.21	2.91	47.70	
1989	376.51	2.74	48.28	
1990	478.32	3.32	61.39	
1991	532.33	3.96	68.45	
1992	551.46	4.36	71.24	
1993	576.20	5.20	74.41	
1994	861.87	8.44	111.53	
1995	835.10	8.92	107.96	
1996	831.42	7.64	107.51	
1997	828.98	6.86	107.09	
1998	827.91	6.35	106.88	
1999	827.83	7.29	106.66	
2000	827.84	7.69	106.18	
2001	827.70	6.81	106.08	
2002	827.70	6.62	106.07	800.58
2003	827.70	7.15	106.24	936.13
2004	827.68	7.66	106.23	1029.00
2005	819.17	7.45	105.30	1019.53
2006	797.18	6.86	102.62	1001.90
2007	760.40	6.46	97.46	1041.75
2008	694.51	6.74	89.19	1022.27
2009	683.10	7.30	88.12	952.70
2010	676.95	7.73	89.13	897.25

注：欧元自2002年开始进入市场流通。

Note:The Euros in market circulation since 2002

5-10 外商直接投资合同数和合同金额(1979-2010年)

Number and Value of Signed Contracts for Direct Foreign Investment(1979-2010)

年份 Year	合同数(项) Numbers (unit)	合资企业 Joint Ventures	合作企业 Cooperative Operation	独资企业 Sole-Foreign Enterprises	合同外资金额(万美元) Value (USD 10000)	合资企业 Joint Ventures	合作企业 Cooperative Operation	独资企业 Sole-Foreign Enterprises
1979	5	2	3		105	19	86	
1980	15	6	9		464	378	86	
1981	16	1	15		1906	56	1850	
1982	14	4	9	1	1612	1034	128	450
1983	18	8	10		2120	1930	190	
1984	236	113	116	7	20097	12187	6473	1437
1985	395	206	182	7	37681	24276	12906	499
1986	109	70	34	5	6456	5355	941	160
1987	215	140	60	15	11753	7771	1950	2032
1988	813	496	188	129	46260	24545	7524	14191
1989	872	436	123	313	90258	27039	5618	57601
1990	1043	432	94	517	116183	28488	7259	80436
1991	1219	575	80	564	144871	36082	23457	85332
1992	3113	1375	191	1547	635101	157962	91108	386031
1993	4714	1775	264	2675	1136617	239879	146164	750574
1994	3026	1017	179	1830	717946	211903	87943	418100
1995	2728	829	119	1780	890647	175384	101147	614116
1996	1987	505	67	1415	653572	97635	32303	523634
1997	2298	408	41	1849	453751	89035	25428	338988
1998	2006	420	45	1541	500150	105163	36999	357988
1999	1439	281	41	1117	489996	103378	37356	349262
2000	1463	281	27	1155	431373	51242	9971	370160
2001	1670	260	14	1395	500717	100566	9592	388661
2002	1825	233	66	1526				
2003	2274	330	18	1922				
2004	2277	318	16	1942				

注：1997年起外商直接投资含股份制。

Note:The data of foreign direct investment from 1997 include share holding enterprises.

5-10 续表

Continued

年份 Year	合同数(项) Numbers (unit)	合资企业 Joint Ventures	合作企业 Cooperative Operation	独资企业 Sole-Foreign Enterprises	合同外资金额(万美元) Value (USD 10000)	合资企业 Joint Ventures	合作企业 Cooperative Operation	独资企业 Sole-Foreign Enterprises
2005	1988	301	24	1663				
2006	2164	385	10	1766				
2007	1722	298	3	1418				
2008	1101	185	9	906				
2009	939	153	5	779				
2010	1139	242	4	890				
报表口径 New Scope								
2002年					390089	45016	21686	317205
2003年					477321	63373	6168	403697
历史可比口径 Old Scope								
2002年					694419	71616	28398	588223
2003年					725117			
2004年					754307			
2005年					855655			
2006年					1080190			
2007年					1233624			
2008年					1141475			
2009年					907597			
2010年					1211979			
验资口径 Fund Examination Scope								
2004年					537299	48124	3247	477771
2005年					595715	77223	20319	496142
2006年					862069	87666	15165	745280
2007年					867422	190832	4093	649397
2008年					715201	62787	11403	633626
2009年					536095	61881	7592	463511
2010年					737557	101453	2472	599438

5-11 按行业分外商直接投资合同数(1979-2010年)

Number of Signed Contracts for Direct Foreign Investment by Sector(1979-2010)

单位：个 (unit)

项目 Item	总计 Total	农业 Agriculture	工业 Industry	建筑业 Construction	交通运输仓储及邮电通信业 Transport, Storage,Post and Telecommunica -tions	批发和零售贸易餐饮业 Wholesale & Retail Trade and Catering Services	其他服务业 Other Services
1979	5	2	1				2
1980	15	1	5	1	3		5
1981	16		5	1	4		6
1982	14		10		1	1	2
1983	18	1	6		2	1	8
1984	236	13	113	15	11	22	62
1985	395	21	266	24	13	63	8
1990	1043	42	930	1	5	10	55
1991	1219	57	1077		6	11	68
1992	3113	134	2520	21	11	22	405
1993	4714	161	3536	67	21	124	805
1994	3026	133	2068	41	22	176	586
1995	2728	166	1973	29	15	130	415
1996	1987	114	1431	14	10	184	234
1997	2298	140	1755	28	6	179	190
1998	2006	168	1482	12	21	98	225
1999	1439	132	1052	11	9	40	195
2000	1463	117	1129	5	4	55	153
2001	1670	102	1304	5	15	34	210
2002	1825	97	1382	14	14	50	268
2003	2274	110	1839	14	25	60	226
2004	2277	93	1837	11	26	100	210
2005	1988	81	1570	4	25	92	216
2006	2164	85	1633	12	34	207	193
2007	1722	69	1204	3	21	234	191
2008	1101	67	627	10	15	229	153
2009	939	73	431	4	39	258	134
2010	1139	79	504	5	23	320	208

5-12 按行业分外商直接投资合同金额(1979-2010年)

Value of Signed Contracts for Direct Foreign Investment by Sector(1979-2010)

单位：万美元 (10000 USD)

项目	Item	总计 Total	农业 Agriculture	工业 Industry	建筑业 Construction	交通运输仓储及邮电通信业 Transport, Storage, Post and Telecommunications	批发和零售贸易餐饮业 Wholesale & Retail Trade and Catering Services	其他服务业 Other Services
1979		105	78	10				17
1980		464	33	247	5	12		167
1981		1906		99	72	206		1529
1982		1612		1542		50	13	7
1983		2120	10	900		62	25	1123
1984		20097	245	7080	918	779	1110	9965
1985		37681	1228	15977	1254	586	12085	6551
1990		116183	3462	90126	91	331	488	21685
1991		144871	5256	98215		978	737	39685
1992		635101	8128	338783	1088	2817	27068	257217
1993		1136617	17482	574966	6931	2692	23151	511395
1994		717946	11607	394043	4132	7683	11583	288898
1995		890647	20790	660166	3187	17270	27927	161307
1996		653572	12678	469257	15031	8825	21286	126495
1997		453751	15932	323558	21977	17486	28839	45959
1998		500150	31810	336922	21773	8597	7308	93740
1999		489996	28748	359611	4806	2161	8877	85793
2000		431373	18083	318217	1666	2038	7481	83888
2001		500717	17589	371725	1464	7915	2420	99604
报表口径	New Scope							
2002		390089	12453	310522	6224	7404	3866	49620
2003		477321	14166	398730	7144	7288	4076	45917
历史可比口径	Old Scope							
2002		694419	19599	581954	11153	8799	4812	68102
验资口径	Fund Examination Scope							
2004		537299	12674	426684	321	15651	13838	68131
2005		595715	22415	467697	754	21674	15222	67953
2006		862069	17158	659295	6121	26289	38025	115181
2007		867422	16497	648414	-197	12301	36543	153864
2008		715201	27219	444674	3221	36966	56566	146555
2009		536095	23235	316771	1455	31770	38370	124494
2010		737557	24439	452840	813	16826	93832	148807

5-13 分国别(地区)外商直接投资合同数和合同金额

Number and Value of Contracts for Signed Direct Foreign Investment by Country(Region)

国别(地区)	Country(Region)	2000	2003(报表口径) (New Scope)	2005(验资口径) (Scope by Fund Examina-tion)	2007(验资口径) (Scope by Fund Examina-tion)	2008(验资口径) (Scope by Fund Examina-tion)	2009(验资口径) (Scope by Fund Examina-tion)	2010(验资口径) (Scope by Fund Examina-tion)
合同数（个）	**Number(unit)**	**1463**	**2274**	**1988**	**1722**	**1101**	**939**	**1139**
#中国香港	Hong Kong China	602	1041	921	749	416	373	446
中国澳门	Macao China	28	78	66	55	10	21	16
日本	Japan	72	73	64	44	32	16	22
菲律宾	Philippines	60	173	96	43	19	6	11
泰国	Tailand	5	12	2	3	2	2	
马来西亚	Malaysia	14	19	25	16	10	13	18
新加坡	Singapore	58	64	41	49	37	33	27
印度尼西亚	Indonesia	9	12	13	4	5	4	5
德国	Germany	8	5	8	6	10	5	6
法国	France	3	3	7	5	1	6	2
英国	United Kingdom	20	5	9	6	5	3	2
加拿大	Canada	15	31	31	25	16	14	11
美国	United States	79	115	98	86	37	47	33
澳大利亚	Australia	18	27	28	31	20	12	18
合同金额（万美元）	**Volume（10000 USD)**	**431373**	**477321**	**595715**	**867422**	**715201**	**536095**	**737557**
#中国香港	Hong Kong China	212533	233425	286810	391754	521052	428666	559446
中国澳门	Macao China	4958	11595	15623	18738	5755	12802	8243
日本	Japan	16943	6044	10575	7469	3297	3538	4135
菲律宾	Philippines	17611	20436	19213	6721	1850	-2344	-6765
泰国	Thailand	270	3617	292	3147	508	70	-85
马来西亚	Malaysia	4643	1353	7559	9143	9963	1844	5728
新加坡	Singapore	10246	6589	12343	20888	21546	4511	21747
印度尼西亚	Indonesia	1026	2749	1892	-797	3996	322	730
德国	Germany	3107	571	251	1717	1889	1391	261
法国	France	102	-598	881	201	179	293	429
英国	United Kingdom	15504	1880	-4364	4871	-3575	1115	260
加拿大	Canada	2495	7015	3510	5056	1181	2276	6948
美国	United States	21012	22978	25534	18834	6607	-30487	1288
澳大利亚	Austrialia	985	6805	5138	5431	-686	1022	4493

注：当期外商投资企业减资或外商股权转让金额超过当期新批合同外资或外商投资企业增资金额，差额部分用负数表示。

Note:When the data of reduction of Signed Value or the transfer stock value surpass the data of Signed Value or the supplementary value of direct foreigh investment, the discrepancy is expressed by negative number.

5-14 实际利用外商直接投资金额(1979-2010年)

Direct Foreign Capital Actually Used(1979-2010)

单位：万美元 (USD 10000)

年份 Year	合计 Total	合资企业 Joint Ventures	合作企业 Cooperative Operation	独资企业 Sole-Foreign Enterprises
1979	83	15	68	
1980	363	288	75	
1981	150	40	110	
1982	121	5	16	100
1983	1438	1026	158	254
1984	4828	3526	1179	123
1985	11782	8566	2950	266
1986	6149	4121	1913	115
1987	5139	3097	1479	563
1988	13017	9273	2369	1375
1989	32880	13814	6384	12682
1990	29002	12617	2780	13605
1991	64449	22682	14775	26992
1992	141633	48528	26132	66973
1993	286745	98484	33498	154763
1994	371200	145518	34469	191213
1995	403881	124872	54073	224936
1996	407876	129778	50497	227601
1997	419666	112293	60175	247198
1998	421211	90295	50778	280138
1999	402403	99542	42121	260180
2000	380386	74548	13263	291365
2001	391804	74092	7248	309068
历史可比口径 (Old Scope)				
2002	424995	84669	11587	316240
2003	499329			
2004	531802			
2005	622984			
2006	718489			
2007	813093			
2008	1002556			
2009	1006481			
2010	1031552			
验资口径 (Scope by Fund Examination)				
2004	222120	41952	4324	163490
2005	260775	31021	670	222422
2006	322047	49684	2327	268789
2007	406058	68686	4670	332015
2008	567171	137758	2284	416441
2009	573747	104761	1372	458815
2010	580279	97974	2126	475199

5-15 分国别(地区)实际利用外商直接投资金额

Direct Foreign Capital Actually Used by Country(Region)

单位：万美元 (USD 10000)

国别(地区)	Country (Region)	2000	2005	2007	2008	2009	2010
总计	Total	380386	260775	406058	567171	573747	580279
亚洲	Asia						
#中国香港	Hong Kong China	151678	121783	170231	236448	303409	354634
印度尼西亚	Indonesia	1760	593	933	672	1883	1883
日本	Japan	7655	7445	7217	5939	4665	6287
中国澳门	Macao China	2689	6162	9271	10184	6381	5156
新加坡	Singapore	12282	7727	8796	14982	19584	25545
韩国	Korea	410	1069	1267	1902		3254
泰国	Tailand	979	662	789	1374	384	153
越南	Vietnam		15				
非洲	Africa						
#阿尔及利亚	Algeria		81				
苏丹	Sudan						
几内亚	Guinea		30				
马达加斯加	Madagascar		63	45	177		
尼日利亚	Nigeria						
南非	South Africa	78	185	66	89	93	96
欧洲	Europe						
#英国	United Kingdom	16179	1352	1298	1649	2114	1007
德国	Germany	4553	48	590	1647	999	1443
法国	France	74	708	62	77	225	278
俄罗斯	Russian		109	54	22		
拉丁美洲	Latin America						
#巴哈马	Bahamas	431		9380	29059	8029	1769
开曼群岛	Cayman Islands	20552	9242	6513	10210	10392	12662
墨西哥	Mexico			259	367		957
英属维尔京群岛	British Virgin Islands	21766	35134	90371	125548	81224	42153
北美洲	North America						
#加拿大	Canada	1851	424	1432	2282	1922	1099
美国	United States	64652	17015	9108	9181	8616	5096
大洋洲	Oceania						
#澳大利亚	Australia	2212	988	1762	2488	1602	1823
新西兰	New Zealand		467	328	179	63	336

注：2005年以后年份为验资口径。

Note:Since 2005,Scope by Fund Examination

5-16 外商投资企业工商注册数（2004-2010年）

Number of Registered Foreign Funded Enterprises(2004-2010)

单位：个 (unit)

项目 Item	2004	2005	2006	2007	2008	2009	2010
合计（年末数） Total	**17236**	**17854**	**18629**	**18655**	**18779**	**18324**	**17886**
按企业登记注册类型分 Grouped by Status of Registration							
#中外合资 Joint Venture	4005	3844	3963	3921	3899	3763	3674
中外合作 Cooperative Operation	418	396	349	292	275	259	230
外商独资 Venture Exclusively with Foreign Investment	12797	13598	14298	14410	14567	14256	13924
按行业分 Grouped by Sector							
农、林、牧、渔业 Agriculture, Forestry, Animal Husbandryand Fishery	642	646	640	592	606	603	596
采矿业 Mining	69	61	56	52	53	51	46
制造业 Manufacturing	13181	13762	14275	14240	14260	13670	13103
#食品制造业 Food Manufacturing	362	365	351	345	345	335	311
纺织业 Textile Industry	622	676	729	728	728	705	679
纺织服装、鞋、帽制造业 Textile Garments , Shoes and Caps Products	3438	3632	3682	3565	3478	3236	3178
皮革、毛皮、羽毛(绒)及其制品业 Leather , Furs , Down and Relate Products	392	431	473	505	501	489	478
木材加工及木、竹、藤、棕、草制品业 Timber Processing , Bamboo , Cane , Palm Fiber and Straw Products	367	369	412	372	375	352	316
化学原料及化学制品制造业 Raw Chemical Materials and Chemical Products	470	496	510	496	501	491	455
塑料制品业 Plastic Products	665	679	678	655	656	648	621
非金属矿物制品业 Nonmetal Minerals Products	852	850	842	832	831	788	749
金属制品业 Metal Products	460	483	522	566	548	538	526
通用设备制造业 General Equipment	339	360	371	389	395	384	365
专用设备制造业 Special Purpose Equipment	334	379	436	475	499	499	477

5-16 续表1

Continued

单位：个 (unit)

项目 Item	2004	2005	2006	2007	2008	2009	2010
交通运输设备制造业 Transport Equipment	353	381	398	436	459	435	389
电气机械及器材制造业 Electric Equipment and Machinery	542	576	609	625	645	632	609
通信设备、计算机及其他电子设备制造业 Telecommunications , Computer , and Other Electronic Equipment	475	507	581	629	649	646	645
电力、燃气及水的生产和供应业 Production and Supply of Electric Power, Gas and Water	168	169	164	140	144	144	146
建筑业 Construction	172	152	156	138	143	142	137
交通运输、仓储和邮政业 Transport,Storage and Post	295	265	178	193	197	204	205
信息传输、计算机服务和软件业 Information Transmission, Computer Software and Services	163	209	238	267	308	319	330
批发和零售业 Wholesale and Retail Trade	163	234	465	658	823	979	1153
住宿和餐饮业 Lodgings and Catering Services	293	307	316	326	323	317	300
金融业 Financial Intermediation	6	6	10	13	19	21	24
房地产业 Real Estate	1333	1283	1286	1230	1188	1120	1057
租赁和商务服务业 Leasing and Business Services	198	212	331	344	363	380	415
科学研究、技术服务和地质勘查业 Scientific Research, Technical Service and Geologic Prospecting	108	117	126	136	141	156	160
水利、环境和公共设施管理业 Management of Water Conservancy,Environment and Public Facilities	55	54	51	53	55	56	56
居民服务和其他服务业 Services to Households and Other Services	106	119	123	121	120	125	125
教育 Education	9	11	8	6	2	2	2
卫生、社会保障和社会福利业 Health, Social Security and Social Welfare	8	9	9	8	4	4	3
文化、体育和娱乐业 Culture, Sports and Entertainment	226	204	196	136	30	31	28
其他行业 Others	41	34	1	2			

5-16 续表2

Continued

单位：个　　(unit)

项目 Item	2004	2005	2006	2007	2008	2009	2010
按国别（地区）分 By Country							
#中国香港 Hong Kong China	8496	8586	8996	8910	8867	8587	8443
印度尼西亚 Indonesia	116	116	124	117	121	125	126
日本 Japan	603	610	627	607	602	582	558
约旦 Jordan	2	3	2	2	3	2	4
中国澳门 Macao China	362	400	430	427	413	390	387
马来西亚 Malaysia	190	197	194	188	187	182	176
菲律宾 Philippines	680	745	780	732	707	649	588
新加坡 Singapore	630	612	624	616	618	626	607
泰国 Thailand	43	44	44	45	42	44	36
利比里亚 Liberia	1	1	1	1	1	1	1
英国 United Kingdom	98	90	94	92	95	95	87
德国 Germany	41	51	58	57	66	68	74
荷兰 Netherlands	17	19	24	30	30	30	32
瑞士 Switzerland	8	8	9	5	5	5	7
玻利维亚 Bolivia	7	7	7	7	8	8	4
加拿大 Canada	140	148	160	167	170	179	185
美国 United States	682	706	753	761	771	763	730
澳大利亚 Australia	137	150	174	191	199	197	198

5-17 外商投资企业工商注册资本金(2004-2010年)

Registered Capitals of Foreign Funded Enterprises(2004-2010)

单位：万美元 (USD 10000)

项目 Item	2004	2005	2006	2007	2008	2009	2010
合计 Total	3872850	4307474	4995228	5619403	6264456	6535595	6935845
按企业登记注册类型分 Grouped by Status of Registration							
#中外合资 Joint Venture	1035387	1143952	1221551	1533780	1601816	1658796	1776709
中外合作 Cooperative Operation	152447	158309	160271	123759	117980	119676	103869
外商独资 Venture Exclusively with Foreign Investment	2600129	2920326	3492171	3775499	4256816	4437487	4697783
按行业分 Grouped by Sector							
农、林、牧、渔业 Agriculture,Forestry,Animal Husbandry and Fishery	85149	103957	101867	101644	110663	121822	120696
采矿业 Mining	8240	7155	13648	9787	13298	14530	11496
制造业 Manufacturing	2619895	2917604	3371576	3949652	4353670	4467271	4681053
#食品制造业 Food Manufacturing	54484	60056	62187	68649	73487	78870	83014
纺织业 Textile Industry	211277	230124	260295	283475	315602	324579	333675
纺织服装、鞋、帽制造业 Textile Garments , Shoes and Caps Products	490277	552755	605411	633469	684678	702867	732255
皮革、毛皮、羽毛(绒)及其制品业 Leather , Furs , Down and Relate Products	55701	61285	75660	87014	89655	96918	100830
木材加工及木、竹、藤、棕、草制品业 Timber Processing,Bamboo,Cane,Palm Fiber and Straw Products	34580	42854	53632	48147	52599	55503	53585
化学原料及化学制品制造业 Raw Chemical Materials and Chemical Products	118307	133535	152577	155566	213884	218258	219758
塑料制品业 Plastic Products	95472	124273	140350	151187	156201	162722	164101
非金属矿物制品业 Nonmetal Minerals Products	199405	208399	214298	235468	236938	252629	271089
金属制品业 Metal Products	117296	130548	158308	173789	184760	176803	188088
通用设备制造业 General Equipment	41527	53733	69753	86789	99495	100918	108853
专用设备制造业 Special Purpose Equipment	46837	65687	94091	110220	122869	136842	135651

5-17 续表1

Continued

单位：万美元 (USD 10000)

项目 Item	2004	2005	2006	2007	2008	2009	2010
交通运输设备制造业 Transport Equipment	108137	131109	147885	199486	217477	222808	226088
电气机械及器材制造业 Electric Equipment and Machinery	134830	160740	169504	206819	258525	265294	286170
通信设备、计算机及其他电子设备制造业 Telecommunications , Computer , and Other Electronic Equipment	164905	190608	256659	318156	349905	358034	382995
电力、燃气及水的生产和供应业 Production and Supply of Electric Power,Gas and Water	136942	140493	148833	159879	174140	188978	201131
建筑业 Construction	66484	57264	64993	45999	45200	64538	66442
交通运输、仓储和邮政业 Transport,Storage and Post	82727	115210	159320	171932	182681	192849	205581
信息传输、计算机服务和软件业 Information Transmission, Computer Software and Services	24081	27189	93437	34838	113392	116867	132824
批发和零售业 Wholesale and Retail Trade	17474	23880	42644	81222	112958	153281	196146
住宿和餐饮业 Lodgings and Catering Services	83069	87187	102651	110737	113205	113546	116264
金融业 Financial Intermediation	16391	16391	56629	63710	76583	83827	94131
房地产业 Real Estate	598689	662639	651036	683191	738712	745672	793120
租赁和商务服务业 Leasing and Business Services	25370	28410	58701	80585	96907	129426	153048
科学研究、技术服务和地质勘查业 Scientific Research, Technical Service and Geologic Prospecting	17055	18376	23600	29337	36071	44103	42605
水利、环境和公共设施管理业 Management of Water Conservancy,Environment and Public Facilities	13139	13758	16279	22438	34255	31403	52069
居民服务和其他服务业 Services to Households and Other Services	7597	11442	13810	12160	33915	36856	40136
教育 Education	966	1240	840	770	125	125	125
卫生、社会保障和社会福利业 Health, Social Security and Social Welfare	1811	6603	7018	6197	5233	5233	5189
文化、体育和娱乐业 Culture, Sports and Entertainment	55229	55245	66152	53206	23448	25268	23788
其他行业 Others	12542	13431	2194	2119			

5-17 续表2

Continued

单位：万美元 (USD 10000)

项目 Item	2004	2005	2006	2007	2008	2009	2010
按国别（地区）分 **By County**							
#中国香港 Hong Kong China	2022214	2185021	2535508	2752329	3159936	3388103	3720362
印度尼西亚 Indonesia	23626	25201	36220	32249	38549	37749	39805
日本 Japan	104577	104534	123451	128487	139202	145189	146104
约旦 Jordan	162	172	160	156	86	66	126
中国澳门 Macao China	64972	72789	77237	87374	92930	93733	100150
马来西亚 Malaysia	56265	57710	62422	76705	87462	84400	54819
菲律宾 Philippines	139964	155488	172373	164485	157136	153468	159963
新加坡 Singapore	157760	163096	173412	175573	196322	205272	235183
泰国 Thailand	10160	10990	11122	16930	16758	17138	11674
利比里亚 Liberia	155	155	155	155	155	155	155
英国 United Kingdom	58672	59149	62214	57497	57547	54793	52014
德国 Germany	21079	24018	27852	25513	28256	29104	31011
荷兰 Netherlands	1894	3169	6841	13021	13095	13891	14184
瑞士 Switzerland	2330	2330	3130	1800	1800	1800	3205
玻利维亚 Bolivia	471	471	471	398	503	503	288
加拿大 Canada	29080	28771	33013	39343	37389	37300	44392
美国 United States	205213	220843	240850	234253	210244	205876	195581
澳大利亚 Australia	19026	25066	28368	32477	27689	34957	37420

5-18 外商投资企业工商注册投资总额（2004-2010年）

Total Registered Investment Value of Foreign-Funded Enterprises(2004-2010)

单位：万美元 (USD 10000)

项目 Item	2004	2005	2006	2007	2008	2009	2010
合计 Total	**6887734**	**7533131**	**8777093**	**10270608**	**11212877**	**11745126**	**12483059**
按企业登记注册类型分 Grouped by Status of Registration							
#中外合资 Joint Venture	1781219	1987294	2164227	2976476	3096612	3207426	3455996
中外合作 Cooperative Operation	292258	303047	309035	227821	213983	219534	190773
外商独资 Venture Exclusively with Foreign Investment	4722895	5151428	6182593	6875420	7597147	7981238	8456761
按行业分 Grouped by Sector							
农、林、牧、渔业 Agriculture,Forestry,Animal Husbandry and Fishery	136838	170682	180325	180222	190455	216305	208623
采矿业 Mining	12356	10786	17544	20292	24181	25539	22242
制造业 Manufacturing	4351591	4727634	5617260	6969927	7580111	7892963	8350872
#食品制造业 Food Manufacturing	88607	100884	108449	121228	126477	140880	151042
纺织业 Textile Industry	310959	343117	385159	444384	474587	485861	503105
纺织服装、鞋、帽制造业 Textile Garments , Shoes and Caps Products	656830	716180	810005	864204	929352	989586	1009828
皮革、毛皮、羽毛(绒)及其制品业 Leather , Furs , Down and Relate Products	88783	95291	123370	138956	151320	175257	179239
木材加工及木、竹、藤、棕、草制品业 Timber Processing,Bamboo,Cane,Palm Fiber and Straw Products	50780	65591	85856	81669	93883	95201	94556
化学原料及化学制品制造业 Raw Chemical Materials and Chemical Products	235359	263111	311790	315640	326723	334494	338010
塑料制品业 Plastic Products	291787	201062	234228	261049	273958	291496	293795
非金属矿物制品业 Nonmetal Minerals Products	336903	356967	373014	406335	404767	437554	494450
金属制品业 Metal Products	216762	239683	288035	316851	348604	331600	363904
通用设备制造业 General Equipment	64362	83830	128489	158894	181360	183940	204440
专用设备制造业 Special Purpose Equipment	78033	114566	170835	196805	224234	248233	251395

5-18 续表1

Continued

单位：万美元 (USD 10000)

项目 Item	2004	2005	2006	2007	2008	2009	2010
交通运输设备制造业 Transport Equipment	187506	236333	272216	384160	404410	420788	426264
电气机械及器材制造业 Electric Equipment and Machinery	244503	300647	301056	369928	469671	488213	531280
通信设备、计算机及其他电子设备制造业 Telecommunications , Computer , and Other Electronic Equipment	305778	349880	446756	579244	651719	674709	725854
电力、燃气及水的生产和供应业 Production and Supply of Electric Power, Gas and Water	434843	444184	478435	487901	544293	583025	617253
建筑业 Construction	110869	89864	111450	83359	94389	129191	133944
交通运输、仓储和邮政业 Transport,Storage and Post	133546	198500	258731	281658	306787	320339	356884
信息传输、计算机服务和软件业 Information Transmission, Computer Software and Services	55735	58572	127916	62442	140019	145350	167493
批发和零售业 Wholesale and Retail Trade	26504	35960	65026	158449	199563	252331	330624
住宿和餐饮业 Lodgings and Catering Services	148547	157919	186911	203184	205226	208619	212732
金融业 Financial Intermediation	16393	16393	57231	64312	81185	88429	98633
房地产业 Real Estate	1237883	1366522	1334132	1381829	1415975	1385912	1430093
租赁和商务服务业 Leasing and Business Services	38452	42397	100964	138438	175110	218098	247703
科学研究、技术服务和地质勘查业 Scientific Research, Technical Service and Geologic Prospecting	31257	33317	54411	69106	61375	74691	72538
水利、环境和公共设施管理业 Management of Water Conservancy,Environment and Public Facilities	24483	24334	28362	36932	57469	59848	85376
居民服务和其他服务业 Services to Households and Other Services	11115	16226	22208	20663	79056	82006	92034
教育 Education	1764	2061	1450	1352	161	161	161
卫生、社会保障和社会福利业 Health, Social Security and Social Welfare	2790	17165	18045	16983	14970	14969	14907
文化、体育和娱乐业 Culture, Sports and Entertainment	89716	95283	113305	90393	42552	47347	40948
其他行业 Others	23052	25332	3387	3166			

5-18 续表2

Continued

单位：万美元　　　　(USD 10000)

项目 Item	2004	2005	2006	2007	2008	2009	2010
按国别（地区）分 By County							
#中国香港 Hong Kong, China	3279387	3517597	4182520	4608166	5439475	5835441	6484905
印度尼西亚 Indonesia	35632	39345	60898	55720	65459	65603	69247
日本 Japan	176431	184722	203566	216573	241028	253275	253939
约旦 Jordan	177	191	174	166	96	76	140
中国澳门 Macao ,China	104288	110177	118795	138856	150746	152855	158195
马来西亚 Malaysia	79623	80817	92345	130334	155043	151297	125902
菲律宾 Philippines	226261	247093	269105	262059	243245	227026	240724
新加坡 Singapore	304541	316601	350112	347656	377179	427859	453803
泰国 Tailand	39218	41697	19628	29792	29551	30431	22470
利比里亚 Liberia	197	197	197	197	197	197	197
英国 United Kingdom	128673	131979	135687	118441	117980	114378	110470
德国 Germany	45746	52451	62226	55398	60514	62005	65886
荷兰 Netherlands	3643	6248	17009	26779	26813	28577	29155
瑞士 Switzerland	4840	4840	6640	3740	3740	3740	7790
玻利维亚 Bolivia	636	636	636	520	588	588	370
加拿大 Canada	47554	47181	59563	68089	65380	60461	73944
美国 United States	523554	547389	578690	568869	342810	341643	321559
澳大利亚 Austrial	31709	40684	45921	53693	50012	58046	62774

5-19 涉外税收主要指标(1980-2010年)

Basic Statistics of Taxes on Enterprises with Foreign Capital(1980-2010)

单位：万元 (10000 yuan)

年份 Year	合计 Total	工商统一税 Industrial and Commercial Tax	外商投资企业和外国企业所得税 Income Tax of Foreign Capital Enterprises	个人所得税 Individual Income Tax	城市房地产税 Tax on Urban Real Estate	车船使用牌照税 Tax on License of Vehicle Use	其他各税 Others
1980	3	2		1			
1981	15	7	2	4	1		1
1982	100	71	21	5	2	1	
1983	466	406	51	6	2	1	
1984	1595	1322	256	11	3	3	
1985	3294	2833	388	48	9	16	
1986	5019	3511	1288	119	76	25	
1987	7539	6432	570	305	200	32	
1988	15201	12928	1552	396	290	35	
1989	31979	28087	3557	86	216	33	
1990	64361	43075	4310	403	759	74	15740
1991	69004	57651	6008	686	1296	88	3275
1992	96684	80544	10440	796	1928	108	2868
1993	165151	141073	18734	1171	3142	135	896
1994	241239	196943	33886	2945		195	7270
1995	314491	253985	40346	6433	8221	223	5283
1996	321385	259037	36909	10512	10290	222	4415
1997	399596	270700	49891	16566	10712	143	51584
1998	427978	323294	61466	23612	15188	153	4265
1999	615278	480920	80203	31404	17197	160	5394
2000	805058	606864	128522	41010	20717	137	7808
2001	1185431	943648	149662	58104	24468	324	9225
2002	1752684	1388974	259337	59850	31262	295	12966
2003	2083532	1647965	310246	73144	35981	233	15963
2004	2750440	2205541	396195	93732	37712	129	17131
2005	3297179	2647888	451434	117050	47531	149	33127
2006	3762352	2970472	550005	126135	54669	158	60913
2007	4432889	3431652	662730	164291	63786	146	110284
2008	5583964	4148765	915063	199179	70376	677	249904
2009	6352558	4831800	1032001	186644	76143	931	225039
2010	7621798	5551535	1450124	236470	89401	845	293423

注：1.1988年后含海关代征税；2.1994年后工商统一税分解为增值税、营业税、消费税。

Note:a)Tax from 1998 Includes Commissioned Customs Tax .b) Since 1994, the Industrial and Commercial Tax has been divided into Value-added Tax, Operation Tax and Consumption Tax.

Contracted Projects and Labor Service Cooperation with Foreign Countries(1980-2010)

年份 Year	合同数（项） Number of Contracts (unit)	承包工程 Contracted Projects	劳务合作 Labor Services Cooperation	合同金额（万美元） Contracted Value (10000 USD)	承包工程 Contracted Projects	劳务合作 Labor Services Cooperation	年末在外人数（人） Number of Persons Abroad at the Year-end (person)	承包工程 Contracted Projects	劳务合作 Labor Services Cooperation
1980	4		4	113		113	34		34
1981	13	2	11	97	4	93	213	4	209
1982	15	3	12	152	7	145	341	6	335
1983	33	3	30	771	139	632	447	8	439
1984	112	6	106	3610	716	2894	2157	20	2137
1985	75	22	53	4268	3175	1093	2432	72	2360
1986	88	17	71	10563	8232	2331	4134	85	4049
1987	122	43	79	9018	6620	2398	6206	103	6103
1988	178	36	142	16428	9816	6612	8109	189	7920
1989	338	36	302	18637	12884	5753	9144	143	9001
1990	1167	26	1141	17598	11098	6499	9686	125	9561
1991	1982	24	1958	31654	16378	15281	16262	66	16196
1992	1933	38	1895	49817	33190	16627	21439	93	21346
1993	3172	47	3125	68022	43596	24426	29791	82	29709
1994	2562	28	2534	70925	48461	22464	34289	85	34204
1995	2821	21	2800	63185	35641	27544	43859	148	43711
1996	2490	34	2456	48309	24890	23419	48337	38	48299
1997	2876	24	2852	42748	14068	28680	55358	137	55221
1998	2858	33	2814	43918	19436	24356	54618	119	54497
1999	2249	19	2219	36125	6227	29805	56757	117	56638
2000	2253	27	2219	42093	12486	29562	53847	162	53685
2001	2537	31	2484	57542	16262	36934	59688	126	59561
2002	890	45	845	40906	23765	17141	50513	329	50184
2003	1022	56	966	66071	27047	39024	52586	239	52347
2004	1265	43	1221	56826	25013	31770	50478	216	50262
2005	1220	30	1190	57252	24713	32539	50528	236	50292
2006	679	49	630	57862	26108	31844	50964	335	50629
2007	3889	28	3861	58398	26395	32003	51371	350	51021
2008	4525	80	4445	68210	41862	26348	27842	560	27282
2009	3119	24	3095	42360	14476	27884	28063	223	27840
2010	4527	21	4506	29187	8607	20580	24240	367	23873

5-21 各设区市进出口商品总额(2000-210年)
Total Exports by City(2000-2010)

单位：万美元 (USD 10000)

地区 Area	2000	2001	2002	2003	2004	2005	2006	2007	2008	2009	2010
福州市 Fuzhou	509255	532465	639492	848874	1397840	1458299	1664715	1864051	2032079	1784900	2458595
厦门市 Xiamen	1004873	1107475	1518320	1870494	2408334	2856534	3278961	3977772	4537749	4330731	5703059
莆田市 Putian	98834	106044	108328	114437	141408	157815	170934	214891	232095	234660	342180
三明市 Sanming	14830	14853	16712	21119	32109	53674	60488	87122	79506	88111	127982
泉州市 Quanzhou	178896	180320	215214	272468	368739	454785	548956	685054	850291	817939	1125573
漳州市 Zhangzhou	98946	100768	122499	207130	324330	370639	426352	464780	531874	479873	739920
南平市 Nanping	15837	18336	20807	24380	30648	38091	52071	62570	76195	82778	108292
龙岩市 Longyan	5341	4825	5333	10360	22468	17696	19685	27110	53941	68134	151288
宁德市 Ningde	7972	11002	15399	21131	26829	33597	43758	61732	88362	77812	121139

5-22 各设区市出口商品总额(2000-2010年)
Total Exports by City(2000-2010)

单位：万美元 (USD 10000)

地区 Area	2000	2001	2002	2003	2004	2005	2006	2007	2008	2009	2010
福州市 Fuzhou	271664	295034	353357	481722	875230	941996	1091458	1230907	1358662	1201088	1630771
厦门市 Xiamen	587923	650355	879270	1055105	1394036	1726576	2050723	2555392	2939860	2765804	3532398
莆田市 Putian	68355	74509	76809	82102	100712	111541	127998	154842	171604	167386	219007
三明市 Sanming	10732	11047	11783	14449	24861	46025	53759	80942	70192	76232	112725
泉州市 Quanzhou	118118	126086	153466	191588	259737	320660	403559	498036	579465	589098	827935
漳州市 Zhangzhou	57527	62263	77823	121759	215546	259766	298106	341715	387622	338669	506838
南平市 Nanping	11340	11597	14320	16780	22444	28654	42889	50266	63386	64456	90868
龙岩市 Longyan	4922	4260	4832	9713	21097	16439	15609	24432	45913	59226	131333
宁德市 Ningde	7402	10496	14732	20543	25814	32538	42073	57508	82479	69944	97437

5-23 各设区市进口商品总额(2000-2010年)

Total Imports by City(2000-2010)

单位：万美元　　(USD 10000)

地区 Area	2000	2001	2002	2003	2004	2005	2006	2007	2008	2009	2010
福州市 Fuzhou	237591	237431	286135	367152	522610	516303	573257	633144	673417	583812	827824
厦门市 Xiamen	416950	457120	639050	815389	1014298	1129958	1228238	1422380	1597889	1564927	2170661
莆田市 Putian	30479	31535	31519	32335	40696	46274	42936	60049	60491	67274	123173
三明市 Sanming	4098	3806	4929	6670	7248	7649	6729	6180	9314	11879	15256
泉州市 Quanzhou	60778	54234	61748	80880	109002	134125	145397	187018	270826	228841	297638
漳州市 Zhangzhou	41419	38505	44676	85371	108784	110873	128246	123065	144252	141204	233082
南平市 Nanpin	4497	6739	6487	7600	8204	9437	9182	12304	12809	18322	17424
龙岩市 Longyan	419	565	501	647	1371	1257	4076	2678	8028	8908	19954
宁德市 Ningde	570	506	667	588	1015	1059	1685	4224	5883	7868	23702

5-24 各设区市外商直接投资合同数(2000-2010年)

Number of Signed Contracts for Direct Foreign Investment by City(2000-2010)

单位：项　　(Unit)

地区 Area	2000	2001	2002	2003	2004	2005	2006	2007	2008	2009	2010
福州市 Fuzhou	295	319	385	360	414	326	327	234	155	144	186
厦门市 Xiamen	259	343	380	374	435	364	569	472	355	325	398
莆田市 Putian	56	64	65	52	66	71	81	43	36	25	25
三明市 Sanming	36	35	52	66	87	107	83	71	53	46	65
泉州市 Quanzhou	416	513	578	904	776	561	524	394	140	103	156
漳州市 Zhangzhou	257	261	217	268	269	344	342	346	191	154	186
南平市 Nanping	84	81	92	178	134	136	110	80	68	61	46
龙岩市 Longyan	29	30	24	40	58	47	88	64	84	64	58
宁德市 Ningde	31	24	32	32	38	32	40	18	19	17	19

5-25 各设区市外商直接投资合同金额(2000-2010年)

Value of Signed Contracts for Direct Foreign Investment by City(2000-2010)

单位：万美元 (USD 10000)

地区 Area	2000	2003(报表口径) (New Scope)	2003(历史可比口径) (Old Scope)	2005(验资口径) (Scope by Fund Examination)	2005(历史可比口径) (Old Scope)	2007(验资口径) (Scope by Fund Examination)	2007(历史可比口径) (Old Scope)	2008(验资口径) (Scope by Fund Examination)	2008(历史可比口径) (Old Scope)	2009(验资口径) (Scope by Fund Examination)	2009(历史可比口径) (Old Scope)	2010(验资口径) (Scope by Fund Examination)	2010(历史可比口径) (Old Scope)
福州市 Fuzhou	95479	120722	161613	116672	167709	132368	189009	148883	227163	122969	239641	167297	275665
厦门市 Xiamen	100400	66912	166949	129492	216144	248018	386296	190847	282435	139531	203349	166157	239924
莆田市 Putian	20744	11722	20972	22852	37491	13975	25499	14216	33928	15034	33139	36294	78308
三明市 Sanming	6596	10292	10292	14594	18912	18944	25641	21470	28216	20401	27796	24499	36515
泉州市 Quanzhou	87014	160809	209100	170025	212002	292384	362600	186888	311087	95910	159547	161089	277386
漳州市 Zhangzhou	94420	50758	101049	69657	119972	94041	129575	77214	129756	78500	130062	102339	176998
南平市 Nanping	18586	40269	39302	44437	52954	38719	68137	39325	75714	39067	79717	43001	83847
龙岩市 Longyan	2601	6460	6460	15978	17923	26125	43917	22556	38971	17567	25577	28321	34776
宁德市 Ningde	5533	9377	9380	12008	12548	2848	2950	13802	14205	7116	8769	8560	8560

5-26 各设区市实际利用外商直接投资金额

Direct Foreign Capital Actually Used by City

单位：万美元 (USD 10000)

地区 Area	2003(报表口径) (New Scope)	2003(验资口径) (Scope by Fund Examination)	2005(验资口径) (Scope by Fund Examination)	2005(历史可比口径) (Old Scope)	2007(验资口径) (Scope by Fund Examination)	2007(历史可比口径) (Old Scope)	2008(验资口径) (Scope by Fund Examination)	2008(历史可比口径) (Old Scope)	2009(验资口径) (Scope by Fund Examination)	2009(历史可比口径) (Old Scope)	2010(验资口径) (Scope by Fund Examination)	2010(历史可比口径) (Old Scope)
福州市 Fuzhou	117495	68751	64017	160022	70015	170225	100150	213034	103227	229596	118524	248193
厦门市 Xiamen	83178	42200	70740	146568	127153	224981	204244	298245	168674	226971	169651	226449
莆田市 Putian	25069	13235	7152	26099	12036	51417	13038	56258	18302	75202	22952	77059
三明市 Sanming	7286	4855	4632	14233	5350	19000	6600	23700	7460	26100	8635	30020
泉州市 Quanzhou	90359	74406	70974	145332	127509	177572	169991	235007	172002	235275	149342	249091
漳州市 Zhangzhou	46031	40585	31017	70054	45032	83011	50051	83175	55018	85102	70076	90067
南平市 Nanping	27659	12948	5356	33732	4780	41860	5857	46200	6167	48550	6787	54571
龙岩市 Longyan	2841	2841	5161	15564	12017	26170	13426	31562	15225	34995	16506	38088
宁德市 Ningde	7588	1497	1726	11380	2166	13857	3814	15375	5672	16685	7098	18014

主要统计指标解释

进出口总额　指实际进出我国国境的货物总金额。包括对外贸易实际进出口货物，来料加工装配进出口货物，国家间、联合国及国际组织无偿援助物资和赠送品，华侨、港澳台同胞和外籍华人捐赠品，租赁期满归承租人所有的租赁货物，进料加工进出口货物，边境地方贸易及边境地区小额贸易进出口货物(边民互市贸易除外)，中外合资企业、中外合作经营企业、外商独资经营企业进出口货物和公用物品，到、离岸价格在规定限额以上的进出口货样和广告品(无商业价值、无使用价值和免费提供出口的除外)，从保税仓库提取在中国境内销售的进口货物，以及其他进出口货物。进出口总额用以观察一个国家在对外贸易方面的总规模。我国规定出口货物按离岸价格统计，进口货物按到岸价格统计。

外商直接投资　指外国企业和经济组织或个人(包括华侨、港澳台胞以及我国在境外注册的企业)按我国有关政策、法规，用现汇、实物、技术等在我国境内开办外商独资企业、与我国境内的企业或经济组织共同举办中外合资经营企业、合作经营企业或合作开发资源的投资(包括外商投资收益的再投资)，以及经政府有关部门批准的项目投资总额内企业从境外借入的资金。

对外承包工程　指各对外承包公司以招标议标承包方式承揽的下列业务：(1)承包国外工程建设项目，(2)承包我国对外经援项目，(3)承包我国驻外机构的工程建设项目，(4)承包我国境内利用外资进行建设的工程项目，(5)与外国承包公司合营或联合承包工程项目时我国公司分包部分，(6)对外承包兼营的房屋开发业务。对外承包工程的营业额是以货币表现的本期内完成的对外承包工程的工作量，包括以前年度签订的合同和本年度新签订的合同在报告期内完成的工作量。

对外劳务合作　指以收取工资的形式向业主或承包商提供技术和劳动服务的活动。我国对外承包公司在境外开办的合营企业，中国公司同时又提供劳务的，其劳务部分也纳入劳务合作统计。劳务合作营业额按报告期内向雇主提交的结算数(包括工资、加班费和奖金等)统计。

Explanatory Notes on Main Statistical Indicators

Total Imports and Exports at Customs refer to the value of commodities imported into and exported from the boundary of China. They include the actual imports and exports through foreign Trades, imported and exported goods under the processing and assembling Trades and materials, supplies and gifts as aid given gratis between governments and by the United Nations and other international organizations, and contributions donated by overseas Chinese, compatriots in Hong Kong and Macao and Chinese with foreign citizenship, leasing commodities owned by tenant at the expiration of leasing period, the imported and exported commodities processed with imported materials, commodities trading in border areas(excluding mutual exchange goods), the imported and exported commodities and articles for public use of the Sino-foreign joint ventures, cooperative enterprises and ventures exclusively with foreign own investment .Also included are import or export of samples and advertising goods for whose CIF or FOB value are beyond the permitted ceiling (excluding goods of no trading or use value and free commodities for export),imported goods sold in China from bonded warehouses and other imported or exported goods.The indicator of the total imports and exports at customs can be used to observe the total size of external Trades in a country.In accordance with the stipulation of the Chinese government,imports are calculated at CIF, while exports are calculated at FOB

Foreign Direct Investment refers to the investments inside China by foreign enterprises and economic organizations or individuals(including overseas Chinese,compatriots from Hong Kong and Macao,and Chinese enterprises registered abroad), following the relevant policies and laws of China, for the establishment of ventures exclusively with foreign own investment, Sino-foreign joint ventures and cooperative enterprises or for co-operative exploration of resources with enterprises or economic organizations in China. It includes the re investment of the foreign entrepreneurs with the profits gained from the investment and the funds that enterprises borrow from abroad in the total investment of projects which are approved by the relevant department of the government.

Contracted Projects with Foreign Countries refer to projects undertaken by Chinese contractors (project contracting companies)through bidding process.They include: (1)overseas civil engineering construction projects financed by foreign investors; (2)overseas projects financed by the Chinese government through its foreign aid programs; (3)construction projects of Chinese diplomatic missions,Trades offices and other institutions stationed abroad; (4)construction projects in China financed by foreign investment; (5)sub-contracted projects to be taken by Chinese contractors through a joint umbrella project with foreign contractor(s); (6)housing development projects.The business income from international contracted projects is the work volume of contracted projects completed during the reference period, expressed in monetary terms, including completed work on projects signed in previous years.

Foreign Exchange Earnings from International Tourism refer to the total expenditures of foreigners, overseas Chinese, Chinese compatriots from Hong Kong, Macao and Taiwan during their stay in the mainland of China, which are earnings of foreign exchange from international tourism from the point of view from China.

第六篇　能源

Chapter 6　Energy

资料整理：林红 陈浩明
Datebase Editor:Linhong Chenhaoming

简要说明

本篇资料的主要内容及来源

本篇资料主要包括能源生产、消费及品种构成，能源和消费弹性系数，生活用能源消费量及地区能源平衡表，全省各市主要发展约束性指标，以及规模以上工业分行业能耗情况。

一次能源生产量，采用规模以上工业产品产量统计数据。行业分类采用现行统一的国民经济行业分类国家标准。能源平衡表中的库存量、进口量、出口量和消费量，根据有关部门和企业提供的数据综合评估得出。本篇出现的“煤炭”，包括原煤、洗精煤、其它洗煤和煤制品（即型煤），不包括焦炭。

本篇资料由省统计局工业交通统计处依据能源年报整理提供。

Brief Introduction

Main Content and Source of Data

Data in this chapter show the mainly energy production and consumption and their composition of Fujian Province, the elasticity ratio of energy consumption, the consumption of energy for residential use, main binding indicators on development of administrative areas of Fujian, and the energy consumption of industrial enterprises grouped by sector over designated size.

Data on the production of primary energy are based on output of industrial products made by enterprises above designate size；Data by industries in this chapter are based on the new National Industrial Classification of All Economic Activities；In the energy balance, data on stock, imports, exports and consumption are based on data provide by relevant departments and enterprises；Coal includes crude coal, washing coal, other washing coal and coal products and excludes coke.

Data on this chapter are provided and processed in accordance with the statistical reporting scheme on energy by the Division of Energy of the Fujian Provincial Bureau of Statistics.

6-1 一次能源生产总量及构成(1978–2010年)

Total Production of Primary Energy and Its Composition(1978-2010)

单位：万吨标准煤 (10000 tons of SCE)

年份 Year	能源生产总量 Total Energy Production	占能源生产总量的比重(%) Percentage of Total Energy Production(%)		
		原煤 Coal	水力发电 Hydro-power	风力发电 Wind Power
1978	461.00	65.5	34.5	
1979	491.00	69.9	30.1	
1980	492.00	67.3	32.7	
1981	493.00	60.2	39.8	
1982	522.00	60.5	39.5	
1983	609.00	61.4	38.6	
1984	641.00	64.3	35.7	
1985	690.00	62.8	37.3	
1986	724.00	67.0	33.0	
1987	806.00	69.7	30.3	
1988	918.00	67.2	32.8	
1989	950.00	71.0	29.1	
1990	966.52	68.4	31.6	
1991	854.43	71.7	28.3	
1992	1013.39	64.1	35.9	
1993	1051.43	66.8	33.3	
1994	1169.96	59.7	40.3	
1995	1396.24	58.0	42.0	
1996	1406.04	59.3	40.7	
1997	1256.30	44.1	55.9	
1998	1177.00	44.1	55.9	
1999	1634.16	59.9	40.1	
2000	1654.17	60.3	39.7	
2001	1850.44	49.9	50.1	
2002	1923.40	61.3	38.7	
2003	1816.80	68.4	31.6	
2004	1805.75	72.6	27.4	
2005	2423.87	60.5	39.5	
2006	2603.06	56.7	43.3	
2007	2579.78	60.7	38.9	0.4
2008	2940.54	55.1	44.3	0.6
2009	2946.50	61.4	37.7	0.9
2010	3260.42	56.1	42.8	1.1

注：电力折算标准煤的系数根据当年平均发电煤耗计算。

Note:The coefficient for conversion of electric power into SCE (standard coal equivalent) is calculated on the basis of the data on average coal consumption in generating electric power in the same year. The same applies to the tables following.

6-2 能源消费总量及构成(1978-2010年)

Total Consumption of Energy and Its Composition(1978-2010)

单位：万吥标准煤　　(10000 tons of SCE)

年份 Year	能源消费总量 Total Energy Consumption	占能源消费总量的比重(%) As Percentage of Total Energy Production(%)				
		煤炭 Coal	石油 Crude Oil	天然气 Natural Gas	水力发电 Hydro-Power	风力发电 Wind Power
1978	688.0	63.7	12.9		23.4	
1979	731.0	66.9	13.1		20.0	
1980	710.0	64.1	13.9		22.1	
1981	729.0	59.2	13.6		27.3	
1982	780.0	60.6	12.8		26.6	
1983	861.0	61.5	11.8		26.7	
1984	930.0	63.0	12.7		24.3	
1985	1043.0	64.0	11.2		24.8	
1986	1114.0	66.4	12.2		21.5	
1987	1215.0	67.0	12.9		20.1	
1988	1363.0	65.9	12.0		22.1	
1989	1404.0	68.3	12.1		19.6	
1990	1458.3	67.0	12.1		20.9	
1991	1530.6	70.9	13.3		15.8	
1992	1624.0	64.1	13.5		22.4	
1993	1848.0	61.9	19.2		18.9	
1994	1953.5	59.9	18.7		21.4	
1995	2279.9	54.8	19.5		25.7	
1996	2452.2	55.4	21.3		23.3	
1997	2499.1	50.8	21.1		28.1	
1998	2578.6	51.9	22.2		25.9	
1999	2771.6	53.9	22.7		23.4	
2000	2942.6	54.4	23.3		22.3	
2001	3163.1	51.4	22.0		26.6	
2002	3615.3	55.6	23.8		20.6	
2003	4062.6	61.4	24.5		14.1	
2004	4527.8	63.8	25.1	0.2	10.9	
2005	6141.6	62.0	22.3	0.1	15.6	
2006	6827.9	61.8	21.6	0.1	16.5	
2007	7587.1	65.2	21.4	0.1	13.2	0.1
2008	8254.0	64.8	18.9	0.3	15.8	0.2
2009	8916.5	67.6	18.3	1.3	12.5	0.3
2010	9808.5	57.8	23.6	4.0	14.2	0.4

注：电力折算标准煤的系数根据当年平均发电煤耗计算。

Note:The coefficient for conversion of electric power into SCE (standard coal equivalent) is calculated on the basis of the data on average coal consumption in generating electric power in the same year. The same applies to the tables following.

6-3 综合能源平衡表

Overall Energy Balance Sheet

单位：万吨标准煤 (10000 tons of SCE)

项目 Item	2000	2003	2005	2007	2008	2009	2010
可供消费的能源总量 Total Energy Available for Comsumption	**2962.28**	**3907.75**	**6137.10**	**7583.25**	**8255.79**	**8916.42**	**9808.50**
一次能源生产量 Primary Energy Output	1654.17	1816.80	2423.87	2579.78	2940.54	2946.50	3260.42
回收能 Recovery of Energy			202.62	296.22	349.06	370.12	236.55
省外调入量 Take-in Quantity from Outside of the Province	1531.68	2479.52	3873.62	5070.17	5260.23	6113.10	7117.20
本省调出量 Take-out Quantity from Native Province	-246.59	-402.58	-313.60	-381.25	-212.68	-439.41	-794.16
年末年初库存差额 Stock Changes in The Year	23.04	14.00	-49.41	18.32	-81.36	-73.88	-11.51
能源消费总量 Total Energy Consumption	**2942.60**	**4062.60**	**6141.60**	**7587.13**	**8254.04**	**8916.46**	**9808.52**
在总量中: Consumption by Sector							
1.农、林、牧、渔、水利业 Farming,Forestry,Animal Husbandry,Fishery And water Conservancy	99.36	98.31	169.69	212.74	231.16	249.77	268.06
2.工 业 Industry	1923.17	2769.90	4311.73	5369.98	5839.61	6331.09	6918.93
3.建筑业 Construction	30.07	34.56	65.30	124.95	131.88	138.87	162.87
4.交通运输和邮电通讯业 Transport,Storage,Post And Telecommunication Services	223.94	328.68	466.12	591.91	644.86	700.47	789.22
5.批发、零售业和住宿、餐饮业 Wholesale and Retail Trades,Hotels and Catering Services	63.80	108.05	145.86	181.52	193.82	205.90	238.37
6.其他行业 Others Sectors	214.72	218.74	274.63	337.72	342.10	352.86	388.87
7.生活消费 Residential Consumption	387.52	504.29	708.27	768.31	870.61	937.50	1042.20
在总量中: Consumption by Sector							
(一) 终端消费 Final Consumption	2833.43	3887.39	5933.16	7334.57	7991.93	8645.01	9446.91
#工业 Industy	1814.00	2594.74	4103.30	5117.43	5577.50	6059.65	6557.32
(二) 加工转换损失量 Losses in Processing And Transformation	7.97	37.65	20.17	10.74	19.13	29.63	109.67
炼焦 Coking	0.08	12.84	2.45	6.46	3.96	9.04	14.61
炼油 Petroleum Refining	7.55	24.81	16.88	2.79	3.77	20.38	64.12
(三) 损失量 Other Losses	101.20	137.51	188.27	241.82	242.98	241.81	251.94
平衡差额 Balance	**19.67**	**17.27**	**-4.50**	**-3.88**	**1.76**	**-0.04**	**-0.02**

注： 1.由于2005年能源平衡表计算口径变化,故与往年数据不可比。2.电力、热力按等价热值折算。3.省外调入量包括进口量，本省调出量包括出口量。

Note:a)The data in the table of energy balance sheet are adjusted , therefore , are not compared to the before. b)Electric Power and Heat are calculated by Caloric Value of Equal Price. c)Take-in quantity from outside of the province includes imports; Take-out quantity from native province includes exports.

6–4 电力平衡表

Electricity Balance Sheet

单位：亿千瓦小时 (100 million kmh)

项目 Item	2000	2003	2005	2007	2008	2009	2010
可供消费的能源总量 Total Energy Available for Consumption	**403.02**	**585.35**	**756.59**	**1000.33**	**1073.55**	**1134.92**	**1315.08**
生产量 Output	405.21	610.45	778.25	1039.28	1085.84	1170.71	1356.32
火力发电 Thermal Power	208.45	421.46	486.88	723.63	746.22	882.30	890.61
水力发电、核发电、其它发电 Hydropower ,Nuclear Power and Others	196.76	188.99	291.37	315.65	339.62	288.41	465.71
本省(区、市)调出量 Take-out Quantity from Native Province	2.20	31.75	26.64	40.53	21.48	37.72	42.95
外省(区、市)调入量 Take-in Quantity from Outside of the Province		6.77	4.98	1.58	9.19	1.93	1.71
能源消费总量 Total Energy Consumption	**403.02**	**585.35**	**756.59**	**1000.33**	**1073.54**	**1134.92**	**1315.08**
在总量中: Consumption by Sector							
1.农、林、牧、渔业 1.Agriculture,Forestry,Animal Husbandry, and Fishery	15.91	12.13	8.78	10.66	11.23	12.04	13.35
2.工业 2.Industry	273.77	407.64	537.90	708.20	741.24	765.57	892.81
3.建筑业 3.Construction	6.06	7.05	6.59	13.93	15.36	15.59	20.73
4.交通运输.仓储和邮政业 4.Transport, Storage and Post	8.78	11.98	11.44	12.89	13.57	13.82	17.43
5.批发、零售业和住宿、餐饮业 5.Wholesale and Retail Trades, Hotels and Catering Services	11.83	19.64	23.20	31.96	36.73	41.74	48.29
6.其他 6.Others	21.46	28.80	46.71	59.61	66.63	76.51	83.59
7.生活消费 7.Household Consumption	65.21	98.11	121.97	163.08	188.78	209.65	238.88
在总量中: Consumption by Use							
1.终端消费 1.End-use Consumption	372.67	540.07	699.43	925.18	997.31	1061.04	1233.09
#工业 Industry	243.42	362.36	480.74	633.05	665.01	691.69	810.82
2.输配电损失量 2.Losses in Transmission	30.35	45.28	57.16	75.15	76.23	77.58	81.99
平衡差额 Balance	**-0.01**	**0.12**	**-0.35**				

6-5 能源消费弹性系数(1990-2010年)

Elasticity Ratio of Energy(1990-2010)

年份 Year	能源消费比上年增长(%) Growth Rate of Energy Consumption over Preceding Year (%)	电力消费比上年增长(%) Growth Rate of Electricity Consumption over Preceding Year (%)	能源消费弹性系数 Elasticity Ratio of Energy Consumption	电力消费弹性系数 Elasticity Ratio of Electricity Consumption
1990	3.87	5.48	0.52	0.73
1991	4.96	11.03	0.35	0.78
1992	6.11	16.32	0.30	0.80
1993	13.79	10.63	0.61	0.47
1994	5.71	17.24	0.28	0.85
1995	16.71	14.13	1.14	0.97
1996	7.56	9.03	0.67	0.80
1997	1.91	8.88	0.14	0.63
1998	3.18	3.78	0.29	0.35
1999	7.49	10.36	0.76	1.05
2000	6.17	13.44	0.66	1.45
2001	7.49	9.17	0.86	1.05
2002	14.30	21.74	1.40	2.13
2003	12.37	17.73	1.08	1.54
2004	11.45	5.35	0.97	0.45
2005	13.00	13.88	1.12	1.20
2006	11.17	14.57	0.75	0.98
2007	11.12	15.40	0.73	1.02
2008	8.79	7.32	0.68	0.56
2009	8.03	5.72	0.65	0.47
2010	10.00	15.87	0.72	1.14

6–6 规模以上工业企业能源购进、消费及库存(2010年)

Purchases, Consumption and Inventory of Energy in Industrial Enterprises above Designated Size(2010)

项目 Item	购进量 Purchases	消费量 Consumption	工业生产消费 Industry Consumption	非工业生产消费 Non-Industry Consumption	年末库存 Inventory at the Year-end
原煤(吨) Coal(tons)	56009542	55321889	54947463	374426	4064763
洗精煤(吨) Concentratc Coal Washing(tons)	1922856	1941194	1940781	413	89553
其他洗煤(吨) Other Coal Washing(tons)	8707	8715	8715		46
型煤(吨) Section Coal(tons)					
焦炭(吨) Coke(tons)	4155872	4983509	4983439	69	163260
其他焦化产品(吨) Other Coke Ratio Products(tons)	31806	32379	32379		1249
焦炉煤气(万立方米) Coking Gas(10000 cu.m)	13396	47095	47095		
高炉煤气(万立方米) Furnace Gas(10000 cu.m)	53648	673788	673788		
其他煤气(万立方米) Other Gas(10000 cu.m)					
天然气(万立方米) Natural Gas(10000 cu.m)	226529	226190	226051	139	4
液化天然气(吨) Liquefied Natural Gas(tons)	2129038	13696	13674	23	115303
原油(吨) Crude Oil(tons)	11212696	11417342	11417342		473500
汽油(吨) Gasoline(tons)	156606	155925	119474	36450	1016
煤油(吨) Kerosene(tons)	7439	7263	7123	141	1076
柴油(吨) Diesel Oil(tons)	558957	583574	546023	37551	14109
燃料油(吨) Fuel Oil(tons)	462107	799813	797078	2735	79375
液化石油气(吨) Liquefied Petroleum Gas(tons)	90964	153122	144222	8900	593
炼厂干气(吨) Dry Gas from Refinery(tons)	5	1127145	1127145		
其他石油制品(吨) Other(tons)	99650	224321	224207	114	4630
热力(百万千焦) Heat(million kilo joule)	13700628	39609391	39579889	29502	
电力(万千瓦小时) Electricity(10000 kmh)	7841119	8807710	8714956	92753	
其他燃料(吨标准煤) Other(ton of SCE)	416561	453338	452752	586	1127

6−7 按行业分规模以上工业企业主要能源产品消费量(2010年)

Consumption of Major Energy in Industrial Enterprises above Designated Size by Industrial sector(2010)

单位：吨 (ton)

行业 Sector	原煤消费量 Coal	焦炭消费量 Coke	汽油消费量 Gasoline	煤油消费量 Kerosene	柴油消费量 Diesel Oil	燃料油消费量 Fuel Oil	电力消费量(万千瓦小时) Electricity (10000 kwh)
合　计 Total	**55321889**	**4983509**	**155925**	**7263**	**583574**	**799813**	**8807710**
煤炭开采和洗选业 Coal Mining and Dressing	801598		1036		2882		49434
石油和天然气开采业 Petroleum and Natural Gas Mining							
黑色金属矿采选业 Ferrous Metals Mining and Dressing	43978	34538	655	216	19693		60120
有色金属矿采选业 Nonferrous Metals Mining and Dressing			303	45	27730		40046
非金属矿采选业 Nonmetal Minerals Mining and Dressing	122380	596	840		16657	1203	33751
其他采矿业 Others Mining and Quarrying							
农副食品加工业 Agricultural and Sideline Products Processing	420420	1247	4702	161	16750	15392	170337
食品制造业 Food Manufacturing	550698	728	2561	50	11860	10519	111231
饮料制造业 Beverage Manufacturing	262647	1353	1757		4100	15707	71906
烟草制品业 Tobacco Processing	21959		197		2770	4697	11740
纺织业 Textile Industry	1125202	2709	7589	47	21821	27337	634707
纺织服装、鞋、帽制造业 Textile Garments , Shoes and Caps Products	108958		8163	11	11054	1324	152567
皮革、毛皮、羽毛(绒)及其制品业 Leather , Furs , Down and Relate Products	73901		9404	23	20144	9187	225087
木材加工及木、竹、藤、棕、草制品业 Timber Processing , Bamboo , Cane , Palm Fiber and Straw Products	145387		1484	23	4779	8	155910
家具制造业 Furniture Manufacturing	4551		2046		8439	688	39856
造纸及纸制品业 Papermaking and Paper Products	1463465	23	6200	3	16207	7605	361904
印刷业和记录媒介的复制 Printing and Record Medium Reproduction	22144		2158	28	2365	2	23570
文教体育用品制造业 Cultural , Educational and Sports Goods	5951	369	1626	12	4023	260	34965
石油加工、炼焦及核燃料加工业 Petroleum Processing , Coking and Nuclear Fuel Processing	8848		675		27640	353362	217708
化学原料及化学制品制造业 Raw Chemical Materials and Chemical Products	4309663	43447	11782	3094	15660	6519	651431

6-7 续表

Continued

单位：吨 (ton)

行业 Sector	原煤消费量 Coal	焦炭消费量 Coke	汽油消费量 Gasoline	煤油消费量 Kerosene	柴油消费量 Diesel Oil	燃料油消费量 Fuel Oil	电力消费量(万千瓦小时) Electricity (10000 kwh)
医药制造业 Medical and Pharmaceutical Products	316468		773	...	2224	3099	52846
化学纤维制造业 Chemical Fiber	210608		688	...	2806	135	226839
橡胶制品业 Rubber Products	133669		4167	10	5331	1415	121594
塑料制品业 Plastic Products	279302	337	7604	190	15957	8874	286457
非金属矿物制品业 Nonmetal Minerals Products	9810871	1680	27630	833	182525	263817	1205258
黑色金属冶炼及压延加工业 Smelting and Pressing of Ferrous Metals	1586944	4849856	953		14654	17396	938565
有色金属冶炼及压延加工业 Smelting and Pressing of Nonferrous Metals	124341	3636	1720	677	14577	20298	346248
金属制品业 Metal Products	14474	491	4029	269	11151	4765	109801
通用设备制造业 General Equipment	109461	33769	7155	511	17346	4164	271239
专用设备制造业 Special Purpose Equipment	13536	954	4894	115	13157	250	74458
交通运输设备制造业 Transport Equipment	7286	1931	6651	450	33967	6403	197290
电气机械及器材制造业 Electric Equipment and Machinery	40262	5166	7718	382	7358	1147	141867
通信设备、计算机及其他电子设备制造业 Telecommunications , Computer , and other Electronic Equipment	1666		4116	14	2600	3495	197530
仪器仪表及文化、办公用机械制造业 Instruments , Meters , Cultural and Clerical Machinery	1088	5	1540	4	909	80	42821
工艺品及其他制造业 Handicraft Article and Other Manufacturing	27695	674	4843	94	11306	3286	99664
废弃资源和废旧材料回收加工业 Waste Resources and Materials Recovering	3074		26		178	603	10139
电力、热力的生产和供应业 Production and Supply of Electric Power and Hot Power	33138792		7295	3	12627	6774	1371906
燃气生产和供应业 Production and Supply of Gas	10604		118		11		4842
水的生产和供应业 Production and Supply of Water			825		316		62076

6-8 按行业分规模以上工业综合能耗(2010年)

Consumption of Energy in Industrial Enterprises above Designated Size by Sector(2010)

项目	Item	综合能耗(吨标准煤) Consumption of Energy in Industrial Enterprises (ton of SCE)	比上年增长(%) Ratio(%)
全部工业企业	**Total**	**56297283.60**	**14.5**
按轻重分	**Grouped by Light &Heavy Industry**		
轻工业	Light Industry	8126021.73	14.3
重工业	Heavy Industry	48171261.87	14.6
采矿业	**Mining and Quarrying**	**476830.20**	**20.0**
煤炭开采和洗选业	Coal Mining and Dressing	68048.36	7.4
石油和天然气开采业	Petroleum and Natural Gas Mining		
黑色金属矿采选业	Ferrous Metals Mining and Dressing	159989.02	28.7
有色金属矿采选业	Nonferrous Metals Mining and Dressing	89924.02	21.9
非金属矿采选业	Nonmetal Minerals Mining and Dressing	158868.80	16.8
其他采矿业	Others Mining and Quarrying		
制造业	**Manufacturing**	**39150051.49**	**24.7**
农副食品加工业	Agricultural and Sideline Products Processing	595116.06	20.6
食品制造业	Food Manufacturing	619297.02	13.4
饮料制造业	Beverage Manufacturing	328330.70	6.2
烟草制品业	Tobacco Processing	42738.64	13.8
纺织业	Textile Industry	1865849.01	10.3
纺织服装、鞋、帽制造业	Textile Garments , Shoes and Caps Products	288211.57	14.7
皮革、毛皮、羽毛(绒)及其制品业	Leather , Furs , Down and Relate Products	399958.40	3.3
木材加工及木、竹、藤、棕、草制品业	Timber Processing,Bamboo,Cane,Palm Fiber and Straw Products	796766.93	13.5
家具制造业	Furniture Manufacturing	80396.62	13.4
造纸及纸制品业	Papermaking and Paper Products	1565588.33	20.4
印刷业和记录媒介的复制	Printing and Record Medium Reproduction	54143.54	32.2
文教体育用品制造业	Cultural , Educational and Sports Goods	67757.78	35.8
石油加工、炼焦及核燃料加工业	Petroleum Processing , Coking and Nuclear Fuel Processing	6595711.45	145.2
化学原料及化学制品制造业	Raw Chemical Materials and Chemical Products	4089669.98	11.3
医药制造业	Medical and Pharmaceutical Products	303991.59	18.0
化学纤维制造业	Chemical Fiber	451188.61	18.1
橡胶制品业	Rubber Products	368159.60	16.3
塑料制品业	Plastic Products	613267.10	12.7
非金属矿物制品业	Nonmetal Minerals Products	9806482.81	8.8
黑色金属冶炼及压延加工业	Smelting and Pressing of Ferrous Metals	7687142.73	14.1
有色金属冶炼及压延加工业	Smelting and Pressing of Nonferrous Metals	588440.90	49.5
金属制品业	Metal Products	197620.90	34.9
通用设备制造业	General Equipment	493417.30	34.0
专用设备制造业	Special Purpose Equipment	133442.30	37.9
交通运输设备制造业	Transport Equipment	336512.41	42.7
电气机械及器材制造业	Electric Equipment and Machinery	235616.99	10.1
通信设备、计算机及其他电子设备制造业	Telecommunications , Computer , and Other Electronic Equipment	264973.93	20.5
仪器仪表及文化、办公用机械制造业	Instruments , Meters , Cultural and Clerical Machinery	56260.44	1.1
工艺品及其他制造业	Handicraft Article and Other Manufacturing	194434.16	18.1
废弃资源和废旧材料回收加工业	Waste Resources and Materials Recovering	29563.69	62.1
电力、燃气及水的生产和供应业	**Production and Supply of Electric Power ,Hot Power and Water**	**16670401.91**	**-3.9**
电力、热力的生产和供应业	Production and Supply of Electric Power and Hot Power	16567991.91	-4.0
燃气生产和供应业	Production and Supply of Gas	25038.37	-4.0
水的生产和供应业	Production and Supply of Water	77371.63	6.8

注：规模以上工业电力折算标准煤的系数用当量系数1.229。

Note:The coefficient for conversion of electric power into SCE is 1.229

6-9 能源加工转换效率(1985−2010年)

Efficiency of Energy Conversion(1985-2010)

单位：%　　(%)

年份 Year	总效率 Total Efficiency	发电及电站供热 Power Generation and Heating by Power Station	炼焦 Coking	炼油 Petroleum Refining
1985	36.87	25.50	86.40	
1986	34.20	25.98	87.01	
1987	33.32	26.60	88.94	
1988	33.91	27.43	88.19	
1989	35.93	30.50	88.43	
1990	36.74	31.43	87.00	
1991	37.37	31.84	88.25	
1992	38.78	32.01	87.08	
1993	58.38	32.26	87.35	98.00
1994	57.74	32.26	87.70	97.97
1995	61.94	32.43	90.61	94.96
1996	60.54	32.51	91.10	95.41
1997	66.72	33.95	89.31	96.92
1998	59.35	33.95	97.36	96.95
1999	62.08	34.62	95.28	97.69
2000	63.63	36.04	98.01	95.38
2001	62.55	35.94	97.13	93.47
2002	57.24	36.25	97.95	94.74
2003	54.42	37.02	97.90	92.91
2004	54.81	39.65	95.39	96.44
2005	55.00	39.77	97.88	96.61
2006	55.23	39.84	98.32	99.46
2007	53.14	40.52	94.74	99.45
2008	52.21	41.16	96.84	99.15
2009	58.63	42.48	93.88	97.97
2010	63.50	42.72	92.08	96.06

6-10 平均每天能源消费量

Average Daily Energy Consumption by Type of Energy

单位：万吨标准煤 (10000 tons of SCE)

项目 Item	1990	1995	2000	2003	2004	2005	2006	2007	2008	2009	2010
合计(万吨标准煤) Total(10000 tons of SCE)	**4.00**	**6.25**	**8.06**	**11.13**	**12.40**	**16.83**	**18.71**	**20.79**	**22.61**	**24.42**	**26.87**
煤炭(万吨) Coal(10000 tons)	3.57	4.59	5.92	8.96	10.43	12.92	14.64	16.76	18.07	19.48	19.25
焦炭(万吨) Coke(10000 tons)	0.15	0.22	0.27	0.36	0.56	0.77	0.82	0.98	1.01	1.79	1.88
原油(万吨) Crude Oil(10000 tons)		0.62	0.98	0.99	1.07	0.95	1.03	0.97	0.85	1.93	3.13
燃料油(万吨) Fuel Oil(10000 tons)	0.04	0.09	0.15	0.26	0.22	0.44	0.48	0.34	0.39	0.45	0.50
汽油(万吨) Gasoline(10000 tons)	0.11	0.19	0.29	0.38	0.53	0.55	0.57	0.72	0.69	0.72	0.91
煤油(万吨) Kerosene(10000 tons)	0.01	0.01	0.02	0.07	0.07	0.09	0.10	0.13	0.14	0.14	0.15
柴油(万吨) Diesel Oil(10000 tons)	0.17	0.43	0.58	0.73	0.89	1.01	1.07	1.30	1.19	1.13	1.40
液化石油气(万吨) Liquefied Petroleum Gas (10000 tons)		0.05	0.11	0.22	0.24	0.27	0.26	0.29	0.28	0.25	0.23
电力(亿千瓦小时) Electricity (100 million kwh)	0.37	0.72	1.10	1.60	1.77	2.07	2.37	2.74	2.94	3.11	3.60

6-11 生活能源消费量

Average Annual Energy Consumption for Households

单位：万吨标准煤 (10000 tons of SCE)

项目 Item	1990	1995	2000	2003	2004	2005	2006	2007	2008	2009	2010
合计(万吨标准煤) Total(10000 tons of SCE)	**219.38**	**290.95**	**387.52**	**504.29**	**558.71**	**708.27**	**748.79**	**768.31**	**870.61**	**937.5**	**1042.2**
煤炭(万吨) Coal(10000 tons)	196	181.17	155	138.7	135.98	255.91	235	134.5	130.78	127.79	98.9
汽油(万吨) Gasoline(10000 tons)				6.72	12.63	13.65	14.21	18.07	29.13	47.13	57.52
煤油(万吨) Kerosene(10000 tons)	3.01	2.71	6.86	3.5	1.96	2.06					
柴油(万吨) Kerosene(10000 tons)						3.58	4.91	6.58	6.12	6.41	7.93
液化石油气(万吨) Liquefied Petroleum Gas (10000 tons)	1.57	14.22	30.96	53.8	58.17	53.68	53.8	61.37	64.14	50.94	42.54
电力(亿千瓦小时) Electricity(100 million kwh)	18.48	34.68	65.21	98.11	110.12	121.97	141.12	163.08	188.78	209.65	238.88

6-12 年人均生活能源消费量(1990-2010年)

Annual per Capita Energy Consumption of Households(1990-2010)

年份 Year	总计（千克标准煤） Total (kg of SCE)	煤炭(千克) Coal(kg)	电力(千瓦小时) Electricity(Kwh)	煤油(千克) Kerosene(kg)	汽油(千克) Gasoline(kg)	液化石油气(千克) Liquefied Petroleum Gas(kg)	天然气(立方米) Natural Gas(cu.m)
1990	72.87	65.11	61.39	1.00		0.52	
1991	74.70	62.86	71.09	0.78		0.59	
1992	84.79	63.92	95.69	0.67		0.66	
1993	59.66	57.95	102.23	0.55		2.86	
1994	63.32	57.79	106.77	0.45		4.19	
1995	90.78	56.53	108.21	0.85		4.44	
1996	101.97	50.40	130.02	1.70		8.35	
1997	106.12	50.44	150.42	1.23		7.46	
1998	114.26	48.97	171.74	1.91		8.86	
1999	120.30	48.37	191.56	2.03		8.88	
2000	115.23	46.09	193.90	2.04		9.21	
2001	127.20	44.93	209.69	2.08		9.62	
2002	136.03	42.32	244.41	1.10	1.19	13.49	
2003	144.82	39.83	281.75	1.01	1.93	15.45	
2004	159.19	38.74	313.75	0.56	3.60	16.57	
2005	200.21	72.34	344.78	0.58	3.86	15.17	
2006	210.01	65.91	395.79		3.99	15.09	
2007	213.79	37.43	453.78		5.58	17.08	
2008	240.35	36.11	521.17		8.04	17.71	1.55
2009	256.52	34.97	573.64		12.90	13.94	2.87
2010	282.98	26.85	648.60		15.62	11.55	13.28

6-13 各设区市万元地区生产总值能耗指标

Indicators of Energy Consumption Per 10000 yuan of GDP by City

单位：吨标准煤/万元　　　　(ton of SCE/10000 yuan)

地区	Area	2005	2007		2008		2009		2010	
		数值 Value	数值 Value	比上年上升或下降(±%) Ratio(%)	数值 Value	比上年上升或下降(±%) Ratio(%)	数值 Value	比上年上升或下降(±%) Ratio(%)	数值 Value	比上年上升或下降(±%) Ratio(%)
全　省	**Total**	**0.937**	**0.875**	**-3.51**	**0.845**	**-3.70**	**0.811**	**-3.81**	**0.783**	**-3.42**
福州市	Fuzhou	0.735	0.710	-1.60	0.676	-4.71	0.655	-3.10	0.637	-2.78
厦门市	Xiamen	0.648	0.616	-2.72	0.600	-2.73	0.579	-3.38	0.569	-1.76
莆田市	Putian	0.760	0.718	-3.50	0.689	-4.02	0.658	-4.55	0.644	-2.14
三明市	Sanming	2.181	2.014	-4.23	1.923	-4.54	1.817	-5.48	1.751	-3.65
泉州市	Quanzhou	0.898	0.843	-3.48	0.814	-3.44	0.795	-2.41	0.776	-2.40
漳州市	Zhangzhou	0.728	0.694	-2.70	0.675	-2.79	0.653	-3.23	0.639	-2.21
南平市	Nanping	1.445	1.339	-4.15	1.281	-4.31	1.228	-4.18	1.184	-3.62
龙岩市	Longyan	1.487	1.412	-1.66	1.321	-6.49	1.223	-7.38	1.184	-3.19
宁德市	Ningde	0.548	0.546	-0.12	0.538	-1.40	0.534	-0.74	0.531	-0.48

6-14 各设区市万元地区生产总值电耗指标

Indicators of Electricity Consumption per 10000 yuan of GDP by City

单位：千瓦小时 (Kwh)

地区	Area	2005	2007		2008		2009		2010	
		数值 Value	数值 Value	比上年上升或下降(±%) Ratio(%)	数值 Value	比上年上升或下降(±%) Ratio(%)	数值 Value	比上年上升或下降(±%) Ratio(%)	数值 Value	比上年上升或下降(±%) Ratio(%)
全　省	**Total**	**1151.8**	**1156.2**	**0.56**	**1098.6**	**-4.98**	**1032.1**	**-5.87**	**1049.9**	**1.73**
福州市	Fuzhou	1028.1	1100.5	4.20	1049.3	-4.65	1007.1	-4.03	1008.0	0.09
厦门市	Xiamen	893.8	899.2	2.38	852.5	-5.19	808.6	-5.16	819.2	1.32
莆田市	Putian	740.5	779.1	5.03	725.1	-6.94	705.9	-2.64	746.0	5.69
三明市	Sanming	1874.1	1804.9	-2.33	1687.4	-6.51	1424.4	-15.58	1424.4	…
泉州市	Quanzhou	1168.0	1164.6	-0.15	1095.5	-5.93	1083.4	-1.10	1092.8	0.86
漳州市	Zhangzhou	906.8	936.4	2.14	927.1	-1.00	876.6	-5.45	860.5	-1.83
南平市	Nanping	1548.0	1554.7	1.45	1419.3	-8.71	1240.9	12.57	1334.7	7.56
龙岩市	Longyan	1342.5	1412.0	7.61	1408.2	-0.27	1149.2	-18.40	1188.5	3.43
宁德市	Ningde	874.0	1112.7	12.91	1076.2	-3.28	1002.5	-6.85	1073.8	7.11

6-15 各设区市规模以上工业万元增加值能耗指标

Indicators of Energy Consumption per 10000 yuan of Value-added of Industrial Enterprises above Designated Size by City

单位：吨标准煤/万元 (ton of SCE/10000 yuan)

地区	Area	2005	2007		2008		2009		2010	
		数值 Value	数值 Value	比上年上升或下降(±%) Ratio(%)	数值 Value	比上年上升或下降(±%) Ratio(%)	数值 Value	比上年上升或下降(±%) Ratio(%)	数值 Value	比上年上升或下降(±%) Ratio(%)
全　省	**Total**	**1.45**	**1.32**	**-3.83**	**1.18**	**-10.05**	**1.15**	**-2.70**	**1.08**	**-6.08**
福州市	Fuzhou	0.95	1.08	14.56	1.03	-4.78	1.04	0.89	0.92	-11.97
厦门市	Xiamen	0.54	0.50	-2.18	0.45	-10.71	0.43	-3.43	0.41	-6.42
莆田市	Putian	0.97	0.60	-20.05	0.46	-22.72	0.48	4.83	0.45	-6.19
三明市	Sanming	4.94	3.69	-7.89	3.05	-14.73	2.48	-18.69	2.16	-12.81
泉州市	Quanzhou	0.93	0.85	-7.15	0.76	-11.44	0.81	7.15	0.92	13.49
漳州市	Zhangzhou	3.19	2.06	-15.11	1.80	-13.82	1.70	-5.61	1.57	-7.65
南平市	Nanping	3.07	2.41	-8.19	2.03	-15.14	1.76	-13.43	1.66	-5.83
龙岩市	Longyan	3.04	2.60	-0.32	2.12	-18.57	1.76	-16.97	1.68	-4.36
宁德市	Ningde	0.53	1.65	55.52	1.46	-13.01	1.68	14.81	1.56	-7.19

主要统计指标解释

能源生产总量 指一定时期内一次能源生产量的总和，是观察能源生产水平、规模、构成和发展速度的总量指标。一次能源生产量包括原煤、原油、天然气、水电、核能及其他动力能(如风能、地热能等)发电量，不包括低热值燃料生产量、生物质能、太阳能等的利用和由一次能源加工转换而成的二次能源产量。

能源消费总量 指一定时期内物质生产部门、非物质生产部门和生活消费的各种能源的总和，是观察能源消费水平、构成和增长速度的总量指标。能源消费总量包括原煤和原油及其制品、天然气、电力，不包括低热值燃料、生物质能和太阳能等的利用。能源消费总量分为终端能源消费量、能源加工转换损失量和损失量三部分。

(1)终端能源消费量：指一定时期内生产和生活消费的各种能源在扣除了用于加工转换二次能源消费量和损失量以后的数量。

(2)能源加工转换损失量：指一定时期内投入加工转换的各种能源数量之和与产出各种能源产品之和的差额，是观察能源在加工转换过程中损失量变化的指标。

(3)能源损失量：指一定时期内能源在输送、分配、储存过程中发生的损失和由客观原因造成的各种损失量，不包括各种气体能源放空、放散量。

能源生产弹性系数 指研究能源生产增长速度与国民经济增长速度之间关系的指标。计算公式为：

能源生产弹性系数＝能源生产总量年平均增长速度 / 国民经济年平均增长速度

国民经济年平均增长速度，可根据不同的目的或需要，用国民生产总值、国内生产总值等指标来计算，本年鉴是采用国内生产总值指标计算的。

电力生产弹性系数 指研究电力生产增长速度与国民经济增长速度之间关系的指标。一般来说，电力的发展应当快于国民经济的发展，也就是说电力应超前发展。计算公式为：

电力生产弹性系数＝电力生产量年平均增长速度 / 国民经济年平均增长速度

能源消费弹性系数 指反映能源消费增长速度与国民经济增长速度之间比例关系的指标。计算公式为：

能源消费弹性系数＝能源消费量年平均增长速度 / 国民经济年平均增长速度

电力消费弹性系数 指反映电力消费增长速度与国民经济增长速度之间比例关系的指标。计算公式为：

电力消费弹性系数＝电力消费量年平均增长速度 / 国民经济年平均增长速度

能源加工转换效率 指一定时期内能源经过加工、转换后，产出的各种能源产品的数量与同期内投入加工转换的各种能源数量的比率。它是观察能源加工转换装置和生产工艺先进与落后、管理水平高低等的重要指标。计算公式为：

能源加工转换效率＝(能源加工、转换产出量 / 能源加工、转换投入量)×100%

单位地区生产总值能耗 指一定时期内，一个国家或地区每生产一个单位的地区生产总值所消耗的能源。计算公式为：

单位地区生产总值能耗=能源消费总量/地区生产总值

单位工业增加值能耗 指一定时期内，一个国家或地区每生产一个单位的工业增加值所消耗的能源。计算公式为：

单位工业增加值能耗=工业能源消费量/工业增加值

单位地区生产总值电耗 指一定时期内，一个国家或地区每生产一个单位的地区生产总值所消耗的电力。计算公式为：

单位地区生产总值电耗=全社会用电量/地区生产总值

Explanatory Notes on Main Statistical Indicators

Total Energy Production refers to the total production of primary energy by all energy producing enterprises in the region in a given period of time. It is a comprehensive indicator to show the capacity, scale, composition and development of energy production of the region. The production of primary energy includes that of coal, crude oil, natural gas, hydropower and electricity generated by nuclear energy and other means such as wind power and geothermal power. However, it excludes the production of fuels of low calorific value, bio-energy, solar energy and the secondary energy converted from the primary energy.

Total Domestic Energy Consumption refers to the total consumption of energy of various kinds by material production sectors, non material production sectors and households in the region in a given period of time. It is a comprehensive indicator to show the scale, composition and development of energy consumption. The total energy consumption includes that of coal, crude oil and their products, natural gas and electricity. However it excludes the consumption of fuel of low calorific value, bio-energy and solar energy. Total domestic energy consumption can be divided into three parts:

(1) Final Energy Consumption: It refers to the total energy consumption by material production sectors, non material production sectors and households in the region (region) in a given period of time, but excludes the consumption in conversion of the primary energy into the secondary energy and the loss in the process of energy conversion.

(2) Loss During the Process of Energy Conversion: It refers to the total input of various kinds of energy for conversion, minus the total output of various kinds of energy in the region in a given period of time. It is an indicator to show the loss that occurs during the process of energy conversion.

(3) Energy Loss: It refers to the total of the loss of energy during the course of energy transport, distribution and storage and the loss caused by any objective reason in a given period of time. The loss of various kinds of gas due to gas discharges and stocktaking is excluded.

Elasticity Ratio of Energy Production is an indicator to show the relationship between the growth rate of energy production and the growth rate of the national economy. The formula is:

Elasticity Ratio of Energy Production=Average Annual Growth Rate of Energy Production/Average Annual Growth Rate of National Economy

The average annual growthrate of the national economy can be shown by the gross national product, gross domestic product and other indicators, depending upon the purposes or needs. The gross domestic product is used in calculation of the ratio in this chapter.

Elasticity Ratio of Electricity Production is an indicator to show the relationship between the growth rate of electricity production and the growth rate of the national economy. Generally speaking, the growth rate of electricity production should be higher than that of the national economy.The formula is:

Elasticity Ratio of Electricity Production=Average Annual Growth Rate of Electricity Production/Average Annual Growth Rate of National Economy

Elasticity Ratio of Energy Consumption is an indicator to show the relationship between the growth rate of energy consumption and the growth rate of the national economy. The formula is:

Elasticity Ratio of Energy Consumption=Average Annual Growth Rate of Energy Consumption/Average Annual Growth Rate of National Economy

Elasticity Ratio of Electricity Consumption is an indicator to show the relationship between the growth rate of electricity consumption and the growth rate of the national economy. The formula is:

Elasticity Ratio of Electricity Consumption=Average Annual Growth Rate of Electricity/Average Annual Growth Rate of National

Economy

Efficiency of Energy Processing and Conversion refers to the ratio of the total output of energy products of various kinds after processing and conversion and the total input of energy of various kinds for processing and conversion in the same reference period. It is an important indicator to show the current conditions of energy processing and conversion equipment, production technique and management. The formula is:

Efficiency of Energy Processing & Conversion=(Output of Energy After Processing & Conversion/Input of Energy for Processing & Conversion)×100%

Energy Consumption per Unit of GDP refers to the energy consumption per unit of gross domestic production in a country or the gross region production in the same reference period. The formula is:

Energy Consumption per Unit of GDP=Total Energy Consumption/Gross Domestic Production

Electricity Consumption per Unit of Industrial Value-added refers to the energy consumption per unit of industrial value-added in a country or region in the same reference period. The formula is:

Energy Consumption per Unit of Industrial Value-added=Total Energy Consumption/Industrial Value-added

Electricity Consumption per Unit of GDP refers to the electricity consumption per unit of gross domestic production in a country or the gross region production in the same reference period. The formula is:

Electricity Consumption per Unit of GDP=Total Electricity Consumption/Gross Domestic Production

第七篇　人民生活

Chapter 7　People's Living Conditions

资料整理：林际品 胡自明 杨威

Datebase Editor:Linjiping Huziming Yangwei

简 要 说 明

本篇资料的主要内容及来源

本篇资料反映全省城乡人民生活状况，分为城镇居民生活和农村居民生活两个部分，主要包括居民家庭基本情况，家庭收入、支出情况，主要商品购买数量及支出金额，居住状况和耐用消费品的拥有量等。

城镇居民家庭相关资料来源于城镇住户调查年报，由国家统计局福建调查总队城镇住户调查处整理提供。农民家庭相关资料来源于农村住户调查年报，由国家统计局福建调查总队农村住户调查处整理提供。

Brief Introduction

Main Content and Source of Data

Data in this chapter show the basic conditions of the people's livelihood in Fujian Province , consisting of two parts on the life of urban and rural households respectively ,including mainly basic condition of people's household , income and expenditure of the household, the quantity and the expenditure on major commodities purchased, the housing condition and the possession of the durable consumer goods, etc.

Data on the livelihood of urban resident are prepared and provided by the Division of Urban Household Survey of Survey Office of the National Bureau of Statistics in Fujian.Data on the livelihood of rural residents are prepared and provided by the Division of rural Household Survey of Survey Office of the National Bureau of Statistics in Fujian.

7-1 城乡居民家庭人均收入(1978-2010年)

Per Capita Annual Income of Urban and Rural Households(1978-2010)

年份 Year	城镇居民人均可支配收入 Annual Per Capita Disposable Income of Urban Households			农民人均纯收入（元） Annual Per CapitaNet Income of Rural Households(yuan)			城市居民人均住房建筑面积（平方米） Per Capita Floor Space of Urban (sq.m)	农村居民人均拥有住房面积（平方米） Per Capita Floor Space of Rural (sq.m)	恩格尔系数（%） Engel's Coefficient(%)		基尼系数 Gini's Coefficient	
	数值 Vaule	比上年增长（%） Ratio（%）		数值 Vaule	比上年增长（%） Ratio（%）				城镇居民 Urban	农村居民 Rural	城镇居民 Urban	农村居民 Rural
		名义 Ration	实际 Actual		名义 Ration	实际 Actual						
1978	371			138								
1979				142	3.4	0.4						
1980	450			172	20.8	15.5	11.3					
1981	452	0.4	-3.4	232	34.9	32.4	11.7	8.30	62.1			
1982	520	15.0	11.6	268	15.8	11.7	12.1	7.67	60.7			
1983	573	10.2	8.0	302	12.6	11.6	13.2	10.44	63.4			
1984	582	1.6	-1.2	345	14.3	13	14.3	11.73	62.4			
1985	733	25.9	10.5	396	14.9	6.9	15.3	14.47	54.0	62.4	0.240	
1986	929	26.7	18.6	419	5.6	0.2	15.7	15.10	55.9	60.2	0.240	
1987	1021	9.9	-0.6	485	15.9	7.4	16.5	15.86	58.8	60.0	0.230	
1988	1236	21.1	-4.7	613	26.5	0.4	17.2	16.18	62.6	57.1	0.250	
1989	1555	25.8	5.9	697	13.7	-4.4	17.6	16.65	63.7	58.1	0.260	
1990	1749	12.5	12.4	764	9.6	11.2	18.1	18.47	63.5	60.0	0.300	0.238
1991	1953	11.7	6.8	850	11.2	8.6	19.5	19.14	60.5	59.0	0.200	0.242
1992	2351	20.4	11.5	984	15.8	11.2	20.9	19.64	58.3	58.9	0.250	0.265
1993	2923	24.3	6.4	1211	23.0	7.7	21.5	22.38	57.9	60.6	0.260	0.271
1994	3935	34.6	7.6	1578	30.3	3.9	24.1	24.62	58.7	62.4	0.250	0.273
1995	4853	23.3	6.0	2049	29.8	13.5	24.3	22.88	61.1	61.0	0.250	0.267
1996	5574	14.9	7.4	2492	21.7	15.4	24.5	23.37	59.9	60.1	0.260	0.254
1997	6144	10.2	7.5	2786	11.8	10.3	25.6	23.74	52.8	55.1	0.280	0.262
1998	6486	5.6	5.6	2946	5.8	6.3	26.8	24.87	51.8	54.4	0.290	0.269
1999	6860	5.8	7.2	3091	4.9	5.8	27.2	26.40	51.4	52.0	0.290	0.274
2000	7432	8.3	5.0	3230	4.5	3.2	28.0	32.14	44.7	48.7	0.310	0.295
2001	8313	11.9	13.8	3381	4.7	5.4	28.2	33.82	44.1	47.5	0.310	0.303
2002	9189	10.5	11.4	3539	4.7	4.9	28.4	35.68	43.4	45.9	0.330	0.312
2003	10000	8.8	8.1	3734	5.5	4.5	29.8	35.96	42.1	45.1	0.330	0.326
2004	11175	11.8	7.7	4089	9.5	5	31.1	38.18	41.6	46.7	0.330	0.355
2005	12321	10.3	8.2	4450	8.8	5.9	31.4	40.15	40.9	46.1	0.330	0.358
2006	13753	11.6	10.4	4835	8.6	8.3	32.1	42.35	39.3	45.2	0.340	0.360
2007	15505	15.7	10.1	5467	13.1	7.3	33.5	44.50	38.9	46.1	0.320	0.361
2008	17961	15.8	10.8	6196	13.3	8.3	37.5	46.13	40.6	46.4	0.357	0.363
2009	19577	9.0	10.9	6680	7.8	10.1	37.5	46.76	39.7	45.9	0.346	0.367
2010	21781	11.3	8.0	7427	11.2	7.5	38.5	49.34	39.3	46.1	0.350	0.365

7-2 主要年份城镇居民家庭基本情况

Basic Conditions of Urban Households in Seletcted Years

年份 Year	平均每户家庭人口(人) Number of Average per Household lersons(person)	平均每户就业人数(人) Average Number of Employed Persons Per Household (person)	平均每户就业面(%) Percentage of Employment Per Household(%)	平均每一就业者负担人数(人) Number of Persons Supported By Each Employee(person)	平均每人全年可支配收入(元) Per Capita Annual Disposable Income(yuan)	平均每人消费性支出(元) Per Capita Living Ex- penditures for Consumption (yuan)	平均每人住房建筑面积(平方米) Per Capita Floor Space of Residential Buildings(sq.m)
1952					106	96	
1957					165	131	
1959	4.72	1.40	29.7	3.37	206	190	
1962	5.46	1.72	31.5	3.17	203	186	
1963	5.40	1.50	27.8	3.60	207	189	
1964	5.33	1.53	28.8	3.48	211	194	
1965	5.13	1.65	32.2	3.12	217	201	
1966	5.00	1.40	28.0	3.40	223	186	
1975	4.97	2.05	41.3	2.42	333	297	
1978	3.87	2.40	62.0	1.61	371	285	
1980	4.53	2.32	51.2	1.95	450	392	11.3
1981	4.51	2.40	53.2	1.88	452	405	11.7
1982	4.44	2.48	55.9	1.79	520	466	12.1
1983	4.36	2.41	55.3	1.80	573	504	13.2
1984	4.27	2.37	55.5	1.80	582	494	14.3
1985	4.06	2.25	55.4	1.81	733	675	15.3
1986	4.00	2.23	55.8	1.79	929	790	15.7
1987	3.97	2.25	56.6	1.77	1021	893	16.5
1988	3.77	2.10	55.7	1.79	1236	1077	17.2
1989	3.70	2.09	56.5	1.77	1555	1340	17.6
1990	3.64	2.09	57.4	1.74	1749	1431	18.1
1991	3.43	2.00	58.3	1.72	1953	1659	19.5
1992	3.39	2.03	59.9	1.67	2351	1942	20.9
1993	3.35	2.01	60.0	1.67	2923	2418	21.5
1994	3.29	1.92	58.4	1.71	3935	3351	24.1
1995	3.27	1.93	59.0	1.69	4853	4132	24.3
1996	3.25	1.94	59.7	1.68	5574	4568	24.5
1997	3.28	1.96	59.8	1.67	6144	4936	25.6
1998	3.23	1.90	58.8	1.70	6486	5181	26.8
1999	3.22	1.90	59.0	1.69	6860	5267	27.2
2000	3.23	1.80	55.7	1.79	7432	5639	28.0
2001	3.20	1.80	55.3	1.78	8313	6015	28.2
2002	3.13	1.73	55.3	1.81	9189	6632	28.4
2003	3.08	1.72	55.8	1.79	10000	7356	29.8
2004	3.05	1.58	51.8	1.93	11175	8161	31.1
2005	3.04	1.60	52.6	1.90	12321	8794	31.4
2006	3.04	1.64	53.9	1.86	13753	9808	32.1
2007	3.01	1.60	53.2	1.90	15505	11055	33.5
2008	3.14	1.69	53.8	1.86	17961	12501	37.5
2009	3.12	1.72	55.1	1.81	19577	13451	37.5
2010	3.08	1.71	55.5	1.80	21781	14750	38.5

7–3 城镇居民人均现金收支情况

Per Capita Cash Income and Expenditure of Urban Households

单位：元 (yuan)

项目 Item	2000	2003	2005	2007	2008	2009	2010
一、期初手存现金 Cash on Hand at the beginning	**356**	**835**	**947**	**669**	**473**	**831**	**1056**
二、人均总收入 Total Income	**7486**	**10816**	**13408**	**16983**	**19686**	**21692**	**24150**
#可支配收入 Disposable Income	7432	10000	12321	15505	17961	19577	21781
(一)工薪收入 Wages and Salaries		7499	8792	11175	12669	14211	15682
工资及补贴收入 Wages and Subsidies		7244	8448	10740	12115	13735	15243
其他劳动收入 Other Income		255	344	435	554	476	440
(二)经营净收入 Net Income from Business	458	548	839	1209	2185	2055	2136
(三)财产性收入 Property Income	156	286	448	740	953	1173	1421
#利息收入 Interest	38	38	48	70	94	109	175
股息与红利收入 Dividend	45	68	89	276	169	165	164
出租房屋收入 Renting House		169	273	378	638	697	828
(四)转移性收入 Transfer Income	1393	2484	3329	3859	3879	4253	4910
#养老金或离退休金 Annuity and Pension	918	1593	2209	2763	2447	2917	3380
社会救济收入 Social Relief		9	6	13	15	12	14
辞退金 Pension for Resign Persons		127	210	8	10	1	7
赔偿收入 Compensation		2	8	5	9	1	19
保险收入 Insurance		73	54	46	34	30	25
赡养收入 Supporting	97	116	261	311	454	458	512
捐赠收入 Donation	206	317	337	430	539	495	594

7–3 续表1

Continued

单位：元 (yuan)

项目 Item	2000	2003	2005	2007	2008	2009	2010
提取住房公积金 Accumulation Fund of Houses		60	35	82	63	84	95
三、出售财物收入 **Income from Properties Sales**	**5**	**7**	**124**	**154**	**103**	**270**	**275**
#出售住房收入 Houses Sales		3	122	146	73	237	251
四、借贷收入 **Loan Income**	**1682**	**3942**	**4728**	**9793**	**10677**	**13358**	**12997**
#提取储蓄存款 Withdrawing Saving Deposit	1103	3463	4236	8835	9675	11596	12180
收回储蓄性保险本金 Withdrawing Cropus of Saving Deposit	4	23	8	6	24	10	3
兑售有价证券 Securities Sales	37	28	50	528	130	33	46
住房贷款 Loans for Houses	127	134	150	144	212	854	298
汽车贷款 Loans for Cars			1	25	13	13	15
教育贷款 Loans for Education		4	2		26	1	
五、人均总支出 **Total Expenditure**	**7109**	**9879**	**11896**	**14595**	**17081**	**19925**	**20189**
(一)消费支出 Expenditure on Consumption	5639	7356	8794	11055	12501	13451	14750
#服务性消费支出 Expenditure on Services Consumption		1774	2303	2910	3335	3413	3794
(二)购房与建房支出 Expenditure on Houses Purchasing and Building	503	621	869	631	975	2436	903
#购房 Purchasing House		606	859	619	975	2325	890
(三)转移性支出 Expenditure for Transfer		1180	1286	1601	2016	2059	2362
#交纳的个人收入税 Personal Income Tax	7	48	82	129	132	183	218
捐赠支出 Donation	678	720	762	946	1251	1142	1392

7-3 续表2

Continued

单位：元 (yuan)

项目 Item	2000	2003	2005	2007	2008	2009	2010
购买彩票 Buying Lottery		17	7	5	7	9	11
赡养支出 Supporting Expenditure	210	357	381	430	472	586	607
#在外就学子女费用 Expenditure on Children's Education out of Home		183	223	231	277	340	348
(四)财产性支出 Expenditure for Property		15	19	52	152	209	190
(五)社会保障支出 Expenditure for Welfare		707	928	1256	1437	1770	1984
#个人交纳的养老基金 Annuity of Personal Distribution		256	313	411	507	638	672
个人交纳的住房公积金 House Accumulation Fund of Persnal Distribution		323	437	626	658	800	951
个人交纳的医疗基金 Medical Benefits Fund of Personal Distribution		100	146	178	219	284	314
个人交纳的失业基金 Unemployed Fund of Personal Distribution		23	27	33	37	37	40
六、借贷支出 Loan Expenditure	**1606**	**4772**	**5996**	**12029**	**12965**	**15005**	**16850**
#存入储蓄款 Saving Deposit	892	4103	5241	10618	11082	13368	15349
储蓄性保险支出 Saving Premium	157	122	132	114	155	162	183
购买有价证券 Purchase Securities	71	40	53	637	156	39	115
归还住房贷款 Paid-back the Bank for Buying Housing	95	237	265	351	614	445	463
归还汽车贷款 Paid-back the Bank for Buying Car		1	15	24	32	21	23
归还教育贷款 Paid-back the Bank for Education		...	...	1		1	1
七、期末手存现金 Cash on Hand at the End	**809**	**955**	**964**	**966**	**897**	**1232**	**1450**

7-4 城镇居民人均消费支出

Per Capita Consumption of Urban Households

单位：元　　(yuan)

项目	Item	2000	2003	2005	2007	2008	2009	2010
消费支出（元/人）	**Total Consumption Expenditures**	**5639**	**7356**	**8794**	**11055**	**12501**	**13451**	**14750**
#服务性消费支出（元/人）	Expenditure on Services Consumption		1774	2303	2910	3335	3413	3794
一、食品	**Food**	**2518**	**3105**	**3595**	**4296**	**5079**	**5336**	**5791**
1.粮油类	Grain and Oil	367	387	464	540	626	631	707
#粮食	Grain	235	249	307	349	387	408	470
油脂类	Oil and Fats	93	83	89	119	152	124	120
2.肉禽蛋水产品类	Meat, Poulty, Eggs and Aquatic Products	1022	1316	1498	1799	2075	2175	2265
#肉类	Meat	300	484	588	701	827	819	854
禽类	Poultry	138	178	206	259	289	296	299
蛋类	Eggs	59	72	81	92	99	106	112
水产品类	Aquatic Products	416	582	623	747	859	954	1000
3.蔬菜类	Vegetables	251	272	335	390	423	459	544
#鲜菜	Fresh Vegetables	210	229	287	330	362	387	464
4.调味品	Flavoring	31	44	45	52	58	64	67
5.糖烟酒饮料类	Suger, Cigarette, Liquor and Tea	376	286	292	363	387	447	477
#烟草类	Cigarettes	128	132	129	161	161	181	176
酒类	Liquor	86	72	65	74	90	106	111
饮料	Drink	143	60	73	99	104	127	150
6.干鲜瓜果类	Dried and Fresh Melons & Fruits	183	207	229	277	308	357	412
7.糕点、奶及奶制品	Cakes,milk and Dairy Products	141	202	209	228	268	271	291
8.其他食品	Other Food	17	43	49	40	46	47	44
9.饮食服务	Catering Services		347	475	606	887	887	984
#在外饮食	Dining Out	200	347	474	604	887	886	984
二、衣着	**Clothing**	**492**	**576**	**709**	**941**	**1105**	**1172**	**1281**
1.服装	Garments	365	445	550	721	862	898	991
2.衣着材料	Clothing Materials	13	4	3	4	3	3	5
3.鞋类	Shoes	208	108	132	192	210	236	248
4.其他衣着用品	Other Clothing	14	15	20	20	27	31	33
5.衣着加工服务费	Tailoring and Laundering Service Fees	11	4	3	3	3	4	5
三、家庭设备用品及服务	**Household Facilities, Articles and Services**	**485**	**440**	**455**	**645**	**722**	**859**	**972**
#耐用消费品	Durable Consumer Goods	262	228	204	309	320	416	427
#家具	Furniture	51	54	39	84	96	115	133
其他家庭设备	Other Household Facilities	141	173	165	61	83	88	94
其他家庭服务	Other Household Services	73	34	54	48	78	85	92
四、医疗保健	**Medicine and Medical Services**	**266**	**349**	**478**	**502**	**541**	**592**	**617**
五、交通和通讯	**Transport, Post and Communication Services**	**487**	**868**	**1049**	**1607**	**1777**	**1994**	**2197**
1.交通	Transport	156	294	384	838	929	1103	1292
#交通费	Transport Fees	73	112	154	194	193	187	234
2.通信	Communication	331	574	664	769	848	891	905
#通信服务	Conmunication Services Fees	283	494	568	665	755	791	791
#电信费	Telecommunication Fees	278	489	562	661	747	786	786
六、教育文化娱乐服务	**Education, Recreation and Cultural Services**	**585**	**899**	**1107**	**1426**	**1453**	**1505**	**1786**

7-4 续表

Continued

单位：元 (yuan)

项目	Item	2000	2003	2005	2007	2008	2009	2010
1.文化娱乐用品	Recreational Articles	203	289	319	370	336	410	451
#彩色电视机	Color Television Set	49	38	48	87	70	123	118
家用电脑	Personal Computers	68	124	99	130	101	115	117
书报杂志	Books, Newspapers and Magazines	28	44	41	37	36	39	38
2.文化娱乐服务	Recreation and Cultural Services	107	138	256	427	431	497	730
#参观游览	Tourism		16	19	30	27	23	44
团体旅游	Group Tourism		67	175	326	313	373	538
文娱用品修理服务费	Repair Services Fees of Recreation and Cultural Articles	6	11	7	7	6	6	8
3.教育	Education	325	472	531	629	686	597	605
教材	Teaching Material	29	37	36	33	36	37	38
教育费用	Education Fees	296	435	495	596	650	560	567
#非义务教育学杂费	Non-Compulsory Education Tuition Fee		202	190	287	280	202	195
义务教育学杂费	Compulsory Education Tuition Fee		75	54	52	27	11	8
托幼费	Child Care Cost	17	23	39	41	82	85	74
七、居住	**Residence**	**530**	**879**	**1072**	**1261**	**1300**	**1395**	**1606**
1.住房	Housing	165	290	386	455	393	469	612
#租赁房房租	Rent of Housing	27	36	55	64	81	56	66
2.水电燃料及其他	Water, Electricity, Fuels and Others	365	558	648	751	827	839	872
#水	Water	56	85	97	113	130	140	146
电	Electricity	181	299	340	419	471	517	549
燃料	Fuel	125	167	203	214	221	175	171
3.居住服务费	Residential Services	46	31	37	56	80	87	122
八、杂项商品和服务	**Miscellaneous Commodities and Services**	**276**	**241**	**329**	**376**	**524**	**598**	**499**
1.杂项商品	Miscellaneous Commodities	123	129	181	212	306	350	309
#金银珠宝饰品	Jewellery	19	15	29	41	68	84	100
理发美容用具	Haircut and Goods	41	2	2	2	3	4	4
化妆品	Cosmetics	39	48	60	67	105	105	111
2.服务	Services	73	111	148	164	218	248	191
#理发洗澡费	Haircut and bath	23	43	56	73	75	93	48
美容费	Cosmetic Fees	13	27	43	54	72	93	51

7-5 按人均可支配收入分组的城镇居民家庭基本情况(2010年)

Basic Conditions of Urban Households by Per Capita Disposable Income(2010)

项目 Item	最低收入 Lowest Income	低收入 Low Income	中等偏下收入 Lower Middle Income	中等收入 Middle Income	中等偏上收入 Upper Middle Income	高收入 High Income	最高收入 Highest Income
占调查总户数的比重(%) Proportion(%)	10	10	20	20	20	10	10
平均每户家庭人口数(人) Average Number of persons per Household(person)	4	3	3	3	3	3	3
平均每户就业人口数(人) Average Number of Employed Persons per Household (person)	1	2	2	2	2	2	2
平均每户就业面(%) Percentage of Employment per Household(%)	41	52	54	57	60	64	60
平均每一就业者负担人数(人) Number of Persons Supported by Each Employed (person)	2	2	2	2	2	2	2
家庭总收入（元） Total Revenue(yuan)	**8955**	**12806**	**16155**	**20872**	**27867**	**37462**	**61627**
可支配收入 Disposable Income	8067	11540	14614	19049	24943	33345	55865
#工薪收入 Wages Income	5407	8393	11167	13467	19874	24697	34318
经营净收入 Net Income from Household Business	1294	1485	977	1960	1568	3178	7560
财产性收入 Property Income	273	320	583	1062	1289	2335	6474
转移性收入 Transfer Income	1981	2608	3428	4383	5136	7253	13275
#养老金或离退休金 Pensions	1184	1891	2611	3209	3719	4750	7976
社会救济收入 Social Relief	51	24	5	12	5	...	14
赡养收入 Supporting	297	186	209	382	467	1085	1734
捐赠收入 Donation	225	259	389	503	558	656	2204
提取住房公积金 Accumulation Fund of Houses			9	8	68	162	749
消费支出 Expenditure on Consumption	**6893**	**9487**	**11149**	**13781**	**16347**	**21687**	**31053**

7-5 续表

Continued

项目 Item	最低收入 Lowest Income	低收入 Low Income	中等偏下收入 Lower Middle Income	中等收入 Middle Income	中等偏上收入 Upper Middle Income	高收入 High Income	最高收入 Highest Income
食品 Food	3481	4540	4814	5833	6585	7262	9045
#粮油类 Grain and Oil	574	608	671	721	738	796	876
肉禽蛋水产品类 Meat, Poultry, Eggs and Aquatic Products	1564	1992	2015	2351	2555	2567	2870
蔬菜类 Vegetables	418	475	511	552	598	590	664
干鲜瓜果类 Dried and Fresh Melon & Fruits	207	270	342	414	500	520	676
衣着 Clothing	508	752	894	1200	1439	1914	2992
家庭设备用品及服务 Household Facilities, Articles and Services	354	537	733	933	1000	1740	2077
医疗保健 Medicine and Medical Services	379	561	471	527	637	781	1366
交通和通讯 Transport Post and Communication Services	621	924	1610	1559	2282	3853	6771
教育文化娱乐服务 Education, Recreation and Cultural Services	656	946	1173	1525	2164	2814	4373
居住 Residence	722	1004	1162	1718	1679	2581	3048
住房 Housing	52	212	322	730	577	1348	1525
水电燃料及其他 Water, Electricity, Fuels and Others	635	746	771	894	948	1016	1177
居住服务费 Residential Services	36	47	69	94	153	217	345
杂项商品和服务 Miscellanecus Commodities and Services	170	223	291	486	561	743	1381

7-6 城镇居民人均日常消费品购买量

Per Capita Purchases of Daily Consumer Goods of Urban Residents

单位：千克 (kg)

项目	Item	2000	2003	2005	2007	2008	2009	2010
猪肉	Pork	18.11	28.70	27.72	24.59	24.42	26.10	25.66
牛肉	Beef	1.57	2.06	2.38	2.87	1.90	2.13	2.49
羊肉	Mutton	0.46	0.62	0.84	0.82	0.67	0.79	0.83
鲜蛋	Fresh Eggs	9.46	10.85	10.29	9.20	9.45	9.61	9.40
鱼	Fish	15.77	17.13	17.33	17.70	18.04	18.78	17.68
虾	Shrimp	1.87	2.95	2.56	2.97	3.00	3.24	2.74
鲜菜	Fresh Vegetables	96.18	106.93	101.95	97.95	97.72	102.24	99.40
茶叶	Tea	0.77	0.52	0.36	0.39	0.27	0.31	0.33
鲜果	Fresh Fruits	33.66	40.17	38.97	38.21	38.13	40.06	39.12
鲜瓜	Fresh Melons	9.42	11.41	7.07	6.97	8.23	9.78	8.49
糕点	Cake	3.11	4.28	4.32	4.37	3.89	4.27	4.50
鲜乳品	Fresh Dairy Products	13.30	19.52	16.56	15.47	13.14	13.35	14.24
服装(件)	Clothing(piece)	7.45	7.78	7.86	8.37	9.12	9.65	9.77
鞋类(双)	Shoes(pair)	2.08	2.13	2.18	2.31	2.41	2.65	2.64
煤炭	Coal	45.45	44.40	21.24	24.00	16.01	11.07	5.85
液化石油气	Liquefied Petroleum	27.29	37.55	34.72	30.02	26.81	26.38	19.71
管道煤气(立方米)	Gas Dupplied through pipes(cu.m)		11.82	11.50	8.98	8.88	8.72	6.03

7-7 城镇居民家庭每百户耐用消费品拥有量(年底数)

Number of Major Durablc Consumer Goods Owned Per 100 Urban Households(End of Year)

项目	Item	2000	2003	2005	2007	2008	2009	2010
摩托车(辆)	Motorcycle(set)	36.60	42.37	49.39	51.98	49.32	52.07	51.30
助力车(辆)	Electric Bicycle(set)		2.81	6.26	12.85	25.54	32.94	37.76
家用汽车(辆)	Automobile(unit)	0.40	0.73	1.70	4.00	8.08	9.57	10.97
洗衣机(台)	Washing Machine(set)	93.20	97.74	99.72	99.98	98.32	100.28	101.46
电冰箱(台)	Refrigerator(set)	87.80	96.23	98.43	99.68	101.75	103.91	105.49
彩色电视机(台)	Color TV Set(set)	128.07	147.35	164.49	166.91	169.48	175.45	180.19
家用电脑(台)	Personal Computer(set)	11.47	39.35	54.89	68.58	80.92	89.15	94.81
组合音响(套)	Hifi Stereo Component System(sets)	24.87	28.39	29.28	32.86	30.69	32.63	33.13
摄像机(架)	Pick up Camera(set)	1.47	1.58	3.96	5.79	7.68	8.64	8.92
照相机(架)	Camera(set)	33.20	43.47	47.42	45.50	40.36	43.57	46.45
钢琴(架)	Piano(set)	1.60	2.03	2.85	3.90	3.32	3.75	3.97
其他中高档乐器(件)	Other Medium and Grade Musical Instrument (unit)	5.20	7.28	5.86	7.44	4.02	5.11	5.43
微波炉(台)	Oven(unit)	27.53	56.88	70.27	73.00	75.77	78.20	79.65
空调机(台)	Air Conditioner(unit)	43.53	99.88	134.86	149.87	164.34	175.36	184.55
淋浴热水器(台)	Shower(unit)	82.60	94.90	101.02	104.67	106.99	108.98	110.48
消毒碗柜(台)	Dish-Sterilization Box (unit)		27.96	36.62	41.62	44.08	46.34	46.91
洗碗机(台)	Dish-Washer(unit)		0.99	0.63	0.56	0.93	0.73	0.83
健身器材(套)	Health Equipment(unit)	4.60	6.95	6.33	6.11	5.46	6.09	6.04
普通电话(部)	Telephone(unit)		105.37	106.02	101.39	93.23	93.56	93.46
移动电话(部)	Mobile Telephone(unit)	50.40	121.05	166.34	186.44	204.00	216.68	223.74

7-8 主要年份农民家庭基本情况

Basic Conditions of Rural Household in Seleted Years

年份 Year	平均每户常住人口(人) Average Number of Permanent Residents Per Household (person)	平均每户整半劳动力(人) Average Number of Able-bodied and Semi-able-bodied Laborers Per Household (person)	平均每个劳动力负担人口(人) Average Number of Persons Supported by A Laborer (person)	平均每人纯收入(元) Per Capita Net Income (yuan)	平均每人生活消费支出(元) Per Capita Living Expenditures (yuan)	平均每人生活消费品支出(元) Per Capita Expenditure for Consumption (yuan)	平均每人文化生活服务支出(元) Per Capita Expenditure for Cultural Service (yuan)	平均每人拥有住房面积(平方米) Per Capita Use Living Space (sq.m)
1952			2.20	69.97	67.52			
1957			2.39	112.13	101.60			
1962			2.38	154.57	131.36			
1965			2.87	128.74	114.15			
1970			2.71	120.70	107.87			
1978	6.50	2.22	2.92	137.54	112.73	106.74	2.99	
1979	6.38	2.16	2.88	142.20	132.57	129.01	3.56	
1980	6.25	2.06	3.03	171.74	157.67	152.34	5.33	
1981	6.23	2.10	2.97	231.65	199.25	193.52	5.73	8.30
1982	6.27	2.27	2.76	268.16	231.14	224.41	6.73	7.67
1983	6.29	2.60	2.42	301.84	261.86	255.18	6.68	10.44
1984	6.19	2.66	2.32	344.94	287.87	279.03	8.84	11.73
1985	5.74	2.95	1.94	396.45	350.57	337.21	13.36	14.47
1986	5.69	2.99	1.90	418.51	394.10	378.89	15.21	15.10
1987	5.51	3.08	1.82	484.88	442.83	416.32	26.51	15.86
1988	5.56	3.09	1.80	613.41	570.73	535.42	35.31	16.18
1989	5.54	3.09	1.79	697.34	652.58	606.63	45.95	16.65
1990	5.50	3.03	1.81	764.41	707.97	646.85	61.12	18.47
1991	5.37	3.03	1.77	850.05	746.99	679.05	67.94	19.14
1992	5.31	3.05	1.74	984.11	820.74	739.22	81.52	19.64
1993	5.24	3.10	1.69	1210.51	1069.79	937.22	132.57	22.38
1994	5.17	3.13	1.65	1577.74	1439.53	1248.98	190.55	24.62
1995	4.91	3.02	1.62	2048.59	1793.68	1507.46	286.22	22.88
1996	4.87	2.98	1.63	2492.49	2033.54	1740.50	293.04	23.37
1997	4.77	2.96	1.61	2785.67	2119.56	1822.91	296.65	23.74
1998	4.70	3.00	1.57	2946.37	2192.35	1853.11	339.24	24.87
1999	4.62	2.95	1.56	3091.39	2252.09	1891.53	360.56	26.40
2000	4.24	2.70	1.57	3230.49	2409.69	1933.28	476.41	32.14
2001	4.17	2.68	1.56	3380.72	2503.07	2007.10	495.97	33.82
2002	4.07	2.57	1.58	3538.74	2583.16	2052.39	530.77	35.68
2003	4.08	2.83	1.44	3733.93	2717.92	2186.67	531.25	35.96
2004	4.02	2.71	1.48	4089.38	3015.22	2422.54	592.68	38.18
2005	4.05	2.77	1.47	4450.36	3292.63	2617.70	674.93	40.15
2006	4.03	2.77	1.45	4834.75	3591.40	2920.87	670.53	42.35
2007	4.00	2.77	1.44	5467.08	4053.47	2913.54	1139.93	44.50
2008	3.98	2.78	1.43	6196.07	4661.94	3417.98	1243.96	46.13
2009	3.98	2.78	1.43	6680.18	5015.72	3577.42	1438.30	46.76
2010	3.94	2.77	1.43	7426.86	5498.33	3887.73	1610.60	49.34

7–9 按人均纯收入分组的农民家庭基本情况(2010年)

Basic Conditions of Peasant Households by per Captia Net Income(2010)

项目 Item	3000元以下 3000 Yuan and Below	3000–6000元 3000-6000 Yuan	6000–9000元 6000-9000 Yuan	9000–12000元 9000-12000 Yuan	12000–15000元 12000-15000 Yuan	15000元以上 15000 yuan and over
占调查总户数比重（%） Percentage of Households(%)	10.6	31.0	26.6	16.6	7.4	7.9
平均每户家庭人口数（人） Average Number of Persons Per Household(person)	**4.65**	**4.23**	**3.86**	**3.76**	**3.35**	**3.06**
平均每户整半劳动力（人） Average Number of Able-bodied and Semi-able-bodied Laborers Per Household(person)	3.01	2.88	2.72	2.73	2.62	2.36
平均每一劳动力负担人口（人） Average Number of Persons Supported by A Laborer(person)	1.54	1.47	1.42	1.38	1.28	1.30
人均生产性固定资产原值（元） Average Original Value of Productive Fixed Assets Per Household(yuan)	1644	2243	2575	2776	3752	5052
平均每人纯收入（元） Per Capita Net Income(yuan)	2085	4580	7368	10288	13234	20764
平均每人生活消费支出（元） Per Capita Living Expenditure(yuan)	**3164**	**4408**	**5450**	**6607**	**8048**	**10941**
食品 Food	1685	2151	2556	2954	3509	4228
衣着 Clothing	184	230	312	380	561	559
居住 Residence	390	717	837	1195	1109	1666
家庭设备、用品及服务 Household,Facilities,Articles and Services	133	220	278	373	507	652
交通和通讯 Transport and Communication	341	442	656	696	978	1742
文教娱乐用品及服务 Cultural,Educational and Recreational Articles and Services	178	363	419	592	775	1113
医疗保健 Medicines and Health Care	172	189	254	236	368	664
其它商品和服务 Other Commodities and Services	81	96	138	181	242	317

7-10 按收入高低分五等分分组农民家庭情况(2010年)

Basic Conditions of Rural Households of Five Groups Divided Equally by Income Lever(2010)

项目 Item	总计 Total	低收入组 Low Income Households	中低收入组 Lower Middle Income Households	中等收入组 Middle Income Households	中高收入组 Upper Middle Income Households	高收入组 High Income Households
占调查总户数比重（%） Percentage of Households(%)	100	20	20	20	20	20
平均每户常住人口（人） **Average Number of Permanent Residents Per Household (person)**	**3.94**	**4.47**	**4.24**	**3.91**	**3.80**	**3.30**
平均每户整半劳动力（人） Average Number of Able-bodied and Semi-able-bodied Laborers Per Household(person)	2.77	2.93	2.90	2.72	2.77	2.50
平均每一劳动力负担人口（人） Average Number of Persons Supported by A Laborer(person)	1.43	1.53	1.46	1.43	1.37	1.32
平均每户生产性固定资产原值（元） Average Original Value of Productive Fixed Assets Per Household(yuan)	10268	8055	9577	9560	10794	13354
平均每人家庭纯收入（元） Per Capita Net Income(yuan)	7427	2761	4948	6825	9290	15510
平均每人生活消费支出（元） **Per Capita Living Expenditure(yuan)**	**5498**	**3627**	**4513**	**5195**	**6176**	**8882**
食品消费支出 Food Expenditure	2537	1824	2204	2476	2855	3639
衣着消费 Clothing Expenditure	310	193	241	276	389	507
居住消费 Residence Expenditure	866	604	665	766	993	1448
家庭设备、用品及服务 Household,Facilities,Articles and Services	293	174	216	269	334	533
交通和通讯 Transport and Communication	638	346	490	618	678	1202
文教娱乐用品及服务 Cultural,Educational and Recreational Articles and Services	462	213	413	417	521	848
医疗保健 Medicines and Health Care	251	191	181	244	246	439
其他商品和服务消费 Other Commodities and Services	141	82	102	128	160	267

7-11 农民人均工资性收入

Per Capita Income from wages and salaries of Rural Households

单位：元 (yuan)

项目 Item	2000	2003	2005	2007	2008	2009	2010
工资性收入 **Wages Income**	**1069.01**	**1353.79**	**1650.65**	**2099.92**	**2421.46**	**2678.35**	**3094.60**
在非企业组织中劳动得到收入 Income From Non-enterprise Organizations	283.90	281.60	288.37	337.32	335.77	317.99	329.93
在本乡地域内劳动得到收入 **Income From Local**	**528.91**	**753.66**	**930.10**	**1203.98**	**1412.24**	**1605.96**	**1825.62**
在企业中劳动得到收入 Income From Enterprises		416.89	499.07	680.93	791.79	890.18	1014.25
在国家投资基建项目得到收入 Income From the National Invetsment Projects		7.56	2.66	3.03	3.70	5.30	5.96
提供其他劳务收入 Income From other Servises		312.75	428.37	520.01	616.75	710.49	805.41
外出从业得到收入 **Income From Worked Outside**	**255.47**	**318.52**	**432.18**	**558.62**	**673.45**	**754.39**	**939.06**
在乡外县内从业得到收入 Income From Worked at other Township of County		150.16	140.30	155.25	163.72	236.04	314.28
在县外省内从业得到收入 Income From Worked at other County of Province		113.41	169.51	225.81	273.61	285.99	334.23
在省外国内从业得到收入 Income From Worked at other Province		70.56	103.83	151.51	212.45	220.81	270.26
在国外从业得到收入 Income From Worked at aborad		9.11	18.54	26.06	23.68	11.55	20.29

7-12 农民人均家庭经营纯收入

Per Capita Net Income from Household Oprations of Rural Households

单位：元 (yuan)

项目 Item	2000	2003	2005	2007	2008	2009	2010
家庭经营纯收入 **Net Income from Household Business**	**1844.27**	**2019.50**	**2365.02**	**2813.16**	**3146.09**	**3330.18**	**3558.44**
第一产业 **Primary Industry**	**1112.09**	**1241.91**	**1555.69**	**1861.43**	**2117.09**	**2250.43**	**2391.51**
种植业收入 Planting	769.96	829.76	1050.63	1232.47	1420.01	1518.10	1644.85
林业收入 Forestry	69.18	73.43	89.35	149.63	175.38	191.96	210.82
牧业牧入 Animal Husbandry	188.04	225.01	274.17	322.38	354.98	342.71	316.05
渔业收入 Fishery	84.91	122.29	141.55	156.94	166.73	197.65	219.78
第二产业 **Secondary Industry**	**252.00**	**270.24**	**229.69**	**242.71**	**277.37**	**295.84**	**347.81**
工业收入 Industry	100.68	122.11	82.55	66.93	70.89	72.32	78.04
建筑业收入 Construction	151.32	147.69	147.14	175.78	206.48	223.52	269.77
第三产业 **Tertiary Industy**	**480.18**	**503.21**	**579.64**	**709.02**	**751.62**	**783.91**	**819.12**
交通、运输和邮电业收入 Transport,Post and Telecommunication Services	108.27	147.98	173.05	215.09	225.79	227.21	238.79
批发和零售贸易、餐饮业收入 Wholesale and Retail Trade and Catering Services	159.97	169.65	225.51	272.77	312.19	355.82	384.35
社会服务业收入 Social Services	65.38	84.48	87.61	114.40	104.18	96.56	106.45
文教卫生业收入 Culture.Education and Health Care	21.21	25.45	13.69	17.71	17.00	23.43	27.58
其他家庭经营收入 Others	125.35	75.85	79.78	89.05	92.46	80.89	61.95

7-13 农民人均生活消费支出

Per Capita Living Consumption Expenditure of Rural Households

单位：元 (yuan)

项目	Item	2000	2003	2005	2007	2008	2009	2010
总 计	**Total**	**2409.69**	**2717.92**	**3292.63**	**4053.47**	**4661.94**	**5015.72**	**5498.33**
食品	Food	1172.35	1227.07	1517.60	1870.32	2162.30	2304.14	2537.15
衣着	Clothing	116.99	144.35	186.70	235.61	263.59	291.72	310.14
居住	Residence	350.72	397.50	457.26	660.55	777.51	821.21	865.50
家庭设备、用品及服务	Household,Facilities,Articles and Services	110.24	146.42	154.42	184.21	222.86	260.68	292.71
医疗保健	Medicines and Health Care	87.38	128.75	154.03	174.12	197.85	219.02	251.36
交通和通讯	Transport and Communication	206.08	277.98	365.60	465.40	534.68	570.24	638.07
文教娱乐用品及服务	Cultural,Educational and Recreational Articles and Services	254.30	296.17	356.54	356.26	390.15	421.69	462.17
其它商品和服务	Other Commodities and Services	111.63	99.69	100.47	107.00	113.01	127.02	141.23

7-14 农民人均食品消费量

Per Capita Consumption on Living Consumer Goods of Rural Households

单位：公斤 (kg)

项目	Item	2000	2003	2005	2007	2008	2009	2010
粮食	**Grain**	**260.68**	**234.71**	**213.09**	**188.79**	**182.36**	**181.31**	**180.30**
#小麦	Wheat	8.30	2.82	3.28	2.42	2.42	2.06	2.20
稻谷	Rice	222.42	200.65	195.83	173.18	173.53	175.88	173.73
玉米	Corn	1.34	0.62	0.38	0.29	0.35	0.57	0.67
薯类	Tubers	23.83	18.87	2.86	2.02	1.86	1.73	2.50
豆类及豆制品	**Soybeans and Related Products**	**7.17**	**3.64**	**3.58**	**3.52**	**4.20**	**3.71**	**4.07**
#大豆	Soybeans	1.25	1.94	0.85	0.76	1.13	0.68	0.76
杂豆	Other Beans	0.71	1.70	2.73	2.76	3.07	3.02	3.31
蔬菜及菜制品	**Presh Vegetable and Related Products**	**131.33**	**99.75**	**90.48**	**92.50**	**93.85**	**91.16**	**90.42**
油脂类	**Oil**	**5.25**	**5.18**	**4.85**	**5.64**	**6.43**	**6.41**	**7.14**
#植物油	Vegetable Oil	3.05	3.16	3.08	4.38	5.10	4.97	5.77
动物油	Animal Oil	2.20	2.02	1.78	1.26	1.33	1.44	1.36
肉禽及其制品	**Meats,Poultry and Related Products**	**26.47**	**23.89**	**27.36**	**25.92**	**25.18**	**27.54**	**28.37**
#猪肉	Pork	18.16	16.15	18.41	15.70	14.32	16.10	16.37
牛肉	Beef	0.22	0.22	0.28	0.58	0.38	0.41	0.48
羊肉	Mutton	0.11	0.11	0.19	0.23	0.18	0.27	0.23
家禽	Poultry	6.64	5.13	6.16	6.22	7.00	7.18	7.54
肉禽制品	Related Products	1.07	2.27	2.32	3.19	3.29	3.59	3.76
蛋类及蛋制品	**Eggs and Related Products**	**4.43**	**3.55**	**3.40**	**3.39**	**3.84**	**4.04**	**4.09**
奶和奶制品	**Milk and Dairy Products**	**0.55**	**1.56**	**2.59**	**3.86**	**3.70**	**4.37**	**4.08**
水产品	**Aquatic Products**	**12.23**	**13.28**	**14.27**	**14.18**	**14.66**	**15.78**	**15.06**
#鱼类	Fish	8.01	7.97	8.40	8.16	8.38	8.60	8.32
虾、贝、蟹类	Shrimps,Prawns and Crabs	2.48	3.46	3.71	3.93	4.11	4.82	4.55
藻类	Algae	0.26	0.33	0.44	0.46	0.46	0.49	0.46
其他	Others	1.47	1.51	1.72	1.64	1.72	1.87	1.73
食糖	**Sugar**	**2.47**	**2.34**	**1.95**	**1.76**	**1.78**	**1.76**	**1.62**
酒和饮料	**Liquor and Beverages**	**17.96**	**16.81**	**18.56**	**18.75**	**18.16**	**21.42**	**19.31**
水果及水果制品	**Fruits and Related Products**	**15.72**	**15.03**	**13.82**	**12.63**	**13.99**	**13.80**	**13.46**
坚果及果制品	**Nuts and Related Products**	**1.05**	**0.92**	**1.03**	**1.23**	**1.42**	**1.29**	**1.22**

7-15 平均每百户农民家庭主要耐用消费品拥有量

Number of Major Durable Consumer Goods owned per 100 Rural Households

项目	Item	2000	2003	2005	2007	2008	2009	2010
自行车(辆)	Bicycle(unit)	101.15	83.79	68.13	60.27	55.38	55.38	55.66
洗衣机(台)	Washing Machine(unit)	35.55	42.14	46.21	56.32	57.47	59.78	63.85
电冰箱(台)	Refrigerator(unit)	19.40	26.26	38.13	50.77	57.03	62.69	72.53
摩托车(辆)	Motorcycle(unit)	49.67	63.30	75.22	84.67	87.53	89.45	92.58
黑白电视(台)	White-bread TV(unit)	42.09	30.00	13.85	4.62	3.41	2.42	2.25
彩色电视(台)	Color TV(unit)	73.02	88.57	109.67	115.00	119.01	122.53	128.85
照相机(架)	Camera(unit)	6.15	4.73	5.49	5.22	5.33	5.71	5.99
抽油烟机(台)	Smoke Absorber(unit)	3.96	8.02	9.62	15.05	16.48	18.68	20.38
空调机(台)	Air Conditioner(unit)	1.65	7.58	10.99	19.89	23.52	26.98	33.02
热水器(台)	Shower(unit)	19.29	28.96	41.37	50.38	57.42	59.84	65.55
微波炉(台)	Oven(unit)	2.69	4.56	14.07	19.62	20.49	21.92	26.54
电话机(台)	Telephone(unit)	41.85	86.70	94.18	87.64	84.67	81.59	78.41
移动电话(部)	Mobile Telephone(unit)	20.16	54.95	103.41	146.26	165.99	182.64	195.88
摄像机(台)	Pickup Camera(unit)	0.33	0.77	1.04	1.04	1.04	1.04	1.37
中高档乐器(件)	Medium and High Grade Musical Instrument(unit)	1.32	0.82	0.49	0.88	1.10	1.37	0.88
家用计算机(台)	Computer(set)		2.53	4.89	10.93	13.90	17.86	23.57
家用汽车(辆)	Automoile(unit)		0.77	0.82	1.37	1.70	2.36	3.24

7-16 农民家庭住房情况

Housing Conditions of Rural Households

项目 Item	2000	2003	2005	2007	2008	2009	2010
建房情况 Built House							
每人新建房屋面积（平方米）Per Capita Newly Built Floor Space Completed(sq.m)	0.91	0.97	0.93	1.36	1.25	1.39	1.08
#砖木结构 Brick and Wood Structure	0.09	0.04	0.21	0.19	0.18	0.06	0.15
钢筋混凝土结构 Reinforced Concrete Structure	0.77	0.93	0.68	1.15	1.05	1.34	0.93
每平方米新建房屋价值（元）Value of Newly Built House(yuan)	213.65	438.82	353.02	893.70	778.68	835.87	712.64
房屋拥有情况 House Using							
每人年末房屋拥有面积（平方米）Per Capita Floor Space of House at the year-end(sq.m)	32.14	35.96	40.15	44.50	46.13	46.76	49.34
#砖木结构 Brick and Wood Structure	10.34	7.19	11.42	12.32	10.97	11.66	11.95
钢筋混凝土结构 Reinforced Concrete Structure	13.25	24.44	21.38	25.51	28.31	30.15	30.24

7-17 平均每百户农民家庭主要生产用固定资产拥有量

Number of Major Fixed Assets for Production owned Per 100 Rural Households

单位：元 (yuan)

项目 Item	2000	2003	2005	2007	2008	2009	2010
年末生产用固定资产原值 Original Value of Productive Fixed Assets at the Year-end	**442779**	**483247**	**656501**	**742299**	**837060**	**921563**	**1026778**
农业 Agriculture	**209553**	**225862**	**420815**	**413916**	**462596**	**555983**	**670891**
#房屋及建筑物 House and Building	109873	120924	280012	254717	269716	308398	395854
役畜、产品畜 Draught Animals and Commodity Animals	26834	36187	44246	54124	77853	91959	99843
大中型铁木农具 Large and Medium Iron-wooden Farm Machinery	17893	21221	23520	28387	33362	33328	45885
农林牧渔业机械 Farming,Forestry,Animal Husbandry and Fishery Machinery	30920	45424	67890	66807	81665	96467	105533
工业 Industry	**90031**	**95968**	**34614**	**23909**	**40657**	**45237**	**41380**
#房屋及建筑物 House and Building	31788	29154	13412	4712	15604	4940	5632
生产设备 Productive Instruments	52923	51780	20048	13734	22203	17182	18379
建筑业 Construction	**5187**	**23398**	**16372**	**35388**	**16555**	**27614**	**30561**
交通运输业 Transport and Post	**61690**	**78173**	**89955**	**107390**	**111659**	**102875**	**127790**
批发和零售贸易餐饮业 Wholesale,Retail Trade and Catering Services	**15058**	**27107**	**67357**	**49151**	**69327**	**144898**	**123558**
社会服务业 Social Services	**13841**	**15962**	**7019**	**9107**	**15863**	**15186**	**21495**
文教卫生事业 Culture,Education and Health Care	**5681**	**6691**	**4967**	**4582**	**8038**	**7099**	**8753**
其他 Others	**41738**	**10086**	**15402**	**98856**	**10637**	**10001**	**2352**

7-18 平均每百户农民经营土地情况

Conditions of Land Operation Per 100 Rural Households

单位：公顷 (hectare)

项目 Item	2000	2003	2005	2007	2008	2009	2010
经营耕地面积 Area of Cultivated Land	22.54	20.03	21.70	21.39	21.38	23.32	23.21
经营山地面积 Hilly Area	12.80	11.31	20.61	33.29	32.95	32.48	32.48
经营园地面积 Area of Garden Plot	4.97	5.61	7.08	7.60	8.78	8.02	7.63
经营水面面积 Water Area	1.98	0.72	2.50	2.01	2.11	2.15	2.35
经营牧草地面积 Area of Grassland	0.04	0.02	0.03	0.01	...		

7-19 设区市城镇家庭基本情况(2010年)

地区 Area	平均每户家庭人口（人） Average Number of persons per Household (person)	平均每户就业人数（人） Average Number of Employed Persons Per Household (person)	平均每户就业面（%） Percentage of Employment Per Household (%)	平均每一就业者负担人数（人） Number of Persons Supported by Each Employee (person)	平均每人全年可支配收入（元） Per Capita Annual Disposable Income (yuan)
福州市 Fuzhou	3.08	1.7	54.9	1.82	22723
厦门市 Xiamen	3.00	1.7	56.3	1.78	29253
莆田市 Putian	3.49	2.1	59.3	1.69	19068
三明市 Sanming	2.95	1.6	54.9	1.82	18194
泉州市 Quanzhou	3.36	2.0	58.0	1.72	25155
漳州市 Zhangzhou	3.00	1.7	57.0	1.75	18482
南平市 Nanping	2.82	1.5	52.1	1.92	17332
龙岩市 Longyan	3.05	1.7	56.4	1.77	18406
宁德市 Ningde	3.10	1.7	55.2	1.81	16815

7-20 设区市农民家庭基本情况(2010年)

地区 Area	平均每户常住人口（人） Average Number of Permanent Residents Per Household (person)	平均每户整半劳动力（人） Average Number of Able-bodied and Semi-able-bodied Laborers Per Household (person)	平均每个劳动力负担人口（人） Average Number of Persons Supported by A Laborer (person)	平均每人总收入（元） Per Capita Total Income (yuan)	平均每人纯收入（元） Per Capita Net Income (yuan)	平均每人住房使用面积（平方米） Per Capita Use Living Space (sq.m)	平均每人总支出（元） Per Capita Total Expenditure (yuan)	平均每人生活消费支出 Per Capita Living Expenditures
福州市 Fuzhou	3.80	2.71	1.40	9715.42	8543.00	48.06	7452.28	6071.00
厦门市 Xiamen	4.01	2.85	1.41	11994.82	10033.00	67.09	9616.34	7523.00
莆田市 Putian	3.95	2.50	1.58	9013.85	7663.00	69.48	7224.37	5679.00
三明市 Sanming	4.09	2.98	1.37	8654.18	6949.00	45.98	6943.63	4862.00
泉州市 Quanzhou	4.12	2.95	1.40	10461.54	9296.00	51.01	7857.73	6782.00
漳州市 Zhangzhou	3.88	2.86	1.36	10954.70	7861.00	36.97	8915.75	5524.00
南平市 Nanping	3.58	2.60	1.38	8480.87	6759.00	47.82	7365.50	4991.00
龙岩市 Longyan	3.96	2.74	1.44	9508.65	6931.00	49.58	8431.62	5245.00
宁德市 Ningde	4.22	3.04	1.39	7717.08	6542.00	35.08	5988.68	4469.00

Basic Conditions of Urban Households by City ,2010

平均每人全年消费性支出（元/人） Per Capita Living Expenditures for Consumption	#食品 Food	#衣着 Clothing	#家庭设备用品及服务 Household Facilities Articles and Services	#居住 Residence
15778	6145	1468	1034	1536
19961	7275	1597	1307	2064
12621	5349	1050	877	1552
12273	4948	1211	781	1328
15955	6059	1307	1060	2158
12665	5333	1041	857	1155
11284	4948	1134	651	971
14483	5456	1214	1128	1361
11090	4662	1123	648	1026

Basic Conditions of Rural Households by City ,2010

食品 Food	衣着 Clothing	居住 Residence	家庭设备用品及服务 Household, Facilities, and Services Articles	医疗保健 Medicines and Health Care	交通及通讯 Transport and Communication	文教娱乐用品及服务 Cultural,Educational and Recreational Articles and Services	其他商品和服务 Other Commodities and Services	平均每人生产费用支出 Per Lapita Productive Expenditure
2761.00	410.00	910.00	335.19	323.45	643.91	527.59	159.48	944.47
3109.00	424.00	1320.00	443.67	221.78	1066.61	732.12	206.48	1836.86
2648.00	277.00	1014.00	335.90	329.63	592.18	329.66	152.15	1213.47
2244.00	308.00	685.00	229.46	258.52	522.28	517.03	96.57	1581.28
2868.00	408.00	1134.00	383.31	273.95	960.09	522.56	232.56	869.15
2577.00	254.00	1103.00	364.41	152.73	557.73	361.23	153.39	3036.93
2268.00	338.00	854.00	235.05	248.37	484.74	480.16	84.10	1665.45
2403.00	262.00	760.00	272.81	279.21	640.33	496.35	131.24	2340.23
2113.00	292.00	772.00	182.37	185.06	416.32	406.22	102.39	1096.68

主要统计指标解释

城镇就业者负担人数　指家庭人口与就业人口之比。

城镇家庭总收入　指家庭成员得到的工薪收入、经营净收入、财产性收入、转移性收入之和，不包括出售财物收入和借贷收入。

城镇家庭可支配收入　指家庭成员得到可用于最终消费支出和其它非义务性支出以及储蓄的总和，即居民家庭可以用来自由支配的收入。它是家庭总收入扣除交纳的所得税、个人交纳的社会保障支出以及记账补贴后的收入。计算公式为：

可支配收入=家庭总收入-交纳所得税-个人交纳的社会保障支出-记帐补贴

城镇家庭消费性支出　指家庭用于日常生活的支出，包括食品、衣着、家庭设备用品及服务、医疗保健、交通和通信、娱乐教育文化服务、居住、杂项商品和服务等八大类支出。

城镇家庭服务性消费支出　指家庭用于支付社会提供的各种非商品性服务费用。

城镇家庭收入分组方法　将所有调查户依户人均可支配收入由低到高排队，按10%，10%，20%，20%，20%，10%，10%的比例依次分成：最低收入户、低收入户、中等偏下收入户、中等收入户、中等偏上收入户、高收入户、最高收入户等七组。总体中最低5%的户为困难户。

农村家庭经营收入　指农村住户以家庭为生产经营单位进行生产筹划和管理而获得的收入。农村住户家庭经营活动按行业划分为农业、林业、牧业、渔业、工业、建筑业、交通运输业邮电业、批发和零售贸易餐饮业、社会服务业、文教卫生业和其他家庭经营。

财产性收入　指金融资产或有形非生产性资产的所有者向其他机构单位提供资金或将有形非生产性资产供其支配，作为回报而从中获得的收入。

转移性收入　指农村住户和住户成员无须付出任何对应物而获得的货物、服务、资金或资产所有权等，不包括无偿提供的用于固定资本形成的资金。一般情况下，是指农村住户在二次分配中的所有收入。

现金收入　指农村住户和住户成员在调查期内得到以现金形态表现的收入。按来源分成工资性收入、家庭经营现金收入、财产性收入、转移性收入。

农村家庭纯收入　指农村住户当年从各个来源得到的总收入相应地扣除所发生的费用后的收入总和。计算方法：

纯收入=总收入-税费支出-家庭经营费用支出-税费支出-生产性固定资产折旧-调查补贴-赠送农村外部亲友支出

纯收入主要用于再生产投入和当年生活消费支出，也可用于储蓄和各种非义务性支出。“农民人均纯收入”按人口平均的纯收入水平，反映的是一个地区或一个农户农村居民的平均收入水平。

恩格尔系数　指食物支出金额在消费性总支出金额中所占的比例。计算公式为：

恩格尔系数=食品支出金额/消费性总支出金额×100%

Explanatory Notes on Main Statistical Indicators

Number of Dependents per Urban Employee refers to the ratio between number of persons in an urban household and the number of employed persons.

Total Income of Urban Households refers to the sum of wage and salary, net business income, income from properties, and income from transfers of members of the households, excluding income from selling of properties and income from borrowings.

Disposable Income of Urban Households refers to the actual income at the disposal of members of the households which can be used for final consumption, other non-compulsory expenditure and savings. This equals to total income minus income tax, personal contribution to social security and sample household subsidy for keeping diaries. Following formula is used:

Disposable income = total household income - income tax - personal contribution to social security - sample household subsidy for keeping diaries

Consumption Expenditure of Urban Households refers to total expenditure of the sample households for consumption in daily life, including expenditure on eight categories such as food, clothing, household appliances and services, health care and medical services, transport and communications, recreation, education and cultural services, housing, miscellaneous goods and services.

Expenditure of Urban Households on Consumption of Services refers to expenditure of households on services of various kinds provided by the society.

Urban Households by Income Group All households in the sample are grouped, by per capita disposable income of the household, into groups of lowest income, low income, lower middle income, middle income, upper middle income, high income and highest income, each group consisting of 10%, 10%, 20%, 20%, 20%, 10% and 10% of all households respectively. The lowest 5% of households are also referred to as poor households.

Income from Rural Household Operations refers to income by the rural households as units of production and operations. Operations by rural households are classified by economic activities as agriculture, forestry, animal husbandry, fishery, manufacturing, construction, transportation, post and telecommunications, wholesale, retail and catering, social service, culture, education, health, and other household operations.

Income from Properties refers to the income received as returns by owners of financial assets or tangible non-productive assets by providing capitals or tangible non-productive assets to other institutional units.

Income from Transfers refers to the receipt by rural households and their members of goods, services, capital or rights of assets without giving or repaying accordingly, excluding capital provided to them for the formation of fixed assets. In general, it refers to all income received by rural households through redistribution.

Cash Income refers to income received by rural households and their members in the form of cash during the reference period. It is classified, by source of income, into income from wages and salaries, cash income from household operations, income from properties and income from transfers.

Net Income from Rural household refers to the total income of rural households from all sources minus all corresponding expenses. The formula for calculation is as follows:

Net income = total income – taxes and fees paid - household operation expenses – taxes and fees – depreciation of fixed assets for production – subsidy for participating in household survey – gifts to non-rural relatives

Net income is mainly used as input for reproduction and as consumption expenditure of the year, and also used for savings and non-compulsory expenses of various forms.Per capita net income of farmers is the level of net income averaged by population which reflects the average income level of rural households in a given area.

Engel Coefficient refers to the percentage of expenditure on food in the total consumption expenditure,using the following formula:

Engel Coefficient=(expenditure on food/total consumption expenditure)×100%

第八篇　价格指数

Chapter 8　Price Indices

资料整理：郭晓洁 金秋江 李映

Datebase Editor: Guoxiaojie Jinqiujiang Liying

简 要 说 明

本篇资料的主要内容及来源

本篇资料反映全省生产、投资、流通、消费等环节价格变动状况，主要包括居民消费、商品零售、生产资料、工业品出厂、原材料燃料动力购进、固定资产投资、房地产等价格指数。

居民消费、商品零售和农业生产资料价格指数来源于流通和消费价格统计调查年报，由国家统计局福建调查总队消费价格调查处整理提供。

工业品出厂、原材料燃料动力购进、固定资产投资、房地产等价格指数来源于工业品、固定资产投资、房地产价格统计调查，由国家统计局福建调查总队生产价格调查处整理提供。

Brief Introduction

Main Content and Source of Data

Data on the price indices in this chapter show the changing trend in production, investment, circulation and consumption, including mainly consumer price indices of residents, retail price indices, price indices of means of production, production price indices of industrial products, purchasing price indices of raw materials, fuels and power, price indices of investment in fixed assets and real estate price indices.

Data on consumer price indices of residents, retail price indices and price indices of agricultural means of production are based on yearly report on consumer price and are provided by the Division of Consumer Price Survey of Survey Office of the National Bureau of Statistics in Fujian。

Data on production price indices of industrial products, purchasing price indices of raw materials, fuels and power, price indices of investment in fixed assets and real estate price indices are based on yearly report on production price and are provided by the Division of Production Price Survey of Survey Office of the National Bureau of Statistics in Fujian.

8-1 主要年份各种价格指数

Price Indices in Seletcted Year

单位：以上年为100 (preceding year=100)

年份 Year	居民消费价格指数 Consumer Price Index	城市 Urban	农村 Rural	商品零售价格指数 Retail Price Index	农业生产资料价格指数 Price Index of Agricultural Means of Production	工业品出厂价格指数 Ex-Factory Price Indices of Industrial Products	原材料、燃料、动力购进价格指数 Purchasing Price Index for Raw Material,Fuel and Power	固定资产投资价格总指数 Price Index for Investment in Fixed Assets
1951	106.6	107.8	105.8	107.3	102.9			
1952	98.0	97.6	99.2	97.9	99.8			
1957	100.5	100.8	100.3	100.5	98.8			
1962	101.8	100.5	102.6	101.6	117.8			
1965	95.2	94.4	95.7	95.0	93.4			
1970	98.9	99.0	98.9	99.0	100.3			
1975	100.1	100.1	100.1	100.2	100.2			
1978	100.2	100.4	100.1	100.3	100.1			
1979	102.8	102.7	102.9	103.0	100.4			
1980	105.3	106.3	104.6	105.6	101.0			
1981	102.7	104.0	101.9	103.6	103.3			
1982	103.4	103.1	103.6	103.6	104.4			
1983	101.3	102.0	100.9	101.3	103.0			
1984	102.1	102.8	101.1	101.6	103.8			
1985	111.3	114.0	107.5	111.4	105.6			
1986	106.5	106.9	105.4	106.3	102.5			
1987	109.4	110.6	107.9	109.7	106.8			
1988	126.5	127.0	126.0	127.4	121.5			
1989	118.9	118.8	118.9	118.6	119.5			
1990	99.3	100.1	98.6	98.6	100.3			
1991	103.5	104.6	102.4	103.3	105.1			108.6
1992	105.9	108.0	104.1	105.5	102.2	102.7	109.3	114.9
1993	115.4	116.8	114.2	113.8	111.4	117.1	129.6	134.1
1994	125.3	125.1	125.5	123.0	117.8	116.9	115.2	107.3
1995	115.2	116.4	114.4	114.4	120.2	115.7	119.6	104.8
1996	105.9	106.9	105.4	104.5	106.2	101.8	104.3	104.7
1997	101.7	102.5	101.3	99.8	99.5	100.3	98.6	101.1
1998	99.7	100.0	99.5	98.5	94.6	95.7	92.5	98.0
1999	99.1	98.7	99.2	96.5	96.1	96.6	97.9	98.5
2000	102.1	103.2	101.3	98.9	97.4	100.5	112.4	100.2
2001	98.7	98.3	99.3	98.0	98.7	98.1	96.7	99.5
2002	99.5	99.2	99.8	98.3	99.9	97.6	97.6	99.7
2003	100.8	100.7	101.0	99.1	101.8	100.7	106.3	101.4
2004	104.0	103.8	104.3	102.7	112.5	102.6	113.3	103.4
2005	102.2	101.9	102.8	100.6	108.1	100.2	108.1	100.7
2006	100.8	101.1	100.3	100.5	100.9	99.2	103.9	102.0
2007	105.2	105.1	105.4	104.3	110.3	100.8	104.3	105.9
2008	104.6	104.5	104.6	105.7	123.6	102.7	110.2	105.9
2009	98.2	98.3	97.9	97.9	93.3	95.5	93.2	98.0
2010	103.2	103.1	103.4	103.4	102.4	103.2	107.7	103.3

8–2 各种价格总指数(1979–2010年)

Price Indices(1979-2010)

单位：以1978年为100　　(year of 1978=100)

年份 Year	居民消费价格指数 Consumer Price Index	城市 Urban	农村 Rural	商品零售价格指数 Retail Price Index	农业生产资料价格指数 Price Index of Agricultural Means of Production
1979	102.8	102.7	102.9	103.0	100.4
1980	108.2	109.2	107.6	108.8	101.4
1981	111.2	113.5	109.7	112.7	104.8
1982	115.0	117.1	113.6	116.7	109.4
1983	116.4	119.4	114.6	118.3	112.6
1984	118.9	122.7	115.9	120.2	116.9
1985	132.3	139.9	124.6	133.8	123.5
1986	140.9	149.6	131.3	142.3	126.6
1987	154.2	165.4	141.7	156.1	135.2
1988	195.0	210.1	178.6	198.8	164.2
1989	231.9	249.8	212.3	235.8	196.2
1990	230.3	250.1	209.3	232.5	196.8
1991	238.3	261.6	214.3	240.2	206.9
1992	252.4	282.5	223.1	253.4	211.4
1993	291.3	329.9	254.8	288.4	235.5
1994	364.9	412.8	319.8	354.7	277.4
1995	420.4	480.5	365.9	405.8	333.5
1996	445.2	513.6	385.6	424.1	354.2
1997	452.8	526.4	390.6	423.2	352.4
1998	451.4	526.4	388.7	416.9	333.4
1999	447.4	519.6	385.6	402.3	320.4
2000	456.8	536.2	390.6	397.8	312.1
2001	450.9	527.1	387.8	389.9	308.0
2002	448.6	522.9	387.1	383.3	307.7
2003	452.2	526.6	390.9	379.8	313.2
2004	470.3	546.6	407.7	390.1	352.4
2005	480.6	557.0	419.1	392.4	380.9
2006	484.4	563.1	420.4	394.4	384.3
2007	509.6	591.8	443.1	411.4	423.9
2008	533.0	618.4	463.5	434.8	523.9
2009	523.3	607.9	453.9	425.5	488.9
2010	540.2	627.0	469.5	439.8	500.4

8-3 居民消费价格分类指数

Consumer Price Indices by Category

单位：以1978年为100 (year of 1978=100)

项目 Item	2000	2003	2005	2007	2008	2009	2010
居民消费价格指数 Consumer Price Index	**456.8**	**452.2**	**480.6**	**509.6**	**533.0**	**523.3**	**540.2**
食品 Food	590.9	586.5	668.5	765.1	866.9	858.6	925.5
烟酒及用品 Totacco and Artides	252.5	255.5	257.9	262.0	269.6	275.3	279.1
衣着 Clothing	200.3	181.3	171.8	168.2	159.5	153.6	146.9
家庭设备用品及维修服务 Household Facilities,Articles and Services	204.4	188.7	185.3	190.0	196.1	196.7	195.2
医疗保健和个人用品 Medicine and Medical Services	507.3	506.6	489.0	500.7	514.7	521.4	537.7
交通和通讯 Transport,Post and Communication Services	390.9	361.6	344.8	342.4	337.6	327.2	325.6
娱乐教育文化用品及服务 Recreation,Education and Cultural Services	371.2	401.2	434.8	418.8	389.1	382.7	383.6
居住 Residence	549.9	560.8	624.1	686.1	723.8	686.4	723.8

8-4 居民消费价格指数(2010年)

Consumer Price Indices(2010)

单位：以上年为100 (preceding year=100)

项目 Item	全省 Province	城市 Urban	农村 Rural
居民消费价格指数 Consumer Price Index	**103.2**	**103.1**	**103.4**
一、按商品和非商品分 By Good			
消费品价格指数 Consumption Price Index	103.8	103.7	104.1
服务项目价格指数 Services Price Index	101.2	101.2	101.3
二、按类别分 By Category			
食品 Food	107.8	107.9	107.5
烟酒及用品 Tobacco and Artides	101.4	101.6	101.0
衣着 Clothing	95.7	95.6	95.7
家庭设备用品及维修服务 Household Facilities,Articles and Services	99.2	99.0	99.9
医疗保健和个人用品 Medicine and Medical Services	103.1	103.2	103.0
交通和通讯 Transport,Post and Communication Services	99.5	99.2	100.3
娱乐教育文化用品及服务 Recreation,Education and Cultural Services	100.2	100.2	100.4
居住 Residence	105.4	104.9	106.9

8-5 居民消费价格分类指数

Consumer Price Indices by Category

单位：以上年为100 (preceding year=100)

项目	Item	2000	2003	2005	2007	2008	2009	2010
居民消费价格指数	**Consumer Price Index**	**102.1**	**100.8**	**102.2**	**105.2**	**104.6**	**98.2**	**103.2**
1.食品	**Food**	**98.4**	**102.0**	**103.7**	**112.2**	**113.3**	**99.0**	**107.8**
#粮食	Grain	88.8	106.7	99.8	106.7	105.1	103.0	117.0
淀粉	Oil or Fat	99.1	99.0	104.4	106.5	112.4	103.0	113.3
干豆类及豆制品	Starches and Tubers	101.1	104.2	102.7	109.5	131.6	99.1	111.8
油脂	Bean and Its Products	95.5	110.5	96.5	122.1	121.5	80.4	101.6
肉禽及其制品	Meal,Poultry and Their Products	97.0	101.7	103.7	128.4	120.8	90.0	102.3
蛋	Eggs	83.6	96.5	103.6	123.2	103.8	102.0	108.3
水产品	Aquatic Products	101.5	100.1	106.0	106.0	108.8	103.1	108.6
菜	Vegetables	109.8	100.9	111.0	110.2	112.6	104.7	121.2
调味品	Flavoring	98.6	98.6	100.3	102.2	104.7	103.9	104.3
糖	Sugar	112.0	94.8	103.5	102.3	102.2	102.0	107.9
茶及饮料	Tea and Drink	98.5	99.6	99.8	99.3	102.1	100.7	98.7
干鲜瓜果	Dride and Fresh Melons and Fruits	102.7	108.8	104.8	101.2	108.5	109.3	115.5
糕点饼干	Cake	100.4	100.1	99.5	102.4	108.9	103.4	101.5
液体乳及乳制品	Milk and Daily Products	99.5	98.4	98.1	100.5	114.0	100.1	100.4
在外用膳食品	Dining out	99.5	99.7	102.5	108.5	112.1	101.6	103.2
其他食品	Others	98.1	99.4	99.7	103.1	106.7	104.8	101.3
2.烟酒及用品	**Tobacco and Artides**	**100.8**	**100.4**	**99.8**	**101.0**	**102.9**	**102.1**	**101.4**
3.衣着	**Clothing**	**98.5**	**96.5**	**97.1**	**100.6**	**94.8**	**96.3**	**95.7**
#服装	Garments	98.1	96.3	96.4	101.2	95.3	96.4	96.0
衣着材料	Clothing material	99.3	98.8	100.5	103.4	103.3	100.5	103.4
鞋袜帽	Footgear and Hats	99.1	96.7	98.2	98.5	91.7	95.5	93.6
衣着加工服务费	Tailoring and Laundering Service Fees	100.4	102.0	102.1	104.0	115.5	103.5	102.4
4.家庭设备用品及维修服务费	**Household Facilities, Articles and Services**	**98.7**	**97.3**	**99.6**	**101.6**	**103.2**	**100.3**	**99.2**
#耐用消费品	Durable Consumer Goods	96.6	95.3	98.3	101.7	100.6	97.9	98.1
室内装饰品	Room Decorate	99.2	99.1	99.2	100.9	98.8	99.3	99.0
床上用品	Bed Using	99.2	96.3	98.4	97.9	101.1	101.1	97.5
家庭日用杂品	Daily Use Household Articles	98.3	99.1	100.2	99.3	105.8	102.0	100.2
5.医疗保健和个人用品	**Health Cares**	**107.9**	**98.7**	**98.8**	**102.7**	**102.8**	**101.3**	**103.1**
6.交通和通信	**Transportation and Communication**	**96.4**	**97.3**	**97.7**	**100.0**	**98.6**	**96.9**	**99.5**
#交通	Transportation	98.5	98.8	100.8	102.2	104.7	99.2	101.7
通信	Communication	94.5	96.2	95.4	98.3	94.0	95.1	97.9
7.娱乐教育文化用品及服务	**Recreation,Education and Culture Articles**	**120.6**	**104.3**	**104.7**	**99.1**	**92.9**	**98.3**	**100.2**
#文娱用耐用消费品及服务	Durable Consumer Goods for Recreation Use	92.3	92.3	94.7	96.0	95.4	90.6	95.3
教育	Education	170.7	110.0	109.6	98.8	87.3	100.3	100.6
文化娱乐用品	Cultural and Recreation Articles	99.5	100.7	101.4	101.4	100.9	103.0	100.6
8.居住	**Residence**	**106.7**	**102.8**	**106.8**	**104.2**	**105.5**	**94.8**	**105.4**
#建房及装修材料	Building Materials	98.9	98.9	101.7	105.1	105.4	98.1	104.8
水、电、燃料	Water,Electricity ,Fuels	110.1	107.6	112.0	102.7	105.8	93.5	106.4

8–6 城市居民消费价格分类指数

Consumer Price Indices of Urban Households by Category

单位：以上年为100 (preceding year=100)

项目	Item	2000	2003	2005	2007	2008	2009	2010
居民消费价格指数	**Consumer Price Index**	**103.2**	**100.7**	**101.9**	**105.1**	**104.5**	**98.3**	**103.1**
1.食品	**Food**	**98.7**	**101.8**	**103.7**	**111.4**	**113.9**	**99.5**	**107.9**
#粮食	Grain	90.0	107.1	99.9	106.8	105.9	103.7	117.0
淀粉	Oil or Fat	98.8	97.5	105.3	104.7	114.6	104.5	114.0
干豆类及豆制品	Starches and Tubers	99.9	105.7	102.5	109.4	131.7	99.8	112.2
油脂	Bean and Its Products	94.8	110.8	96.8	121.3	123.4	80.1	101.9
肉禽及其制品	Meal,Poultry and Their Products	96.2	101.6	102.3	129.3	122.6	90.1	102.4
蛋	Eggs	83.5	95.5	103.5	124.0	103.0	101.6	109.2
水产品	Aquatic Products	103.3	100.0	106.4	104.9	107.7	103.5	108.5
菜	Vegetables	107.8	99.9	110.9	109.1	114.9	103.8	120.4
调味品	Flavoring	97.6	99.1	100.5	103.3	106.1	104.4	104.8
糖	Sugar	106.9	94.9	103.2	102.9	103.7	102.0	106.8
茶及饮料	Tea and Drink	98.0	99.3	99.5	98.1	102.9	100.7	98.2
干鲜瓜果	Dride and Fresh Melons and Fruits	101.8	109.2	105.3	99.6	108.2	110.4	115.6
糕点饼干	Cake	101.8	100.1	99.5	102.7	108.0	103.1	101.3
液体乳及乳制品	Milk and Daily Products	99.9	98.1	97.8	100.4	113.4	99.8	100.8
在外用膳食品	Dining out	97.4	99.2	102.9	108.6	113.6	102.0	103.8
其他食品	Others	100.8	100.4	101.1	104.1	107.5	104.6	102.1
2.烟酒及用品	**Tobacco and Articles**	**98.6**	**100.2**	**99.6**	**101.7**	**103.4**	**102.3**	**101.6**
3.衣着	**Clothing**	**97.8**	**95.8**	**96.3**	**102.4**	**94.6**	**96.6**	**95.6**
#服装	Garments	97.4	96.0	95.8	103.1	95.2	96.9	96.2
衣着材料	Clothing material	99.2	98.8	99.9	105.7	104.8	100.4	102.9
鞋袜帽	Footgear and Hats	98.7	94.6	97.2	99.7	91.0	95.3	93.0
衣着加工服务费	Tailoring and Laundering Service Fees	100.5	102.0	101.3	101.0	122.8	103.4	101.6
4.家庭设备用品及维修服务费	**Household Facilities, Articles and Services**	**100.0**	**96.7**	**99.2**	**100.6**	**102.9**	**100.8**	**99.0**
#耐用消费品	Durable Consumer Goods	98.7	94.3	97.7	101.0	100.3	98.5	97.8
室内装饰品	Room Decorate	99.9	99.0	98.9	100.1	97.4	100.3	98.5
床上用品	Bed Using	98.2	94.0	97.4	96.3	101.2	101.4	97.5
家庭日用杂品	Daily Use Household Articles	98.1	98.8	100.4	99.3	105.9	102.6	100.0
5.医疗保健和个人用品	**Health Cares**	**112.8**	**97.3**	**98.6**	**103.1**	**102.8**	**101.7**	**103.2**
6.交通和通信	**Transportation and Communication**	**96.9**	**96.5**	**96.9**	**99.3**	**98.0**	**96.6**	**99.2**
#交通	Transportation	99.5	98.2	101.1	101.8	104.4	99.1	101.3
通信	Communication	96.2	95.6	94.8	97.8	94.3	94.9	97.9
7.娱乐教育文化用品及服务	**Recreation,Education and Culture Articles**	**115.1**	**104.6**	**103.8**	**98.2**	**91.4**	**98.0**	**100.2**
#文娱用耐用消费品及服务	Durable Consumer Goods for Recreation Use	92.7	92.7	94.0	95.2	95.4	91.2	95.2
教育	Education	187.4	113.2	110.1	96.7	83.2	99.7	100.6
文化娱乐用品	Cultural and Recreation Articles	100.9	101.0	101.9	101.7	100.9	102.7	100.7
8.居住	**Residence**	**107.5**	**104.6**	**106.2**	**104.7**	**104.8**	**94.6**	**104.9**
#建房及装修材料	Building Materials	99.0	98.6	101.9	104.2	104.6	98.4	104.5
水、电、燃料	Water,Electricity ,Fuels	108.3	110.1	108.7	103.6	104.9	94.1	105.5

8-7 农村居民消费价格指数

Consumer Price Indices Rural Households by Category

单位：以上年为100 (preceding year=100)

项目	Item	2000	2003	2005	2007	2008	2009	2010
居民消费价格指数	**Consumer Price Index**	**101.3**	**101.0**	**102.8**	**105.4**	**104.6**	**97.9**	**103.4**
1.食品	**Food**	**98.1**	**102.2**	**103.7**	**113.6**	**112.0**	**98.0**	**107.5**
#粮食	Grain	88.3	106.1	99.6	106.5	103.7	101.4	117.1
淀粉	Bean and Its Products	99.0	100.7	103.2	109.3	107.7	99.3	110.9
干豆类及豆制品	Starches and Tubers	101.5	103.1	102.9	109.7	130.6	97.7	110.6
油脂	Oil or Fat	95.9	110.1	96.2	123.2	119.0	81.2	101.0
肉禽及其制品	Meal,Poultry and Their Products	97.5	101.8	105.3	127.2	117.8	90.0	102.1
蛋	Eggs	83.7	97.9	103.8	122.1	105.2	103.1	106.0
水产品	Aquatic Products	100.2	100.5	105.1	108.7	111.2	101.7	109.2
菜	Vegetables	111.1	102.8	111.5	112.1	108.1	107.9	123.6
调味品	Flavoring	99.1	98.2	100.2	100.6	102.6	103.0	103.1
糖	Sugar	114.0	94.8	103.8	101.5	100.0	102.4	110.4
茶及饮料	Tea and Drink	98.9	100.2	100.9	101.8	99.9	100.9	100.6
干鲜瓜果	Dride and Fresh Melons and Fruits	103.3	107.9	103.4	105.0	108.2	105.5	115.5
糕点饼干	Cake	98.8	100.1	99.6	101.8	110.9	103.9	102.0
液体乳及乳制品	Milk and Daily Products	99.3	99.4	99.4	100.7	115.2	101.0	98.6
在外用膳食品	Dining Out	101.8	100.3	101.9	108.4	109.2	100.5	101.6
其他食品	Others	97.0	99.1	98.9	102.3	105.4	104.9	99.8
2.烟酒及用品	**Tobacco and Articles**	**101.5**	**100.7**	**100.1**	**100.4**	**102.1**	**101.9**	**101.0**
3.衣着	**Clothing**	**98.8**	**97.3**	**98.2**	**97.9**	**95.0**	**95.7**	**95.7**
#服装	Garments	98.5	96.6	97.5	98.1	95.3	95.3	95.5
衣着材料	Clothing material	99.4	98.8	101.0	100.8	101.6	100.6	104.6
鞋袜帽	Footgear and Hats	99.3	98.8	99.3	96.8	92.9	96.6	95.4
衣着加工服务费	Tailoring and Laundering Service Fees	100.2	101.9	103.5	108.3	101.1	104.3	104.4
4.家庭设备用品及维修服务费	**Household Facilities, Articles and Services**	**98.2**	**98.0**	**100.3**	**103.1**	**103.4**	**99.1**	**99.9**
#耐用消费品	Durable Consumer Goods	95.4	96.6	99.1	102.8	100.9	96.9	99.1
室内装饰品	Room Decorate	98.6	99.1	100.0	102.2	101.3	97.2	100.4
床上用品	Bed Using	99.7	99.3	100.0	100.3	100.3	100.7	97.4
家庭日用杂品	Daily Use Household Articles	98.4	99.3	100.0	99.2	105.5	100.5	100.8
5.医疗保健和个人用品	**Health Cares and Individual Articles**	**107.8**	**100.1**	**99.0**	**102.2**	**102.7**	**100.6**	**103.0**
6.交通和通信	**Transportation and Communication**	**95.4**	**98.3**	**98.7**	**101.0**	**99.5**	**97.6**	**100.3**
#交通	Transportation	98.1	99.3	100.5	102.6	105.1	99.4	102.5
通信	Communication	92.7	97.3	96.8	99.1	93.3	95.6	97.8
7.娱乐教育文化用品及服务	**Recreation,Education and Culture Articles**	**121.8**	**104.0**	**105.9**	**100.4**	**95.8**	**99.0**	**100.4**
#文娱用耐用消费品及服务	Durable Consumer Goods for Recreation Use	92.0	91.9	96.0	97.2	95.3	89.5	95.7
教育	Education	157.3	107.9	109.2	101.3	93.9	101.2	100.7
文化娱乐用品	Cultural and Recreation Articles	98.7	100.1	100.1	100.8	101.0	103.8	100.2
8.居住	**Residence**	**106.0**	**100.9**	**107.5**	**103.4**	**106.9**	**95.1**	**106.9**
#建房及装修材料	Building Materials	98.8	99.0	101.5	105.9	106.0	97.6	105.4
水、电、燃料	Water,Electricity ,Fuels	111.3	103.7	118.9	101.3	107.7	91.6	110.2

8-8 农业生产资料价格指数

Price Indices of Means Agriculture Production

单位：以上年为100 (preceding year=100)

项目	Item	2000	2003	2005	2007	2008	2009	2010
总指数	**General Index**	**97.4**	**101.8**	**108.1**	**110.3**	**123.6**	**93.3**	**102.4**
1.农用手工工具	Small Farm Tools	102.0	102.5	107.2	103.2	111.2	104.2	101.5
2.饲料	Forage	94.3	101.8	102.8	109.4	116.0	97.9	105.5
3.幼禽家畜	Young Livestock & Fowls	112.3	103.3	102.5	137.3	124.9	82.6	107.8
4.半机械化农具	Semi-Mechanized Farm Tools	98.9	101.7	100.0	102.6	102.3	99.9	101.0
5.机械化农具	Mechanized Farm Machinery	98.4	98.8	103.0	101.5	107.7	100.6	101.5
6.化学肥料	Chemical Fertilizer	92.1	102.4	114.1	107.5	140.9	88.2	97.4
7.农药及农药械	Pesticide & Its Appliances	95.1	98.4	108.5	103.6	117.3	96.9	100.3
#化学农药	Chemical Pesticide	94.9	98.0	109.4	104.1	117.8	96.8	100.4
农药械	Pesticide Appliances	95.8	100.2	104.3	99.3	111.9	97.4	99.6
8.农机用油	Oil for Farm Machinery	126.2	110.6	110.2	105.6	114.8	90.9	109.3

8-9 固定资产投资价格指数

Price Indices for Investment in Fixed Assets

单位：以上年为100 (preceding year=100)

项目	Item	2000	2003	2005	2007	2008	2009	2010
总指数	**General Index**	**100.2**	**101.4**	**100.7**	**105.9**	**105.9**	**98.0**	**103.3**
一、建筑安装工程	**Construction and Installation**	**102.4**	**104.2**	**101.1**	**107.1**	**108.5**	**97.4**	**104.9**
人工费	Labors	108.5	102.2	104.9	110.6	107.7	102.6	107.0
材料费	Materials	102.0	105.2	99.8	107.1	109.8	94.5	104.7
#钢材	Steel Products	103.1	110.1	98.8	106.9	115.2	87.7	105.6
水泥	Cement	99.5	103.0	96.7	108.5	105.2	98.7	104.3
机械费	Instruments	100.2	102.4	100.1	103.2	104.0	100.4	102.2
二、设备工器具购置	**Purchase of Equipment,Tools And Instruments**	**94.9**	**95.4**	**97.6**	**99.6**	**100.0**	**96.6**	**99.8**
三、其他费用	**Others**	**98.8**	**101.2**	**102.8**	**109.2**	**104.9**	**101.0**	**102.4**

8-10 工业企业原材料 燃料 动力购进价格指数

Purchasing Price Indices of Raw Materials, Fuels and Power for Industrial Enterprises

单位：以上年为100 (preceding year=100)

项目 Item	2000	2003	2005	2007	2008	2009	2010
总 指 数 General Index	**112.4**	**106.3**	**108.1**	**104.3**	**110.2**	**93.2**	**107.7**
1.燃料、动力类 Fuel and Power	137.2	109.1	125.6	102.3	126.8	90.6	108.1
2.黑色金属材料类 Ferrous Metals Material	102.4	116.5	103.5	110.2	120.9	83.3	113.5
#钢材 Steel	103.6	113.7	106.4	107.7	116.9	83.1	109.6
3.有色金属材料和电线类 Nonferrous Metals Material and Wire	109.9	104.6	111.3	107.9	99.8	88.8	116.6
4.化工原料类 Raw Chemical Materials	112.2	108.5	106.1	106.3	112.4	83.9	110.8
5.木材及纸浆类 Timber and Paper Pulp	97.5	101.6	100.7	102.7	105.4	91.8	99.4
6.建筑材料及非金属矿类 Building Materials and Nonmetal Minerals	97.0	100.9	105.9	102.7	109.6	97.8	102.8
7.其他工业原材料及半成品类 Other Industrial Raw and Semi-products	105.6	100.9	104.8	102.3	102.6	99.4	101.9
8.农副产品类 Agricultural Products	96.2	113.3	94.0	111.5	109.5	97.3	117.8
9.纺织原料类 Textile Materials	107.8	102.0	102.9	102.0	99.7	98.5	106.9

8-11 工业品出厂价格指数

Ex-Factory Price Indices of Industrial Products

单位：以上年为100 (preceding year=100)

项目	Item	2000	2003	2005	2007	2008	2009	2010
总指数	**Price Index**	**100.5**	**100.7**	**100.2**	**100.8**	**102.7**	**95.5**	**103.2**
按轻重分	**By Light and Heavy Industry**							
轻工业	Light Industry	99.9	99.3	98.4	99.9	100.6	96.9	101.5
以农产品为原料	Using Farm Products as Raw Materials	100.9	100.8	100.5	102.2	103.0	98.8	102.5
以非农产品为原料	Using Non-farm Products as Raw Materials	97.7	98.4	97.4	98.0	98.7	95.1	100.6
重工业	Heavy Industry	101.2	103.9	104.7	102.8	107.0	92.7	106.9
采掘工业	Mining and Quarrying	107.5	103.3	123.4	108.0	113.7	90.6	121.1
原料工业	Raw Materials Industry	103.4	106.5	107.8	102.3	107.3	95.3	107.9
加工工业	Manufacturing Industry	97.6	101.3	100.9	102.6	106.0	91.1	104.1
按两大部类分	**By Two Parts**							
生产资料	Means of Production	101.6	101.3	100.9	100.7	102.9	93.3	104.1
采掘工业	Mining and Quarrying	107.5	103.3	123.4	108.0	113.7	90.6	121.1
原料工业	Raw Materials Industry	104.3	107.1	107.5	102.6	105.8	94.5	108.9
加工工业	Manufacturing Industry	97.4	98.8	98.4	99.8	101.4	93.0	101.7
生活资料	Consumer Goods	98.7	99.7	99.1	101.1	102.3	99.4	101.7
食品	Food	98.5	100.4	98.4	103.8	104.9	98.2	104.7
衣着	Clothing	101.8	100.4	101.7	101.3	102.0	100.4	100.9
一般日用品	Articles for Daily Use	94.9	100.1	101.3	101.6	102.5	99.8	100.9
耐用消费品	Durable Consumer Goods	94.2	97.6	93.0	95.3	97.7	98.2	98.7
按工业部门分	**By Departments**							
冶金工业	Metallurgical Industry	100.8	110.5	104.3	108.1	112.6	83.2	113.0
电力工业	Power Industry	95.3	102.1	103.5	100.4	101.3	103.4	100.3
煤炭及炼焦工业	Coal and Coking Industry	114.1	99.7	137.3	101.1	121.0	101.3	108.4
石油工业	Petroleum Industry	138.4	114.8	123.5	103.9	119.5	88.5	124.4
化学工业	Chemical Industry	100.3	102.5	104.6	103.3	103.8	91.7	107.1
机械工业	Machine Building Industry	94.9	95.3	95.1	96.0	97.5	94.4	98.5
建筑材料工业	Building Materials Industry	95.8	101.7	98.5	101.7	101.4	99.6	103.0
森林工业	Timber Industry	104.2	99.4	103.0	103.4	101.0	98.3	102.7
食品工业	Food Industry	98.2	100.6	98.4	104.4	105.6	98.4	104.4
纺织工业	Textile Industry	108.4	104.7	100.9	102.3	101.2	97.4	102.9
缝纫工业	Tailoring Industry	103.4	100.2	101.0	101.1	101.0	100.7	100.9
皮革工业	Leather Industry	98.0	100.6	102.7	101.5	102.6	100.1	100.9
造纸工业	Paper Industry	105.7	98.6	101.4	100.1	104.3	92.9	104.1
文教艺术用品工业	Cultural,Educational & Handicrafts Articles	96.6	99.6	100.1	100.0	100.3	99.7	99.6
其它工业	Others	94.8	104.1	101.7	102.6	103.0	99.4	102.7

8-12 分行业工业品出厂价格指数

Ex-Factory Price Indices of Industrial Products by Sector

单位：以上年为100 (preceding year=100)

行业	Sector	2003	2005	2007	2008	2009	2010
煤炭开采和洗选业	Coal Mining and Dressing	100.6	145.0	99.7	123.4	102.9	106.4
黑色金属矿采选业	Ferrous Metals Mining and Dressing	106.8	98.8	109.5	126.3	73.9	143.0
有色金属矿采选业	Nonferrous Metals Mining and Dressing	111.5	115.9	127.5	78.3	88.2	128.0
非金属矿采选业	Nonmetal Minerals Mining and Dressing	99.8	100.5	108.1	108.3	102.1	105.8
农副食品加工业	Agricultural and Sideline Products Processing	102.2	99.4	107.6	109.5	96.7	106.7
食品制造业	Food Manufacturing	99.2	95.0	103.4	102.6	100.0	101.7
饮料制造业	Beverage Manufacturing	97.7	98.1	101.8	102.2	101.1	103.8
烟草制品业	Tobacco Processing	101.4	100.4	99.6	99.9	98.6	98.8
纺织业	Textile Industry	103.4	101.2	102.1	101.3	98.6	102.6
纺织服装、鞋、帽制造业	Textile Garments , Shoes and Caps Products	100.6	100.9	101.1	100.9	100.3	100.7
皮革、毛皮、羽毛(绒)及其制品业	Leather , Furs , Down and Relate Products	100.7	102.7	101.5	102.6	100.1	100.9
木材加工及木、竹、藤、棕、草制品业	Timber Processing , Bamboo , Cane , Palm Fiber and Straw Products	99.6	101.9	104.7	101.7	98.0	103.1
家具制造业	Furniture Manufacturing	99.5	105.0	100.1	100.5	99.3	100.5
造纸及纸制品业	Papermaking and Paper Products	98.6	101.4	100.1	104.3	92.9	104.1
印刷业和记录媒介的复制	Printing and Record Medium Reproduction	97.8	97.8	99.7	102.7	100.5	99.3
文教体育用品制造业	Cultural , Educational and Sports Goods	100.5	101.9	100.6	99.5	99.5	100.4
石油加工、炼焦及核燃料加工业	Petroleum Processing , Coking and Nuclear Fuel Processing	115.1	123.7	103.8	119.6	88.4	125.7
化学原料及化学制品制造业	Raw Chemical Materials and Chemical Products	100.0	106.2	104.5	109.1	89.0	111.1
医药制造业	Medical and Pharmaceutical Products	99.8	98.2	102.2	109.0	96.5	101.5
化学纤维制造业	Chemical Fiber	113.0	105.7	103.6	95.8	84.5	118.8
橡胶制品业	Rubber Products	101.1	106.3	102.8	101.7	100.1	99.9
塑料制品业	Plastic Products	100.1	103.4	102.4	101.7	93.7	103.0
非金属矿物制品业	Nonmetal Minerals Products	101.3	98.7	101.5	101.0	99.5	102.8
黑色金属冶炼及压延加工业	Smelting and Pressing of Ferrous Metals	118.9	97.9	110.4	124.2	78.2	111.8
有色金属冶炼及压延加工业	Smelting and Pressing of Nonferrous Metals	106.7	115.3	103.7	97.8	85.9	114.7
金属制品业	Metal Products	101.2	107.6	104.3	105.8	95.1	101.1
通用设备制造业	General Equipment	100.0	101.8	100.2	105.8	96.0	101.1
专用设备制造业	Special Purpose Equipment	98.3	100.1	98.9	103.3	99.8	100.1
交通运输设备制造业	Transport Equipment	96.1	100.2	101.6	100.5	100.9	99.9
电气机械及器材制造业	Electric Equipment and Machinery	100.8	102.5	102.4	102.1	98.2	102.4
通信设备、计算机及其他电子设备制造业	Telecommunications , Computer ,and other Electronic Equipment	92.9	91.6	92.0	92.5	89.0	95.4
仪器仪表及文化、办公用机械制造业	Instruments , Meters , Cultural and Clerical Machinery	102.9	100.4	101.9	100.8	99.9	99.8
工艺品及其他制造业	Handicraft Article and Other Manufacturing	105.3	99.9	102.7	103.8	99.4	102.6
废弃资源和废旧材料回收加工业	Recycling and Disposal of Waste		102.9	105.5	100.0	101.1	106.8
电力、热力的生产和供应业	Production and Supply of Electric Power and Hot Power	102.1	103.5	100.4	101.3	103.4	100.3
燃气生产和供应业	Production and Supply of Gas	102.5	106.8	113.7	103.0	92.1	117.8
水的生产和供应业	Production and Supply of Water	102.2	102.7	103.4	101.0	100.0	105.5

8-13 主要城市房地产价格指数

Price Indices for Real Estate in selected cities

单位：以上年为100 (preceding year=100)

项目 Item	2009			2010		
	福州市 Fuzhou	厦门市 Xiamen	泉州市 Quanzhou	福州市 Fuzhou	厦门市 Xiamen	泉州市 Quanzhou
房屋销售价格指数 Selling Price Indices of Houses	**100.2**	**99.8**	**99.0**	**103.3**	**105.7**	**102.8**
新建房 commodity Buidings	99.6	99.5	99.0	105.4	105.5	104.1
住宅 Residential Buildings	99.5	98.9	99.2	106.3	106.7	103.5
经济适用房 Economical Residential Buidings	100.0	100.0	100.0	100.0	100.0	100.0
普通住宅 Average House	99.1	101.4	99.7	106.6	110.6	104.2
高档住宅 High-grade House	99.8	92.6	97.4	105.9	106.6	100.8
非住宅 Non-Residential Buildings	100.1	101.0	97.6	100.3	102.2	110.3
#办公楼 Office Buildings	100.3	100.0	100.0	100.0	100.0	96.6
商业营业用房 House for Business Used	100.0	101.7	96.9	100.0	101.7	100.8
二手房 secondhand Buildings	101.0	100.5	99.0	100.5	106.1	99.1
住宅 Residential Buildings	100.9	100.4	98.8	100.0	107.8	98.9
#普通住宅 General Residential Buildings	100.8	102.0	98.8	100.0	109.2	98.9
非住宅 Non-Residential Buildings	101.4	101.3	99.7	103.2	96.3	100.1
土地交易价格指数 Transactions Price Indices of Land	**110.4**	**108.8**	**97.6**	**112.0**	**114.9**	**108.0**
#居住用地 Residential land	112.4	115.1	95.8	114.3	122.1	116.4
工业用地 Industry Land	95.7	98.4	98.6	101.6	100.2	106.3
商业营业用地 Business and Entertianment	95.4	105.3	100.9	110.2	107.9	87.1
房屋租赁价格指数 Renting Price Indices of Houses	**101.0**	**102.3**	**102.3**	**106.1**	**105.6**	**101.8**
住宅 Residential Houses	100.6	99.6	101.4	108.2	103.2	101.6
#廉租房 Cheap Rent Houses		100.0		100.0	100.0	
非住宅 Non-Residential Buildings	101.2	103.8	102.6	105.2	106.9	101.9
#办公楼 Office Buiding	100.2	102.9	104.7	110.8	103.7	109.5
商业营业用房	101.5	105.5	102.5	105.5	113.1	101.0
物业管理价格指数 Price Indices of Housees Management	**100.2**	**100.5**	**100.9**	**100.0**	**100.3**	**100.2**
#住宅 Residential Houses	100.0	100.6	100.9	100.0	100.4	100.2

8-14 农产品生产价格指数

Producting Price Indices for Farm Products

单位：以上年为100 (preceding year=100)

项目	Item	2003	2005	2007	2008	2009	2010
农产品生产价格指数总指数	Total Price Index	101.7	103.9	112.6	110.7	98.0	111.5
一、种植业产品	Planted Crops	101.3	105.1	107.6	106.7	103.3	115.3
谷物	Rice	103.8	97.6	108.9	109.7	101.1	107.6
早籼稻	Early Rice	98.4	95.3	108.2	113.3	99.8	103.3
晚籼稻	Late Rice	107.6	96.7	109.8	110.5	101.1	111.2
薯类	Potato	100.4	106.9	102.7	117.5	103.8	121.9
豆类	Bean	101.6	97.0	110.2	123.3	94.8	125.1
大豆	Soybean	103.4	93.4	111.9	119.3	95.8	127.9
油料	Oil-bearing Crops	101.4	106.3	108.5	114.3	94.6	115.8
糖料	Sugar	98.4	106.0	104.7	101.1	102.0	104.9
烤烟叶	Flue-cured Tobacco	97.2	101.7	109.5	114.3	112.9	98.5
食用菌（干鲜混合）	Edible Bacterium	86.1	103.0	110.7	95.5	104.0	115.7
水果	Fruit	109.3	108.8	103.6	101.4	102.5	115.2
茶叶	Tea	104.5	101.3	104.6	97.8	102.7	111.5
二、林业产品	Forest Products	101.5	104.0	107.5	115.2	101.5	107.6
原木	Log	101.8	104.7	113.4	104.5	102.5	104.3
竹材	Bamboo	101.0	104.1	112.0	108.6	102.2	108.0
三、牧业产品	Livestock Products	103.6	100.9	132.2	119.6	88.6	101.2
活猪（毛重）	Pigs	108.1	97.4	141.6	121.1	80.3	97.9
家禽（毛重）	Poultry	102.8	104.2	115.0	112.9	102.3	107.0
四、渔业产品	Fishery	101.1	103.7	108.7	109.0	97.1	113.7
海水水产品	Seawater Aquatic Products	101.1	102.4	110.9	109.9	96.5	112.5
淡水水产品	Freshwater Products	101.0	107.9	101.8	105.7	99.5	118.3

8-15 设区市居民消费价格指数(2010年)

Consumer Price Indices by City,2010

单位：以上年为100　　(preceding year=100)

地区 Area	居民消费价格指数 Consumer Price Index	按城乡隶属分类 By Urban and Rural 城市 urban	农村 Rural	按类别分 By Category 食品 Food	烟酒及用品 Tobacco And Liquor	衣着 Clothing
福州市 Fuzhou	103.2	103.2	103.0	106.5	101.9	98.3
厦门市 Xiamen	103.0			108.1	102.3	93.3
莆田市 Putian	103.2	103.1	103.8	107.1	100.5	96.3
三明市 Sanming	103.4	103.2	103.5	108.1	102.0	92.2
泉州市 Quanzhou	103.4	103.4	103.3	109.3	101.4	90.6
漳州市 Zhangzhou	103.4	103.7	103.0	106.9	101.9	98.3
南平市 Nanping	104.2	104.3	104.1	108.9	100.8	98.4
龙岩市 Longyan	103.9	104.0	103.9	107.9	101.0	96.2
宁德市 Ningde	103.8	103.9	103.6	109.1	100.5	98.3

8-15 续表

Continued

单位：以上年为100　　(preceding year=100)

地区	家庭设备用品及维修服务 Household Facilities,Articles And Services	医疗保健和个人用品 health Cares	交通和通信 Transportation And Communication	娱乐教育文化用品及服务 Recreation, Education And Culture And Articles	居住 Residence	#水电燃料 water, Electricity And Fuel
福州市 Fuzhou	98.8	102.7	99.3	100.5	104.0	105.6
厦门市 Xiamen	97.8	104.7	100.2	99.6	104.3	103.2
莆田市 Putian	100.7	102.2	99.9	99.0	106.5	106.3
三明市 Sanming	100.3	103.7	98.7	101.2	106.6	109.4
泉州市 Quanzhou	100.2	103.5	99.6	99.8	105.6	106.3
漳州市 Zhangzhou	100.7	102.4	100.8	100.7	105.6	107.4
南平市 Nanping	100.4	102.3	100.1	100.6	107.2	110.4
龙岩市 Longyan	100.9	104.3	100.4	100.9	106.2	107.6
宁德市 Ningde	99.7	102.1	99.0	100.7	106.4	109.6

主要统计指标解释

居民消费价格指数　指反映一定时期内城乡居民所购买的生活消费品价格和服务项目价格变动趋势和程度的相对数，是对城市居民消费价格指数和农村居民消费价格指数进行综合汇总计算的结果。利用居民消费价格指数，可以观察和分析消费品的零售价格和服务价格变动对城乡居民实际生活费支出的影响程度。

城市居民消费价格指数　指反映城市居民家庭所购买的生活消费品价格和服务项目价格变动趋势和程度的相对数。城市居民消费价格指数可以观察和分析消费品的零售价格和服务项目价格变动对职工货币工资的影响，作为研究职工生活和确定工资政策的依据。

农村居民消费价格指数　指反映农村居民家庭所购买的生活消费品价格和服务项目价格变动趋势和程度的相对数。农村居民消费价格指数可以观察农村消费品的零售价格和服务项目价格变动对农村居民生活消费支出的影响，直接反映农民生活水平的实际变化情况，为分析和研究农村居民生活问题提供依据。

商品零售价格指数　指反映城乡商品零售价格变动趋势的一种经济指数。零售物价的调整变动直接影响到城乡居民的生活支出和国家的财政收入，影响居民购买力和市场供需平衡，影响消费与积累的比例。因此，计算零售价格指数，可以从一个侧面对上述经济活动进行观察和分析。

工业品出厂价格指数　指反映一定时期内全部工业产品出厂价格总水平的变动趋势和程度的相对数，包括工业企业售给本企业以外所有单位的各种产品和直接售给居民用于生活消费的产品。该指数可以观察出厂价格变动对工业总产值及增加值的影响。

原材料、燃料和动力购进价格指数　是反映工业企业作为生产投入，而从物资交易市场和能源、原材料生产企业购买原材料、燃料和动力产品时，所支付的价格水平变动趋势和程度的统计指标，是扣除工业企业物质消耗成本中的价格变动影响的重要依据。

农业生产资料价格指数　指反映一定时期内农业生产资料价格变动趋势和程度的相对数。农业生产资料价格指数分为小农具、饲料、产品畜、役畜、半机械化农具、机械化农具、化学肥料、农药及农药械、农机用油、其他农业生产资料十大类。其编制目的是了解农业生产中物质资料投入价格的变动状况，服务于国民经济核算。1994 年以前，农业生产资料价格指数仅仅是商品零售价格指数的一个类别，此后，从商品零售价格指数中分离出来，单独编制。

固定资产投资价格指数　指反映一定时期内固定资产投资额价格变动趋势和程度的相对数。固定资产投资额是由建筑安装工程投资完成额、设备工器具购置投资完成额和其他费用投资完成额三部分组成的。编制固定资产投资价格指数应首先分别编制上述三部分投资的价格指数，然后采用加权算术平均法求出固定资产投资价格总指数。

固定资产投资价格指数可以准确地反映固定资产投资中涉及的各类商品和取费项目价格变动趋势和变动幅度，消除按现价计算的固定资产投资指标中的价格变动因素，真实地反映固定资产投资的规模、速度、结构和效益，为国家科学地制定、检查固定资产投资计划并提高宏观调控水平，为完善国民经济核算体系提供科学的、可靠的依据。

房地产价格指数　是反映一定时期内房地产价格变动趋势和程度的相对数，包括房屋销售价格指数、房屋租赁价格指数、土地交易价格指数和物业管理价格指数。这四套指数的计算方法相似，均采用超级汇总的方法。

Explanatory Notes on Main Statistical Indicators

Consumer Price Indices reflect the trend and degree of changes in prices of consumer goods and services purchased by urban households during a given period,and is a composite index derived from the urban consumer price index and the rural consumer price index. Consumer price index can be used to analyze the impact of consumer price change on actual expenditure for living cost of urban and rural residents.

Urban Consumer Price Indices reflect the trend and degree of changes in prices of consumer goods and services purchased by urban households. It can be used to observe and analyze the impact of price changes in consumer goods and services on money wages of staff and workers, and provide basis for policymaking concerning the living cost and wages of staff and workers.

Rural Consumer Price Indices reflect the trend and degree of changes in prices of consumer goods and services purchased by rural households. It can be used to observe the impact of change in retail prices of consumer goods and service prices in rural areas on living expenditure of rural households, and to show the changes in the living standard of peasants. It provides basis for analysis and research on condition of life in rural areas.

Retail Price Indices reflect the trend and degree of change in retail prices of commodities during a given period. The change in retail prices of commodities directly affect the living expenses of urban and rural residents, government revenue, purchasing power of residents and the equilibrium of market supply and demand, and the ratio of consumption to accumulation. Therefore, the retail price indices are useful from an oblique perspective for observing and analyzing the changes of the above economic activities.

Ex-factory Price Indices of Industrial Products reflect the trend and degree of changes in general ex-factory prices of all industrial products during a given period,including sales of industrial products by an industrial enterprise to all units outside the enterprise,as well as sales of consumer goods to residents.It can be used to analyze the impact of ex-factory prices on gross output value and value-added of the industrial sector.

Purchasing Price Indices for Raw Materials, Fuels and Power reflect changes in the level and degree of prices paid by industrial enterprises when they purchase production input such as raw materials, fuels and power from the market or from other energy or raw materials producing enterprises. These indices provide an important basis for measuring the material consumption of industrial enterprises after removing the influence of price changes.

Indices of Producers' Prices for Farm Products reflect the trend and degree of changes in producers' prices received by farmers when they sell farm products during a given period. These indices depict the change in the level and structure of producers' prices of farm products of the country and meet the needs of agriculture statistics and national account statistics. The producers' price index of a given product is calculated through geometrical mean of individual indices of all surveyed units who sell such product, and the indices of a product category is obtained through weighted mean of price indices of all products in the category. Method for calculating accumulative quarterly indices is the same as for calculating the distinctive quarterly indices.

Price Indices of Investment in Fixed Assets reflects the trend and degree of changes in prices of investment in fixed assets. The investment in fixed assets consists of three components, namely the investment in construction and installation, the investment in purchases of equipment and instrument,and the investment in other items. Price index of investment in fixed assets is calculated as the weighted arithmetic mean of the price indices of the three components of investment in fixed assets.

Removing the factor of price change in the aggregates of investment at current prices, this indicator shows the changes in the prices of commodities and fees involved in the investment of fixed assets, and can be used to observe the actual size, growth, structure,and efficiency of investment in fixed assets and provides reliable and scientific data for government planning, management, decision making, and further improving the current national accounting system.

Price Indices for Real Estate reflect the trend and degree of changes in prices of real estate during a given period, including sale price indices for houses, price indices for renting houses, price indices for land transactions and price indices for management of properties. The methods for the compilation of these four sets of indices are similar in that they all use the super-collecting approach

第九篇　城市概况

Chapter 9　General Survey of Cities

资料整理：廖捷

Datebase Editor:Liaojie

简 要 说 明

本篇资料的主要内容及来源

本篇资料反映我省社会、经济发展和城市建设的规模、效益及综合水平等基本情况，

城市资料主要包括城市公用事业基本情况，主要经济指标，市场设施，园林绿化，环境卫生，供水供气，公用交通等。

全省数据是全省 23 个城市的汇总数，23 个城市分别是福州市、厦门市、莆田市、三明市、泉州市、漳州市、南平市、龙岩市、宁德市、福清市、长乐市、永安市、石狮市、晋江市、南安市、龙海市、邵武市、武夷山市、建瓯市、建阳市、漳平市、福安市、福鼎市。

本篇资料由省统计局社会科技统计处根据福建省建设厅和福建省统计局相关处室提供的年度数据整理。

Brief Introduction

Main Content and Source of Data

Data in this chapter show the social and economic development as well as the scale, economic efficiency, overall level and other basic conditions of cities at the prefecture in Fujian Province.

Data on the general survey cities include the basic condition of urban public facilities ,main economic indicators, civil greenery , environment and sanitation ,supply of gas and water ,public transportation ,etc.

The total provice data is the sum of 23 cities, 23 cities were Fuzhou、Xiamen、Putian、Shanming、Quanzhou、Zhangzhou、Nanpin、Longyan、Linde、Fuqing、Changle、Yongan、Shishi、Jinjiang、Nan'an、Longhai、Shaowu、Wuyishan、Jian'ou、Jianyang、Zhangping、Fuan and Fuding。

Data on chapter are complied by the Division of Social,Science and Technology of the Fujian Bureau of Statistics according to the data of yearly statistics ,which are provided by the Construction Bureau of Fujian and related departments of Fujian Provincial Bureau of Statistics.

9-1 各城市建设情况(2010年)

Statistics on City Construction by City(2010)

项目	Item	城市面积(平方公里) Area of City (sq km)	#建成区面积 Developed Area	本年征用土地面积(公顷) Area of The requisition land This Year (hectare)	城市人口密度(人/平方公里) Population Density of City Districts (person/sq.km)	年末实有道路长度(公里) Length of Paved Roads (km)	年末实有道路面积(万平方米) Area of Paved Roads (10000 sq.m)	城市桥梁数量(座) Number of City Bridges (unit)
合　计	Total	4361.8	1059.0	2379	2290	6755.6	12560	1233
福州市	Fuzhou	1043.0	220.2		1967	1101.3	2327	333
福清市	Fuqing	224.5	31.0	30	1324	125.4	304	29
长乐市	Changle	176.4	20.9	107	1225	374.6	483	79
厦门市	Xiamen	230.0	230.0		12042	1212.6	2994	139
莆田市	Putian	244.0	54.8	190	2164	669.0	784	93
三明市	Sanming	220.0	27.8		1043	279.7	332	25
永安市	Yong'an	200.0	19.1	269	769	134.8	182	27
泉州市	Quanzhou	529.0	150.0		1514	485.0	932	71
石狮市	Shishi	33.8	19.9	363	8707	126.0	407	43
晋江市	Jinjiang	60.0	34.0		5083	284.2	745	21
南安市	Nan'an	130.0	22.5	189	1939	173.5	305	30
漳州市	Zhangzhou	95.2	50.6	356	4478	300.7	765	76
龙海市	Longhai	27.0	17.0	11	6678	124.0	226	26
南平市	Nanping	165.8	25.8	27	1242	246.0	236	54
邵武市	Shaowu	95.0	14.8	74	1081	110.2	158	36
武夷山市	Wuyishan	354.8	8.3	187	210	99.2	146	14
建瓯市	Jian'ou	35.0	10.0		3197	117.0	95	6
建阳市	Jianyang	33.7	9.8		3163	61.0	96	6
龙岩市	Longyan	185.0	38.0	346	1618	328.8	396	37
漳平市	Zhangping	13.1	8.8	67	5983	64.8	102	5
宁德市	Ningde	105.5	19.2	163	2191	150.8	284	20
福安市	Fu'an	37.0	9.8		3193	101.0	113	19
福鼎市	Fuding	124.0	16.5		1245	86.0	148	44

9-2 各城市供水情况(2010年)

Basic Statistics on Tap Water Supply in Cities by City(2010)

项目	Item	年底供水综合生产能力（万平方米/日） Production Capacity of Top Water Supply at the Year-end (10000cu.m/day)	年末供水管道长度（公里） Length of Sewage Pipes (km)	全年供水总量（万立方米） Volume of Top Water Supply (10000 cu.m)	#生活用水 Water Consumption for Residential Use	#生产用水 Water Consumption for Productive Use	用水人口（万人） Number of Residents with Access to Tap Water (10000 persons)	人均日生活用水量（升） Per Capital Water Consumption for Residential Use(L)
合　计	Total	676.42	14650.32	132626.56	67462.28	39845.95	993.86	186.62
福州市	Fuzhou	148.50	1563.10	24973.89	19454.19	4346.46	204.89	260.14
福清市	Fuqing	19.30	742.44	6159.09	2599.06	2589.94	29.54	241.73
长乐市	Changle	10.76	299.90	1506.20	1047.50	197.20	21.10	136.01
厦门市	Xiamen	116.00	3144.10	31666.65	13112.00	9286.00	276.97	129.70
莆田市	Putian	38.90	663.21	6200.00	3418.76	1559.58	52.27	179.73
三明市	Sanming	74.90	893.68	6921.92	1875.43	4368.24	22.68	226.55
永安市	Yong'an	14.86	263.40	4715.00	959.46	3515.56	15.33	171.96
泉州市	Quanzhou	42.00	4216.90	14049.22	4977.20	3534.80	79.07	178.94
石狮市	Shishi	41.00	260.00	5053.00	2350.00	2160.00	29.19	220.57
晋江市	Jinjiang	28.00	580.00	6019.00	2915.00	1919.00	30.30	263.57
南安市	Nan'an	7.50	180.98	1796.27	1057.50	235.37	25.12	115.34
漳州市	Zhangzhou	32.50	358.60	4241.50	2828.00	1237.50	42.39	182.78
龙海市	Longhai	8.50	172.21	1432.00	932.00	271.00	17.85	147.50
南平市	Nanping	16.50	207.01	2536.60	1211.60	667.00	20.51	161.85
邵武市	Shaowu	22.70	164.62	1772.00	892.00	765.00	10.27	237.96
武夷山市	Wuyishan	5.00	68.80	678.00	475.00	142.00	7.39	176.10
建瓯市	Jian'ou	3.90	87.25	1050.15	812.06	71.25	11.00	202.26
建阳市	Jianyang	3.50	71.64	915.00	537.00	240.00	10.56	139.32
龙岩市	Longyan	15.80	184.16	4922.00	1517.00	2270.00	29.74	139.75
漳平市	Zhangping	4.00	84.90	722.00	410.00	228.00	7.78	144.38
宁德市	Ningde	7.50	181.83	1869.00	1665.00	156.00	22.91	199.11
福安市	Fu'an	8.80	113.35	1676.00	1043.00	78.00	11.71	244.03
福鼎市	Fuding	6.00	148.24	1752.07	1373.52	8.05	15.29	246.11

9-3 各城市排水和污水处理情况(2010年)

Basic Statistics on Drainage and Swage Treatment in Cities by City(2010)

项目	Item	排水管道长度（公里） Length of Sewage Pipes (km)	污水处理厂数（座） Number of Waste Water Treated Factory (unit)	城市污水日处理能力（万立方米/日） Per Day Volume of Waste Water Treated (10000 cu.m/day)	污水处理总量（万立方米） Volume of Waste Water Treated (10 000 cu.m)	污水处理率（%） Percentage of Sewage Disposal of City (%)	污水处理厂集中处理率（%） Percentage of Sewage Collection Disposal in Factory of City (%)
合　计	Total	9686	41	277.2	80960	84.4	76.9
福州市	Fuzhou	1448	7	54.5	17601	87.1	83.2
福清市	Fuqing	285	1	12.0	3361	80.0	80.0
长乐市	Changle	228	1	2.5	757	71.8	71.8
厦门市	Xiamen	1737	7	83.3	19866	90.1	90.1
莆田市	Putian	1245	3	20.0	4253	86.7	86.7
三明市	Sanming	113	2	5.5	3424	81.0	24.6
永安市	Yong'an	110	1	2.0	2651	70.3	12.3
泉州市	Quanzhou	1011	2	19.5	7700	86.0	72.4
石狮市	Shishi	312	1	10.0	2618	72.6	72.6
晋江市	Jinjiang	960	1	10.0	3200	83.3	83.3
南安市	Nan'an	259	1	2.5	923	75.2	75.2
漳州市	Zhangzhou	734	2	12.0	2992	88.0	88.0
龙海市	Longhai	167	1	2.5	826	78.0	33.2
南平市	Nanping	72	2	8.0	1523	82.7	82.7
邵武市	Shaowu	103	1	2.0	996	80.2	75.0
武夷山市	Wuyishan	102	1	2.5	390	76.0	76.0
建瓯市	Jian'ou	46	1	1.5	616	73.1	62.9
建阳市	Jianyang	47	1	1.5	461	71.9	70.2
龙岩市	Longyan	219	1	15.0	3539	90.0	90.0
漳平市	Zhangping	60	1	2.0	410	71.3	71.3
宁德市	Ningde	138	1	2.1	982	73.8	73.8
福安市	Fu'an	157	1	3.5	710	70.1	70.1
福鼎市	Fuding	133	1	2.8	1161	80.0	80.0

9-4 各城市公共交通情况(2010年)

Basic Statistics on Public Transportation in Cities by City(2010)

项目	Item	年末运营公交车辆数（辆） Number of Public Transportation under Operation(set)		公共交通客运总量（万人） Bus,Trolley Bus (10000 person)		公共交通运营线路网长度（公里） Network Length (km)	公共交通标准运营车辆（标台） Number of Standard Public Vehicles under Operation(set)
		公共汽车 Public Vehicles	出租汽车 Taxis	公共汽车 Public Vehicles	出租汽车 Taxis		
合　计	Total	11334	18684	208828	62510	16352	11917
福州市	Fuzhou	3042	4945	59394	16000	2502	3499
福清市	Fuqing	309	250	2246	1394	650	270
长乐市	Changle	60	170	1314	670	65	60
厦门市	Xiamen	3363	4574	73526	20634	4463	3982
莆田市	Putian	186	610	3713	1459	195	169
三明市	Sanming	282	339	6358	1877	499	264
永安市	Yong'an	146	151	3660	545	967	142
泉州市	Quanzhou	966	1657	10032	4182	1259	995
石狮市	Shishi	189	294	1678	1207	402	167
晋江市	Jinjiang	253	349	5458	483	338	202
南安市	Nan'an	100	234	2182	605	244	93
漳州市	Zhangzhou	243	978	3780	3422	510	247
龙海市	Longhai	48	79	333	155	174	40
南平市	Nanping	202	241	4822	1121	225	208
邵武市	Shaowu	81	128	1340	430	98	66
武夷山市	Wuyishan	80	174	1328	170	70	58
建瓯市	Jian'ou	77	134	1620	410	155	58
建阳市	Jianyang	87	153	1681	454	83	65
龙岩市	Longyan	286	381	6521	581	260	292
漳平市	Zhangping	35	3	165	3	90	27
宁德市	Ningde	102	430	3083	900	121	101
福安市	Fu'an	77	310	1500	1368	89	62
福鼎市	Fuding	92	198	1990	287	96	51

9–5 各城市绿地和园林(2010年)

Basic Statistics on Parks and Green Areas in Cities by City(2010)

项目	Item	绿化覆盖面积（公顷） Green Areas (hectare)	#建成区 Green Areas of Developed City	园林绿地面积（公顷） Park and Green Areas (hectare)	#建成区 Green Areas of Developed City	公园个数（个） Number of Parks and Zoos (unit)	公园面积（公顷） Area of Parks and Zoos (hectare)
合 计	Total	55914	43385	47904	39259	392	8819
福州市	Fuzhou	10138	8869	9326	8122	51	2288
福清市	Fuqing	1317	1297	1388	1138	30	311
长乐市	Changle	953	854	822	791	42	283
厦门市	Xiamen	16363	9293	15296	8245	66	2046
莆田市	Putian	2363	2363	2078	2077	15	202
三明市	Sanming	1418	1127	1038	1020	9	151
永安市	Yong'an	941	851	778	769	7	124
泉州市	Quanzhou	6845	6072	5640	5640	27	507
石狮市	Shishi	814	814	710	710	9	311
晋江市	Jinjiang	1377	1377	1241	1241	7	312
南安市	Nan'an	957	957	851	837	11	210
漳州市	Zhangzhou	2121	2121	2051	2051	26	382
龙海市	Longhai	712	685	623	613	10	239
南平市	Nanping	1039	1039	914	914	13	228
邵武市	Shaowu	724	659	586	566	8	163
武夷山市	Wuyishan	2855	366	333	328	9	66
建瓯市	Jian'ou	434	434	369	369	9	107
建阳市	Jianyang	407	407	387	387	2	80
龙岩市	Longyan	1880	1601	1520	1494	14	200
漳平市	Zhangping	370	366	320	315	4	95
宁德市	Ningde	801	770	694	693	9	278
福安市	Fu'an	392	392	345	345	9	85
福鼎市	Fuding	693	671	594	594	5	151

9-6 各城市市容环境卫生情况(2010年)

Basic Statistics on Urban Sanitation in Cities by City(2010)

项目	Item	清扫保洁面积（万平方米） Area under Cleaning Program (10000 sq.m)	生活垃圾清运量（万吨） Volume of Garbage Disposal(10000 tons)	粪便清运量（万吨） Volume of Excrement and Urine Disposal (10000 tons)	市容环卫专用车辆设备总数（台） Number of Special Vehicles for Environmental Sanitation (unit)	公共厕所（所） Number of Public Lavatories (unit)	#三类以上 Third Grade and Above
合　计	Total	11433	417.30	25.92	2036	2640	2059
福州市	Fuzhou	2122	76.02	2.7	420	1032	1032
福清市	Fuqing	480	11.66		40	40	40
长乐市	Changle	208	5.60		32	70	70
厦门市	Xiamen	2004	94.45		704	248	248
莆田市	Putian	500	27.37		26	80	51
三明市	Sanming	255	12.59		38	53	53
永安市	Yong'an	117	4.70	13.95	43	57	57
泉州市	Quanzhou	1955	35.33		199	442	
石狮市	Shishi	640	26.36		30	31	31
晋江市	Jinjiang	597	25.90		130	90	90
南安市	Nan'an	396	15.01		89	41	34
漳州市	Zhangzhou	652	13.69		60	71	71
龙海市	Longhai	136	3.12		37	36	36
南平市	Nanping	141	7.30		33	36	36
邵武市	Shaowu	84	5.90	4.6	18	40	
武夷山市	Wuyishan	73	3.30	2.67	25	17	17
建瓯市	Jian'ou	118	5.40	2	24	28	28
建阳市	Jianyang	96	4.75		15	21	21
龙岩市	Longyan	268	16.74		22	83	66
漳平市	Zhangping	65	1.20		8	9	8
宁德市	Ningde	178	9.20		22	49	39
福安市	Fu'an	178	6.20		15	31	31
福鼎市	Fuding	170	5.51		6	35	

9-7 各城市设施水平(2010年)

Level of Public Facilities in Cities by City(2010)

项目	Item	城市用水普及率(%) Pecentage of Population with Access to Tap Water (%)	城市燃气普及率(%) Percentage of City Population with Access to Gas (%)	人均城市道路面积(平方米) Per Area of Paved Roads (sq.m)	人均公园绿地面积(平方米) Per Capita Public Green Areas (sq.m)	生活垃圾无害化处理率(%) Percentage of Garbage Disposal with Standard (%)	建成区绿化覆盖率(%) Ratio of Green Areas to City Areas(%)
合 计	Total	99.5	98.9	12.58	10.99	92.0	41.0
福州市	Fuzhou	99.9	99.6	11.34	11.15	100.0	40.3
福清市	Fuqing	99.4	98.1	10.24	11.31	100.0	41.8
长乐市	Changle	97.7	93.5	22.38	13.80	76.4	40.8
厦门市	Xiamen	100.0	100.0	10.81	10.13	96.9	40.4
莆田市	Putian	99.0	98.0	14.85	11.02	100.0	43.1
三明市	Sanming	98.9	97.0	14.46	11.94	96.2	40.5
永安市	Yong'an	99.7	98.8	11.86	10.80	100.0	44.6
泉州市	Quanzhou	98.7	99.1	11.64	10.55	100.0	40.5
石狮市	Shishi	99.2	99.3	13.83	10.70	100.0	40.8
晋江市	Jinjiang	99.3	96.8	24.42	10.52	100.0	40.5
南安市	Nan'an	99.6	98.4	12.10	10.00	99.4	42.5
漳州市	Zhangzhou	99.4	98.1	17.93	10.50	99.3	41.9
龙海市	Longhai	99.0	95.6	12.51	14.42	99.7	40.2
南平市	Nanping	99.6	98.6	11.46	11.66	100.0	40.3
邵武市	Shaowu	100.0	99.0	15.37	18.50		44.5
武夷山市	Wuyishan	99.2	98.4	19.60	11.01		43.9
建瓯市	Jian'ou	98.3	98.3	8.49	10.81		43.4
建阳市	Jianyang	99.1	99.1	9.01	10.88		41.5
龙岩市	Longyan	99.4	98.7	13.24	11.19	99.6	42.1
漳平市	Zhangping	99.1	98.2	13.04	13.50	95.8	41.6
宁德市	Ningde	99.1	98.8	12.30	13.63		40.0
福安市	Fu'an	99.1	98.1	9.54	10.07	100.0	40.0
福鼎市	Fuding	99.0	98.1	9.59	10.10	100.0	40.7

主要统计指标解释

供水综合生产能力　指按供水设施取水、净化、送水、出厂输水干管等环节设计能力计算的综合生产能力。包括在原设计能力的基础上，经挖、革、改增加的生产能力。计算时，以四个环节中最薄弱的环节为主确定能力。

年末供水管道长度　指从送水泵到用户水表之间所有管道的长度。但不包括新安装未使用的管道长度。

全年供水总量　指报告期供水企业(单位)供出的全部水量。包括有效供水量和漏损水量。

生活用水量　包括公共服务用水和居民家庭用水。公共服务用水指为城市社会公共生活服务的用水。包括行政事业单位、部队营区和公共设施服务、社会服务业、批发零售贸易业、旅馆饮食业以及其他公共服务业等单位的用水。居民家庭用水指城市范围内所有居民家庭的日常生活用水。包括城市居民、农民家庭、公共供水站用水。

城市人口用水普及率　指城市用水的非农业人口数(不包括临时人口和流动人口)与城市非农业人口总数之比。计算公式为：

用水普及率＝(城市用水的非农业人口数／城市非农业人口数)×100%

人工煤气生产能力　指城市煤气厂制气、净化、输送等环节的综合实际生产能力。

供气管道长度　指报告期末从气源厂压缩机的出口或门站出口至各类用户引入管之间的全部已经通气投入使用的管道长度。不包括煤气生产厂、输配站、液化气储存站、灌瓶站、储配站、气化站、混气站、供应站等厂(站)内的管道。

全年供气总量　指全年燃气企业(单位)向用户供应的燃气数量。包括销售量和损失量。

城市用气普及率　指使用煤气(包括人工煤气、液化石油气、天然气)的城市非农业人口数(不包括临时人口和流动人口)与城市非农业人口总数之比。计算公式为：

城市煤气普及率＝(城市用气的非农业人口数／城市非农业人口总数)×100%

年底实有铺装道路长度　指除土路外，路面经过铺装宽度在 3.5 米以上的道路，包括高级、次高级道路和普通道路。

城市桥梁　指城市范围内，修建在河道上的桥梁和道路与道路立交、道路跨越铁路的立交桥及人行天桥。包括永久性桥和半永久性桥，不包括临时性桥、铁路桥、涵洞。

城市下水道总长度　指所有排水总管、干管、支管及暗渠、检查井、连接井进出水口等长度之和。

城市污水日处理能力　指污水处理厂每昼夜处理污水量的设计能力。

年末实有公共汽(电)车　指年底可参加营运的全部车辆数，包括营运车辆数和库存查封未参加营运的车辆。不包括非营运车辆，如架线车、油罐车、工程车、货车及其他专用车辆和借入的客运车辆。

城市园林绿地面积　指城市公共绿地、专用绿地、生产绿地、防护绿地、郊区风景名胜区的全部面积。

公共绿地　指供游览休息的各种公园、动物园、植物园、陵园以及花园、游园和供游览休息用的林荫道绿地、广场绿地，不包括一般栽植的行道树及林荫道的面积。

Explanatory Notes on Main Statistical Indicators

Production Capacity of Water Supply refers to the designed comprehensive production capacity of water facilities, covering the 4 links of water collection, purification, conveyance, and outflow through trunk pipelines. Increase capacity through transformation and innovation projects are included as well. The capacity is determined mainly on the weakest of the above-mentioned 4 links.

Length of Water Supply Pipelines at the Year-end refers to the total length of all the pipelines between the water pumps and the user water meters, excluding pipelines newly installed but not used yet.

Annual Volume of Water Supply refers to the total volume of water supplied by water-works (units) during the reference period, including both the effective water supply and loss during the water supply.

Consumption of Water for Residential Use refers to the water consumption of households for daily life and the water consumption of public service facilities. The latter refers to water consumption for urban public services, including the consumption of government agencies and public institutions, military barracks, public facilities, wholesale and retail outlets, restaurants, hotels, and other units providing public services. Household water consumption refers to consumption of water for daily life of all households in the boundary of cities, including households of urban residents and farmers, and public water supply stations.

Percentage of Urban Population with Access to Tap Water refers to the ratio of the urban non-agricultural population (excluing temporary and mobile population) with access to tap water to the total urban non-agricultural population.The formula is:

Percentage of Population with Access to Tap Water ＝（Urban Non-agricultural Population with Access to Tap Water /Urban Non-agricultural Population）×100%

Production Capacity of Gaswork Gas refers to the actual comprehensive production capacity of the urban gasworks in gas generation, purification and delivery.

Length of Gas Pipelines refers to the total length of pipelines between the outlet of the compressor, blower or gas tank and the gas meters of users. excluding pipelines within gasworks, delivery stations, LPG storage stations, refilling stations, gas-mixing stations and supply stations.

Volume of Gas Supply refers to the total volume of gas sold to users in a year, including the volume sold and the volume lost.

Percentage of Urban Population with Access to Gas refers to the ratio of the urban non-agricultural population with access to gas (including gas, liquefied petroleum gas and natural gas) to the urban non-agricultural population(excluding temporary and mobile population). The formula is:

Percentage of Population with Access to Gas =(Urban Non-agricultural Population with Access to Gas/Urban Non-agricultural Population)×100%

Length of Paved Roads at the Year-end refers to the length of roads with a paved surface, and with a width of more than 3-5 meters, including high quality,medium quality and ordinary roads.

Urban Bridges refer to bridges over river courses, great separated junctions and overpasses in urban areas.Permanent bridges and semi-permanent bridges are included.Temporary bridges,railway bridges and culverts are excluded.

Length of Urban Sewage Pipes refers to the total length of general drainage, trunks. branch and blind drainage, inspection wells, connection wells, inlets and outlets, etc.

Daily Disposal Capacity of Urban Sewage refers to the designed 24 hour capacity of sewage disposal at the sewage treatment works.

Number of Public Vehicles (Buses and Trolley

buses) at the Year-end refers to the total number of operational buses available at the year-end, including the year-end operational vehicles and vehicles in stock.Non-operational vehicles such as stringing cars,tank cars,machine shop cars,trucks and other special vehicles and the borrowed passenger vehicles are excluded.

Area of Urban Gardens and Green Areas refers to the total area of urban public green land,special green land,production green land,protection green land and suburban scenic spots.

Public Green Area refers to green areas of various parks, zoos, botanical gardens, cemeteries, amusement parks, tree-flanked boulevards greenland squares for tourism and relaxing.Areas with trees planted along-side the streets and boulevards are excluded.

第十篇　财政金融

Chapter 10　Finance

资料整理：余波 廖捷

Datebase Editor: Yubo Liaojie

简 要 说 明

本篇资料的主要内容及来源

本篇资料反映全省财政收支、金融和保险、证券方面的情况，主要包括财政收入、财政支出、金融机构存贷款、现金收支、保险机构、保险业务开展和福建省辖区证券市场等方面的资料。

财政部分的资料来源于省财政厅；金融方面的资料来源于中国人民银行福州分行;保险方面的资料来源于中国保监会福建监管局;证券方面的资料来源于福建省发改委股证处。

本篇资料由省统计局综合统计处、社会和科技统计处根据以上资料整理。

Brief Introduction

Main Content and Source of Data

Data in this chapter show the conditions of local government budgetary finance, banking and insurance and securities, including government revenue and expenditure, credit funds, cash income and expenses, statistics on insurance companies and basic situation of securities markets under Fujian province.

Data on local government finance are provided by Fujian Provincial Department of Finance; Data on banking are provided by Fuzhou Branch of the People's Bank of China; Data on insurance are provide by China Insurance Regulatory Commission of Fujian Bureau; Data on securities are provided by China Securities Regulatory Commission of Fujian Bureau.

Data in this chapter are collected and compiled by the Division of Comprehensive Statistics and the Division of Social, Science and Technology Statistics of Fujian Provincial Bureau of Statistics on the basic of data from the relative departments.

10-1 主要年份财政收支总额及增长速度

Budgetary Revenue and Expenditure in Selected Years

单位：亿元 (100 million yuan)

年份	财政总收入 Total Revenue		地方财政收入 Expenditure of Local Government		财政支出 Total Expenditure	
Year	数值 Value	比上年增长(%) Ratio(%)	数值 Value	比上年增长(%) Ratio(%)	数值 Value	比上年增长(%) Ratio(%)
1952	2.20				1.25	
1957	3.22				2.47	
1962	5.07				3.60	
1965	6.60				4.99	
1970	6.45				8.34	
1975	9.59				9.86	
1978	15.13				15.14	
1979	12.72	-15.9			16.03	5.9
1980	15.33	20.5			15.05	-6.1
1981	14.52	-5.3			14.27	-5.2
1982	13.67	-5.9			16.42	15.1
1983	12.37	-9.5			17.55	6.9
1984	16.78	35.7			20.52	16.9
1985	25.08	49.5			30.64	49.3
1986	29.14	16.2			37.62	22.8
1987	33.16	13.8			39.99	6.3
1988	40.16	21.1			49.29	23.3
1989	53.01	32.0			60.48	22.7
1990	57.06	7.6			68.45	13.2
1991	69.70	22.2			78.13	14.1
1992	75.35	8.1			84.50	8.2
1993	110.58	46.8			113.88	34.8
1994	149.66	35.3			137.73	20.9
1995	184.58	23.3	117.37		171.58	24.6
1996	215.11	16.5	142.12	21.1	200.31	16.7
1997	251.30	16.8	162.91	14.6	224.36	12.0
1998	281.42	12.0	187.92	15.4	254.87	13.6
1999	312.57	11.1	208.92	11.2	279.24	9.6
2000	369.67	18.3	234.11	12.1	324.18	16.1
2001	428.33	15.9	274.28	17.2	373.19	15.1
2002	476.20	11.2	272.89	-0.5	397.56	6.5
2003	551.00	15.7	304.71	10.6	452.30	13.8
2004	622.57	13.0	333.52	10.5	516.68	14.2
2005	788.11	26.6	432.60	29.7	593.07	14.8
2006	1012.77	28.5	541.17	25.1	728.70	22.9
2007	1282.84	26.7	699.46	29.2	910.64	25.0
2008	1516.51	18.2	833.40	19.1	1137.72	24.9
2009	1694.63	11.7	932.43	11.9	1411.82	24.1
2010	2056.01	21.3	1151.49	23.5	1695.09	20.1

注：本部分所采用的财政数字均为当年决算定案数。2002年起口径有调整。

Note:Financial figures in this chapter are all final accounts of current year.Since 2002,The Statistic scope had adjusted.

10-2 财政地方级一般预算收入

General Budgetary Revenue of Local Government

单位：万元 (10000 yuan)

项目 Item	2000	2003	2005	2007	2008	2009	2010
收入合计 Total Revenue	**2341061**	**3047100**	**4326003**	**6994577**	**8334032**	**9324282**	**11514923**
1.增值税 Value-added Tax	353461	543961	731267	1070785	1241126	1295427	1411033
2.营业税 Operation Tax	582053	847298	1246076	2087305	2268933	2652259	3197000
3.企业所得税 Enterprises' Income Tax	321959	368133	542646	925849	1172533	1232124	1569118
4.企业所得税退税 Return for Enterprises' Income Tax	-3243	-63					
5.个人所得税 Individual Income Tax	247517	212552	274137	414223	449835	475409	563374
6.资源税 Resources Tax	7007	14501	21436	43128	54626	58749	64550
7.固定资产投资方向调节税 Tax on the Adjustment of the Investment in the Fixed Assets	8784	69	103	150	6		
8.城市维护建设税 Tax on Town Maintenance and Construction	97646	139206	185544	289389	334975	350177	431149
9.房产税 Tax on Real Estates	95496	131463	169576	212451	246332	274124	317362
10.印花税 Stamp Tax	18309	34770	55267	92309	108788	118121	171193
11.城镇土地使用税 Tax on the Use of Urban Land	15746	20168	29400	88823	290413	237081	263343
12.土地增值税 Land Value Added Tax	4326	9874	40785	197014	301650	367792	628057
13.车船使用和牌照税 Tax on the Use of Vehicles and Ships	6055	9804	12662	19167	41571	49469	59863
14.烟叶税 Tobacco Leaf Tax				27499	37567	43639	32896
15.耕地占用税 Tax on The Occupancy of Cultivated Land	13474	20931	32003	65264	100443	168367	181050
16.契税 Contract Tax	55799	115484	209093	406880	395728	458692	770908
17.国有资本经营收入 State-downed Assets Profit				101259	116377	189314	219530
18.国有资源(资产)有偿使用收入 Income from use of State-downed resources				66782	146195	290469	414662
19.行政性收费收入 Income from Adiministr-ative Fees	74946	214450	290876	368661	422683	425218	481761
20.罚没收入 Penalty and Confiscatory Income	101764	165018	213993	275598	289606	279798	292226
21.专项收入 Expert Project Income	64036	82689	120693	213206	271093	272804	352274
22.其他收入 Other Income	127716	43619	48254	28835	43552	85249	93574

10-3 财政一般预算支出

General Budgetary Expenditure of Local Government

单位：万元 (10000 yuan)

项目 Item	2007	2008	2009	2010	2010年比上年增长(%) 2010 as Percentage of the last Years(%)
支出合计 **Total Expenditure**	**9106446**	**11377159**	**14118238**	**16950906**	**20.1**
1.一般公共服务 Expenditure for General Public Service	1619087	1891974	2038230	2119124	4.0
2.外交 Expenditure for Foreign Affairs					…
3.国防 Expenditure for National Defense	32004	31468	32557	32680	0.4
4.公共安全 Expenditure for Public Safety	765591	915985	994719	1206017	21.2
5.教育 Expenditure for Operating Expense of Education	1836550	2332923	2775527	3277681	18.1
6.科学技术 Expenditure for Operating Expense of Department of Science	212670	256281	278903	323057	15.8
7.文化体育与传媒 Expenditure for Operating Expense of Culture , Sport Broadcasting	182941	224251	257706	271014	5.2
8.社会保障和就业 Expenditure for Operating Expense of Social Welfare and Employment	905712	1092914	1328536	1482366	11.6
9.医疗卫生 Expenditure for Public Health	519887	742741	933922	1175835	25.9
10.环境保护 Expenditure for Enviromental Protection	87563	140264	338250	397865	17.6
11.城乡社区事务 Expenditure for Neithbourhood Service Centre of Urbam and Rural	615597	750936	784441	1076788	37.3
12.农林水事务 Expenditure for Agriculture , Foresty and Water Conservancy	614904	804268	1208948	1603355	32.6
13.交通运输 Expenditure for Transportation	266274	456079	1276205	1252071	-1.9
14.工业商业金融等事务 Expenditure for Industry Trade and Finance	605311	880165	938201	1044916	11.4
15.其他支出 Other Expenditure	842355	856910	932093	1688137	81.1

10-4 金融机构人民币各项存款和贷款余额（1990-2010年）

RMB Deposits and Loans of Financial Institutions(1990-2010)

单位：亿元 (100 million yuan)

年份 Year	各项存款 Total Deposits	#企业存款 Enterprise	财政存款 Fiscal Deposits	城乡居民储蓄存款 Savings Deposit in Urban and Rural Household	各项贷款 Total Loans	#短期贷款 Short-term Loans	#中长期贷款 Medium-term &Long-term Loans
1990	359.45	105.06		183.26	381.93		
1991	477.45	135.55		245.60	453.10		
1992	667.01	213.51		327.00	589.74		
1993	824.37	288.05		394.06	774.65	554.06	153.33
1994	1101.81	379.77		558.97	954.73	698.86	180.89
1995	1451.68	477.84		795.43	1176.63	860.09	221.09
1996	1901.71	602.98		1106.33	1467.79	1060.12	294.42
1997	2192.74	721.00	15.40	1324.37	1750.38	1279.40	329.60
1998	2557.30	768.19	28.11	1565.18	1942.78	1423.39	368.87
1999	2924.61	890.61	41.24	1739.01	2255.50	1612.59	476.85
2000	3114.32	1002.17	39.59	1767.59	2438.82	1728.01	510.32
2001	3614.26	1163.26	45.94	2030.94	2864.76	1656.70	902.35
2002	4253.07	1262.12	55.21	2430.46	3110.05	1809.88	1065.11
2003	5178.29	1561.01	51.74	2924.65	3837.51	2039.25	1422.42
2004	5984.32	1834.69	92.63	3322.26	4367.05	2213.05	1799.83
2005	7248.40	2164.86	128.33	3903.05	5068.68	2366.93	2350.80
2006	8836.26	2767.76	219.38	4478.26	6447.72	2956.98	3203.04
2007	10040.15	3222.76	328.32	4711.23	8065.67	3555.92	4318.81
2008	11804.40	3494.62	457.26	5861.17	9585.92	3895.16	5146.37
2009	14702.34	4659.67	549.46	7078.81	12360.32	5215.58	6625.53
2010	18309.45	5124.36	678.08	8101.02	15231.36	6594.50	8372.64

注：1.2004年起含外资银行。

Note:Since 2004,the data include foreign banks.

10-5 金融机构年末分项人民币存贷款余额

RMB Deposits and Loans Balance of Financial Institutions by Item

单位：亿元 (100 million yuan)

项目 Item	2000	2003	2005	2007	2008	2009	2010
各项存款 Deposits	**3114.32**	**5178.29**	**7248.40**	**10040.15**	**11804.40**	**14702.34**	**18309.45**
#企业存款 Deposits of Enterprises	1002.17	1561.01	2164.86	3222.76	3494.62	4659.67	5124.36
活期 Demand	779.09	1228.48	1571.17	2360.65	2410.16	3200.96	3497.77
定期 Time	223.08	332.53	593.69	862.11	1084.46	1458.71	1626.59
财政存款 Treasury Deposits	39.59	51.74	128.33	328.32	457.26	549.46	678.08
机关团体存款 Deposits of Agencies and Social Organizations	75.27	238.33	358.67	679.60	671.39	804.00	2107.11
储蓄存款 Saving Deposits	1767.59	2924.00	3903.05	4711.23	5861.17	7078.81	8101.02
活期 Demand	692.69	1236.79	1661.50	2345.75	2589.71	3274.44	3995.50
定期 Time	1074.90	1687.86	2241.55	2365.48	3271.46	3804.38	4105.52
农业存款 Agricultural Deposits	54.87	84.94	131.92	219.63	243.43	302.69	441.40
委托存款 Commission Deposits	34.74	-0.06	6.43	14.42	50.16	44.82	55.19
其他存款 Others Deposits	100.78	317.66	539.02	864.19	1026.37	1262.89	1802.29
各项贷款 Loans	**2438.82**	**3837.51**	**5068.68**	**8065.67**	**9585.92**	**12360.32**	**15231.36**
#短期贷款 Short-term Loans	1728.01	2039.25	2366.93	3555.92	3895.16	5215.58	6594.50
中长期贷款 Medium-term &Long-term Loans	510.32	1422.42	2350.80	4318.81	5146.37	6625.53	8372.64

注：1.2001年及以后年份商业银行包括范围与以前年份不一致；2.2004年起含外资银行。

Note:a)Commercial Banks Coverage from 2001 is not the same as that of previons years.b)Since 2004,the data include foreign banks.

10-6 银行现金收入及支出

Cash Income and Expenditure of Banking System

单位：亿元 (100 million yuan)

项目 Item	2000	2003	2005	2007	2008	2009	2010
现金收入 Cash Income	**14799.25**	**19289.67**	**23592.72**	**29366.09**	**25464.27**	**24425.61**	**26474.79**
#商品销售收入 Income from Commodity Sales	1127.24	1310.45	1614.52	1669.40	1456.54	1370.61	1440.68
服务业收入 Income from Service Trade	527.24	639.75	754.91	886.43	835.14	774.93	778.30
税款收入 Income from Taxes	78.74	101.09	135.70	145.43	123.23	117.58	127.00
城乡个体经营收入 Income from Incividual Business	310.64	278.81	263.20	265.62	211.49	205.06	231.46
储蓄存款收入 Income from Savings Deposits	11275.47	15421.43	18891.68	24036.46	20512.21	19576.10	21251.43
其他金融机构收入 Income from other Finacial Institutions	71.31	31.99	36.02	17.33	26.21	16.19	14.08
汇兑收入 Income from Remittances	468.89	293.88	265.42	203.78	129.86	91.60	149.49
现金支出 Cash Expenditures	**14837.47**	**19340.97**	**23655.89**	**29430.36**	**25474.86**	**24432.62**	**26555.23**
#工资性支出 Expenditure for Wage	604.27	804.95	941.09	1090.91	980.99	954.01	1082.91
农副产品采购支出 Expenditure for Purchase Form Crops	360.62	457.59	567.40	616.09	458.60	435.41	456.71
工矿及其他产品采购支出 Expenditure for Purchase Mineral and other Products	379.83	524.47	671.14	714.47	461.29	358.56	352.44
行政企事业管理费支出 Expenditure for Administrative Management	500.12	758.40	890.11	964.59	910.36	882.53	926.80
城乡个体经营支出 Expenditure for Individual Business	374.34	359.47	375.30	373.37	278.93	247.38	307.56
储蓄存款支出 Expenditure for Savings Deposits	11438.26	15068.85	18598.24	23640.24	20599.79	19598.04	21103.05
其他金融机构支出 Expenditure for Other Financial Institutions	61.49	14.97	27.97	60.92	30.08	22.41	28.27
汇兑支出 Expenditure for Remittances	275.52	153.58	136.87	83.94	66.99	59.40	81.76

10-7 主要年份银行现金收支总额

Cash Income and Expenditure of Banking System in Selected Years

单位：亿元 (100 million yuan)

年份 Year	收入 Income	支出 Expenditure	当年差额 货币投放（+）或回笼（-） Currency Issuance(+) Cash With drawn(-)	年份 Year	收入 Income	支出 Expenditure	当年差额 货币投放（+）或回笼（-） Currency Issuance(+) Cash With drawn(-)
1952	5.95	6.16	0.21	1992	1065.66	1091.58	25.91
1957	15.09	15.27	0.18	1993	1784.13	1800.04	15.91
1962	18.66	18.72	0.06	1994	2527.68	2567.54	39.86
1965	19.98	20.38	0.40	1995	3531.20	3540.42	9.22
1970	20.42	20.25	-0.17	1996	4939.15	4952.50	13.35
1975	27.81	28.00	0.19	1997	8717.91	8733.35	15.44
1978	35.38	35.70	0.32	1998	10787.83	10821.58	33.75
1980	55.87	58.07	2.20	1999	12661.88	12772.64	110.76
1981	67.73	69.01	1.28	2000	14799.25	14837.47	38.21
1982	79.76	79.09	-0.67	2001	17870.46	17916.91	46.45
1983	91.09	92.00	0.91	2002	17009.54	17055.22	45.68
1984	112.07	115.94	3.87	2003	19289.67	19340.97	51.30
1985	158.79	160.91	2.12	2004	23037.42	23071.47	34.05
1986	190.69	190.48	-0.21	2005	23592.72	23655.89	63.17
1987	262.22	261.90	-0.32	2006	26856.83	26938.39	81.56
1988	385.88	395.04	9.16	2007	29366.09	29430.36	64.27
1989	477.17	460.49	-16.69	2008	25464.27	25474.86	10.60
1990	555.13	537.62	-17.51	2009	24425.61	24432.62	7.01
1991	706.03	706.26	0.23	2010	26474.79	26555.23	80.44

注：1997年起现金收支含信用社现金收支。

Note:Cash income and expenditures from 1997 include cash income and expenditure of credit banks.

10–8 金融机构人民币存贷款基准利率

Benchmark Intetests rate of RMB Deposit and Loan for Financial Institutions

单位：年利率 %

调整时间 Adjust Time	金融机构存款基准利率 Deposit	金融机构贷款基准利率 Loan	中央银行对金融机构贷款基准利率 Loan
1978	3.24	5.04	
1980	3.96-5.76	5.04	
1985	5.40-7.20	3.60-7.92	
1990.01.01	11.34	11.34	
1990.04.15	10.08	10.08	
1990.08.21	8.64	9.36	
1991.04.21	7.56	8.64	
1993.05.15	9.18	9.36	
1993.07.11	10.98	10.98	
1995.07.01	10.98	12.06	
1996.05.01	9.18	10.98	10.98
1996.08.23	7.47	10.08	10.98
1997.10.23	5.67	8.64	9.36
1998.03.25	5.22	7.92	7.92
1998.07.01	4.77	6.93	5.67
1998.12.07	3.78	6.39	5.13
1999.06.10	2.25	5.85	3.78
2002.02.21	1.98	5.31	3.24
2004.03.25	1.98	5.31	3.87
2004.10.29	2.25	5.58	3.87
2006.04.28	2.25	5.85	3.87
2006.08.19	2.52	6.12	3.87
2007.03.18	2.79	6.39	3.87
2007.05.19	3.06	6.57	3.87
2007.07.21	3.33	6.84	3.87
2007.08.22	3.60	7.02	3.87
2007.09.15	3.87	7.29	3.87
2007.12.21	4.14	7.47	3.87
2008.09.16	4.14	7.20	4.68
2008.10.09	3.87	6.93	4.68
2008.10.30	3.60	6.66	4.68
2008.11.27	2.52	5.58	3.60
2008.12.23	2.25	5.31	3.33
2010.10.20	2.50	5.56	3.33
2010.12.26	2.75	5.81	3.85

注：本表数据由中国人民银行提供。

Note: Date in this table are provided by People's Bank of China.

10−9 企业在证券市场融资情况(1997−2010年)

Raised Capital of Enterprises on Securities Markets(1997-2010)

年份 Year	年底累计上市公司数(家) Number of Listed Companies at the Year-end(unit)			当年融资企业数（个） Number of Listed Companies (unit)			当年融资金额（亿元） Value of Issued(100 million yuan)		
	福建 Fujian	全国 National	占全国比重(%) Proportion of National(%)	福建 Fujian	首发 First Issue	再融资 Repeat Issue	总计 Total	首发 First Issue	再融资 Repeat Issue
1997	32	657	4.87	11	7	4	28.22	18.95	3.66
1998	34	768	4.43	9	2	7	14.56	6.07	8.48
1999	38	866	4.39	10	4	6	24.02	11.30	12.72
2000	41	1020	4.02	10	3	7	41.18	20.41	20.78
2001	40	1108	3.61	3	1	2	17.00	13.00	4.00
2002	41	1205	3.4	4	4		13.97	13.97	
2003	43	1287	3.34	4	2	2	21.94	8.10	13.84
2004	45	1378	3.27	3	3		8.14	8.14	
2005									
2006	48	1434	3.35	5	4	1	11.65	8.75	2.90
2007	50	1550	3.23	9	3	6	209.54	166.99	42.55
2008	55	1625	3.38	7	6	1	121.12	114.78	6.34
2009	57	1718	3.32	5	2	3	54.82	15.09	39.73
2010	70	2063	3.39	23	16	7	344.97	142.76	202.21

10−10 上市公司经营效益情况(1999−2010年)

Financial Indicators of Listed Companies(1999-2010)

年份 Year	加权平均每股收益（元） Weighted Average Income of per(yuan)		整体平均净资产收益率（%） Average Ratio of Income to Net Assets(%)	
	福建 Fujian	全国 National	福建 Fujian	全国 National
1999	0.14	0.18	1.84	2.08
2000	0.10	0.20	4.71	6.95
2001	0.02	0.12	5.09	6.45
2002	0.19	0.14	7.89	5.75
2003	0.18	0.18	6.28	6.09
2004	0.10	0.24	4.09	9.01
2005	0.02	0.15	4.41	15.08
2006	0.29	0.24	11.99	10.54
2007	0.67	0.42	17.65	14.79
2008	0.65	0.52	17.36	12.10
2009	0.81	0.41	17.05	12.66
2010	0.92	0.49	16.85	14.45

10-11 保险业务情况

Basic Statistics of Insurance

单位：万元 (10000 yuan)

项目	Item	2005	2006	2007	2008	2009	2010
保险费收入	Premium Income	1490886	1743516	2173592	2906729	3306513	4236124
财产保险	Property Insurance	413723	523602	694398	812073	961883	1327403
#机动车辆险	Motor Vehicle Insurance	273882	361257	499652	581840	696366	981696
企业财产险	Enterprise Property Insurance	45813	49621	54845	62369	68491	84930
家庭财产险	Family Property Insurance	2109	3076	4530	5543	9023	8965
人身保险	Life Insurance	1077163	1219914	1479193	2094656	2344630	2908721
人寿保险	Life Insurance	927841	1041926	1294272	1860973	2093044	2616312
健康保险	Health Insurance	121248	146140	146111	191046	198355	228322
意外伤害	Accident Insurance	28074	31848	38810	42636	53231	64086
有效保单赔款及给付金额	Claim and Payment	405525	448086	689124	901825	947286	1028986
财产保险	Property Insurance	272304	277777	370239	495692	560004	654417
#机动车辆险	Motor Vehicle Insurance	173923	191880	273464	368991	425030	460282
企业财产险	Enterprise Property Insurance	56455	41266	38562	43434	40303	75590
家庭财产险	Family Property Insurance	743	2980	521	1841	2900	9198
人身保险	Life Insurance	133222	170309	318885	406133	387282	374569
人寿保险	Life Insurance	89362	117028	269897	337949	302463	271750
健康保险	Health Insurance	33285	41363	37100	54801	69572	82822
意外伤害	Accident Insurance	10575	11917	11887	13382	15247	19997

10-12 保险系统机构数(2010年)

Number of Institutions in Insurances System(2010)

项目 Item	财产保险公司 Property Insurance Companies			人寿保险公司 Life Insurance Companies		
	机构数（个） Institutions (unit)	职工人数（人） Staff and Workers (person)	营销员人数（人） Salements (person)	机构数（个） Institutions (unit)	职工人数（人） Staff and Workers (person)	营销员人数（人） Salements (person)
保险公司 Total	**891**	**10134**	**12924**	**1327**	**13044**	**83042**
省级分公司 Provincial Branches	31	2661	469	33	4230	1132
中心支公司 Central Branches	100	3401	1694	88	5045	17508
支公司 Branches	238	2531	6161	175	2466	15607
营业部 Business Departments	7	283	1623	3	72	666
营销服务部 Business Services	514	1086	2909	1027	1231	48040

10-13 设区市国内保险业务主要指标(2010年)

Major Indicators of Nation Insurance Business by City,2010

单位：万元 (10000 yuan)

项目	Item	保险费收入 Premium Income	财产保险 Property Insurance	机动车辆险 Motor Vehicle Insurance	企业财产险 Enterprise Property Insurance	家庭财产险 Family Property Insurance	人身保险 Life Insurance	人寿保险 Life Insurance	健康保险 Health Insurance	意外伤害 Accident Insurance
福州市	Fuzhou	1195319	341541	2284	265	1211	853778	757853	82099	13826
厦门市	Xiamen	775463	289652	2047	197	94	485811	437360	37187	11264
莆田市	Putian	235002	61462	505	33	769	173539	157799	12535	3206
三明市	Sanming	228133	67631	479	55	868	160502	148546	7997	3959
泉州市	Quanzhou	855667	240473	1905	157	2131	615195	556895	45148	13151
漳州市	Zhangzhou	341500	104539	857	48	843	236961	214530	16460	5972
南平市	Nanping	212526	63833	504	32	960	148694	136368	8654	3672
龙岩市	Longyan	222907	102151	806	42	950	120756	105583	9893	5280
宁德市	Ningde	169532	56121	431	21	1140	113410	101302	8350	3758

10-13 续表

Continued

单位：万元 (10000 yuan)

项目	Item	有效保单赔款及给付金额 Claim and Payment	财产保险 Property Insurance	机动车辆险 Motor Vehicle Insurance	企业财产险 Enterprise Property Insurance	家庭财产险 Family Property Insurance	人身保险 Life Insurance	人寿保险 Life Insurance	健康保险 Health Insurance	意外伤害 Accident Insurance
福州市	Fuzhou	258480	147096	107131	11674	385	111384	65312	42119	3952
厦门市	Xiamen	175539	113664	82955	7727	76	61876	43782	15905	2188
莆田市	Putian	51446	28325	24244	1222	176	23121	19901	1935	1285
三明市	Sanming	64629	39568	23376	4259	1919	25061	21223	2240	1598
泉州市	Quanzhou	184070	118187	90512	10591	720	65883	52757	8475	4651
漳州市	Zhangzhou	81225	52691	42153	2696	430	28533	23281	3114	2139
南平市	Nanping	99692	76104	29734	34796	3404	23588	19756	2152	1680
龙岩市	Longyan	73443	52314	38214	2253	1363	21129	15680	3804	1645
宁德市	Ningde	40463	26467	21964	372	724	13996	10059	3078	859

10-14 保险公司业务经济技术指标(2010年)

Economic and Technical Indicators of Insurance Companies(2010)

单位：万元　　(10000 yuan)

项目 Item	保险金额 Amount Insured	保　费 Premium	赔款及给付 Claim and Payment
财产保险公司 Property Insurance Companies	**713678928**	**1327403**	**654417**
企业财产险 Enterprise Property Insurance	121366822	84930	75590
家庭财产险 Family Property Insurance	13420612	8965	9198
机动车辆险 Motor Vehicle Insurance	133149717	981696	460282
船舶险 Ship Insurance	12040490	33645	11318
货物运输险 Freight Transport Insurance	45975838	26716	10378
特殊风险保险 Special Risk Insurance	2410796	2383	2084
建筑、安装工程 Construction and Installation Projects	12066824	25256	5359
责任险 Liability Insurance	191635394	41617	24226
信用险 Credit Insurance	7825173	42587	12490
保证保险 Guarantee Insurance	1529821	15588	921
农业险 Agriculture Insurance	5313806	17418	13543
其他 Others	19657	129	76
人寿保险公司 Life Insurance Companies	**431031048**	**2908721**	**374569**
人身保险 Personal Insurance	**57736931**	**2616312**	**271750**
个人业务 Ondividual	42173733	2555859	229208
团体业务 Team	15563198	60453	42542
健康险 Health Insurance	**89935257**	**228322**	**82822**
人身意外伤害险 Unforeseen Human Insurance	**283358860**	**64086**	**19997**

10–15 各设区市主要社会保险指标(2010年)

Basic Statistics on Social Insurance by City(2010)

单位：万人 (10000 persons)

地区	Area	城镇基本养老保险 Basic Pension Insurance in Urban	农村社会养老保险 Pension Insurance in Rural	期末参加新型农村社会养老保险人数 New Tape of Pension Insurance in Rural	城镇基本医疗保险人数 Basic Medical Insurance	失业保险 Unemployment Insurance	工伤保险 Work Injury Insurance	生育保险 Maternity Insurance
全　省	**Total**	**635.27**	**144.66**	**475.81**	**1226.25**	**374.18**	**417.74**	**374.41**
省　直	**Province**	**33.56**			**33.14**		**16.81**	**16.61**
福州市	Fuzhou	128.80	22.62	50.35	248.43	82.44	90.97	76.34
厦门市	Xiamen	143.71	12.80	7.87	234.69	125.60	121.80	115.40
莆田市	Putian	27.49	8.77	35.89	61.12	15.97	16.60	13.50
三明市	Sanming	44.74	9.49	26.13	80.71	22.95	23.95	18.05
泉州市	Quanzhou	82.41	24.39	104.84	230.24	47.99	61.95	65.06
漳州市	Zhangzhou	61.50	16.12	71.19	119.76	24.47	25.59	22.68
南平市	Nanping	45.43	13.94	109.45	80.69	24.42	19.46	14.39
龙岩市	Longyan	38.01	13.92	36.44	88.33	18.66	26.41	22.93
宁德市	Ningde	29.62	22.62	33.64	49.12	11.68	14.19	9.45

10–16 各设区市城镇基本养老保险参保情况(2010年)

Basic Statistics on the Coverage of Basic Insurance in Urban area by City(2010)

单位：万人 (10000 persons)

地区	Area	参加城镇基本养老保险职工人数 Population Vovered Pension Insurance in Urban	#参加城镇企业基本养老保险人数 Coverd Enterprises Pension Insurance in Urban	#参加城镇机关事业养老保险人数 Covered Institutions and state organs Insurance	期末领取基本养老保险金离退休人数 Retirees Beneficiary of Pension Insurance at the Year-end	#企业单位领取人数 Enterprises	#机关事业单位领取人数 Institutions and State Organs
全　省	**Total**	**521.81**	**466.88**	**54.93**	**113.46**	**93.33**	**20.13**
省　直	**Province**	**25.14**	**19.47**	**5.67**	**8.42**	**6.09**	**2.33**
福州市	Fuzhou	101.44	92.30	9.14	27.36	23.06	4.30
厦门市	Xiamen	129.66	129.66		14.05	14.05	
莆田市	Putian	23.82	21.01	2.81	3.67	3.08	0.59
三明市	Sanming	32.89	26.66	6.23	11.85	9.69	2.16
泉州市	Quanzhou	73.35	66.70	6.65	9.06	7.16	1.90
漳州市	Zhangzhou	48.96	42.03	6.93	12.54	10.08	2.46
南平市	Nanping	32.77	28.16	4.61	12.66	10.77	1.89
龙岩市	Longyan	29.79	22.09	7.70	8.22	5.22	3.00
宁德市	Ningde	23.98	18.80	5.18	5.64	4.13	1.51

主要统计指标解释

地方财政收入　属于地方财政的收入包括营业税，地方企业所得税，个人所得税，城镇土地使用税，固定资产投资方向调节税，城镇维护建设税，房产税，车船使用税，印花税，屠宰税，牧业税，耕地占用税，契税，增值税25%部分，证券交易税(印花税)50%部分和除海洋石油资源税以外的其他资源税。

地方财政支出　包括地方行政管理和各项事业费，地方统筹的基本建设、技术改造支出，支援农村生产支出，城市维护和建设经费，价格补贴支出等。

信贷资金　指金融机构以信用方式积聚和分配的货币资金。金融机构信贷资金的来源有各项存款、对国际金融机构负债、流通中货币、银行自有资金及当年结益等；信贷资金的运用有各项贷款、黄金占款、外汇占款、财政借款及在国际金融机构中的资产等。

存款　指企业、机关、团体或居民根据资金必须收回的原则，把货币资金存入银行或其他信用机构保管并取得一定利息的一种信用活动形式。根据存款对象的不同可划分为企业存款、财政存款、机关团体存款、基本建设存款、城镇储蓄存款、农村存款等科目。它是银行信贷资金的主要来源。

贷款　指银行或其他信用机构根据资金必须归还的原则，按一定利率，为企业、个人等提供资金的一种信用活动形式。我国银行贷款分为流动资金贷款、固定资产贷款、城乡个体工商户贷款以及农业贷款等科目。

保险金额　指保险人承担赔偿或者给付保险金责任的最高限额。

保费　指投保人为取得保险人在约定范围内所承担赔偿责任而支付给保险人的费用。

赔款　指保险人根据保险合同的规定，向被保险人支付的赔偿保险责任损失的金额。

给付　包括死伤医疗给付和满期给付。死伤医疗给付是指保险人根据人寿保险及长期健康保险合同的规定，因被保险人在保险期内发生保险责任范围内的保险事故支付给被保险人(或受益人)的金额。满期给付是指被保险人生存期满，保险人按人寿保险合同规定支付给被保险人的满期保险金额。

基本养老保险

1.参加保险人数：指报告期末按照国家法律、法规和有关政策规定参加基本养老保险的职工人数。包括不能正常缴费、已中断缴费但未终止保险关系的职工人数。

2.社会统筹基金收入：指根据国家规定，由纳入基本养老保险范围的单位，按照国家规定的缴费基数和缴费比例缴纳的社会统筹基金，以及通过其他方式取得的形成基金来源的收入，包括：单位缴纳的社会统筹基金收入、财政补贴收入、利息收入、其他收入。

3.社会统筹基金支出：指按照国家政策规定的开支范围和开支标准从社会统筹基金中支付给参加基本养老保险的离休、退休、退职人员个人的养老金、丧葬抚恤补助，以及由于保险关系转移、上下级之间调剂资金等原因而发生的支出。包括：基础性养老金、过渡性养老金、离休金、退休金、退职金、补贴、丧葬抚恤补助、其他支出。

4.社会统筹基金结余：指截止报告期末基本养老保险的社会统筹基金结余金额。包括银行存款、财政专户、债券投资和其他。

基本医疗保险

1.参保人数：指报告期末按国家有关规定参加基本医疗保险的人数。包括参加保险的职工人数和退休人员人数。

2.基金收入：指根据国家有关规定，由纳入基本医疗保险范围的缴费单位和个人，按国家规定的缴费基数和缴费比例缴纳的基金，以及通过其他方式取得的形成基金来源的款项，包括：单位缴纳的社会统筹基金收入、个人缴纳的个人账户基金收入、财政补贴收入、利息收入、其他收入。

3.基金支出：指按照国家政策规定的开支范围和开支标准从社会统筹基金中支付给参加基本医疗保险的职工和退休人员的医疗保险待遇支出，和从个人帐户基金中支付给参加基本医疗保险的职工和退休人员的医疗费用支出，以及其他支出。包括：住院医疗费用支出、门急诊医疗费用支出、个人账户基金支出、其他支出。

4.基金累计结余：指截止报告期末基本医疗保

险的社会统筹和个人帐户基金累计结余金额。包括银行存款、财政专户、债券投资和其他。

失业保险

1.参加保险人数：指报告期末按照国家法律、法规和有关政策规定参加了失业保险的城镇企业事业单位的职工及地方政府规定参加失业保险的其他人员的人数。

2.失业保险金：指为保障失业人员的基本生活而按规定支付的失业保险金金额。

Explanatory Notes on Main Statistical Indicators

Revenue of the Local Governments The revenue of the local governments includes business tax, income tax of the enterprises subordinate to the local government, personal income tax, tax on the use of urban land, tax on the adjustment of the investment in fixed assets, tax on town maintenance and construction, tax on real estates, tax on the use of vehicles and ships, stamp tax, slaughter tax, tax on animal husbandry, tax on the occupancy of cultivated land, contract tax, 25% of the value added tax, 50% of the tax on stock dealing (stamp tax) and tax on resources other than the ocean petroleum resources.

Expenditure of the Local Governments The expenditure of the local governments includes mainly the administrative expenses and various operating expenses at the vel of local governments, the expenditure for capital construction and technological innovation with the funds raised by the local government, expenditure for supporting rural production, expenditure for city maintenance and construction and expenditure for price subsidies, etc.

Credit Funds refer to the funds issued as loans by banking institutions. The sources of credit funds of the banking institutions included deposits, liabilities to international financial institutions, currency in circulation, self-owned funds and current retained profits, etc. The credit funds can be used in forms of loans, gold, foreign exchange, government debt and assets in the international financial institutions.

Deposit is a form of credit by which enterprises, institutions, organizations or households can put money into banks and other credit institutions for safekeeping and interest earning under the principle of free withdrawal. According to different depositors, deposits are divided into enterprise deposits,treasury deposits, deposits of government agencies and organizations,capital construction deposits, urban savings deposits, rural deposits and other deposits. Deposits are major sources of the credit funds of banks.

Loan is a form of credit by which banks and other credit institutions provide funds at certain interest rate to enterprises and individuals in the light of the principle of unconditional repayment. Loans from Chinese banks include circulating capital loans, fixed assets loans, loans to urban and rural individuals engaged in industrial and commercial business and agricultural loans.

Amount Insured refers to the maximum that the insurant will get for the claim of the case insured.

Premium is the fee paid by the insurant to the insurer to obtain the obligation of compensation from the insurance within the agreed terms.

Settled Claim is the compensation paid by the insurer to the insurant in accordance with the insurance contract.

Payment includes payment for death, injury or medical treatment and mature payment. Payment for death, injury or medical treatment refers to the money paid to the insurant (or the beneficiary) in accordance with the life or health insurance contract when the insurant encounters accidents within the insured period covered in the contract. Mature payment refers to the mature payment to the insurant in accordance with the life insurance contract at the end of the insured period.

Basic Endowment Insurance

1. Number of people participating in the insurance program: by the end of reference period, number of staff and workers participating in the insurance program in line with national laws, regulations and related policies, including those who can not make regular payment or interrupt payment but not terminate the insurance program.

2. Revenue of social comprehensive funds: according to national provision, payments made by units covered in basic endowment insurance program, and income from other resources, including: income of social comprehensive funds paid by unites, financial subsidies, interest income and others.

3. Expenditure of social comprehensive funds:

refer to payment made to those retired and resigned people covered in endowment insurance program in terms of pens ion or compensation within the expenditure scope and standards according to related national policies, and the expenditure occurred due to shift of the insurance relationship or adjustment funds among agencies, including: basic pension, transitional pension, pension for resigned people, pension for retired people, pension for people quitting jobs, subsidies, funeral subsidies and other expenditure.

4. Balance of social comprehensive funds: refer to the balance of basic endowment insurance of social comprehensive funds at the end of the reference period, including: bank savings, special fiscal account, investment in bonds and others.

Basic Medical Care Insurance:

1. Number of people participated in the insurance program: refer to number of people participated in the basic medical care insurance program according to related regulation by the end of reference period, including: number of staff and workers and retired persons participated in this insurance program.

2. Revenue of social comprehensive funds: according to national provision, payments made by units covered in basic medical care insurance program, and income from other resources, including: income of social comprehensive funds paid by unites, financial subsidies, interest income and others.

3. Expenditure of social comprehensive funds: refer to payment made to those retired and resigned people covered in basic medical care insurance within the expenditure scope and standards according to related national policies, including: expenditure on fee-for-service in hospital, expenditure on fee-for-service in clinic and other expenditure.

4. Balance of social comprehensive funds: refer to the balance of medical care insurance of social comprehensive funds at the end of the reference period, including: bank savings, special fiscal account, investment in bonds and others.

Unemployment Insurance

1. Number of people participated in unemployment insurance program: number of staff and workers in urban enterprises or institutions and other people according to local government regulations participated in unemployment insurance program in line with national law, regulations and related policies by the end of the reference period.

2. Sum of Unemployment Insurance: refer to total amount of insurance paid to un-employees to guarantee their basic lives according to related regulations.

第十一篇　农业

Chapter 11　Agriculture

资料整理：陈尔琪 吴新榕 林卿

Datebase Editor:Chenerqi Wuxinrong Linqing

简 要 说 明

本篇资料的主要内容及来源

本篇资料反映全省农业生产和农村经济的基本情况，主要包括农林牧渔业总产值、增加值，农村劳动力，主要农产品产量，农业机械年末拥有量，农村电气化以及农田水利建设等方面的统计资料。

本篇资料的统计范围包括省内所属的各种经济类型、各个系统的全部农林牧渔业生产单位以及各非农行业附属的农林牧渔业生产活动单位。军委系统的农业生产（除军马外）也包括在内，但不包括农业科学试验机构进行的农业生产。

本篇资料中 2003 年及以后年份的农林牧渔业总产值、增加值按新口径计算。即取消农业中种植业和其他农业的分类，将原属于其他农业的农民家庭兼营商品性工业剔除，作为附记指标统计；林业中竹木采运统计范围由村及村以下改为全社会；增加农林牧渔服务业统计;2010 年起执行 2010《统计用品分类目录》，坚果类划归农业，采集野生植物划归林业。2002-2007 年主要农产品的生产情况以及农林牧渔业产值等数据，以全省第二次农业普查数据为基础，进行了调整和衔接。

本篇资料来源于农村综合统计年报，由省统计局农村统计处整理提供。

Brief Introduction

Main Content and Source of Data

Data in this chapter show the basic conditions of agricultural production and rural economy, mainly including agricultural output, value added, rural labor force, output of main agricultural produces, cultivated land, agricultural machinery and basic construction on irrigation and drainage.

The coverage of the comprehensive statistical reporting includes all productive units of farming, forestry, animal husbandry and fishery and those related non agricultural affiliated units with various ownership and the activities of horse raising for military purpose and those undertaken by agricultural research institutions are excluded.

Since 2003, data on the gross output value and value added have been calculated under the new classification of economic activities. Crop plantation and other agricultural activities have been excluded according to the classification. Value of industrial output by rural households is not included in agriculture and used only as supplementary indicators. Since 2010, we carry out the product of category statistics,nut fruits belongs to farming and collection of wild plants belongs to forestry. Transport of bamboo and timber cover all the units related. Services to farming, forestry, animal husbandry are included in farming In order to be comparable; data on Farming, Forestry, Animal Husbandry and Fishery in from 2002 to 2007 have been adjusted according to the data obtained from the Second National Agricultural Census.

Data in this chapter are based on the statistical reporting summary tables and are prepared and compiled by the Division of Countryside Statistics of Fujian Provincial Bureau of Statistics.

11-1 农村基层组织和劳动力情况

Basic Rural Units and Resource of Rural Labour

项目 Item	2000	2003	2005	2007	2008	2009	2010
农村基层组织情况							
Basic Rural Units							
乡(镇)政府（个）	942	960	934	928	928	929	929
Township and Town Governments(unit)							
乡政府（个）	365	352	341	338	338	338	334
Township Governments(unit)							
镇政府（个）	577	608	593	590	590	591	595
Town Governments(unit)							
村民委员会（个）	14988	14894	14630	14420	14436	14435	14434
Villagers' Committees(unit)							
自来水受益村数（个）	8341	8901	9589	10700	11654	12202	12592
Number of Villages which have Running Water(unit)							
通汽车村数（个）	14696	14667	14448	14270	14345	14356	14364
Number of Villages Where cars can arrived(unit)							
通电话村数（个）	14653	14812	14590	14397	14419	14424	14424
Number of Villages Where Telephone can used(unit)							
农村劳动力资源情况							
Resource of Rural Labour							
乡村劳动力资源总数（万人）	**1367.65**	**1436.59**	**1490.55**	**1499.96**	**1539.10**	**1560.77**	**1579.32**
Amount Resource of Rural Labour (10000 persons)							
#劳动年龄内	1292.05	1336.07	1370.21	1362.81	1403.96	1424.88	1449.04
Population at Working Age							
乡村从业人员（万人）	**1253.46**	**1292.55**	**1320.51**	**1325.61**	**1357.76**	**1375.33**	**1395.81**
Actural Employment in Rural (10000 persons)							
#劳动年龄内			1244.55	1230.40	1258.75	1272.09	1298.36
Employment at Working Age							
#国有农林牧渔场从业人员（万人）	9.34	8.87	7.50	7.20	7.28	7.31	7.27
Employment of State-owned,Parming, Forestry, Animal Husbandy and Fishery(10000 persons)							
按性别分							
By Male							
男	674.32	696.44	712.20	712.50	731.01	742.18	752.57
Male							
女	579.15	596.10	608.31	613.11	626.75	633.15	643.23
Female							
按国民经济行业分							
By Sector							
#农业	778.07	744.79	699.67	637.46	636.55	626.28	623.73
Farming							
工业	141.12	174.46	209.18	258.27	285.75	300.32	315.51
Industry							
建筑业	79.40	85.03	87.40	96.98	98.29	101.79	105.84
Construction							
交通运输、仓储和邮政业	36.40	38.80	40.50	41.27	41.98	44.16	45.40
Transport, Storage and Post Services							
批发和零售业			69.46	82.00	87.32	93.25	96.34
Wholesale and Retail Trade							
住宿和餐饮业			18.90	26.83	29.92	33.71	36.16
Lodgings and Catering Services							

11-2 农业机械化情况

Statistics on Agriculture Machinery

项目 Item	2000	2003	2005	2007	2008	2009	2010
农业机械动力（万千瓦） Total Agricultural Machinery(10000kw)	**873.28**	**951.91**	**999.99**	**1063.08**	**1112.47**	**1175.01**	**1206.16**
柴油发动机 Diesel Engines	700.59	770.79	810.27	851.08	856.33	878.10	891.66
汽油发动机 Petrol Engines	38.46	36.63	37.47	23.81	39.71	50.47	64.01
电动机 Electric Engines	133.85	144.41	152.25	188.19	216.44	246.44	250.47
其它机械 Other	0.38	0.08					0.03
农业机械化拥有量情况 Major Agricultural Machinery and Equipment							
大中型拖拉机（台） Large and Medium Tractors(set)	1897	1602	1409	1496	1636	2389	2603
大中型拖拉机动力（万千瓦） Capacity(10000kw)	6.50	6.37	5.10	5.36	5.84	9.24	10.46
小型拖拉机（台） Mini-tractors(set)	153250	110800	98806	86171	96193	108563	107739
小型拖拉机动力（万千瓦） Capacity(10000kw)	158.7	105.6	94.01	79.75	93.48	106.68	107.02
大中型拖拉机配套农具（台） Number of Large and Medium Tractor Towing Farm Machinery(set)	435	380	406	880	1921	2335	2674
小型拖拉机配套农具（台） Number of Mini-Tractor Towing Farm Machinery(set)	58986	60970	69970	86256	91707	107541	115384
农用排灌电动机（台） Agricultural Electromotors(set)	31845	45600	60351	50135	50151	55638	55714
农用排灌电动机动力（万千瓦） Capacity(10000kw)	27.8	31.32	41.96	35.92	35.67	37.11	36.42
农用排灌柴油机（台） Agricultural Diesel Engines(set)	59150	77360	81036	90631	90673	92392	94944
农用排灌柴油机动力（万千瓦） Capacity(10000kw)	41.4	49.6	49.45	57.68	57.75	58.4	59.18
联合收割机（台） Combine Harvesters(set)	577	810	1253	2337	2717	3907	4411
联合收割机动力（万千瓦） Capacity(10000kw)	0.8	1.41	3.02	7.05	8.68	13.44	15.48
自走式机动割晒机（台） Motorized Automatic Cutter-rowers(set)		20	33	301	330	2530	566
自走式机动割晒机动力（万千瓦） Capacity(10000kw)		0.02	0.02	0.08	0.08	0.29	0.09
机动脱粒机（台） Motorized Threshing Machines(set)	46512	51560	59932	78363	84034	87880	93484
农用运输车（台） Agricultural Transport Trucks(set)	55252	50220	47758	48627	45541	47000	45794
农用运输车动力（万千瓦） Capacity(10000kw)	119.33	115.59	112.61	126.75	130.71	133.52	130.63
渔用机动船（艘） Motorized Fishing Boats(set)	67632	76400	57210	63004	65680	64895	64057
渔用机动船动力（万千瓦） Capacity(10000kw)	151.5	173.6	202.15	221.18	230.28	229.48	229.4
机电井（眼） Electrical Wells(set)	14781	15512	15794	17802	17793	17858	17866
节水灌溉类机械（套） Water Saving Irrigation Machines(set)		8620	8351	9990	10221	10606	11608
农用水泵（台） Farm Water Pump(set)	71404	107240	123181	132745	137227	141506	150632

注：2009年的“自走式机动割晒机”包括“割灌机”。

Note:Since 2009,Motorized Autormatic Cutter-rowers including Cutter-Irrigation Machines.

11－3 主要年份农业生产条件

Agricultural Production Basic Conditions in Selected Years

年份 Year	农业机械动力（万千瓦） Total Power of Agricultural Machinery (10000 kw)	有效灌溉面积（千公顷） Irrigated Area (1000 hectare)	化肥施用量（吨） Consumption of Chemical Fertilizers (ton)	农药使用量（吨） Consumption of Chemical Pesticides (ton)	农村用电量（万千瓦小时） Electricity Consumed in Rural Area(10000 kwh)	农用塑料薄膜使用量（吨） Plastic Film Use for Agriculture （ton）
1952	0.25	643.33	7000			
1957	1.97	774.00	20300			
1962	6.83	950.00	24300			
1965	15.07	1066.67	80800		3900	
1970	34.64	852.00	105800		9800	
1975	87.83	904.21	118600		32239	
1978	167.72	862.55	212800		48946	
1979	204.60	878.63	295075		57597	
1980	240.19	933.07	369918		64315	
1981	271.27	836.05	389908		71252	
1982	310.76	812.62	455196		79882	
1983	323.99	822.90	475615		80056	
1984	344.42	804.22	502265		89244	
1985	374.85	925.00	491010		112380	
1986	455.77	917.62	572200		146500	
1987	508.10	921.66	624300		140600	
1988	546.94	924.00	670606		165286	
1989	574.17	910.61	749095		200384	
1990	587.09	933.63	763900	30400	203900	7200
1991	614.44	939.67	807194	34082	233902	10996
1992	645.62	943.87	930581	34769	269194	10510
1993	693.50	945.20	922399	37305	291718	13371
1994	729.70	937.57	1014537	42236	360372	17229
1995	757.25	936.52	1049699	48000	456814	18423
1996	786.49	935.18	1109907	55161	500352	25467
1997	792.42	933.66	1164151	52281	578096	21455
1998	818.42	931.88	1180778	50298	609966	19246
1999	838.71	932.23	1243322	56387	650923	19589
2000	873.28	940.18	1233311	51777	724290	21152
2001	889.59	942.35	1173704	52841	868090	22697
2002	915.84	938.80	1199068	55313	1065019	25553
2003	951.91	939.95	1202870	55266	1184550	26491
2004	980.99	941.45	1216646	53503	1375738	29538
2005	999.99	949.71	1220157	56044	1605843	36023
2006	1027.83	950.48	1209000	56498	1720000	48452
2007	1063.08	952.91	1196930	56951	1834388	60881
2008	1112.47	955.45	1186741	57500	2096791	61800
2009	1175.01	960.12	1206801	57844	2300894	58350
2010	1206.16	964.77	1210372	58238	2574895	57053

11-4 农业基础设施

Agricultural Fundamental Facilities

项目 Item	2000	2003	2005	2007	2008	2009	2010
1.农业机械使用							
Use of Motorized Cultivation							
机耕地面积（千公顷） Cultivated Areas by Tractors(1000 hectare)	405.49	413.47	421.85	446.00	744.78	845.51	908.68
机械播种面积（千公顷） Sown Area by Machinery(1000 hectare)	1.95		0.75	1.57	3.50	9.52	25.77
机械收获面积（千公顷） Cut Area by Machinery(1000 hectare)	18.48	35.15	64.25	108.00	147.01	188.85	222.74
2.农村电力设施							
Rural Power Equitment							
乡村办水电站（处） Hydropower Stations in Rural(unit)	3507	3998	4859	5148	5189	5253	5332
发电能力（万千瓦） Generating Capacity of Hydropower Station (10 000 kw)	92.78	144.55	222.61	279.54	293.64	306.13	318.96
农村用电量（亿千瓦小时） Electricity Consumed in Aural(100 million kwh)	72.43	118.46	160.58	183.44	209.68	230.09	257.49
3.化肥施用量（万吨）							
Consumption of Chemical Fertilizer(10000 tons)							
按实物量计算 By Actual	423.04	409.53	419.09	415.67	411.45	413.25	414.22
氮肥 Nitrogenous Fertilizer	197.62	182.83	182.15	174.51	171.01	170.87	170.19
磷肥 Phosphate Fertilizer	104.34	98.85	100.26	96.01	95.55	94.99	95.01
钾肥 Potash Fertilizer	50.11	50.83	53.40	54.44	54.32	54.55	55.13
复合肥 Compound Fertilizer	70.97	77.02	83.27	90.71	90.56	92.83	93.89
按折纯量计算 By Pure	123.33	120.29	122.02	119.69	118.67	120.68	121.04
氮肥 Nitrogenous Fertilizer	55.66	51.39	51.29	48.44	47.35	47.91	47.74
磷肥 Phosphate Fertilizer	16.83	16.33	16.48	16.26	16.62	17.00	17.06
钾肥 Potash Fertilizer	23.78	23.83	24.41	24.86	24.15	24.45	24.67
复合肥 Compound Fertilizer	27.07	28.74	29.84	30.12	30.56	31.32	31.56
4.农药使用量（万吨） Consumption of Agricultural Chemical(10000 tons)	**5.18**	**5.53**	**5.60**	**5.70**	**5.75**	**5.78**	**5.82**
5.农用塑料薄膜使用量（万吨） Consumption of Agricultural Plastic Film(10000 tons)	**2.12**	**2.65**	**3.60**	**6.09**	**6.18**	**5.84**	**5.71**
#农用塑料薄膜地膜使用量 Consumption of Agricultural Plastic Film	0.98	1.42	1.65	2.48	2.58	2.61	2.66
6.农用柴油使用量（万吨） Consumption of Agricultural Diesel(10000 tons)	**47.95**	**80.55**	**74.19**	**78.92**	**81.00**	**81.99**	**83.17**
7.水利（千公顷）							
Water Conservancy(1000 hectare)							
有效灌溉面积 Effective Irrigated Area	940.18	939.95	949.71	952.91	955.45	960.12	964.77
旱涝保收面积 Dried and Flooded Areas under Control and Ensuring Stable Yeilds	623.83	654.88	681.22	679.65	682.30	679.84	675.70
机电排灌面积 Irrigation and Drainage Area by Power	176.31	159.42	160.23	372.43	147.90	149.91	150.77

11-5 主要年份农作物播种面积

Total Sown Areas of Farm Crops in Selected Years

单位：千公顷 (1000 hectares)

年份 Year	合计 Total	粮食作物 Grain Crops	#谷物 Cereal	#稻谷 Rice	非粮作物 Non-grain Crops	#油料作物 Oil-Bearing Crops
1952	2109.80	1938.87	1537.27	1431.07	170.93	93.81
1957	2377.67	2148.73	1646.67	1474.49	228.94	106.71
1962	2061.27	1897.60	1448.87	1303.49	163.67	74.26
1965	1976.27	1726.13	1425.40	1316.40	250.14	79.60
1970	2350.53	2000.47	1611.61	1477.67	350.06	
1975	2756.40	2290.87	1892.23	1715.40	465.53	106.08
1978	2701.05	2213.13	1879.52	1689.13	487.92	108.39
1979	2262.27	2149.54	1843.79	1670.13	512.73	126.43
1980	2573.93	2175.55	1800.39	1673.87	398.38	130.30
1981	2526.59	2137.51	1782.74	1650.77	389.08	135.65
1982	2469.47	2083.54	1729.99	1613.19	385.93	135.24
1983	2428.38	2008.99	1738.06	1617.99	419.39	108.36
1984	2386.71	2017.04	1686.64	1587.18	369.67	102.50
1985	2335.71	1888.49	1568.08	1477.22	447.22	105.71
1986	2401.03	1897.72	1602.25	1484.61	503.31	107.76
1987	2543.93	1961.53	1653.20	1493.69	582.40	119.54
1988	2588.62	1961.95	1606.84	1483.25	626.67	113.09
1989	2656.64	2045.34	1647.45	1509.22	611.30	109.20
1990	2745.92	2080.57	1657.72	1512.30	665.35	111.69
1991	2826.85	2087.23	1641.69	1492.51	739.62	115.11
1992	2881.05	2085.05	1628.47	1476.97	796.00	116.76
1993	2786.95	1967.21	1502.76	1383.12	819.74	114.22
1994	2800.97	2002.25	1512.07	1402.60	798.72	114.36
1995	2835.09	2017.35	1510.46	1406.25	817.74	118.19
1996	2900.75	2031.85	1507.09	1405.19	868.90	121.62
1997	2943.63	2041.29	1501.25	1401.53	902.34	119.56
1998	2918.81	2028.64	1484.80	1387.95	890.17	119.81
1999	2915.41	2009.52	1466.49	1373.21	905.89	121.62
2000	2793.25	1828.51	1303.21	1222.31	964.74	125.04
2001	2713.07	1725.72	1227.13	1156.57	987.35	123.65
2002	2661.37	1630.28	1146.67	1082.98	1031.09	121.87
2003	2486.90	1424.40	1016.87	957.88	1062.50	123.48
2004	2457.12	1389.77	1036.27	975.54	1067.36	125.10
2005	2392.92	1308.41	1003.53	937.78	1084.52	122.40
2006	2236.35	1226.94	932.99	890.64	1009.42	105.88
2007	2191.18	1201.05	911.88	868.69	990.13	101.54
2008	2220.68	1210.27	906.86	861.22	1010.41	107.36
2009	2258.01	1231.01	911.04	864.60	1027.00	110.42
2010	2270.89	1232.30	903.09	854.82	1038.59	111.66

11-6 粮食作物播种面积

Sown Areas of Grain Crops

单位：千公顷 (1000 hectare)

项目	Item	2000	2003	2005	2007	2008	2009	2010
总 计	**Total**	**1828.51**	**1424.40**	**1308.41**	**1201.05**	**1210.27**	**1231.01**	**1232.30**
按收获季节分	By Harvest Season							
春收粮食	Spring Harvest	163.24	113.69	101.51	74.30	75.97	83.73	86.25
夏收粮食	Summer Harvest	509.57	359.62	322.23	280.27	275.79	279.40	275.68
秋收粮食	Autumn Harvest	1155.70	951.08	884.67	846.48	858.51	867.88	870.38
按品种分	By Crop							
稻谷	Rice							
早稻	Early Rice	414.30	276.51	267.94	221.98	212.21	213.67	208.01
中稻	Middle Rice	393.59	398.55	295.91	305.96	312.23	313.48	310.03
晚稻	Late Rice	414.41	256.82	373.92	340.75	336.77	337.45	336.78
大小麦	Barley and Wheat	51.13	10.62	6.78	5.36	5.26	4.75	4.58
#小麦	Wheat	38.68	8.49	5.34	4.48	4.40	3.81	3.59
甘薯	Sweet Potato	280.73	240.35	215.68	160.41	167.29	173.51	177.76
马铃薯	Potato	88.56	82.71	79.01	60.80	62.91	71.11	73.61
杂粮	Food Grains other than Wheat and Rice	47.03	41.96	40.41	37.82	40.38	41.68	43.69
大豆	Soybean	105.38	86.81	77.85	52.04	55.85	59.08	61.12
杂豆	Sundry Soybean	33.37	29.87	24.86	15.92	17.37	16.28	16.73

11-7 非粮作物播种面积

Sown Areas of Non-grain Crops

单位：千公顷 (1000 hectare)

项目	Item	2000	2003	2005	2007	2008	2009	2010
总计	**Total**	**964.74**	**1062.50**	**1084.52**	**990.13**	**1010.41**	**1027.00**	**1038.59**
#油料	Oil-bearing Crops	125.04	123.48	122.40	101.54	107.36	110.42	111.66
#花生	Peanuts	106.05	108.27	107.16	90.62	96.05	98.08	99.06
油菜籽	Rape Seeds	17.40	13.79	13.76	9.53	9.79	10.91	11.23
芝麻	Sesame	1.41	1.25	1.25	1.26	1.32	1.27	1.27
甘蔗	Sugercane and Fruitcane	14.40	18.25	14.93	9.11	10.70	10.25	9.85
麻类	Fiber Crops	0.33	0.17	0.14	0.13	0.13	0.13	0.12
烟叶	Tobacco	55.30	59.61	66.78	62.97	67.28	69.01	64.85
#烤烟	Flue-cured Tobacco	53.72	58.63	65.85	62.52	66.86	68.51	64.30
莲籽	Lotus Seed	6.70	5.58	5.40	5.47	5.46	5.58	5.55
蔬菜	Vegetables	538.12	613.81	632.05	635.56	643.99	653.31	667.03
西瓜	Watermelon	25.41	29.11	29.46	27.63	27.65	28.64	28.52
绿肥	Green Manure	71.82	54.35	43.53	37.06	36.94	38.89	39.25
青饲料	Greenfeed	58.24	65.22	62.18	56.09	55.09	55.09	54.87

11-8 水产品养殖面积

Culture Areas of Aquatic Products

单位：千公顷 (1000 hectare)

项目	Item	2000	2003	2005	2007	2008	2009	2010
总　计	**Total**	**221.46**	**223.18**	**205.62**	**193.83**	**206.98**	**223.97**	**231.47**
1.海水养殖	Seawter Culturing	130.28	130.08	124.01	110.12	120.70	133.94	137.64
#滩涂养殖	Beach Culturing	57.64	57.79	54.09	46.49	48.11	52.16	55.21
2.淡水养殖	Freshwater Culturing	91.18	93.11	81.61	83.71	86.27	90.03	93.83
#池塘养殖	Pond Culturing	35.53	35.00	32.15	30.94	31.83	33.36	34.36
湖泊养殖	Lakes Culturing	0.73	1.40	0.97	1.14	0.99	0.83	0.80
河沟养殖	Stream Culturing	6.20	6.27	5.16	3.95	5.10	4.95	4.91
水库养殖	Reservoir Culturing	44.91	46.81	40.29	44.79	45.86	48.22	51.63

11-9 年末各类园林水果实有面积

Actually Areas of Fruit and Subtropical Plant at the Year-end

单位：公顷 (hectare)

项目	Item	2000	2003	2005	2007	2008	2009	2010
园林水果合计	**Fruits**	**563700**	**554425**	**550669**	**536431**	**541429**	**538041**	**536152**
#柑　桔	Citrus	137888	164031	170327	170419	174039	175173	175365
龙　眼	Longan	90809	88280	81605	75786	73556	71321	70205
荔　枝	Lychee	40210	39977	39010	34624	37124	34940	34094
香　蕉	Banana	33017	29207	29792	29401	29334	29125	28892
枇　杷	Loquat	19091	28568	32728	34085	34229	34314	35204
菠　萝	Pineapple	3609	4415	4031	4222	4153	4078	3703
橄　榄	Chinese Olive	13027	11195	9966	9645	10426	10817	10817
柿	Persimmon	29326	27908	27091	25153	24839	24591	24965
桃	Peach	25037	26274	25735	25941	26788	26758	26301
李	Plum	35066	35573	33593	33367	32733	32449	31987
梨	Pear	20921	22455	22956	22277	22149	22355	21940
苹　果	Apple	234	36	31	28	17	15	15
葡　萄	Grape	2615	4469	4993	5246	5484	5556	5837
杨　梅	Red Bayberry	13808	14095	15149	15501	16359	16786	17542

11—10 主要年份农林牧渔业总产值和指数

Gross Output Value and Indices of Farming,Forest,Animal Husbandry and Fishery in Selected Years

年份	农林牧渔业总产值（亿元） Gross Output Value(100 million yuan)					农林牧渔业总产值指数（1952年=100） Indices of Gross Output(Year of 1952=100)				
	总产值	#农业	#林业	#牧业	#渔业	总指数	#农业	#林业	#牧业	#渔业
Year	Total	Agriculture	Forestry	Animal Husbandry	Fishery	Total	Agriculture	Forestry	Animal Husbandry	Fishing
1952	11.07	8.44	0.65	1.42	0.56	100.0	100.0	100.0	100.0	100.0
1957	17.05	11.32	2.16	2.35	1.22	143.8	126.6	283.6	165.0	189.6
1962	14.81	11.23	0.63	1.75	1.20	93.6	94.5	91.7	69.8	142.2
1965	18.80	13.50	1.23	2.84	1.23	140.4	130.7	188.5	162.6	175.8
1970	21.12	15.49	1.49	2.66	1.48	153.6	147.4	186.8	152.3	213.3
1975	27.06	20.45	1.86	3.24	1.51	181.6	166.0	249.8	209.6	237.0
1978	36.33	28.22	2.31	3.82	1.98	217.3	204.2	280.3	216.8	282.8
1979	43.11	29.29	3.27	7.00	3.55	232.0	214.5	301.1	257.0	304.1
1980	45.49	31.13	3.41	7.38	3.57	244.0	227.8	313.6	260.3	305.7
1981	56.11	37.93	4.62	8.75	4.81	258.2	239.4	366.3	276.5	312.2
1982	63.73	42.74	4.90	10.38	5.71	277.8	257.5	382.4	300.2	343.6
1983	68.08	44.11	5.57	11.48	6.92	292.0	259.8	447.7	339.8	403.8
1984	80.66	50.81	7.07	14.39	8.39	332.6	286.6	593.6	410.9	447.4
1985	99.05	59.34	9.13	19.62	10.96	360.6	302.9	644.5	478.7	515.5
1986	107.07	60.76	10.29	22.02	14.00	368.7	300.3	642.8	529.3	581.8
1987	132.97	72.08	13.57	27.75	19.57	402.1	324.6	703.0	553.0	722.2
1988	182.00	94.08	17.50	39.65	30.77	433.1	341.2	789.5	609.7	826.0
1989	209.92	108.10	18.41	51.95	31.46	461.4	360.9	834.4	646.9	926.3
1990	227.12	118.31	21.54	51.93	35.34	478.9	368.4	911.6	675.4	991.7
1991	253.51	133.34	25.40	54.36	40.40	517.7	398.6	974.0	722.0	1089.9
1992	295.24	150.64	29.21	61.75	53.63	560.7	424.1	1076.1	784.1	1212.8
1993	386.34	190.28	36.39	74.86	84.82	621.8	453.6	1220.0	838.2	1482.3
1994	574.05	260.69	46.95	113.35	153.06	710.1	493.1	1370.9	950.5	1882.9
1995	738.63	340.48	59.24	144.45	194.47	806.7	547.3	1510.7	1062.7	2288.2
1996	850.67	383.18	66.94	165.50	235.05	893.0	599.8	1654.2	1122.2	2613.1
1997	925.56	391.30	75.80	193.66	264.80	1002.8	645.4	1819.6	1268.1	3138.3
1998	973.37	410.96	78.35	200.18	283.78	1064.0	667.3	1874.2	1373.4	3439.6
1999	1010.82	425.19	80.16	201.99	303.48	1132.1	726.7	1932.3	1421.5	3642.5
2000	1037.27	420.98	82.29	208.18	325.82	1167.6	714.3	2046.2	1499.1	3907.6
2001	1061.61	433.25	82.34	215.50	330.52	1213.7	752.0	2021.9	1556.7	4073.3
2002	1125.29	450.75	78.49	213.08	332.92	1256.2	775.3	2064.4	1623.6	4236.2
2003	1170.54	461.72	79.25	234.54	341.40	1284.4	786.8	2095.5	1691.1	4307.6
2004	1315.10	514.53	86.18	284.86	374.26	1326.3	807.9	2217.0	1773.1	4438.7
2005	1373.01	552.74	96.92	266.81	396.78	1368.8	820.7	2383.3	1874.9	4539.3
2006	1449.78	602.00	105.78	266.75	410.75	1389.6	833.0	2500.1	1891.7	4554.2
2007	1692.16	685.34	120.72	340.27	474.32	1448.4	881.8	2663.8	1822.6	4835.7
2008	1965.02	763.02	149.76	425.68	549.35	1524.4	922.1	2880.1	1907.1	5136.8
2009	2001.24	826.22	162.20	366.91	565.58	1600.0	966.9	3074.7	1963.2	5446.2
2010	2307.06	976.58	189.35	380.28	674.18	1656.0	992.5	3297.5	2010.2	5677.5

注：1.2003年起采用国民经济行业分类GB/T 4754—2002，其他年份均采用GB/T 4754—94。2.2002—2007年数据根据2006年农普结果进行了调整。

Note: a)The data from 2003 are adopted the national economic classified standard of GB/T 4754-2002, others are adopted GB/T 4754-94. b) The data from 2002 to 2007 are adjusted according to the result of Agriculture census in 2006.

11-11 农林牧渔业分类产值和增速

Gross Output Value of and Ratio Farming,Forestry,Animal Husbandry and Fishery by Item

单位：万元 (10000 yuan)

项目	Item	数值（万元） Value(10000 yuan)			比上年增长(%) Ratio(%)		
		2008	2009	2010	2008	2009	2010
农林牧渔业总产值	**Total**	**19650151**	**20012438**	**23070563**	**5.2**	**5.0**	**3.5**
农业产值	**Agriculture**	**7630154**	**8262213**	**9765820**	**4.6**	**4.9**	**2.6**
谷物及其他作物	Cereal and Others	2061703	2196194	2276185	-2.7	2.8	-6.1
谷物	Cereal	1134160	1161227	1129246			
薯类	Sweet Potato	316764	379488	369539			
油料	Oil-bearing Crops	122487	141926	143615			
豆类	Bean	98897	84125	117490			
棉花	Cotton	403	293	78			
麻类	Fiber Crops	305	246	278			
糖料	Sugar	26394	24690	23337			
烟草	Tobacco	208342	239725	209588			
其他农作物	Other Crops	153950	164474	283013			
蔬菜、食用菌及花卉盆景园艺作物	Vegetable、Edible Fungus and Gardening Crops	3498780	3801396	4685572	5.4	5.1	5.1
#蔬菜	Vegetable	2325813	2543267	3108849			
食用菌	Edible Fungus	889027	946730	1183187			
花卉	Flower	283940	311398	287530			
水果、坚果、茶、饮料和香料作物	Fruit、Tea、Drink and Perfume Crops	2013873	2195774	2687814	10.5	6.8	7.5
#水果	Fruit	1265322	1395240	1628547			
园林水果	Gardening Fruit	1162243	1294662	1504554			
果用瓜	Fruited Melon	103079	100577	123993			
茶叶	Tea	741939	794188	995813			
香料作物	Perfume Crops	6611	6347	4030			
中草药材	Traditional Chinese Medicine Materials	55799	68849	116249	11.3	-1.3	-6.4
林业产值	**Forestry**	**1497643**	**1621998**	**1893502**	**8.1**	**6.8**	**7.2**
林木的培育和种植	Breeding and Planting of Forest	71845	73996	127297	5.7	-3.4	64.4
木竹采运	Cutting and Transport of Bamboo and Trees	896497	928645	1022962	11.7	2.1	1.9
#村及村以下	Rural and under Rural	707993	772600	686510			
林产品	Forest Products	529302	619356	743242	1.8	16.1	8.4
牧业产值	**Animal Husbandry**	**4256791**	**3669078**	**3802819**	**4.6**	**2.9**	**2.4**
牲畜饲养	Livestock Raising	234508	247428	267685	11.4	1.2	1.0
牛	Cow	74714	75604	77912			
羊	Sheep	99033	104142	126409			
奶类	Dairy	60761	67682	63364			
#牛奶	Milk	54967	61172	57627			
猪的饲养	Hogs Raising	3030643	2408968	2536482	3.4	4.0	3.0
家禽饲养	Poultry Raising	859924	878269	832832	4.4	-0.2	-0.2
#肉禽	Meat Poultry	584175	595915	601576			
禽蛋	Poultry Eggs	275749	282354	231257			
捕猎野兽、野禽	Hunting Animals	16597	18289	19436	-0.9	10.2	4.4
其他畜牧业	Other Poultry Products	115119	116124	146384	31.3	-0.3	11.3
渔业产值	**Fishery**	**5493460**	**5655836**	**6741809**	**6.2**	**6.0**	**4.2**
海水产品	Seawater Products	4376391	4485088	5338345	8.1	6.2	5.0
淡水产品	Freshwate Products	1117069	1170747	1403464	-0.2	5.4	1.5
农林牧渔服务业产值	**Services of Agriculture , Forestry ,Animal Husbandry and Fishery**	**772102**	**803313**	**866613**	**3.2**	**5.9**	**4.5**

注：2005年起牧业产值中的猪、家禽产量用抽样数计算，2010年起执行2010《统计用产品分类目录》。

Note:Output value of Hog and Poultry since 2005 are from sample surrey.Since 2010， we carry out the product of category statistics.

11-12 主要年份主要农业产品产量

Output of Major Farm Products in Selected Years

单位：万吨 (10000 tons)

年份 Year	粮食 (万吨) Grain (10000 tons)	油料 (万吨) Oil- bearing Crops (10000 tons)	蔬菜 (万吨) Vegetable (10000 tons)	园林水果 (万吨) Fruits (10000 tons)
1952	372.00	9.89		6.01
1957	444.00	9.42		11.77
1962	358.50	6.46		4.64
1965	455.50	8.03		8.26
1970	566.50	11.14		11.04
1975	640.50	13.56		9.01
1978	744.90	13.80		10.10
1980	801.90	13.48		12.66
1986	751.49	17.18		34.72
1987	839.26	17.48		45.68
1988	837.43	14.89		53.54
1989	884.57	16.20		69.90
1990	879.64	17.66		75.78
1991	889.65	15.64		110.53
1992	897.08	19.90		117.18
1993	869.00	20.66		153.75
1994	887.40	21.60		198.13
1995	919.93	23.28		239.33
1996	952.20	22.99		283.81
1997	961.78	24.36		334.34
1998	958.11	24.62		343.04
1999	942.17	25.81		394.10
2000	854.68	25.79	1161.11	356.44
2001	817.28	26.08	1099.96	401.19
2002	763.23	25.86	1233.77	424.93
2003	695.04	26.03	1289.23	441.68
2004	699.50	27.82	1317.83	468.90
2005	662.04	27.42	1346.66	479.36
2006	632.90	23.63	1358.16	495.40
2007	635.06	23.30	1376.10	517.29
2008	652.21	25.40	1409.15	553.37
2009	666.88	26.27	1449.30	564.08
2010	661.89	26.64	1487.34	564.48

11-13 主要年份粮食总产量及单产

Gross Output and Output Per Mu of Grain in Selected Years

年份 Year	粮食总产量（万吨） Total Output of Grain(10000 tons)		粮食单产（公斤/亩） Output of Grain Rice per Mu(kg/mu)	
	产量 Value	#稻谷 Rice	产量 Value	#稻谷 Rice
1952	372.00	281.00	128	131
1957	444.00	328.50	138	149
1962	358.50	268.50	126	138
1965	455.50	355.00	176	180
1970	566.50	452.50	189	204
1975	640.50	511.00	186	199
1978	744.90	618.69	219	240
1980	801.90	669.25	246	267
1986	751.49	654.95	264	294
1987	839.26	715.80	285	319
1988	837.43	687.74	278	322
1989	884.57	744.36	288	338
1990	879.64	731.24	282	322
1991	889.65	725.66	284	324
1992	897.08	732.96	287	331
1993	869.00	694.47	295	335
1994	887.40	699.17	296	332
1995	919.93	724.92	304	344
1996	952.20	743.34	312	353
1997	961.78	739.24	314	352
1998	958.11	728.81	315	350
1999	942.17	712.28	313	346
2000	854.68	632.75	312	345
2001	817.28	606.80	316	350
2002	763.23	557.52	312	367
2003	695.04	520.89	322	363
2004	699.50	540.32	328	369
2005	662.04	518.91	326	372
2006	632.90	499.00	344	374
2007	635.06	501.00	352	384
2008	652.21	508.81	362	394
2009	666.88	515.33	361	397
2010	661.89	507.94	358	396

注：1988年起粮食总产量及单产中稻谷部分为抽样调查数据。

Note:Total Output of grain and Output of grain Per Mu since 1988 are from the sample survey ,similarly in following tables.

11-14 主要年份非粮作物总产量及单位播种面积产量

Gross Output and Output per Mu of Non-grain Crops in Selected Years

年份	总产量（万吨） Total Output(10000 tons)				单产（公斤/亩） Output of per(kg/mu)			
Year	油料 Oil-bearing Grops	花生 Peanuts	甘蔗 Sugarcane and Fruit Cane	烤烟 Flue-cured Tobacco	油料 Oil-bearing Grops	花生 Peanuts	甘蔗 Sugarcane and Fruit Cane	烤烟 Flue-cured Tobacco
1952	9.89	9.15	71.26	0.10	70	84	2620	40
1957	9.42	8.64	123.57	0.14	59	78	3325	60
1962	6.46	6.05	41.55	0.12	58	72	1721	43
1965	8.03	7.51	130.35	0.27	67	80	3656	97
1970	11.14	10.60	125.48	0.45	91	106	3244	78
1975	13.56	12.56	120.83	0.85	85	111	2868	66
1978	13.80	12.68	288.03	1.23	85	110	4500	74
1980	13.48	11.17	351.21	1.30	69	92	4985	79
1985	17.39	16.34	536.67	3.40	110	126	4882	82
1986	17.18	16.20	472.90	2.38	106	121	4593	79
1987	17.48	16.32	413.46	2.61	97	119	4735	80
1988	14.89	13.53	387.37	3.59	88	101	4586	73
1989	16.20	14.83	338.67	3.59	99	113	4570	76
1990	17.66	16.05	344.28	4.26	105	121	4595	82
1991	15.64	13.64	385.43	5.48	91	101	4813	87
1992	19.90	17.91	364.85	8.59	114	132	4803	93
1993	20.66	19.03	279.34	12.43	121	135	4625	89
1994	21.60	20.08	276.77	6.06	126	139	4602	87
1995	23.28	21.35	248.60	5.72	131	146	4416	94
1996	22.99	20.91	253.94	7.56	126	140	4467	102
1997	24.36	22.25	249.90	12.32	136	150	4568	110
1998	24.62	22.64	219.33	7.18	137	151	4461	106
1999	25.81	23.69	138.76	8.57	142	155	4153	112
2000	25.79	23.82	82.71	9.14	138	150	3830	113
2001	26.08	24.17	95.54	9.87	141	152	4116	115
2002	25.86	24.05	117.91	10.72	141	151	4258	112
2003	26.03	24.25	118.12	10.13	141	149	4316	115
2004	27.82	25.88	101.57	11.31	148	157	4260	122
2005	27.42	25.47	93.33	11.51	149	158	4169	117
2006	23.63	25.01	58.10	12.20	148	157	4127	124
2007	23.30	21.91	56.36	12.39	153	161	4122	132
2008	25.40	23.95	70.90	13.85	158	166	4416	138
2009	26.27	24.62	65.85	14.46	159	167	4282	141
2010	26.64	25.03	61.55	12.45	159	168	4166	129

11-15 各类粮食产量

Output of Grain by Sort

单位：万吨 (10000 tons)

项目	Item	2000	2003	2005	2007	2008	2009	2010
合　计	**Total**	**854.68**	**695.04**	**662.04**	**635.06**	**652.21**	**666.88**	**661.89**
按收获季节分	**By Harvest Season**							
春收粮食	Spring Harvest	51.24	38.29	35.46	27.19	28.11	31.57	31.66
夏收粮食	Summer Harvest	229.86	175.20	158.45	140.04	140.94	145.43	140.71
秋收粮食	Autumn Harvest	573.58	481.55	468.12	467.82	483.16	489.87	489.52
按品种分	**By Crop**							
稻谷	Rice	632.75	520.89	518.91	501.00	508.81	515.33	507.94
早稻	Early Rice	206.63	156.80	146.33	123.72	121.98	125.51	120.29
中稻	Middle Rice	221.96	227.16	173.12	186.03	194.34	198.13	192.87
晚稻	Late Rice	204.16	136.93	199.46	191.25	192.49	191.69	194.78
大小麦	Barley and Wheat	14.29	3.34	2.40	1.75	1.72	1.39	1.30
#小麦	Wheat	11.01	2.77	1.95	1.49	1.47	1.12	1.02
甘薯	Sweet Potato	136.81	108.45	88.20	82.24	86.42	89.60	90.90
马铃薯	Potato	29.04	27.13	25.55	21.84	23.14	26.48	26.47
杂粮	Food Grains other than Wheat and Rice	14.22	10.06	10.22	12.89	14.86	16.03	16.60
豆类	Bean							
大豆	Soybean	20.48	17.96	12.38	11.70	13.05	14.05	14.45
杂豆	Sundry Soybean	7.09	7.21	4.38	3.65	4.21	3.99	4.23

注：2004年之前中稻含一季晚稻，晚稻为双季晚稻。

Note:The data of middle rice before 2004 include one crop late rice,that of late rice include two crops.

11-16 非粮作物产量

Output of Non-grain Crops

单位：吨 (ton)

项目	Item	2000	2003	2005	2007	2008	2009	2010
蔬菜	Vegetables	11611096	12892297	13466611	13760994	14091533	14492961	14873438
油菜籽	Rape Seeds	18404	16209	18007	12392	12590	14593	14521
芝麻	Sesame	1120	1333	1242	1280	1494	1495	1508
黄(红)麻	Jute and Ambary Hemp	462	282	251	278	290	227	267
苎麻	Ramie	300	118	109	75	77	85	83
烟叶	Tobacco	93996	102859	116643	124839	139145	145558	125646
莲籽	Lotus Seed	4678	4619	5638	6086	6137	6557	6397
西瓜	Watermelon	533486	638824	658063	632446	637109	674519	639450

11-17 主要年份茶叶园林水果实有面积及产量

Actual Areas and Output of Tea and Fruits in Selected Years

年份 Year	茶叶 Tea 面积（千公顷） Areas(1000 hectare)	茶叶 Tea 产量（万吨） Output(10000 tons)	园林水果 Fruit 面积（千公顷） Areas(1000 hectare)	园林水果 Fruit 产量（万吨） Output(10000 tons)
1952	23.16	0.49	12.10	6.01
1957	35.37	0.69	25.20	11.77
1962	31.04	0.43	31.57	4.64
1965	36.40	0.56	40.98	8.26
1970	51.93	1.05	40.33	11.04
1975	70.49	1.67	57.52	9.01
1978	94.15	2.03	70.84	10.10
1980	109.87	2.58	83.07	12.66
1986	119.85	4.42	183.43	34.72
1987	122.52	4.99	227.89	45.68
1988	120.33	5.54	250.65	53.54
1989	118.55	5.52	278.33	69.90
1990	116.74	5.82	298.40	75.78
1991	119.44	6.53	355.24	110.53
1992	125.22	7.05	415.79	117.18
1993	130.74	7.70	459.18	153.75
1994	133.53	8.24	504.76	198.13
1995	132.04	9.45	532.37	239.33
1996	130.41	10.18	556.55	283.81
1997	126.62	10.99	576.28	334.34
1998	124.23	11.89	568.60	343.04
1999	128.91	12.35	567.08	394.10
2000	129.21	12.60	563.70	356.44
2001	130.65	13.39	558.19	401.19
2002	133.35	14.33	553.81	424.93
2003	138.58	15.02	554.43	441.68
2004	145.06	16.44	547.65	468.90
2005	155.23	18.48	550.67	479.36
2006	159.82	20.01	542.08	495.40
2007	169.76	22.39	536.43	517.29
2008	189.07	24.73	541.43	553.37
2009	194.84	26.57	538.04	564.08
2010	201.20	27.26	536.15	564.48

11-18 各类茶叶 园林水果 食用菌产量

Output of Tea, Fruits and Edible Fungus by Sort

单位：吨 (ton)

项目	Item	2000	2003	2005	2007	2008	2009	2010
茶叶	**Tea**							
红毛茶	Red Mao Tea	1615	2393	1652	2479	2765	6545	13473
绿毛茶	Green Mao Tea	72431	80919	88923	101978	108278	109187	102438
乌龙茶	Wulong Tea	50685	65345	85924	111138	126273	139082	147789
园林水果	**Fruit**							
柑桔	Critrus	1306027	1943977	2153154	2385521	2565274	2668299	2722988
龙眼	Longyan	104068	194785	216452	210074	250627	234378	241138
荔枝	Lychee	79580	128721	160289	110695	163901	127126	147281
香蕉	Banana	746454	837605	855398	884221	882332	906006	882087
枇杷	Loquat	54268	116248	112596	197533	215921	192864	222273
菠萝	Pineapple	30267	39482	37731	40510	40736	41031	39348
橄榄	Chinese Olive	24009	30927	33714	36383	43971	49982	54931
柿	Persimmon	99896	135110	160475	177025	187829	192705	141094
桃	Peach	143377	195809	199653	212800	226214	229173	222371
李	Plum	179121	248749	243224	245804	247904	249793	232943
梨	Pear	96394	129980	147755	164479	169303	183967	185345
苹果	Apple	380	151	198	201	310	300	309
葡萄	Grape	38702	55801	59066	86808	95912	98817	100171
杨梅	Red Bayberry	42734	55667	63235	72262	77960	85400	99003
食用菌	Edible Fungus	462484	490062	559993	646068	711047	722434	762663
#蘑菇	Mushroom	272106	249330	283828	325499	359162	342160	341758
香菇	Xianggu Mushroom	88292	78868	77680	83134	86657	89330	92345
白木耳	Tremella	12401	14435	16508	20148	23952	28227	30589
黑木耳	Black Tremella	29105	29284	28009	29435	32148	34623	35491

11-19 主要年份林业牧业水产品产量

Output of Forestry,Animal Husbandry and Fishery in Selected Years

年份 Year	造林面积（千公顷） Afforested Areas (1000 hectare)	肉类总产量(万吨) Output of Pork Beef and Mutton (10000 tons)	猪出栏数（万头） Number of Slaughtered Fattened Hogs (10000 heads)	奶类产量（万吨） Milk (10000 tons)	水产品产量（万吨） Output of Aquatic Products (10000 tons)
1952	34.31				15.93
1957	127.60				28.34
1962	55.89				23.82
1965	172.65				32.55
1970	173.49		219.18		38.75
1975	192.75		336.66	0.61	39.61
1978	194.71		321.86	0.93	54.44
1980	175.13		401.48	1.47	59.80
1985	282.83	49.70	578.09	4.21	100.26
1986	209.67	54.23	617.29	4.60	105.23
1987	166.12	59.32	665.12	5.05	126.22
1988	192.39	65.07	713.40	5.08	132.66
1989	242.94	69.44	750.40	4.82	137.97
1990	303.91	71.83	766.46	4.87	145.59
1991	306.02	75.07	780.72	5.12	166.23
1992	223.03	78.93	820.61	5.72	200.57
1993	63.77	84.10	863.20	5.94	237.04
1994	45.56	92.23	908.78	6.06	278.78
1995	41.74	102.66	1000.84	6.32	317.56
1996	34.45	107.49	1047.48	6.49	358.23
1997	29.99	125.02	1231.98	6.07	429.31
1998	25.12	135.24	1365.13	6.71	475.92
1999	23.93	138.84	1453.38	7.95	502.32
2000	24.50	145.92	1560.81	9.91	527.89
2001	21.01	153.91	1665.55	11.39	542.49
2002	17.49	162.09	1770.33	14.16	558.71
2003	16.72	161.96	1803.61	19.28	553.13
2004	16.31	163.92	1850.65	20.67	551.36
2005	24.22	164.85	1881.92	19.10	542.37
2006	23.18	161.81	1866.14	16.65	523.59
2007	35.45	150.65	1645.94	15.85	532.00
2008	32.81	169.42	1840.13	14.87	554.20
2009	33.26	175.15	1922.93	15.56	569.67
2010	29.87	180.21	1963.31	15.74	587.42

11-20 造林面积

Areas of Afforestation

项目	Item	2000	2003	2005	2007	2008	2009	2010
当年造林面积（千公顷）	**Afforested Area in Current Year(1000 hectare)**	**24.50**	**16.72**	**24.22**	**35.45**	**32.81**	**33.26**	**29.87**
#用材林	Commercial Forest	8.07	6.88	15.20	27.62	26.22	18.65	15.34
经济林	Economic Forest	6.47	2.76	3.14	2.12	1.03	2.05	3.35
防护林	Shelter Forest	8.04	6.86	5.66	5.67	5.39	12.49	11.15
薪炭林	Fuel Forest	1.90	0.20	0.19	0.04	0.11		0.03
迹地更新面积（千公顷）	**Areas of Slash Reforestation (1000 hectare)**	**54.91**	**34.09**	**80.59**	**87.61**	**91.99**	**111.48**	**103.83**
零星植树（万株）	**Fragmentary Forest (10000 plants)**	**3559.00**	**2702.68**	**1745.14**	**2186.00**	**2022.46**	**2232.80**	**1806.89**
封山育林面积（千公顷）	**Areas of Afforestation in Hill (1000 hectare)**	**1060.37**	**533.37**	**412.41**	**223.18**	**241.51**	**178.43**	**419.34**
育苗面积（千公顷）	**Areas of Grown Seedings (1000 hectare)**	**0.32**	**0.37**	**0.54**	**0.72**	**0.76**	**0.79**	**1.40**
幼林抚育作业面积（千公顷）	**Areas of Tending Young Forest(1000 hectare)**	**232.00**	**195.83**	**223.00**	**268.95**	**311.16**	**346.99**	**340.22**
成林抚育作业面积（千公顷）	**Areas of Tending Grown Forest(1000 hectare)**	**188.05**	**129.53**	**150.56**	**93.40**	**79.16**	**77.38**	**101.93**

注：1985年以前造林面积成活率45%以上统计，1986年及以后各年成活率85%以上统计。

Note: Data of Afforested Areas Before 1985 cover the afforested areas with Survival Rate Over 45%. From 1986, the Survival Rare should be over 85%.

11-21 主要林产品产量

Output of Major Forest Products

项目	Item	2000	2003	2005	2007	2008	2009	2010
木材产量（万立方米）	Output of cut wood（10000 cu.m)	334.9	139.7	1446.4	1456.8	1526.4	1403.7	1455.4
毛竹采伐量（万根）	Mao Bamboo(10000 unit)	15872	145	15504	20485	22091	24602	26602
篙竹采伐量（万根）	Lofty Bamoo(10000 unit)	6631	7902	10061	11307	11686	13918	14787
油桐籽（吨）	Tung-oil Seeds(ton)	18121	19237	20928	21700	22123	22737	23244
油茶籽（吨）	Tea-oil Seeds(ton)	62983	64606	72597	80690	85951	89294	94815
乌桕籽（吨）	Chinese Tallow Tree Seeds(ton)	121	360	1145	516	487	517	532
棕片（吨）	Piece of Palm(ton)	10891	10194	12162	12792	13234	13811	14847
松脂（吨）	Rosin(ton)	72949	67732	72299	80310	83332	87055	87758
笋干（吨）	Dried Bamboo Shoots(ton)	120970	150992	153497	181948	190669	200976	215123
板栗（吨）	Chinese Chestnut(ton)	19439	30175	49134	65439	72473	78073	80793
山苍籽（吨）	Litsea Cueba(ton)	7845	8316	9552	10692	10857	11691	12174

11-22 主要畜禽产品产量

Output of Main Livestock Products

项目 Item	2000	2003	2005	2007	2008	2009	2010
肉类产量（万吨） Output of Meat(10000 tons)	**145.92**	**161.96**	**164.85**	**150.65**	**169.42**	**175.15**	**180.21**
猪肉 Pork	114.79	128.76	134.69	121.87	136.60	142.90	146.62
牛肉 Beaf	2.12	2.25	2.17	2.06	2.14	2.17	2.25
羊肉 Mutton	1.33	1.45	1.45	1.44	1.65	1.74	1.82
禽肉 Meat of Poultry	26.21	27.70	24.57	23.13	26.18	25.58	26.32
兔肉 Rabbit Meat	1.47	1.80	1.97	2.15	2.14	2.12	2.56
牛奶产量（万吨） Output of Cow Milk(10000 tons)	**9.60**	**18.98**	**18.77**	**15.51**	**14.49**	**15.20**	**15.41**
羊奶产量（万吨） Output of Ewe Milk(10000 tons)	**0.31**	**0.31**	**0.34**	**0.34**	**0.38**	**0.36**	**0.33**
蜂蜜产量（万吨） Output of Honey(10000 tons)	**0.54**	**0.72**	**0.85**	**0.82**	**0.80**	**0.90**	**0.86**
禽蛋产量（万吨） Output of Poultry Eggs(10000 tons)	**40.69**	**40.37**	**37.91**	**39.69**	**33.02**	**28.75**	**26.28**
肉猪出栏数（万头） Number of Slaughtered Fattened Hogs (10000 heads)	**1560.81**	**1803.61**	**1881.92**	**1645.94**	**1840.13**	**1922.93**	**1963.31**
出栏率(%) Rate of Slaughter(%)	148.7	155.1	152.3	132.5	142.1	145.2	149.2
肉羊出栏数（万头） Number of Slaughtered Fattened Sheep(10000 heads)	**97.80**	**105.98**	**107.00**	**105.28**	**120.58**	**127.55**	**133.29**
出栏率(%) Rate of Slaughter(%)	104.3	99.6	96.2	131.0	147.4	132.1	128.9
肉牛出栏数（万头） Number of Slaughtered Fattened Cows(10000 heads)	**21.31**	**23.00**	**21.60**	**20.01**	**21.28**	**21.56**	**22.35**
家禽出栏数（万只） Number of Slaughtered Poultry(10000 heads)	**20633.89**	**22102.64**	**19140.51**	**17636.83**	**19917.66**	**19419.71**	**19934.33**
家兔出栏数（万只） Number of Slaughtered Domestic Rabbit(10000 heads)	**1178.96**	**1427.64**	**1559.27**	**1524.18**	**1532.47**	**1536.05**	**1825.38**

11−23 畜禽存栏数

Number of Livestock and Poultry on Hand

单位：万头、万只、万箱

项目	Item	2000	2003	2005	2007	2008	2009	2010
牛存栏数	**Bull**	**111.44**	**97.78**	**75.63**	**63.13**	**70.83**	**70.28**	**70.17**
#乳牛	Cow	3.59	5.80	4.99	5.36	4.69	4.96	5.04
猪存栏数	**Number of Hogs on Hand**	**1087.66**	**1198.51**	**1249.83**	**1294.62**	**1324.09**	**1315.79**	**1272.57**
#能繁殖母猪	Number of Female Hogs with Fertility	76.27	87.15	97.97	105.58	131.49	133.46	125.56
羊存栏数	**Number of sheep on Hand**	**96.22**	**109.26**	**93.56**	**81.82**	**96.59**	**103.39**	**106.24**
蜜蜂年末箱数	**Number of Beehive at the Year-end**	**23.09**	**30.79**	**35.32**	**37.09**	**36.98**	**37.07**	**36.26**
家兔年末数	**Number of Domestic Rabbit at the Year-end**	**714.40**	**763.35**	**822.67**	**814.49**	**812.41**	**850.06**	**909.23**
家禽年末数	**Number of Poultry at the Year-end**	**10930.19**	**11089.02**	**9937.04**	**9928.88**	**9339.30**	**8422.16**	**7707.70**

11−24 淡水产品产量

Output of Freshwater Products

单位：万吨 (10000 tons)

项目	Item	2000	2003	2005	2007	2008	2009	2010
淡水产品产量	**Output of Freshwater Aquatic Products**	**57.39**	**62.67**	**63.47**	**65.52**	**67.35**	**71.71**	**74.16**
#养殖产量	Output of Freshwater Culturing	49.73	54.54	55.81	57.70	59.55	63.90	65.97
按类别分	By Kind							
#淡水鱼类	Freshwater-fish	50.11	53.45	54.05	55.54	56.95	60.84	62.68
虾蟹类	Shrimps,Prawns and Crabs	1.14	3.22	3.34	4.24	4.17	4.26	5.10
贝类	Shell-fish	4.46	4.33	4.43	4.37	4.78	4.98	4.84
主要品种产量	**By Product**							
淡水鳗	Freshwater Eel	6.99	8.04	8.29	9.11	9.52	9.34	8.75
草鱼	Grass Carp	10.97	12.38	12.24	10.64	11.51	12.72	13.84
鲢鱼	Silver Carp	8.27	6.21	6.06	5.22	5.40	5.75	6.21
鲤鱼	Carp	4.36	5.74	5.48	4.53	4.84	5.13	5.08
罗非鱼	Ribber Carp	10.56	9.20	9.50	9.95	9.80	11.05	11.08

11-25 海水产品产量

Output of Seawater Aquatic Products

单位：吨 (ton)

项目	Item	2000	2003	2005	2007	2008	2009	2010
海水产品产量	**Output of Seawater Aquatic Products**	**4705066**	**4904580**	**4788957**	**4664713**	**4868507**	**4979628**	**5132598**
#鱼类	Fish	1668816	1728737	1678551	1616989	1728537	1749244	1787085
虾蟹类	Shrimps,Prawns and Crabs	357794	359979	319406	327248	350973	370199	388610
贝类	Shell-fish	2318397	2262160	2226300	2114471	2144411	2177389	2221429
藻类	Algac	317830	402881	420709	478951	523526	555448	599357
#海水养殖产量	**Output of Seawater Culturing**	**2627057**	**2768425**	**2782535**	**2743753**	**2836841**	**2930254**	**3038990**
#鱼类	Fish	102040	115138	133450	140381	144965	158874	170308
虾蟹类	Shrimps,Prawns and Crabs	42875	60332	64973	68870	75828	88460	95816
贝类	Shell-fish	2161334	2188743	2163472	2056522	2093068	2125848	2171544
藻类	Algac	317106	399854	417929	476031	520734	554313	598225
主要品种产量	**Output of Main Seawater Culturing**							
大黄鱼	Big Yellow Croaker	48146	54497	59398	57703	66212	62221	75660
带鱼	Hairtail	173578	207154	198905	185923	222574	238573	240362
鲳鱼	Butterfish	52443	66118	66244	60805	62662	59338	62817
鳓鱼	Chinese Herring	11477	19421	18640	11955	21127	17271	15425
马鲛鱼	Spanish Mackerel	59519	45493	40739	27153	41255	45888	54226
鲷鱼	Porgy	10052	37928	36078	50569	56253	74125	76902
鲐鱼	Chub mackerel	52789	64119	57966	68342	70182	73107	62656
鳗鱼	Eel	50705	61136	68734	57343	62883	69210	70186
墨鱼	Inkfish	57263	29663	27379	28166	26468	28967	30085
海蜇皮	Jellyfish	13260	10382	6944	10227	11388	13569	11819
对虾	Prawn	28490	43910	48767	53427	57843	63476	72282
毛虾	Shrimp	65262	57213	49057	47825	53753	57423	56383
梭子蟹	Swimming Crab	58705	73109	70032	75336	80950	88585	89261
蛏	Razor Clam	168095	188147	177891	172293	173181	180136	193708
蛤	Clam	214264	236619	260168	256908	270955	278985	288793
蚶	Blood Clam	24203	38449	40687	37838	35904	40676	37469
牡蛎	Oyster	1558984	1570418	1539167	1432697	1449234	1449537	1456106
海带	Kelp	276867	327178	337892	382422	427931	431631	452096
紫菜	Laver	26828	29396	34258	39756	35207	49447	51313

主要统计指标解释

农林牧渔业总产值　指以货币形式表现的农、林、牧、渔业全部产品的总量和对农、林、牧、渔业生产活动进行的各种支持性服务活动的价值，它反映一定时期内农业生产总规模和总成果。农林牧渔业总产值的核算采用“产品法”进行计算，即用产品产量乘以价格求得各种产品的产值，然后把它们加总求得各业的产值，最后相加求得农林牧渔业总产值。1957年以前的农林牧渔业总产值中包括了厩肥和农民自给性手工业(如农民自制衣服、鞋、袜，自己从事粮食初步加工等)。1958年及以后，林业中增加了村及村以下竹木采伐产值；牧业中取消了厩肥产值；副业中取消了农民自给性手工业产值，增加了村及村以下办的工业产值;渔业中增加了海洋捕捞水产品产值。1980 年及以后，在副业中增加了农民家庭兼营工业商品部分的产值。从1984年起村及村以下工业产值划归工业。从 1993 年起取消副业，将野生动物的捕猎划入牧业、野生植物采集和农民家庭兼营商品性工业划归农业。1996 年第一次农业普查以后，由于畜牧业产品年报数据与普查数据之间存在一定的差距，国家统计局对畜牧业年报数据与普查数据进行衔接，相应的畜牧业产值进行调整。2002-2007年农林牧渔业产值，以全省第二次农业普查数据为基础，对农业、牧业、渔业和服务业进行了调整和衔接。

粮食产量　指稻谷、小麦、玉米、高粱等谷物及薯类和豆类的全社会产量。包括国有经济经营的、集体统一经营的和农民家庭经营的粮食产量，还包括工矿企业办的农场和其他生产单位的产量。其产量计算方法，豆类按去豆荚后的干豆计算；薯类(包括甘薯和马铃薯，不包括芋头和木薯)1963年以前按每4 公斤鲜薯折 1 公斤粮食计算，从1964年开始改为按5 公斤鲜薯折 1 公斤粮食计算。城市郊区作为蔬菜的薯类(如马铃薯等)按鲜品计算，并且不作粮食统计。其他粮食一律按脱粒后的原粮计算。1989年以前全国粮食产量数据的取得主要是靠全面报表取得，1989年以后开始使用抽样调查数据。

棉花产量　指春播棉和夏播棉的全社会产量。产量按皮棉计算。3 公斤籽棉折 1 公斤皮棉，不包括木棉。

油料产量　指全部油料作物的生产量。包括花生、油菜籽、芝麻、向日葵籽、胡麻籽(亚麻籽)和其他油料。不包括大豆、木本油料和野生油料。花生以带壳干花生计算。

水产品产量　指人工养殖的水产品和天然生长的水产品的捕捞量。包括全部海水和淡水鱼类、虾蟹类、贝类、藻类和其他渔业产品的产品的最终产量。1995 年及以前，贝类中牡蛎按鲜肉计算；蚶、蛤、蛏按5斤鲜品折1斤计算。1996 年以后则统一按鲜品计算。

猪、牛、羊肉产量　指当年出栏并已屠宰、除去头、蹄、下水后带骨肉(即胴体重) 的重量。其统计范围为全社会。1996年前为各级逐级上报数据。1996 年第一次农业普查以后，由于畜牧业产品年报数据与普查数据之间存在一定的差距，国家统计局对畜牧业年报数据与普查数据进行了衔接。1999 年以后，国家统计局开展了猪、牛、羊、禽等主要畜禽品种的抽样调查，并用抽样数据作为国家定案数据使用。未开展抽样调查的品种，仍使用各级统计部门逐级上报数据。

期初(末)畜禽存栏头(只)数　指报告期初(末)农村各种合作经济组织和国营农场、农民个人、机关、团体、学校、工矿企业、部队等单位以及城镇居民饲养的大牲畜、猪、羊、家禽等畜禽的存栏数。数据上报方式及数据调整情况同猪、牛、羊肉产量。

农作物播种面积　指实际播种或移植有农作物的面积。凡是实际种植农作物的面积，不论种植在耕地上还是种植在非耕地上，均包括在农作物播种面积中。在播种季节基本结束后，因遭灾而重新改种和补种的农作物面积，也包括在内。该指标可以反映我国耕地面积的利用情况。目前，农作物播种面积主要包括粮食、棉花、油料、糖料、麻类、烟叶、蔬菜和瓜类、药材和其它农作物九大类。

有效灌溉面积　指具有一定的水源，地块比较平整，灌溉工程或设备已经配套，在一般年景下当年能够进行正常灌溉的耕地面积。在一般情况下，有效灌溉面积应等于灌溉工程或设备已经配备，能够进行正常灌溉的水田和水浇地面积之和。该指标可以反映我国耕地的抗旱能力。

农用化肥施用量　指本年内实际用于农业生产的化肥数量，包括氮肥、磷肥、钾肥和复合肥。化肥施用量要求按折纯量计算数量。折纯量是指把氮肥、磷肥、钾肥分别按含氮、含五氧化二磷、含氧化钾的百分之百成份进行折算后的数量。复合肥按其所含主要成分折算。

公式:折纯量= 实物量×某种化肥有效成份含量的百分比

农业机械总动力 指主要用于农、林、牧、渔业的各种动力机械的动力总和。包括耕作机械、排灌机械、收获机械、农用运输机械、植物保护机械、牧业机械、林业机械、渔业机械和其他农业机械〔内燃机按引擎马力折成瓦(特)计算、电动机按功率折成瓦(特)计算〕。不包括专门用于乡、镇、村、组办工业、基本建设、非农业运输、科学试验和教学等非农业生产方面用的动力机械与作业机械。这个指标的统计数据主要来源于农机部门。

乡村从业人员 指乡村人口中劳动年龄在 16 周岁以上实际参加生产经营活动并取得实物或货币收入的人员，包括劳动年龄内经常参加劳动的人员，也包括超过劳动年龄但经常参加劳动的人员，但不包括户口在家的在外学生、现役军人和丧失劳动能力的人，也不包括待业人员和家务劳动者。从业人员按从事主业时间最长(时间相同按收入)分为农业从业人员、工业从业人员、建筑业从业人员、交运仓储及邮电业从业人员、批零贸易及住宿餐饮业从业人员、其它行业从业人员。

Explanatory Notes on Main Statistical Indicators

Gross Output Value of Farming, Forestry, Animal Husbandry and Fishery refers to the total value of products of farming, forestry, animal husbandry and fishery, which reflects the total scale and result of agricultural production during a given period. Gross output value of agriculture is obtained by first multiplying the output of each product or by product by its price, resulting in t he output value of each s ingle item. For a small number of products, annual output of which is not available or difficult to get due to the long production growing process involved, t he output value is estimated through an indirect approach. The sum of out put value of all products of farming, forestry, animal husbandry, and fishery is then equal to the gross output value of agriculture. Prior to 1957, Chinas gross agricultural output value included barnyard manure and handicraft products for self-consumption (clothes, shoes, stockings, and initial grain processing undertaken by peasants). Since 1958, cutting and felling of bamboo and trees by villages and other cooperative organizations under villages have been included in forestry; value of barnyard manure has been excluded from animal husbandry; self consumed handicraft s has been excluded from sideline occupations, while the output value of industries run by villages and cooperative organizations under village had been included inside line occupations and the out put value of fish catches by motor fishing boats has been added to fishery. Since 1980, the value of handicraft products made for sale by individuals in households had been added to sideline occupations. Since 1984, industries run by villages and under villages have been included in the sector of industry. Since 1993, the subdivision of sideline occupations has been canceled, and the hunting of wild animals has been classified into animal husbandry, and the gathering of wild plants and commodity industry run by rural household have been included in farming. The Firs t Agriculture Census of China in 1996 revealed some discrepancy between the production of animal products from the annual reports and that from the census. Efforts were made by NBS to adjust the output value of animal husbandry to make the figures from the annual reports consistent with the census data. data on Farming, Forestry, Animal Husbandry and Fishery in from 2002 to 2007 have been adjusted according to the data obtained from the Second National Agricultural Census.

Grain Output refers to the total output of rice, wheat, corn, sorghum, millet and other miscellaneous grains as well as tubers and bean in the whole region including grains produced by state farms, collective units, industrial enterprises and mines. Output of beans refers to dry beans without pods. The output of tubers (sweet potatoes and potatoes, not including taros and cassava) was converted into that of grain at the ratio 4:1, i.e. 4 kilograms of fresh tubers was equivalent to 1 kilogram of grain up to 1963. Since 1964 the ratio for conversion has been 5:1.Tubers supplied as vegetables (such as potatoes) in cities and suburbs are calculated as fresh vegetables and their output is not included in the output of grain. Output of all other grains refers to husked grain. Data on grain production before 1989 were obtained through Comprehensive Statistical Reporting System, since then, sample survey data are used.

Cotton Output refers to the cotton production in the whole Region including cotton sown in spring and in autumn. Output is measured as the weight of ginned cotton. Three kilograms of seed-cotton are equivalent to 1 kilogram of ginned cotton, excluding ceiba.

Output of Oil-bearing Crops refers to the total production of oil-bearing crops of various kinds, including peanuts, (dry, in shell) rapeseeds, sesame, sunflower seeds, flax seeds, and other oil-bearing crops. Soybeans, oil-bearing woody plants, and wild oil-bearing crops are not included.

Output of Aquatic Products refers to catches of both artificially cultured and naturally grown aquatic products, including fish, shrimps, crabs and shellfish in sea and inland water as well as seaweed. Freshwater plants are not included. Data on output of aquatic products are reported by aquatic product and statistical agencies level by level. Before 1995, among the shellfish, the oyster was counted as fresh meat; 5 kilograms of ark shell, clams and frogs are equivalent to 1 kilogram of fresh aquatic products; they are all counted as fresh aquatic products since1996.

Output of Pork, Beef, and Mutton refers to the meat of slaughtered hogs, cattle, sheep and goats wit h head, feet, and offal taken away. The statistical scope is of the whole society. The first agriculture census of China in 1996 revealed some discrepancy between the production of animal products from the annual reports and that from the census. Efforts were made by NBS to adjust the output value of animal husbandry to make the figures from the annual rep orts consistent with the census data. Since 1999, NBS conducted sample survey for t he major animal husbandry products, such as hogs, cattle, sheep and goats and fowls, and the data from sample surveys are used as national finalized data. Those products, which are not covered by the sample survey, are still reported by statistical agencies level by level.

Number of Livestock or Poultry in Stock at Beginning (or End) of period refers to the total number of large animals, pigs, sheep, fowls, etc. raised by rural cooperative organizations, state farms, rural individuals, government agencies, schools, industrial and mining enterprises, army, and urban residents at the beginning (or end) of the reference period. Data reporting system and data adjustment are the same as that in the output of pork, beef and mutton.

Sown Area of Crops refers to area of land sown or transplanted with crops regardless of being in cultivated area or no cultivated area. Area of land re-sown due to natural disasters is also included. The indicator can reflect the utilization condition of the cultivated land in China. At p resent, t he sown area of crops mainly include the following 9 categories of crops: grain, cotton, oil-bearing crops, sugar crops, fiber crops, Tobacco, Vegetables and melons, medicinal materials and other farm crops.

Irrigated Area refers to areas that are effectively irrigated, i.e. level land, which has water source and complete sets of irrigation facilities to lift and move adequate water for irrigation purpose under normal conditions. Under normal conditions, irrigated area is the sum of watered fields and irrigated fields where irrigation systems or equipment have been installed for regular irrigation purpose. This indicator can reflect drought resistance capacity of the cultivated land in China.

Consumption of Chemical Fertilizers in Agriculture refers to the quantity of chemical fertilizers applied in agriculture in the year, including nitrogenous fertilizer, phosphate fertilizer, potash fertilizer, and compound fertilizer. The consumption of chemical fertilizers is required in calculation to convert the gross weight into weight containing 100% effective component (e.g. 100% nitrogen content in nitrogenous fertilizer, 100%phosphorous pent oxide contents in phosphate fertilizer, 100%potassium oxide contents in potash fertilizer). Compound fertilizer is converted with its major component. The formula is:

Volume of effective component = physical quantity × effective component of certain chemical fertilizer (%)

Total Power of Farm Machinery refers to total mechanical power of machinery used in farming, forestry, animal husbandry, and fishery, including ploughing, irrigation and drainage, harvesting, transport, plant protection, stock breeding, forestry and fishery. The power of internal combust ion engines is required to convert horsepower into watts and the power of electric motors is required to be converted into watts. Machinery employed for non-agricultural purposes, such as the machines used in township run and village-run industry, construction, nonagricultural transport, scientific experiments and teaching, is excluded. Data are mainly from agricultural machinery agencies.

Rural Employed Persons refer to rural labor forces aged over 16 years old who are engaged in real production and management activities and receive payment in kind or wages, including those covered within the age frame and regularly participating in production activities, and those who are out of the range of age frame and also participating in production activities regularly. Excluding students studying in other places with their permanent residence registered in local areas, servicemen and persons incapable of working; also excluding those who are waiting for jobs and those engaged in household work. Persons employed are classified as rural employed persons; industrial employed persons; construction industry employed persons; transport, storage and telecommunications industries employed persons; whole sales and retail sales Trades and catering industry employed persons and others according to the longest period of persons engaged in major activities (or using income indicator when periods are the same).

第十二篇　工业

Chapter　12　Industry

资料整理：刘志昭 林武兴 陈海丹 王洵

Datebase Editor:Liuzhizhao Linwuxing Chenhaidan Wangxun

简 要 说 明

本篇资料的主要内容及来源

本篇资料反映全省工业生产和基本效益情况，主要包括历年工业总产值及指数、规模以上工业、国有控股工业、国有工业、集体工业、外商投资和港澳台投资工业、大中型工业企业的主要经济指标、相关的财务分析指标和主要工业产品产量等方面的内容。

本篇资料由省统计局工业交通统计处根据工业统计年报中有关资料整理。

Brief Introduction

Main Content and Source of Data

Data in this chapter show the basic condition of industry in Fujian, the output of major industrial products and major economic and relevant financial indicators of industrial enterprises , mainly including the gross industrial output value and indices.Industrial enterprises include enterprises above designated size, state share holding enterprises, state owned enterprises, collective owned enterprises, foreign funded enterprises, enterprises with funds from Hong Kong, Macao and Taiwan, large and medium sized enterprises.

Data in this chapter are based on the annual report of industrial statistics and are prepared and provide by the Division of Industry and Transport Statistics of Fujian Provincial Bureau of Statistics.

12-1 主要年份工业总产值

Gross Industrial Output Value in Selected Years

单位：亿元 (100 million yuan)

项目 Item	总计 Total	#国有企业 State-owned	#集体企业 Collective owned	#轻工业 Light Industry	#重工业 Heavy Industry
1952	4.20	0.51	0.02	3.74	0.46
1957	8.57	5.93	1.64	7.11	1.46
1962	11.23	8.72	2.44	8.17	3.06
1965	17.24	14.27	2.97	11.89	5.35
1970	24.41	20.78	3.63	15.72	8.69
1975	43.37	33.08	10.29	25.17	18.20
1978	63.14	46.85	16.29	36.91	26.23
1979	72.01	52.53	19.30	42.48	29.53
1980	81.45	57.65	23.77	49.48	31.97
1981	87.76	60.50	26.11	55.52	32.24
1982	95.77	65.97	28.29	60.04	35.73
1983	103.97	70.66	30.85	65.50	38.47
1984	131.11	82.74	40.53	82.60	48.51
1985	173.13	101.71	57.84	103.68	69.45
1986	205.10	114.28	72.75	122.61	82.49
1987	265.87	139.55	92.48	157.85	108.02
1988	388.85	192.69	132.41	237.87	150.98
1989	488.96	242.17	156.98	296.52	192.44
1990	531.49	239.82	166.91	329.72	201.77
1991	658.86	268.28	209.81	413.28	245.58
1992	915.51	314.17	323.69	587.20	328.31
1993	1522.37	391.55	566.47	908.20	614.17
1994	2128.61	422.58	785.29	1281.72	846.89
1995	2638.52	448.93	940.41	1600.51	1038.01
1996	2840.51	450.37	1060.49	1789.69	1050.82
1997	3066.76	433.55	946.14	1910.15	1156.61
1998	3218.51	368.30	219.60	1993.88	1224.63
1999	3479.84	376.66	202.71	2161.94	1317.90
2000	3994.86	395.67	211.49	2317.02	1677.84
2001	4398.08	360.54	192.92	2374.96	2023.12
2002	5260.20	329.12	216.11	2690.10	2570.10
2003	6616.61	358.20	236.63	3109.81	3506.80
2004	8544.50	598.92	171.41	3809.41	4735.09
2005	9995.89	403.26	185.99	4484.89	5511.00
2006	11855.68	753.56	228.55	5363.49	6492.19
2007	14425.06	720.16	271.92	6515.95	7909.11
2008	17141.44	750.36	221.12	7931.00	9210.44
2009	18681.48	917.66	228.10	8800.55	9880.93
2010	23805.32	1102.75	262.58	10935.92	12869.40

注：国有企业、集体企业1997年及以前年份的是按经济类型划分，1998年及以后年份是按登记注册类型划分。

Note:The Stated-owned Enterprises and Collective-owned Enterprises were grouped by ownership before 1997,grouped by status of registration after 1998.

12-2 主要年份工业总产值指数

Realated Indices of Industrial Enterprises in Selected Years

年份 Year	工业总产值指数（1952=100） Indices of Gross Industrial Output Value(1952=100)					工业总产值本年比上年增长(%) Growth Rates(%)				
	总计 Total	#国有企业 State-owned	#集体企业 Collective owned	#轻工业 Light Industry	#重工业 Heavy Industry	总计 Total	#国有企业 State-owned	#集体企业 Collective owned	#轻工业 Light Industry	#重工业 Heavy Industry
1952	100.0	100.0	100.0	100.0	100.0	31.3	121.7		25.5	109.1
1957	209.8	1190.2	8550.0	195.5	326.1	17.2	25.2	14.0	13.5	38.9
1962	279.5	1780.3	12929.3	228.4	694.6	-18.2	-22.9	2.1	-10.5	-33.5
1965	434.2	2946.4	15953.0	336.2	1230.6	24.2	28.0	11.3	22.7	27.8
1970	626.1	4371.4	19811.0	452.8	2034.7	16.9	21.4	-3.6	10.3	31.1
1975	1132.5	7182.3	53688.6	750.4	4219.4	9.4	8.9	11.2	5.2	15.9
1978	1635.5	10089.1	84353.2	1091.7	6031.6	19.7	19.9	19.2	17.1	23.6
1979	1830.5	11129.4	98310.2	1233.6	6664.9	11.9	10.3	16.5	13.0	10.5
1980	2068.8	12173.9	120672.0	1435.1	7208.0	13.0	9.4	22.7	16.4	8.2
1981	2260.4	12955.7	134425.3	1632.9	7370.9	9.3	6.4	11.4	13.8	2.3
1982	2425.8	13814.7	142670.7	1739.7	8008.3	7.3	6.6	6.1	6.5	8.6
1983	2640.1	14657.1	155963.3	1851.7	9038.7	8.8	6.1	9.3	6.4	12.9
1984	3308.2	16952.0	203636.8	2311.0	11397.2	25.3	15.7	30.6	24.8	26.1
1985	4149.1	19473.0	289888.8	2944.3	13940.1	25.4	44.9	42.4	27.4	22.3
1986	4786.3	21157.8	350355.2	3404.5	16018.8	15.4	8.7	20.9	15.6	14.9
1987	5894.3	23774.3	430360.7	4213.8	19563.2	23.1	12.4	22.8	23.8	22.1
1988	7854.0	27911.6	580627.2	5825.5	24437.9	33.2	17.4	34.9	38.2	24.9
1989	9044.6	29955.4	662981.4	6661.8	28504.2	15.2	7.3	14.2	14.4	16.6
1990	10205.0	30086.1	719949.7	7689.2	30824.9	12.8	0.4	8.6	15.4	8.1
1991	12489.5	32848.3	897745.8	9498.9	37105.3	22.4	9.2	24.7	23.5	20.4
1992	17149.9	37953.2	1360582.9	13312.9	49059.4	37.3	15.5	51.6	40.2	32.2
1993	25624.1	38810.8	2193320.1	19145.7	78531.6	49.4	2.3	61.2	43.8	60.1
1994	34914.6	39505.1	3062020.4	25873.0	108508.9	36.3	1.8	39.6	35.1	38.2
1995	41709.8	38550.9	3254811.9	30200.8	134592.3	23.3	0.9	10.2	20.8	27.4
1996	50427.1	39444.8	4293096.9	38385.2	149397.5	20.9	2.3	31.9	27.1	11.0
1997	60916.0	36994.0	4288803.8	45678.4	185252.9	20.8	-6.2	-0.1	19.0	24.0
1998	70175.2	33664.5	3628328.0	53854.8	204519.2	15.2	-9.0	-15.4	17.9	10.4
1999	80210.3	34708.1	3726292.9	59725.0	246650.2	14.3	3.1	2.7	10.9	20.6
2000	91519.9	35228.7	3934965.3	66653.1	290553.9	14.1	1.5	5.6	11.6	17.8
2001	103234.5	31987.7	3635907.9	71918.7	347212.0	12.8	-9.2	-7.6	7.9	19.5
2002	121403.8	25750.1	3857698.3	82994.2	419432.0	17.6	-19.5	6.1	15.4	20.8
2003	143256.5	29303.6	4328337.5	95443.3	507512.8	18.0	13.8	12.2	15.0	21.0
2004	168183.1	32849.3	4233114.1	112432.2	593789.9	17.4	12.1	-2.2	17.8	17.0
2005	196269.7	35280.2	4643726.2	135480.8	673951.6	16.7	7.4	9.7	20.5	13.5
2006	234738.6	40783.9	5307779.0	160680.2	810089.8	19.6	15.6	14.3	18.6	20.2
2007	287789.5	45351.7	6167639.2	193780.4	997220.5	22.6	11.2	16.2	20.6	23.1
2008	337000.9	45623.8	6846079.5	226529.3	1168742.5	17.1	0.6	11.0	16.9	17.2
2009	386877.0	50003.7	8105758.1	266851.5	1311329.1	14.8	9.6	18.4	17.8	12.2
2010	483983.1	59654.4	9272987.3	327960.5	1665388.0	25.1	19.3	14.4	22.9	27.0

注：国有企业、集体企业1997年及以前年份的是按经济类型划分，1998年及以后年份是按登记注册类型划分，所以两者不可比。

Note:The Stated-owned Enterprises and Collective-owned Enterprises were grouped by ownership before 1997,grouped by status of registration after 1998.They are not comparable.

12-3 规模以上工业企业主要指标(1998-2010年)

Main Indicators of Industrial Enterprises above Designated Size(1998-2010)

单位：亿元 (100 million yuan)

年份 Year	企业单位数（个） Number of Enterprises (unit)	工业总产值 Gross Industrial Output Value	工业增加值 Value- added of Industry	资产总计 Total Assets	流动资产合计 Circulating Funds	主营业务收入 Revenue from Principal Business	利润总额 Total Profits	税金总额 Total Tax
1998	6106	2037.52	601.54	2626.33	1101.12	1860.76	55.76	103.85
1999	5549	2210.28	665.02	2890.62	1209.61	2060.31	87.38	113.67
2000	6011	2616.12	797.12	3368.64	1401.27	2468.69	110.80	135.80
2001	6583	2945.02	875.39	3632.22	1514.43	2789.09	118.22	146.16
2002	7462	3676.37	1177.59	4059.60	1781.70	3522.47	204.30	164.90
2003	9208	4953.74	1448.50	4902.48	2306.49	4822.24	314.40	204.23
2004	11918	6783.42	1917.65	6034.04	2994.25	6581.07	382.00	253.11
2005	12396	8135.98	2291.26	6841.37	3393.30	7848.24	407.55	285.73
2006	13755	10005.08	2847.81	8168.75	4111.21	9661.48	586.52	377.21
2007	15178	12517.91	3598.69	10157.20	5056.06	12227.31	894.51	481.21
2008	17212	15212.81	4057.51	11694.91	5700.78	14816.17	896.11	560.87
2009	18154	16762.82	4675.31	13344.47	6564.47	16338.61	1104.05	649.12
2010	19227	21901.23	6111.44	16058.70	8420.83	21479.37	1754.18	824.27

12-4 规模以上工业企业主要经济效益指标(1998-2010年)

Main Indicators on Economic Benefit of Industrial Enterprises above Designated Size(1998-2010)

单位：% (%)

年份 Year	工业增加值率 Ratio of Value-added to Industrial Output Value	总资产贡献率 Ratio of Assets to Industrial Output Value	资产负债率 Assets- Liability Ratio	流动资产周转次数（次/年） Number of Times of Turnover of Circulating Funds(times/year)	成本费用利润率 Ratio of Profits to Industrial Cost	全员劳动生产率（元/人） Overall Labor Productivity(yuan /person)	产品销售率 Proportion of Products Sold
1998	26.99	7.95	56.10	1.76	3.13	38250	95.52
1999	27.29	8.95	57.35	1.78	4.50	44967	96.39
2000	27.46	9.26	57.52	1.89	4.76	51244	96.95
2001	26.82	8.84	56.76	1.91	4.47	53016	96.99
2002	29.06	10.91	55.82	2.10	6.22	65802	97.50
2003	26.43	12.74	54.34	2.30	7.07	65168	97.59
2004	25.54	12.74	52.96	2.39	6.21	70420	97.13
2005	27.47	11.89	52.71	2.41	5.52	78898	97.33
2006	27.74	14.08	53.81	2.51	6.58	87655	96.96
2007	27.98	16.27	55.53	2.58	8.05	100197	97.71
2008	27.89	14.86	53.72	2.67	6.44	116619	97.54
2009	27.50	15.27	53.44	2.66	7.28	123205	97.34
2010	27.60	18.80	52.74	2.87	8.83	148426	97.76

12-5 主要年份规模以上工业企业主要经济指标

单位：亿元

年份 Year	固定资产原值年末数 Original Value of Fixed Assets at the Year-end				固定资产净值年末数 Net Value of Fixed Assets at the Year-end			
	合计 Total	国有 State-owned	集体 Collective-owned	其他 Others	合计 Total	国有 State-owned	集体 Collective-owned	其他 Others
1978	44.84	40.62	4.22			29.52		
1980	56.78	49.65	7.13		41.11	35.83	5.28	
1985	103.41	83.83	17.26	2.32	74.01	59.40	12.57	2.04
1990	244.56	173.52	38.76	32.28	180.75	127.49	26.37	26.89
1995	991.98	482.24	93.97	415.77	783.88	368.76	69.46	345.66
1996	1197.03	551.93	107.01	538.09	923.98	411.57	77.81	434.60
1997	1444.47	585.53	128.06	730.88	1106.79	434.63	95.68	576.48
1998	1539.99	613.18	84.78	842.03	1150.38	450.25	62.28	637.85
1999	1768.61	681.74	82.28	1004.59	1307.18	493.17	59.01	755.00
2000	2032.18	679.99	85.13	1267.06	1479.53	477.71	60.21	941.61
2001	2351.09	711.63	76.29	1563.17	1690.78	492.17	53.55	1145.06
2002	2596.43	591.72	59.92	1944.79	1812.38	410.75	41.84	1359.79
2003	2979.24	624.78	58.20	2296.26	2020.47	416.94	40.99	1562.54
2004	3435.92	640.44	35.79	2759.69	2343.14	427.74	22.86	1892.53
2005	3838.40	330.01	36.72	3471.67	2565.23	204.17	24.82	2336.23
2006	4499.35	710.81	40.54	3747.99	2970.84	450.69	25.57	2494.57
2007	5227.60	712.79	45.22	4469.59	3504.89	472.30	28.72	3003.87
2008	5994.98	785.89	45.36	5163.73	4043.82	507.56	28.52	3507.74
2009	7039.82	1110.16	44.94	5884.71	4740.79	741.70	28.74	3970.35
2010	7967.50	1146.31	54.30	6766.88	5324.49	742.54	33.50	4548.45

注：1.表内1998年起统计口径为规模以上工业企业,以前为乡及乡以上独立核算工业企业；2.1998年及以后年份"国有、集体、其他"为登记注册类型。

Note:Statistics scope from 1998 covers industrial enterprises above designated size. b)"State-owned, Collective-owned, Others" from 1998 refers to the registation type of enterprises.

Main Financial Indicators of Industrial Enterprises above Designated Size in Selected Years

(100 million yuan)

流动资产年平均余额 Annual Average Balance Circulating Funds				主营业务收入 Sale Revenue			
合计 Total	国有 State-owned	集体 Collective-owned	其他 Others	合计 Total	国有 State-owned	集体 Collective-owned	其他 Others
				67.25	52.86	14.38	0.01
				136.58	99.06	30.79	6.73
189.07	116.61	33.50	38.96	352.56	213.01	68.65	70.90
813.89	266.83	93.41	453.65	1469.28	442.04	225.29	801.95
922.83	297.21	99.39	526.23	1617.13	438.70	242.70	935.73
1032.84	272.35	110.87	649.62	1858.56	417.02	269.98	1171.56
1054.48	261.10	81.27	712.11	1860.76	387.59	183.71	1289.46
1157.92	266.13	79.19	812.60	2060.31	424.73	170.05	1465.53
1307.81	264.57	77.25	965.99	2468.69	445.30	176.52	1846.87
1463.02	249.35	68.21	1145.46	2789.09	431.74	169.13	2188.22
1678.59	189.70	60.43	1428.46	3522.47	344.91	146.80	3030.76
2095.48	164.42	60.93	1870.12	4822.24	390.11	163.67	4268.46
2752.06	235.86	42.30	2473.90	6581.07	590.08	101.07	5889.92
3260.86	166.05	40.18	3054.64	7848.24	398.85	106.91	7342.48
3852.73	235.96	45.72	3571.05	9661.48	738.51	137.89	8785.08
4747.80	200.25	49.76	4497.79	12227.31	709.38	168.53	11349.40
5539.85	188.05	48.10	5303.70	14816.17	727.08	176.15	13912.93
6132.62	216.08	49.60	5866.93	16338.61	898.97	192.06	15247.58
7492.65	244.05	54.39	7194.21	21479.37	1080.59	222.89	20175.89

12-5 续表

单位：亿元

年份 Year	利税总额 Total Profit and Tax 合计 Total	国有 State-owned	集体 Collective-owned	其他 Others	利润总额 Total Profit 合计 Total	国有 State-owned	集体 Collective-owned	其他 Others
1978	12.21	10.25	1.96		6.75	5.53	1.22	
1980	14.44	12.13	2.31		8.26	6.82	1.44	
1985	25.74	21.10	3.98	0.66	13.55	11.07	2.15	0.33
1990	44.97	33.14	5.98	5.85	16.09	11.91	1.79	2.39
1995	130.54	58.91	18.30	53.33	48.16	15.17	5.35	27.64
1996	145.20	72.80	18.73	53.67	55.12	25.28	5.31	24.53
1997	170.38	75.02	21.96	73.40	68.62	30.24	6.40	31.98
1998	159.61	69.24	12.57	77.80	55.76	18.47	3.40	33.89
1999	201.05	74.54	12.80	113.71	87.38	22.22	4.38	60.78
2000	246.60	81.60	14.16	150.84	110.80	24.21	5.29	81.30
2001	264.38	86.09	14.98	163.31	118.22	26.37	6.21	85.64
2002	369.21	73.79	12.49	282.93	204.30	20.11	5.73	178.46
2003	518.62	85.46	16.65	416.51	314.40	24.82	7.97	281.60
2004	635.11	91.22	8.95	534.94	382.00	21.92	3.73	356.35
2005	693.28	85.47	9.41	598.40	407.55	19.84	3.47	384.25
2006	963.72	113.02	16.01	834.69	586.52	26.61	8.04	551.87
2007	1375.71	122.57	22.34	1230.81	894.51	44.99	12.39	837.13
2008	1456.97	101.75	20.00	1335.22	896.11	25.45	9.68	860.98
2009	1753.17	97.57	22.26	1633.34	1104.05	18.37	10.18	1075.50
2010	2578.45	157.13	27.55	2393.77	1754.18	53.91	15.54	1684.73

Continued

(100 million yuan)

工业增加值 Value Added of Industry				工业总产值 Gross Industrial Output Value			
合计 Total	国有 State-owned	集体 Collective- owned	其他 Others	合计 Total	国有 State-owned	集体 Collective-owned	其他 Others
				55.46	43.69	11.77	
				71.86	55.47	16.38	0.01
				141.40	98.35	34.00	9.05
				393.65	225.17	78.77	89.71
410.29	145.42	60.78	204.09	1558.04	433.67	240.51	883.86
488.04	144.34	78.45	265.25	1770.54	436.10	282.04	1052.40
581.40	137.84	92.35	351.21	2028.43	417.00	307.45	1303.98
601.54	158.49	57.99	385.06	2037.52	389.20	205.99	1442.33
665.02	167.73	51.10	446.19	2210.28	406.11	184.70	1619.47
797.12	172.80	52.37	571.95	2616.12	447.09	189.96	1979.07
875.39	183.37	49.19	642.83	2945.02	421.07	180.11	2343.84
1177.59	153.43	45.06	979.10	3676.37	329.12	154.34	3192.91
1448.50	157.92	52.23	1238.35	4953.74	358.20	171.78	4423.76
1917.65	179.53	31.43	1706.69	6783.42	598.92	103.58	6080.91
2291.26	148.85	38.24	2104.16	8135.98	403.27	111.97	7620.74
2847.81	209.66	48.85	2589.30	10005.08	753.56	139.52	9112.00
3598.69	205.47	55.56	3337.66	12517.91	717.16	168.56	11632.19
4057.51	211.48	60.91	3785.12	15212.81	740.26	174.96	14297.59
4675.31	243.05	64.82	4367.43	16762.82	908.68	190.23	15663.91
6111.44	306.11	79.68	5725.65	21901.23	1092.57	219.84	20588.81

12—6 规模以上工业企业单位数

Number of Industrial Enterprises above Designated Size

单位：个 (unit)

项目 Item	2000	2003	2005	2007	2008	2009	2010
合 计 Total	**6011**	**9208**	**12396**	**15178**	**17212**	**18154**	**19227**
按轻重分 Grouped by Light &Heavy Industry							
轻工业 Light Industry	3656	5663	7131	8445	9471	10038	10654
以农产品为原料 Using Farm Products as Raw Materials	2264	3542	4812	5670	6366	6748	7153
以非农产品为原料 Using Non-Farm Products as Raw Materials	1392	2121	2319	2775	3105	3290	3501
重工业 Heavy Industry	2355	3545	5265	6733	7741	8116	8573
采掘工业 Mining and Quarrying	183	228	421	600	644	648	658
原料工业 Raw Materials Industry	797	1340	1882	2391	2737	2748	2844
加工工业 Manufacturing Industry	1375	1977	2962	3742	4360	4720	5071
按注册类型分 Grouped by Status of Registration							
内资企业 Pomestic Funded Enterprises	3320	5304	7453	9591	11381	12402	13524
港澳台商投资企业 Enterprises With Funds from HongKong,Macao and TaiWan	2076	2715	3165	3534	3712	3711	3705
外商投资企业 Foreign Funded Enterprises	615	1189	1778	2053	2119	2041	1998
按经济类型分 Grouped by Ownership							
国有 Stated-owned	1046	616	481	300	292	287	273
集体 Collective-owned	1077	1092	800	744	682	608	584
其他 Others	3888	7500	11115	14134	16238	17259	18370
#外商及港澳台商投资 Funds from HongKong,Macao,Taiwan and Foreign Area	2691	3904	4943	5587	5831	5752	5703
按经济组织分 Grouped by Organization							
独资 Sole Funded	3572	4247	4871	5297	5607	5575	5631
合作、合伙 Cooperated and Partnership	494	781	715	718	698	678	681
股份有限公司 Share Holding Enterprises	189	330	381	408	393	410	444
有限责任公司 Limited Liability Corporations	1756	3850	6429	8755	10514	11491	12471
按规模分 Grouped by Size							
大型 Large Scale	92	41	60	85	95	106	124
中型 Medium Scale	209	809	1142	1563	1729	1869	2116
小型 Small Scale	5710	8358	11194	13530	15388	16179	16987

注：2003年起大中型企业划分标准改变，故大中型企业数与往年不可比。

Note: Changed by the standard of enterprise , number of enterprises by Large and Medium size from 2003 is not comparable with the previous years.

12-7 规模以上工业企业增加值

Value-added of Industrial Enterprises above Designated Size

单位：亿元 (100 million yuan)

项目 Item	2000	2003	2005	2007	2008	2009	2010
合　计	**797.12**	**1448.50**	**2291.26**	**3598.69**	**4057.51**	**4675.31**	**6111.44**
国有及国有控股企业 State-owned and State-holding Industrial Enterprises	**292.66**	**413.39**	**442.61**	**554.05**	**566.54**	**636.45**	**821.77**
按轻重分 Grouped by Light &Heavy Industry							
轻工业 Light Industry	415.58	687.07	1121.49	1720.30	2015.72	2336.76	2940.72
以农产品为原料 Using Farm Products as Raw Materials	244.65	439.96	765.40	1221.78	1459.65	1732.92	2166.24
以非农产品为原料 Using Non-Farm Products as Raw Materials	170.93	247.10	356.10	498.52	556.07	603.84	774.47
重工业 Heavy Industry	381.54	761.44	1169.76	1878.39	2041.79	2338.55	3170.73
采掘工业 Mining and Quarrying	15.50	23.93	64.38	118.24	180.92	197.62	271.77
原料工业 Raw Materials Industry	156.14	342.90	521.12	789.09	794.22	938.27	1289.98
加工工业 Manufacturing Industry	209.90	394.61	584.26	971.06	1066.65	1202.66	1608.98
按经济类型分 Grouped by Ownership							
国有 Stated-owned	172.80	205.88	244.22	336.00	345.39	361.69	439.69
集体 Collective-owned	52.37	74.12	69.14	107.07	134.87	143.60	194.40
股份制 Share Holding	70.05	150.92	314.51	489.24	518.48	606.22	820.73
联营 Cooperation	1.87	2.73	3.91	5.60	5.60	2.88	5.85
私营 Private	36.55	147.06	395.39	784.80	1073.32	1308.70	1758.94
外商及港澳台商投资 Funds from HongKong,Macao, TaiWan and Foreign	462.12	863.91	1262.75	1869.97	1975.51	2246.58	2881.16
其他 Others	1.36	3.88	1.34	6.02	4.35	5.65	10.69
按登记注册分 Grouped by Status of Registration							

注：工业增长速度按月报同口径计算，表内绝对数为年报数，因年度间调查单位数不同，不可直接对比。

Note:Increase rate of Industrial enterprises is according to monthly statistics.

12-7 续表

Continued

单位：亿元 (100 million yuan)

项目 Item	2000	2003	2005	2007	2008	2009	2010
国有 State-owned Enterprises	150.80	157.92	148.85	205.47	211.48	243.05	306.11
集体 Collective-owned Enterprises	43.36	52.23	38.24	55.56	60.91	64.82	79.68
股份合作 Cooperative Enterprises	7.16	19.47	29.40	49.54	71.90	77.24	113.31
联　营 Cooperative	19.65	21.80	28.40	33.31	28.02	31.57	41.01
有限责任公司 Limited-Liability Corporations	29.72	120.37	291.38	455.13	489.25	540.65	709.24
股份有限公司 Share Holding Corporations Ltd.	46.39	61.86	95.50	138.89	142.78	157.05	211.30
私营企业 Private Enterprises	36.55	147.06	395.39	784.80	1073.32	1308.70	1758.94
港澳台商投资企业 Enterprises with Funds from HongKong, Macao,TaiWan and Foreign	333.05	514.95	670.47	960.55	1110.78	1246.08	1583.93
外商投资企业 Foreign Funded Enterprises	129.07	348.96	592.28	909.42	864.73	1000.49	1297.22
其他企业 Other Enterprises	1.36	3.88	1.34	6.02	4.35	5.65	10.69
按经济组织分 Grouped by Organization							
独资 Sole Funded	480.16	699.52	987.98	1548.46	1637.66	1888.13	2390.18
合作、合伙 Cooperated and Partnership	44.36	76.95	96.10	141.55	152.17	171.81	231.23
股份有限公司 Share Holding Enterprises	49.57	119.73	170.39	211.47	233.52	277.96	388.26
有限责任公司 Limited Liability Corporations	223.03	552.30	1036.78	1697.20	2034.16	2337.41	3101.77
按规模分 Grouped by Size							
大型 Large Scale	164.11	263.07	416.15	556.06	661.06	770.04	1230.26
中型 Medium Scale	115.19	613.97	926.30	1571.87	1652.78	1925.94	2400.64
小型 Small Scale	517.81	571.46	948.80	1470.76	1743.67	1979.33	2480.54

12-8 按行业分工业增加值

Value-added of Industry by Sector

单位：亿元 (100 million yuan)

项目 Item	2003	2005	2006	2007	2008	2009	2010
合　计 Total	**1448.50**	**2291.26**	**2847.81**	**3598.69**	**4057.51**	**4675.31**	**6111.44**
采矿业 Mining and Quarrying	**22.42**	**61.26**	**80.33**	**113.69**	**176.01**	**191.26**	**264.46**
煤炭开采和洗选业 Coal Mining and Dressing	10.22	27.32	38.71	46.26	72.97	83.35	99.60
石油和天然气开采业 Petroleum and Natural Gas Mining							
黑色金属矿采选业 Ferrous Metals Mining and Dressing	2.50	17.70	15.63	27.76	50.32	52.43	96.98
有色金属矿采选业 Nonferrous Metals Mining and Dressing	2.89	5.17	11.89	19.33	26.51	21.71	30.18
非金属矿采选业 Nonmetal Minerals Mining and Dressing	6.80	11.06	14.10	20.33	26.22	33.77	37.71
其他采矿业 Others Mining and Quarrying							
制造业 Manufacturing	**1268.22**	**2014.18**	**2512.28**	**3202.62**	**3636.31**	**4180.80**	**5486.51**
农副食品加工业 Agricultural and Sideline Products Processing	44.24	84.39	108.55	139.97	179.83	207.93	274.28
食品制造业 Food Manufacturing	24.60	48.03	58.26	76.78	87.81	108.92	148.72
饮料制造业 Beverage Manufacturing	25.96	42.43	49.69	68.82	84.23	100.90	129.37
烟草制品业 Tobacco Processing	53.48	65.63	79.79	102.96	106.03	122.15	136.78
纺织业 Textile Industry	69.08	137.14	163.81	201.49	207.75	241.23	297.52
纺织服装、鞋、帽制造业 Textile Garments , Shoes and Caps Products	76.87	133.95	180.05	224.44	271.51	340.73	387.41
皮革、毛皮、羽毛(绒)及其制品业 Leather , Furs , Down and Relate Products	90.20	155.17	192.79	264.95	345.27	401.11	524.78
木材加工及木、竹、藤、棕、草制品业 Timber Processing , Bamboo , Cane , Palm Fiber and Straw Products	15.32	29.46	40.62	60.26	82.57	114.41	139.04
家具制造业 Furniture Manufacturing	12.78	28.27	30.30	34.14	44.19	42.98	57.64
造纸及纸制品业 Papermaking and Paper Products	31.02	55.43	69.30	80.82	96.39	113.78	145.75
印刷业和记录媒介的复制 Printing and Record Medium Reproduction	10.75	14.54	17.02	19.13	21.97	26.02	30.57
文教体育用品制造业 Cultural , Educational and Sports Goods	14.01	19.89	24.50	29.22	32.56	36.33	44.31
石油加工、炼焦及核燃料加工业 Petroleum Processing , Coking and Nuclear Fuel Processing	14.54	17.07	4.09	22.38	-2.00	60.59	122.81
化学原料及化学制品制造业 Raw Chemical Materials and Chemical Products	52.34	88.00	82.71	104.89	119.83	141.91	202.43
医药制造业 Medical and Pharmaceutical Products	18.30	23.54	30.52	33.64	36.30	43.00	54.55

12-8 续表

Continued

单位：亿元　　(100 million yuan)

项目 Item	2003	2005	2006	2007	2008	2009	2010
化学纤维制造业 Chemical Fiber	15.88	30.07	42.95	48.81	47.15	46.75	63.88
橡胶制品业 Rubber Products	17.37	36.06	47.25	57.90	61.19	84.05	88.22
塑料制品业 Plastic Products	53.56	72.82	94.16	119.89	152.85	172.06	200.72
非金属矿物制品业 Nonmetal Minerals Products	85.43	154.22	196.53	264.14	308.57	306.93	426.41
黑色金属冶炼及压延加工业 Smelting and Pressing of Ferrous Metals	48.06	68.77	91.46	131.97	151.33	125.09	182.62
有色金属冶炼及压延加工业 Smelting and Pressing of Nonferrous Metals	15.83	29.24	53.30	79.85	88.70	93.85	120.24
金属制品业 Metal Products	22.64	39.67	56.44	71.01	89.86	93.01	116.01
通用设备制造业 General Equipment	25.73	48.59	62.90	87.97	112.58	141.91	177.33
专用设备制造业 Special Purpose Equipment	24.84	47.86	55.58	68.32	72.61	91.24	122.27
交通运输设备制造业 Transport Equipment	78.59	75.50	96.25	140.99	190.34	195.07	274.44
电气机械及器材制造业 Electric Equipment and Machinery	60.77	105.43	117.59	156.92	180.22	199.76	256.24
通信设备、计算机及其他电子设备制造业 Telecommunications , Computer , and Other Electronic Equipment	189.03	259.66	347.09	363.29	305.36	346.42	522.97
仪器仪表及文化、办公用机械制造业 Instruments , Meters , Cultural and Clerical Machinery	21.48	37.40	34.72	38.28	40.78	44.85	67.07
工艺品及其他制造业 Handicraft Article and Other Manufacturing	55.45	65.58	83.59	108.99	119.08	134.99	166.90
废弃资源和废旧材料回收加工业 Waste Resources and Materials Recovering	0.09	0.35	0.48	0.38	1.47	2.82	5.23
电力、燃气及水的生产和供应业 Production and Supply of Electric Power, Gas,Water	**157.86**	**215.82**	**255.20**	**282.38**	**245.19**	**303.24**	**360.47**
电力、热力的生产和供应业 Production and Supply of Electric Power and Hot Power	148.91	205.39	242.03	267.65	232.80	277.02	322.32
燃气生产和供应业 Production and Supply of Gas	0.77	0.27	1.15	1.86	-0.80	10.37	22.04
水的生产和供应业 Production and Supply of Water	8.18	10.17	12.01	12.87	13.18	15.85	16.11

12-9 主要年份主要工业产品产量

Output of Major Industrial Products in Selected Years

年份 Year	化学纤维(万吨) Chemical Fiber (10000 tons)	原煤(万吨) Coal (10000 tons)	发电量(亿千瓦小时) Electricity (100 million kwh)	粗钢(万吨) Crude Steel (10000 tons)	水泥(万吨) Cement (10000 tons)	化学肥料(万吨) Chemical Fertilizer (10000 tons)	汽车(辆) Motor Vehicles (unit)	移动通信手持机(万部) Mobile Telephone (10000 unit)	微型电子计算机(万部) Micro-computer (10000 sets)
1952		0.30	0.12						
1957		8.25	0.57		5.26				
1962	...	55.77	4.99	0.12	6.05	0.31			
1965	0.03	60.19	7.41	0.66	20.37	4.46			
1970	0.10	110.03	13.12	3.62	32.85	5.22	317		
1975	0.28	280.67	26.83	9.84	89.13	9.54	765		
1978	1.19	423.05	40.69	16.16	120.45	16.40	907		
1979	1.13	479.04	44.40	20.93	139.84	19.51	1110		
1980	1.35	462.99	49.47	24.16	155.30	24.32	1029		
1981	1.50	416.55	52.46	21.90	161.62	24.88	60		
1982	1.35	440.23	57.18	24.90	163.71	27.21	40		
1983	1.04	524.26	61.55	23.79	206.66	28.14	257		
1984	1.03	575.94	67.53	28.71	234.03	32.37	641		
1985	1.65	606.53	77.20	31.75	290.69	32.88	652		
1986	2.06	678.52	86.21	34.42	321.76	32.89	870		
1987	2.50	787.19	98.54	39.23	379.50	39.93	1201		
1988	2.62	864.36	114.14	40.39	452.97	40.62	3225		
1989	2.55	944.83	129.56	43.23	499.63	42.28	1607		
1990	3.13	925.37	136.65	51.66	540.04	43.64	676		
1991	3.40	857.19	151.76	56.47	646.87	44.09	1796		
1992	3.56	909.68	176.55	61.87	747.62	47.31	3407		
1993	3.60	982.52	195.27	61.72	902.39	44.39	3949		
1994	4.95	977.38	228.93	56.24	1104.20	47.34	3299		
1995	12.96	1134.18	261.55	55.49	1511.17	51.04	3636		
1996	24.12	1167.97	284.10	80.49	1504.52	56.66	3223		
1997	26.91	776.04	310.18	89.34	1522.42	54.74	6083		
1998	31.59	727.18	322.70	113.32	1594.46	63.51	6276		
1999	37.17	577.14	356.00	128.98	1825.81	61.15	9279		
2000	41.22	375.03	403.73	124.94	1513.64	61.38	29606		88.77
2001	47.95	512.33	446.32	155.27	1525.53	55.84	32498		88.79
2002	65.97	644.51	533.08	211.98	1698.69	60.69	48356		174.25
2003	59.39	778.22	610.70	256.04	2116.27	56.69	86679		241.74
2004	71.47	1076.05	659.64	319.20	2245.34	60.27	65811		295.02
2005	79.12	1331.74	778.25	382.33	2713.62	60.27	70260	1165.96	371.44
2006	106.32	1759.18	904.25	465.48	3343.93	64.76	73215	1358.78	445.73
2007	137.69	1991.74	1038.28	588.43	4449.69	62.95	86514	1097.48	513.23
2008	169.78	2306.07	1085.38	727.28	4593.36	69.60	95098	716.56	647.32
2009	183.66	2466.13	1170.71	765.04	5446.50	59.67	135044	671.50	607.20
2010	206.15	2442.73	1356.32	1086.88	5793.20	57.87	194963	1064.25	738.27

12-10 规模以上工业企业主要工业产品产量

Output of Major Industrial Products of Industrial Enterprise above Designated size

项目 Item	2000	2003	2005	2007	2008	2009	2010
原煤(吨) Coal(ton)	3750300	7782200	13317400	19917426	23060656	24661313	24427250
铁矿石原矿量(吨) Primary Iron ore(ton)	1690400	1801900	4838600	10147973	17507360	16628812	23272585
硫铁矿(折硫35%)吨) Sulphur Iron(ton)	35000	10400	16600	47868	91948	84558	99177
原盐(吨) Salt(ton)	283700	411800	344900	333969	323454	375311	333929
配混合饲料(吨) Mixed Feed(ton)	974900	1666000	2185200	2601466	3222800	3659669	4830171
食用植物油(吨) Eatened Vegetable(ton)	62400	295400	434800	712596	573069	650412	1684343
糖(吨) Sugar(ton)	61100	86800	62500	53632	72187	58541	37279
罐头(吨) Tin(ton)	267800	477400	785700	1110298	1622021	1628826	2032091
味精(吨) Monosodium Glutamate(ton)	68856	113800	71437	62917	70705	88049	72380
啤酒(千升) Beer(1000 L)	1104000	1372700	1573300	1896573	1984418	1905170	1887767
软饮料(吨) Soft Drink(ton)	398200	696600	1112800	1897574	2609093	3133061	3869623
精制茶(吨) Highly Finished Tea(ton)	17000	29300	39500	58184	136875	78835	103310
卷烟(万箱) Cigarette(10000 cases)	98.62	107.81	121.00	142.06	150.10	159.63	168.75
纱(吨) Yarn(ton)	143641	396500	680042	1098109	1416133	1580423	1847365
布(万米) Cloth(10000 m)	55867	103700	201266	242365	285576	271178	312003
棉布(万米) Cottoned Cloth(10000 m)	2938	3856	13020	16730	30884	28310	39708
棉混纺交织布(米) Blending Cloth(m)	11022	22291	35790	62813	74552	91040	110002
纯化纤布(米) Pure Chemical Fibre Cloth(m)	41907	77523	152456	162822	180140	151828	162292
印染布(万米) Printing and Dyeing Cloth(10000 m)	38744	97993	162653	303798	379514	331983	391229
毛线(吨) Kitting Wool(ton)	7523	10840	9997	7257	3707	4685	5020
服装(万件) Clothes(10000 piece)	39877	44110	81539	130256	261998	237740	292273

注：本表民用钢质船舶2008年、2009年计量单位为载重吨。

Note: 2008,Civil Steelen Boats including boat weight.

12-10 续表1

Continued

项目 Item	2000	2003	2005	2007	2008	2009	2010
轻革(平方米) Light Leather(10000 sq.m)	3591200	18611900	33335800	33185642	105473911	46503718	43511617
皮革鞋靴(万双) Leather Shoes(10000 pairs)	20931	32659	50426	69681	121350	89306	114358
人造板(立方米) Man-made Wood(cu.m)	677000	1522900	2664900	5352301	7345679	8547269	9979320
胶合板 Plywood	224800	535300	1082700	1831805	2761776	3441371	4248677
纤维板 Fiberboond	294900	813600	1145500	1667428	1794820	1746936	1936396
刨花板 Honghed Wood	145000	130600	193600	1142501	1656636	1986752	2075427
机制纸及纸板(吨) Machine-made Paper and Paperboard(ton)	850700	1438400	1871100	2378500	3095379	3391937	4320636
#新闻纸(吨) Newsprint(ton)	241800	341900	375300	302123	272824	243374	159511
焦炭(吨) Coke(ton)	448900	490900	909400	908931	997374	1179306	1430462
硫酸(折100%)(吨) Sulfuric Acid(ton)	338700	390200	410600	540155	469559	513347	597822
盐酸(含量31%以上)(吨) Hydrochloric(ton)	124500	152100	140200	136139	136596	118443	70749
烧碱(折100%)(吨) Caustic Soda(ton)	156400	246700	255100	313573	283516	216422	201120
纯碱(吨) Soda Ash(ton)	94500	161800	192300	197890	188578	199083	177867
电石(吨) Calcium Carbide(ton)	154900	123800	142600	147543	132288	100802	69599
合成氨(吨) Synthetic Ammonia(ton)	800900	922400	941500	1005242	1007263	1008261	1021305
农用化肥(吨) Chemical Fertilizer(ton)	613800	566900	602700	629507	695979	596695	578746
#氮肥(吨) Nitrogerous Fertilizer(ton)	509600	517200	557000	591913	654387	572525	553717
#尿素(吨) Carbamine(ton)	278600	303600	313400	338878	340924	334840	329370
磷肥(吨) Phosphate Fertilizer(ton)	79600	49800	45600	36697	25907	24170	25028
化学农药(吨) Chemical Pesticide(ton)	9866	9958	9075	12359	17676	7307	677
油漆(吨) Paint(ton)	19096	21475	44851	108453	345767	235908	319064
塑料(吨) Plastics(ton)	143470	338176	337876	319741	367622	598259	1524961

12-10 续表2

Continued

项目　Item	2000	2003	2005	2007	2008	2009	2010
肥皂(吨) Soap(ton)	2683	2266	2401	9389	14379	14823	31935
合成洗涤剂(吨) Synthetic Detergents(ton)	68	4649	7004	14141	25874	23497	39705
化学原料药(吨) Chemical Medicine(ton)	1205	2000	2779	4369	6778	7225	7266
中成药(吨) Mid-product chineses Medicine(ton)	3781	3714	3904	4799	6284	6055	6534
化学纤维(吨) Chemical Fiber(ton)	412198	593938	791167	1376888	1697772	1836640	2061509
轮胎外胎(条) Tires(pcs)	9839600	16263300	17809700	21532084	21095023	21897121	27876136
塑料制品(吨) Plastics(ton)	557000	684800	863000	1065543	2146661	1446376	1663088
水泥(吨) Cement(ton)	15136400	21162700	27136200	44496948	45933602	54464979	57931955
砖(万块) Bricks(10000 pcs)	23400	13600	20700	74748	170898	161821	303443
花岗石板材(平方米) Granite board(sq.m)	11266800		68322600	84560845	140210099	118410950	145464187
平板玻璃(重量箱) Plate glass(case)	4798700	5118500	6415100	18671225	16378117	20916696	27150482
日用玻璃制品(吨) Glass Products(ton)	108200	112800	120200	146045	141127	56327	120812
日用陶瓷(万件) Daily-use Ceramics(10000 pcs)	36300	47300	10200	18626	77698	19053	19881
生铁(吨) Pig Iron(ton)	1493700	2148300	3939600	4718343	5257102	5529008	5588053
粗钢(吨) Crude Steel(ton)	1249400	2560400	3823300	5884278	7272811	7650381	10868830
钢材(吨) Steel Products(ton)	2837900	4529400	7359000	10463990	10780165	13418941	13405616
铁合金(吨) Iron Alloy(ton)	39700	31300	59000	120847	153841	185380	240768
十种有色金属(吨) Ten Nonferrous Metals Total(ton)	34474	33769	60362	96039	97992	111323	138774
金属切削机床(台) Metal-cutting Machine Tools(set)	584	1066	1815	2379	5726	1873	3146
起重机械(吨) Crane Machine(ton)	1988	2808	4105	4107	19037	3478	4655
叉车(台) Fork Truck(set)	3301	5997	6720	10010	11479	8267	11081
泵(台) Pump(set)	1676900	4499000	4907200	7199968	8187069	7182624	8358576

12-10 续表3

Continued

项目 Item	2000	2003	2005	2007	2008	2009	2010
风机(台) Wind Machine(set)	5700	1900	4600	4592	46782	4750	4273
气体压缩机(台) Gas Compressor(set)	28506	33929	42836	38238	572992	54323	50472
轴承(万套) Bearing(10000 units)	1767	2280	4690	6688	9079	7364	11108
小型拖拉机(台) Small Tractors Motor(set)	17400	17800	24700	19046	15702	7354	6338
汽车(辆) Vehicles(unit)	29606	86679	70260	86514	95098	135044	194963
#载货汽车 Cargo Vehicles	10244		4158	17852	15501	7792	8005
改装汽车(辆) Refitted Vehicles(unit)	7107	20603	26555	49712	24581	13560	16222
民用钢质船舶(总吨) Civil Steelen Boats(tons)	44457	93790	146816	327426	518337	336423	727031
交流电动机(千瓦) Alternating Current Electromotor(kw)	1799600	2257700	2484300	4032862	5518107	3747404	5827571
电力变压器(千伏安) Power Transformer(kva)	2549000	3722900	3489300	4617475	4110840	3723260	5728012
电力电缆(千米) Electric Cable(km)	14629	130044	18381	53548	112920	98713	105487
钢芯铝绞线(吨) Steel Wire with Aluminium Twist	17330	16839	18084	18204	22061	10165	7429
电话单机(台) Telephone Set(set)	6646300	12613500	9728900	5717121	12822241	3450887	8452845
微型电子计算机(台) Personal Computers(set)	887678	2417415	3714387	5132277	6473184	6072007	7382707
半导体分立器件(万只) Semiconductor Parts(10000 units)	13235	17731	22290	42053	504878	766495	15412
集成电路(万块) Semiconductor Integrated Circuit(10000 units)	6888.00	9847.58	13996.22	5948.00	5034.00	1098.80	1158.40
彩色电视机(台) Color TV Sets(set)	2041900	2526600	3739000	5136335	6208070	6818447	9031009
照相机(台) Cameras(set)	3221684	2535630	1101899	2210952	3603478	4555333	4510909
钟(台) Clocks(set)	27474800	45246800	92983300	47774001	100631161	62049893	85595769
发电量(万千瓦小时) Electricity(10000 kwh)	4037300	6107000	7782500	10382800	10853800	11707100	13563200
#水电 Hydropower	1952200	1889900	2910000	3115900	2743029	2759200	4536900

12-11 规模以上工业企业主要指标(2010年)

单位：万元

项目 Item	工业总产值 Gross Industrial Output Value	工业增加值 Value added of Industry	资产总额 Total Assets	固定资产原值年末数 Original Value of Fixed Assets at the year-end
合 计 **Total**	**219012287**	**61114438**	**160587001**	**79674971**
#**国有控股企业** State-holding Enterprises	29833003	8217654	38457239	28761255
#**农村工业** Industy in Country	1047622	402228	437214	249537
#**亏损企业** Deficitted Enterprises	8415303	2100733	13262795	8649415
按轻重分 **Group by Light & Heary Industry**				
轻工业 Light Industry	99191093	29407169	63117203	25734649
以农产品为原料 Using Farm Products as Raw Materials	71211081	21662428	43576460	17267890
以非农产品为原料 Using Non-Farm Products as Raw Materials	27980011	7744741	19540744	8466759
重工业 Heavy Industry	119821194	31707269	97469798	53940322
采掘工业 Mining and Quarrying	5748255	2717682	3027768	1427186
原料工业 Raw Materials Industry	52811734	12899775	53041663	37779439
加工工业 Manufacturing Industry	61261205	16089812	41400368	14733698
按经济类型分 **Grouped by Ownership**				
国有 Stated-owned	14789924	4396860	19108590	16210305
集体 Collective-owned	5511473	1943955	2430866	1360392
股份 Share Holding	29299578	8207299	27359375	13386429
联营 Cooperation	225623	58493	118893	81688
私营 Private	62059431	17589356	35374280	14198750
外商及港澳台商投资 Funds from HongKong,Macao,TaiWan and Foreign Area	106575727	28811552	75625180	34131140
其他 Others	550531	106924	569817	306268
按登记注册分 **Grouped by Status of Registration**				
内资企业 Sole Funded	112436560	32302886	84961822	45543831
港、澳、台商投资 Enterprises with Funds from HongKong, Macao and TaiWan	56135513	15839328	38946759	15973578
外商投资企业 Foreign Funded Enterprises	50440214	12972224	36678421	18157562
按经济组织分 **Grouped by Organization**				
独资企业 Sole Funded	85260540	23901790	62471254	32337398

Main Indicators of Industrial Enterprises above Designated Size(2010)

(10000 yuan)

固定资产净值年末数 Net Value of Fixed Assets at the year-end	流动资产年末数 Circulating Finds at the year-end	主营业务收入 Sale Revenue	利润总额 Total Profit	利税总额 Total Profits and Tax	应交所得税 Income Tax Payable	本年应交增值税 Value Added Tax Payable in Current Year
53244929	**84208316**	**214793694**	**17541794**	**25784470**	**1765165**	**5558520**
19065059	11291411	30262661	1845580	4595161	306148	1077442
175747	224515	993766	117267	171939	13013	41937
5927548	5339397	8164308	-378788	-81789	6271	204192
17243199	37645414	96522036	8154358	12138629	797768	2620662
11743913	26319569	69157304	6148739	9462219	594993	2067236
5499286	11325845	27364732	2005619	2676410	202775	553427
36001730	46562902	118271658	9387436	13645842	967398	2937858
982684	1271706	5616762	918174	1291576	64656	285729
25522248	18341086	52378901	3337261	5495669	401480	1334220
9496799	26950111	60275995	5132002	6858597	501262	1317909
10470632	4354443	14763407	770887	2371674	144179	660076
923996	1064026	5495582	758427	1025981	29608	214533
9149454	13142480	29013189	2563285	3452419	302052	701473
56105	58928	220059	18707	23388	1677	3953
10691549	19928844	60476938	4251824	6181546	349638	1458026
21672940	45405867	104286483	9153347	12698287	935231	2516200
280253	253727	538036	25317	31175	2781	4258
31571989	38802448	110507211	8388447	13086183	829934	3042320
10110862	23914966	54616364	5411639	7055446	510077	1452997
11562079	21490902	49670119	3741708	5642841	425154	1063204
20532664	33373575	83684013	6938094	9958568	747690	2157261

12-11 续表1

单位：万元

项目 Item	工业总产值 Gross Industrial Output Value	工业增加值 Value added of Industry	资产总额 Total Assets	固定资产原值年末数 Original Value of Fixed Assets at the year-end
合作、合伙 Cooperated and Partnership	7054889	2312281	4643508	4100959
股份有限公司 Share Holding Enterprises	13486213	3882641	17154555	6621530
有限责任公司 Limited Liability Corporations	113210645	31017725	76317684	36615084
按规模分 **Grouped by Size of Enterprises**				
大型企业 Large Scale	49505991	12302623	38065152	19933252
中型企业 Medium Scale	81423707	24006432	65729276	32162262
小型企业 Small Scale	88082589	24805384	56792573	27579457
按行业分 **Grouped by Sector**				
煤炭开采和洗选业 Coal Mining and Dressing	1498200	996007	854505	358073
石油和天然气开采业 Petroleum and Natural Gas Mining				
黑色金属矿采选业 Ferrous Metals Mining and Dressing	2346440	969759	1163526	596017
有色金属矿采选业 Nonferrous Metals Mining and Dressing	676397	301810	464742	221964
非金属矿采选业 Nonmetal Minerals Mining and Dressing	953757	377060	520978	185467
其他采矿业 Others Mining and Quarrying				
农副食品加工业 Agricultural and Sideline Products Processing	12477749	2742765	6598235	1944248
食品制造业 Food Manufacturing	5553478	1487160	2879386	1150874
饮料制造业 Beverage Manufacturing	3774216	1293706	2528536	1259672
烟草制品业 Tobacco Processing	1705985	1367832	1576432	788436
纺织业 Textile Industry	11202558	2975248	8318790	4228072
纺织服装、鞋、帽制造业 Textile Garments , Shoes and Caps Products	11549881	3874054	6196779	1903131
皮革、毛皮、羽毛(绒)及其制品业 Leather , Furs , Down and Relate Products	15644609	5247837	8192578	2622251
木材加工及木、竹、藤、棕、草制品业 Timber Processing , Bamboo , Cane , Palm Fiber and Straw Products	4599656	1390445	2242591	1052864
家具制造业 Furniture Manufacturing	2202599	576361	1398753	516104
造纸及纸制品业 Papermaking and Paper Products	5346528	1457457	4555902	2232497

Continued

(10000 yuan)

固定资产净值年末数 Net Value of Fixed Assets at the year-end	流动资产年末数 Circulating Finds at the year-end	主营业务收入 Sale Revenue	利润总额 Total Profit	利税总额 Total Profits and Tax	应交所得税 Income Tax Payable	本年应交增值税 Value Added Tax Payable in Current Year
2454852	1581899	6978171	934047	1237983	59212	258886
3814423	8824894	13414239	1909388	2344741	216264	368047
26442991	40427948	110717271	7760265	12243178	742000	2774326
13108963	18621517	49464337	4161686	6116404	382036	1164302
20638858	35420964	79338103	7739043	11193394	831975	2213005
19497108	30165835	85991254	5641066	8474672	551154	2181213
213787	407919	1524916	167697	303977	25847	102662
432604	341898	2317256	593187	720822	18940	112988
164892	224109	563632	58416	92157	8262	24923
126691	215179	948831	75525	145665	10483	40103
1340835	4476897	12053543	798224	1122840	43417	291471
786506	1582618	5350198	416190	585048	46490	146079
786649	1373542	3670402	421156	644245	44826	141988
478906	914058	1677722	166914	1243913	40299	197808
2984529	4468236	10868058	747571	997620	59647	205225
1362720	4028585	11154950	1124329	1504774	93805	333781
1811966	5554798	15274097	1690058	2227331	191612	457348
743429	1175309	4473428	253327	406822	18427	123543
365581	821877	2168621	126929	189593	11973	54379
1407450	2423906	5257728	455800	652233	40895	172425

12-11 续表2

单位：万元

项目 Item	工业总产值 Gross Industrial Output Value	工业增加值 Value added of Industry	资产总额 Total Assets	固定资产原值年末数 Original Value of Fixed Assets at the year-end
印刷业和记录媒介的复制 Printing and Record Medium Reproduction	982977	305684	841574	484190
文教体育用品制造业 Cultural , Educational and Sports Goods	1498588	443097	1046988	401635
石油加工、炼焦及核燃料加工业 Petroleum Processing , Coking and Nuclear Fuel Processing	6414708	1228086	4915020	3195566
化学原料及化学制品制造业 Raw Chemical Materials and Chemical Products	7800866	2024265	5997702	3222807
医药制造业 Medical and Pharmaceutical Products	1484433	545487	1437767	613175
化学纤维制造业 Chemical Fiber	3278008	638843	3459797	1668865
橡胶制品业 Rubber Products	2937797	882193	2465259	1466267
塑料制品业 Plastic Products	7621600	2007214	4493576	1953360
非金属矿物制品业 Nonmetal Minerals Products	13347766	4264102	9728323	4987163
黑色金属冶炼及压延加工业 Smelting and Pressing of Ferrous Metals	9479269	1826224	7083140	3287203
有色金属冶炼及压延加工业 Smelting and Pressing of Nonferrous Metals	4825572	1202420	5595948	1758646
金属制品业 Metal Products	4492832	1160066	3038449	1062027
通用设备制造业 General Equipment	6219372	1773277	4236371	1613729
专用设备制造业 Special Purpose Equipment	4804619	1222732	4557968	1127951
交通运输设备制造业 Transport Equipment	10374318	2744375	7468433	2688767
电气机械及器材制造业 Electric Equipment and Machinery	9638897	2562431	6848758	1873979
通信设备、计算机及其他电子设备制造业 Telecommunications , Computer , and other Electronic Equipment	23114969	5229690	12162933	3831479
仪器仪表及文化、办公用机械制造业 Instruments , Meters , Cultural and Clerical Machinery	2154306	670719	1368033	474848
工艺品及其他制造业 Handicraft Article and Other Manufacturing	5347040	1669007	2478836	978259
废弃资源和废旧材料回收加工业 Waste Resources and Materials Recovering	187852	52286	111453	39790
电力、热力的生产和供应业 Production and Supply of Electric Power and Hot Power	12497365	3223249	20936716	21789561
燃气生产和供应业 Production and Supply of Gas	654994	220434	953594	670260
水的生产和供应业 Production and Supply of Water	322090	161057	1868630	1425775

Continued

(10000 yuan)

固定资产净值年末数 Net Value of Fixed Assets at the year-end	流动资产年末数 Circulating Finds at the year-end	主营业务收入 Sale Revenue	利润总额 Total Profit	利税总额 Total Profits and Tax	应交所得税 Income Tax Payable	本年应交增值税 Value Added Tax Payable in Current Year
296953	414801	979295	79489	116990	9858	31947
239443	633015	1461668	77545	110888	6744	26767
2853147	1572552	6480405	162540	896463	22212	118763
2085587	3258062	7807449	702668	928284	84695	195737
387028	761187	1381021	179940	259974	23997	53789
1195669	1805307	3121435	275257	331103	17493	50647
951478	1172317	2987496	294441	384319	32990	71495
1227143	2699714	7430816	458168	651294	47482	159123
3421292	4770938	13184656	1296928	1821472	99891	371897
2242074	3912130	9545525	393381	602408	20590	158654
1268605	2337949	4681426	663945	744811	70201	57648
693835	2017074	4309113	330425	425894	34333	77575
1086147	2567880	6096975	469689	655163	48559	151350
789509	3234896	4923000	453813	599266	48579	122109
1742687	4851566	9985951	769369	1173665	97964	254769
1223477	4806208	9277371	795276	1071343	107158	251380
2213705	9098787	22812231	1674008	2006107	142690	301295
272114	937800	2132410	152261	188807	26279	25986
665451	1484997	5243531	443693	583487	32441	106128
32081	64327	185821	19052	26370	1723	6040
13870282	3205611	12408285	631713	1219920	123353	538568
572615	187253	722290	97335	106627	4890	6910
908063	405016	332145	25538	42778	6120	15223

12-12 规模以上工业企业主要经济效益指标(2010年)

Main Indicators of Economic Benefit of Industrial Enterprises above Designated Size(2010)

单位：%　　(%)

项目 Item	工业增加值率 Ratio of Value Added to Gross Industrial Output Value	总资产贡献率 Ratio of Total Assets to Industrial Output Value	资产负债率 Ratio of Assets to Liability	流动资产周转次数(次/年) Number of Times of Turnover Circulating Funds(times/year)	成本费用利润率 Ratio of Profits to Industrial Cost	产品销售率 Proportion of Products Sold
合计 Total	**27.60**	**18.80**	**52.74**	**2.87**	**8.83**	**97.76**
#国有控股企业 State-holding Enterprises	26.48	14.22	58.38	2.92	6.80	99.37
#农村工业 Industy in Country	34.07	51.15	53.19	5.76	13.16	99.56
按轻重分 Group by Light & Heary Industry						
轻工业 Light Industry	29.21	22.17	47.73	2.87	9.20	97.36
以农产品为原料 Using Farm Products as Raw Materials	30.18	24.99	46.53	2.94	9.79	97.19
以非农产品为原料 Using Non-Farm Products as Raw Materials	26.69	15.92	50.39	2.68	7.76	97.80
重工业 Heavy Industry	25.28	16.64	55.99	2.87	8.53	98.09
采掘工业 Mining and Quarrying	43.98	47.51	41.98	4.77	19.60	97.90
原料工业 Raw Materials Industry	23.44	12.95	59.44	3.23	6.84	98.62
加工工业 Manufacturing Industry	25.32	19.24	52.59	2.53	9.08	97.66
按经济类型分 Grouped by Ownership						
国有 Stated-owned	28.42	14.57	58.42	3.59	5.84	98.96
集体 Collective-owned	33.66	46.24	40.96	5.37	15.97	98.98
股份 Share Holding	27.18	15.30	53.47	2.50	9.52	97.90
联营 Cooperation	26.39	24.11	47.66	4.17	9.16	99.19
私营 Private	27.55	21.69	50.82	3.58	7.55	97.53
外商及港澳台商投资 Funds from HongKong, Macao,TaiWan and Foreign Area	26.28	19.00	52.22	2.54	9.47	97.63

12-12 续表1

Continued

单位：% (%)

项目 Item	工业增加值率 Ratio of Value Added to Gross Industrial Output Value	总资产贡献率 Ratio of Total Assets to Industrial Output Value	资产负债率 Ratio of Assets to Liability	流动资产周转次数（次/年） Number of Times of Turnover Circulating Funds(times/year)	成本费用利润率 Ratio of Profits to Industrial Cost	产品销售率 Proportion of Products Sold
其他 Others	16.47	15.23	66.48	3.51	4.72	97.35
按登记注册分 Grouped by Status of Registration						
内资企业 Sole Funded	27.86	18.62	53.20	3.27	8.23	97.89
港、澳、台商投资企业 Enterprises with Funds from HongKong, Macao and TaiWan	27.49	20.67	49.98	2.52	10.76	97.14
外商投资企业 Foreign Funded Enterprises	25.04	17.26	54.59	2.56	8.07	98.17
按经济组织分 Grouped by Organization						
独资企业 Sole Funded	27.16	17.89	50.60	2.74	8.90	97.92
合作、合伙 Cooperated and Partnership	32.62	30.16	46.73	4.75	15.36	98.16
股份有限公司 Share Holding Enterprises	28.04	16.19	44.76	1.76	15.88	96.58
有限责任公司 Limited Liability Corporations	26.30	19.43	56.65	3.14	7.57	97.76
按规模分 Grouped by Size of Enterprises						
大型企业 Large Scale	24.28	19.21	58.78	3.11	9.03	98.83
中型企业 Medium Scale	28.77	19.68	50.91	2.50	10.71	97.36
小型企业 Small Scale	26.84	17.52	50.80	3.14	7.03	97.54
按行业分 Grouped by Sector						
煤炭开采和洗选业 Coal Mining and Dressing	62.26	36.90	47.18	3.79	12.49	100.74
石油和天然气开采业 Petroleum and Natural Gas Mining						
黑色金属矿采选业 Ferrous Metals Mining and Dressing	39.37	73.30	31.17	7.97	33.80	99.15
有色金属矿采选业 Nonferrous Metals Mining and Dressing	42.46	22.42	52.65	2.59	11.69	85.40

12-12 续表2

Continued

单位：%　　(%)

项目 Item	工业增加值率 Ratio of Value Added to Gross Industrial Output Value	总资产贡献率 Ratio of Total Assets to Industrial Output Value	资产负债率 Ratio of Assets to Liability	流动资产周转次数(次/年) Number of Times of Turnover Circulating Funds(times/year)	成本费用利润率 Ratio of Profits to Industrial Cost	产品销售率 Proportion of Products Sold
非金属矿采选业 Nonmetal Minerals Mining and Dressing	37.89	34.26	31.91	4.75	8.94	99.48
其他采矿业 Others Mining and Quarrying						
农副食品加工业 Agricultural and Sideline Products Processing	21.29	20.92	60.66	3.22	7.06	96.43
食品制造业 Food Manufacturing	26.14	24.14	46.32	3.82	8.53	97.46
饮料制造业 Beverage Manufacturing	32.94	28.50	43.80	3.03	12.98	97.72
烟草制品业 Tobacco Processing	71.94	80.55	24.92	1.71	26.20	96.38
纺织业 Textile Industry	25.93	14.58	45.26	2.73	7.35	97.38
纺织服装、鞋、帽制造业 Textile Garments , Shoes and Caps Products	32.58	27.09	40.39	3.06	11.08	96.09
皮革、毛皮、羽毛(绒)及其制品业 Leather , Furs , Down and Relate Products	32.68	31.01	43.28	3.11	12.16	97.82
木材加工及木、竹、藤、棕、草制品业 Timber Processing , Bamboo , Cane , Palm Fiber and Straw Products	29.23	22.18	48.37	4.37	6.06	97.51
家具制造业 Furniture Manufacturing	25.43	16.46	51.97	2.93	6.15	98.09
造纸及纸制品业 Papermaking and Paper Products	26.21	16.69	52.65	2.32	9.18	98.56
印刷业和记录媒介的复制 Printing and Record Medium Reproduction	30.16	15.49	47.68	2.43	8.75	99.48
文教体育用品制造业 Cultural , Educational and Sports Goods	28.84	11.86	50.79	2.42	5.54	97.77
石油加工、炼焦及核燃料加工业 Petroleum Processing , Coking and Nuclear Fuel Processing	18.81	20.69	74.24	4.66	2.85	101.00
化学原料及化学制品制造业 Raw Chemical Materials and Chemical Products	24.98	18.88	49.66	2.79	9.81	98.26
医药制造业 Medical and Pharmaceutical Products	35.03	20.24	43.26	1.89	14.49	93.07
化学纤维制造业 Chemical Fiber	19.30	12.44	54.57	2.12	9.43	95.88
橡胶制品业 Rubber Products	29.47	18.11	44.59	2.87	11.12	101.75

12-12 续表3

Continued

单位：% (%)

项目 Item	工业增加值率 Ratio of Value Added to Gross Industrial Output Value	总资产贡献率 Ratio of Total Assets to Industrial Output Value	资产负债率 Ratio of Assets to Liability	流动资产周转次数（次/年） Number of Times of Turnover Circulating Funds(times/year)	成本费用利润率 Ratio of Profits to Industrial Cost	产品销售率 Proportion of Products Sold
塑料制品业 Plastic Products	25.75	17.12	48.60	3.01	6.53	97.69
非金属矿物制品业 Nonmetal Minerals Products	31.17	21.38	45.90	3.02	10.69	98.05
黑色金属冶炼及压延加工业 Smelting and Pressing of Ferrous Metals	18.94	11.54	69.13	2.80	4.30	98.48
有色金属冶炼及压延加工业 Smelting and Pressing of Nonferrous Metals	25.52	15.53	41.99	2.25	15.93	96.40
金属制品业 Metal Products	25.77	16.08	48.78	2.38	8.19	96.86
通用设备制造业 General Equipment	28.70	18.31	49.92	2.60	8.35	96.88
专用设备制造业 Special Purpose Equipment	24.49	15.71	52.76	1.78	10.08	97.59
交通运输设备制造业 Transport Equipment	25.86	18.09	58.31	2.32	8.37	97.16
电气机械及器材制造业 Electric Equipment and Machinery	25.74	18.59	50.09	2.22	9.29	97.08
通信设备、计算机及其他电子设备制造业 Telecommunications , Computer , and other Electronic Equipment	22.22	18.77	61.59	2.83	7.45	97.90
仪器仪表及文化、办公用机械制造业 Instruments , Meters , Cultural and Clerical Machinery	30.70	16.06	39.56	2.59	7.70	98.53
工艺品及其他制造业 Handicraft Article and Other Manufacturing	30.57	25.76	43.76	3.73	9.10	98.09
废弃资源和废旧材料回收加工业 Waste Resources and Materials Recovering	26.30	29.51	49.91	3.81	11.61	99.96
电力、热力的生产和供应业 Production and Supply of Electric Power and Hot Power	24.14	8.34	63.38	4.25	5.31	99.73
燃气生产和供应业 Production and Supply of Gas	33.31	12.90	64.16	5.22	15.93	99.58
水的生产和供应业 Production and Supply of Water	47.66	3.01	40.16	0.91	7.67	98.29

12-13 大中型工业企业主要经济指标(2010年)

单位：万元

项目 Item	企业单位数(个) Number of Enterprises (unit)	工业总产值 Gross Industrial Output Value	工业增加值 Value added Of Industry	资产总额 Total Assets
合　计 Total	**2240**	**130929698**	**36309054**	**103794428**
煤炭开采和洗选业 Coal Mining and Dressing	14	350409	258661	508255
石油和天然气开采业 Petroleum and Natural Gas Mining				
黑色金属矿采选业 Ferrous Metals Mining and Dressing	9	1828958	738638	880857
有色金属矿采选业 Nonferrous Metals Mining and Dressing	3	73318	35246	98026
非金属矿采选业 Nonmetal Minerals Mining and Dressing	5	48868	31799	220417
其他采矿业 Others Mining and Quarrying				
农副食品加工业 Agricultural and Sideline Products Processing	87	4311554	1001664	2904348
食品制造业 Food Manufacturing	73	2733759	763824	1549962
饮料制造业 Beverage Manufacturing	36	1879836	661092	1557543
烟草制品业 Tobacco Processing	4	1694542	1359833	1517480
纺织业 Textile Industry	189	6625033	1719357	5186098
纺织服装、鞋、帽制造业 Textile Garments , Shoes and Caps Products	213	6891425	2422287	4087381
皮革、毛皮、羽毛(绒)及其制品业 Leather , Furs , Down and Relate Products	276	11460677	3907870	6524779
木材加工及木、竹、藤、棕、草制品业 Timber Processing , Bamboo , Cane , Palm Fiber and Straw Products	30	880903	264318	663953
家具制造业 Furniture Manufacturing	39	961186	257642	691086
造纸及纸制品业 Papermaking and Paper Products	56	2408266	682237	2689420
印刷业和记录媒介的复制 Printing and Record Medium Reproduction	17	290379	101334	272196
文教体育用品制造业 Cultural , Educational and Sports Goods	35	743713	215901	557742
石油加工、炼焦及核燃料加工业 Petroleum Processing , Coking and Nuclear Fuel Processing	3	5962833	1129664	4710882
化学原料及化学制品制造业 Raw Chemical Materials and Chemical Products	51	3259270	879068	3381406

Main Financial Indicators of Large and Medium Industrial Enterprises(2010)

(10000 yuan)

固定资产原值年末数 Original Value of Fixed Assets at the year-end	固定资产净值年末数 Net Value of Fixed Assets at the year-end	流动资产年末数 Circulating Funds at the year-end	主营业务收入 Sale Revenue	利润总额 Total Profit	利税总额 Total Profits and Tax	应交所得税 Income Tax Payable	本年应交增值税 Value Added Tax Payable In Current Year
52095514	**33747821**	**54042481**	**128802440**	**11900728**	**17309798**	**12140112**	**3377307**
186540	96929	230909	391528	60932	113841	166415	43303
491367	367950	168005	1819561	574607	668260	158053	87354
63133	53074	37492	63036	8263	13749	21195	2754
22967	15669	69158	53516	11009	17170	15251	5003
744199	542594	1997193	4137106	361667	508025	157352	138216
619390	404502	795143	2587533	250066	339278	311864	80649
794511	433664	866728	1887454	218655	376087	309701	98621
747160	456313	881356	1664501	167249	1242529	401989	196239
2647834	1827407	2835315	6388760	509807	638231	412460	110427
1168859	839505	2714527	6585799	874024	1118511	724314	223873
1927557	1347152	4515364	11149484	1383504	1787493	1672424	352376
351133	223902	341923	851752	68594	104214	21803	33603
251738	161421	427977	955757	60393	91437	55811	27382
1405375	843431	1304421	2366749	282167	386612	278934	97369
131631	74914	127297	286988	36628	51519	54336	13293
230864	131467	379976	727640	38896	51494	35448	10587
3126010	2803912	1445646	6031036	120535	830741	160208	103529
2146528	1360798	1608698	3232112	424045	524980	549708	93108

12-13 续表

单位：万元

项目 Item	企业单位数(个) Number of Enterprises (unit)	工业总产值 Gross Industrial Output Value	工业增加值 Value added Of Industry	资产总额 Total Assets
医药制造业 Medical and Pharmaceutical Products	19	767868	290313	891015
化学纤维制造业 Chemical Fiber	17	2622804	504462	2835197
橡胶制品业 Rubber Products	42	2105707	640528	1914889
塑料制品业 Plastic Products	127	3291669	903965	1941755
非金属矿物制品业 Nonmetal Minerals Products	133	5003640	1616257	4941392
黑色金属冶炼及压延加工业 Smelting and Pressing of Ferrous Metals	32	6779925	1297958	5746356
有色金属冶炼及压延加工业 Smelting and Pressing of Nonferrous Metals	28	3159108	874494	5002869
金属制品业 Metal Products	47	1679549	452075	1416815
通用设备制造业 General Equipment	55	2165005	706739	2080349
专用设备制造业 Special Purpose Equipment	41	2306478	570443	2522019
交通运输设备制造业 Transport Equipment	104	7564275	1996093	5397388
电气机械及器材制造业 Electric Equipment and Machinery	120	5909253	1544438	4088923
通信设备、计算机及其他电子设备制造业 Telecommunications , Computer , and other Electronic Equipment	138	21013960	4673908	10293315
仪器仪表及文化、办公用机械制造业 Instruments , Meters , Cultural and Clerical Machinery	42	1410991	439706	913427
工艺品及其他制造业 Handicraft Article and Other Manufacturing	85	2054385	652818	1103604
废弃资源和废旧材料回收加工业 Waste Resources and Materials Recovering				
电力、热力的生产和供应业 Production and Supply of Electric Power and Hot Power	59	9972454	2427822	12683773
燃气生产和供应业 Production and Supply of Gas	3	544906	201189	838136
水的生产和供应业 Production and Supply of Water	8	172793	85412	1181374

Continued

(10000 yuan)

固定资产原值年末数 Original Value of Fixed Assets at the year-end	固定资产净值年末数 Net Value of Fixed Assets at the year-end	流动资产年末数 Circulating Funds at the year-end	主营业务收入 Sale Revenue	利润总额 Total Profit	利税总额 Total Profits and Tax	应交所得税 Income Tax Payable	本年应交增值税 Value Added Tax Payable In Current Year
358608	214947	468923	695368	107670	148102	158219	31651
1395307	973726	1461708	2502527	241609	283674	148488	40357
1187406	763584	849807	2179794	231500	296092	290596	50914
884259	539848	1157604	3176065	220518	294603	260816	65855
2550075	1769301	2210872	5034329	695498	858234	397171	121618
2851643	1925653	3163250	6808104	308297	449014	135852	126865
1556386	1124874	1983288	3070715	590035	640129	637759	33594
461296	286701	951868	1569779	194833	226975	203312	27833
763062	509338	1208606	2141667	250696	308877	266057	51789
532743	369854	1867620	2505211	262368	335591	295672	63339
1808777	1137576	3604569	7284452	567374	878581	694921	175839
1175449	709106	2895784	5755347	539856	714555	754986	164227
3214683	1791465	7923862	20736276	1487073	1763349	1253296	255531
307172	173777	636157	1403076	105828	114322	198133	7531
406757	270129	692446	2028053	199604	246111	161669	37576
14027485	8065708	1898458	9929479	352832	776303	720363	391013
602237	523161	138214	611933	89724	96994	33190	5303
955376	614471	182318	189955	4373	14123	22346	8783

12-14 国有控股工业企业主要经济指标(2010年)

单位：万元

项目 Item	企业单位数(个) Number of Enterprises (unit)	工业总产值 Gross Industrial Output Value	工业增加值 Value added of Industry	资产总额 Total Assets
合计 **Total**	**520**	**29833003**	**8217654**	**38457239**
按隶属关系分 **Grouped by Subordination**				
中央企业 Central Enterprises	42	8796233	2734856	11989241
地方企业 Local Enterprises	478	21036770	5482799	26467998
按轻重分 **Grouped by Light &Heavy Industry**				
轻工业 Light Industry	161	3280483	1861905	5144724
以农产品为原料 Using Farm Products as Raw Materials	83	2872913	1695213	3288601
以非农产品为原料 Using Non-Farm Products as Raw Materials	78	407569	166692	1856123
重工业 Heavy Industry	359	26552520	6355749	33312515
采掘工业 Mining and Quarrying	39	599757	401095	1020075
原料工业 Raw Materials Industry	220	21820218	4989000	28309720
加工工业 Manufacturing Industry	100	4132545	965654	3982721
按规模分 **Grouped by Size of Enterprises**				
大型企业 Large Scale	19	16387381	3246686	17502185
中型企业 Medium Scale	143	10423422	3962341	13908149
小型企业 Small Scale	358	3022200	1008628	7046906
按行业分 Grouped by Sector				
煤炭开采和洗选业 Coal Mining and Dressing	15	364417	269349	489016
石油和天然气开采业 Petroleum and Natural Gas Mining				

Main Financial Indicators of State-holding Industrial Enterprise(2010)

(10000 yuan)

固定资产原值年末数 Original Value of Fixed Assets at the Year-end	固定资产净值年末数 Net Value of Fixed Assets at the Year-end	流动资产年末数 Circulating Funds at the Year-end	主营业务收入 Sale Revenue	利润总额 Total Profit	利税总额 Total Profits and Tax	应交所得税 Income Tax Payable	本年应交增值税 Value Added Tax Payable in Current Year
28761255	**19065059**	**11291411**	**30262661**	**1845580**	**4595161**	**306148**	**1077442**
11182885	7085597	2134881	8636100	277242	1615282	58339	438348
17578370	11979461	9156529	21626561	1568338	2979879	247810	639094
3224137	1872987	2123451	3301511	282744	1449813	61994	264889
1943561	1069074	1644980	2885632	255691	1400561	55497	244933
1280576	803913	478471	415879	27053	49252	6497	19956
25537118	17192072	9167960	26961150	1562836	3145348	244154	812553
335951	186623	468689	623338	161560	237571	36734	62262
23870337	16208251	6000949	21977430	1165176	2500814	165681	656175
1330830	797197	2698322	4360382	236101	406963	41739	94115
12485637	8332749	5092898	16860332	734513	1877826	89213	426249
10195175	6281057	4460484	10339360	827405	2250963	160855	497605
6080443	4451253	1738028	3062969	283663	466372	56081	153588
180895	90110	221392	404429	56196	102251	15058	39125

12-14 续表1

单位：万元

项目 Item	企业单位数(个) Number of Enterprises (unit)	工业总产值 Gross Industrial Output Value	工业增加值 Value added of Industry	资产总额 Total Assets
黑色金属矿采选业 Ferrous Metals Mining and Dressing	6	137190	65336	396524
有色金属矿采选业 Nonferrous Metals Mining and Dressing	4	30962	18583	31259
非金属矿采选业 Nonmetal Minerals Mining and Dressing	18	68963	52783	263466
其他采矿业 Others Mining and Quarrying				
农副食品加工业 Agricultural and Sideline Products Processing	13	115135	18824	47264
食品制造业 Food Manufacturing	11	93053	23172	169322
饮料制造业 Beverage Manufacturing	9	136822	63474	192755
烟草制品业 Tobacco Processing	6	1705985	1367832	1576432
纺织业 Textile Industry	4	116874	20969	119381
纺织服装、鞋、帽制造业 Textile Garments , Shoes and Caps Products	5	134918	40559	31622
皮革、毛皮、羽毛(绒)及其制品业 Leather , Furs , Down and Relate Products				
木材加工及木、竹、藤、棕、草制品业 Timber Processing , Bamboo , Cane , Palm Fiber and Straw Products	4	146399	41922	245693
家具制造业 Furniture Manufacturing	1	756	190	2126
造纸及纸制品业 Papermaking and Paper Products	9	364942	57998	782660
印刷业和记录媒介的复制 Printing and Record Medium Reproduction	22	77380	31179	125649
文教体育用品制造业 Cultural , Educational and Sports Goods				
石油加工、炼焦及核燃料加工业 Petroleum Processing , Coking and Nuclear Fuel Processing	5	5826070	1102089	4639914
化学原料及化学制品制造业 Raw Chemical Materials and Chemical Products	19	647317	157094	776812
医药制造业 Medical and Pharmaceutical Products	9	169528	88508	315134

Continued

(10000 yuan)

固定资产原值年末数 Original Value of Fixed Assets at the Year-end	固定资产净值年末数 Net Value of Fixed Assets at the Year-end	流动资产年末数 Circulating Funds at the Year-end	主营业务收入 Sale Revenue	利润总额 Total Profit	利税总额 Total Profits and Tax	应交所得税 Income Tax Payable	本年应交增值税 Value Added Tax Payable in Current Year
110147	68051	162552	128913	76731	92318	16751	12484
14776	8855	19278	19487	5574	8493	85	2407
37686	25352	96479	75341	22680	35477	4879	9234
31321	15183	28866	115691	2897	3489	387	447
79088	53652	69068	102410	3638	7850	250	3724
190508	73185	78037	138236	12439	39456	2741	11026
788436	478906	914058	1677722	166914	1243913	40299	197808
72478	39161	57611	114664	4235	7178	833	2657
10405	7673	20027	135222	9168	18616	1715	7902
157612	87103	112679	145605	713	3798	...	2849
1338	1291	415	631	-43	-12		28
613355	314595	275298	408112	4363	12606	493	7384
105592	53709	55175	78316	7174	11346	1204	3653
3116844	2792771	1442300	5891403	109347	820701	18066	105145
623431	352287	339518	731497	34916	53416	4654	16539
91980	56701	186958	156117	49375	64047	8524	13435

12-14 续表2

单位：万元

项目 Item	企业单位数(个) Number of Enterprises (unit)	工业总产值 Gross Industrial Output Value	工业增加值 Value added of Industry	资产总额 Total Assets
化学纤维制造业 Chemical Fiber				
橡胶制品业 Rubber Products				
塑料制品业 Plastic Products	4	16838	8435	21625
非金属矿物制品业 Nonmetal Minerals Products	32	441813	135000	361935
黑色金属冶炼及压延加工业 Smelting and Pressing of Ferrous Metals	3	1959282	273487	1723089
有色金属冶炼及压延加工业 Smelting and Pressing of Nonferrous Metals	13	1769319	564648	3590222
金属制品业 Metal Products	7	64004	15379	156342
通用设备制造业 General Equipment	13	169320	45865	333150
专用设备制造业 Special Purpose Equipment	11	892534	166912	1122772
交通运输设备制造业 Transport Equipment	19	2219307	500041	1564044
电气机械及器材制造业 Electric Equipment and Machinery	15	231611	53200	330729
通信设备、计算机及其他电子设备制造业 Telecommunications , Computer , and other Electronic Equipment	19	326223	106569	258192
仪器仪表及文化、办公用机械制造业 Instruments , Meters , Cultural and Clerical Machinery	5	42132	21651	104805
工艺品及其他制造业 Handicraft Article and Other Manufacturing				
废弃资源和废旧材料回收加工业 Waste Resources and Materials Recovering	4	26694	6381	26341
电力、热力的生产和供应业 Production and Supply of Electric Power and Hot Power	153	10843788	2603870	16310337
燃气生产和供应业 Production and Supply of Gas	4	462125	178034	754957
水的生产和供应业 Production and Supply of Water	58	231302	118322	1593669

Continued

(10000 yuan)

固定资产原值年末数 Original Value of Fixed Assets at the Year-end	固定资产净值年末数 Net Value of Fixed Assets at the Year-end	流动资产年末数 Circulating Funds at the Year-end	主营业务收入 Sale Revenue	利润总额 Total Profit	利税总额 Total Profits and Tax	应交所得税 Income Tax Payable	本年应交增值税 Value Added Tax Payable in Current Year
12020	4719	16802	17546	2645	4006	78	1261
286413	136894	198035	431707	20087	45484	1860	15738
1122179	739684	580484	2039817	34793	90275	4656	50102
723712	453107	1405213	1718954	467156	499131	48986	16714
19799	13532	68533	59805	5367	6172	69	593
86200	52773	163238	169104	14325	18690	2311	3756
248235	180209	851667	1198942	84380	111508	11792	23414
546932	307334	1122487	2178202	84108	193937	20681	44741
79918	52409	204193	213791	16087	20824	1775	4147
116809	62898	168066	317308	19787	31871	3150	7074
26534	23806	60431	43322	10341	13003	1411	2349
13571	10451	15161	22757	2825	5304	800	2052
17534685	11304489	1897201	10770707	435629	926865	88184	450834
554070	472407	113665	516168	70226	76687	29	5416
1164287	731764	346524	240737	11509	26459	4427	13406

12-15 规模以上外商及港澳台投资工业企业主要经济指标(2010年)

单位：万元

项目 Item	企业单位数(个) Number of Enterprises (unit)	工业总产值 Gross Industrial Output Value	工业增加值 Value added of Industry	资产总额 Total Assets
合计 Total	**5703**	**106575727**	**28811552**	**75625180**
按登记注册类型分 Grouped by Status of Registration				
港、澳、台商投资企业 Enterprises with Funds from HongKong, Macao and TaiWan	**3705**	**56135513**	**15839328**	**38946759**
合资经营企业 Joint Ventures Enterprises	756	13229883	3615006	8964850
合作经营企业 Cooperative Operation Enterprises	35	568162	175893	614013
独资企业 Sole Investment	2891	39374600	11352067	26163985
股份有限公司 Share-holding Corporations Ltd with Investment	23	2962868	696362	3203911
外商投资企业 Foreign Funded Enterprises	**1998**	**50440214**	**12972224**	**36678421**
中外合资经营企业 Joint Ventures Enterprises	530	19175207	4654541	14002216
中外合作经营企业 Cooperative Operation Enterprises	20	388450	121188	244659
外资企业 Sole Foreign Investment Enterprises	1425	29716454	7830081	20711104
外商投资股份有限公司 Foreign Investment share Enterprises	23	1160103	366414	1720441
按轻重分 Grouped by Light &Heavy Industry				
轻工业 Light Industry	**3792**	**51262887**	**15126582**	**34543518**
以农产品为原料 Using Farm Products as Raw Materials	2522	34980910	10786622	23233203
以非农产品为原料 Using Non-Farm Products as Raw Materials	1270	16281977	4339960	11310316
重工业 Heavy Industry	**1911**	**55312840**	**13684971**	**41081661**
采掘工业 Mining and Quarrying	42	291792	96145	189041
原料工业 Raw Materials Industry	586	19818672	4756817	18175731
加工工业 Manufacturing Industry	1283	35202375	8832008	22716890
按规模分 Grouped by Size of Enterprises				
大型企业 Large Scale	81	34268575	8563602	20950884

Main Finanical Indicators of Industrial Enterprises with Foreign Capital above Designated Size(2010)

(10000 yuan)

固定资产原值年末数 Original Value of Fixed the year-end	固定资产净值年末数 Net Value of Fixed Assets year-end	流动资产年末数 Circulating the year-end	主营业务收入 Sale Revenue	利润总额 Total Profit	利税总额 Total Profits and Tax	应交所得税 Income Tax Payable	本年应交增值税 Value Added Tax Payable in Current Year
34131140	**21672940**	**45405867**	**104286483**	**9153347**	**12698287**	**935231**	**2516200**
15973578	**10110862**	**23914966**	**54616364**	**5411639**	**7055446**	**510077**	**1452997**
3677201	2212388	5617953	12824702	1123349	1503649	95224	333162
799846	359968	181423	550064	41694	64961	6254	20996
9996656	6649066	16551471	38345990	3716409	4842142	356600	986928
1499875	889440	1564118	2895608	530188	644695	51999	111911
18157562	**11562079**	**21490902**	**49670119**	**3741708**	**5642841**	**425154**	**1063204**
7132947	5247919	7568958	18785673	1247831	2452227	142245	454207
154307	71686	166775	443594	46591	64987	4487	18042
9716566	5642094	13087799	29333908	2318014	2968322	266988	564058
1153743	600380	667370	1106944	129272	157305	11434	26897
13164209	**8438811**	**22070407**	**49784926**	**4747383**	**6318303**	**473343**	**1376807**
8292947	5445649	15125074	33877069	3507105	4751468	347521	1086620
4871263	2993162	6945333	15907857	1240277	1566835	125822	290187
20966931	**13234129**	**23335460**	**54501557**	**4405965**	**6379984**	**461888**	**1139393**
73837	46040	120632	278085	26148	37525	2203	9068
12473094	8151234	7916406	19613839	1249072	2318620	161372	432669
8420001	5036855	15298423	34609633	3130745	4023839	298313	697657
8930941	6262069	12801949	34003969	2670668	4127366	267034	726307

12-15 续表1

单位：万元

项目 Item	企业单位数(个) Number of Enterprises (unit)	工业总产值 Gross Industrial Output Value	工业增加值 Value added of Industry	资产总额 Total Assets
中型企业 Medium Scale	1190	45500322	12943352	35022475
小型企业 Small Scale	4432	26806830	7304598	19651821
按行业分 **Grouped by Sector**				
煤炭开采和洗选业 Coal Mining and Dressing				
石油和天然气开采业 Petroleum and Natural Gas Mining				
黑色金属矿采选业 Ferrous Metals Mining and Dressing	5	9495	3878	11949
有色金属矿采选业 Nonferrous Metals Mining and Dressing	9	66248	30708	46628
非金属矿采选业 Nonmetal Minerals Mining and Dressing	9	79989	21545	21084
其他采矿业 Others Mining and Quarrying				
农副食品加工业 Agricultural and Sideline Products Processing	241	4449552	934212	2925610
食品制造业 Food Manufacturing	134	1943965	560393	1038774
饮料制造业 Beverage Manufacturing	88	1958053	683928	1560056
烟草制品业 Tobacco Processing				
纺织业 Textile Industry	391	4464243	1227700	4111498
纺织服装、鞋、帽制造业 Textile Garments , Shoes and Caps Products	778	8067064	2747373	4657324
皮革、毛皮、羽毛(绒)及其制品业 Leather , Furs , Down and Relate Products	575	10644949	3624046	5966461
木材加工及木、竹、藤、棕、草制品业 Timber Processing , Bamboo , Cane , Palm Fiber and Straw Products	101	677429	206921	446688
家具制造业 Furniture Manufacturing	102	1050261	270965	782932
造纸及纸制品业 Papermaking and Paper Products	149	2234753	647753	2000264
印刷业和记录媒介的复制 Printing and Record Medium Reproduction	44	232637	70602	209081
文教体育用品制造业 Cultural , Educational and Sports Goods	148	1089634	332395	883192
石油加工、炼焦及核燃料加工业 Petroleum Processing , Coking and Nuclear Fuel Processing	13	6064982	1131671	4743848

Continued

(10000 yuan)

固定资产原值年末数 Original Value of Fixed the year-end	固定资产净值年末数 Net Value of Fixed Assets year-end	流动资产年末数 Circulating the year-end	主营业务收入 Sale Revenue	利润总额 Total Profit	利税总额 Total Profits and Tax	应交所得税 Income Tax Payable	本年应交增值税 Value Added Tax Payable in Current Year
16568432	9968219	20711926	44240234	4630452	5952592	492891	1129898
8631768	5442652	11891992	26042279	1852227	2618329	175306	659996
8701	6399	4787	9682	165	486	36	268
9351	5638	32606	63418	8719	12045	1483	3051
9663	6143	12712	78828	4294	9112	239	3069
732427	426508	2257597	4275268	280696	426823	15827	138438
455049	297841	582507	1879745	200636	262284	16142	57744
772457	461729	873576	1934488	245366	384243	30671	90356
2052852	1342518	2312043	4291914	338982	454824	28099	101161
1297410	913727	3084596	7795669	865941	1134242	71315	242083
1799030	1210897	4221280	10358041	1214596	1586427	144860	321883
207169	137732	242375	657237	37907	64766	1314	24975
289873	177928	487968	1046545	59599	88114	5459	25989
801871	559362	1186371	2150346	264863	365001	28182	95966
132324	71653	109246	229238	22363	30766	3401	7862
349076	196799	531621	1078762	54645	75670	4829	17371
3138464	2817955	1496650	6125720	115714	837353	15743	108733

12-15 续表2

单位：万元

项目 Item	企业单位数(个) Number of Enterprises (unit)	工业总产值 Gross Industrial Output Value	工业增加值 Value added of Industry	资产总额 Total Assets
化学原料及化学制品制造业 Raw Chemical Materials and Chemical Products	178	3242063	860843	2587381
医药制造业 Medical and Pharmaceutical Products	30	502907	162400	512777
化学纤维制造业 Chemical Fiber	44	2381302	448450	2276523
橡胶制品业 Rubber Products	99	2152552	656177	1953655
塑料制品业 Plastic Products	341	3625002	959539	2642785
非金属矿物制品业 Nonmetal Minerals Products	370	3417027	1095408	3452526
黑色金属冶炼及压延加工业 Smelting and Pressing of Ferrous Metals	44	3402553	689964	2118451
有色金属冶炼及压延加工业 Smelting and Pressing of Nonferrous Metals	31	1152707	255495	1202488
金属制品业 Metal Products	208	2312483	622622	1620669
通用设备制造业 General Equipment	169	1607430	482829	1413318
专用设备制造业 Special Purpose Equipment	144	1843878	501935	1704333
交通运输设备制造业 Transport Equipment	218	6168201	1578096	4751181
电气机械及器材制造业 Electric Equipment and Machinery	190	5032276	1430587	3562991
通信设备、计算机及其他电子设备制造业 Telecommunications , Computer , and other Electronic Equipment	267	20349985	4486522	9627983
仪器仪表及文化、办公用机械制造业 Instruments , Meters , Cultural and Clerical Machinery	107	1607471	497483	951234
工艺品及其他制造业 Handicraft Article and Other Manufacturing	426	2942125	919115	1498405
废弃资源和废旧材料回收加工业 Waste Resources and Materials Recovering	2	27458	4811	32923
电力、热力的生产和供应业 Production and Supply of Electric Power and Hot Power	35	1529749	586029	3832304
燃气生产和供应业 Production and Supply of Gas	5	160976	41859	192833
水的生产和供应业 Production and Supply of Water	8	84329	37303	285030

Continued

(10000 yuan)

固定资产原值年末数 Original Value of Fixed the year-end	固定资产净值年末数 Net Value of Fixed Assets year-end	流动资产年末数 Circulating the year-end	主营业务收入 Sale Revenue	利润总额 Total Profit	利税总额 Total Profits and Tax	应交所得税 Income Tax Payable	本年应交增值税 Value Added Tax Payable in Current Year
1339160	828513	1518624	3206710	439160	536322	55867	90067
193290	128085	313931	476227	65534	83756	9871	17208
1320194	915061	957875	2236813	230000	273096	15883	40819
1248782	791402	889590	2226728	241916	307450	29428	52644
1216199	685692	1622983	3513180	241025	330141	25237	78895
1705461	1084124	1699153	3399854	460878	571262	22698	88182
956154	593778	1344467	3320206	184751	244551	6547	55078
769529	588852	505382	1151189	84891	106408	16690	19053
598860	346510	1143925	2208137	180175	215631	20961	32295
676568	427331	880525	1610021	165405	212200	21809	43605
435245	294017	1288710	1776935	219075	273655	23533	47719
1811321	1088066	3097358	5992966	504891	816320	55520	178219
1075584	605801	2584654	4808207	529508	683573	75881	145795
3117174	1776609	7360905	20103043	1372158	1623639	112493	238192
342263	173417	682836	1597556	117904	132984	22443	12226
618071	397834	902168	2884292	238585	310873	19541	59604
3796	3044	25510	31731	2003	3158	98	863
4232451	2024301	1040921	1519595	129493	204108	28199	72776
113322	82729	58800	166874	26295	28473	3787	921
302003	204951	51615	81321	5215	8534	1149	3092

主要统计指标解释

工业 指从事自然资源的开采，对采掘品和农产品进行加工和再加工的物质生产部门。具体包括：(1)对自然资源的开采，如采矿、晒盐等(但不包括禽兽捕猎和水产捕捞)；(2)对农副产品的加工、再加工，如粮油加工、食品加工、缫丝、纺织、制革等；(3)对采掘品的加工、再加工，如炼铁、炼钢、化工生产、石油加工、机器制造、木材加工等，以及电力、自来水、煤气的生产和供应等；(4)对工业品的修理、翻新，如机器设备的修理、交通运输工具(包括小卧车)的修理等。

1984 年以前农村的村及村以下办工业归属农业，1984 年以后划归工业。

工业统计调查单位为独立核算法人工业企业。

独立核算法人工业企业指从事工业生产经营活动的单位。独立核算法人工业企业应同时具备以下条件：①依法成立，有自己的名称、组织机构和场所，能够承担民事责任；②独立拥有和使用资产，承担负债，有权与其他单位签订合同；③独立核算盈亏，并能够编制资产负债表。

轻工业

指主要提供生活消费品和制作手工工具的工业。按其所使用的原料不同，可分为两大类：(1)以农产品为原料的轻工业，是指直接或间接以农产品为基本原料的轻工业。主要包括食品制造、饮料制造、烟草加工、纺织、缝纫、皮革和毛皮制作、造纸以及印刷等工业；(2)以非农产品为原料的轻工业，是指以工业品为原料的轻工业。主要包括文教体育用品、化学药品制造、合成纤维制造、日用化学制品、日用玻璃制品、日用金属制品、手工工具制造、医疗器械制造、文化和办公用机械制造等工业。

重工业

指为国民经济各部门提供物质技术基础的主要生产资料的工业。按其生产性质和产品用途，可以分为下列三类：(1)采掘(伐)工业，是指对自然资源的开采，包括石油开采、煤炭开采、金属矿开采、非金属矿开采等工业；(2)原材料工业，指向国民经济各部门提供基本材料、动力和燃料的工业。包括金属冶炼及加工、炼焦及焦炭、化学、化工原料、水泥、人造板以及电力、石油和煤炭加工等工业；(3)加工工业，是指对工业原材料进行再加工制造的工业。包括装备国民经济各部门的机械设备制造工业、金属结构、水泥制品等工业，以及为农业提供的生产资料如化肥、农药等工业。

根据上述划分原则，修理业中以重工业产品为修理作业对象的划为重工业，反之划为轻工业。

工业总产值

(1)定义：工业总产值是以货币形式表现的，工业企业在一定时期内生产的工业最终产品或提供工业性劳务活动的总价值量。它反映一定时间内工业生产的总规模和总水平。

(2)计算原则：

工业生产的原则，即凡是企业在报告期生产的经检验合格的产品，不管是否在报告期销售，均包括在内。

最终产品的原则，即凡是计入工业总产值的产品，必须是本企业生产的经检验合格的，不需要再进行任何加工的最终产品。如果企业有中间产品(半成品)对外销售，则对外销售的中间产品应视为企业的最终产品。

工厂法原则，即工业总产值是以工业企业作为基本计算(核算)单位，即按企业的最终产品计算工业总产值。按这种方法计算的工业总产值，不允许同一产品价值在企业内部重复计算，不能把企业内部各个车间(分厂)生产的成果相加，但允许企业间的重复计算。

(3)内容及计算方法：1995 年全国工业普查对工业总产值(原规定)的内容及计算原则和方法做了某些修订，修订后的工业总产值(新规定)包括三项内容：即本期生产成品价值、对外加工费收入、在制品半成品期末期初差额价值三部分。

本期生产成品价值：指企业本期生产，并在报告期内不再进行加工，经检验、包装入库的全部工业成品(半产品)价值合计，包括企业生产的自制设备及提供给本企业在建工程、其他非工业部门和福利部门等单位使用的成品价值。本期生产成品价值为按自备原材料生产的产品的数量乘以本期不含增值税(销项税额)的产品实际销售平均单价计算；会计核算中按成本价格转帐的自制设备和自产自用的成品，按成本价格计算生产成品价值。生产成品价值中不包括用定货者来料加工的成品(半产品)价值。

对外加工费收入：指企业在报告期内完成的对外承接的工业品加工(包括用定货者来料加工产品)的加工费收入和对外工业修理作业所取得的加工费收入。对外加工费收入按不含增值税(销项税额)的价格计算，可根据会计“主营业务收入”科目的有关资料取得。

对于本企业对内非工业部门提供的加工修理、设备安装的劳务收入，如果企业会计核算基础较好，能取得这部分资料，而且这部分价值所占比重较大，应包括在对外加工费收入中。

自制半成品在制品期末期初差额价值：指企业报告期在制品期末减期初的差额价值，本指标一般可以从会计核算资料中取得。如果会计产品成本核算中不计算半成品、在制品的成本，则总产值中也不包括这部分价值，反之则包括。

(4)工业总产值统计范围变化和计算方法修订情况：

1984年以前工业总产值不包括村办工业，村办工业总产值划归农业。1984年以后工业总产值包括村办工业。

1995年工业普查对工业总产值计算方法做了修订，即从1995年始按新修订(新规定)方法计算工业总产值。新规定与原规定的区别如下：

全价与加工费的计算原则不同：新规定为凡自备原材料，不论其生产繁简程度如何，一律按全价计算工业总产值；凡来料加工，允许按加工费计算工业总产值。原规定则视生产加工的繁简程度不同，规定哪些行业按全价，哪些行业按加工费计算工业总产值。

自制半成品、在产品期末期初差额价值的计算原则不同：新规定要求，凡会计产品成本核算时计算了成本的差额价值，总产值中就应包括，否则可不包括；原规定则按生产周期六个月的界限区分，凡生产周期六个月以上的企业，总产值计算中应包括这部分差额价值，否则可不包括。

计算价格不同：新规定按不含增值税(销项税额)的价格计算；原规定则按含增值税(销项税额)的价格计算。

工业增加值

指工业企业在报告期内以货币表现的工业生产活动的最终成果。

工业增加值有两种计算方法：一是生产法，即工业总产出减去工业中间投入加上应交增值税；二是收入法，即从收入的角度出发，根据生产要素在生产过程中应得到的收入份额计算，具体构成项目有固定资产折旧、劳动者报酬、生产税净额、营业盈余，这种方法也称要素分配法。本年鉴中的工业增加值是以生产法计算的。

生产法工业增加值的计算方法为：

工业增加值=工业总产出-工业中间投入+应交增值税

(1)工业总产出：指工业企业在一定时期内工业生产活动的总成果。工业总产出包括：成品生产价值，对外加工费收入，自制半成品、在产品期末期初差额价值。1995年后用新规定计算的工业总产值代替。

(2)工业中间投入：指工业企业在工业生产活动中消耗的外购物质产品和对外支付的服务费用。服务费用包括支付给物质生产部门(工业、农业、批发零售贸易业、建筑业、运输邮电业)的服务费用和支付给非物质生产部门(如保险、金融、文化教育、科学研究、医疗卫生、行政管理等)的服务费用。工业中间投入的确定须遵循以下原则：必须从外部购入的，并已计入工业总产出的产品和服务价值；必须是本期投入生产，并一次性消耗掉(包括本期摊销的低值易耗品等)的产品和服务价值。

工业中间投入包括直接材料费用、制造费用中的工业中间投入、管理费用中的工业中间投入、销售费用中的工业中间投入和利息支出五部分。

资产总计

指企业拥有或控制的能以货币计量的经济资源，包括各种财产、债权和其他权利。资产按流动性分为流动资产、长期投资、固定资产、无形资产、递延资产和其他资产。该指标根据企业会计“资产负债表”中“资产总计”项目的期末数增列。

流动资产平均余额

指企业在报告期内全部流动资产的平均余额。

固定资产净值年平均余额

算公式为：

固定资产净值年平均余额=1至12月各月月初、月末固定资产净值之和/24

该指标根据“资产负债表”中“固定资产原价”、“累计折旧”指标的期初、期末数计算填列。

固定资产净值指固定资产原价减去历年已提折旧额后的净额。计算公式为：

固定资产净值=固定资产原价-累计折旧

负债合计

指企业所承担的能以货币计量，将以资产或劳务偿付的债务，偿还形式包括货币、资产或提供劳务。负债一般按偿还期长短分为流动负债和长期负债。根据会计“资产负债表”中“负债合计”的年末数填列。

所有者权益

指企业投资人对企业净资产的所有权。企业净资产等于企业全部资产减去全部负债后的余额，包括企业投资人对企业的最初投入的实际到位的资产及资本公积金、盈余公积金和未分配利润。所有者权益合计数小于零，表示企业资不抵债。

主营业务收入

指企业销售产品和提供劳务等主要经营业务取得的业务总额。

主营业务成本

指企业销售产品和提供劳务等主要经营业务的实际成本。

主营业务税金及附加

指企业销售产品和提供工业性劳务等主要经营业务应负担的城市维护建设税、消费税、资源税和教育费附加。

利润总额

指企业生产经营活动的最终成果，是企业在一定时期内实现的盈亏相抵后的利润总额(亏损以“-”号表示)，它等于营业利润加上补贴收入加上投资收益加上营业外净收入再加上以前年度损益调整。

本年应交增值税

指企业在报告期内应交纳的增值税额。它等于本年销项税额加上出口退税加上进项税额转出数减去本年进项税额。小规模纳税企业直接按全年计税销售额乘以征收率计算取得。

从业人员平均人数　是指报告期内每天拥有的从业人员人数。其计算公式为：

月平均人数=报告月内每天实有人数之和/报告月日历日数

季平均人数=季内各月平均人数之和/3

年平均人数=年内各月平均人数之和/12

工业经济效益综合指数

是指现行综合评价工业经济效益总体水平及工业经济运行质量的指数。它是以若干项代表性经济效益指标，分别除以各项指标的标准值，再乘以各自的权数，加总后除以总权数求得。其计算公式为：

工业经济效益综合指数=(某项经济效益指标报告期数值/该项指标标准值×权数)/总权数

上式总权数为100。

总资产贡献率

反映企业全部资产的获利能力，是企业经营业绩和管理水平的集中体现，是评价和考核企业盈利能力的核心指标。计算公式为：

总资产贡献率（%）=(利润总额+税金总额+利息支出/平均资金总额)×100%

公式中：税金总额为产品销售税金及附加与应交增值税之和；平均资产总额为期初期末资产之和的算术平均值。

资产负债率

该指标既反映企业经营风险的大小，也反映企业利用债权人提供的资金从事经营活动的能力。计算公式为：

资产负债率（%）=(负债总额/资产总额)×100%

资产与负债均为报告期期末数。

流动资产周转次数

指一定时期内流动资产完成的周转次数，反映投入工业企业流动资金的周转速度。计算公式为：

流动资产周转次数=产品销售收入/全部流动资产平均余额

公式中：全部流动资产平均余额为期初和期末的流动资产之和的算术平均值。

成本费用利润率

反映企业投入的生产成本及费用的经济效益，同时也反映企业降低成本所取得的经济效益。计算公式为：

成本费用利润率（%）=(利润总额/成本费用总额)×100%

公式中：成本费用总额为产品销售成本、销售费用、管理费用、财务费用之和。

Explanatory Notes on Main Statistical Indicators

Industry refers to the material production sector which is engaged in extraction of natural resources and processing and reprocessing of minerals and agricultural products, including (1) extraction of natural resources, such as mining, salt production (but not including hunting and fishing); (2) processing and reprocessing of farm and sideline produces, such as rice husking, flour milling, wine making, oil pressing, silk reeling, spinning and weaving, and leather making; (3) manufacture of industrial products, such as steel making, iron smelting, chemicals manufacturing, petroleum processing, machine building, timber processing; water and gas production and electricity generation and supply; (4)repairing of industrial products such as the repairing of machinery and means of transport (including cars).

Prior to 1984, the rural industry run by villages and cooperative organizations under village was classified into agriculture. Since 1984, it has been grouped into industry.

Units of industrial statistics survey corporate industrial enterprises with independent accounting system.

Corporate industrial enterprises with independent accounting system refer to enterprises engaging in industrial production activities, which meet the following requirements: ① They are established legally, having their own names, organizations, location, able to take civil liability; ②They possess and use their assets independently, assume liabilities, and are entitled to sign contracts with other units; ③ They are financially independent and compile their own balance sheets.

Light Industry refers to the industry that produces consumer goods and hand tools. It consists of two categories, depending on the materials used:

(1) Industries using farm products as raw materials. These are branches of light industry which directly or indirectly use farm products as basic raw materials, including the manufacture of food and beverages, tobacco processing, textile, clothing, fur and leather manufacturing, paper making, printing, etc.

(2) Industries using non farm products as raw materials. These are branches of light industry which use manufactured goods as raw materials, including the manufacture of cultural, educational articles and sports goods, chemicals, synthetic fiber, chemical products for daily use, glass products for daily use, metal products for daily use, hand tools, medical apparatus and instruments, and the manufacture of cultural and office machinery.

Heavy Industry refers to the industry which produces capital goods, and provides various sectors of the national economy with necessary material and technical basis. It consists of the following three branches according to the purpose of production or the use of products:

(1) Mining, quarrying and logging industry refers to the industry that extracts natural resources, including extraction of petroleum, coal, metal and non-metal ores.

(2) Raw materials industry refers to the industry that provides various sectors of the national economy with raw materials, fuels and power. It includes smelting and processing of metals, coking and coke chemistry, chemical materials and building materials such as cement, plywood, and power, petroleum refining and coal dressing.

(3) Manufacturing industry refers to the industry that processes raw materials. It includes machine-building industry which equips sectors of the national economy, industries of metal structure and cement products, industries producing means of agricultural production, such as chemical fertilizers and pesticides.

According to the above principle of classification, the repairing tradesss, which are engaged primarily in repairing products of heavy industry are classified as heavy industry while these engaged in repairing products of light industry are classified as light industry.

Gross Industrial Output Value

(1) Definition: Gross industrial output value is the total volume of final industrial products produced and industrial services provided during a given period. It reflects the total achievements and overall scale of industrial production during a given period.

(2) Principles for calculation:

Statistics on industrial production follow the principle that all products produced by the enterprises and accepted during the reference period are to be included no matter whether they are sold or not during the reference period.

Determination of final products follow the principle that all products that are included in the calculation of grow industrial output value are the final products of the enterprise which have been accepted through quality check and require no further processing. If an enterprise has intermediate (semi-finished) products to sell, these intermediate products are considered as the final products of the enterprise.

Gross industrial output value is calculated following the principle of factory approach, i.e. industrial enterprise is used as the basic accounting unit in calculating the gross industrial output value. By this approach, value of the same product is not to be double counted, and the output value of different workshops (branch factories) should not be added. However, this approach does not exclude the possibility of double counting between enterprises.

(3) Content and calculation method: The old definition of gross industrial output value was modified during the national industrial census in 1995. The revised (new) definition of gross industrial output value consists of 3 components: value of the finished products during the reference period, income from external processing, and value of change in semi-finished products at the end and at the beginning of the reference period.

Value of the finished products during the reference period: refers to the value of all finished (semi-finished) industrial products that are produced during the reference period without the need for further processing, checked for acceptance, packed and put into the warehouse of the enterprise, including the value of own-produced equipment and the value of products provided to the projects under construction of the enterprise, and to other non-industrial or welfare units. Value of finished products during the reference period is calculated by the quantity of products produced using own materials multiplied by the average unit prices at which products are sold (excluding value-added tax). Own-produced equipment and products produced for own use are value at cost prices as in the case of enterprise accounting. Value of finished products does not include the value of finished products (semi-finished products) that are produced using the materials from the clients who make the orders.

Income from external processing: refers to income from contracted external processing of industrial products (including processing of industrial products using materials from the clients), and the income from industrial repairing work provided to other units. Income from external processing is calculated using information from the item "products sales income" in the enterprise accounting at the prices excluding value-added tax.

For income from services such as processing, repairing and installation of equipment provided to non-industrial units within the enterprise, if the accounting work of the enterprise is good enough to separate it from other records, and the share of such services is significant, it should also be included in the income from external processing.

Value of change in semi-finished products at the end and at the beginning of the reference period: refers to the value of change in semi-finished products at the end and at the beginning of the reference period, which generally can be obtained from accounting records of enterprises. If the enterprise accounting excludes the cost of semi-finished products, then it should not be included in the gross industrial output value, and vice versa.

(4) Changes in the coverage and method of calculation of gross industrial output value

Prior to 1984, the value of rural industry run by

villages was classified into agriculture instead of industry. Since 1984, it has been included in the gross industrial output value. Method of calculation for the gross industrial output value was modified in the industrial census in 1995. The difference in the new method as compared with the old one is outlined below:

Principle in using full value vs. processing fee: The new method stipulates that all products produced using own materials are to be calculated with full value in reporting the gross industrial output value irrespective of sophistication of production, and for external processing, it allows calculation using processing fee. In the old method, however, the use of full value or processing fee was determined by the degree of sophistication of production in different branches of industries.

Principle in determining the value of change in semi-finished products: The new method requires that value of the change in semi-finished products should be included in the gross industrial output value if it is included in the accounting record of the enterprise, otherwise it should not be included. By the old method, it is determined by the type of enterprises in terms of production cycle. If the production cycle is over 6 months, the value of change in semi-finished products is included in the gross industrial output value, otherwise it is excluded.

Difference in prices: The new method uses prices excluding value-added tax in the calculation of gross industrial output value, while the old method used prices including value-added tax.

Value-added of Industry refers to the final results of industrial production of industrial enterprises in money terms during the reference period.

Industrial value-added can be calculated by two approaches: the production approach, i.e. gross industrial output value minus intermediate input plus value-added tax, and the income approach, i.e. income for various factors used in the course of production, including depreciation of fixed assets, remuneration of labourers, net of production tax, and operating surplus. Value-added of industry in the Yearbook is calculated by production approach as following:

Value-added of industry = gross industrial output industrial intermediate input + value-added tax

(1) Gross industrial output: refers to the total achievements of industrial production during a given period. Gross industrial output includes value of finished products, income from external processing, and value of change in semi-finished products at the end and at the beginning of the reference period. Since 1995, it was substituted by the gross industrial output value by new method.

(2) Industrial intermediate input: refers to purchased goods and paid services consumed during the industrial production of enterprises. Fees paid for services include fees paid for the services provided by material production sectors (industry, agriculture, wholesale and retail Tradess, construction, transport, post and telecommunications) and by non-material production sectors (insurance, banking, culture, education, scientific research, health and medical care, public administration, etc.). The determination of industrial intermediate input follows the principle that the goods and services must be purchased from outside and included in the gross industrial output, and that the goods and services are inputted into production and consumed (include low-value consumables) during the reference period.

Industrial intermediate input includes 5 components, namely direct consumption of materials, industrial intermediate input in manufacturing cost, industrial intermediate input in management cost, industrial intermediate input in marketing cost and expenditure on interest.

Total Assets refer to all economic resources, in monetary terms, that is owned or controlled by enterprises, including properties, creditors Equities and other economic rights of all forms. Classified by the degree of equitability, total assets include circulating assets, long-term investment, fixed assets, intangible assets and deferred assets, and other assets. Data on this indicator can be obtained by the year-end figures of total assets in the Assets and Liability Table of accounting records of enterprises.

Annual Average Value of Working Capitals refers to the average value of all working capitals of the enterprise during the reference period.

Annual Average of Net Value of Fixed Assets refer to average of the net value of fixed assets during the reference period, calculated with the following formula:

Annual Average of Net Value of Fixed Assets = sum of net value of fixed assets at the beginning and at the end of each month from January to December / 24.

Information on this indicator can be obtained from the beginning and ending figures of the original value of fixed assets and cumulative depreciation from the Assets and Liability Table of enterprises.

Net value of fixed assets refers to the original value of fixed assets minus depreciation over the years, i.e.:

Net value of fixed assets = original value of fixed assets -cumulative depreciation

Total Liabilities refer to payable liabilities of enterprises that have to repay in terms of money, assets or labour services. In terms of payment, it can be divided into Total Working liabilities and long-term liabilities. Data on this item is obtained from the ending figures on total liabilities from the Assets and Liability Table from the enterprises.

Owner's Equities refers to the wonershiip of net assets of enterprises by its investors.The net assets equal the total assets minus total liabilities of the enterprise,including the actual assets invested into the enterprise by investors,accumulation of capitals and operating surplus and non-distributed profits.The enterprise's assets is less than its liabilities if the sum of owner's Equities is smaller than zero.

Revenue from Principal Business refers to the annual accumulation of corresponding item in the "profit table"of the accountant. For enterprises that do not follow the 2001 Enterprises Accounting Standards,the year-end accumulation of revenue from the sales of products is used as a substitute.

Cost of Principal Business refers to the annual accumulation of corresponding item in the "profit table" of the accountantForenterprises that do not follow the 2001 Enterprise Accounting Standards,the year-end accumulation of cost for the sales of products is used as a substitute.

Tax and Extra Charges from Principal Business refers to the annual accumulation of correspongding item in the "profit table"of the accountant.For enterprises that do not follow the 2001 Enerprise Accounting Standards,the year-end accumulation of tax and extra charges from the sales of products is used as a substitute.

Total Profits refer to the final achievements of production and operation of the enterprises, represented by the total profits after deducting losses (loss is expressed by the negative figure). It is the sum of profits from operation, income from subsidies, investment earnings, net income from activities other than operation, and adjustment of profits and losses of previous years.

Value-added Tax Payable refers to the amount of the value-added tax which should be paid by the enterprises during the reference period. It is the sum of tax on sales, export rebate, and transferred tax on purchases of the current year, minus the tax on purchases of the current year. Value-added tax payable of small-size enterprises is determined by the taxable sales of the year multiplied by the tax rate.

Average Annual Number of Employed Persons Employed persons refer to all those who are employed in enterprises and receive remunerations there from, including currently working employees, retirees who are re-employed, teachers of local-run schools, as well as foreigners, staff from Hong Kong, Macao and Taiwan, part-time employees and persons with second job who are employed by the enterprise, and employees of other units temporarily working in the enterprises, but excluding former employees who left the enterprise with their employment records still kept by the enterprises.

Average number of employed persons refers to the number of employees everyday during the reference period, calculated with the following formula:

calendar dates in reference month

Quarterly average number = sum of monthly average number in reference quarter/3

Annual average number = sum of monthly average number in reference year/12

Aggregative Index on Economic Results of Industry refers to the current comprehensive index to evaluate the general level of economic results of industry and the performance quality of industrial economy. It is calculated as follows:

Aggregative Index on Economic Results of Industry=(Value of an Indicator on Economic Results in Reference Period/Standard Value of the Indicator×Weight) ÷Total Weight

Total Weight=100

Ratio of Profits, Taxes and Interests to Average Assets reflects the profit-making capability of all assets of the enterprise and is a key indicator manifesting the performance and management and evaluating the profit-making potential of the enterprise. It is calculated as follows:

Ratio of Profits, Taxes and Interests to Average Assets (%) = [(total profits + total taxes + interest payment) / average assets]×100%

In the above formula, total taxes is the sum of tax and extra charges on the sales of products and value-added tax payable; and average assets is the arithmetic mean of the sum of beginning assets and ending assets.

Monthly average number = sum of actual employees everyday in reference month/number of

Ratio of Debts to Assets reflect both the operation risk and the capability of the enterprise in making use of the capital from the creditors. It is calculated as follows:

Ratio of Debts to Assets (%) = (total debts / total assets)×100%

Both assets and debts are figures at the end of the reference period.

Turnover of Working Capita refers to the number of times of turnover of working capital in a given period of time, which reflects the speed of the turnover of working capital of industrial enterprises, and is calculated as follows:

Turnover of Working Capital=(sales revenue of products) / (average balance of total working capital)

In the above formula, average balance of total working capital refers to the arithmetic mean of the sum of working capital at the beginning and at the end of the reference period.

Ratio of Profits to Total Industrial Costs refers to the ratio of profits realized in a given period to the total costs in the same period, which reflects the economic efficiency of input cost and is calculated as follows:

Ratio of Profits to Total Industrial Cost (%)=(total profits/ total costs)×100%

Total Costs in the above formula is the sum of cost of products sold, marketing cost, management cost and financial cost.

第十三篇　建筑业

Chapter 13　Construction

资料整理：黄长贵 吴锦洛

Datebase Editor:Huangchanggui Wujinluo

简 要 说 明

本篇资料的主要内容及来源

本篇资料反映全省建筑业基本情况，主要包括主要年份建筑业总产值及从业人员、建筑企业生产指标、财务指标等方面的内容。

本篇资料来源于建筑业统计年报，由省统计局固定资产投资统计处整理提供。

Brief Introduction

Main Content and Source of Data

Data in this chapter show the basic conditions of the construction industry in Fujian Province, mainly including the gross output value of construction, number of employed persons, major production indices and financial indicators.

Data in this chapter are based on the annual report of construction industry, and are compiled and provided by the Division of Investment and Construction Statistics of Fujian Provincial Bureau of Statistics.

13-1 建筑企业基本情况(1978-2010年)

Basic Situation of Construction Enterprises(1978-2010)

年份 Year	建筑业企业单位数（个） Number of Construction Enterprises (unit)	#国有 State- owned	#集体 Collective - owned	建筑业企业从业人员（万人） Number of Persons Employed (10000 persons)	#国有 State- owned	#集体 Collective - owned	建筑业企业总产值（亿元） Gross Output Value (100 million yuan)	#国有 State- owned	#集体 Collective - owned
1978	146	65	81	4.54	2.34	2.20	3.31	1.88	1.32
1979	152	33	119	12.79	6.60	6.19	4.33	2.39	1.94
1980	241	34	207	15.15	7.11	8.04	4.93	2.30	2.63
1981	257	41	216	15.88	7.58	8.30	5.44	2.43	3.01
1982	273	41	232	15.99	7.56	8.39	6.33	2.91	3.42
1983	267	43	224	17.06	8.30	8.76	7.11	3.49	3.62
1984	832	51	243	30.45	9.17	9.79	12.97	4.88	4.22
1985	956	51	278	30.62	9.12	11.18	16.66	6.80	5.87
1986	951	47	280	30.48	9.17	11.01	17.40	7.44	5.78
1987	1037	47	296	33.25	10.55	11.50	20.75	9.12	6.74
1988	1028	47	293	28.99	8.85	9.76	23.20	10.58	6.95
1989	1001	48	307	30.67	8.48	11.17	29.87	12.33	9.95
1990	1009	49	308	30.98	8.24	11.51	32.54	13.36	11.30
1991	967	49	315	31.75	9.07	11.98	39.11	16.32	14.09
1992	985	70	314	34.45	10.42	13.03	54.13	22.65	19.43
1993	1236	146	441	41.00	13.37	14.81	101.97	46.89	35.61
1994	1379	163	567	40.60	13.50	14.86	149.69	73.91	53.60
1995	1376	170	552	46.90	15.24	20.36	190.85	97.53	62.56
1996	1576	202	1051	47.15	15.44	27.11	211.88	106.21	84.94
1997	1585	236	1056	47.36	17.44	22.46	227.00	107.49	84.43
1998	1707	263	1133	47.93	13.96	28.65	244.67	115.66	95.61
1999	1849	295	1069	47.28	13.53	23.54	251.17	123.23	90.74
2000	1846	283	976	41.37	13.46	19.99	271.15	131.82	89.53
2001	1708	237	787	44.09	12.49	19.12	369.06	139.51	129.47
2002	1672	224	465	49.34	12.42	16.09	408.81	149.02	102.91
2003	1606	138	326	59.99	10.48	15.15	557.31	158.37	107.40
2004	1782	141	266	58.45	9.37	9.66	679.35	181.08	91.05
2005	1878	132	210	81.72	12.93	9.30	889.41	194.89	88.01
2006	1914	106	113	95.33	11.05	5.99	1189.37	198.12	57.81
2007	2022	104	114	124.97	11.96	8.09	1596.69	243.22	90.29
2008	2398	101	90	153.90	18.15	6.51	1921.26	282.88	85.13
2009	2479	93	75	182.97	26.39	5.41	2302.37	361.57	60.09
2010	2606	93	73	229.57	29.32	4.21	3062.17	448.16	61.44

注：1996年及以前年份含农村建筑队；1997至2002年为乡及乡以上四级以上建筑企业；2003年起统计范围为具有新资质等级的建筑企业。

Note: In this table,the data in 1996 and before include the individual construction team in rural,the data since 1997 to 2002 include the construction enterprises over town and town level, from 2003 the statistical coverage include the construction enterprises with new grade.

13-1 续表

Continued

年份 Year	建筑业企业增加值（亿元） Total Value-added of Construction Enterprises (100 million yuan)	建筑业企业资产合计（亿元） Total Assets (100 million yuan)	建筑业企业利润总额（亿元） Total Profits (100 million yuan)	建筑业企业税金总额（亿元） Total Tax (100 million yuan)	房屋建筑面积(万平方米) Floor Space of Building Construction(10000 sq.m) 施工面积 Under Construction	 竣工面积 Completed	按总产值计算的劳动生产率（元/人） Overall Labor Productivity by Gross Output Value
1978					416.57	183.40	3038
1979					610.14	275.90	3326
1980					673.38	30.70	3461
1981	1.87		0.30		758.34	358.86	3801
1982	1.74		0.46		802.22	366.12	4083
1983	2.80		0.59		805.37	385.80	4296
1984	3.53		0.65		832.13	426.68	7366
1985	3.34		0.70		951.87	475.25	8425
1986	3.50		0.60		892.56	457.40	9226
1987	4.58		0.66		930.84	463.20	9998
1988	5.03		0.44		987.97	399.30	12053
1989	6.12		0.48		1033.22	502.70	15359
1990	7.16		0.50		969.35	499.30	16788
1991	5.90		0.70		1061.58	519.10	19246
1992	11.78		0.77		1313.86	588.73	23863
1993	22.24	127.32	1.69	2.96	1863.70	747.20	28480
1994	31.78	189.05	2.16	4.21	2462.50	1029.30	37976
1995	41.72	237.86	1.86	5.43	3283.60	1371.10	48560
1996	57.14	312.93	2.39	7.42	3523.30	1424.10	47347
1997	63.32	357.46	2.84	8.16	3478.50	1546.70	47043
1998	74.74	410.03	2.61	10.34	3742.41	1494.34	56860
1999	81.39	427.84	2.55	9.54	3991.20	1825.00	63364
2000	82.26	445.80	2.55	11.65	4085.40	1729.00	64884
2001	101.56	461.10	8.85	14.72	4931.31	2436.95	86280
2002	76.26	511.06	9.04	13.28	5237.11	2393.50	93020
2003	103.23	631.12	11.58	19.10	6440.08	2952.12	108288
2004	132.71	641.72	15.70	23.10	7587.15	3587.05	117831
2005	205.50	784.23	19.46	31.42	10268.29	4191.35	120406
2006	298.41	906.31	30.98	40.60	13854.50	4825.62	127097
2007	440.45	1061.70	37.91	57.51	17743.89	6010.26	123490
2008	632.77	1274.48	52.40	71.76	20028.29	7637.76	111960
2009	756.18	1494.09	66.05	94.82	21690.97	7435.06	118616
2010	969.86	1767.68	87.91	107.69	28406.86	9095.78	134520

13-2 建筑企业主要经济指标

Major Indicators of Construction Enterprises

项目 Item	2000	2003	2005	2007	2008	2009	2010
企业单位数（个）Number of Enterprises(unit)	**1846**	**1606**	**1878**	**2022**	**2398**	**2479**	**2606**
建筑业总产值（亿元）Gross Output Value (100 million yuan)	**271.15**	**557.31**	**889.41**	**1596.69**	**1921.26**	**2302.37**	**3062.17**
建筑业增加值 Value Added	82.26	103.23	205.50	440.45	632.77	756.18	969.86
建筑业竣工产值 Output Value of Completed	196.70	395.83	608.01	980.70	1243.69	1387.78	1742.46
房屋施工面积（万平方米）Floor Space of Building under (10000 sq.m)	**4085.40**	**6440.08**	**10268.29**	**17743.89**	**20028.29**	**21690.97**	**28406.86**
#本年新开工 Newly Started Building in Current Year	1937.23	3843.05	5282.23	9142.47	8700.55	9704.00	14349.31
房屋竣工面积（万平方米）Floor Space of Building(10000 sq.m)	**1729.00**	**2952.12**	**4191.35**	**6010.26**	**7637.76**	**7435.06**	**9095.78**
#住宅 Residential Building	995.08	1712.69	2257.72	3100.71	4370.06	4468.37	5474.72
年末从业人员（万人）Number of Staff & Workers at the Year-end(10000 persons)	**41.37**	**59.99**	**81.72**	**124.97**	**153.90**	**182.97**	**229.57**
全员劳动生产率（元/人）Overall Labor productivity (yuan/person)							
按总产值计算 In Terms of Gross Output Value	64884	108288	120406	123490	111960	118616	134520
按增加值计算 In Terms of Value-added	20402	20379	26597	34065	36874	38958	42605
工资总额（亿元）Total Wages(100 million yuan)	**34.21**	**69.41**	**146.97**	**309.19**	**454.30**	**544.16**	**713.35**
财务指标（亿元）Financial Indicators(100 million yuan)							
资本金合计 Total Capital	103.39	198.45	247.70	302.62	369.70	457.24	511.59
流动资产年末数 Circulating Funds at Year-end	343.64	460.14	608.16	832.35	982.78	1136.30	1321.15
固定资产原值 Original Value of Fixed Assets	96.59	129.43	161.89	198.70	262.82	285.95	327.21
固定资产净值 Net Value of Fixed Assets	72.15	113.95	129.21	155.75	206.01	237.58	268.69
企业总收入 Total Income	274.06	550.86	883.22	1500.17	1857.24	2235.59	2816.29
工程结算收入 Project Settle Accounts	267.96	527.76	872.12	1485.75	1839.69	2222.26	2801.82
工程结算成本 Actual Cost of Projects Settle	239.53	473.93	787.44	1332.66	1653.08	1992.95	2512.58
利润总额 Total Profits	2.55	11.58	19.46	37.91	52.40	66.05	87.91
#工程结算利润 Profits of Project Settle Accounts	17.24	35.42	51.10	83.46	109.97	127.54	168.45
利税总额 Total Pre-Tax Profits	14.20	30.95	51.46	95.42	124.16	160.87	195.61

注：2008年建筑业增加值数为公报数。

Note:Data of value added of construction in 2008 are the same as the Communique.

13-3 国有经济建筑企业主要经济指标

Major Indicators of State-Owned Construction Enterprises

项目 Item	2000	2003	2005	2007	2008	2009	2010
企业单位数（个） **Number of Enterprises(unit)**	**283**	**138**	**132**	**104**	**101**	**93**	**93**
建筑业总产值（亿元） **Gross Output Value (100 million yuan)**	**131.82**	**158.37**	**194.89**	**243.22**	**282.88**	**361.57**	**448.16**
建筑业增加值 Value Added	42.15	27.90	41.90	58.24	82.98	114.86	113.77
建筑业竣工产值 Output Value of Completed	90.38	96.26	136.78	131.70	148.98	174.29	167.59
房屋施工面积（万平方米） **Floor Space of Building under (10000 sq.m)**	**1574.56**	**1487.55**	**1862.81**	**2053.71**	**2436.24**	**2253.87**	**3063.41**
#本年新开工 Newly Started Building in Current Year	606.60	704.00	774.05	847.72	794.08	700.56	1417.80
房屋竣工面积（万平方米） **Floor Space of Building(10000 sq.m)**	**546.36**	**533.10**	**655.17**	**574.63**	**693.09**	**562.34**	**498.51**
#住宅 Residential Building	381.47	333.17	401.27	333.49	456.45	367.66	376.06
年末从业人员（万人） **Number of Staff & Workers at the Year-end(10000 persons)**	**13.46**	**10.48**	**12.93**	**11.96**	**18.15**	**26.39**	**29.32**
全员劳动生产率（元/人） **Overall Labor productivity (person/yuan)**							
按总产值计算 In Terms of Gross Output Value	96111	140804	140828	163073	111694	132669	158901
按增加值计算 In Terms of Value-added	30731	24805	30277	39050	32765	42145	40339
工资总额（亿元） **Total Wages(100 million yuan)**	**14.46**	**16.28**	**26.56**	**40.90**	**56.48**	**80.24**	**88.03**
财务指标（亿元） **Financial Indicators(100 million yuan)**							
资本金合计 Total Capital	29.60	48.85	33.00	31.76	38.29	71.49	44.25
流动资产年末数 Circulating Funds at Year-end	123.18	136.63	163.22	174.88	199.82	246.72	221.40
固定资产原值 Original Value of Fixed Assets	41.23	38.18	38.45	34.46	63.28	64.91	59.54
固定资产净值 Net Value of Fixed Assets	28.66	26.89	26.73	22.58	48.79	49.58	44.36
企业总收入 Total Income	133.52	163.47	219.39	241.41	328.94	414.14	424.75
工程结算收入 Project Settle Accounts	129.93	156.99	215.85	238.12	325.48	409.13	420.07
工程结算成本 Actual Cost of Projects Settle	115.89	142.09	196.03	215.72	293.83	370.91	386.16
利润总额 Total Profits	0.27	1.55	2.35	3.71	5.28	5.46	5.42
#工程结算利润 Profits of Project Settle Accounts	8.08	9.69	12.19	13.20	17.61	16.44	19.06
利税总额 Total Pre-Tax Profits	6.40	6.90	9.72	12.04	18.53	26.91	19.20

13-4 集体经济建筑企业主要经济指标

Major Indicators of Collective Construction Enterprises

项目 Item	2000	2003	2005	2007	2008	2009	2010
企业单位数（个）Number of Enterprises(unit)	**976**	**326**	**210**	**114**	**90**	**75**	**73**
建筑业总产值（亿元）Gross Output Value (100 million yuan)	**89.53**	**107.40**	**88.01**	**90.29**	**85.13**	**60.09**	**61.44**
建筑业增加值 Value Added	26.99	22.33	21.85	25.80	27.56	17.72	18.04
建筑业竣工产值 Output Value of Completed	69.59	82.42	63.57	55.21	52.07	45.26	43.29
房屋施工面积（万平方米）Floor Space of Building under (10000 sq.m)	**1783.01**	**1725.70**	**1657.55**	**1369.72**	**1227.93**	**913.43**	**884.06**
#本年新开工 Newly Started Building in Current Year	944.55	1045.04	724.47	693.10	490.06	404.91	339.27
房屋竣工面积（万平方米）Floor Space of Building(10000 sq.m)	**846.18**	**776.31**	**643.80**	**422.44**	**434.47**	**309.58**	**277.51**
#住宅 Residential Building	496.95	466.51	427.31	252.46	312.05	241.78	196.10
年末从业人员（万人）Number of Staff & Workers at the Year-end(10000 persons)	**19.99**	**15.15**	**9.30**	**8.09**	**6.51**	**5.41**	**4.21**
全员劳动生产率（元/人）Overall Labor productivity (yuan/person)							
按总产值计算 In Terms of Gross Output Value	44526	81207	91269	99888	94988	106947	137908
按增加值计算 In Terms of Value-added	13423	16884	22659	28545	30745	31539	40501
工资总额（亿元）Total Wages(100 million yuan)	**15.71**	**15.23**	**15.65**	**20.28**	**21.24**	**14.00**	**13.95**
财务指标（亿元）Financial Indicators(100 million yuan)							
资本金合计 Total Capital	43.55	38.21	26.27	18.74	11.76	10.85	9.97
流动资产年末数 Circulating Funds at Year-end	144.02	78.81	67.18	45.15	33.89	34.28	33.75
固定资产原值 Original Value of Fixed Assets	35.50	26.66	18.98	11.84	8.57	7.36	6.50
固定资产净值 Net Value of Fixed Assets	28.83	25.32	16.07	9.12	6.79	7.55	5.23
企业总收入 Total Income	93.00	97.52	89.07	82.84	73.28	51.24	51.92
工程结算收入 Project Settle Accounts	91.48	95.42	88.05	82.26	72.58	50.64	51.61
工程结算成本 Actual Cost of Projects Settle	82.83	87.22	80.92	75.23	66.49	45.86	46.52
利润总额 Total Profits	1.03	1.59	1.39	1.09	1.22	0.77	1.10
#工程结算利润 Profits of Project Settle Accounts	5.19	4.72	3.75	3.45	3.42	2.75	3.05
利税总额 Total Pre-Tax Profits	4.72	5.32	4.70	4.31	3.92	2.90	3.02

13−5 各种资质等级建筑企业主要经济指标(2010年)

Major Indicators of Construction Enterprises by Grade(2010)

项目 Item	合计 Total	#总承包 General Contract	一级及以上 First and Above	二级 Second	三级 Third	#专业承包 Special Contract	一级 First and Above	二级 Second	三级及不分等级 Third and Others
企业单位数（个） Number of Enterprises(unit)	**2606**	**1200**	**136**	**486**	**578**	**1021**	**125**	**419**	**477**
建筑业总产值（亿元） Gross Output Value (100 million yuan)	**3062.17**	**2597.38**	**1576.44**	**773.99**	**246.95**	**338.56**	**145.95**	**104.68**	**87.93**
建筑业增加值 Value Added	969.86	761.96	445.94	236.53	79.50	107.02	42.52	34.11	30.39
建筑业竣工产值 Output Value of Completed	1742.46	1566.14	902.12	503.32	160.70	176.32	73.84	55.72	46.77
房屋施工面积（万平方米） Floor Space of Building under (10000 sq.m)	**28406.86**	**28096.91**	**17412.31**	**8378.88**	**2305.72**	**309.95**	**194.43**	**99.87**	**15.65**
#本年新开工 Newly Started Building in Current Year	14349.31	14105.65	8328.33	4302.61	1474.71	243.65	168.58	74.20	0.88
房屋竣工面积（万平方米） Floor Space of Building (10000 sq.m)	**9095.78**	**8935.27**	**5129.59**	**2947.87**	**857.81**	**160.51**	**95.71**	**64.65**	**0.16**
#住宅 Residential Building	5474.72	5471.87	3443.56	1769.81	258.50	2.85		2.73	0.12
年末从业人员（万人） Number of Staff & Workers at the Year-end(10000 persons)	**229.57**	**165.54**	**100.56**	**48.34**	**16.64**	**19.50**	**7.36**	**6.60**	**5.54**
全员劳动生产率（元/人） Overall Labor productivity(yuan/person)									
按总产值计算 In Terms of Gross Output Value	134520	156747	159889	155422	142660	166439	193619	148061	153366
按增加值计算 In Terms of Value-added	42605	45983	45229	47497	45923	52610	56405	48244	53005
工资总额（亿元） Total Wages(100 million yuan)	**713.35**	**547.76**	**332.84**	**162.89**	**52.03**	**70.05**	**29.34**	**22.47**	**18.24**
财务指标（亿元） Financial Indicators (100 million yuan)									
资本金合计 Total Capital	511.59	401.69	151.01	162.75	87.94	103.00	25.00	39.34	38.66
流动资产年末数 Circulating Funds at Year-end	1321.15	1092.54	558.10	380.97	153.46	228.61	56.99	96.63	74.99
固定资产原值 Original Value of Fixed Assets	327.21	262.19	113.73	96.28	52.18	61.95	13.77	22.13	26.05
固定资产净值 Net Value of Fixed Assets	268.69	216.83	87.24	82.26	47.33	49.07	9.46	16.94	22.68
企业总收入 Total Income	2816.29	2357.67	1403.07	717.24	237.36	337.08	141.21	111.16	84.70
工程结算收入 Project Settle Accounts	2801.82	2349.83	1397.27	715.97	236.59	330.61	139.43	108.91	82.27
工程结算成本 Actual Cost of Projects Settle	2512.58	2120.54	1280.88	634.30	205.36	276.24	121.38	89.86	65.00
利润总额 Total Profits	87.91	70.86	33.36	27.80	9.70	16.49	5.44	4.58	6.46
#工程结算利润 Profits of Project Settle Accounts	168.45	129.73	63.51	46.63	19.59	37.33	10.84	13.85	12.65
利税总额 Total Pre-Tax Profits	195.61	162.14	83.64	57.93	20.57	28.71	10.49	8.65	9.58

13-6 按行业分建筑企业主要经济指标(2010年)

Major Indicators of Construction Enterprises by Sector(2010)

项目 Item	房屋和土木工程建筑业 Building and Civil Engineering	#房屋建筑业 Building	建筑安装业 Installation	建筑装饰业 Building Decontion	其他建筑业 Others
企业单位数（个） Number of Enterprises(unit)	**1381**	**996**	**380**	**463**	**382**
建筑业总产值（亿元） Gross Output Value(100 million yuan)	**2677.20**	**2055.33**	**149.79**	**98.92**	**136.27**
建筑业增加值 Value Added	802.44	627.29	48.20	31.89	87.33
建筑业竣工产值 Output Value of Completed	1586.38	1277.29	80.38	52.12	23.59
房屋施工面积（万平方米） Floor Space of Building under(10000 sq.m)	**28284.59**	**27158.54**	**42.25**		**80.03**
#本年新开工 Newly Started Building in Current Year	14291.74	13616.08	18.73		38.84
房屋竣工面积（万平方米） Floor Space of Building(10000 sq.m)	**9074.94**	**8740.43**	**5.93**		**14.90**
#住宅 Residential Building	5469.31	5374.21	3.20		2.21
年末从业人员（万人） Number of Staff & Workers at the Year-end(10000 persons)	**174.71**	**142.26**	**9.53**	**7.41**	**37.91**
全员劳动生产率（元/人） Overall Labor productivity (yuan/person)					
按总产值计算 In Terms of Gross Output Value	152254	145358	154408	122972	40014
按增加值计算 In Terms of Value-added	45635	44364	49690	39642	25644
工资总额（亿元） Total Wages(100 million yuan)	**582.80**	**460.65**	**31.89**	**21.82**	**76.83**
财务指标（亿元） Financial Indicators(100 million yuan)					
资本金合计 Total Capital	405.75	297.74	45.28	33.72	26.84
流动资产年末数 Circulating Funds at Year-end	1065.31	735.88	152.95	66.48	36.41
固定资产原值 Original Value of Fixed Assets	263.78	177.43	26.55	12.77	24.10
固定资产净值 Net Value of Fixed Assets	218.93	156.91	19.20	9.70	20.86
企业总收入 Total Income	2427.48	1833.10	162.15	97.20	129.45
工程结算收入 Project Settle Accounts	2419.51	1828.04	157.99	96.01	128.30
工程结算成本 Actual Cost of Projects Settle	2183.32	1654.75	132.81	82.11	114.33
利润总额 Total Profits	71.93	54.69	7.55	4.86	3.57
#工程结算利润 Profits of Project Settle Accounts	132.17	95.17	18.62	9.66	7.99
利税总额 Total Pre-Tax Profits	166.06	126.33	12.79	8.65	8.11

13−7 按经济类型分建筑企业主要经济指标(2010年)

Major Indicators of Construction Enterprises by Ownership(2010)

项目 Item	国有经济 State-owned	集体经济 Collect-owned	港澳台经济 Hong Kong, Macao and Taiwan Funded	外商经济 Foreign Funded	其他经济 Others
企业单位数（个） **Number of Enterprises(unit)**	**93**	**73**	**32**	**7**	**2401**
建筑业总产值（亿元） **Gross Output Value(100 million yuan)**	**448.16**	**61.44**	**33.16**	**2.54**	**2516.87**
建筑业增加值 Value Added	113.77	18.04	15.59	0.62	821.83
建筑业竣工产值 Output Value of Completed	167.59	43.29	21.71	0.77	1509.10
房屋施工面积（万平方米） **Floor Space of Building under(10000 sq.m)**	**3063.41**	**884.06**	**378.71**	**4.49**	**24076.19**
#本年新开工 Newly Started Building in Current Year	1417.80	339.27	248.75	4.46	12339.03
房屋竣工面积（万平方米） **Floor Space of Building(10000 sq.m)**	**498.51**	**277.51**	**105.71**	**2.59**	**8211.46**
#住宅 Residential Building	376.06	196.10	104.11		4798.45
年末从业人员（万人） **Number of Staff & Workers at the Year-end(10000 persons)**	**29.32**	**4.21**	**1.71**	**0.11**	**194.23**
全员劳动生产率（元/人） **Overall Labor productivity(yuan/person)**					
按总产值计算 In Terms of Gross Output Value	158901	137908	131236	195575	130868
按增加值计算 In Terms of Value-added	40339	40501	61702	47584	42732
工资总额（亿元） **Total Wages(100 million yuan)**	**88.03**	**13.95**	**11.85**	**0.40**	**599.12**
财务指标（亿元） **Financial Indicators(100 million yuan)**					
资本金合计 Total Capital	44.25	9.97	5.55	1.10	450.72
流动资产年末数 Circulating Funds at Year-end	221.40	33.75	16.55	3.23	1046.22
固定资产原值 Original Value of Fixed Assets	59.54	6.50	3.33	1.08	256.75
固定资产净值 Net Value of Fixed Assets	44.36	5.23	1.91	0.45	216.74
企业总收入 Total Income	424.75	51.92	45.08	2.96	2291.57
工程结算收入 Project Settle Accounts	420.07	51.61	45.03	2.95	2282.17
工程结算成本 Actual Cost of Projects Settle	386.16	46.52	41.76	2.53	2035.61
利润总额 Total Profits	5.42	1.10	1.33	0.06	79.99
#工程结算利润 Profits of Project Settle Accounts	19.06	3.05	2.10	0.34	143.90
利税总额 Total Pre-Tax Profits	19.20	3.02	2.48	0.13	170.79

13-8 按构成分建筑企业增加值(2010年)

Value-added of Construction Enterprises by Composition(2010)

单位：亿元 (100 million yuan)

项目 Item	总计 Total	国有经济 state-Owned	集体经济 Collective-Owned	其他经济 Others
建筑业增加值 Value added	**969.86**	**113.77**	**18.04**	**838.04**
#固定资产折旧 Depreciation of Fixed Assets	19.10	2.55	0.26	16.29
应付工资 Wages Payable	705.41	86.31	13.77	605.33
应付福利费 Welfare Expenses Payable	37.65	2.07	0.72	34.86
劳动失业保险费 Walfare Contributors	3.38	0.34	0.08	2.96
工程结算税金及附加 Taxes and Extra charges on project Settle Accounts	103.87	13.48	1.67	88.71
管理费用中的税金 Taxes in Management Expenses	3.83	0.30	0.25	3.29
营业利润 Profits of project settle Account	92.81	6.91	1.14	84.76

13-9 建筑企业技术装备情况

Basic Statistics of Technology Equipment of Construction Enterprises

项目 Item	2000	2003	2005	2007	2008	2009	2010
自有施工机械设备总台数（台） Number of Machinery and Equipment owned(set)	**139374**	**185389**	**208362**	**261317**	**247505**	**280877**	**284783**
自有施工机械设备总净值（万元） Total Net value of machinery and Equipment owned (10000 yuan)	**313552**	**509383**	**634457**	**833902**	**893267**	**1029529**	**1153013**
自有施工机械设备总功率（万千瓦） Total power of machinery and Equipment owned (10000 kw)	**196.77**	**250.05**	**308.48**	**422.65**	**451.87**	**530.86**	**577.49**
技术装备率（元/人） Value of machines per laborer(yuan/person)							
按全部职工计算 In terms of total staff & worker	7503	9170	7764	6673	5205	5304	5065
按工人计算 In terms of workers	10147	12402	10980	9090	7635	7387	6551
动力装备率(千瓦/人) Power of machines per laborer(kw/person)							
按全部职工计算 In terms of total staff & worker	4.70	4.50	3.78	3.38	2.63	2.73	2.54
按工人计算 In terms of workers	6.00	5.60	5.34	4.61	3.86	3.81	3.28

13-10 按经济类型分的建筑企业技术装备情况(2010年)

Basic Statistics on Technical Equipment of Construction Enterprises by Ownership(2010)

项目 Item	总计 Total	国有经济 State- Owned	集体经济 Collective-Owned	其他经济 Others
自有施工机械设备总台数(台) Number of Machinery and Equipment owned(unit)	**284783**	**19018**	**9503**	**256262**
自有施工机械设备总净值(万元) Total Net value of machinery and Equipment owned(10000 yuan)	**1153013**	**102846**	**19705**	**1030461**
自有施工机械设备总功率(千瓦) Total power of machinery and Equipment owned(kw)	**5774937**	**537098**	**110485**	**5127354**
技术装备率(元/人) Value of machines per laborer(yuan/person)				
按全部职工计算 In Terms of total staff & worker	5065	3647	4423	5285
按工人计算 In Terms of workers	6551	4113	6389	6967
动力装备率(千瓦/人) Power of machines per laborer(kw/person)				
按全部职工计算 In Terms of total staff & worker	2.54	1.90	2.48	2.63
按工人计算 In Terms of workers	3.28	2.15	3.58	3.47

13-11 竣工房屋建筑面积

Floor Space of Completed Building

单位：万平方米 (10000 sq.m)

项目 Item	2000	2003	2005	2007	2008	2009	2010
总计 Total	**1729.04**	**2952.12**	**4191.35**	**6010.26**	**7637.76**	**7435.06**	**9095.78**
厂房、仓库 Factory Building	181.26	573.50	1012.43	1749.90	1951.89	1555.41	1927.19
住宅 Residential Building	995.80	1712.69	2257.72	3100.71	4370.06	4468.37	5474.72
办公用房 Building for Office	163.53	222.68	314.46	457.67	538.11	557.67	635.66
批发和零售用房 Building for Wholesal and Retail Trade	34.38	36.80	66.77	90.48	116.38	150.85	242.58
住宿和餐饮用房 Building for Lodgings and Gatering Services	35.99	38.52	67.32	66.29	83.81	105.80	88.51
居民服务业用房 Building for Resident Services	62.35	66.74	42.04	57.61	57.94	43.91	109.33
教育用房 Building for Education	140.13	149.99	244.18	203.30	242.00	259.71	262.68
文化、体育和娱乐用房 Building for Culture, Sports and Enterainment	25.25	27.02	33.02	61.40	69.88	58.74	130.77
卫生医疗用房 Building for Medical	12.08	27.07	31.50	43.35	48.48	46.85	80.74
科研用房 Building for Scientific Research	2.79	8.57	5.48	11.32	15.47	20.38	22.65
其他用房 Others	74.68	88.54	116.44	168.24	143.75	167.37	120.97

13-12 各设区市建筑企业数(2010年)

Number of Construction Enterprises by City(2010)

单位：个 (unit)

地区 Area	合计 Total	#总承包 Gereral Contract	一级及以上 First and Above	二级 Second	三级 Third	#专业承包 Special Contract	一级 First	二级 Second	三级及不分等级 Third and Others
全　省 total	**2606**	**1200**	**136**	**486**	**578**	**1021**	**125**	**419**	**477**
福州市 Fuzhou	748	300	46	143	111	320	49	143	128
厦门市 Xiamen	466	141	28	40	73	220	29	93	98
莆田市 Putian	145	94	7	26	61	38	1	23	14
三明市 Sanming	140	81	6	34	41	45	4	6	35
泉州市 Quanzhou	491	226	23	98	105	212	30	89	93
漳州市 Zhangzhou	165	94	7	39	48	49	2	20	27
南平市 Nanping	148	88	2	27	59	49	1	16	32
龙岩市 Longyan	187	114	13	49	52	63	6	24	33
宁德市 Ningde	116	62	4	30	28	25	3	5	17

13-13 各设区市建筑企业从业人员数(2010年)

Number of persons employed by Construction Enterprises by City(2010)

单位：人 (person)

地区 Area	合计 Total	#总承包 Gereral Contract	一级及以上 First and Above	二级 Second	三级 Third	#专业承包 Special Contract	一级 First	二级 Second	三级及不分等级 Third and Others
全　省 total	**2295686**	**1655375**	**1005559**	**483367**	**166449**	**194994**	**73637**	**65963**	**55394**
福州市 Fuzhou	884471	695568	468397	190795	36376	90549	39450	27348	23751
厦门市 Xiamen	588233	225051	184468	21802	18781	40651	15160	13680	11811
莆田市 Putian	69479	67378	33505	21654	12219	1912	13	1123	776
三明市 Sanming	77376	72551	23094	35127	14330	4139	1373	535	2231
泉州市 Quanzhou	313631	260929	145620	81625	33684	32465	11406	11057	10002
漳州市 Zhangzhou	89944	84256	35410	40811	8035	3987	199	2304	1484
南平市 Nanping	34051	26151	4789	11541	9821	7687	650	4717	2320
龙岩市 Longyan	179199	167444	92086	52593	22765	10956	4692	4889	1375
宁德市 Ningde	59302	56047	18190	27419	10438	2648	694	310	1644

13-14 各设区市建筑企业劳动生产率(2010年)

Labor Productivity Construction Enterprises by City(2010)

单位：元/人 (yuan/person)

地区 Area	按总产值计算 In terms of Total Output value	#国有企业 State- Owned	#集体企业 Collective- Owned	按增加值计算 In terms of Added-value	#国有企业 State- Owned	#集体企业 Collective- Owned
全　省 total	**134520**	**158901**	**137908**	**42605**	**40339**	**40501**
福州市 Fuzhou	129649	140630	145089	41124	36697	40184
厦门市 Xiamen	103854	219643	73821	34984	51706	27848
莆田市 Putian	167670	111457	74157	53720	43103	99157
三明市 Sanming	203914	246717	218755	62323	46473	58359
泉州市 Quanzhou	159061	185000	184805	50009	45769	54044
漳州市 Zhangzhou	169897	151082	87570	49498	47822	25140
南平市 Nanping	182722	222476	229884	51860	49282	71801
龙岩市 Longyan	131650	201697	94481	40805	38046	35654
宁德市 Ningde	149208	76104	118656	44396	25525	37827

13-15 各设区市建筑企业技术装备情况(2010年)

Basic Statistics on Technical Equipment of Construction Enterprises by City(2010)

地区 Area	房屋建筑竣工面积（万平方米） Floor Space of Buildings Completed (10000 sq.m)	技术装备率（元/人） Value of Machines Per Laborer(yuan/person)	动力装备率（千瓦/人） Power of Machines per Laborer(kw/person)
全　省 total	**9095.78**	**5065**	**2.54**
福州市 Fuzhou	2875.50	3672	1.79
厦门市 Xiamen	1177.82	2509	1.22
莆田市 Putian	345.76	9508	3.59
三明市 Sanming	508.34	6805	3.28
泉州市 Quanzhou	2207.27	8462	4.40
漳州市 Zhangzhou	633.80	7203	3.23
南平市 Nanping	157.25	10381	5.91
龙岩市 Longyan	895.52	7180	4.29
宁德市 Ningde	294.52	10195	4.98

13-16 各设区市建筑企业总收入(2010年)

Gross Income of Construction Enterprises by City(2010)

单位：万元 (10000 yuan)

地区 Area	企业总收入 Total Incomes of Enterprises	#工程结算收入 Incomes of Project Settle Accounts	#工程结算成本 Costs ofProject Settle Accounts	#工程结算利润 Profits of Project Settle Accounts	#其他业务收入 Other Incomes	#其他业务利润 Profits of Others
全 省 total	**28162857**	**28018187**	**25125760**	**1684454**	**144670**	**31647**
福州市 Fuzhou	10605696	10529198	9609014	518509	76498	11572
厦门市 Xiamen	5259280	5226336	4795876	252146	32944	8943
莆田市 Putian	1144897	1143906	986435	102970	991	391
三明市 Sanming	1406699	1391124	1228744	95574	15575	3458
泉州市 Quanzhou	4983956	4978414	4292561	389593	5542	1008
漳州市 Zhangzhou	1199272	1196128	1076033	69566	3145	1006
南平市 Nanping	554268	552182	489479	38706	2086	730
龙岩市 Longyan	2297012	2290286	2010332	179031	6726	3984
宁德市 Ningde	711777	710614	637286	38359	1163	557

13-17 各设区市建筑企业利税总额(2010年)

Total Pre-tax Profits of Construction Enterprises by City(2010)

单位：万元 (10000 yuan)

地区 Area	利税总额 Total Pre-tax Profits	利润总额 Total Profits	工程结算税金及附加 Taxes and Extra Charges on Project Settle Accounts	管理费用中的税金 Taxes in Management Expenses	产值利税率(%) Ratio of pre-tax Profits to Gross Output Value (%)	资产利税率(%) Ratio of pre-tax Profit to Assets (%)
全 省 Total	**1956069**	**879096**	**1038661**	**38313**	**6.4**	**11.1**
福州市 Fuzhou	603126	230752	363646	8729	5.2	10.0
厦门市 Xiamen	275535	103611	168814	3110	4.9	6.5
莆田市 Putian	114299	64271	47697	2332	9.1	16.9
三明市 Sanming	114500	49025	63499	1976	7.3	13.3
泉州市 Quanzhou	466589	252076	200739	13775	9.2	16.7
漳州市 Zhangzhou	91086	41977	47409	1699	5.8	9.6
南平市 Nanping	39469	17718	19741	2010	6.5	8.6
龙岩市 Longyan	199417	101790	95260	2368	8.1	17.4
宁德市 Ningde	52048	17876	31856	2316	6.0	10.9

主要统计指标解释

建筑业统计单位 指从事房屋、构筑物建造和设备安装活动的法人企业。建筑业法人企业应同时具备的条件是：①依法成立，有自己的名称、组织机构和场所，能够承担民事责任；②独立拥有和使用资产，承担负债，有权与其他单位签订合同；③独立核算盈亏，能够编制资产负债表。

建筑业总产值(即自行完成施工产值) 指以货币表现的建筑安装企业在一定时期内生产的建筑业产品和提供的服务的总和。建筑业总产值包括：

(1)建筑工程产值：指列入建筑工程预算内的各种工程价值。

(2)设备安装工程产值：指设备安装工程价值，不包括被安装设备本身价值。

(3)房屋、构筑物修理产值：指房屋、构筑物修理所完成的价值，但不包括被修理房屋、构筑物本身的价值和生产设备的修理价值。

(4)非标准设备制造产值：指加工制造没有定型的、非标准的生产设备的加工费和原材料价值，以及附属加工厂为本企业承建工程制作的非标准设备的价值。

建筑业增加值 指建筑业企业在报告期内以货币表现的建筑业生产经营活动的最终成果。目前建筑业增加值采用分配法(收入法)计算，即从收入的角度出发，根据生产要素在生产过程中应得的收入份额计算。具体计算公式为：

建筑业增加值＝本年提取的固定资产折旧+主营业务应付工资+主营业务应付福利费+管理费用中的劳动待业保险费、税金+工程结算税金及附加+营业利润

房屋建筑施工面积 指在报告期内施工的全部房屋建筑面积，包括本期新开工的房屋面积、上期施工跨入本期继续施工的房屋面积、上期停缓建在本期恢复施工的房屋面积、本期竣工的房屋面积及本期施工后又停缓建的房屋面积。

房屋建筑竣工面积 指在报告期内房屋建筑按照设计要求全部完工，达到了住人和使用条件，经验收鉴定合格，正式移交使用单位的房屋建筑面积。

自有机械设备年末总台数 指归本企业所有，属于本企业固定资产的生产性机械设备年末总台数。包括施工机械、生产设备、运输设备以及其他设备。

自有机械设备年末总功率 指本企业自有施工机械、生产设备、运输设备以及其他设备等列为在册固定资产的生产性机械设备年末总功率，按设定能力或查定能力计算。包括机械本身的动力和为该机械服务的单独动力设备，如电动机等。计算单位用千瓦，动力换算可按 1 马力＝0.735 千瓦折合成千瓦数。电焊机、变压器、锅炉不计算动力。

工程结算收入 指企业承包工程实现的工程价款结算收入，以及向发包单位收取的除工程价款以外的按规定列作营业收入的各种款项，如临时设施费、劳动保险费、施工机械调迁费等以及向发包单位收取的各种索赔款。

工程结算利润 指已结算工程实现的利润，如亏损以“—”号表示。计算公式为：

工程结算利润＝工程结算收入－工程结算成本－工程结算税金及附加

企业总收入 指与企业生产经营直接有关的各项收入，包括工程结算收入和其他业务收入。计算公式为：

企业总收入＝工程结算收入＋其他业务收入

Explanatory Notes on Main Statistical Indicators

Statistical Unit in the Construction Industry refers to corporate enterprise engaged in the construction of buildings and structures and in the installation of equipment.A corporate construction enterprise should have qualification certifieates with independent accounting system,and should meet the following 3 requirements:①being set up in line with relevant legal basis,having its full name,organization and location,and capable of taking civil liabilities;② independently possessing and using its assets and assuming its liabilities,and entitled to sign contracts with other institutions;and ③ making independent accounts of its profits and losses,and capable of compiling its own balance sheet.

Gross Output Value of Construction (Output Value of Projects Under Construction) refers to total of construction products and services, expressed in money terms, completed by construction and installation enterprises during a given period of time. It includes:

(1) Output value of construction projects, that is the value of projects covered by the project budgets;

(2) Output value of installation projects, that is the value of the installation of equipment, (excluding the value of the equipment to be installed);

(3) Output value of repair of buildings and structures, that is the value created through the repairs of buildings or structures,but does not include the value of buildings or structures being repaired and the value of the repair of production equipment;

(4) Output value of manufactured non-standard equipment, that is the value of non-standard production equipment (including raw materials and manufacturing cost) made for the construction project, and the equipment manufactured by subsidiary workshops.

Value-added of Construction refers to the final result of the activities of production and management of construction in monetary terms in the reference period. At present, the value-added of construction is calculated with the income approach. In other words, it is the sum of income of various production factors in the production process. The formula is as follows:

Value-added of construction=depreciation of fixed assets in the year+wages payable+welfare expenses payable+insurance premium and tax for waiting for employment in the administrative expenses +taxes and surcharges on project settlement+profit gained from project settlement.

Floor Space of Buildings Under Construction refers to floor space of buildings under construction during the reference period, including newly started buildings,buildings started earlier and Continued during the reference period,and buildings suspended earlier but restarted during the reference period, buildings completed during the reference period, and buildings under construction and then suspended during the reference period.

Floor Space of Buildings Completed refers to the floor space of buildings that are completed in the reference period in accordance with the requirements of the design, up to the standard for putting them into use, and have been checked and accepted by concerned departments as qualified ones.

Total Number of Machinery and Equipment Owned by the End of Year refers to the number of machines and equipment owned by the enterprises, and listed as the fixed assets of the enterprises by the end of the year, including machinery and equipment for construction, production and transportation.

Total Power of Machinery and Equipment Owned by the End of Year refers to the total power of machinery and equipment owned by the enterprises,and listed as the fixed assets of the enterprises by the end of the year, including machinery and equipment for construction,production and transportation.The power of the machinery is calculated on basis of the designed or verified capacity,covering the power of the machinery/equipment and the separate power equipment serving the machinery/equipment (such as electric motors), but excluding welders, transformers and boilers.The unit used for the calculation of power is kilowatt, with horsepower converted to kilowatt by 1 horsepower=0.735 kilowatt.

Income from Settlement of Projects refers to the income received by the construction enterprise from the contracted project through settlement procedures, and other charges to the contractoree as operational costs in addition to the value of the project, such as temporary facility fee,labour insurance premium,moving cost of construction equipment,as well as various types of claims to the contractee.

Profit from Settlement of Projects refers to profit realized through settled projects. It is calculated with the following formula:

Profit from Settlement of Projects=Income from Settlement of Projects-Settled Cost-Settled Taxes and Other Cost

Total Revenue of Enterprises refers to the sum of income from production and operation of enterprises, including income from settlement of projects and other operational income, namely:

Total Revenue of Enterprises=Income from Settlement of Projects+Other Operational Income

第十四篇　交通运输和邮电通信业

Chapter 14　Transportation, Postal and Telecommunication Services

资料整理：林武兴

Datebase Editor:Linwuxing

简要说明

本篇资料的主要内容及来源

本篇资料反映全省交通运输业与邮电通讯业发展的基本状况，主要包括交通设施基本情况、客货运量及周转量、交通运输企业主要技术经济指标、沿海主要港口货物吞吐量、邮政和电信基本情况、民用汽车拥有量等方面的内容。

铁路资料来源于南昌铁路局，公路、水路和港口资料来源于福建省交通运输厅，民航运输资料来源于福建省民航局，邮电信资料来源于福建省通信管理局和福建省邮政公司。

本篇资料由省统计局工业交通统计处收集整理。

Brief Introduction

Main Content and Source of Data

Data in this chapter cover mainly the basic conditions of the development of transport, post and telecommunications in Fujian Province, including the basic conditions of transport, the freight traffic and passenger traffic accomplished by various means, major financial indices of related enterprises, cargo handled at principal sea ports and the basic conditions of post and telecommunication services.

Data on railways transportation come from the Nanchang Bureau of the Railway. Data on highways waterway and port come from the Bureau of the Transportation. Data on the civil aviation transport come from the Bureau of Fujian Aviation Administration. Data on telecommunication services come from the Telecommunication Bureau. Data on post are provided by the Post Company.

Data in this chapter are compiled and provided by the Division of Investment and Construction Statistics of Fujian Provincial Bureau of Statistics.

14-1 主要年份各类运输总量

Passenger Traffic and Freight Traffic in Selected Years

年份 Year	客运量（万人） Passenger Traffic (10000 persons)	旅客周转量（亿人公里） Passenger-Kilometers (100 million passenger-km)	货运量（万吨） Freight Traffic (10000 tons)	货物周转量（亿吨公里） Freight ton-kilometers (100 million ton-km)
1952	251	1.72	156	1.44
1957	1966	8.81	1553	10.07
1962	2634	16.97	1845	21.65
1965	3226	16.22	2948	39.47
1970	3324	17.59	2862	40.92
1975	5887	28.36	3747	53.73
1978	7928	35.73	4871	74.03
1979	9996	43.71	5149	80.63
1980	16676	62.37	7979	100.34
1981	20013	73.45	8302	103.34
1982	22570	82.01	9077	120.39
1983	24620	91.50	10175	131.78
1984	29155	109.50	11479	151.61
1985	33984	130.33	13317	161.97
1986	34426	137.09	16931	195.48
1987	35693	159.38	18231	225.02
1988	37216	175.91	20131	242.02
1989	39622	173.66	19859	270.06
1990	39495	175.40	20321	272.71
1991	34038	186.70	12124	267.26
1992	36283	205.17	19836	347.28
1993	40465	232.27	25824	434.02
1994	36416	240.56	28447	577.73
1995	40080	247.65	28922	608.61
1996	42956	267.20	30593	590.58
1997	43658	253.15	30496	605.78
1998	42047	279.76	30010	661.61
1999	41413	301.58	28637	746.71
2000	44203	333.97	29483	687.65
2001	47393	372.72	30547	779.92
2002	49134	392.00	31837	827.44
2003	48097	386.19	33422	1223.82
2004	53950	441.40	37279	1401.26
2005	55615	477.82	40400	1576.12
2006	59369	524.99	44304	1904.36
2007	64244	587.90	50500	2083.72
2008	72742	561.77	57254	2401.41
2009	76121	597.75	58231	2477.46
2010	77153	648.76	66159	2983.52

14–2 交通运输业基本情况

Basic Conditions of Transport

项目	Item	2000	2005	2007	2008	2009	2010
铁路营业长度（公里）	**Length of Railways in Operation(km)**	**1454**	**1613**	**1616**	**1618**	**2110**	**2111**
公路通车里程（公里）	**Length of Highway(km)**	**53506**	**58286**	**86926**	**88607**	**89504**	**91015**
#高速公路	Expressway	351	1208	1366	1767	1961	2350
内河通航里程（公里）	**Length of Navigable Inland Waterways(km)**	**3701**	**3245**	**3245**	**3245**	**3245**	**3245**
旅客发送量（万人）	**Passenger Traffic(10000 persons)**	**44203**	**55615**	**64244**	**72742**	**76121**	**77153**
铁路	Railways	1428	1486	1911	2066	2083	3640
公路	Highways	41696	52452	60088	68409	71586	70714
水运	Waterways	726	985	1320	1305	1340	1444
航空	Civil Aviation	353	692	925	962	1112	1356
旅客周转量（亿人公里）	**Passenger-kilometers(100 million persons-km)**	**333.97**	**477.82**	**587.90**	**561.77**	**597.75**	**648.76**
铁路	Railways	71.57	87.90	100.98	108.30	103.60	137.70
公路	Highways	223.44	309.99	375.46	338.06	360.26	346.68
水路	Waterways	1.44	1.39	1.75	1.67	1.83	2.14
航空	Civil Aviation	37.52	78.54	109.74	113.73	132.07	162.23
货运量（万吨）	**Freight Traffic(10000 tons)**	**29483**	**40400**	**50500**	**57254**	**58231**	**66159**
铁路	Railways	2475	3601	3595	3681	3631	3765
公路	Highways	22924	27579	34829	38367	40317	45575
水运	Waterways	4078	9210	12130	15193	14271	16803
航空	Civil Aviation	6	10	12	12	13	16
货物周转量（亿吨公里）	**Freight Ton-Kilometers (100 million ton-km)**	**687.65**	**1576.12**	**2083.72**	**2401.41**	**2477.46**	**2983.52**
铁路	Railways	152.51	201.95	209.70	207.80	182.70	184.20
公路	Highways	175.83	238.25	317.44	483.57	507.23	578.32
水路	Waterways	358.63	1134.64	1553.84	1708.39	1785.85	2218.88
航空	Civil Aviation	0.67	1.27	1.57	1.65	1.68	2.12
全社会机动车拥有量（辆）	**Number of Motor Vehicles**	**1954426**	**4198416**	**5482801**	**6005949**	**6546850**	**7249619**
汽车	Automobiles	321278	742611	1143059	1339836	1622123	1996529
沿海主要港口货物吞吐量（万吨）	**Freight Handled at Principal Seaports (10000 tons)**	**6944.17**	**19605.25**	**23602.90**	**27070.06**	**30541.81**	**32687.01**
#福州港	Fuzhou	2425.48	7443.45	6433.32	6702.59	8094.10	7124.79
厦门港	Xiamen	1965.26	4770.76	8117.20	9701.96	11096.28	12728.05
泉州港	Quanzhou	1712.18	4046.16	6215.32	7224.30	7666.34	8455.37
漳州港	Zhangzhou	418.72	2081.31	533.19	631.69	902.26	1202.47
湄州湾港	Meizhouwan	201.34	1050.03	1612.74	1802.26	1542.38	1755.99
宁德港	Ningde	221.19	213.54	691.13	1007.26	1240.45	1420.33

14-3 运输线路长度（年底数）

Length of Transportation Routes,End of Year

单位：公里 (km)

项目 Item	2000	2003	2005	2007	2008	2009	2010
铁路营业长度 Length of Railways in Operation	**1454**	**1467**	**1613**	**1616**	**1618**	**2110**	**2111**
#电气化长度 Electrified Railways	821	892	821	821	821	1496	1498
公路通车里程 Length of Highway	**53506**	**54876**	**58286**	**86926**	**88607**	**89504**	**91015**
#二级以上公路里程 Above Second Class	6121	6762	7829	8329	9263	9852	10327
内河通航里程 Length of Navigable Inland Waterways	**3701**	**3245**	**3245**	**3245**	**3245**	**3245**	**3245**
公路通车里程中 Length of Highways							
干线公路 Main Highways	7894	8321	8892	8965	9723	9926	10357
国道 National Highways	2443	2783	3129	3129	3843	3996	4206
省道 Provincial Highways	5451	5538	5763	5836	5879	5929	6151
县级公路 County Highways	12527	12634	12814	13216	13254	13477	13485
乡镇公路 Village Highways	27101	27936	30579	35154	35369	35604	35676
专用公路 Highway for Special Purpose	5984	5985	6001	466	489	494	486
公路通车里程中 Length of Highways							
等级路里程合计 Total of Expressway and Class Highway	40637	42222	47986	63275	66461	67512	70655
高速公路 Expressway	351	727	1208	1366	1767	1961	2351
一级 First Class	255	312	358	388	509	606	603
二级 Second Class	5515	5723	6262	6575	6988	7285	7373
三级 Third Class	3440	3834	4518	5256	5650	5992	6419
四级 Fourth Class	31076	31626	35640	49690	51547	51669	53910
公路通车里程中 Length of Highways							
晴雨通车里程 Length of Highways in Any Weather	49435	50841	74715	74890	76290	82621	84394
绿化里程 Length of Greened Highways	28068	29058	31010	41891	43885	45090	45906
养护里程 Length of Maintenced Highways	52776	54116	57430	82037	85144	87800	91009

14-4 各类运输工具拥有量（年底数）

Number of Means of Transport, End of Year

项目	Item	2000	2003	2005	2007	2008	2009	2010
公路	**Highway**							
全社会机动车拥有量（辆）	**Number of Motor Vehicles(unit)**	**1954426**	**3298909**	**4198416**	**5482801**	**6005949**	**6546850**	**7246919**
#民用汽车	Automobiles	321278	520751	742611	1143059	1339836	1622123	1996529
#载客汽车	Possenger Vehicles	156890	294034	449592	773989	947323	1192518	1502963
大型	Large-Size		14534	15623	19171	20815	22393	24704
中型	Medium-Size		32526	31203	37642	38216	38913	39736
小型	Small-Size		209701	362861	672830	842699	1081539	1384498
微型	Mini-Size		37273	39905	44346	45593	49673	54025
载货汽车	Trucks	154219	214292	231351	306995	328518	384572	451130
重型	Large-Capacity		9261	16437	25951	27648	51124	64942
中型	Medium-Capacity		49862	40678	49610	48799	47155	47062
轻型	Small-Capacity		117418	147566	213939	238085	274372	329155
微型	Mini-Capacity		37751	26670	17495	13986	11921	9971
水路	**Waterway**							
内河	**Island River**							
客轮	Passenger Vesssel							
艘数（艘）	Number of Passenger Vesssel (unit)	139	254	465	406	397	343	319
载客量（客位）	Passenger Capacity(seat)	7671	12002	15319	12857	9969	9406	9395
货轮	Cargo Vessel							
艘数（艘）	Number of Cargo Vessel(unit)	865	867	830	923	881	771	722
净载重量（吨位）	Payload(ton)	67493	108146	154777	228049	243088	243840	313962
沿海	**Coastal**							
客轮	Passenger Vesssel							
艘数（艘）	Number of Passenger Vesssel (unit)	167	180	212	237	258	254	259
总吨（吨位）	Total Weight(ton)	4527	8666	10706	12870	13499	15823	16617
载客量（客位）	Passenger Capacity(seat)	7221	11350	9764	11577	14016	15463	15259
货轮	Cargo Vessel							
艘数（艘）	Number of Cargo Vessel(unit)	1313	1017	1290	1134	1007	956	952
总吨（吨位）	Total Weight(ton)	787442	1023946	1681411	1844938	1799300	2153466	2593122
净载重量（吨位）	Payload(ton)	1128810	1499915	2736521	3004710	2918380	3445309	4061378
远洋	**Ocean**							
货轮	Cargo Vessel							
艘数（艘）	Number of Cargo Vessel(unit)	190	126	81	72	69	86	91
总吨（吨位）	Total Weight(ton)	384749	512096	543878	465653	513819	710581	818337
净载重量（吨位）	Payload(ton)	589392	704210	769838	673595	799198	1049333	1297002

14-5 主要年份客货平均运距

Average Transport Distance of Passenger and Freight Traffic in Selected Years

单位：公里 (km)

年份 Year	平均运距 Average Transport Distance	铁路 Railway	公路 Highway	水运 Waterway	民用航空 Civil Aviation
旅客运输平均运距 **Average Transport Distance of Passenger**					
1978	45	184	33	21	
1980	44	212	31	27	
1985	38	261	29	29	71
1990	44	309	35	26	897
1995	61	403	41	35	949
1996	62	400	44	32	963
1997	58	429	39	29	967
1998	67	438	47	22	982
1999	73	449	52	20	995
2000	76	501	54	20	1062
2001	79	539	57	17	1045
2002	80	530	57	16	1040
2003	80	528	57	16	1074
2004	82	544	56	15	1095
2005	86	592	59	14	1135
2006	88	570	60	13	1151
2007	92	528	62	13	1187
2008	77	524	49	13	1182
2009	78	497	50	14	1187
2010	84	378	49	15	1196
货物运输平均运距 **Average Transport Distance of Freight**					
1978	151	400	31	166	
1980	125	429	41	188	
1985	122	537	42	280	391
1990	134	547	55	454	964
1995	210	593	62	1051	1062
1996	193	565	58	908	1139
1997	199	603	57	908	1008
1998	220	611	63	993	1145
1999	261	603	84	1021	1086
2000	233	616	77	879	1135
2001	255	586	81	942	1143
2002	260	595	81	935	1132
2003	366	606	81	1320	1167
2004	376	586	83	1275	1214
2005	390	561	86	1232	1254
2006	430	553	89	1324	1279
2007	413	583	91	1281	1296
2008	419	565	126	1124	1326
2009	426	503	126	1251	1327
2010	450	489	127	1321	1339

14-6 主要年份铁路运输情况

Railway Transportation in Selected Years

年份 Year	营业长度（公里） Length of Railways in Operation (km)	旅客发送量（万人） Passenger Traffic (10000 persons)	旅客周转量（亿人公里） Passenger-Kilometers (100 million person/km)	货物发送量（万吨） Freight Traffic (10000 tons)	货物周转量（亿吨公里） Freight Ton-kilometers (100 million ton-km)
1957	644	130	1.77	232	3.64
1962	841	476	8.17	267	12.47
1965	876	376	6.65	602	25.38
1970	876	432	7.56	694	27.97
1975	982	606	10.68	962	35.49
1978	1009	718	13.24	1261	50.40
1979	1009	840	16.20	1318	55.17
1980	1009	986	20.92	1320	56.56
1981	1009	997	23.16	1268	55.54
1982	1006	1102	24.34	1305	64.71
1983	1005	1223	28.44	1334	70.06
1984	1005	1349	32.71	1477	79.98
1985	1006	1349	35.25	1536	82.43
1986	1028	1363	37.18	1486	90.37
1987	1028	1423	40.40	1802	95.69
1988	1028	1551	46.24	1810	97.98
1989	1029	1485	44.49	1892	101.08
1990	1021	1234	38.13	1902	104.01
1991	1015	1235	41.10	1988	113.00
1992	1015	1332	49.01	2064	125.91
1993	1015	1556	62.28	2216	136.04
1994	1024	1685	68.01	2301	140.02
1995	1024	1662	67.05	2456	145.69
1996	1025	1466	58.63	2500	141.18
1997	1068	1401	60.09	2373	143.00
1998	1381	1399	61.25	2325	141.94
1999	1383	1480	66.38	2389	144.09
2000	1454	1428	71.57	2475	152.51
2001	1453	1372	73.90	2813	164.78
2002	1454	1446	76.65	2856	169.96
2003	1467	1417	74.85	3206	194.34
2004	1471	1568	85.30	3739	219.10
2005	1613	1486	87.90	3601	201.95
2006	1613	1730	98.60	3646	201.70
2007	1616	1911	100.98	3595	209.70
2008	1618	2066	108.30	3681	207.80
2009	2110	2083	103.60	3631	182.70
2010	2111	3640	137.70	3765	184.20

14—7 主要年份公路运输情况

Highway Transportation in Selected Years

年份 Year	公路通车里程（公里） Length of Highways (km)	汽车数(辆) Number of Vehicles(set)	客运量（万人） Passenger Traffic (10000 persons)	旅客周转量（亿人公里） Passenger-Kilometers (100 million person/km)	货运量（万吨） Freight Traffic (10000 tons)	货物周转量（亿吨公里） Freight Ton-kilometers (100 million ton-km)
1952	2839	1470	86	0.77	39	0.27
1957	6034	2118	1254	4.70	725	1.69
1962	13243	4872	1096	5.93	840	2.12
1965	14251	6304	2135	8.06	1455	3.30
1970	18136	7490	2195	8.52	1470	3.98
1975	24204	17189	4385	15.77	1972	6.46
1978	29109	26148	6285	20.53	2671	8.20
1979	32112	30611	8115	25.16	2832	9.14
1980	32577	35999	14593	38.54	5548	22.88
1981	32982	39862	17834	46.45	6041	24.54
1982	33827	44316	20197	53.73	6674	28.66
1983	34445	46662	22154	58.90	7633	31.72
1984	35020	50966	26487	72.51	8793	36.07
1985	35987	63062	31355	91.33	10531	44.54
1986	37175	74490	31643	96.04	13965	60.99
1987	38148	83405	32670	111.79	14970	78.65
1988	39124	92218	33955	121.30	16775	90.37
1989	39124	102413	36439	119.69	16276	89.53
1990	41011	110208	36639	128.27	16710	91.12
1991	41745	121247	31683	135.81	8924	74.43
1992	41882	137272	33668	142.47	15832	93.12
1993	43558	166299	37970	150.92	21276	111.48
1994	44608	210404	33916	149.08	23147	135.17
1995	46574	200765	37508	153.48	23444	145.41
1996	47196	201210	40474	177.30	24732	144.17
1997	47680	221208	41212	160.37	24562	139.18
1998	48021	248062	39618	187.37	23979	151.37
1999	50202	278218	38884	201.13	22162	185.35
2000	51073	321278	41696	223.44	22924	175.83
2001	53547	366707	44926	254.37	23193	187.03
2002	54155	436254	46570	264.89	24023	193.96
2003	54876	520751	45483	257.55	23884	193.50
2004	56208	632739	50862	286.52	25964	216.10
2005	58286	742611	52452	309.99	27579	238.25
2006	86560	935410	55713	335.28	29806	266.34
2007	86926	1143059	60088	375.46	34829	317.44
2008	88607	1339831	68409	338.06	38367	483.57
2009	89504	1622123	71586	360.26	40317	507.23
2010	91015	1996529	70714	346.68	45575	578.32

注：2006年及以后年份公路通车里程含村道,以前年份不含村道。

Note: Lengh of Highways in 2006 include village highways, but not the before.

14-8 民用汽车拥有量

项目 Item	民用汽车总计(辆) Total(units)	载客汽车 Passenger Vehicles	大型 Large	中型 Medium	小型 Small	微型 Minicar
1978	26148	5436				
1979	30611	6388				
1980	35999	7803				
1981	39862	9101				
1982	44316	10642				
1983	46662	11750				
1984	50966	14755				
1985	63062	20908				
1986	74490	25125				
1987	83405	27341				
1988	92218	29915				
1989	102413	33722				
1990	110208	37351				
1991	121247	42267				
1992	137272	50379				
1993	166299	63815				
1994	210404	76411				
1995	200765	82319				
1996	201300	87416				
1997	221808	102238				
1998	248062	115711				
1999	278218	129613				
2000	321278	156890				
2001	366707	174359				
2002	436254	226854	13602	31433	150756	31063
2003	520751	294034	14534	32526	209701	37273
2004	632739	354640	15112	32240	268634	38654
2005	742611	449592	15623	31203	362861	39905
2006	935410	601426	17877	35720	504444	43385
2007	1143059	773989	19171	37642	672830	44346
2008	1339836	947323	20815	38216	842699	45593
2009	1622123	1192518	22393	38913	1081539	49673
2010	1996529	1502963	24704	39736	1384498	54025

Possession of Civil Vehicles

载货汽车 Trucks	重型 Heavy	中型 Medium	轻型 Light	微型 Minicar	其他汽车 Other	机动车驾驶员（万人） Number of Motor Drivers (10000 persons)	#汽车 Automobile Drivers
19056					1656	12.93	3.41
22756					1467		
26719					1477	17.81	4.69
29226					1535		
32006					1668		
33012					1900		
34710					1501		
40259					1895	24.39	6.46
47244					2121	33.77	8.90
53716					2348	38.17	10.05
59180					3123	46.10	11.09
63283					5408	49.10	11.96
67320					5537	52.84	12.87
73081					5899	58.13	14.16
81086					5807	64.36	26.31
95476					7008	75.64	32.20
126228					7765	115.40	23.39
111129					7317	143.32	31.84
107480					6404	167.81	44.08
111109					8461	203.33	57.30
125044					7307	228.02	65.31
140924					7681	255.93	73.24
154219					10169	300.43	86.84
172847					19501	282.18	91.50
198201	9808	50210	99815	38368	11199	315.51	104.59
214292	9261	49862	117418	37751	12425	350.54	119.01
221759	16420	41106	130409	33824	56340	379.30	148.29
231351	16437	40678	147566	26670	61668	442.79	176.70
272312	21261	45415	183797	21839	61672	485.50	201.19
306995	25951	49610	213939	17495	62075	537.80	242.62
328518	27648	48799	238085	13986	63995	571.65	248.55
384572	51124	47155	274372	11921	45033	632.89	335.71
451130	64942	47062	329155	9971	42436	692.10	395.26

14-9 私人汽车拥有量

Possession of Private Vehicles

单位：辆

年份 Year	私人汽车（辆） Total(units)	载客汽车 Passenger Vehicles	大型 Large	中型 Medium	小型 Small	微型 Minicar
1985	3610	308				
1986	5736	697				
1987	10869	1579				
1988	17537	3718				
1989	24894	7969				
1990	26786	8826				
1991	38693	11464				
1992	43801	13996				
1993	54632	17609				
1994	70125	21444				
1995	63513	23572				
1996	55805	19519				
1997	67289	26304				
1998	59282	20945				
1999	71788	24743				
2000	151664	64490				
2001	180452	81197				
2002	228318	116503	881	8759	82554	24309
2003	287760	167499	772	8896	128012	29819
2004	341427	217712	580	8422	177408	31302
2005	420734	292894	413	8327	250720	33434
2006	569852	414642	531	9812	367077	37222
2007	775574	564416	639	10879	513874	39024
2008	945292	717899	535	11349	665055	40960
2009	1206193	943872	630	12041	885907	45294
2010	1541509	1225667	720	12662	1162370	49915

14–9 续表

Continued

单位：辆

年份 Year	载货汽车 Trucks	大型 Large	中型 Medium	小型 Small	微型 Minicar	其他汽车 Others
1985	3292					10
1986	5038					1
1987	9286					4
1988	13782					37
1989	16864					61
1990	17940					20
1991	26674					555
1992	29539					266
1993	36642					381
1994	48237					444
1995	39500					441
1996	35938					348
1997	38987					1998
1998	37908					429
1999	46542					503
2000	86256					918
2001	97975					1280
2002	111078	3471	28928	51773	26906	737
2003	119459	3113	27535	62485	26326	802
2004	122833	5661	22336	71715	23121	882
2005	126890	5016	19010	83288	19576	950
2006	153818	6135	21503	109414	16766	1392
2007	179081	7389	23363	134076	14253	32077
2008	196626	7749	22467	154577	11833	30767
2009	234951	11450	22723	190293	10485	27370
2010	290366	15584	23792	241991	8999	25476

14-10 主要年份水路运输情况

Waterway Transportation in Selected Years

年份 Year	内河航运里程（公里） Length of Navigable Inland Waterways (km)	#通航里程 Length of Waterways	客运量（万人） Passenger Traffic (10000 persons)	旅客周转量（亿人公里） Passenger-Kilometers (100 million person/km)	货运量（万吨） Freight Traffic (10000 tons)	货物周转量（亿吨公里） Freight Ton-kilometers (100 million ton-km)
1952	4078		165	0.95	117	1.16
1957	4315		582	2.35	596	4.75
1962	5141		1062	2.87	742	7.06
1965	4723		715	1.51	891	10.79
1970	3726		697	1.51	698	8.97
1975	3793		895	1.91	812	11.78
1978	3629		924	1.96	939	15.43
1979	3857		1040	2.35	999	16.32
1980	3857		1095	2.91	1111	20.90
1981	3857		1179	3.54	993	23.26
1982	3857		1266	3.34	1098	27.02
1983	3857		1237	3.36	1208	30.00
1984	3849		1312	3.28	1209	35.56
1985	3888		1273	3.70	1250	35.00
1986	3888		1401	3.74	1480	44.09
1987	3888		1567	4.07	1458	50.63
1988	3888		1664	3.92	1545	53.59
1989	3888		1646	4.44	1689	79.36
1990	3888		1567	4.02	1708	77.50
1991	3888		1047	2.71	1211	79.72
1992	3888		1174	3.08	1938	128.08
1993	3888		784	3.53	2330	286.26
1994	3888		600	2.41	2996	302.28
1995	3888		649	2.30	3017	317.01
1996	3888		714	2.29	3355	304.57
1997	3725		729	2.13	3555	322.92
1998	3725		728	1.60	3700	367.55
1999	3701		721	1.44	4079	416.48
2000	3701		726	1.44	4078	358.63
2001	3701		680	1.13	4535	427.39
2002	3701		643	1.03	4950	462.62
2003	3955	3245	707	1.11	6324	835.07
2004	3955	3245	897	1.32	7567	964.99
2005	3955	3245	985	1.39	9210	1134.64
2006	3955	3245	1148	1.50	10841	1434.92
2007	3955	3245	1320	1.75	12130	1553.84
2008	3955	3245	1305	1.67	15193	1708.39
2009	3955	3245	1340	1.83	14271	1785.85
2010	3955	3245	1444	2.14	16803	2218.88

注：2003年起货物运输量及货物周转量含厦门远洋总公司，与往年不可比。

Note: Freight traffic and turnover ton-kilometers from 2003 include the data of Xiaman Ocean Company , and are not comparable with that in previous years.

14-11 民用航空情况（1978-2010年）

Basic Statistics of Civil Aviation(1978-2010)

年份 Year	空港数（个） Number of Air Ports (unit)	旅客发送量（万人） Passenger Departing (10000 persons)	货物发送量（万吨） Freight Departing (10000 tons)	旅客周转量（万人公里） Passenger-kilometers (10000 person km)	货物周转量（万吨公里） Freight Ton-kilometers (10000 ton-km)
1978	1	1.15	0.02		
1979	1	1.10	0.04		
1980	1	1.94	0.06		
1981	2	3.12	0.08		
1982	2	5.11	0.11		
1983	3	5.50	0.18		
1984	2	6.66	0.29		
1985	2	7.00	0.11	500	43
1986	2	18.94	0.28	1300	300
1987	2	32.61	0.54	31200	500
1988	2	45.55	0.69	44500	800
1989	2	51.55	0.82	50400	900
1990	2	55.49	0.83	49800	800
1991	2	72.90	1.06	70800	1100
1992	2	108.68	1.54	106100	1700
1993	3	155.20	2.27	155400	2400
1994	3	214.60	2.79	210600	2600
1995	3	261.50	4.71	248200	5000
1996	3	301.20	5.82	289799	6627
1997	4	316.10	5.81	305534	6856
1998	4	301.96	6.49	295519	7432
1999	4	327.85	7.20	326223	7816
2000	4	353.25	5.84	375163	6700
2001	4	414.56	6.30	433095	7200
2002	4	475.51	7.62	494742	8623
2003	4	490.61	7.84	526763	9146
2004	5	623.24	8.78	682610	10655
2005	5	692.19	10.09	785426	12655
2006	5	778.50	10.96	896084	14017
2007	5	924.92	12.15	1097429	15742
2008	5	961.89	12.41	1137307	16458
2009	5	1112.39	12.66	1320686	16770
2010	5	1356.10	15.81	1622300	21200

14-12 主要年份沿海港口货物吞吐量

Freight Handled at Principal Seaports in Selected Years

单位：万吨 (10000 tons)

年份 Year	总计 Total	福州港 Fuzhou	厦门港 Xiamen	泉州港 Quanzhou	宁德港 Ningde	湄州湾港 Meizhouwan	漳州港 Zhangzhou	吞吐总量指数(以1950年为100) Index(1950=100)
1952	56.68	32.00	5.76	6.50	5.00	7.42		169.6
1957	165.96	85.87	54.87	9.60	8.38	7.24		496.7
1962	135.14	49.33	48.68	13.49	5.56	18.08		404.5
1965	239.87	57.75	110.53	34.10	10.20	27.29		718.0
1970	211.23	59.26	102.94	25.37	9.91	13.75		632.2
1975	284.26	120.00	104.27	23.26	20.33	16.40		850.8
1978	408.13	172.04	120.44	29.54	18.75	22.11		1174.5
1980	685.40	208.89	164.87	31.30	25.60	19.77		1802.2
1981	761.05	217.98	162.28	25.36	26.49	17.85		1841.8
1982	816.44	259.87	190.44	21.54	28.26	21.77		2110.7
1983	869.55	311.15	200.02	24.29	29.31	22.06		2294.2
1984	943.46	347.00	250.52	23.36	30.36	22.38		2623.7
1985	1114.09	357.15	290.97	26.02	51.53	31.60	61.84	2813.8
1986	1159.90	442.46	203.89	38.04	44.39	33.52	107.90	3241.8
1987	1303.36	439.61	417.01	42.24	46.36	40.79	105.63	3565.0
1988	1396.79	445.36	457.12	60.01	43.67	57.88	124.34	3785.0
1989	1614.99	597.90	499.45	59.78	47.71	59.58	135.90	4833.9
1990	1496.50	560.89	519.11	52.65	49.27	27.55	115.60	4479.2
1991	1706.38	725.07	581.87	125.28	97.64	41.26	130.04	5107.4
1992	1862.12	720.51	661.07	217.27	46.53	92.75	120.24	5573.5
1993	2679.09	939.66	940.39	469.54	111.53	57.23	153.47	8018.8
1994	3002.33	914.39	1166.50	558.06	139.68	82.12	125.47	8986.3
1995	3460.80	1098.89	1313.87	680.47	137.94	99.65	116.61	10358.6
1996	3959.00	1248.00	1553.00	804.00	138.00	86.00	130.00	11849.7
1997	4485.00	1371.00	1754.00	1006.00	124.00	78.00	151.00	13424.1
1998	4518.00	1288.00	1639.00	1111.00	183.00	108.00	189.00	13522.9
1999	5285.00	1481.00	1773.00	1521.00	182.00	136.00	192.00	15818.9
2000	6944.17	2425.48	1965.26	1712.18	221.19	201.34	418.72	20785.1
2001	8278.42	2961.29	2098.91	2102.08	261.00	320.80	534.34	24778.7
2002	10200.62	3906.72	2734.51	2122.85	185.38	480.41	770.75	30532.2
2003	12495.48	4753.07	3403.88	2511.53	141.78	600.16	1085.06	37401.1
2004	15834.76	5938.63	4261.37	3093.82	184.17	836.04	1520.73	47396.1
2005	19605.25	7443.45	4770.76	4046.16	213.54	1050.03	2081.31	58681.8
2006	23687.61	8847.82	7792.07	5134.93	447.00	1301.11	164.68	70901.0
2007	23602.90	6433.32	8117.20	6215.32	691.13	1612.74	533.19	70647.5
2008	27070.06	6702.59	9701.96	7224.30	1007.26	1802.26	631.69	81025.2
2009	30541.81	8094.10	11096.28	7666.34	1240.45	1542.38	902.26	91416.7
2010	32687.01	7124.79	12728.05	8455.37	1420.33	1755.99	1202.47	97806.7

注：2006年开始由于港区调整，漳州港所属部分港区划归厦门港。

Note:Since 2006, change by the seaports, which some of Zhangzhou seaports divided to Xiamen Seaports.

14-13 主要年份邮电通信业务情况

Basic Conditions of Postal and Telecommunication Services in Selected Years

年份 Year	邮电业务总量（亿元） Business Volume of Post and Telecommunications Service (100 million yuan)	邮政业务总量（亿元） Business Volume of Post (100 million yuan)	电信业务总量（亿元） Business Volume of Telecommunications Service (100 million yuan)	函件（万件） Number of Letters Delivered (10000 piece)	本地电话用户（万户） Number of Fixed Telephone Subscribers at Year-end (10000 household)	移动电话用户（万户） Mobile Phones Users (10000 household)
1952	0.13			1780.8	0.60	
1957	0.26			5278.4	1.25	
1965	0.60			8039.3	3.24	
1970	0.60			6736.8	3.19	
1975	0.86			8449.3	4.46	
1978	1.01			8789.7	5.88	
1980	1.22			11508.9	6.57	
1981	1.35			11910.6	6.86	
1982	1.40			11941.1	7.28	
1983	1.53			12142.4	7.84	
1984	1.72			13172.9	8.83	
1985	2.08			15239.9	10.14	
1986	2.31			16057.5	11.15	
1987	2.80			17483.5	11.07	
1988	3.72			18972.2	14.45	
1989	5.42			17714.5	17.91	
1990	7.32			16227.8	22.82	
1991	9.51			16842.5	29.04	
1992	14.69			20412.5	42.75	
1993	24.22			25632.2	75.00	
1994	36.48			28359.0	117.73	
1995	52.75	4.26	48.50	31567.9	168.65	15.50
1996	73.02	4.85	68.17	32858.1	219.26	35.65
1997	99.52	5.62	86.98	30292.7	285.51	77.82
1998	131.84	6.59	125.25	29511.0	347.46	142.20
1999	179.93	7.98	171.95	24980.3	436.25	281.29
2000	246.34	10.22	236.12	24163.2	562.70	441.00
2001	194.43	17.71	176.72	23832.2	750.28	619.97
2002	257.49	19.49	238.00	26959.3	937.10	792.04
2003	318.24	22.36	295.88	28166.2	1124.87	965.00
2004	426.76	22.62	404.14	26223.9	1266.00	1134.00
2005	519.76	25.61	494.15	22878.9	1398.53	1302.00
2006	633.04	27.93	605.11	30463.5	1485.53	1538.91
2007	787.79	29.24	758.55	25445.0	1482.00	1809.00
2008	883.43	32.65	850.78	26671.0	1431.00	2368.00
2009	995.77	35.66	960.11	25991.0	1245.00	2639.00
2010	1194.20	35.98	1158.22	25198.6	1046.00	3022.00

14-14 邮电业务总量(1995-2010年)

Business Volume of Postal and Telecommunication Services(1995-2010)

年份 Year	邮电业务总量（亿元） Business Volume of Post and Telecommunications Service (100 million yuan)	电信业务总量（亿元） Business Volume of Telecommu- nication Services (100 million yuan)	特快专递（万件） Express Mail Services (10000 piece)	集邮业务（万枚） Stamp Collection Business(10000 pcs)	互联网用户（万户） Internet Service Users (10000 household)	固定电话交换机容量（万户） Capacity of Telephone Exchanges (10000 household)
1995	52.75	48.50				353
1996	73.02	68.17				396
1997	99.52	86.98				453
1998	131.84	125.25	315.20	13050.82	3.85	547
1999	179.93	171.95	582.14	13308.40	13.10	655
2000	246.34	236.12	701.38	11007.97	70.70	808
2001	194.43	176.72	743.80	8871.11	183.29	1048
2002	257.49	238.00	543.01	7775.50	253.57	1182
2003	318.24	295.88	682.10	5409.86	298.08	1445
2004	426.76	404.14	789.39	5569.77	285.44	1671
2005	519.76	494.15	898.36	4375.56	600.21	1813
2006	633.04	605.11	1040.60	4364.30	760.83	1959
2007	787.79	758.55	1250.00	4379.70	876.00	1941
2008	883.43	850.78	1663.90	4509.00	1240.00	1973
2009	995.77	960.11	2063.00	4196.80	1640.00	1942
2010	1194.20	1158.22	2566.00	3526.30	2388.00	1807

注：2004年起固定电话交换机容量含小灵通交换机。2005年起互联网用户含移动分组数据用户。

14-15 主要年份邮电通信条件

Condition of Postal and Telecommunication Services in Selected Years

年份 Year	邮路单程长度（公里） Length of Postal One-way Route (km)	农村投递路线（公里） Rural Delivery Routes (km)	长途电话业务电路（路） Long-distance Telephone Lines(line)	年份 Year	邮路单程长度（公里） Length of Postal One-way Route (km)	农村投递路线（公里） Rural Delivery Routes (km)	长途电话业务电路（路） Long-distance Telephone Lines(line)
1952	34224		126	1994	125534	72991	19969
1957	65092		178	1995	123874	72627	52622
1962	53188	20442	345	1996	132759	73640	40786
1965	33228	81199	326	1997	139623	73513	58830
1970	13227	85211	387	1998	140781	73755	88937
1975	12057	93305	565	1999	139511	74786	112368
1978	11143	92814	696	2000	138037	74340	181255
1980	12463	88884	773	2001	135521	75111	143927
1985	38159	69553	1390	2002	138195	79411	162694
1986	49104	69527	1657	2003	136627	78661	404340
1987	54867	70167	2206	2004	142804	79186	503304
1988	53525	70779	2824	2005	136434	81607	800640
1989	73624	70757	3778	2006	137001	85590	988590
1990	102316	71005	5436	2007	136176	89950	1349850
1991	96348	71239	7332	2008	151200	88314	2877480
1992	105386	71931	10298	2009	225977	88940	3662370
1993	111069	72170	13496	2010	219893	89432	4380000

注：本表长途电话业务电路2004年起包括固定长途电话、移动长途电话、长途数据通信的电路、出租给其他运营商使用的电路。

Note:In this table,the data of long-distance telephone lines from 2004 include fixed long-distance telephone,mobile long-distance telephone,long-distance data telepcommunication lines and that rent to other operators.

14-16 邮政局所技术经济指标

The Technical and Economic Indicators of Post Office

项目	Item	2002	2003	2004	2005	2006	2007	2008	2009	2010
邮电局数（所）	Telecommunication Post Bureau(unit)	1626	1635	1661	1628	1596	1507	1451	1430	1423
#邮政局	post Office	67	67	67	67	67	67	67	68	68
邮政支局	Postal Branches	992	933	926	923	927	929	921	909	910
自办邮政所	Self-managing Post Office	143	153	148	142	178	174	171	138	136
代办所	Agency Post Office	423	481	519	496	424	337	292	315	309
邮政报刊图书销售点（处）	Newspapers and Books Outlets(unit)	1447	1455	1417	1282	1213	1239	1347	1359	1268
集邮品销售点（处）	Stamp Collecting Outlets(unit)	159	176	189	156	154	140	794	731	123
邮政储蓄点（处）	Postal Savings(unit)	791	789	788	790	842	849	869	740	809
邮路总条数（条）	The Total Number of Postal Route(unit)	849	815	753	720	721	742	782	854	938
邮政汽车总数（辆）	The Total Number of Postal Cars(unit)	1390	1396	1494	1523	1651	1906	2048	1938	1944
商函制作系统（套）	The Total Number of Business Letters Making System(sets)	69	69	68	68	68	67	69	70	70

主要统计指标解释

铁路营业里程　又称营业长度(包括正式营业和临时营业里程)，指办理客货运输业务的铁路正线总长度。凡是全线或部分建成双线及以上的线路，以第一线的实际长度计算复线、站线、段管线、岔线和特殊用途线以及不计算运费的联络线都不计算营业里程。该指标可以反映铁路运输业基础设施的发展水平，也是计算客货周转量、运输密度和机车车辆运用效率等指标的基础资料。

铁路电气化里程　指在全部铁路营业里程中已安装了供电线路及设备，可以供电力机车牵引列车运行的区段的总里程。

铁路自动、半自动闭塞里程　指装有列车自动或人工完成闭塞状态的铁路设备里程。为保证列车安全运行，在一个区间、同一时间内，一般只允许一列列车运行，这种保证列车在这个区间安全间隔运行的技术方法称为“闭塞”。自动或半自动闭塞里程占铁路营业里程的比重是反映铁路现代化的重要标志之一。

公路里程　指在一定时期内实际达到《公路工程［WTBZ］技术标准 JTJ01-88》规定的等级公路，并经公路主管部门正式验收交付使用的公路里程数。包括大中城市的郊区公路以及通过小城镇街道部分的公路里程和桥梁、渡口的长度，不包括大中城市的街道、厂矿、林区生产用道和农业生产用道的里程。两条或多条公路共同经由同一路段，只计算一次，不得重复计算里程长度。该指标可以反映公路建设的发展规模，也是计算运输网密度等指标的基础资料。

民用航空航线里程　指民航运输定期班机飞行的航线长度的总和。航线长度按机场之间的距离计算，通常有两种计算方法：一是将每条航线长度相加称为重复计算航线里程;一是将两线或两条以上航线经过同一区段里程，只计算一次航线长度称为不重复计算航线里程。一般常用的是后者，该指标可以确切反映民航运输网的规模，是表明民航事业为国民经济服务和方便人民生活程度的主要指标。

输油(气)管道长度　也称输油(气)里程，指油品(或天然气)的实际输送距离，一般按输油(气)管道的单线长度计算。若包括复线和备用线长度则称为输油(气)管道延展长度，是指管道铺设的实际长度。我们通常使用的是不包括复线的“输油(气)管道里程”，该指标可以反映管道运输的发展规模和水平。

货(客)运量　指在一定时期内，各种运输工具实际运送的货物(旅客)数量。该指标是反映运输业为国民经济和人民生活服务的数量指标，也是制定和检查运输生产计划、研究运输发展规模和速度的重要指标。货运按吨计算，客运按人计算。货物不论运输距离长短、货物类别，均按实际重量统计。旅客不论行程远近或票价多少，均按一人一次客运量统计；半价票、小孩票也按一人统计。

货(客)运密度　指在一定时期内某种运输方式在营运线路的某一区段平均每公里线路通过的货物(旅客)运输周转量。计算公式为:

货(客)运密度=Σ货物(旅客)周转量/营业线路长度

该指标可以反映交通运输线路上的货物(旅客)运输量运输繁忙程度，是平衡运输线路运输能力和通过能力，规划线路建设及改造、配备技术设备，研究运输网布局的重要依据。

货物(旅客)周转量　指在一定时期内，由各种运输工具运送的货物(旅客)数量与其相应运输距离的乘积之总和。该指标可以反映运输业生产的总成果，也是编制和检查运输生产计划，计算运输效率、劳动生产率以及核算运输单位成本的主要基础资料。计算货物周转量通常按发出站与到达站之间的最短距离，也就是计费距离计算。计算公式为:

货物(旅客)周转量= 货物(旅客)运输量×运输距离

铁路货车平均静载重　指铁路货车在始发站静止状态下平均每车装载的货物重量，用以分析货车完成装车时车辆载重力的利用情况。计算公式为:

货车平均静载重=货物发送吨数/装车数

静载重的多少取决于运送货物的性质、种类、车辆的类型和装载技术的高低。根据货车的平均标记载重与静载重进行对比，可以反映货车载重能力的利用程度。计算公式为:

货车载重力利用率(%)=(货车平均静载重/货车平均标记载重)×100%

铁路货运机车日产量　指在一定时期内，平均每台货运机车在一昼夜内所完成的总重吨公里数，包括载运货物的重量和车辆本身的自重。该指标从时间和牵引能力两方面反映了机车运用效率。计算公式为:

货运机车平均日产量=货运总重吨公里数/货运机车台日数

民用汽车拥有量 指报告期末，在公安交通管理部门按照《机动车注册登记工作规范》，已注册登记领有民用车辆牌照的全部汽车数量。汽车拥有量统计的主要分类: 根据汽车结构分为载客汽车、载货汽车及其他汽车; 根据汽车所有者不同分为个人(私人)汽车、单位汽车; 根据汽车的使用性质分为营运汽车、非营运汽车和特种汽车; 根据汽车大小规格不同载客汽车分为大型、中型、小型和微型，载货汽车分为重型、中型、轻型和微型。

邮电业务总量 指以价值量形式表现的邮电通信企业为社会提供各类邮电通信服务的总数量。邮电业务量按专业分类包括函件、包件、汇票、报刊发行、邮政快件、特快专递、邮政储蓄、集邮、公众电报、用户电报、传真、长途电话、出租电路、无线寻呼、移动电话、分组交换数据通信、出租代维等。计算方法为各类产品乘以相应的平均单价(不变价)之和，再加上出租电路和设备、代用户维护电话交换机和线路等的服务收入。该指标综合反映了一定时期邮电业务发展的总成果，是研究邮电业务量构成和发展趋势的重要指标。计算公式为:

邮电业务总量= Σ(各类邮电业务量×不变单价)+ 出租代维及其他业务收入= 邮电业务总量+电信业务总量

移动电话用户 指通过移动电话交换机进入移动电话网、占用移动电话号码的各类电话用户。包括签约用户和智能网预付费用户。一个移动电话号码统计为一户。

本地电话用户 指接入本地电信运营商固定电话网上的电话用户。包括: 住宅用户、单位用户、公用电话用户等。按电话用户位置又分为市内电话用户和农村电话用户。1997 年以前，“市内电话用户”是指接入县城及县以上城市的电话网上的电话用户; “农村电话用户”是指接入县邮电局农话台及县以下农村电话交换点，以县城为中心(除市话用户外)联通县、乡(镇)、行政村、村民小组的用户。从 1997 年起，电话用户数分组调整为以用户所在区域划分为“城市电话用户”和“乡村电话用户”，与过去的按市内电话和农村电话划分方法不同。而电话用户总数、电话机总部数统计范围不变。

城市电话用户 指直辖市、省辖市、地级市、县级市的市区、市郊区及县城(包括县人民政府所在地的县城关区或行政建制相当于县人民政府所在地的镇)范围内接入局用交换机的电话用户数，包括分布在农村地区的独立工矿区、林区、驻军等电话用户数。

乡村电话用户 指按行政区划属于城市范围以外的乡(镇)、村的电话用户数。

住宅电话用户 指安装在居民住宅或农民家里并按照住宅电话用户登记注册和收费的电话用户。包括私人付费、单位付费和按规定免费安装的住宅电话用户。

长途电话交换机容量 指用于接入长途电话网的电话交换机设备的额定容量，包括国际电话交换机容量。局用交换机容量指安装在电信运营企业内用于接续本地固定电话的电话交换机容量，包括现用和备用的人工或自动交换机的全部容量。不包括用户交换机容量。

移动电话交换机容量 指移动电话交换机根据一定话务模型和交换机处理能力计算出来的最大同时服务用户的数量。

Explanatory Notes on Main Statistical Indicators

Length of Railways in Operation refers to the total length of the trunk line under passenger and freight transportation (including both full operation and temporary operation). The calculation is based on the actual length of the first line even if this line has a full or partial double track or more tracks, excluding double tracks, station sidings, tracks under the charge of stations, branch lines, special-purpose lines and the non-payable connecting lines. The length of railways in operation is an important indicator to show the development of the infrastructure for the railway transport, and also the essential data to calculate volume of passenger freight transport, traffic density and utilization efficiency of the locomotives and carriages.

Length of Electrified Railways refers to the length of the section of railways in operation in which the power supply lines and other equipment are installed for the running of electrified locomotives. The proportion of the length of electrified railways to the total length of railways in operation is an important indicator to show the modernization of railways.

Automatic-blocking and Semi-automatic-blocking Length of Railways refer to length of railways installed with equipment to perform automatic or manual blocking of trains. Blocking is a spacing technique by which a section of the railway only allows one train to pass at a time in the aim of ensuring the traffic safety. the proportion of automatic/semi-automatic blocking length to the total length of railways in operation is an important indicator to show the modernization of railways.

Length of Highways refers to the length of highways which are built in conformity with the grades specified by the highway engineering standard formulated by the Ministry of Communications, and have been formally checked and accepted by the departments of highways and put into use. The length of highways includes that of the suburb highways at large and medium sized cities, highways passing through streets at small cities and towns, and also the length of bridges and ferries. It does not include the length of streets in big and medium-sized cities and highways built for the production purpose at factories, mines, forest areas and agricultural areas. If two or more highways go the same section of the way, the length of the section is only calculated for once and no duplication is allowed. The length of highways is an important indicator to show the development of the highway construction and to provide essential information to calculate the transport network density.

Length of Civil Aviation Routes refers to the length of all routes for regular civil aviation flights. There are usually two ways to calculate the distance between airports connected by the route length: One is to put the length of all air routes together, called duplicated calculation of the length of the routes; the other is not to allow the duplication in calculation when two or more routes passing the same section of aviation routes. The latter is usually used, as it can precisely show the size of the civil aviation network and indicate the extent of civil aviation serving the national economy and the people.

Length of Oil (Gas) Pipelines used as an indicator to show the development, scale and level of the pipeline transportation, it refers to the actual transport distance of oil (or gas) products, and is in general calculated in the length of single pipeline. If the length of the double pipelines and alternate pipeline are included, it is called the extension length of the oil (gas) pipelines, which indicates the actual length of the pipelines built, excluding double pipelines.

Freight (Passenger) Traffic refers to the volume of freight (passenger) transported with various means within a specific period of time. This indicator reflects the service of the transport industry towards the national economy and people's living conditions, as well as an important indicator used in formulating and monitoring transport production plans and research into the scale and pace of transport development. Freight transport is calculated in tons and passenger traffic is calculated in terms of number of persons. Freight transport is calculated in terms of the actual weight of the goods and takes no account of the type of freight and distance of travel. Passenger traffic is calculated by the principle that one person can be counted only once in one trip and takes no account of the travelling distance and ticket price. The passengers who travel with a half price ticket or a child's ticket is also calculated as one person.

Freight (Passenger) Traffic Density refers to the freight (passenger) traffic volume carried by a particular means of transportation during a given period through one kilometer of a specific section of transportation route. The formula is as follows:

Freight (Passenger) Traffic Density =[Freight Ton-kilometers (Passenger-kilometers)] / (Length of Rout e in Operation)

Measuring unit: ton-kilometer / kilometer (or person-kilometer/ kilometer)

Freight (passenger) traffic density reflects the degree of business of freight (passenger) traffic on transportation routes, and therefore provides important information for balancing transport cap ability, planning const ruction and up grading of transport routes and studying t he distribution of transport network.

Freight Ton-kilometers (Passenger-kilometers) refer to the sum of the products of the volume of transported cargo (passengers) multiplying by the transport distance. It is an important indicator to reflect the achievement of transportation industry. Normally, the shortest distance between the departure station and the destination station (i.e., the payable distance) is the basis to calculate the freight ton-kilometers. This is an import ant indicator to show the total results of the transport industry, to prepare and examine the transport plan and to measure the efficiency, the lab our productivity and t he unit cost of transport.The formula is as follows:

Freight Ton-kilometers (Passenger-kilometers) =∑[Freight(Passenger) Traffic×Distance of Transportation]

Static Load of Freight Cars refers to the average cargo weight as loaded by each freight car under the static condition at the departure station. It is used to show the utilization extent of the loading capacity of the freight cars. The formula is:

Static Load (ton) of Freight Car= (Tonnage of Goods Dispatched)/ (Number of Freight Cars Loaded)

The static load of freight cars is determined by the nature and type of goods loaded, the type of vehicles, and the technique of loading. The difference between the average marked load and the static load of freight cars reflects the utilization of loading capacity of freight cars. For its calculation the following formula is app lied:

Utilization Rate of Capacity of Freight Cars(%)=[(Average Static Load)× 100%] / (Average Marked Load)

Average Daily Haul of Freight Locomotives refers to the average total ton-kilometers accomplished by each freight transport locomotive over day and night during a given period of time. It includes both the weight of the goods carried and the deadweight of the train itself. It is a comprehensive indicator reflecting the locomotive efficiency in terms of both time and the pulling force.

Average Daily Haul of Freight Transport Locomotive (ton kilometer)=[(Total Ton/(Kilometers of Freight)) / (Daily Number of Freight Transport Locomotive)

Possession of Civil Motor Vehicles refer to the total numbers of vehicles that are registered and received vehicles' license tags according to the Work Standard for Motor Vehicles Registration formulated by transport management office under department of public security at the end of reference period. They are divided into following categories according to the structure of motor vehicles: passenger vehicles, trucks and others; and private vehicles and vehicles for units use according to ownerships; working vehicles, non-working vehicles and special motor vehicles according to kind of usage; large passenger vehicles, medium passenger vehicles and small passenger vehicles, heavy trucks, light-heavy trucks and light trucks according to sizes of vehicles.

Telecommunications refers to the total amount of post and telecommunication services, expressed in value terms, provided by the post and telecommunications departments for the society. Post and telecommunication services can be classified as letters, parcels, remittance, issue of newspapers and magazines, fast mail service, express mail service, savings deposits, stamps for collection, public and individual telegraph service, facsimiles, long-distance telephone service, leasing of telephone lines, urban paging service, mobile telephone service, data transfer and transmission, etc. The accounting approach is to multiply the service products of all types with their average unit price (constant price) to get sum of business value, plus income from other services such as leasing of telephone lines and equipment, maintenance of telephone switchboards and lines on behalf of customers . This indicator reflects the overall results of post and telecommunications service during a given period, and is important to study the composition of business service and the development of post and telecommunications service.The formula is as follows:

Business Volume of Post and Telecommunications= ∑(Transaction of Post and Telecommunication Service × Constant Price) + Income from Leasing, Maintenance and other Services

Mobile Telephone Subscribers refer to the persons who own mobile telephone numbers and are connected with the mobile telephone communication network through the mobile telephones witch boards, including contracted subscribers and prepaid subscribers for intelligent network. One mobile telephone is taken as a subscriber.

Local Telephone Subscribers refer to subscribers that are connected to the local telecommunication service provider through fix line network, including household subscribers, institutional subscribers and public telephones. They are also classified as city subscribers and rural subscribers according to locations. Before 1997, city subscribers referred to those connected to city telephone networks in county towns and cities, while village subscribers referred to those connected to village telephone stations at and below counties. Since 1997, the classification of telephone subscribers was modified on the basis of physical location of the subscribers as urban telephone subscribers and rural telephone subscribers , which is different from the previous classification of categorizing local telephones and rural telephones , while the definition of total subscribers and total number of telephones remain unchanged.

Urban Telephone Subscribers refer to number of telephone subscribers, located at municipalities, cities under the jurisdiction of province, cities at prefecture level, downtown and suburb of city at county level town and county towns (including country towns where county government located, and towns of count y level according to the administrative organizational system),that are connected to the public line telephone network, including rural mineral area, forest area, military area.

Rural Telephone Subscribers refer to telephone subscribers, located at counties (towns) and villages out side the range of cities according to administrative jurisdiction.

Household Telephone Subscribers refer to telephone sets in stalled in the dwelling units of urban or rural residents, and registered as residence subscribers for payment, including 3 types of payment for the service: private payment, public payment and free service.

Capacity of Long Distance Telephone Exchanges refers to the rated cap a city of telephone exchanges to connect long distance telephone network, including capacity of international telephone exchanges.Capacity of Office Telephone Exchanges refers to the capacity (measured in gate) of telephone exchanges installed in the offices of telecommunication service providers for communication between fixed telephones. It includes the capacity of both manual and automatic exchanges in use and for stand-by purpose, excluding the capacity of subscribers' exchanges.

Capacity of Mobile Telephone Exchanges refers to the capacity of the maximum services provided to subscribers at onetime basing on a certain model and transacting capacity of the mobile telephone exchanges.

第十五篇　批发零售、住宿餐饮和旅游业

Chapter 15　Wholesales, Retail Sales, Hotels,Catering Service and Tourism

资料整理：唐国华 许红琳 刘喆 余新
Datebase Editor:Tanguohua Xuhonglin Liuzhe Yuxin

简 要 说 明

本篇资料的主要内容及来源

本篇资料反映全省国内市场发展情况、批发和零售业、住宿和餐饮业经营情况和旅游业发展情况，主要包括批发和零售业商品流转情况及财务状况、住宿和餐饮业经营情况及财务状况、社会消费品零售总额、旅游业等内容。

本篇资料中限额以上批发和零售业、住宿和餐饮业年报资料，限额以下批发和零售业、住宿和餐饮业专营情况来源于抽样调查，旅游资料来源于省旅游局。

本篇资料由省统计局贸易外经统计处、国家统计局福建省调查总队商业处整理提供。

Brief Introduction

Main Content and Source of Data

Data in this chapter show the development of Fujian's domestic market, wholesale and retail trade, hotels and catering services, mainly including the circulation of commodities in the wholesale and retail trade, the total retail sales of consumer goods and the financial indices of related businesses and tourism etc.

Except the data noted, all data in this chapter are based on the annual report of wholesale, retail, hotels and catering services and periodic statistical statements of 2010.Data on tourism are provided by Fujian Tourism Administration.

Data in this chapter are collected and compiled by the Division of Trade and External Economic Relations Statistics of Fujian Provincial Bureau of Statistics.

15-1 限额以上批发零售与住宿餐饮业企业基本情况

Basic Conditions of Enterprises above Designated Size in Wholesale and Retail Trades,Hotels and Catering Services

项目	Item	2005	2006	2007	2008	2009	2010
法人企业（个）	**Number of Corporation(unit)**	**3107**	**3100**	**3294**	**4470**	**4356**	**4997**
批发和零售业	Wholesale and Retail Trades	2499	2436	2500	3509	3347	3924
住宿和餐饮业	Hotels and Catering Services	608	664	794	961	1009	1073
年末从业人数（人）	**Persons Employed(person)**	**240721**	**244513**	**270562**	**330276**	**396348**	**428095**
批发和零售业	Wholesale and Retail Trades	154735	147294	167761	212781	260311	281238
住宿和餐饮业	Hotels and Catering Services	85986	97219	102801	117495	136037	146857
批发和零售业（亿元）	**Wholesale and Retail Trades (100 million yuan)**						
商品购进总额	Total Goods Purchase	2796.41	3285.98	4619.72	4841.00	5424.41	7707.09
商品销售总额	Total Goods Sales	3051.03	3595.99	4198.44	5743.39	5961.43	8304.12
商品库存总额	Total Goods Inventory	192.07	214.51	285.09	448.67	550.37	657.42
住宿和餐饮业营业收入（亿元）	Total Sales in Hotels and Catering Services	79.36	92.64	114.93	141.38	158.84	197.63

15-2 限额以下批发零售与住宿餐饮业经营情况

Total Value of Enterprises under Designated Size in Wholesale and Retail Trades,Hotels and Catering Services

单位：亿元 (100 million yuan)

项目	Item	2005	2006	2007	2008	2009	2010
批发和零售业	**Wholesale and Retail Trades**						
销售额	Sales	2884.0	3210.2	3703.6	4376.7	5059.9	5630.9
批发额	Wholesale	1408.3	1585.1	1858.5	2221.6	2539.3	2842.1
零售额	Retail Sale	1475.7	1625.1	1845.1	2155.1	2520.6	2788.8
住宿和餐饮业	**Hotels and Catering**						
营业额	Business Revenue	230.0	259.4	310.2	382.7	441.2	494.6
客房收入	From Hotel rooms	8.3	11.0	15.3	18.4	22.4	25.8
餐费收入	From Meals	212.6	237.5	279.0	345.7	397.2	446.2
商品销售收入	From Commodities Income	7.9	9.9	15.4	18.1	21.1	22.1
其他营业收入	From Others	1.2	1.0	0.5	0.5	0.5	0.5

15-3 限额以上批发和零售企业基本情况（2010年）

Basic Conditions of Wholesale and Retail Trades(2010)

项目 Item	法人企业（个） Number of Corporation (unit)	年末从业人员（人） Persons Employed (person)	商品购进额（万元） Total Goods Purchase (10000 yuan)	商品销售额（万元） Sales (10000 yuan)	#批发额（万元） Wholesale (10000 yuan)	期末商品库存额（万元） Inventory at the Year-end (10000 yuan)
合计 **Total**	**3924**	**281238**	**77070897**	**83041155**	**64450270**	**6574172**
批发业 **Wholesale**	**2181**	**122996**	**62849730**	**63747147**	**62151018**	**4878429**
按登记注册类型分 **By Registration Category**						
内资企业 Domestic Funded Enterprises	2104	109479	57450638	60871896	59412335	4547351
国有企业 State-owned Enterprises	179	27543	10887545	11822127	11580116	908768
集体企业 Collective-owned Enterprises	31	2078	306393	331416	314250	57777
股份合作企业 Cooperative Enterprises	9	266	78249	72901	70416	10023
联营企业 Joint Ownership Enterprises	10	284	235085	241703	239986	12699
有限责任公司 Limited Liability Corporations	809	31876	18294642	19364491	19061463	1438956
股份有限公司 Share-holding Corporations Ltd.	43	9311	11496356	12003619	11880547	960465
私营企业 Private Enterprises	990	37097	15675975	16529896	15768822	1142064
其他企业 Other Enterprises	33	1024	476393	505745	496735	16600
港澳台商投资企业 Funds from Hong Kong, Macao and Taiwan	43	8029	1481042	1904006	1787603	114785
外商投资企业 Foreign Funded Enterprises	34	5488	3918051	971244	951080	216293
按行业分 **By Sector**						
农畜产品批发 Wholesale of Farm Crops and Livestock Products	50	1737	915376	975727	969745	249410
食品、饮料及烟草制品批发 Wholesale of Food, Beverages and Tobaccos	209	31835	8510736	9875732	9550300	719210
#米、面制品及食用油批发 Sholesale of Rice, Wheat Products and Rdible Oil	44	4051	1100043	1115186	1078508	139750

15-3 续表1

Continued

项目 Item	法人企业（个） Number of Corporation (unit)	年末从业人员（人） Persons Employed (person)	商品购进额（万元） Total Goods Purchase (10000 yuan)	商品销售额（万元） Sales (10000 yuan)	#批发额（万元） Wholesale (10000 yuan)	期末商品库存额（万元） Inventory at the Year-end (10000 yuan)
烟草制品批发 Wholesale of Tobaccos	20	14253	4736235	5883321	5878217	410281
纺织、服装及日用品批发 Wholesale of Textiles, Garments and Daily Consumer Articles	370	22273	8498351	9734546	9556227	382931
#服装批发 Wholesale of Garments	120	11690	3773423	4511816	4454680	189313
文化、体育用品及器材批发 Wholesale of Culture, Sports Products and Appliances	47	1986	423458	445111	434242	41853
医药及医疗器材批发 Wholesale of Medicines and Medical Appliances	98	7332	1613226	1756347	1664542	168340
矿产品、建材及化工产品批发 Wholesale of Mineral Products, Building Materials and Chemical Products	866	32431	32098096	29681866	29065217	2455612
#煤炭及制品批发 Wholesale of Coal and Its Products	58	1090	1264232	1263879	1248773	75999
石油及制品批发 Wholesale of Petroleum and Its Products	83	8261	7027588	3747347	3479707	308917
金属及金属矿批发 Wholesale of Metal and Metal Mineral	254	10633	15278538	15838090	15699664	1299324
建材批发 Wholesale of Building Materials	211	5156	4180511	4336738	4192386	355160
化肥批发 Wholesale of Chemical Fertilizer	36	2502	687888	680870	644135	160357
机械设备、五金交电及电子产品批发 Wholesale of Machinery, Equipment, Hardware,Transport and Electic Products	343	18328	5083591	5396024	5084758	531633
#汽车、摩托车及零配件批发 Wholesale of Motor Vehicles, Motorcycles and Parts	78	3004	797050	860637	823719	59993
家用电器批发 Whole of Family Electrical Equipments	62	5716	928615	1008554	935383	131270
计算机、软件及辅助设备批发 Wholesale of Computer Software and Supplementary Equipments	54	2610	516586	569927	472325	50343
贸易经纪与代理 Trade Broker and Agent	49	2433	1592488	1662568	1660936	88708
其他批发 Other Wholesale not Classified Elsewhere	149	4641	4114407	4219227	4165051	240733

15-3 续表2

Continued

项目 Item	法人企业（个） Number of Corporation (unit)	年末从业人员（人） Persons Employed (person)	商品购进额（万元） Total Goods Purchase (10000 yuan)	商品销售额（万元） Sales (10000 yuan)	#批发额（万元） Wholesale (10000 yuan)	期末商品库存额（万元） Inventory at the Year-end (10000 yuan)
零售业 **Retail Trade**	**1743**	**158242**	**14221167**	**19294009**	**2299252**	**1695743**
按登记注册类型分 **By Registration Category**						
内资企业 Domestic Funded Enterprises	1671	130117	12415951	14753214	1588909	1436198
国有企业 State-owned Enterprises	69	6172	375559	1013980	267418	17659
集体企业 Collective-owned Enterprises	64	3048	123849	133739	21202	10208
股份合作企业 Cooperative Enterprises	4	131	7769	8451		685
联营企业 Joint Ownership Enterprises	11	461	73543	82380	7091	935
有限责任公司 Limited Liability Corporations	505	51987	5469852	6162845	590079	805147
股份有限公司 Share-holding Corporations Ltd.	44	10740	1470888	2034079	327866	74605
私营企业 Private Enterprises	944	55946	4690960	5104966	367538	515391
其他企业 Other Enterprises	30	1632	203531	212774	7715	11567
港澳台商投资企业 Funds from Hong Kong, Macao and Taiwan	25	11891	963180	884883	16967	157696
外商投资企业 Foreign Funded Enterprises	47	16234	842037	3655912	693376	101849
按行业分 **By Sector**						
综合零售 General Retail	358	64251	3052206	3523698	33315	394069
#百货零售 Retail of Consumer Goods	108	14263	791418	1156573	12057	67195
超级市场零售 Retail of Supermarkets	195	42637	1930771	2040089	4349	277467

15-3 续表3

Continued

项目 Item	法人企业（个） Number of Corporation (unit)	年末从业人员（人） Persons Employed (person)	商品购进额（万元） Total Goods Purchase (10000 yuan)	商品销售额（万元） Sales (10000 yuan)	#批发额（万元） Wholesale (10000 yuan)	期末商品库存额（万元） Inventory at the Year-end (10000 yuan)
食品、饮料及烟草制品专门零售 Retail of Food, Beverages and Tobaccos	109	10293	678600	726114	78264	101568
纺织、服装及日用品专门零售 Retail of Textiles, Garments, Shoes and Hats	91	6953	405884	500641	81694	92921
#服装零售 Retail of Garments	35	3659	191531	243188	57865	66614
文化、体育用品及器材专门零售 Retail of Culture, Sports Products and Equipments	41	5949	487994	514362	181715	79962
#图书零售 Retail of Books	8	4246	328646	340500	168358	48244
医药及医疗器材专门零售 Retail of Medicines and Medical Appliances	70	6086	431634	481156	119648	44124
#药品零售 Retail of Medicines	68	5692	420368	465929	119648	41308
汽车、摩托车、燃料及零配件专门零售 Retail of Motor Vehicles, Motorcycles Fule and Parts	671	43256	6970531	11210314	1614632	581843
#汽车零售 Retail of Motor Vehicles	419	23177	5558372	5982005	463596	521096
机动车燃料零售 Retail of Vehicles Fule	154	17877	1181771	4975127	1127893	29044
家用电器及电子产品专门零售 Retail of Family Electric Equipment and Product	254	14676	1420242	1536313	99820	271926
#家用电器零售 Retail of Family Electric Equipment	168	10343	1057695	1162430	54450	237591
计算机、软件及辅助设备零售 Wholesale of Computer Software and Supplementary Equipments	57	2152	232322	244022	21924	14084
通信设备零售 Retail of Telecommunicate Equipment	24	2061	114838	113530	23288	19074
五金、家具及室内装修材料专门零售 Retail of Hardware, Furniture and Inside Decoration Materials	73	3111	469646	462198	31617	97038
无店铺及其他零售 Retail of No Stores and Others	76	3667	304430	339214	58548	32293

15-4 限额以上批发和零售企业年末资产及负债情况（2010年）

Main Financial Indicators of Wholesale and Retail Trades Corporation Enterprises(2010)

单位：万元 (10000 yuan)

项目 Item	资产总计 Total Assess	#流动资产合计 Total Circulating Funds	固定资产原价 Oringinal Prices of Fixed Assets	负债总计 Total Liabilities	所有者权益合计 Total Creditors Equity
合计 **Total**	**40600129**	**30427655**	**3301194**	**27341222**	**13258907**
批发业 **Wholesale**	**33139424**	**25399888**	**1944068**	**22469369**	**10670055**
按登记注册类型分 **By Type of Registration**					
内资企业 Domestic Funded Enterprises	30526663	23572659	1725631	20855848	9670814
国有企业 State-owned Enterprises	6055540	3813824	806119	2521785	3533755
集体企业 Collective-owned Enterprises	128640	110805	13178	94352	34288
股份合作企业 Cooperative Enterprises	27564	24029	3739	18374	9191
联营企业 Joint Ownership Enterprises	84195	82028	3245	73751	10444
有限责任公司 Limited Liability Corporations	10401446	8440320	478986	7927771	2473675
股份有限公司 Share-holding Corporations Ltd.	5073201	3460170	85091	3587099	1486102
私营企业 Private Enterprises	8192205	7225924	330667	6359602	1832603
其他企业 Other Onterprises	563872	415561	4607	273114	290758
港澳台商投资企业 Funds from Hong Kong, Macao and Taiwan	1131353	950759	51077	702644	428709
外商投资企业 Enterprises with Sole Foreign Investment	1481409	876471	167361	910877	570532
按行业分 **By Sector**					
农畜产品批发 Wholesale of Farm Crops and Livestock Products	663005	545283	81964	520426	142579
食品、饮料及烟草制品批发 Wholesale of Food, Beverages and Tobaccos	4645667	3194237	613064	1917728	2727939

15-4 续表1

Continued

单位：万元 (10000 yuan)

项目 Item	资产总计 Total Assess	#流动资产合计 Total Circulating Funds	固定资产原价 Oringinal Prices of Fixed Assets	负债总计 Total Liabilities	所有者权益合计 Total Creditors Equity
#米、面制品及食用油批发 Sholesale of Rice, Wheat Products and Rdible Oil	527084	437320	52504	428567	98517
烟草制品批发 Wholesale of Tobaccos	2964333	1982792	406579	704158	2260175
纺织、服装及日用品批发 Wholesale of Textiles, Garments and Daily Consumer Articles	4628573	3739408	194239	3108123	1520451
#服装批发 Wholesale of Garments	2359800	2014386	67907	1630280	729520
文化、体育用品及器材批发 Wholesale of Culture, Sports Products and Appliances	196892	148898	24796	121561	75331
医药及医疗器材批发 Wholesale of Medicines and Medical Appliances	925874	816833	51318	659602	266271
矿产品、建材及化工产品批发 Wholesale of Mineral Products, Building Materials and Chemical Products	16493782	12612998	738875	11891629	4602153
#煤炭及制品批发 Wholesale of Coal and Its Products	567965	527897	22718	444167	123799
石油及制品批发 Wholesale of Petroleum and Its Products	2540653	1215604	308821	1297855	1242798
金属及金属矿批发 Wholesale of Metal and Metal Mineral	8247934	6505759	142580	6306096	1941838
建材批发 Wholesale of Building Materials	2889128	2441473	126768	2162850	726278
化肥批发 Wholesale of Chemical Fertilizer	352184	311902	39286	286773	65411
机械设备、五金交电及电子产品批发 Wholesale of Machinery, Equipment, Hardware,Transport and Electic Products	2700389	2358321	124687	2049052	651337
#汽车、摩托车及零配件批发 Wholesale of Motor Vehicles, Motorcycles and Parts	428869	374935	31822	310098	118770
家用电器批发 Whole of Family Electrical Equipments	469376	450225	10036	430524	38853
计算机、软件及辅助设备批发 Wholesale of Computer Software and Supplementary Equipments	332106	269190	13622	164870	167236
贸易经纪与代理 Trade Broker and Agent	843983	641074	49194	627615	216368

15-4 续表2

Continued

单位：万元 (10000 yuan)

项目 Item	资产总计 Total Assess	#流动资产合计 Total Circulating Funds	固定资产原价 Oringinal Prices of Fixed Assets	负债总计 Total Liabilities	所有者权益合计 Total Creditors Equity
其他批发 Other Wholesale not Classified Elsewhere	2041259	1342836	65932	1573633	467626
零售业 Retail Trade	**7460705**	**5027767**	**1357126**	**4871853**	**2588852**
按登记注册类型分 By Type of Registration					
内资企业 Domestic Funded Enterprises	6421371	4428031	1108730	4142833	2278538
国有企业 State-owned Enterprises	183714	125820	38967	114086	69628
集体企业 Collective-owned Enterprises	40665	15026	24557	19306	21359
股份合作企业 Cooperative Enterprises	5151	1843	2193	3105	2046
联营企业 Joint Ownership Enterprises	12601	8127	3617	3667	8934
有限责任公司 Limited Liability Corporations	2553402	1893521	460772	1708467	844935
股份有限公司 Share-holding Corporations Ltd.	1329606	641894	258212	806293	523313
私营企业 Private Enterprises	2220730	1698389	310124	1437044	783686
其他企业 Other Onterprises	75503	43411	10289	50866	24638
港澳台商投资企业 Funds from Hong Kong, Macao and Taiwan	576727	235370	158122	398635	178092
外商投资企业 Enterprises with Sole Foreign Investment	462608	364366	90274	330385	132222
按行业分 By Sector					
综合零售 General Retail	1872140	1181954	462547	1404748	467393
#百货零售 Retail of Consumer Goods	890545	604666	220261	616359	274187

15-4 续表3

Continued

单位：万元 (10000 yuan)

项目 Item	资产总计 Total Assess	#流动资产合计 Total Circulating Funds	固定资产原价 Oringinal Prices of Fixed Assets	负债总计 Total Liabilities	所有者权益合计 Total Creditors Equity
超级市场零售 Retail of Supermarkets	862585	494685	209342	694811	167774
食品、饮料及烟草制品专门零售 Retail of Food, Beverages and Tobaccos	298329	218930	55611	144584	153746
纺织、服装及日用品专门零售 Retail of Textiles,Garments, Shoes and Hats	220918	188016	14402	148055	72863
#服装零售 Retail of Garments	137855	118582	6003	89771	48084
文化、体育用品及器材专门零售 Retail of Culture, Sports Products and Equipments	368830	192223	102849	138502	230328
#图书零售 Retail of Books	276290	130102	99734	99968	176322
医药及医疗器材专门零售 Retail of Medicines and Medical Appliances	216394	165358	35163	149529	66865
#药品零售 Retail of Medicines	211651	161373	34427	146587	65064
汽车、摩托车、燃料及零配件专门零售 Retail of Motor Vehicles, Motorcycles Fule and Parts	3256375	2159364	507180	2084675	1171699
#汽车零售 Retail of Motor Vehicles	2205644	1731454	261243	1530264	675380
机动车燃料零售 Retail of Vehicles Fule	939433	328776	234120	480600	458833
家用电器及电子产品专门零售 Retail of Family Electric Equipment and Product	709658	632434	32553	532929	176729
#家用电器零售 Retail of Family Electric Equipment	540615	491305	23638	418397	122218
计算机、软件及辅助设备零售 Retail of Computer Software and Supplementary Equipment	118926	101687	4684	76877	42049
通信设备零售 Retail of Telecommunicate Equipment	44081	33783	3753	34184	9897
五金、家具及室内装修材料专门零售 Wholesale of Computer Software and Supplementary Equipments	178940	132036	37574	108521	70419
无店铺及其他零售 Retail of No Stores and Others	339121	157454	109247	160311	178810

15-5 限额以上批发和零售企业财务状况（2010年）

Main Financial Indicators of Wholesale and Retail Trades Corporation Enterprises(2010)

单位：万元　(10000 yuan)

项目 Item	主营业务收入 Main Operating Income	主营业务成本 Main Operating Expenses	主营业务税金及附加 Main Operating Tax and Extra Charges	主营业务利润 Profits of Main Business
合计 Total	**75482015**	**70065371**	**327626**	**5037893**
批发业 Wholesale	**61550856**	**57616123**	**266157**	**3629202**
按登记注册类型分 By Type of Registration				
内资企业 Domestic Funded Enterprises	55654552	52351110	260342	2999196
国有企业 State-owned Enterprises	11119992	10022134	172427	920710
集体企业 Collective-owned Enterprises	318956	299570	814	18969
股份合作企业 Cooperative Enterprises	64732	61578	195	2959
联营企业 Joint Ownership Enterprises	220666	212208	77	8272
有限责任公司 Limited Liability Corporations	17487925	16561560	34267	890552
股份有限公司 Share-holding Corporations Ltd.	10837634	10362555	22719	452320
私营企业 Private Enterprises	15135536	14378178	29563	689960
其他企业 Other Onterprises	469112	453327	281	15454
港澳台商投资企业 Funds from Hong Kong, Macao and Taiwan	1660811	1393707	1830	268203
外商投资企业 Foreign Funded Enterprises	4235494	3871307	3984	361804
按行业分 By Sector				
农畜产品批发 Wholesale of Farm Crops and Livestock Products	942105	884844	486	56988
食品、饮料及烟草制品批发 Wholesale of Food, Beverages and Tobaccos	8603538	7484637	178669	936153

15-5 续表1

Continued

单位：万元 (10000 yuan)

项目 Item	主营业务收入 Main Operating Income	主营业务成本 Main Operating Expenses	主营业务税金及附加 Main Operating Tax and Extra Charges	主营业务利润 Profits of Main Business
#米、面制品及食用油批发 Sholesale of Rice, Wheat Products and Rdible Oil	1016162	968266	990	46887
烟草制品批发 Wholesale of Tobaccos	4902589	4041858	166540	694191
纺织、服装及日用品批发 Wholesale of Textiles, Garments and Daily Consumer Articles	9193105	8446627	19555	726810
#服装批发 Retail of Garments	4316473	3943344	4760	368369
文化、体育用品及器材批发 Retail of Culture, Sports Products and Equipments	402905	376518	520	25867
医药及医疗器材批发 Retail of Medicines and Medical Appliances	1536026	1452579	1695	81971
矿产品、建材及化工产品批发 Wholesale of Mineral Products, Building Materials and Chemical Products	30451638	29140993	42624	1230282
#煤炭及制品批发 Wholesale of Coal and Its Products	1159300	1114576	1367	43181
石油及制品批发 Wholesale of Petroleum and Its Products	7219559	6837162	3785	377916
金属及金属矿批发 Wholesale of Metal and Metal Mineral	14089367	13527471	25657	501014
建材批发 Wholesale of Building Materials	3916980	3784228	2224	130545
化肥批发 Wholesale of Chemical Fertilizer	681662	640938	5166	35925
机械设备、五金交电及电子产品批发 Wholesale of Machinery, Equipment, Hardware,Transport and Electic Products	4873606	4504228	7676	361591
#汽车、摩托车及零配件批发 Wholesale of Motor Vehicles, Motorcycles and Parts	774804	734844	642	39337
家用电器批发 Wholesale of Family Electrical Equipments	925927	856790	1116	67860
计算机、软件及辅助设备批发 Wholesale of Computer Software and Supplementary Equipments	545886	469377	2594	73915
贸易经纪与代理 Trade Broker and Agent	1677888	1581686	2593	93091
其他批发 Other Wholesale not Classified Elsewhere	3870047	3744011	12339	116450

15-5 续表2

Continued

单位：万元　　　　(10000 yuan)

项目 Item	主营业务收入 Main Operating Income	主营业务成本 Main Operating Expenses	主营业务税金及附加 Main Operating Tax and Extra Charges	主营业务利润 Profits of Main Business
零售业 **Retail Trade**	**13931159**	**12449248**	**61470**	**1408690**
按登记注册类型分 **By Type of Registration**				
内资企业 Domestic Funded Enterprises	12158554	10956350	51593	1141861
国有企业 State-owned Enterprises	395662	363431	1194	30855
集体企业 Collective-owned Enterprises	121174	107874	393	12471
股份合作企业 Cooperative Enterprises	7335	6509	87	740
联营企业 Joint Ownership Enterprises	74343	69228	117	4998
有限责任公司 Limited Liability Corporations	5433039	4867893	29794	543374
股份有限公司 Share-holding Corporations Ltd.	1320095	1216042	3700	102430
私营企业 Private Enterprises	4609362	4147797	15577	428945
其他企业 Other Onterprises	197545	177578	732	18048
港澳台商投资企业 Funds from Hong Kong, Macao and Taiwan	887882	765667	8190	114024
外商投资企业 Foreign Funded Enterprises	884723	727231	1687	152806
按行业分 **By Sector**				
综合零售 General Retail	3186450	2681257	26664	459803
#百货零售 Retail of Consumer Goods	1010242	835522	11223	162986
超级市场零售 Retail of Supermarkets	1881444	1600284	13454	251021
食品、饮料及烟草制品专门零售 Retail of Food, Beverages and Tobaccos	667578	536831	9636	121112

15-5 续表3

Continued

单位：万元 (10000 yuan)

项目 Item	主营业务收入 Main Operating Income	主营业务成本 Main Operating Expenses	主营业务税金及附加 Main Operating Tax and Extra Charges	主营业务利润 Profits of Main Business
纺织、服装及日用品专门零售 Retail of Textiles, Garments, Shoes and Hats	442749	352922	2732	87017
#服装零售 Retail of Garments	209579	163894	999	44693
文化、体育用品及器材专门零售 Retail of Culture, Sports Products and Equipments	401667	337755	2764	60358
#图书零售 Retail of Books	241538	196168	817	44553
医药及医疗器材专门零售 Retail of Medicines and Medical Appliances	431356	391098	1180	38882
#药品零售 Retail of Medicines	418322	381263	1100	35763
汽车、摩托车、燃料及零配件专门零售 Retail of Motor Vehicles, Motorcycles Fule and Parts	6655637	6233580	12011	420007
#汽车零售 Retail of Motor Vehicles	5322866	4983939	9191	341626
机动车燃料零售 Retail of Vehicles Fule	1109648	1041064	1966	64689
家用电器及电子产品专门零售 Retail of Family Electric Equipment and Product	1375600	1252852	3504	117302
#家用电器零售 Retail of Family Electric Equipment	1040189	949701	2642	86003
计算机、软件及辅助设备零售 Retail of Computer Software and Supplementary Equipments	222773	199900	613	22190
通信设备零售 Retail of Telecommunicate Equipment	98155	90281	231	7614
无店铺及其他零售 Retail of No Stores and Others	355100	298899	1152	55163
五金、家具及室内装修材料专门零售 Wholesale of Computer Software and Supplementary Equipments	415023	364054	1829	49046

15-6 限额以上批发和零售企业主要效益指标（2010年）

Main Indicators Economic Benefit of Whole Sale Enterprises and Retail Trade above Designated Size(2010)

单位：%　　(%)

项目 Item	资产负债率 Assets Liability Rate	销售利润率 Ratio of Profits to Sales Revenue	销售毛利率 Ratio of Gross Profits to Sales Revenue	经营费用率 Ratio of Operating Costs to Total Costs	成本费用利润率 Ratio of Profits to Costs
合计 Total	**67.3**	**6.7**	**7.2**	**4.8**	**2.7**
批发业 Wholesale	**67.8**	**5.9**	**6.4**	**4.0**	**2.6**
按登记注册类型分 By Registration Category					
内资企业 Domestic Funded Enterprises	68.3	5.4	5.9	3.9	2.3
国有企业 State-owned Enterprises	41.6	8.3	9.9	4.6	5.8
集体企业 Collective-owned Enterprises	73.3	5.9	6.1	4.2	2.8
股份合作企业 Cooperative Enterprises	66.7	4.6	4.9	3.2	1.2
联营企业 Joint Ownership Enterprises	87.6	3.7	3.8	3.9	0.4
有限责任公司 Limited Liability Corporations	76.2	5.1	5.3	4.0	1.7
股份有限公司 Share-holding Corporations Ltd.	70.7	4.2	4.4	2.8	2.0
私营企业 Private Enterprises	77.6	4.6	5.0	4.0	0.8
其他企业 Other Enterprises	48.4	3.3	3.4	3.5	0.4
港澳台商投资企业 Funds from Hong Kong, Macao and Taiwan	62.1	16.1	16.1	7.6	9.8
外商投资企业 Enterprises with Sole Foreign Investment	61.5	8.5	8.6	4.7	4.1
按行业分 By Sector					
农畜产品批发 Wholesale of Farm Crops and Livestock Products	78.5	6.0	6.1	6.4	2.3
食品、饮料及烟草制品批发 Wholesale of Food, Beverages and Tobaccos	41.3	10.9	13.0	6.1	6.8

15-6 续表1

Continued

单位：%　　　　(%)

项目 Item	资产负债率 Assets Liability Rate	销售利润率 Ratio of Profits to Sales Revenue	销售毛利率 Ratio of Gross Profits to Sales Revenue	经营费用率 Ratio of Operating Costs to Total Costs	成本费用利润率 Ratio of Profits to Costs
#米、面制品及食用油批发 Sholesale of Rice, Wheat Products and Rdible Oil	81.3	4.6	4.7	5.3	0.8
烟草制品批发业 Wholesale of Tobaccos	23.8	14.2	17.6	6.1	11.2
纺织、服装及日用品批发 Wholesale of Textiles, Garments and Daily Consumer Articles	67.2	7.9	8.1	5.0	3.3
#服装批发 Wholesale of Garments	69.1	8.5	8.6	5.7	4.1
文化、体育用品及器材批发 Wholesale of Culture, Sports Products and Appliances	61.7	6.4	6.5	6.2	0.9
医药及医疗器材批发 Wholesale of Medicines and Medical Appliances	71.2	5.3	5.4	4.5	1.3
矿产品、建材及化工产品批发 Wholesale of Mineral Products, Building Materials and Chemical Products	72.1	4.0	4.3	2.9	1.7
#煤炭及制品批发 Wholesale of Coal and Its Products	78.2	3.7	3.9	3.1	0.9
石油及制品批发 Wholesale of Petroleum and Its Products	51.1	5.2	5.3	3.1	3.2
金属及金属矿批发 Wholesale of Metal and Metal Mineral	76.5	3.6	4.0	2.6	1.5
建材批发 Wholesale of Building Materials	74.9	3.3	3.4	3.2	0.4
化肥批发 Wholesale of Chemical Fertilizer	81.4	5.3	6.0	4.6	1.7
机械设备、五金交电及电子产品批发 Wholesale of Machinery, Equipment, Hardware,Transport and Electic Products	75.9	7.4	7.6	5.4	2.5
#汽车、摩托车及零配件批发 Wholesale of Motor Vehicles, Motorcycles and Parts	72.3	5.1	5.2	3.5	2.0
家用电器批发 Whole of Family Electrical Equipments	91.7	7.3	7.5	6.8	0.7
计算机、软件及辅助设备批发 Wholesale of Computer Software and Supplementary Equipments	49.6	13.5	14.0	11.7	2.3
贸易经纪与代理 Trade Broker and Agent	74.4	5.5	5.7	3.9	2.4

15-6 续表2

Continued

单位：%　　　　(%)

项目 Item	资产负债率 Assets Liability Rate	销售利润率 Ratio of Profits to Sales Revenue	销售毛利率 Ratio of Gross Profits to Sales Revenue	经营费用率 Ratio of Operating Costs to Total Costs	成本费用利润率 Ratio of Profits to Costs
其他批发 Other Wholesale not Classified Elsewhere	77.1	3.0	3.3	2.9	0.9
零售业 **Retail Trade**	**65.3**	**10.1**	**10.6**	**8.4**	**2.9**
按登记注册类型分 **By Registration Category**					
内资企业 Domestic Funded Enterprises	64.5	9.4	9.9	7.9	2.7
国有企业 State-owned Enterprises	62.1	7.8	8.1	6.3	2.8
集体企业 Collective-owned Enterprises	47.5	10.3	11.0	9.0	2.1
股份合作企业 Cooperative Enterprises	60.3	10.1	11.3	7.8	2.7
联营企业 Joint Ownership Enterprises	29.1	6.7	6.9	3.2	3.6
有限责任公司 Limited Liability Corporations	66.9	10.0	10.4	8.3	2.6
股份有限公司 Share-holding Corporations Ltd.	60.6	7.8	7.9	7.4	5.5
私营企业 Private Enterprises	64.7	9.3	10.0	7.7	1.9
其他企业 Other Enterprise	67.4	9.1	10.1	6.6	3.5
港澳台商投资企业 Funds from Hong Kong, Macao and Taiwan	69.1	12.8	13.8	9.1	5.5
外商投资企业 Foreign Funded Enterprises	71.4	17.3	17.8	15.4	3.7
按行业分 **By Sector**					
综合零售 General Retail	75.0	14.4	15.9	13.1	3.0
#百货零售 Retail of Consumer Goods	69.2	16.1	17.3	15.1	4.6

15-6 续表3

Continued

单位：%　　　　(%)

项目 Item	资产负债率 Assets Liability Rate	销售利润率 Ratio of Profits to Sales Revenue	销售毛利率 Ratio of Gross Profits to Sales Revenue	经营费用率 Ratio of Operating Costs to Total Costs	成本费用利润率 Ratio of Profits to Costs
超级市场零售 Retail of Supermarkets	80.5	13.3	14.9	12.8	2.5
食品、饮料及烟草制品专门零售 Retail of Food, Beverages and Tobaccos	48.5	18.1	19.6	11.7	7.2
纺织、服装及日用品专门零售 Retail of Textiles, Garments, Shoes and Hats	67.0	19.7	20.3	15.0	5.9
#服装零售 Retail of Garments	65.1	21.3	21.8	15.3	7.2
文化、体育用品及器材专门零售 Retail of Culture, Sports Products and Equipments	37.6	15.0	15.9	13.3	3.8
#图书零售 Retail of Books	36.2	18.4	18.8	17.2	3.1
医药及医疗器材专门零售 Retail of Medicines and Medical Appliances	69.1	9.0	9.3	7.5	2.5
#药品零售 Retail of Medicines	69.3	8.5	8.9	7.1	2.5
汽车、摩托车、燃料及零配件专门零售 Retail of Motor Vehicles, Motorcycles Fule and Parts	64.0	6.3	6.3	5.0	2.5
#汽车零售 Retail of Motor Vehicles	69.4	6.4	6.4	4.9	1.9
机动车燃料零售 Retail of Vehicles Fule	51.2	5.8	6.2	5.9	5.5
家用电器及电子产品专门零售 Retail of Family Electric Equipment and Product	75.1	8.5	8.9	8.2	1.5
#家用电器零售 Retail of Family Electric Equipment	77.4	8.3	8.7	8.5	1.5
计算机、软件及辅助设备零售 Retail of Computer Software and Supplementary Equipment	64.6	10.0	10.3	6.0	1.7
通信设备零售 Retail of Telecommunicate Equipment	77.5	7.8	8.0	9.2	0.8
五金、家具及室内装修材料专门零售 Retail of Hardware, Furniture and Inside Decoration Materials	60.6	11.8	12.3	9.0	3.3
无店铺及其他零售 Retail of No Stores and Others	47.3	15.5	15.8	11.0	5.5

15-7 亿元以上商品交易市场主要经济指标（2010年）

Statistics on Commodity Markets with Trade over 100 Million Yuan(2010)

项目	Item	市场数（个） Number of Markets (unit)	摊位数（个） Number of Stalls (unit)	营业面积(平方米) Operation Area(sq.m)	市场成交额（万元） Transaction Value (10000 yuan)
总计	**Total**	**159**	**62956**	**3516241**	**13339532**
按经营环境分	**By Operating Circumstance**				
封闭式	Indoor	138	53285	3064802	12182132
露天式	Outdoor	10	5069	102970	896252
其他	Others	11	4602	348469	261148
按营业状态分	**By Operating Status**				
常年营业	Perennial Operation	158	62921	3514941	13316901
季节性营业	Seasonal Operation	1	35	1300	22631
其他	Others				
按经营方式分	**By Operating Mode**				
批发（或以批发为主）	Whole Sale	69	30653	2179228	8895501
零售（或以零售为主）	Retail	90	32303	1337013	4444031
按市场类别分	**By Market Category**				
综合市场	General Markets	63	31936	895012	2589958
生产资料综合市场	Product Materials Markets	1	92	30000	12438
工业消费品综合市场	Industrial Products Consume Markets	4	5520	196060	180893
农副产品综合市场	Agricaltural Products General Markets	46	19546	307256	1310630
其他综合市场	Other Markets	12	6778	361696	1085997
专业市场	and Hats	96	31020	2621229	10749574
生产资料市场	Markets for Food, Beverage, Tobacco	12	2872	630044	3442160
农产品市场	and Liquor	36	10144	692541	1840100
食品饮料及烟酒市场	Medicine and Medical Insurments	6	2729	187500	321553
纺织、服装、鞋贸市场	Markets for Furnitures	12	8212	277768	1935607
日用品及文化用品市场	Markets for Small Commodities	3	819	210160	177038
黄金、珠宝、玉器等首饰市场	Markets for Culture Products, VideoProducts	4	1643	39598	1088625
电器、通讯器材、电子设备市场	Newspapers and Magazines	3	1364	58000	166122
医药、医疗用品及器材市场	Markets for Second Hand	1	35	1300	22631
家具、五金及装饰材料市场	Markets for Mechanically-propelled Vehicles	9	2067	375347	813058
汽车、摩托车及零配件市场	Markets for Metal Materials	6	597	97960	732349
花、鸟、鱼、虫市场	Markets for Coal	2	415	32405	63601
旧货市场	Markets for Wood	2	123	18606	146730
其他专业市场	Other Markets				

15-8 亿元以上商品交易市场成交情况（2010年）

Transaction Value of Commodity Markets with Trade over 100 Million Yuan by Region(2010)

项目	Item	出租摊位数（个）Number of Stalls (unit)	市场成交额（万元）Transaction Value (10000 yuan)
总计		**55388**	**13339532**
食品、饮料、烟酒类	Food,Beverages,Tobaccos and Liguor	28459	3839668
食品类	Foods	25638	3357914
饮料类	Beverages	2270	341131
烟酒类	Tobacco and Liquor	551	140623
服装、鞋帽、针纺织品类	Garments,shoes,Caps and Textiles	12636	2297851
#服装类	Clothing	10667	1823935
鞋帽类	Shoes and Hats	983	94274
针纺织品类	Knitwear and Textiles	986	379642
化妆品类	Cosmetics	114	15678
金银珠宝类	Gold,Silver and Jewelry	1761	1094876
日用品类	Articles for Daily Use	1870	290744
#洗涤用品类	Washing Articles	417	99025
儿童玩具类	Children Toys	72	9454
五金、电料类	Hardware and Electrical Materials	746	147421
体育、娱乐用品类	Sports and Recreation Articles	56	1915
书报杂志类	Newspapers and Magazines	10	89
电子出版物及音像制品类	E-journal and Video Products	55	4249
家用电器和音像器材类	Household Appliances and Video Appliances	630	80187
中西药品类	Traditional Chinese and Western Medicines	131	26453
#西药类	Western Medicines	14	575
中草药及中成药类	Chinese Herbal Medicine and Mid-product Medicine	104	23783
文化办公用品类	Cultural and Official Goods	1008	115207
家具类	Furniture	371	44274
通讯器材类	Communication Appliances	229	15377
煤炭及制品类	Coal and Related Products		
木材及制品类	Wood and Wooden Products	383	47147
石油及制品类	Petroleum and Related Products	2	49
化工材料及制品类	Raw Chemical Materials	379	58151
金属材料类	Metal Materrials	346	1945121
建筑及装潢材料类	Building and Decoration Materials	2957	1923637
机电产品及设备类	Mechanical and Electrical Products and Equipment	106	6007
#农机类	Agriculture Machinery		
汽车类	Vehicles	579	732349
种子饲料类	Seed and Feedstuff	197	231228
棉麻类	Cotton and Ramie		
其他类	Others	2363	421854

15–9 限额以上批发和零售业商品销售数量（2010年）

Volume of Sales of Enterprises above Designated Size of Wholesale and Retail Trades(2010)

项目	Item	限额以上批发零售业商品销售数量 Volume of Sales	
		销售量 Volume of Sales	指数（以上年为100） Indice(preceding year=100)
粮食(千克)	Grain(kg)	3668530728	202.6
食用植物油(千克)	Edible Vegetable Oil(kg)	332982133	116.6
猪及猪肉(千克)	Pork(kg)	73053826	113.7
牛及牛肉(千克)	Beef(kg)	2064388	193.1
羊及羊肉(千克)	Mutton(kg)	742660	195.7
鲜蛋（千克）	Eggs(kg)	14178443	139.5
鲜奶（千升）	Milk(1000L)	7785695	18.4
卷烟(百支)	Cigarette(100 cases)	1797201522	104.8
酒(升)	Artides(L)	1588183039	81.9
服装(百件)	Clothing(100 piece)	13155352	112.9
鞋(百双)	Shoes	23511378	86.7
数码相机(台)	Numeral Camera(unit)	147881	87.6
数码摄像机(台)	Numeral Pickup Camera(unit)	18733	116.5
彩色电视机(台)	Television Set(unit)	1749854	136.4
微型计算机(台)	Personal Computer(unit)	1922946	161.5
家用电冰箱(台)	Household Refrigerator(unit)	1496629	145
家用洗衣机(台)	Household Washing Machine(unit)	1120655	164.9
房间空调器(台)	Room Air Conditioner(unit)	3116838	199.5
微波炉(台)	Micro-Oven(unit)	791955	160.1
移动电话机(部)	Mobile Phone(unit)	5510020	107.7
煤炭(吨)	Coal(ton)	24388541	144.7
木材(立方米)	cut wood(cu.m)	786108	161.7
汽油(吨)	Gasoline(ton)	77719821	245
柴油(吨)	Diesel Oil(ton)	84310654	195.4
化学肥料(吨)	Chemical Fertilizer(ton)	2696207	156
化学农药(吨)	Chemical Pesticide(ton)	364611	119.2
农用塑料薄膜(吨)	Agricultural Plastic Film(ton)	1456	126.2
钢材(吨)	Steel Products(ton)	21720354	155.6
铜(吨)	Copper(ton)	193154	91.5
铝(吨)	Aluminum(ton)	23151	128.9
水泥(吨)	Cement(ton)	4641767	91.7
摩托车(辆)	Motorcycles(unit)	214903	113.7
自行车（辆）	Bicycles(unit)	75082	140.3
农业机械（台）	Agricultural Machine(unti)	88728	105.1
汽车(辆)	Motor Vehicle(unit)	744104	121.5
#轿车(辆)	Car(unit)	544568	128.2

15-10 限额以上住宿业企业基本情况（2010年）

Basic Conditions of Enterprises above Designated Size in Hotels(2010)

项目	Item	法人企业（个） Number of Corporation (unit)	年末从业人员（人） Persons Employed (person)	床位数（个） Number of Beds at the year- end (unit)	餐位数（位） Number of seats at the year- end
住宿业	**Hotels**	**521**	**76651**	**111187**	**212674**
按登记注册类型分	**By Registration Category**				
内资企业	Domestic Funded Enterprises	441	56187	86026	164279
国有企业	State-owned Enterprises	92	13898	22765	33836
集体企业	Collective-owned Enterprises	11	512	1330	1570
股份合作企业	Cooperative Enterprises	9	1169	1957	3150
联营企业	Joint Ownership Enterprises	4	1425	1408	1836
有限责任公司	Limited Liability Corporations	102	13861	23598	38100
股份有限公司	Share-holding Corporations Ltd.	8	957	1574	3184
私营企业	Private Enterprises	207	23297	32369	79837
其他企业	Other Enterprises	8	1068	1025	2766
港澳台商投资企业	Funds from Hong Kong, Macao and Taiwan	46	12541	15761	30562
外商投资企业	Foreign Funded Enterprises	34	7923	9400	17833
按行业分	**By Sector**				
旅游饭店	Tourism Hotel	399	66613	91776	179031
一般饭店	General Hotel	104	8338	16300	27907
其他住宿服务	Other Hotel	18	1700	3111	5736

15-11 限额以上餐饮业企业基本情况（2010年）

Basic Conditions of Enterprises above Designated Size in Catering Services(2010)

项目	Item	法人企业（个） Number of Corporation (unit)	年末从业人员（人） Persons Employed (person)	年末餐饮营业面积（平方米） Operation Area (sq.m)	餐位数（位） Number of seats at the year- end
餐饮业	**Catering Services**	**552**	**70206**	**1025694**	**306187**
按登记注册类型分	**By Registration Category**				
内资企业	Domestic Funded Enterprises	496	52092	844503	251304
#国有企业	State-owned Enterprises	25	3113	80909	26623
集体企业	Collective-owned Enterprises	8	555	8607	2170
有限责任公司	Limited Liability Corporations	82	9320	146655	35239
股份有限公司	Share-holding Corporations Ltd.	4	471	6980	2914
私营企业	Private Enterprises	351	37087	572266	176455
其他企业	Other Enterprises	25	1426	27186	7723
港澳台商投资企业	Funds from Hong Kong, Macao and Taiwan	32	7292	93429	28264
外商投资企业	Foreign Funded Enterprises	24	10822	87762	26619
按行业分	**By Sector**				
正餐服务业	Dinner	512	55323	910062	263403
快餐服务业	Snack	20	13711	102948	38585
饮料及冷饮服务业	Drink and Cold Drink	5	143	2350	804
其他餐饮服务业	Other	15	1029	10334	3395

15-12 限额以上住宿业和餐饮业企业经营情况（2010年）

Basic Conditions of Enterprises above Designated Size in Hotels and Catering Services(2010)

单位：万元　　(10000 yuan)

项目	Item	营业额 Business Revenue	客房收入 From Hotel Rooms	餐费收入 From Meals	商品销售额 From Commodities Income	其他收入 From Others
合计	**Total**	**1976261**	**440846**	**1383938**	**73578**	**77898**
住宿业	**Hotels**	**941500**	**389201**	**443726**	**41918**	**66656**
按登记注册类型分	**By Registration Category**					
内资企业	Domestic Funded Enterprises	624286	261758	301596	18168	42765
国有企业	State-owned Enterprises	176963	85070	80757	710	10426
集体企业	Collective-owned Enterprises	6821	2654	2451	18	1698
股份合作企业	Cooperative Enterprises	11467	3272	5898	1503	795
联营企业	Joint Ownership Enterprises	30302	13196	14467		2639
有限责任公司	Limited Liability Corporations	155508	80139	61408	1818	12142
股份有限公司	Share-holding Corporations Ltd.	8607	2761	4777	9	1059
私营企业	Private Enterprises	223677	71373	126473	12211	13620
其他企业	Other Enterprises	10942	3291	5366	1900	385
港澳台商投资企业	Funds from Hong Kong, Macao and Taiwan	206976	80554	92188	21915	12319
外商投资企业	Foreign Funded Enterprises	110239	46889	49942	1836	11572
按行业分	**Bye Sector**					
旅游饭店	Tourism Hotel	829422	339028	389764	40982	59649
一般饭店	General Hotel	93527	42436	45577	830	4683
其他住宿服务	Other Hotel	18552	7736	8385	106	2324
餐饮业	**Catering Services**	**1034760**	**51645**	**940212**	**31660**	**11242**
按登记注册类型分	**By Registration Category**					
内资企业	Domestic Funded Enterprises	736617	39279	659643	29748	7947
#国有企业	State-owned Enterprises	37853	7223	29736	784	109
集体企业	Collective-owned Enterprises	7020	111	4386	2461	64
有限责任公司	Limited Liability Corporations	98440	12436	84601	665	737
股份有限公司	Share-holding Corporations Ltd.	4284	352	3811	120	
私营企业	Private Enterprises	567412	18685	516546	25567	6615
其他企业	Other Enterprises	19729	471	18685	151	423
港澳台商投资企业	Funds from Hong Kong, Macao and Taiwan	131074	2934	125157	879	2105
外商投资企业	Foreign Funded Enterprises	167070	9432	155413	1034	1190
按行业分	**Bye Sector**					
正餐服务业	Dinner	811598	50731	720907	29005	10955
快餐服务业	Snack	201215		201215		
饮料及冷饮服务业	Drink and Cold Drink	3010		2931	72	8
其他餐饮服务业	Other	18937	914	15160	2584	279

15-13 限额以上住宿和餐饮业企业年末资产及负债情况（2010年）

Main Financial Indicators of Hotels and Catering Sevices Corporation Enterprises(2010)

单位：万元 (10000 yuan)

项目	Item	资产总计 Total Assess	流动资产合计 Total Circhlating Funds	固定资产原价 Oringinal Prices of Fixed Assets	负债总计 Total Liabilities	所有者权益合计 Total Creditors Equity
合计	**Total**	**2916008**	**971840**	**1853244**	**1669196**	**1246812**
住宿业	**Hotels**	**2224880**	**702351**	**1500482**	**1279501**	**945379**
按登记注册类型分	**By Registration Category**					
内资企业	Domestic Funded Enterprises	1368971	432539	888743	692268	676703
国有企业	State-owned Enterprises	447092	97152	357685	164638	282454
集体企业	Collective-owned Enterprises	7621	1899	7971	3957	3665
股份合作企业	Cooperative Enterprises	25491	6241	20103	8331	17159
联营企业	Joint Ownership Enterprises	61311	20122	57296	19899	41413
有限责任公司	Limited Liability Corporations	433622	168392	218786	283324	150297
股份有限公司	Share-holding Corporations Ltd.	17887	6664	12630	7070	10817
私营企业	Private Enterprises	365432	126793	207552	195435	169997
其他企业	Other Enterprises	10515	5275	6721	9613	902
港澳台商投资企业	Funds from Hong Kong, Macao and Taiwan	564104	163488	370935	424724	139380
外商投资企业	Foreign Funded Enterprises	291806	106324	240803	162510	129296
按行业分	**By Sector**					
旅游饭店	Tourism Hotel	2056888	648110	1389147	1174671	882217
一般饭店	General Hotel	125151	41860	79309	75915	49236
其他住宿服务	Other Hotel	42841	12381	32026	28916	13926
餐饮业	**Catering Services**	**691128**	**269489**	**352762**	**389695**	**301433**
按登记注册类型分	**By Registration Category**					
内资企业	Domestic Funded Enterprises	457250	175436	221806	234794	222456
#国有企业	State-owned Enterprises	43955	15038	28041	21820	22135
集体企业	Collective-owned Enterprises	4065	2551	2780	1321	2744
有限责任公司	Limited Liability Corporations	148058	49471	67313	102893	45165
股份有限公司	Cooperative Enterprises	4764	1281	928	542	4222
私营企业	Private Enterprises	245117	102400	115328	102971	142146
其他企业	Other Enterprises	9200	2690	7240	4944	4256
港澳台商投资企业	Enterprises with Funds from Hong Kong, Macao and Taiwan	100791	48387	52908	77586	23205
外商投资企业	Enterprises with Sole Foreign Investment	133086	45667	78048	77314	55772
按行业分	**By Sector**					
正餐服务业	Dinner	581224	233979	298075	310727	270496
快餐服务业	Snack	91341	25705	46408	67904	23437
饮料及冷饮服务业	Drink and Cold Drink	558	357	227	148	410
其他餐饮服务业	Other	18005	9448	8053	10915	7090

15-14 限额以上住宿和餐饮业企业主要财务指标（2010年）

Main Financial Indicators of Hotels and Catering Sevices Corporation Enterprises(2010)

单位：万元　　(10000 yuan)

项目	Item	主营业务收入 Main Operating Income	主营业务成本 Main Operating Expenses	主营业务税金及附加 Main Operating Tax and Extra Charges	主营业务利润 Profits of Main Business
合计	**Total**	**1958960**	**848322**	**108389**	**966836**
住宿业	**Hotels**	**930964**	**333687**	**52348**	**541562**
按登记注册类型分	**By Registration Category**				
内资企业	Domestic Funded Enterprises	617073	235823	36756	341128
国有企业	State-owned Enterprises	172059	48137	9657	113695
集体企业	Collective-owned Enterprises	7292	3767	491	3033
股份合作企业	Cooperative Enterprises	11664	5645	823	5196
联营企业	Joint Ownership Enterprises	30302	11935	1666	16701
有限责任公司	Limited Liability Corporations	155038	51161	8777	93846
股份有限公司	Share-holding Corporations Ltd.	8604	3960	664	3980
私营企业	Private Enterprises	220737	106979	14146	98070
其他企业	Other Enterprises	11378	4239	532	6607
港澳台商投资企业	Funds from Hong Kong, Macao and Taiwan	203724	69847	9881	123996
外商投资企业	Foreign Funded Enterprises	110166	28017	5710	76438
按行业分	**By Sector**				
旅游饭店	Tourism Hotel	820694	290948	46142	480446
一般饭店	General Hotel	91922	35376	5075	51262
其他住宿服务	Other Hotel	18348	7363	1131	9854
餐饮业	**Catering Services**	**1027996**	**514635**	**56041**	**425274**
按登记注册类型分	**By Registration Category**				
内资企业	Domestic Funded Enterprises	733900	395322	41611	295412
#国有企业	State-owned Enterprises	37894	19653	1772	16068
集体企业	Collective-owned Enterprises	6574	3521	390	2663
有限责任公司	Limited Liability Corporations	98456	51804	5554	41098
股份有限公司	Share-holding Corporations Ltd.	4304	2466	280	1538
私营企业	Private Enterprises	565369	304018	32525	227694
其他企业	Other Enterprises	19425	12858	910	5658
港澳台商投资企业	Funds from Hong Kong, Macao and Taiwan	130691	66769	5879	58043
外商投资企业	Foreign Funded Enterprises	163406	52544	8551	71820
按行业分	**By Sector**				
正餐服务业	Dinner	807297	426471	45557	333044
快餐服务业	Snack	198561	74397	9704	84359
饮料及冷饮服务业	Drink and Cold Drink	3010	1977	75	958
其他餐饮服务业	Other	19127	11790	704	6914

15-15 限额以上批发和零售业连锁企业基本经营情况（2010年）

Basic Conditions of Enterprises above Designated Size of Wholesale and Retail Trades(2010)

项目	Item	连锁总店数（个） Number of Head Chain Stores (unit)	年末门店数（个） Number of Stores (unit)	直营店（个） Regular Chain (unit)	加盟店（个） Franchi-se (unit)	年末营业面积（平方米） Operation Area (sq.m)	年末从业人员（人） Persons Employ (person)	商品销售总额(万元) Total Sales (10000 yuan)
总计	**Total**	**125**	**2942**	**2579**	**363**	**4572330**	**64479**	**7072575**
批发业	Wholesale	3	32	32		23814	1303	36159
零售业	Retail Trade	122	2910	2547	363	4548516	63176	7036417
按登记注册类型分	**Grouped by Status of Registration**							
内资企业	Domestic Funded Enterprises	111	1877	1683	194	1934438	34047	3156996
#国有企业	State-owned Enterprises	12	357	242	115	124270	3318	618384
有限责任公司	Limited-Liability Corporations	44	582	535	47	607766	12511	970208
股份有限公司	Share Holding Corporations Ltd.	14	343	343		691001	4527	975491
私营企业	Private Enterprises	39	581	549	32	501948	13200	583722
港澳台商投资企业	Enterprises with Funds from HongKong,Macao,TaiWan	4	428	264	164	1794950	22527	1454909
外商投资企业	Foreign Funded Enterprises	10	637	632	5	842942	7905	2460670

15-16 限额以上住宿和餐饮业连锁企业基本经营情况（2010年）

Basic Conditions of Enterprises above Designated Size in Hotels and Catering Services(2010)

项目	Item	连锁总店数（个） Number of Head Chain Stores (unit)	连锁门店数（个） Number of Stores (unit)	直营店（个） Regular Chain (unit)	加盟店（个） Franchise (unit)	营业面积（平方米） Operation Area (sq.m)	年末从业人员（人） Persons Employed (person)	营业收入（万元） Total Sales (10000 yuan)
总计	**Total**	**16**	**764**	**287**	**477**	**180662**	**26314**	**377840**
住宿业	Hotels							
餐饮业	Catering Services	16	764	287	477	180662	26314	377840
按登记注册类型分	**Grouped by Status of Registration**							
内资企业	Domestic Funded Enterprises	11	571	94	477	100643	15621	227893
#国有企业	State-owned Enterprises	2	8	8		8192	385	4166
有限责任公司	Limited-Liability Corporations	2	132	6	126	3597	718	5857
私营企业	Private Enterprises	7	431	80	351	88854	14518	217870
港澳台商投资企业	Enterprises with Funds from HongKong, Macao,TaiWan and Foreign	3	65	65		29456	2957	49698
外商投资企业	Foreign Funded Enterprises	2	128	128		50563	7736	100249

15-17 主要年份社会消费品零售总额

Total Retail Sales of Consumer Goods in Selected Years

单位：亿元　　(100 million yuan)

年份 Year	社会消费品零售总额 Total Retail Sale of Consumer Goods	
	数值 Vaule	比上年增长(%) Ratio(%)
1952	5.54	17.6
1957	10.70	0.5
1962	13.96	18.1
1965	16.03	2.9
1970	16.91	-0.9
1975	23.68	8.3
1978	30.56	11.9
1979	35.92	17.6
1980	45.47	26.6
1981	51.47	13.2
1982	56.77	10.3
1983	62.59	10.3
1984	74.50	19.0
1985	96.04	28.9
1986	109.07	13.6
1987	126.06	15.6
1988	173.74	37.8
1989	202.30	16.4
1990	207.74	2.7
1991	230.99	11.2
1992	289.38	25.3
1993	374.10	29.3
1994	504.66	34.9
1995	645.47	27.9
1996	801.67	24.2
1997	950.78	18.6
1998	1089.59	14.6
1999	1198.55	10.0
2000	1320.80	10.2
2001	1442.32	9.2
2002	1593.76	10.5
2003	1797.76	12.8
2004	2062.03	14.7
2005	2351.72	14.0
2006	2717.62	15.6
2007	3212.34	18.2
2008	3866.69	20.4
2009	4480.99	15.9
2010	5310.03	18.5

15-18 入境游客人数(1979-2010年)

Foreign Tourists(1979-2010)

单位：人次 (person-time)

年份 Year	合计 Total	#外国人 Foreigner	台湾同胞 Compatriots from Taiwan	港澳同胞 Compatriots from Hong Kong and Macao	#香港同胞 Compatriots from Hong Kong
1979	115214	37522	59	77633	
1980	135059	43724	119	91216	
1981	173351	50498	874	121979	
1982	177835	52130	1670	124035	
1983	211529	69628	6832	135069	
1984	270443	82996	6654	180793	
1985	355748	102190	8593	244965	
1986	362320	126183	8709	227428	
1987	410821	135488	15693	259640	
1988	522082	110338	145838	265906	
1989	504594	81734	209491	213369	
1990	707903	105374	362815	239714	
1991	686023	141137	282003	262883	
1992	816076	182252	333290	300534	
1993	880344	211919	348037	320388	
1994	844503	228404	272194	343905	
1995	906406	256940	251509	397957	
1996	1045658	311861	271798	461999	
1997	1173932	360091	312767	501074	
1998	1217795	373884	355626	488285	
1999	1356042	409035	414622	532385	
2000	1613349	497466	477894	637989	
2001	1634841	465152	494211	675478	598004
2002	1848214	528015	571668	748531	685742
2003	1497164	459448	475220	562496	517123
2004	1728997	629173	491526	608298	565927
2005	1973894	723621	589373	660900	608059
2006	2298960	791160	740232	767568	706215
2007	2687453	1007969	801587	877897	799571
2008	2931908	986440	984761	960707	894813
2009	3120348	978350	1234255	907743	841895
2010	3681353	1152748	1569186	959419	879506

注：2000年起合计项含接待海外一日游游客人数。

Note:The data of total from 2000 include the foreign tourists of one day.

15−19 接待游客人数及旅游收入(1979−2010年)

Number of Tourists and Exchange Earnings(1979-2010)

年份 Year	入境旅游人数（人次） Number of International Tourists(person-time)	#外国人 Foreigners	国际旅游外汇收入（万美元） Foreigners Exchange Earnings(10000 USD)	国内旅游人数（万人次） Domestic Tourists (10000 person-time)	国内旅游收入（亿元） Domestic Tourism Earnings (100 million yuan)	国内游客人均花费（元） Domestic Per Capita Expenditure (yuan)
1979	115214	37522				
1980	135059	43724				
1981	173351	50498				
1982	177835	52130				
1983	211529	69628				
1984	270443	82996				
1985	355748	102190				
1986	362320	126183				
1987	410821	135488				
1988	522082	110338				
1989	504594	81734				
1990	707903	105374				
1991	686023	141137				
1992	816076	182252				
1993	880344	211919				
1994	844503	228404				
1995	906406	256940				
1996	1045658	311861	55486			
1997	1173932	360091	61373	1900	110	579
1998	1217795	373884	65109	2100	146	695
1999	1356042	409035	72536	2513	190	756
2000	1613349	497466	89382	2942	231	785
2001	1634841	465152	94202	3322	268	806
2002	1848214	528015	110022	3931	333	848
2003	1497164	459448	91487	3711	311	839
2004	1728997	629173	106507	4643	463	996
2005	1973894	723621	130529	5684	578	1017
2006	2298960	791160	147100	6779	694	1023
2007	2687453	1007969	216918	8041	838	1042
2008	2931908	986440	239353	8562	852	995
2009	3120348	978350	259900	9706	955	984
2010	3681353	1152748	297824	11417	1135	994

15-20 入境外国游客人数

Number of Foreign Tourists Arrivals by Country

单位：人次 (Person-time)

国别(地区) Country (Region)	2000	2003	2005	2007	2008	2009	2010
合计 Total	**497466**	**459448**	**723621**	**1007969**	**986440**	**978350**	**1152748**
亚洲小计 Total of Asia	**324260**	**305427**	**478130**	**574289**	**542845**	**529576**	**554661**
#日本 Japan	97816	114150	163198	197874	177721	168590	169913
菲律宾 Philippines	31974	18180	30668	32575	36423	33945	36655
新加坡 Singapore	83667	63463	79658	102495	107705	107241	95030
泰国 Thailand	4960	6797	23093	24953	15689	15954	12967
印度尼西亚 Indonesia	15748	9125	16840	22186	24293	25058	38728
马来西亚 Malaysia	69303	47426	78826	87114	87610	80810	94515
美洲小计 Total of Amercia	**66832**	**103579**	**151136**	**300153**	**299379**	**298552**	**426759**
#美国 United Kingdom	59256	94995	136804	259249	256119	255031	373081
加拿大 Canada	5727	6501	11275	30006	32526	33189	43576
欧洲小计 Total of Europe	**29824**	**38951**	**75692**	**101928**	**108267**	**112566**	**132425**
#英国 United Kingdom	5174	7283	11832	19576	17122	19401	24050
法国 France	3494	4363	9233	12817	12387	12881	15152
德国 German,FR	6887	10235	17644	18209	19718	24535	27639
意大利 Italy	3080	3549	8414	11536	12721	13121	15623
俄罗斯 Russia	1626	1608	3063	4140	4990	5108	8027
大洋洲小计 Total of Oceanic	**5845**	**8174**	**12485**	**20614**	**22482**	**23666**	**26010**
#澳大利亚 Australia	4587	6683	10195	16652	16076	16937	20125
新西兰 New Zealand	663	1215	1606	2743	3594	3775	5036
非洲小计 Total of Africa	**2185**	**3317**	**6178**	**10985**	**13467**	**13991**	**12895**

15-21 国内旅游人数及旅游收入

Number of Domestic Tourists and Exchange Earnings

项目　Item	2000	2003	2005	2007	2008	2009	2010
国内旅游者人数（万人次）Total Number of Domestic Tourist (10000 person-time)	**2942.00**	**3711.00**	**5683.92**	**8041.12**	**8562.19**	**9706.41**	**11417.07**
住宿设施接待人数 In Hotel	2010.00	1700.00	3556.00	4746.83	4678.00	5045.56	5902.00
居民家庭接待人数 In Household	262.00	297.00	373.36	430.44	447.57	519.79	599.81
一日游游客人数 For One Day	670.00	1714.00	1754.56	2863.85	3436.62	4141.06	4915.26
国内旅游收入（亿元）Domestic Tourism Receipts(100 million yuan)	**230.80**	**311.47**	**578.03**	**838.17**	**851.62**	**955.18**	**1135.07**
外省游客消费 Consumption of Tourists from Other Provinces	143.70	151.95	320.91	444.66	415.12	532.65	655.16
本省多日游游客消费 Consumption of Tourists Inside the Province	77.20	115.98	208.87	311.32	335.12	290.02	342.28
一日游游客消费 Consumption of Tourists for One Day	9.90	43.54	48.25	82.19	101.38	132.51	137.63

15-22 国内游客消费构成

Consumption Composition of Domestic Tourists

单位：%　　(%)

项目　Item	2000	2003	2005	2007	2008	2009	2010
交给旅行社 Fees Paid to Tour Agencies	12.3	11.6	14.4	12.7	9.8	13.0	11.5
长途交通 Long Distance Transportation	13.3	15.3	14.3	17.8	17.6	17.2	24.0
住宿 Accommodation	19.2	15.3	12.6	12.8	12.3	12.9	17.1
餐饮 Food	14.1	11.8	11.6	12.3	12.9	13.2	12.5
购物 Shopping	16.5	13.6	16.6	17.5	18.3	17.4	17.0
游览 Visiting	5.6	6.5	6.8	6.8	8.1	7.2	5.9
娱乐 Entertainment	5.5	4.4	5.0	5.3	5.7	6.0	5.1
市区交通 Transport within the City	3.0	2.8	2.5	2.7	2.9	3.0	2.3
邮电通讯 Postal and Telecommunications	2.0	1.9	1.8	1.8	2.4	1.9	1.2
其他 Other	8.5	16.8	14.4	10.3	10.0	8.1	3.4

15-23 国内游客构成

Composition of Domestic Tourists

单位：% (%)

项目 Item	2000	2003	2005	2007	2008	2009	2010
按性别分 By Sex							
男 Male	65.1	61.3	59.3	56.0	55.9	55.7	57.0
女 Female	34.9	38.7	40.7	44.0	44.1	44.3	43.0
按年龄分 By Age							
14岁以下 14 and under	1.3	1.4	1.5	2.3	1.3	1.4	0.9
15-24岁 Aged 15-24	26.9	23.6	25.6	21.8	22.2	19.4	18.8
25-44岁 Aged 25-44	48.8	50.7	50.9	46.7	48.3	52.4	54.9
45-59岁 Aged 45-59	18.1	18.4	17.7	22.6	22.0	21.2	20.4
60岁以上 60 and over	4.9	5.9	4.3	6.6	6.1	5.5	5.0
按旅游目的分 By Aim of Tourist							
休闲观光渡假 Sightseeing and Holiday	44.0	36.3	52.0	50.3	52.5	50.2	54.2
探亲访友 Visiting Relatives and Friends	12.3	11.0	13.1	16.5	15.6	16.5	10.7
公务 Offical	15.4	13.9	11.8	10.7	11.4	11.3	13.9
经商 Bussiness	11.1	9.9	8.1	7.1	5.9	6.3	7.5
会议 Meeting	4.7	3.9	4.4	3.5	3.3	4.0	6.1
医疗 Medical Care	0.9	1.4	0.9	1.1	0.8	1.1	0.7
宗教朝拜 Religious Worship	2.8	2.5	1.9	2.3	1.5	1.7	1.6
文化科技交流 Exchange of Culture, Science and Technology	2.5	2.5	1.6	2.0	1.6	1.8	1.2
其他 Others	6.3	18.6	6.2	6.6	7.5	7.2	4.0
按出游方式分 By Mode							
单位组织 Organized by Unit	20.9	23.5	20.8	19.2	16.6	18.4	24.4
旅行社 Travel Agency	10.3	9.5	13.2	12.8	9.9	12.5	13.8
个人亲友结伴 Relatives and Friends as Accompaniers	60.0	58.1	58.6	59.1	66.2	61.3	52.2
其他 Others	8.8	8.9	7.4	8.9	7.3	7.9	9.6

15-24　各设区市国际旅游外汇收入

Foreign Exchange Earnings from International Tourism by City

单位：万美元　　(USD 10000)

地区	Area	2000	2003	2005	2007	2008	2009	2010
福州市	Fuzhou	22173	23890	27266	59868	65750	77400	84299
厦门市	Xiamen	29920	30153	55233	71880	81865	90194	108552
莆田市	Putian	3476	1547	2585	4138	5153	7290	12922
三明市	Sanming	79	31	541	691	2267	2249	2034
泉州市	Quanzhou	25428	30116	37728	49398	65980	64771	66737
漳州市	Zhangzhou	2902	1033	1400	22469	11653	12685	15455
南平市	Nanping	4792	4626	5434	8129	6268	4775	6680
龙岩市	Longyan	427	52	277	253	289	429	983
宁德市	Ningde	186	39	65	110	128	106	162

15-25　各设区市入境游客人数

Number of Foreign Tourists by City

单位：人次　　(Person-time)

地区	Area	2000	2003	2005	2007	2008	2009	2010
福州市	Fuzhou	300269	316762	308883	589373	639375	629314	698607
厦门市	Xiamen	494920	549895	803144	932158	1045309	1281907	1551864
莆田市	Putian	103103	70159	110665	127449	142555	155384	184737
三明市	Sanming	3037	1021	9776	15201	26566	27430	29018
泉州市	Quanzhou	485788	395018	535381	601586	630776	626721	770457
漳州市	Zhangzhou	49886	24789	42089	186738	192709	219382	247469
南平市	Nanping	162104	134909	153595	220957	237520	160688	173400
龙岩市	Longyan	8961	2553	7969	10264	12845	16410	22417
宁德市	Ningde	5281	2058	2392	3727	4253	3112	3384

主要统计指标解释

社会消费品零售总额 指批发和零售业、住宿和餐饮业以及其他行业直接售给城乡居民和社会集团的消费品零售额。其中，对居民的消费品零售额，是指售予城乡居民用于生活消费的商品金额；对社会集团的消费品零售额，是指售给机关、社会团体、部队、学校、企事业单位、居委会或村委会等，公款购买的用作非生产、非经营使用与公共消费的商品金额。社会消费品零售总额包括：售给城乡居民作为生活消费用的商品和修建房屋用的建筑材料的金额，以及售给来华的外国人、华侨、港澳台同胞的消费品金额；售给社会集团用作非生产、非经营使用与公共消费的商品金额。

商品购进额 指从本企业以外的单位和个人购进（包括从国外直接进口）作为转卖或加工后转卖的商品金额（含增值税）。商品包括：（1）从工农业生产者、批发和零售业企业、住宿和餐饮业企业、出版社或报社的出版发行部门和其他服务业企业购进的商品；（2）从机关团体、事业单位购进的商品；（3）从海关、市场管理部门购进的缉私和没收的商品；（4）从居民收购的废旧商品等。

商品销售额 指对本单位以外的单位和个人出售的商品金额（包括售给本单位消费用的商品，含增值税）。商品包括（1）售给城乡居民和社会集团消费用的商品；（2）售给农业、工业、建筑业、运输邮电业、服务业、公用事业等国民经济各行业用于生产、经营用的商品，包括售予批发和零售业作为转卖或加工后转卖的商品；（3）对国（境）外直接出口的商品。

期末商品库存额 指报告期末各种登记注册类型的批发和零售业企业(单位)已取得所有权的商品。它反映批发和零售业企业(单位)的商品库存情况和对市场商品供应的保证程度。商品库存包括：(1)存放在批发和零售业经营单位(如门市部、批发站、经营处)仓库、货场、货柜和货架中的商品；(2)挑选、整理、包装中的商品；(3)已记入购进而尚未运到本单位的商品，即发货单或银行承兑凭证已到而货未到的商品；(4)寄放他处的商品，如因购货方拒绝承付而暂时存放在购货方的商品和已办完加工成品收回手续而未提回的商品；(5)委托其他单位代销(未作销售或调出)尚未售出的商品；(6)代其他单位购进尚未交付的商品。不包括所有权不属于本单位的商品、委托外单位加工生产尚未收回成品的商品、外贸企业代理其他单位从国外进口尚未付给订货单位的商品、代国家物资储备部门保管的商品等。

亿元商品交易市场成交额 指年成交额在亿元及以上的商品交易市场。商品交易市场是指经有关部门和组织批准设立，有固定场所、设施，有经营管理部门和监管人员，若干市场经营者入内，常年或实际开业三个月以上，集中、公开、独立地进行生活消费品、生产资料等现货商品交易以及提供相关服务的交易场所，包括各类消费品市场、生产资料市场等。

连锁企业（或称连锁店、连锁公司） 指在核心企业或总店的领导下，由分散的、经营同类商品或服务的企业或活动单位，采取共同方针，实行集中采购和分散销售的有机结合，通过规范化经营，实现规模效益的经济联合组织形式。一般连锁店应由若干个分店组成。其经营特征：(1)经营同类商品；(2)使用统一商号；(3)统一采购配送，采购与销售相分离（部分商品可根据物流合理和保质保鲜原则，由供应商直接送货到门店，其余均由总部统一配送）。

连锁门店包括下列两种形式：

直营连锁：指正规连锁。连锁门店均由总部独资或控股开设，在总部的直接领导下统一经营。

加盟连锁：指特许连锁。各连锁门店（被特许人）通过合同形式，取得使用总部（特许人）商标、商号、经营技术和销售总部开发的商品的特许权，各加盟连锁门店为独立法人，在总部指导下统一经营。

入境国际旅游者人数 指来中国参观、访问、旅行、探亲、访友、休养、考察、参加会议和从事经济、科技、文化、教育、宗教等活动的外国人、华侨、港澳同胞和台湾同胞的人数。不包括外国在我国的常驻机构，如使领馆、通讯社、企业办事处的工作人员；来我国常住的外国专家、留学生以及在岸逗留不过夜人员。

国际旅游(外汇)收入 指入境旅游的外国人、华侨、港澳同胞和台湾同胞在中国大陆旅游过程中发生的一切旅游支出，对于国家来说就是国际旅游(外汇)收入。

Explanatory Notes on Main Statistical Indicators

Total Retail Sales of Consumer Goods refer to the sum of retail sales of commodities sold by wholesale and retail trades, hotel and catering services, and other industries to urban and rural households for household consumption and to social institutions for public consumption. Of which, the ratail sales to households refer to the amount of money of commodities of daily use sold to the urban and rural households. The ratail sales to social institutions refer to the amount of money of commodities sold to the government agencies, social organizations, military units, schools, institutions, neighbourhood (village) committees on public funds for the pupose of non-production and non-operation usage and public consumption. Total retail sale of consumer goods include the amount of money of commodities sold to the urban and rural households for daily consumption and the amount of money of construction materials for building and repairing houses, the amount of money of comsumer goods sold to foreigners, overseas Chinese and Chinese compatriots from Hong Kong, Macao and Taiwan, the amount of money of commodities sold to the social organizations for the purpose of non-production and non-operation usage and public consumption.

Total Purchases of Commodities refer to the total value of purchases of commodities by enterprises (establishments) from other establishments or individuals (including direct import from abroad) for the purpose of re-selling, either with or without further processing of the commodities purchased. The commodities include: (1) commodities purchased from agricultural and industrial producer, wholesaler, retailer, publishing hourse and other service business; (2) commodities purchased from institutions and government departments; (3) confiscated goods purchased from the custums authorities or market management agencies; (4) second-hand goods and wastes purchased from residents.

Total Sales of Commodities refer to value of commodities sold by the establishments to other establishments and individuals (including goods sold for self consumption, including the value-added tax). The commodities include: (1) commodities sold to urban and rural residents and social groups for their consumption; (2) commodities sold to establishments in all industries for their production and operation, including agriculture, industry, construction, transportation, post and telecommunications, catering services, and public utility including commodities sold to wholesale and retail establishments for re-selling, with or without further processing; and (3) commodities for direct export to abroad.

Total Stock of Commodities refers to total commodities possessed by wholesaler and retailer of various types of registration status at the end of the reference period, reflecting the commodity stock level of various wholesaler and retailer and the potential for market supply. It includes: (1) commodities located in storage, garages, counters, and shelves of operating places (such as sale stores, wholesale centres, and operating offices); (2) commodities in the process of being selected, sorted, and packed; (3) commodities not arrived but recorded as purchase in the account, i.e. commodities not arrived but payment receipts for the commodities from the sellers or the banks arrived; (4) commodities deposited in other places rather than places mentioned above, for instance: commodities in the hold of purchasers temporarily due to the refusal of payment and commodities not taken back after going through the formalities; (5) commodities entrusted to other units to sell but not sold yet; (6) commodities purchased for other units but not delivered yet. Commodities not included as stock are those not owned by the enterprises (units), commodities on commission for processing but not yet delivered, imported commodities of agency of foreign trade enterprise but not yet delivered to ordering units and finally those put in stock on behalf of the state material reserves units.

Volume of Transaction at Large Commodity Markets with Transaction Value over 100 Million Yuan refers to the commodity markets with an annual transaction of over 100 million. The commodity market refers to the markets approved and managed by related departments, where there are fixed sites, facilities, managers and administration offices, where there are a certain number of traders to operate for three month and above or all the year, where the commodities including the articles for daily comsuption and capital goods and services are traded in a centralized, independent and open way., Such market includes markets of daily goods and market of capital goods, etc.

Chain Enterprises(also called chain stores or chain corporations) refer to a form of joint economic entities under which scattered enterprises or establishments engaged in providing homogeneous commodities or services, with the central leadership of core enterprise or headquarters and guided by common policies, conduct centralized purchase and distributed selling of commodities, in order to gain better efficiency through standardized operation. Consisting of a number of branch stores, the chain stores have in general following features: 1) homogeneous commodities, 2) unique name of stores, 3) centralized purchase and delivery which is separated from distributed selling operation (most commodities are delivered from the headquarters except some items which, from logistics, quality or freshness considerations, might be delivered by the suppliers directly).

Chain stores have two categories:

a) Chain stores under direct management: These are formal chain stores invested or controlled by the headquarters. They operate under the direct and unified management from the headquarters.

b) Chain stores through license arrangement: Through contracts, chain stores (their owners) obtain licenses from the headquarters to use designated Trades marks, names, operation know-how, and to sell the commodity developed by the headquarters. Under this arrangement, each store in the chain is an independent legal entity and operates under the guidance from the headquarters.

Number of Tourists Visitor arrivals refer to the number of foreigners, Chinese compatriots from Hong Kong, Macao and Taiwan Chinese (mainland) who come to China (mainland) for sight-seeing, vacation, visiting relatives, medical treatment, shopping, attending conference, or to engage in economic, cultural, sports and religious activities. In compiling statistics, each time of entering China is counted as one person-time.

Foreign Exchange Earnings from International Tourism refer to the total expenditures of foreigners, overseas Chinese, Chinese compatriots from Hong Kong, Macao and Taiwan during their stay in the mainland of China, which are earnings of foreign exchange from international tourism from the point of view from China.

第十六篇　科学和教育

Chapter 16　Science and Education

资料整理：廖捷 谢锦华
Datebase Editor:Liaojie Xiejinhua

简 要 说 明

本篇资料的主要内容及来源

本篇反映我省科学技术活动和教育事业的发展情况。教育部分包括高等教育、中等教育、初等教育、幼儿教育、特殊教育和各种类型的各级成人教育等，主要指标有各级各类学校的校数、在校学生数、招生数、毕业生数、教职工数、教师数等。

教育统计资料主要由省教育厅提供，技工学校的资料来源于省人力资源和社会保障厅。科学技术部分主要包括了我省科技活动的规模、构成、布局和发展状况的资料，收录了全省有关部门年度的科技统计数据。反映科研机构、大中型工业企业和高等院校三大科技活动主体单位的机构数、人员数和经费收支等情况，根据省科技厅、省教育厅、省统计局科技统计综合年报汇总。专利申请受理量和批准量由省知识产权局提供。

本篇资料由省统计局社会和科技统计处整理提供 。

Brief Introduction

Main Content and Source of Data

Data in this chapter show the basic conditions of the activities of science and technology and development of Fujian's education.Data on education cover the situations on higher education, secondary education, primary education, kindergartens and special education and all kinds of adult education etc. The main indicators cover the number of schools of various levels and categories, students enrolled, new students enrolled, graduates, staff and workers and number of teachers etc.

Data on education are mainly provided by the Provincial Commission of Education. In addition, data on the technical training schools are provided by the Department of Human resource and Social Security.Data on science and technology cover mainly the scale, composition, distribution and development of the scientific and technological activities, including the statistical data of the departments concerned under the provincial government on science and technology in the table on the basic conditions of the scientific and technological activities show in a summary way the number of institutions and personnel in scientific and technological institutions, large and medium-sized industrial enterprises and universities and colleges, the three main bodies engaged in the scientific and technological activities as well as their income and expenditure. Data are collected and tabulated in accordance with the annual reporting scheme on science and technology statistics of the Provincial Commission of Science, Provincial Commission of Education, Provincial Office of Science, Technology and Industry for National Defence and the provincial Statistical Bureau.Data on the number of patent applications examined and certified are provided by Fujian Patent Office.

Data in this chapter are provided and compiled by the Division of Social, Science and Technology Statistics of Fujian Provincial Bureau of Statistics.

16-1 科技活动基本情况

Basic Statistics on Scientific and Technological Activities

项目 Item	2000	2003	2005	2007	2008	2009	2010
科技活动人员（人）Personnel Engaged in S&T Activities(person)	**68188**	**71504**	**86184**	**112758**	**131454**	**167132**	**179271**
#科学研究与开发机构 Science Research & Technical Development Institutions	5754	4495	4852	5406	5654	5869	5573
高等院校 Higher Education Institutions	6350	8280	8563	10479	11475	27036	28895
大中型工业企业 Large-scale and Medium-scale Industrial Enterprises			37174	53610	65481	77607	86111
研究与试验发展折合全时人员（人年）Full-time Equivalent of R&D Personnel(person/year)	**22420**	**26614**	**35815**	**47642**	**59557**	**63269**	**76737**
#科学研究与开发机构 Science Research & Technical Development Institutions	2200	1739	1726	2183	2194	2496	2756
高等院校 Higher Education Institutions	3208	4043	3938	4818	5476	5241	5892
大中型工业企业 Large-scale and Medium-scale Industrial Enterprises			16661	24384	32199	33849	44062
研究与试验发展经费内部支出（万元）Internal Expenditures on S&T Activities（10000 yuan）	**211900**	**375000**	**537300**	**821719**	**1021294**	**1353819**	**1708982**
#科学研究与开发机构 Science Research & Technical Development Institutions		15454	21481	29932	40697	61060	65403
高等院校 Higher Education Institutions		16240	22717	36390	49767	59438	69418
大中型工业企业 Large-scale and Medium-scale Industrial Enterprises			346993	156284	643735	861242	1161171
研究与试验发展经费支出相当于国内生产总值比例（%）Proportion of Expenditure on R&D to GDP Achievements in S&T and National Prizes Won(%)	**0.56**	**0.75**	**0.82**	**0.90**	**0.94**	**1.11**	**1.16**
技术市场成交额（万元）Transaction Value in Technical Market(10000 yuan)	**172601**	**166778**	**171959**	**168662**	**191223**	**262349**	**381217**
专利申请受理数（项）Number of Patents Application Acceptance(unit)	**4211**	**7236**	**9460**	**11341**	**13181**	**17559**	**21994**
#发明专利 Inventions	377	797	1202	2170	2701	3842	5117
专利申请授权数（项）Number of Patents Application Granted(unit)	**3003**	**5377**	**5147**	**7761**	**7937**	**11282**	**18063**
#发明专利 Inventions	93	137	242	336	530	824	1224

16–2 从事科技活动人员情况(1987–2010年)

Conditions of Personnel Engaged in Scientific and Technological Activities(1987-2010)

单位：人 (person)

年份 Year	合计 Total	科研机构 Science Research & Technical Development Institutions	高等院校 Higher Education Institutions	大中型工业企业 Large-scale and Medium-scale Industrial Enterprises	其他 Others
1987	17893	9052	3557	5284	
1988	17778	8875	3565	5338	
1989	20010	9270	3985	6755	
1990	20428	8796	5392	6240	
1991	21012	9054	4452	7506	
1992	22263	7678	5291	9294	
1993	22305	7399	5516	9390	
1994	22990	6995	5423	10572	
1995	24085	6911	5883	11291	
1996	27621	6656	6051	14914	
1997	30988	6539	6618	17831	
1998	29316	6426	6626	16264	
1999	33621	6127	6563	20931	
2000	68188	5754	6350	17343	38741
2001	70860	4844	7149	26351	32516
2002	67508	4497	7764	25623	29624
2003	71504	4495	8280	28772	29957
2004	79953	4379	9018	30943	35613
2005	86184	4852	8563	37174	35595
2006	101099	5066	9296	46745	39992
2007	112758	5406	10479	53610	43263
2008	131454	5654	11475	65481	48844
2009	167132	5869	27036	77607	56620
2010	179271	5573	28895	86111	58692

注：1、高等院校科技活动人员不包括教学人员；2、2000年起统计范围扩大;3、其他包括小型工业企业、软件开发单位、农业企事业单位和卫生单位等;4、2004年数据为第一次全国经济普查数。

Note:a)Persons engaged in science and technology activities in higher education institutions exclude persons engaged in teaching. b)Statistic coverage has been enlarged since 2000. c)Others include small-scale industrial enterprises,software development units,agriculture enterprises and institutions, health care units,etc. d)The data of 2004 is from the first national ecomonic census.

16–3 研究与试验发展（R&D）活动主要指标

Major Indicators of Research and Development Activities

项目 Item	2000	2003	2005	2007	2008	2009	2010
R&D人员折合全时人员（人）R&D Personnel(person)	**22420**	**26614**	**35815**	**47642**	**59557**	**63269**	**76737**
基础研究 Fundamental Research	2033	1629	1452	1910	2393	3336	3435
应用研究 Applied Research	3635	5284	7005	6424	6087	7549	8090
试验发展 Experimental Development	16752	19700	27358	39308	51077	52385	65218
R&D经费内部支出(亿元) Intramural Expenditure for R&D(100 million yuan)	**21.19**	**37.50**	**53.73**	**82.17**	**102.13**	**135.38**	**170.90**
基础研究 Fundamental Research	0.66	0.69	1.17	1.74	2.22	3.27	4.19
应用研究 Applied Research	1.41	3.59	5.13	7.11	7.06	10.65	9.49
试验发展 Experimental Development	18.30	32.23	46.82	72.22	91.88	121.46	157.22
#科学研究与开发机构 Science Research & Technical Development Institutions	1.38	1.72	2.35	3.36	4.26	6.11	6.54
基础研究 Fundamental Research		0.40	0.56	0.73	1.04	1.73	1.99
应用研究 Applied Research		0.60	0.80	1.08	2.10	2.98	2.80
试验发展 Experimental Development		0.54	0.78	1.19	0.93	1.39	1.75
高等院校 Higher Education Institutions	1.31	1.78	2.31	3.87	5.18	5.94	6.94
基础研究 Fundamental Research		0.27	0.59	0.99	1.16	1.20	1.82
应用研究 Applied Research		0.96	1.11	1.74	2.93	4.07	4.31
试验发展 Experimental Development		0.40	0.57	0.91	0.88	0.68	0.82
大中型工业企业 Large-scale and Medium-scale Industrial Enterprises			34.89	51.65	64.72	86.12	116.12
基础研究 Fundamental Research							
应用研究 Applied Research			1.34	2.74	0.23	1.70	0.43
试验发展 Experimental Development			33.36	48.61	64.14	84.42	115.68
R&D经费内部支出按支出来源分(亿元) Intramural Expenditure for R&D by Expenditure Source (100 million yuan)							
政府资金 Government Funds	3.09	3.73	5.32	7.61	10.45	14.64	17.61
企业资金 Enterprises Funds	15.79	27.51	47.14	72.30	89.39	116.59	148.45
国外资金 Abroad Funds	0.37	0.25	0.13	0.74	0.60	0.84	1.38
其他 Others	1.94	6.00	1.14	1.51	1.69	3.31	3.46
R&D经费内部支出占GDP比重（%）Proportion of Intramural R&D Expenditure to GDP(%)	**0.56**	**0.75**	**0.82**	**0.89**	**0.94**	**1.11**	**1.16**

注：1、2004数据为第一次全国经济普查数。2、2000年以来，GDP数据采用经济普查数据调整后的GDP。

Note:a)The data of 2004 is from the first national ecomonic census.b)The data of GDP from 2000 are adjusted according to the first national ecomonic census.

16–4 县级以上政府部门科学研究与开发机构情况

Govemment Institutions Engaged in Science Research and Development Activities above county Level

项目　Item	2000	2003	2005	2007	2008	2009	2010
机构数（个） **Number of Institutions(unit)**	**125**	**109**	**99**	**103**	**102**	**104**	**96**
职工人数（人） **Number of Staff(person)**	**6796**	**5594**	**5246**	**5778**	**5908**	**6287**	**6437**
自然科学 **Natural Sciences and Technology**							
机构数（个） Number of Institutions(unit)	107	93	83	87	86	88	80
职工人数（人） Number of Staff(person)	6215	5063	4718	5247	5383	5751	5850
#从事科技活动人员（人） Persons Engaged in Scientific and Technological Activities(person)	4723	4026	3890	4429	4569	4846	4618
经费收入总额（万元） Total Funds(1000 yuan)	42187	60149	62057	93403	122980	143800	151715
#政府拨款 Government Appropriations	22566	34516	44249	73885	88431	100854	106849
经费支出总额（万元） Total Expenditures(10000 yuan)	36449	55295	57784	74201	107886	129046	133247
社会、人文科学 **Social Sciences and Humanities**							
机构数（个） Number of Institutions(unit)	4	3	3	3	3	3	3
职工人数（人） Number of Staff(person)	236	210	207	216	214	214	218
#从事科技活动人员 Persons Engaged in Scientific and Technological Activities	207	186	183	183	181	181	189
经费收入总额(万元) Total Funds(10000 yuan)	1543	2745	2540	3206	4364	4048	5230
#政府拨款 Government Appropriations	1489	2515	2433	3148	3581	3572	4256
经费支出总额（万元） Total Expenditures(10000 yuan)	1443	2179	2801	2729	3666	4387	4874
科学情报和文献 **Scientific-Technical Information and Literature**							
机构数（个） Number of Institutions(unit)	14	13	13	13	13	13	13
职工人数（人） Number of Staff(person)	345	321	321	315	311	322	369
#从事科技活动人员（人） Persons Engaged in Scientific and Technological Activities(person)	305	283	288	276	275	297	326
经费收入总额(万元) Total Funds(10000 yuan)	2748	2986	4808	4086	5553	6026	6651
#政府拨款 Government Appropriations	2297	2529	4266	3418	4846	5226	5482
经费支出总额（万元） Total Expenditures(10000 yuan)	2680	2540	4763	3422	4334	5594	5744

16-5 各类型专利申请和授权情况(1985-2010年)

Patents Applicated and Granted by Category(1985-2010)

单位：项 (unit)

年份 Year	专利申请数 Number of Patent Applicated Accepted	发明 Creation and Inventions	实用新型 Utility Models	外观设计 Designs	专利授权数 Number Of Patent Applicated Granted	发明 Creation and Inventions	实用新型 Utility Models	外观设计 Designs
1985	137	74	63		1	1		
1986	195	67	125	3	23		23	
1987	305	84	206	15	78	3	73	2
1988	420	90	320	10	132	13	114	5
1989	445	90	318	37	203	20	176	7
1990	540	95	374	71	276	25	239	12
1991	672	102	512	58	277	21	206	50
1992	928	171	661	96	352	17	295	40
1993	1271	199	729	343	850	36	697	117
1994	1510	202	725	583	733	22	455	256
1995	1979	200	816	963	933	17	439	477
1996	2626	224	971	1431	1196	15	468	713
1997	3018	226	1113	1679	1547	24	468	1055
1998	3393	201	1071	2121	2318	20	689	1609
1999	3381	240	1099	2042	2934	32	1089	1813
2000	4211	377	1516	2318	3003	93	1074	1836
2001	4971	361	1757	2853	3296	82	1107	2107
2002	6521	562	2233	3726	4001	63	1306	2632
2003	7236	797	2554	3885	5377	137	1658	3582
2004	7498	850	2524	4124	4758	160	1776	2822
2005	9460	1202	3182	5076	5147	242	1793	3112
2006	10351	1437	3445	5469	6412	310	2578	3524
2007	11341	2170	3878	5293	7761	336	3323	4102
2008	13181	2701	5141	5339	7937	530	3921	3486
2009	17559	3842	7844	5873	11282	824	4939	5519
2010	21994	5117	10846	6031	18063	1224	9664	7175

16−6 各单位专利申请授权情况(1990−2010年)

Partents Applicated and Granted by Unit(1990-2010)

单位：项　　(unit)

项目 Item	合计 Total	个人 Individual	大专院校 Universities and College	科研院所 Research Institutions	工矿企业 Industrial and Mineral Enterprises	机关团体 Government Agencies and Organizations
申请专利数						
Number of Patent Applicated Accepted						
1990	540	371	22	27	71	49
1991	672	493	30	20	75	54
1992	928	699	29	11	76	113
1993	1271	853	36	29	163	190
1994	1510	964	25	33	157	331
1995	1979	1246	16	27	512	178
1996	2626	1608	47	22	923	26
1997	3018	1748	27	30	1202	11
1998	3393	2069	32	39	1245	8
1999	3381	2257	14	31	1074	5
2000	4211	2839	58	34	1271	9
2001	4971	3511	49	38	1361	12
2002	6521	4849	84	85	1493	10
2003	7236	5312	165	69	1677	13
2004	7498	5713	182	56	1536	11
2005	9460	7276	259	105	1812	8
2006	10351	7500	360	95	2376	20
2007	11341	7437	486	141	3249	28
2008	13181	7553	639	295	4632	62
2009	17559	7960	732	257	8552	58
2010	21994	8267	1035	422	12129	141
批准专利数						
Number Of Patent Applicated Granted						
1990	276	192	25	16	38	5
1991	277	168	19	15	39	36
1992	352	247	18	12	42	33
1993	850	589	29	14	93	125
1994	733	477	20	16	82	138
1995	933	534	19	10	154	216
1996	1196	638	13	9	395	141
1997	1547	776	21	10	722	18
1998	2318	1232	9	2	1071	4
1999	2934	1712	29	22	1158	13
2000	3003	1945	30	13	1006	9
2001	3296	2078	38	28	1144	8
2002	4001	2930	35	19	1006	11
2003	5377	3979	58	34	1298	8
2004	4758	3465	82	33	1170	8
2005	5147	3903	87	25	1125	7
2006	6412	4827	146	43	1391	5
2007	7761	5531	177	39	2001	13
2008	7937	5214	275	57	2382	9
2009	11282	6385	376	82	4402	37
2010	18063	7714	535	135	9587	92

16-7 技术市场基本情况(1990-2010年)

Basic Statistics of Technical Market(1990-2010)

项目 Item	合计 Total	技术开发 Technical Development	技术转让 Technical Transfer	技术咨询 Technical Advisory	技术服务 Technical Service
合同数（项）					
Number of Contract					
1990	8397	151	69	1029	7148
1991	3943	262	104	450	3127
1992	6140	354	270	782	4734
1993	4220	355	350	1172	2343
1994	5992	438	158	1010	4386
1995	4266	642	444	1051	2129
1996	6819	605	284	1310	4620
1997	6310	613	326	1812	3559
1998	5698	531	312	1094	3761
1999	6506	1041	404	1653	3408
2000	5597	731	393	1296	3177
2001	4589	688	346	567	2988
2002	4668	868	492	623	2685
2003	5496	1113	242	1149	2992
2004	5656	1191	204	1406	2855
2005	6510	1457	200	1503	3350
2006	5673	1585	122	1059	2907
2007	5047	1752	98	996	2201
2008	5196	1906	135	1173	1982
2009	4799	2265	231	781	1522
2010	5137	2811	290	639	1397
合同金额（万元）					
Amount of Contracts(10000 yuan)					
1991	6485	2942	848	407	2288
1992	13545	2935	2472	1124	7014
1993	18758	4058	4437	3113	7150
1994	25118	7629	1938	2783	12768
1995	30550	8960	6404	3914	11272
1996	46206	12635	7766	4477	21328
1997	57459	12924	9836	9066	25633
1998	69363	17323	9228	6063	36749
1999	80868	28268	6888	12477	33235
2000	172601	25411	75045	6701	65444
2001	136941	26488	62482	7752	40219
2002	128988	53778	41271	7399	26540
2003	166778	65108	47015	13001	41654
2004	141395	46021	59653	8989	26732
2005	171959	51837	79761	12574	27787
2006	144122	64191	46261	11288	22382
2007	168662	68989	72069	9696	17908
2008	191223	95052	35414	12954	47803
2009	262349	132945	64562	9691	55151
2010	381217	194219	84986	8519	93494

16-8 技术市场基本情况(2010年)

Basic Statistics of Technical Market(2010)

项目 Item	合同数（项） Number of Contracts(unit)	合同金额（万元） Amount of Contracts (10000 yuan)
合 计 **Total**	**5137**	**381217**
按合同类别分 **By Kind of Contract**		
技术开发合同 Contract of Technical Development	2811	194219
技术转让合同 Contract of Technical Transfer	290	84986
技术咨询合同 Contract of Technical Advisory	639	8519
技术服务合同 Contract of Technical Service	1397	93494
按服务目标分 **By Service Aim**		
农业、林业和渔业的发展 Development of Farm, Forestry and Fishery	52	1591
促进工业的发展 Development of Industry	294	32284
能源的生产和合理应用 Production, Storage and Distribution for Energy	82	17411
基础设施的发展 Development of Infrastructure	206	21986
环境治理与保护 Environmental Protection	393	23142
卫生(不包括污染) Health	60	5374
社会发展和社会服务 Development of Social and Social Economic Serves	2281	179467
知识的发展 All-around Development of Knowledge	48	2121
民用空间 Civil Space	611	44048
地球和大气层的探索与利用 Probe and Utilize of Earth and atmasphere	13	1388
国防 National defense	7	325
其他 Others	1090	52081
按技术流向分 **By the Flaw of Technology**		
本省 Native Province	3628	202988
省外 Outside the Province	1509	178229

16–9 各单位技术买卖情况(2010年)

Basic Statistics of Technology Trade by Unit(2010)

项目 Item	合计 Total	机关法人 Government Agencies	事业法人 Institutions	社团法人 Mass Organizations	企业法人 Enterprises	自然人 Natural Person	其他组织 Other Corporation
买卖项数（项） Number(unit)	**5137**		**1152**		**3780**	**199**	**6**
机关法人 Government Agencies	301		71		221	9	
事业法人 Institutions	613		149		406	58	
社团法人 Mass Organizations	8		1		7		
企业法人 Enterprises	4040		864		3042	128	6
自然人 Natural Person	72		51		17	4	
其他组织 Other Corporation	103		16		87		
买卖金额（万元） Value(10000 yuan)	**381217**		**25723**		**349097**	**3059**	**3339**
机关法人 Government Agencies	17918		2541		15338	39	
事业法人 Institutions	21319		3013		17600	706	
社团法人 Mass Organizations	121		4		117		
企业法人 Enterprises	337572		19946		311978	2309	3339
自然人 Natural Person	1922		94		1824	5	
其他组织 Other Corporation	2366		125		2241		

16-10 地方国有企事业单位专业技术人员数(1978-2010年)

Number of Professional and Technical Personnel in local State-owned Enterprises and Institutions(1978-2010)

单位：人 (person)

年份 Year	合计 Total	#工程技术人员 Engineering	#农业技术人员 Agriculture	#卫生技术人员 Health Care	#科学研究人员 Scientific Research	#教学人员 Teaching
1978	84117	30363	9290	24326	2789	17349
1979	89501	33507	10019	23181	3281	19513
1980	154241	39546	8292	25713	3186	49666
1981	168096	43823	9501	27664	3000	55607
1982	185383	51431	10602	30376	3232	59759
1983	291400	57852	13158	32492	2553	153274
1984	291913	52345	13670	32085	3663	158318
1985	308855	57986	15642	32697	3719	159859
1986	326646	65826	15351	35670	2711	169990
1987	363237	76424	15746	37189	2969	185971
1988	429162	78854	15800	40134	3005	201603
1989	470772	82248	16316	41377	3369	225623
1990	500783	88457	16211	44560	3571	240899
1991	478923	81500	13244	46346	2737	247627
1992	487634	83165	13290	45895	2695	255783
1993	484192	82631	12852	44972	2733	262393
1994	499806	84673	12854	46851	2519	269232
1995	509638	86132	12868	46421	3073	282294
1996	534016	87619	13500	50092	3179	300406
1997	555600	88338	14425	52211	3397	315846
1998	577184	88184	14517	54153	3652	337086
1999	590289	89012	14462	55498	3758	349978
2000	592765	86683	14495	56703	3798	354760
2001	587761	81635	14498	57343	4218	357930
2002	582288	74776	13844	58521	4128	361832
2003	574834	68822	13859	60623	4132	363626
2004	575058	65732	14218	61973	4232	363405
2005	581281	66294	14212	62967	4165	368136
2006	579696	65723	15425	64213	4411	363814
2007	586516	67607	13540	65439	4568	368380
2008	610062	67969	13023	85944	5836	370156
2009	611313	69135	13247	85901	6458	368590
2010	599388	66621	11781	90431	5070	361339

16-11 地方国有企事业单位各行业技术人员数

Number of Specialized Technical Personnel in local state-owned Enterprises and Institutions by Sector

单位：人 (person)

行业 Sector	2004	2005	2006	2007	2008	2009	2010
合　计 Total	**575058**	**581281**	**579696**	**586516**	**610062**	**611313**	**599388**
按行业分 By Sectors							
农、林、牧、渔业 Farming, Forestry, Animal Husbandy and Fishery	26007	25496	27187	25699	23509	23253	22813
采矿业 Mining and Quarrying	3241	3233	4106	4295	3589	3546	3635
制造业 Manufacturing	16983	16425	14086	12969	13082	13983	13744
电力、燃气及水的生产和供应业 Production and Supply of Electricity Gas and Water	4439	4987	3617	3793	4054	4125	4175
建筑业 Construction	11092	10719	10550	9380	8069	7516	8766
交通运输、仓储和邮政业 Transport, Storage and Post Services	12547	12918	13783	13648	14832	14484	12670
信息传输、计算机服务和软件业 Information Transmission, Computer Software and Services	2059	1772	1238	1307	4360	4547	5261
批发和零售业 Wholesale and Retail Trade	6940	6301	5381	5098	4983	5332	5253
住宿和餐饮业 Lodgings and Catering Services	804	829	812	679	610	633	703
金融业 Finance	3345	3690	5202	5823	6096	5633	6641
房地产业 Real Estate	3648	4100	4370	4419	4364	3547	3783
租赁和商务服务业 Rent and Business Services	1997	1936	1690	1979	2019	2151	2052
科学研究、技术服务和地质勘查业 Scientific Reseach, Ploytechnic Services and Geological Prospecting	12203	11919	12351	14222	13229	13782	11925
水利、环境和公共设施管理业 Water Conservancy, Environment and Public Facilities Management	7664	8304	8274	8559	8984	8536	7971
居民服务和其他服务业 Resident Services and Others	3163	3220	3560	4986	3565	5193	3674
教育 Education	370788	374351	372279	375080	379778	378552	370279
卫生、社会保障和社会福利业 Health Care, Social Ensure and Walfare	61728	63307	66040	68892	88840	88623	94348
文化、体育和娱乐业 Culture, Sports and Entertainment	16492	17116	16174	16135	16379	16580	14193
公共管理和社会组织 Public Management and Social Organizations	9918	10658	8996	9553	9720	11297	7520
按三次产业分 By Three Strata of Industry							
第一产业 Primary Industry	26007	25496	27187	25699	23509	23253	22813
第二产业 Secondary Industry	35755	35364	32359	30437	28794	21654	30320
第三产业 Tertiary Industry	513296	520421	520150	530380	557759	566406	546255

16-12 主要年份教育基本情况

Basic Statistics on Education in Selected Years

年份	专任教师数（人） Full-time Teachers(person)				在校学生数（万人） Student Enrollment(10000 persons)				每万人口拥有大学在校学生数(人)
Year	普通高等学校 Regular Institutions Of Higher Educations	普通中等学校 Regular Institutions Of Secondary Educations	#普通中学 Regular Secondary Schools	普通小学 Primary Schools	普通高等学校 Regular Institutions Of Higher Educations	普通中等学校 Regular Institutions Of Secondary Educations	#普通中学 Regular Secondary Schools	普通小学 Primary Schools	University & College Student Enrollment per 10000 Population (person)
1952	611	5242	4159	31937	0.47	11.55	9.64	102.59	3.9
1957	1811	7929	6727	42442	0.75	18.69	16.78	137.61	5.4
1962	3484	14609	12328	61998	1.91	23.81	21.74	157.81	17.1
1965	3033	19170	14294	127368	1.52	35.34	27.54	290.11	17.5
1970	1783	18684	18683	85294	0.07	38.68	38.67	238.19	0.4
1975	3142	35782	34680	140353	1.03	80.49	79.34	398.32	6.9
1978	4100	55345	53082	137845	2.05	119.98	116.70	370.23	10.9
1979	5110	58589	55835	143992	3.01	108.85	104.08	379.02	13.9
1980	6106	61128	57124	141812	3.86	114.73	109.41	376.42	22.7
1981	5900	64295	58541	147545	3.04	102.28	95.41	367.08	19.0
1982	6900	62417	55898	146985	2.69	101.65	94.66	360.97	17.6
1983	7300	62947	55665	146351	2.93	101.95	94.82	360.67	19.3
1984	7600	63553	55041	144777	3.40	110.83	101.97	368.68	21.4
1985	8137	64848	55465	138673	4.41	121.39	109.92	372.40	27.8
1986	8671	74734	59589	148043	5.12	128.85	115.67	361.40	28.5
1987	9154	74261	62486	146301	5.41	132.43	118.32	344.50	27.3
1988	9059	79658	65920	145430	5.71	122.68	107.47	333.99	30.9
1989	9154	81487	67919	147437	5.68	115.99	100.64	336.77	29.1
1990	8926	84535	69000	148789	5.56	120.69	104.85	337.08	28.6
1991	8892	88851	73000	152815	5.42	130.03	113.13	342.61	27.3
1992	8891	93655	77100	154807	5.72	142.93	123.36	353.90	27.4
1993	8551	98426	81000	161680	6.41	151.86	127.97	363.85	31.1
1994	8432	103108	84400	164039	6.93	163.69	136.21	371.98	35.2
1995	8354	109879	90400	166191	7.17	185.82	155.25	379.96	38.7
1996	8373	117657	98558	170791	7.34	212.91	181.85	392.01	40.8
1997	8646	124842	105279	176591	7.81	240.46	207.36	404.91	42.9
1998	8279	131910	111986	180587	8.52	253.42	220.05	401.97	45.7
1999	8853	138044	117312	183601	10.26	264.11	228.14	386.85	50.4
2000	9779	140769	120667	183547	13.14	269.46	233.50	369.10	61.0
2001	10716	145152	125866	181816	16.74	275.04	238.30	354.62	74.7
2002	12701	149963	131263	181457	19.73	279.19	240.76	339.18	88.0
2003	16663	155858	135778	177248	25.74	291.62	247.19	311.98	110.8
2004	20980	159838	139549	170962	32.57	299.84	252.10	286.94	123.5
2005	24919	164888	144310	166465	40.70	302.74	250.17	273.27	148.8
2006	28724	169568	148055	163350	46.13	300.26	243.07	269.22	172.9
2007	31444	172288	150636	160911	50.95	291.76	233.71	258.29	186.6
2008	33637	172904	151271	160347	56.26	284.82	226.18	247.15	201.6
2009	35841	173887	151785	156779	60.63	276.25	213.43	239.76	203.9
2010	37733	172901	151469	156601	64.78	260.22	198.21	238.89	214.4

16-13 各级各类非学历教育学生情况(2010年)

Basic Statistics on Students by Level and Type of Non-formal Education(2010)

单位：人 (person)

项目	Item	毕(结)业生数 Graduates with Degrees or Diplomas	注册学生数 Registered Students
总计	Total	408757	291550
高等教育	Higher Education	94607	54890
研究生课程进修班	Postgraduate Courses for Advanced Study	484	739
自考助学班	Classes for Self-learning Programs	7879	11825
普通预科生	College Preparatory Courses		384
进修及培训	In-service Training Courses	86244	41942
中等职业教育	Vocational Secondary Education	131210	62348
中等职业学校	Vocational Secondary Schools	131210	62348
资格证书培训	Training for Qualification Certificates	76997	46090
岗位证书培训	Training for Post Certificates	54213	16258
职业技术培训机构	Vocational Training Institutes	182940	174312
资格证书培训	Training for Qualification Certificates	42173	42678
岗位证书培训	Training for Post Certificates	140767	131634

16-14 各级各类民办教育基本情况(2010年)

Basic Statistics on Private Schools by Level and Type of Schools(2010)

单位：人 (person)

项目	Item	学校数(所) Number of Schools(unit)	毕业生数 Number of Graduates	招生数 New Enrollment	在校学生数 Total Enrollment	教职工数 Teachers and Staff	#专任教师数 Full-time Teachers
民办高等教育	Private Higher Education	35	37689	54683	173410	14107	9293
民办高校	Private Institutions of Higher Education	26	24173	31948	96691	8162	5023
本科生	Undergraduate Courses	2	5376	4560	17417	1709	1109
专科生	Specialized Courses	24	18797	27388	79274	6453	3914
独立学院	Non-university Tertiary	9	13516	22735	76719	5945	4270
本科生	Undergraduate Courses	9	13516	22735	76719	5945	4270
专科生	Specialized Courses						
民办中等教育	Private Secondary Education						
高中阶段教育	Senior Secondary Education	153	38104	44201	127391	12585	9483
高中	Private Regular Senior Secondary Schools	89	23591	26840	75730	9836	7698
中等职业学校	Private Vocational Secondary Education	64	14513	17361	51661	2749	1785
初中阶段教育	Junior Secondary Education	84	48126	46121	142738	7394	5219
初中	Private Regular Junior Secondary Schools	84	48126	46121	142738	7394	5219
职业初中	Private Vocational Junior Secondary Education						
民办普通小学	Private Regular Primary Schools	99	15348	20067	95618	5470	4002
民办幼儿园	Private Kindergartens	4061	15892	236804	550273	42554	23383

16-15 主要年份各类学校数

Number of Schools by Field of Study in Selected Years

单位：所 (unit)

年份 Year	普通高等学校 Regular Institutions Of Higher Educations	成人高等学校 Adult Institions of Higher Educations	中等专业学校 Secondary Schools	普通中学 Regular Secondary Schools	#高中 Senior Secondary Schools	职业中学 Vocational Secondary Schools	技工学校 Technical Schools	小学 Primary Schools	幼儿园 Kinder gartens
1952	5		51	178	67			9081	320
1957	4		41	213	101			12850	1144
1962	18	19	52	408	150	72		15550	1373
1965	10	2	67	429	152	1041	4	34583	1916
1970	3		1	1301	199			25743	
1975	7	43	36	1089	767		1	33946	1902
1980	16	25	82	1148	821	46	28	28170	3608
1985	36	18	94	1180	451	240	35	26607	5210
1990	36	20	103	1362	415	262	43	19472	7958
1995	30	20	109	1771	404	272	54	15765	12748
1996	30	20	110	1834	397	272	85	15603	13315
1997	30	20	111	1880	409	267	135	15535	13033
1998	30	20	112	1902	427	274	138	14824	12612
1999	30	20	118	1893	440	266	110	14355	12522
2000	28	18	118	1921	477	262	119	13935	11885
2001	32	17	109	1988	523	286	101	13664	7398
2002	33	16	106	1998	559	260	93	12924	7329
2003	49	15	355	2006	592	1	93	12406	7064
2004	53	13	389	2022	614	1	98	11614	7200
2005	66	9	391	2030	627	1	93	10560	7541
2006	67	10	403	2020	636	1	95	9867	7550
2007	74	8	364	1984	616	1	96	9388	7567
2008	83	7	350	1963	610		91	8566	7508
2009	86	7	312	1936	606		94	7849	7137
2010	84	4	298	1903	575		95	6974	6179

注：1.2003年起中等专业学校指中等职业教育，包括中等专业学校、成人中专和职业中学；职业中学仅指初中部职业中学。2.2008年起职业中学并入普通初中。

Note: a)Since 2003, the data of secondary schools include the vocational secondary schools, the only one is middle school of it.b)Since 2008,Regular secondary schools contain vocational schools.

16-16 主要年份各类学校专任教师数

Number of Full-time Teachers by Type of School in Selected Year

单位：人 (person)

年份 Year	普通高等学校 Regular Institutions Of Higher Educations	中等专业学校 Secondary Schools	普通中学 Regular Secondary Schools	#高中 Senior Secondary Schools	职业中学 Vocational Secondary Schools	技工学校 Technical Schools	小学 Primary Schools	幼儿园 Kinder gartens
1952	611	1083	4159	892			31937	641
1957	1811	1202	6727	1790			42442	2127
1962	3484	2030	12328	3039	251		61998	3200
1965	3033	1729	14294	3201	3036	111	127368	4300
1970	1783		18683				85294	
1975	3142	1081	34680	9607			140353	3789
1980	6106	3017	57124	12555	154	800	141812	14026
1985	8137	4721	55465	13025	3384	1300	138673	18586
1990	8926	5969	69000	13641	5700	2100	148789	26907
1995	8354	6703	90400	13306	9600	2300	166191	40640
1996	8373	6739	98558	13727	10214	2100	170791	41409
1997	8646	6927	105279	14632	10563	2100	176591	42446
1998	8279	7149	111986	16394	10636	2100	180587	41771
1999	8853	7162	117312	19295	10770	2800	183601	40033
2000	9779	6920	120667	23170	10382	2800	183547	39409
2001	10716	6798	125866	27411	9988	2500	181816	26647
2002	12701	6100	131263	31514	10100	2500	181457	25790
2003	16663	17357	135778	35853	23	2700	177248	27238
2004	20980	17266	139549	40132	23	3000	170962	28846
2005	24919	17457	144310	45328	21	3100	166465	31228
2006	28724	18216	148055	49593	19	3268	163350	31845
2007	31444	18197	150636	52169	18	3455	160911	33381
2008	33637	18229	151271	52531		3812	160347	33774
2009	35841	18290	151785	52339		3879	156779	36750
2010	37733	18000	151469	52100		3439	156601	38900

16–17 主要年份各类学校在校学生数

Number of Students Enrollment by Type of School in Selected Years

单位：万人 (10000 persons)

年份 Year	普通高等学校 Regular Institutions Of Higher Educations	成人高等学校 Adult Instition s of Higher Educations	中等专业学校 Secondary Schools	普通中学 Regular Secondary Schools	#高中 Senior Secondary Schools	职业中学 Vocational Secondary Schools	技工学校 Technical Schools	小学 Primary Schools	幼儿园 Kinder Gartens
1952	0.47		1.91	9.64	1.46			102.59	2.26
1957	0.75		1.91	16.78	3.88			137.61	7.11
1962	1.91	0.82	1.56	21.74	4.79	0.51		157.81	9.94
1965	1.52	1.46	2.00	27.54	5.18	5.66	0.14	290.11	12.52
1970	0.07		0.01	38.67	2.23			238.19	12.47
1975	1.03	0.52	1.10	79.34	20.76		0.05	398.32	12.38
1978	2.05	0.57	2.63	116.70	37.60	0.29	0.36	370.23	19.17
1979	3.01	0.37	3.78	104.08	34.52	0.21	0.78	379.02	29.46
1980	3.86	1.78	3.84	109.41	20.58	0.21	1.27	376.42	41.88
1981	3.04	1.72	3.52	95.41	12.79	1.80	1.55	367.08	39.90
1982	2.69	1.77	3.17	94.66	16.53	2.58	1.24	360.97	44.70
1983	2.93	2.03	3.15	94.82	15.70	2.89	1.09	360.67	47.63
1984	3.40	2.18	3.62	101.97	17.83	3.91	1.33	368.68	49.01
1985	4.41	2.94	4.34	109.92	19.90	5.52	1.61	372.40	52.03
1986	5.12	2.49	4.86	115.67	21.04	6.47	1.85	361.40	55.82
1987	5.41	1.94	4.91	118.32	20.65	7.05	2.15	344.50	67.43
1988	5.71	2.81	5.40	107.47	18.00	7.24	2.57	333.99	69.32
1989	5.68	2.47	5.65	100.64	15.77	6.90	2.80	336.77	69.77
1990	5.56	2.58	5.89	104.85	15.47	7.12	2.83	337.08	74.32
1991	5.42	2.64	5.94	113.13	16.62	7.97	2.99	342.61	80.47
1992	5.72	2.47	6.53	123.36	17.89	9.73	3.31	353.90	88.24
1993	6.41	3.00	7.47	127.97	17.33	12.48	3.94	363.85	97.49
1994	6.93	3.77	8.61	136.21	16.54	14.45	4.42	371.98	100.89
1995	7.17	4.71	9.68	155.25	16.52	16.34	4.55	379.96	103.24
1996	7.34	5.32	10.59	181.85	18.16	16.04	4.43	392.01	102.63
1997	7.81	5.70	11.27	207.36	21.38	17.10	4.73	404.91	92.11
1998	8.52	5.96	11.83	220.05	25.37	16.85	4.69	401.97	83.78
1999	10.26	5.79	12.89	228.14	30.78	18.06	5.02	386.85	81.91
2000	13.14	6.37	12.90	233.50	37.24	18.49	4.57	369.10	78.64
2001	16.74	7.17	13.40	238.30	44.04	18.46	4.88	354.62	73.40
2002	19.73	8.59	13.09	240.76	50.78	19.75	5.59	339.18	66.71
2003	25.74	9.86	37.76	247.19	57.52	0.03	6.64	311.98	69.58
2004	32.57	6.96	40.08	252.10	65.98	0.03	7.66	286.94	74.82
2005	40.70	7.45	44.77	250.17	73.25	0.03	7.87	273.27	82.67
2006	46.13	10.12	48.67	243.07	78.04	0.05	8.52	269.22	87.11
2007	50.95	10.11	49.43	233.71	77.68	0.05	8.62	258.29	91.93
2008	56.26	10.39	49.83	226.18	74.88		8.94	247.15	99.27
2009	60.63	9.95	54.00	213.43	71.91		8.29	239.76	107.72
2010	64.78	9.90	53.60	198.21	70.64		8.40	238.89	116.63

注：1.2003年起，职业中学并入中等专业学校，“职业中学在校生数”为职业中学初中部的在校生数。2.2008年起，职业中学并入普通初中。

Note: a)Since 2003, the data of secondary schools include the vocational secondary schools, the number of students enrollment of vocational secondary schools are the students of junior schools.b)Since 2008,Regular secondary schools contain vocational schools.

16-18 主要年份各类学校招生数

New Students Enrollment by Type of School in Selected Years

单位：万人 (10000 persons)

年份 Year	普通高等学校 Regular Institutions Of Higher Educations	成人高等学校 Adult Institions of Higher Educations	中等专业学校 Secondary Schools	普通中学 Regular Secondary Schools	#高中 Senior Secondary Schools	职业中学 Vocational Secondary Schools	技工学校 Technical Schools	小学 Primary Schools	幼儿园 Kinder gartens
1952	0.19		1.11	5.36	0.85			30.77	
1957	0.19		0.34	5.65	1.26			28.32	
1962	0.27		0.06	8.39	1.63	0.28		34.24	
1965	0.34		0.91	10.53	1.83	4.19	0.04	85.86	
1970	0.08		0.01	20.05	1.65			63.74	
1975	0.38		0.56	48.49	11.08		0.04	81.97	
1978	1.92		1.20	53.62	17.61	0.12	0.25	77.18	
1979	1.06		1.73	48.21	16.49	0.02	0.48	81.12	
1980	0.78		1.55	29.86	0.01	0.08	0.79	72.59	
1981	0.75		1.34	37.81	8.90	1.67	0.75	66.46	28.49
1982	0.80		1.26	36.43	7.87	1.41	0.49	67.21	34.95
1983	0.96		1.33	37.46	7.46	1.79	0.62	69.35	36.50
1984	1.22		1.53	38.36	7.23	2.43	0.71	67.99	36.01
1985	1.79		1.73	40.81	7.18	3.36	0.91	63.22	39.68
1986	1.65		1.87	40.72	7.07	2.99	0.93	54.43	40.00
1987	1.76		1.88	41.69	6.77	3.42	1.09	48.30	46.55
1988	2.01		2.21	36.65	5.45	3.65	1.19	49.32	45.80
1989	1.76		1.96	36.05	5.31	3.09	1.06	57.77	48.19
1990	1.72	0.77	1.91	40.17	5.69	3.33	1.16	56.74	50.12
1991	1.73	0.75	2.01	42.26	6.18	3.87	1.29	59.28	51.29
1992	2.07	0.86	2.40	45.36	6.40	5.01	1.33	64.02	56.11
1993	2.39	1.37	2.85	46.62	5.60	6.55	1.78	62.70	60.67
1994	2.26	1.57	3.18	51.54	5.47	6.13	1.87	65.31	60.91
1995	2.36	1.91	3.37	63.42	6.16	6.54	1.90	68.49	63.53
1996	2.47	1.97	3.57	69.85	7.05	5.72	1.84	71.45	61.89
1997	2.67	1.97	3.73	75.15	8.65	6.60	2.19	74.77	55.21
1998	2.91	2.04	3.93	77.16	10.18	6.31	1.95	63.50	49.71
1999	3.87	2.34	4.30	79.93	12.54	7.30	1.97	52.86	46.37
2000	5.06	2.56	3.48	81.81	15.18	7.50	2.12	49.34	43.67
2001	5.95	3.24	3.28	82.52	17.14	7.45	2.19	50.62	42.22
2002	6.89	3.54	4.23	82.49	19.35	7.85	2.60	47.52	36.86
2003	10.67	3.90	14.51	87.48	21.84	0.01	3.19	40.23	37.46
2004	11.99	3.73	15.46	87.10	25.57	0.01	3.36	36.49	40.09
2005	14.67	3.57	17.59	81.01	27.21	0.01	3.46	35.88	40.45
2006	15.17	3.62	19.45	79.78	27.41	0.01	3.60	41.24	42.36
2007	16.74	3.62	19.14	78.69	25.93	0.01	3.55	41.93	42.81
2008	18.91	3.55	18.94	73.84	24.25		3.58	39.91	44.78
2009	19.37	3.27	23.40	66.46	23.85		3.22	40.40	47.32
2010	20.25	3.60	20.15	62.62	24.31		3.30	42.60	52.91

注：1.2003年起职业中学并入中等专业学校，"职业中学招生数"为职业中学初中部的招生数。2.2008年起职业中学并入普通初中。

Note: a)Since 2003, the data of secondary schools include the vocational secondary schools, the new student enrollment of vocational secondary schools are the students of junior schools.b)Since 2008,Regular secondary schools contain vocational schools.

16-19 主要年份各类学校毕业生数

Number of Graduates by Type of School in Selected Years

单位：万人 (10000 persons)

年份 Year	普通高等学校 Regular Institutions Of Higher Educations	成人高等学校 Adult Institions of Higher Educations	中等专业学校 Secondary Schools	普通中学 Regular Secondary Schools	#高中 Senior Secondary Schools	职业中学 Vocational Secondary Schools	技工学校 Technical Schools	小学 Primary Schools
1952	0.09		0.20	1.75	0.33			3.90
1957	0.08		0.37	3.85	0.97			9.05
1962	0.46		0.94	5.29	1.48	0.15		11.89
1965	0.43		0.38	5.38	1.24	0.16	0.01	15.34
1970	0.47			1.48	0.28			46.66
1975	0.21		0.34	22.20	7.75			44.03
1978	0.35		0.19	46.16	12.54	0.14		47.62
1979	0.08		0.61	51.52	17.90	0.02	0.05	43.29
1980	0.90		1.49	14.33	13.63	0.03	0.30	44.37
1981	1.56		1.64	40.40	16.30	0.09	0.47	47.29
1982	1.16		1.60	25.06	3.54	0.05	0.78	48.07
1983	0.73		1.35	27.15	7.84	1.07	0.72	50.82
1984	0.76		1.06	23.41	4.55	0.92	0.48	51.97
1985	0.79		1.01	24.65	4.48	1.23	0.60	55.43
1986	0.94		1.34	27.95	5.45	1.39	0.68	58.66
1987	1.44		1.77	28.70	6.47	2.19	0.81	59.11
1988	1.68		1.74	30.01	6.51	2.46	0.75	51.60
1989	1.73		1.69	28.59	6.22	2.30	0.80	49.52
1990	1.79	0.54	1.64	27.11	5.45	2.32	1.05	53.33
1991	1.80	0.87	1.93	25.16	4.57	2.41	1.11	51.52
1992	1.73	0.65	1.83	28.21	4.78	2.53	0.98	51.53
1993	1.65	0.65	1.89	32.90	5.37	2.80	1.07	51.05
1994	1.69	0.53	1.87	34.43	5.68	3.08	1.12	56.06
1995	2.04	0.85	2.25	38.43	5.57	4.09	1.49	62.56
1996	2.23	1.07	2.61	40.51	4.94	5.32	1.73	64.67
1997	2.14		3.02	47.25	4.95	5.28	1.70	67.57
1998	2.15		3.29	58.75	5.60	5.86	1.64	68.63
1999	2.07	1.67	3.21	64.24	6.40	5.29	1.55	69.59
2000	2.19	1.67	3.31	69.04	7.84	5.79	1.59	68.64
2001	2.84	1.58	2.60	69.65	9.37	5.72	1.41	67.44
2002	3.68	1.80	3.78	71.72	11.58	5.31	1.51	64.77
2003	4.78	2.33	11.12	73.33	13.95	0.01	1.68	66.97
2004	5.28	2.76	11.03	75.03	15.92	0.01	1.86	62.58
2005	6.48	2.83	11.00	75.94	18.26	0.01	2.56	54.71
2006	9.50	1.01	12.49	80.41	20.18	0.01	2.75	52.61
2007	11.41	3.24	12.37	79.88	23.40	0.01	2.51	53.51
2008	13.04	3.07	13.65	73.75	24.22		2.55	50.50
2009	14.28	3.11	14.97	72.69	24.90		2.62	43.90
2010	15.34	3.47	15.53	71.88	24.03		2.63	39.60

注：1.2003年起职业中学并入中等专业学校，“职业中学毕业生数”为职业中学初中部的毕业生数。2.2008年起职业中学并入普通初中。

Note: a)Since 2003, the data of secondary schools include the vocational secondary schools, the number of vocational secondary schools are the data of junior schools.b)Since 2008,Regular secondary schools contain vocational schools.

16-20 主要年份平均每一专任教师负担学生数

Student-Teacher Ratio in Selected Years

单位：人 (person)

年份 Year	普通高等学校 Regular Institutions of Higher Education	成人高等学校 Adult Institions of Higher Educations	中等专业学校 Specialized Secondary Schools	普通中学 Regular Secondary Schools	#高中 Senior Secondary Schools	职业中学 Vocational Secondary Schools	技工学校 Technical Schools	小学 Primary Schools	幼儿园 Kinder Gartens
1952	7.76		17.62	23.19	16.42			32.12	35.29
1957	4.17		15.91	24.94	21.70			32.42	33.42
1962	5.49		7.67	17.64	15.77	20.51		25.45	31.32
1965	5.01		11.56	19.27	16.20	18.65	12.79	22.78	29.23
1970	0.41		89.00	20.70				27.93	
1975	3.29		10.22	22.88	21.61		23.81	28.38	32.67
1978	4.97		12.02	21.99	21.91	22.24	17.17	26.86	34.15
1980	6.31		11.70	19.15	16.39	13.69	15.27	26.54	29.86
1985	5.42		9.19	19.82	15.28	16.30	12.58	26.85	27.99
1990	6.23	29.21	9.86	14.83	11.34	12.25	13.67	22.65	27.62
1995	8.58	29.21	14.45	17.04	12.42	16.76	19.60	22.86	25.40
1996	8.77	38.76	15.71	18.45	13.23	15.51	20.64	23.00	24.80
1997	9.03	42.01	16.26	19.70	14.61	16.19	22.83	22.90	21.70
1998	10.28	45.97	16.55	19.65	15.47	15.84	17.30	22.26	20.06
1999	11.53	48.03	18.00	19.45	15.95	16.72	18.07	21.07	20.48
2000	13.40	44.98	18.70	19.35	16.05	17.78	16.32	20.11	19.96
2001	15.62	48.16	19.72	18.93	16.07	18.49	19.52	19.50	27.55
2002	15.78	47.80	21.44	18.34	16.12	19.55	22.16	18.69	25.86
2003	15.88	50.53	21.70	18.20	16.02	11.35	24.46	17.61	25.58
2004	15.36	46.95	22.68	18.07	16.44	14.09	25.69	16.78	25.98
2005	16.35	34.80	25.58	17.34	16.17	14.76	25.03	16.41	26.50
2006	16.07	35.94	26.74	16.41	15.73	23.89	26.07	16.48	27.39
2007	16.23	59.35	27.16	15.52	14.88	25.67	24.95	16.05	27.52
2008	16.74	103.90	27.38	14.95	14.26		23.45	15.42	29.37
2009	17.92	90.45	29.53	14.06	13.74		21.38	15.29	29.31
2010	17.18	162.89	29.77	13.08	13.56		24.44	15.25	29.98

注：1.2008年起职业中学并入普通初中。

Note:a)Since 2008,Regular secondary schools contain vocational schools.

16-21 主要年份研究生数

Number of Postgraduates in Selected Years

单位：人 (person)

年份 Year	在校学生数 Stuent Enrollment	招生数 New Student Enrollment	毕业生数 Graduates	年份 Year	在校学生数 Stuent Enrollment	招生数 New Student Enrollment	毕业生数 Graduates
1978	90	90		1997	2773	1026	661
1980	261	70		1998	3281	1218	701
1985	1064	564	324	1999	3907	1562	889
1986	1246	460	226	2000	5134	2179	929
1987	1520	557	268	2001	6828	2877	1119
1988	1490	499	504	2002	8862	3667	1452
1989	1350	364	462	2003	13266	5860	1871
1990	1198	366	497	2004	18273	7275	2820
1991	1122	403	425	2005	19500	7442	3222
1992	1268	445	275	2006	22798	8150	4560
1993	1372	512	394	2007	25580	8741	5725
1994	1967	806	374	2008	27062	8781	6899
1995	2248	739	434	2009	29012	9934	7790
1996	2445	933	694	2010	30933	10313	8159

16-22 分科研究生数(2010年)

Number of Postgraduates by Field of Study(2010)

单位：人 (person)

项目	Item	在校生数 Student Enrollment	招生数 New Student Enrollment	毕业人数 Graduates	博士生 Doctor			硕士生 Master		
					在校生数 Student Enrollment	招生数 New Student Enrollment	毕业生数 Graduates	在校生数 Student Enrollment	招生数 New Student Enrollment	毕业生数 Graduates
合计	**Total**	**30933**	**10313**	**8159**	**4424**	**1092**	**823**	**26509**	**9221**	**7336**
哲学	Philosophy	353	111	125	82	23	17	271	88	108
经济学	Economics	2258	657	798	464	101	131	1794	556	667
法学	Law	1765	546	544	317	80	44	1448	466	500
教育学	Education	960	308	211	112	28	28	848	280	183
文学	Literature	2602	793	868	339	82	54	2263	711	814
历史学	History	519	144	184	184	37	37	335	107	147
理学	Science	5741	1936	1327	1214	329	234	4527	1607	1093
工学	Engineering	5696	1792	1485	745	168	112	4951	1624	1373
农林学	Agriculture And Forestry	1067	387	423	160	21	34	907	366	389
医学	Medicine	3244	796	1016	292	89	56	2952	707	960
管理学	Manage	2419	776	668	508	127	76	1911	649	592

16-23 普通高等学校分科在校学生数

Number of Student Enrollment in Higher Educational Institutions by Field of Study

单位：人 (person)

项目	Item	2007			2008			2009			2010		
		合计 Total	本科 Regular College Course	专科 Specializ-ed Subject	合计 Total	本科 Regular College Course	专科 Specializ-ed Subject	合计 Total	本科 Regular College Course	专科 Specializ-ed Subject	合计 Total	本科 Regular College Course	专科 Specializ-ed Subject
总计	**Total**	**509480**	**278032**	**231450**	**562600**	**309250**	**253345**	**606284**	**336813**	**269471**	**647774**	**365516**	**282258**
哲学	Philosophy	229	229		272	272		280	280		258	258	
经济学	Economics	40010	26752	13258	42589	28136	14453	44882	29441	15441	48309	31441	16868
法学	Law	21442	13859	7583	21835	15550	6285	21564	16526	5038	20760	17702	3058
教育学	Education	17561	8182	9379	19194	9113	10081	19986	10099	9887	21748	10675	11073
文学	Literature	76010	47564	28446	84729	53784	30945	89045	58642	30403	93957	63314	30643
历史学	History	1798	1798		1816	1816		1792	1792		1792	1792	
理学	Science	32615	32615		35198	35147	51	36369	36170	199	36936	36624	312
工学	Engineering	169940	73808	96132	190831	83900	106931	209508	94515	114993	225520	106651	118869
农学	Agriculture	9417	6542	2875	10738	6884	3854	12021	7378	4643	13160	8117	5043
医学	Medicine	29747	17288	12459	32411	18437	13974	35758	19555	16203	38345	20207	18138
管理学	Manage	110713	49395	61318	122982	56211	66771	135079	62415	72664	146989	68735	78254

16-24 普通高等学校分科招生数

Number of New Student Enrollment in Higer Educational Institutions

单位：人 (person)

项目	Item	2007			2008			2009			2010		
		合计 Total	本科 Regular College Course	专科 Specializ-ed Subject	合计 Total	本科 Regular College Course	专科 Specializ-ed Subject	合计 Total	本科 Regular College Course	专科 Specializ-ed Subject	合计 Total	本科 Regular College Course	专科 Specializ-ed Subject
合计	**Total**	**167371**	**81208**	**86163**	**189131**	**89259**	**99872**	**193675**	**95953**	**97722**	**202473**	**103865**	**98608**
哲学	Philosophy	85	85		87	87		74	74		41	41	
经济学	Economics	12116	7094	5022	13004	7431	5573	12948	7648	5300	14779	8733	6046
法学	Law	6759	4292	2467	6252	4684	1568	5625	4557	1068	5254	4653	601
教育学	Education	5587	2381	3206	6765	2568	4197	7045	2960	4085	7492	2917	4575
文学	Literature	24959	14174	10785	28018	15874	12144	26867	17024	9843	28881	18262	10619
历史学	History	487	487		460	460		441	441		444	444	
理学	Science	9246	9246		9849	9831	18	9626	9444	182	9573	9447	126
工学	Engineering	58383	22227	36156	67820	25490	42330	69945	28540	41405	72271	32077	40194
农学	Agriculture	3089	1846	1243	3809	1956	1853	4119	2399	1720	4389	2751	1638
医学	Medicine	9470	4472	4998	10754	4479	6275	10949	4529	6420	11809	4593	7216
管理学	Management	37190	14904	22286	42313	16399	25914	46036	18337	27699	47540	19947	27593

16-25 普通高等学校分科毕业生数

Number of Graduates in Higher Educational Institutions by Field of Study

单位：人 (person)

项目	Item	2007			2008			2009			2010		
		合计 Total	本科 Regular College Course	专科 Specialized Subject	合计 Total	本科 Regular College Course	专科 Specialized Subject	合计 Total	本科 Regular College Course	专科 Specialized Subject	合计 Total	本科 Regular College Course	专科 Specialized Subject
合计	**Total**	**114073**	**47672**	**66401**	**130379**	**55287**	**75092**	**142814**	**66158**	**76656**	**153449**	**71708**	**81741**
哲学	Philosophy	32	32		34	34		53	53		50	50	
经济学	Economics	9244	5518	3726	10008	6221	3787	10878	6564	4314	11774	6905	4869
法学	Law	5577	2682	2895	5721	2907	2814	5766	3436	2330	5808	3373	2435
教育学	Education	5156	1186	3970	5508	1549	3959	5731	1818	3913	5625	2205	3420
文学	Literature	15664	7348	8316	17818	9259	8559	21643	11823	9820	22688	12786	9902
历史学	History	386	386		421	421		446	446		425	425	
理学	Science	5769	5769		6926	6740	186	7793	7793		8207	8207	
工学	Engineering	39789	12837	26952	44304	14289	30015	48671	17402	31269	53510	18885	34625
农学	Agriculture	2173	1229	944	2317	1515	802	2491	1588	903	2604	1530	1074
医学	Medicine	4492	2086	2406	7548	2978	4570	7381	3361	4020	8229	3614	4615
管理学	Manage	25791	8599	17192	29774	9374	20400	31961	11874	20087	34529	13728	20801

16-26 普通高等学校分科专任教师数(2010年)

Number of Full-time Teachers in Higher Educational Institutions by Field of Study(2010)

单位：人 (person)

项目	Item	合计 Total	正高级 Senior	副高级 Vice-senior	中级 Junior	初级 Primary	无职称 Non-Title
合计	**Total**	**37733**	**3571**	**9683**	**13573**	**8809**	**2097**
哲学	Philosophy	1144	98	318	399	268	61
经济学	Economics	2658	229	678	982	586	183
法学	Law	1513	148	392	631	290	52
教育学	Education	3545	230	885	1180	1029	221
文学	Literature	8324	550	1824	2996	2434	520
历史学	History	318	62	100	110	43	3
理学	Science	4431	660	1290	1584	750	147
工学	Engineering	9360	801	2351	3568	2045	595
农林学	Agriculture	890	140	296	275	134	45
医学	Medicine	2462	441	838	750	379	54
管理学	Management	3088	212	711	1098	851	216

16−27 成人高等学校专任教师职称情况

Basic Statistics of Full-time Teachers in Adult Higher Educational Institutions by Field of Study

单位：人 (person)

项目	Item	2000	2003	2005	2007	2008	2009	2010
总计	**Total**	**1322**	**2133**	**2072**	**1718**	**982**	**1061**	**608**
正高级	Senior	9	22	38	47	41	41	12
副高级	Vice-senior	335	541	543	455	265	320	207
中级	Junior	608	896	858	721	380	349	207
初级	Primary	298	541	521	435	238	306	133
无职称	Non-Title	72	133	112	60	58	45	49
#女	Female	564	1007	973	812	491	542	312
正高级	Senior			3	5	7	9	5
副高级	Vice-senior	103	213	206	193	112	140	75
中级	Junior	270	442	413	355	197	216	138
初级	Primary	11	284	284	237	136	148	63
无职称	Non-Title	30	68	67	22	39	29	31

16-28 职业技术培训机构基本情况（2010年）

Basic Statistics on Vocational/Technical Training Institutions(2010)

单位：人 (person)

项目 Item	学校数（所） Number of Schools(unit)	注册学生数（万人） Registered Students (10000 persons)	结业学生数（万人） Graduates (10000 persons)	教职工数 Teachers and Staff	#专任教师数 Full-time Teachers
总计 Total	2531	1018468	1083253	15623	6087
职工技术培训学校(机构) Vocational/Technical Training Schools	85	117152	146196	6095	3434
教育部门和集体办 Run by Education Departments and Collectives	75	110237	138876	6071	3430
其他部门办 Run by Other Departments	8	915	1420	18	4
民办 Run by Private Institutions	2	6000	5900	6	-
农村成人文化技术培训学校(机构) Technical Training Schools for Adult Farmers	2135	741934	776287	4183	709
教育部门和集体办 Run by Education Departments and Collectives	2103	728170	763087	4101	631
#县(市、区) Run by Counties	18	10055	8580	65	20
乡(农村公社) Run by Townships					
村及村以下 Run by Villages					
其他部门办 Run by Other Departments	25	2935	2371	-	-
民办 Run by Private Institutions	7	10829	10829	82	78
其他培训机构(含社会培训机构) Others	311	159382	160770	5345	1944
教育部门和集体办 Run by Education Departments and Collectives	67	38648	29261	411	305
其他部门办 Run by Other Departments	26	8264	10308	121	73
民办 Run by Private Institutions	218	112470	121201	4813	1566

16-29 成人高等学校分科学生情况

Basic Statistics of Students in Adult Higher Educational Institutions by Field of Study

单位：人 (person)

项目	Item	2000	2003	2005	2007	2008	2009	2010
招生数	**Number of New Student Enrollment**	**25629**	**38988**	**35695**	**36175**	**35485**	**32661**	**36025**
经济学	Economics	7577	3134	3284	2358	2054	2139	1904
法 学	Law	2232	2250	1618	1189	1055	993	798
教育学	Education	1876	3671	3626	4185	4185	3542	5063
文 学	Literature	5090	8745	5952	4639	3805	2687	2226
历史学	History	384	345	209	91	59	42	36
理 学	Science	1962	3475	3052	1238	889	427	352
工 学	Engineering	4733	7058	6381	6808	7874	7590	9142
农 学	Agriculture	359	438	429	565	537	352	338
医 学	Medicine	1416	2235	2811	3768	3133	3393	4545
管理学	Manage		7637	8333	11334	11894	11496	11621
在校学生数	**Number of Student Enrollment**	**63663**	**98627**	**74472**	**101050**	**103861**	**99471**	**99038**
经济学	Economics	19437	9135	6464	7416	7593	6971	5821
法 学	Law	5802	6223	3897	3898	3476	2840	2352
教育学	Education	3991	9835	7151	11113	12228	11451	11746
文 学	Literature	11496	18921	13501	14293	12490	9980	7489
历史学	History	774	833	556	390	240	156	116
理 学	Science	3636	9362	6404	5175	3201	1809	1012
工 学	Engineering	13469	18414	14255	18131	20429	21323	24131
农 学	Agriculture	1054	1226	725	1296	1516	1355	1190
医 学	Medicine	4004	6208	5722	10955	11436	11942	13041
管理学	Manage		18470	15797	28385	31252	31644	32140
毕业生数	**Number of Graduates**	**16742**	**23290**	**28262**	**32425**	**30705**	**31092**	**34699**
经济学	Economics	6231	2660	2765	3101	2764	2703	2854
法 学	Law	2149	1737	2018	1946	1470	1360	1120
教育学	Education	681	2102	3266	3471	3213	4362	4537
文 学	Literature	3368	3993	5432	6237	5031	4827	4309
历史学	History	245	293	307	425	211	170	75
理 学	Science	520	1831	2970	3468	2659	1546	1178
工 学	Engineering	2526	4526	4812	5949	4795	4095	6323
农 学	Agriculture	235	368	357	369	459	382	508
医 学	Medicine	787	1038	1618	769	2278	2623	4025
管理学	Manage		4742	4717	6690	7825	9024	9770

16–30 中等职业教育分科学生数(2010年)

Number of Students in Specialized Secondary schools by Field of Study(2010)

单位：人 (person)

项目	Item	毕业生数 Graduates	招生数 New Student Enrollment	#招初中毕业生 Junior Secondury Graduates	在校生数 Student Enrollment
合计	**Total**	**155293**	**201482**	**174067**	**536047**
农林类	Agriculture and Forestry	5823	21483	15503	44717
资源与环境类	Source and Enviroment	533	233	102	684
能源类	Power	533	165	165	755
土木水利工程类	Construction and Water Conservancy Engineering	5310	7888	7112	16638
加工制造类	Machining and Manufacture	22624	22666	20793	64060
交通运输类	Transport	12688	19519	14901	47315
信息技术类	Information Technology	33030	31534	27775	98095
医药卫生类	Health	10232	15207	14676	47248
商贸与旅游类	Trad and Tour	5604	10143	8919	28918
财经类	Finance and Economics	30386	33805	31639	94201
文化艺术与体育类	Arts and Physical Culture	14158	17783	16797	45776
社会公共事业类	Society Commonality Business	2379	2978	2443	7899
师范类	Teacher Training	7790	12741	11758	32236
其他	Others	4203	5337	1484	7505

16–31 中等职业教育分类别职称专任教师数(2010年)

Number of Full-time Teachers in Specialized Secondary Schools by Category(2010)

单位：人 (person)

项目	Item	合计 Total	副高级 Vice-Senior	中级 Junior	初级 Primary	无职称 Non-Title
合计	**Total**	**17993**	**3654**	**7108**	**5726**	**1505**
文化基础课	**Culture**	**7816**	**1802**	**3332**	**2268**	**414**
专业课	**Specialized Lessons**	**9561**	**1784**	**3585**	**3213**	**979**
农林类	Agriculture and Forestry	314	120	135	52	7
资源与环境类	Source and Enviroment	64	12	23	28	1
能源类	Power	9	2	5	2	
土木水利工程类	Construction and Water Conservancy Engineering	325	43	122	125	35
加工制造类	Machining and Manufacture	955	219	341	289	106
交通运输类	Transport	583	131	233	165	54
信息技术类	Information Technology	2154	293	850	817	194
医药卫生类	Health	341	68	111	128	34
商贸与旅游类	Trad and Tour	581	97	233	188	63
财经类	Finance and Economics	1396	272	504	458	162
文化艺术与体育类	Arts and Physical Culture	1525	261	546	537	181
社会公共事业类	Society Commonality Business	175	28	77	49	21
师范类	Teacher Training	549	104	201	191	53
其他	Others	590	134	204	184	68

16-32 技工学校数、学生数和教职工数(1985-2010年)

Number of Technical Schools, Students, Teachers and Staff(1985-2010)

年份 Year	学校数（所） Schools (unit)	招生数（万人） New Enrollment (10000 persons)	在校学生数（万人） Total Enrollment (10000 persons)	毕业生数（万人） Graduates (10000 persons)	专任教师数（万人） Number of Full-time Teachers (10000 persons)
1985	35	0.91	1.61	0.60	0.13
1990	43	1.16	2.83	1.05	0.21
1995	54	1.90	4.55	1.49	0.23
1996	85	1.84	4.43	1.73	0.21
1997	135	2.19	4.73	1.70	0.21
1998	138	1.95	4.69	1.64	0.21
1999	110	1.97	5.02	1.55	0.28
2000	119	2.12	4.57	1.59	0.28
2001	101	2.19	4.88	1.41	0.25
2002	93	2.60	5.59	1.51	0.25
2003	93	3.19	6.64	1.68	0.27
2004	98	3.36	7.66	1.86	0.30
2005	93	3.46	7.87	2.56	0.31
2006	95	3.60	8.52	2.75	0.33
2007	96	3.55	8.62	2.51	0.35
2008	91	3.58	8.94	2.55	0.38
2009	94	3.22	8.29	2.62	0.52
2010	95	3.30	8.40	2.63	0.48

16-33 学龄儿童入学率和各级普通学校毕业生升学率(1990-2010年)

Net Enrollment Ratio of Primary Schools and Promotion Rate of Various Schools(1990-2010)

单位：% (%)

年份 Years	学龄儿童入学率 Graduation Rate of Primary School	小学升学率 Graduation Rate of Junior high school	初中升学率 Enrollment Rate of Pre-primary	年份 Years	学龄儿童入学率 Graduation Rate of Primary School	小学升学率 Graduation Rate of Junior high school	初中升学率 Enrollment Rate of Pre-primary
1990	99.10	64.96	49.71	2001	100.08	97.05	40.60
1991	99.32	70.64	58.58	2002	99.40	97.68	58.70
1992	99.47	76.24	58.20	2003	99.65	98.03	65.60
1993	99.63	83.77	59.99	2004	99.72	98.34	69.42
1994	99.68	82.63	57.40	2005	99.79	98.34	77.66
1995	99.70	91.89	57.29	2006	99.84	99.57	77.80
1996	99.75	97.51	55.32	2007	99.93	98.59	87.80
1997	99.80	97.80	53.80	2008	99.97	98.20	94.14
1998	99.84	97.80	47.60	2009	99.97	97.05	98.86
1999	99.83	97.02	49.88	2010	100.00	96.70	92.90
2000	99.86	97.27	49.97				

主要统计指标解释

科技活动　指在自然科学、农业科学、医药科学、工程与技术科学、人文与社会科学领域(简称科学技术领域)中，与科技知识的产生、发展、传播和应用密切相关的有组织的活动。可分为研究与试验发展(R&D)、研究与试验发展成果应用及相关的科技服务三类活动。该定义是联合国教科文组织考虑成员国特别是发展中国家开展科技统计工作的需要，而对科技活动所作的统计界定。

科技活动人员　指直接从事科技活动、以及专门从事科技活动管理和为科技活动提供直接服务，累计的实际工作时间占全年制度工作时间 10%及以上的人员。(1)直接从事科技活动的人员包括：在独立核算的科学研究与技术开发机构、高等学校、各类企业及其他事业单位内设的研究室、实验室、技术开发中心及中试车间(基地)等机构中从事科技活动的研究人员、工程技术人员、技术工人及其它人员；虽不在上述机构工作，但编入科技活动项目(课题)组的人员；科技信息与文献机构中的专业技术人员；从事论文设计的研究生等。(2)专门从事科技活动管理和为科技活动提供直接服务的人员，包括：独立核算的科学研究与技术开发机构、科技信息与文献机构、高等学校、各类企业及其他事业单位主管科技工作的负责人，专门从事科技活动的计划、行政、人事、财务、物资供应、设备维护、图书资料管理等工作的各类人员，但不包括保卫、医疗保健人员、司机、食堂人员、茶炉工、水暖工、清洁工等为科技活动提供间接服务的人员。该指标用来反映投入科技活动人力的规模。

科学家与工程师　指科技活动人员中具有高、中级技术职称(职务)的人员和不具有高、中级技术职称(职务)的大学本科及以上学历人员。该指标用来反映投入科技活动人力的素质。

研究与试验发展(R&D)　指在科学技术领域，为增加知识总量、以及运用这些知识去创造新的应用进行的系统的创造性的活动，包括基础研究、应用研究、试验发展三类活动。国际上通常采用 R&D 活动的规模和强度指标反映一国的科技实力和核心竞争力。

基础研究　指为了获得关于现象和可观察事实的基本原理的新知识(揭示客观事物的本质、运动规律，获得新发现、新学说)而进行的实验性或理论性研究，它不以任何专门或特定的应用或使用为目的。其成果以科学论文和科学著作为主要形式。用来反映知识的原始创新能力。

应用研究　指为获得新知识而进行的创造性研究，主要针对某一特定的目的或目标。应用研究是为了确定基础研究成果可能的用途，或是为达到预定的目标探索应采取的新方法(原理性)或新途径。其成果形式以科学论文、专著、原理性模型或发明专利为主。用来反映对基础研究成果应用途径的探索。

试验发展　指利用从基础研究、应用研究和实际经验所获得的现有知识，为产生新的产品、材料和装置，建立新的工艺、系统和服务，以及对已产生和建立的上述各项作实质性的改进而进行的系统性工作。其成果形式主要是专利、专有技术、具有新产品基本特征的产品原型或具有新装置基本特征的原始样机等。在社会科学领域，试验发展是指把通过基础研究、应用研究获得的知识转变成可以实施的计划(包括为进行检验和评估实施示范项目)的过程。人文科学领域没有对应的试验发展活动。主要反映将科研成果转化为技术和产品的能力，是科技推动经济社会发展的物化成果。

研究与试验发展人员　指参与研究与试验发展项目研究、管理和辅助工作的人员，　包括项目(课题)组人员，　企业科技行政管理人员和直接为项目(课题)活动提供服务的辅助人员。反映投入从事拥有自主知识产权的研究开发活动的人力规模。

研究与试验发展人员全时当量　指全时人员数加非全时人员按工作量折算为全时人员数的总和。例如：有两个全时人员和三个非全时人员(工作时间分别为 20%、30% 和 70%)，则全时当量为 2+0.2+0.3+0.7=3.2 人年。为国际上比较科技人力投入而制定的可比指标。

专业技术人员　指从事专业技术工作和专业技术管理工作的人员，即企事业单位中已经聘任专业技术职务从事专业技术工作和专业技术管理工作的人员，以及未聘任专业技术职务，现在专业技术岗位上工作的人员。包括工程技术人员，农业技术人员，科学研究人员，卫生技术人员，教学人×100%员，经济人员，会计人员，统计人员，翻译人员，图书资料、档案、文博人员，新闻出版人员，律师、公证人员，广播电视播音人员，工艺美术人员，体育人员，艺术人员及企业政治思想工作人员，共十七个专业技术职务类别。用来反映科技人力资源情况。

科技活动经费筹集 指从各种渠道筹集到的计划用于科技活动的经费，包括政府资金、企业资金、事业单位资金、金融机构贷款、国外资金和其他资金等。反映各社会经济主体对促进科技进步所做的努力。

政府资金 指从各级政府部门获得的计划用于科技活动的经费，包括科学事业费、科技三项费、科研基建费、科学基金、教育等部门事业费中计划用于科技活动的经费以及政府部门预算外资金中计划用于科技活动的经费等。

企业资金 指从自有资金中提取或接受其他企业委托的、科研院所和高校等事业单位接受企业委托获得的，计划用于科研和技术开发的经费。不包括来自政府、金融机构及国外的计划用于科技活动的资金。

金融机构贷款

指从各类金融机构获得的用于科技活动的贷款。

科技活动经费内部支出 指报告年内用于科技活动的实际支出，包括劳务费、科研业务费、科研管理费，非基建投资购建的固定资产、科研基建支出以及其他用于科技活动的支出。不包括生产性活动支出、归还贷款支出及转拨外单位支出。反映科技投入实际完成情况。

劳务费 指以货币或实物形式直接或间接支付给从事科技活动人员的劳动报酬及各种费用。包括各种形式的工资、津贴、奖金、福利、离退休人员费用、人民助学金等。反映改善科技人员待遇情况。

固定资产购建费 指报告年内使用非基建投资购建的固定资产和用于科研基建投资的实际支出额，即固定资产实际支出和科研基建投资实际完成额之和。固定资产是指长期使用而不改变原有实物形态的主要物资设备、图书资料、实验材料和标本以及其他设备和家具、房屋、建筑物。反映用于改善科研条件和科研手段方面的投入情况。

新产品 指采用新技术原理、新设计构思研制、生产的全新产品，或在结构、材质、工艺等某一方面比原有产品有明显改进，从而显著提高了产品性能或扩大了使用功能的产品。既包括政府有关部门认定并在有效期内的新产品，也包括企业自行研制开发，未经政府有关部门认定，从投产之日起一年之内的新产品。用来反映科技产出及对经济增长的直接贡献。

专利 是专利权的简称，是对发明人的发明创造经审查合格后，由专利局依据专利法授予发明人和设计人对该项发明创造享有的专有权。包括发明、实用新型和外观设计。反映拥有自主知识产权的科技和设计成果情况。

发明 指对产品、方法或者其改进所提出的新的技术方案。是国际通行的反映拥有自主知识产权技术的核心指标。

实用新型 指对产品的形状、构造或者其结合所提出的适于实用的新的技术方案。反映具有一定技术含量的技术成果情况。

外观设计 指对产品的形状、图案、色彩或者其结合所作出的富有美感并适于工业上应用的新设计。反映拥有自主知识产权的外观设计成果情况。

普通高等学校 指按照国家规定的设置标准和审批程序批准举办的，通过全国普通高等学校统一招生考试，招收高中毕业生为主要培养对象，实施高等教育的全日制大学、独立设置的学院和高等专科学校、高等职业学校和其他机构。大学、独立设置的学院主要实施本科层次以上教育，高等专科学校、高等职业学校实施专科层次教育，其他机构是承担国家普通招生计划任务不计校数的机构。包括普通高等学校分校和批准筹建的普通高等学校等。

成人高等学校 指按照国家规定的设置标准和审批程序批准举办的，通过全国成人高等学校统一招生考试，招收具有高中毕业或同等学历的在职从业人员为主要培养对象，利用函授、业余、脱产等多种形式对其实施高等学历教育的学校。包括职工高等学校、农民高等学校、管理干部学院、教育学院、独立函授学院、广播电视大学、其他机构等。其他机构是承担国家成人招生计划任务不计校数的机构。

小学学龄儿童入学率 指调查范围内已入小学学习的学龄儿童占校内外学龄儿童总数(包括弱智儿童，不包括盲聋哑儿童)的比重。计算公式为:

小学学龄儿童入学率=已入小学学习的学龄儿童数/按内外学龄儿童总数×100%

Explanatory Notes on Main Statistical Indicators

Scientific and Technological Activities (S&T Activities) refer to organized activities which are closely related with the creation, development, dissemination and application of the scientific and technical knowledge in the fields of natural sciences, agricultural science, medical science, engineering and technological science, humanities and social sciences (referred to as scientific and technological fields). S&T activities can be classified into 3 categories: research and development (R&D) activities, application of R&D results, and related S&T services. This statistical definition is made by UNICHIEF for scientific and technological activities to meet the need of carrying out statistical work in this field for its member countries in particular those developing countries.

Personnel Engaged in S&T Activities refer to personnel directly engaged in S&T activities, in the management of S&T activities, and in providing direct service to S&T activities, who sp end over 10% of the total working hours in a year in S&T activities. (1) Personnel directly engaged in S&T activities include researchers, engineers, technicians and other related personnel engaged in S&T activities in independent-accounting R&D institutions, institutions of higher learning, and in research institutes, laboratories, technology development centers and central experiment workshops under enterprises and institutions. Also included are people working in S&T research project teams, professional and technical personnel working in S&T information archiving institutes, and graduate students working on the design of their thesis. (2) Personnel engaged in the management of S&T activities and in providing direct service to S&T activities include senior management people responsible for S&T activities in independent -accounting R&D institutions, S&T information archiving institutes, institutions of higher learning, and in enterprises and institutions where S&T activities are undertaken. Also included are people responsible for the planning, administration, personnel management, financial management, logistics supply, equipment maintenance, information and library management that are related with S&T activities. People providing indirect services are excluded, such as security, medical service, drivers, plumbers, cleaners and those providing catering and related service. This indicator reflects the size of personnel engaged in S&T activities.

Scientists and Engineers refer to persons engaged in S&T activities who have obtained titles of senior and middle level professional positions, and those without such position but have completed university or higher education. This indicator reflects the quality of personnel engaged in S&T activities.

Research and Development (R&D) refers to systematic and creative activities in the field of science and technology aiming at increasing the knowledge and using the knowledge for new application. R&D includes 3 categories of activities: basic research, applied research and experiments and development. The scale and intensity of R&D are widely used internationally to reflect the strength of S&T and the core competitiveness of a country in the world.

Basic Research refers to empirical or theoretical research aiming at obtaining new knowledge on the fundament al principles of phenomena of observable facts to reveal the nature and law of movement of objects and to acquire new discoveries or new theories. Basic research takes no specific or designated application as the aim of the research. Results of basic research are mainly released or disseminated in the form of scientific papers or monographs. This indicator reflects the original innovation capacity for original knowledge.

Applied research refers to creative research aiming at obtaining new knowledge on a specific objective or target. Purpose of the applied research is to identify the possible use of results from basic research, or to explore new (fundamental) methods or new approaches. Results of applied research are expressed in the form of scientific papers , monographs, fundamental models or invention patents. This indicator reflects the exploration of ways to apply the results of basic research.

Experiments and Development refer to systematic activities aiming at using the knowledge from basic and applied researches or from practical experience to develop new products, materials and equipment, to establish new production process, systems and services, or to make substantial improvement on the existing products, process or services. Results of experiment and development activities are embodied in patents, exclusive technology, and monotype of new products or equipment. In social sciences, experiment and development activities refer to the process of converting the knowledge from basic or applied researches in to feasible programs (including conduct of demonstration projects for assessment and evaluation). There are no experiment and development activities in the science of humanities. This indicator reflects the capability of transferring the results of S&T into technique and products, which is the materialized measurement of S&T pushing forward the economic and social development.

R&D Personnel refer to persons engaged in research, management and supporting activities of R&D, including persons in the project teams, persons engaged in the management of S&T activities of enterprises and sup porting staff providing direct service to the research projects. This indicator reflects the size of personnel engaged in R&D activities with independent intellectual property.

Full-time Equivalent of R&D Personnel refers to the sum of the full-time persons and the full-time equivalent of part time persons converted by workload. For instance, if there are 2full-time persons and 3 part time workers (20%, 30% and 70%of working hours respectively on R&D activities), the full-time equivalent is 2+0.2+0.3+0.7=3.2 person-years. This is an internationally comp arable indicator of input of personnel in S&T activities.

Professional and Technical Personnel refer to persons engaged in professional and technical work or in the management of professional and technical activities, i.e., people with professional or technical posit ions who are engaged in professional and technical work or in the management of professional and technical activities, and people without professional or technical positions but are working on professional or technical posts. They include professionals and technicians working in 17 categories of technical occupations including engineering, agriculture, scientific researches, medical service, teaching, economic research and application, accounting, statistics, translation, libraries, archives, cultural and museum service, journalism and publication, lawyers, notarization service, radio and television broadcasting, handicraft and fine arts, sports, performing art, and political workers in enterprises. This indicator reflects the condition of human resources in S&T.

Funding for S&T Activities refers to funds obtained from various sources for S&T activities, including government funds, self-raised funds by enterprises, self-raised funds by institutions, loans from financial institutions, foreign funds and other funds . This indicator reflects the efforts made by various social economic entities in promoting the development of S&T.

Government Funds refer to funds obtained from government agencies at all levels to be used for S&T activities, including fund for scientific undertakings, 3 kinds of fund for S&T activities, fund for capital const ruction for scientific researches, science fund, funds from education expenditures by education departments for S&T activities, and extra-budget fund from government agencies for S&T activities.

Funds of Enterprises by Enterprises refers to self-raised funds by enterprises from their own expenditure or from other enterprises and funds received by universities or research institutions from enterprises for scientific research or technical development projects. Excluded in this category are funds from government agencies, financial institutions or from foreign institutions.

Loans from Financial Institutions refer to loans from various financial institutions for S&T activities.

Internal Expenditures on S&T activities

refer to the actual expenditures on S&T activities during the reference year, including service fees, expenditure on research activities, expenditure on research management, purchase or const ruction of fixed assets not included in the investment for capital const ruction, expenditure on capital construction for scientific researches, and other expenditures on S&T activities. Not included are expenditure on production activities, repayment of loans and transfer expenditure. This indicator reflects the real accomplishment of input in S&T.

Service Fees refer to direct or indirect payment, in cash or in kind, made to personnel engaged in S&T activities as remuneration and other fees. They include, in various forms, salaries, subsidies, bonus, benefits, retirement pension, stipend, etc. This indicator reflects the improvement of treatment toward S&T personnel.

Purchase or Construction of Fixed Assets refers to the fixed assets purchased or constructed using funds other than the investment in capital construction, and the actual expenditure on capital construction for scientific researches. In other words, it is the sum of the actual expenditure on fixed as sets and the accomplished investment in capital construction for scientific researches. Fixed as sets refer to main materials and equipment, literatures and documents in libraries, materials for experiments, specimen, instruments, furniture, buildings and constructions that can be used for a long time without changing t he form and shape of those articles or constructions. This indictor reflects the input in improving t he condition of S&T and the means of scientific research.

New Products refer to new products produced with new technology and new design, or products that represent noticeable improvement in terms of structure, material, or production process so as to imp rove significantly the character or function of the older versions. They include new products certified by relevant government agencies within the period of certification, as well as new products designed and produced by enterprises within a year without certification by government agencies. This indictor reflects the direct contribution of S&T output to economic growth.

Patent is an abbreviation for the patent right and refers to the exclusive right of ownership by the inventors or designers for the creation or inventions, given from the patent offices after due process of assessment and approval in accordance wit h the Patent Law. Patents are grant ed for inventions, utility model sand designs. This indicator reflects the achievements of S&T and design with in dependent intellectual property.

Inventions refer to the new technical proposals to the products or methods or their modifications. This is universal core Indicator reflecting the technologies with independent intellectual property.

Utility Models refer to t he practical and new technical proposals on the shape and structure of the product or the combination of both. This indicator reflects the condition of technological results with certain technical content.

Designs refer to the aesthetics and industrially applicable new designs for the shape, pattern and color of the product, or their combinations. This indicator reflects the appearance design achievements with independent intellectual property.

Regular Institutions of Higher Learning refer to educational establishments set up according to the government evaluation and approval procedures, enrolling graduates from senior secondary schools and providing higher education courses and training for senior professionals. They include full-time universities, colleges, high professional schools, high professional vocational schools and others.Universities and colleges are mainly providing undergraduate courses; those high professional schools and high professional vocational schools are mainly providing professional trainings; and others refer to educational establishments, which hare responsible for enrolling students but not covered in the total number of schools, including: branch schools of universities and colleges, and universities and colleges that have been proved and prepared to construct.

Institutions of Higher Learning for Adults

refer to educational establishments, set up in line with relevant rules approved by the government, enrolling staff and workers wit h senior secondary

courses in many forms of correspondence, spare time, or full time for adults. Professionals thus trained receive a qualification equivalent to graduates studying regular courses at regular universities, colleges and professional colleges. Institutions of higher learning for adults include schools of high education for staff and workers, schools of high education for peasants, colleges for management cadres, pedagogical colleges, independent correspondence colleges, Radio and TV universities and other educational establishments. Other educational establishments are responsible for enrolling adult students but not covered in the number of schools.

school or equivalent education, and providing higher education

Enrollment Rate of Primary School Age Children refers to the proportion of school age children enrolled at schools to the total number of school age children both in and outside schools (including retarded children, but excluding blind, deaf and mute children). The formula is:

Enrollment Rate of Primary School-age Children = (Total Primary School-age Children at Schools/Total Primary School-age Children Both at and Outside Schools) × 100%

第十七篇　文化和体育

Chapter 17　Culture and Sports

资料整理：廖捷

Datebase Editor:Liaojie

简 要 说 明

本篇资料的主要内容及来源

本篇主要反映我省文化和体育事业发展情况。文化部分主要包括艺术、图书馆、群众文化、文物、广播、电视、新闻出版等文化事业的机构、人员及业务活动情况。体育部分包括群众体育和竞技体育，主要内容有体育系统职工、运动员、教练员和裁判员等人数，体育场地数等。

上述资料分别由省文化厅、省广电局、新闻局、省体育局等部门提供，是根据有关部门制定的统计报表制度进行统计、汇总整理而成的。

本篇资料由省统计局社会和科技统计处整理提供。

Brief Introduction

Main Content and Source of Data

Data in this chapter show the development of culture, sports and public health. Data on culture cover mainly the situations on institutions, personnel and business activities of arts, libraries, mass culture, cultural relics, broadcasting, films, televisions, news and publication etc. Data on Sports cover mass sports (sports for all) and athletics sports, including mainly the number of staff and workers in sports departments, number of athletes, coaches and referees, number of stadiums and gymnasiums etc.Data on Public health include mainly the number of institutions, personnel, hospital beds, number of patients treated and inpatients.

The above mentioned data are provide By the Provincial Department of Culture , Provincial Administration of Broadcasting, film and Television，Provincial Press and Publication House，the Provincial Commission of Sports, Department of Public Health. Data are collected and tabulated in accordance with the statistical reporting schemes stipulated by the departments concerned.

Data in this chapter are provided and compiled by the Division of Social, Science and Technology Statistics of Fujian Provincial Bureau of Statistics.

17-1 主要年份文化事业基本情况

Basic Statistics on Culture in Selected Years

年份 Year	艺术表演团体(个) Art Performance Troupes(unit)	公共图书馆(座) Public Libraries(unit)	博物馆(座) Museums(unit)	图书出版总印数(万份) Number of Books Published (10000 copies)	杂志出版总印数(万份) Number of Magazines Published (10000 copies)	报纸出版总印数(万份) Number of Newspapers Published (10000 copies)	广播人口覆盖率(%) Listener Rating (%)	电视人口覆盖率(%) Viewer Rating (%)
1952	62	2		127	109	1916		
1957	113	10	1	1041	63	3559		
1962	119	10	9	1846	96	4221		
1965	115	12	13	3956				
1970	66	10	6					
1975	77	14	10					
1978	101	23	13	6818	388	14784	1.00	
1979				7316	345	13005		
1980	107	26	15	8246	960	14913	40.00	60.00
1981				12113	1380	14207		
1982				9988	1433	16003		
1983				11757	1957	19244		
1984				11870	2441	28134		
1985	104	65	24	15603	3375	35847	55.00	65.00
1986	101	68	25	12465	3450	39596	63.00	76.00
1987	98	70	34	17101	4177	44858	63.00	80.00
1988	97	71	42	17047	3429	44135	63.00	80.00
1989	92	73	51	15859	2765	36961	63.00	80.00
1990	91	74	58	16312	3157	41455	67.00	82.00
1991	89	74	61	17667	3688	44176	71.00	84.00
1992	89	75	64	19399	4258	45021	73.00	87.00
1993	90	75	63	17044	4350	45845	76.00	88.00
1994	91	75	62	19745	4004	49208	84.00	89.00
1995	91	78	64	18448	4239	51526	86.00	90.00
1996	91	79	70	21348	3891	53608	90.00	91.00
1997	92	78	76	23282	3974	55027	91.00	94.00
1998	94	80	76	21596	3899	59543	93.00	95.00
1999	93	82	77	21875	3990	64195	95.00	97.00
2000	96	81	81	20298	4463	68897	95.81	97.14
2001	93	82	80	17891	4470	73185	95.97	97.47
2002	94	82	80	19953	4089	79061	96.12	97.62
2003	94	82	79	15595	3937	79809	96.44	97.82
2004	94	83	79	13907	3450	89681	96.45	97.83
2005	91	84	82	10643	2841	87962	96.96	98.10
2006	92	85	84	9840	2902	97246	96.99	98.13
2007	92	85	85	8463	2870	99836	97.05	98.25
2008	90	85	89	7793	2935	103791	97.37	98.34
2009	90	85	93	7689	2828	82900	97.64	98.41
2010	93	86	94	7749	2940	99982	97.80	98.45

17-2 主要年份各类文化事业机构数

Number of Cultural Institutions in Selected Years

单位：个　　　　(unit)

年份	艺术事业 Art Institutions		公共图书馆	博物馆	群众文化事业 Mass Culture		
Year	表演团体 Art Performance Troups	表演场所 Art Centers	Public Libraries	Museums	艺术馆 Art Centers	文化馆 Cultural Centers	文化站 Cultural Stations
1952	62	32	2			72	152
1957	113	74	10	1		69	149
1962	119	48	10	9	8	72	47
1965	115	52	12	13	8	73	40
1970	66	31	10	6	1	55	34
1975	77	31	14	10	2	72	37
1978	101		23	13	6	76	35
1980	107	26	26	15	9	76	55
1985	104	55	65	24	10	78	134
1986	101	64	68	25	10	78	140
1987	98	67	70	34	10	78	143
1988	97	71	71	42	10	78	144
1989	92	71	73	51	10	79	145
1990	91	75	74	58	10	80	145
1991	89	75	74	61	10	80	128
1992	89	77	75	64	10	80	143
1993	90	77	75	63	10	80	126
1994	91	78	75	62	10	80	115
1995	91	78	78	64	10	80	159
1996	91	79	79	70	10	80	146
1997	92	78	78	76	10	80	149
1998	94	79	80	76	10	80	142
1999	93	79	82	77	10	80	143
2000	96	80	81	81	10	80	995
2001	93	83	82	80	10	80	1042
2002	94	78	82	80	10	80	1042
2003	94	76	82	79	10	78	1066
2004	94	74	83	79	10	78	1001
2005	91	76	84	82	10	80	1026
2006	92	69	85	84	10	80	1018
2007	92	67	85	85	14	77	1050
2008	90	68	85	89	10	82	1090
2009	90	53	85	93	10	84	1093
2010	93	51	86	94	10	85	1095

注：文化站数统计口径调整。2002年起文化站数包括民办与公办，即所有的基层文化站；2001年及以前只包括公办。

Note:The statistic scope of cultural stations has been adjusted. Cultural stations Since 2002 includes those runned by local people or by government, namely,all local cultural stations. Cultural stations in and before 2001 includes those runned by government only.

17-3 群众艺术馆、文化馆站业务活动及经费情况(2010年)

Basic Statistics on Activities and Expenditures of Mass Art Centers and Cultural(2010)

项目	Item	总计 Total	群众艺术馆 Mass Art Centers	文化馆 Cultural Centers	文化站 Cultural Stations
单位数（个）	Number of Units(unit)	1190	10	85	1095
从业人员（人）	Persons Employed(person)	2655	188	700	1767
举办展览（个）	Number of Exhibitions(unit)	2930	169	514	2247
组织文艺活动（次）	Art Performances and Story-telling Sessions(time)	9691	591	2227	6873
藏书（册）	Collections (volume)	3317030	3000	92110	3221920
举办训练班（次）	Training Courses(time)	11096	617	1422	9057
培训人次（千人次）	Number of Persons Completing Courses(1000 person-times)	398	73	86	239
组织各类理论研讨和讲座次数（次）	Number of Organization Theoretical Research and Lectures(time)	196	54	142	
本年收入总额（千元）	Total Income(1000 yuan)	269617	35864	68866	164887
本年支出合计（千元）	Total Expenditures(1000 yuan)	275682	36586	65698	173398

17-4 文化部门按剧种分艺术表演团体演出情况(2010年)

Basic Statistics on Performance of Art Troupes in Culture(2010)

项目	Item	剧团数（个） Number of Troupes (unit)	从业人员（人） Persons Employ-ed (person)	本年新排上演剧目（个） Plays new perform-ed (unit)	演出场次（场） Number of perfor-mance (show)	演出观众人数（千人次） Number of spectato-rs (1000 person times)	演出收入（千元） Income from perform-ance (1000 yuan)
艺术表演团体	**Performance of Art Groups**	**93**	**4468**	**68**	**16300**	**13042**	**70239**
#话剧、儿童剧、滑稽剧团	Drama, Children's play and Comedy Troupes	1	110		190	80	1319
歌剧、舞蹈、歌舞剧团	Opera, Dance, Song and Dance Drama	6	425	4	940	1156	4154
歌舞团、轻音乐团	Song and Dance, Light Music Troupes	9	605	4	1420	820	15992
戏曲剧团	Local Opera Troupes	58	2804	54	10030	9174	43082
#京剧	Local Beijing Opera Troupes	1	118	2	150	112	670
曲、杂、木、皮剧	Recitation and Ballad Troupes, Acrobatics and Circus Troupes, Puppet show Troupes and shadow play Troupes	10	524	6	3070	1612	3954

17–5 图书、博物馆情况

Basic Statistics on Libraries and Museums

项目	Item	2008	2009	2010
图书馆	**Libraries**			
公共图书馆图书总藏量（千册）	Total Collections of Public Library(1000 volumes)	14579	15424	16817
公共图书馆图书藏量（千册）	Total Collections of Books(1000 volumes)	11477	11997	13174
公共图书馆图书报刊藏量（千册）	Total Collections of Newspapers(1000 volumes)	1879	1938	2030
公共图书馆视听文献、缩微制品藏量（千册）	Total Collections of Public Library(1000 volumes)	332	325	475
公共图书馆其他藏量（千册）	Others(1000 volumes)	891	1164	1138
组织各类讲座次数（次）	All kinds of Sessions for reader(time)	573	853	832
各类讲座参加人次（千人次）	Number of Visitors(1000 person-times)	104	212	236
举办展览次数（次）	Number of Exhibitions(time)	312	373	395
参观展览人次（千人次）	Number of Exhibitions Persons (1000 person-times)	541	682	1049
举办培训班次数（次）	Training Courses(time)	234	294	352
参加培训班人次（千人次）	Number of Persons Completing Courses (1000 person-times)	69	67	45
总流通人次（千人次）	Total Number of Circulation(1000 person-times)	9312	11820	11933
图书购置费（千元）	Purchase Expenses for Books(1000 yuan)	15180	15877	26313
博物馆	**Museums**			
文物藏品（件）	Collection of Cultural Relics(piece)	376026	383706	382327
#一级品	Grade one	915	916	962
二级品	Grade two	1931	2074	2193
三级品	Grade three	84605	86054	84961
参观人次（千人次）	Number of Visitors(1000 person-times)	7292	9988	16002
#文物机构青少年参观人次	Number of Visitors	1952	3077	4114

17-6 图书出版情况(1978-2010年)

Basic Statistics of Book Published(1978-2010)

年份 Year	图书种数(种) Number of Publications (kind)	本版图书种数 Book Publications of Original Edition	#新出 New Publications	租型图书(种) Book Publications for Rent(kind)	总印数(万册、万张) Total Printed Copies (10000 copies)	#租型 Copies for Rent	总印张(千印张) Total Pointed Sheets (1000 sheets)	#租型 Copies for Rent	定价总金额(万元) Total Priced Value (10000 yuan)
1978	347	180	150	167	6818	3709	258719	160714	
1979	335	157	152	178	7316	4557	293006	174064	
1980	448	224	197	224	8246	5459	318718	230922	
1981	606	405	358	201	12113	5716	448673	220433	3377
1982	620	430	376	190	9988	5324	335147	196042	2747
1983	903	694	520	209	11757	5084	374473	182416	3293
1984	979	782	588	197	11870	4523	424764	168286	4107
1985	1219	976	783	243	15603	5339	609847	183552	8495
1986	1341	1119	874	222	12465	5132	443306	192474	6572
1987	1454	1207	823	247	17101	5431	609655	203602	9702
1988	1434	1183	716	251	17047	5233	614164	202373	13970
1989	1734	1449	1035	285	15859	5164	579815	195930	16998
1990	1799	1518	1034	281	16312	5370	588903	198660	18774
1991	1956	1709	1096	247	17667	5367	687789	212078	26176
1992	2200	1939	1089	261	19399	6229	747055	255252	28563
1993	2237	1988	1404	249	17044	5820	692582	269185	33137
1994	2658	2379	1548	279	19745	6316	786552	306980	52794
1995	2346	2041	1285	305	18448	6554	799268	350580	60411
1996	2765	2456	1457	309	21348	7316	923246	392633	87917
1997	2713	2403	1400	310	23282	7740	1012534	444673	94820
1998	2864	2545	1551	319	21596	8188	1004826	475610	105493
1999	3250	2956	1688	294	21875	7942	1021736	458774	107293
2000	2879	2637	1518	242	20298	7062	969527	444525	99604
2001	2395	2140	1464	255	17891	7470	933277	475153	83157
2002	3011	2692	2127	319	19953	7752	1079027	511177	106245
2003	2950	2591	1881	359	15595	7236	935650	496601	96910
2004	3049	2641	1771	408	13907	6306	1123920	726166	91232
2005	2943	2623	1693	320	10643	5066	691813	394674	74571
2006	3002	2692	1793	310	9840	4458	687082	346972	71235
2007	2966	2678	2009	288	8463	3902	622153	285318	68507
2008	3471	3259	2265	212	7793	2501	491166	152947	76128
2009	3422	3246	2052	176	7689	2197	561484	147631	83165
2010	3574	3415	2320	159	7749	2169	585841	146601	86650

17-7 图书出版分类情况(2010年)

Composition of Books Published(2010)

项目 Item	本版图书种数(种) Book Publications of Original Edition (kind)	#新出 New Publica-tions	租型图书种数(种) Book Publications for Rent (kind)	总印数(万册、万张) Printed Copies (10000 copies)	#租型 Copies for Rent	总印张(千印张) Printed sheets (1000 sheets)	#租型 Copies for Rent
合　计 Total	**3415**	**2320**	**159**	**7749**	**2169**	**585841**	**146601**
使用"中国标准书号"合计 Publications with "China International Standard Book Number"	**3383**	**2288**	**159**	**7731**	**2169**	**585178**	**146601**
马列主义、毛泽东思想 Marxism-Leninism,Mao Zedong Thought	2			2		312	
哲学 Philosophy	33	28		10		1553	
社会科学总论 General Social Sciences	31	22		12		2316	
政治、法律 Politics and Law	119	89		40		8146	
军事 Military Affairs	3	1		27		4082	
经济 Economics	139	89		51		9711	
文化、科学、教育、体育 Culture, Science, Education and Sports	1628	928	133	6493	2071	459836	144077
语言、文字 Languages	52	27		29		3796	
文学 Literature	428	393		282		26706	
艺术 Arts	309	269	26	250	98	10335	2525
历史、地理 History and Geography	165	152		143		9141	
自然科学总论 General Natural Sciences	1	1				44	
数理科学、化学 Mathematics and Chemistry	18	7		5		1028	
天文学、地球科学 Astronomy and Geology	7	6		19		774	
生物科学 Biology	3	2		1		109	
医学、卫生 Medicine and Health Care	107	67		110		7579	
农业科学 Agricultural Science	87	34		54		3360	
工业技术 Industrial Technology	222	153		131		33419	
交通运输 Transportation	8	3		3		238	
航空、航天 Aeronautics and Aerospace							
环境科学 Environmental Science	6	4		58		1727	
综合性图书 General Books	15	13		11		966	
不使用"中国标准书号"合计 Publications without "China International Standard Book Number"	**32**	**32**		**18**		**663**	

17-8 主要年份书刊报纸出版情况

Books, Magazines and Newspapers Published in Selected Years

年份 Year	出版社（个） Publishing Houses (unit)	出版种数（种）Number of Publications(kinds)			总印数（万份）Printed Copies(10000 copies)		
		图书 Books	期刊 Magazines	报纸 Newspaper	图书 Books	期刊 Magazines	报纸 Newspaper
1978	1	347	8	4	6818	388	14784
1980	4	448	28	6	8246	960	14913
1985	9	1219	114	32	15603	3375	35847
1986	9	1341	119	31	12465	3450	39596
1987	9	1454	124	38	17101	4177	44858
1988	10	1434	126	31	17047	3429	44135
1989	10	1734	128	31	15859	2765	36961
1990	10	1799	123	31	16312	3157	41455
1991	10	1956	126	32	17667	3688	44176
1992	10	2200	134	35	19399	4258	45021
1993	10	2237	139	41	17044	4350	45845
1994	11	2658	150	43	19745	4004	49208
1995	11	2346	159	47	18448	4239	51526
1996	11	2765	159	47	21348	3891	53608
1997	11	2713	157	48	23282	3974	55027
1998	11	2864	159	48	21596	3899	59543
1999	11	3250	134	49	21875	3990	64195
2000	11	2879	187	61	20298	4463	68897
2001	11	2395	189	64	17891	4470	73185
2002	11	3011	186	66	19953	4089	79061
2003	11	2950	186	66	15595	3937	79809
2004	11	3049	176	58	13907	3450	89681
2005	11	2943	174	58	10643	2841	87962
2006	11	3002	174	59	9840	2902	97246
2007	11	2966	176	59	8463	2870	99836
2008	12	3471	174	59	7793	2935	103791
2009	12	3246	175	59	7689	2828	82900
2010	12	3415	175	59	7749	2940	99982

注：1995年及以后年份图书出版种数包括租型。

Note:Number of Publications of Books includes those for rent since 1995.

17–9 音像电子出版物出版情况（2006–2010年）

Publication of Video Products and E-journals(2006-2010)

项目	Item	2006		2007		2008		2009		2010	
		种数（种） Number of Kinds (kinds)	数量（万张） Volume (10000 sheets)	种数（种） Number of Kinds (kinds)	数量（万张） Volume (10000 sheets)	种数（种） Number of Kinds (kinds)	数量（万张） Volume (10000 sheets)	种数（种） Number of Kinds (kinds)	数量（万张） Volume (10000 sheets)	种数（种） Number of Kinds (kinds)	数量（万张） Volume (10000 sheets)
出版	**Publication**										
录音制品	Audio Products	117	93.60	105	96.39	78	77.22	98	87.83	86	70.22
录像制品	Video Products	863	3170.21	692	2022.57	546	2092.91	330	398.00	414	321.01
电子出版物	E-journals	43	18.08	68	11.31	47	19.39	85	14.69	52	10.31
复制	**Reproduction**										
磁带制品	Tape Products		166.76		155.86		189.37		90.64		30.00
光盘制品	CD Products		13231.68		8934.16		7851.38		5002.48		4951.31

17–10 主要年份广播电视基本情况

Basic Statistics on Broadcasting and Television in Selected Years

年份 Year	广播事业 Broadcasting					电视事业 Television				
	电台（座） Broadcasting Stations(set)	节目（套） Number of Programs (sets)	每日播音时间（时:分） Broadcasting Hours per day(hours and minutes)	每日制作节目（时:分） Programs Per day(hours and minutes)	覆盖率（%） Listener Rating (%)	电视台（座） Television Stations(set)	节目（套） Number of Programs (sets)	每周播出时间（时:分） Broadcasting Hours per week(hours and minutes)	每日制作节目（时:分） Programs Per day(hours and minutes)	覆盖率（%） Received Rating (%)
1978	3	4	60:25		1.0	1	1	15:41		
1980	3	4	63:50		40.0	1	1	27:00		60.0
1985	3	4	61:20	17:36	55.0	3	4	230:00	3:16	65.0
1990	9	12	110:42	29:52	67.0	9	10	367:53	3:34	82.0
1995	47	50	701:57	194:09	86.0	13	15	909:09	17:07	90.0
1996	48	54	765:08	211:45	90.0	14	15	920:39	18:26	91.0
1997	48	54	764:27	243:34	91.0	14	15	1208:05	25:46	94.0
1998	9	58	752:54	297:09	93.0	10	15	1384:09	24:57	95.0
1999	9	58	869:59	319:43	95.0	10	16	1596:39	39:54	97.0
2000	9	72	1035:07	355:05	95.8	10	16	1612:15	45:15	97.1
2001	9	74	1044:53	386:57	96.0	10	22	8002:15	105:17	97.5
2002	10	76	1092:56	425:54	96.1	10	31	4101:23	114:59	97.6
2003	10	79	1146:32	491:38	96.4	10	30	4549:43	111:14	97.8
2004	10	81	1249:02	498:27	96.5	10	32	4519:40	117:21	97.8
2005	10	85	1308:52	620:24	97.0	10	36	5437:50	109:44	98.1
2006	10	86	1365:23	687:00	97.0	10	36	6065:16	134:34	98.1
2007	10	86	1369:24	619:20	97.1	10	37	6132:21	137:40	98.3
2008	10	86	1398:39	628:43	97.4	10	37	6091:07	144:18	98.3
2009	10	86	1362:26	641:52	97.6	10	37	6273:01	151:35	98.4
2010	10	88	1385:08	687:00	97.8	10	38	6406:17	151:48	98.4

17-11 广播电视基本情况

Basic Statisticts on Wireless Broadcasting and Television

项目 Item	2007	2008	2009	2010
广播 **Broadcasting**				
本年广播节目制作（小时） Produced Programs of Broadcasting the Current Year(hours)	226057	230113	234284	250854
#新闻 News and Messages	41186	40607	47098	50761
专题 Special Servics	52212	52123	53089	57467
文艺 General arts	78820	84634	84373	79608
广告 Adierticsement	15984	16504	16094	16489
本年自制广播剧（集） Self-produced Radio Play the Current Year(volumes)	1664	1915	388	545
平均每日播音时间（时:分） Average Broadcasting Time per-day(hours and minutes)	1369:24	1398:39	1362:26	1385:08
中短波发射转播台座数（座） Number of Launching and Relaying Stations of Middle and Shore Wave(sets)	36	36	37	37
调频发射转播台座数（座） Number of Launching and Relaying Stations of Frequency Modulation(sets)	97	95	95	87
调频发射机数量（部） Number of Launching Instruments of Frequency Modulation (units)	207	237	250	255
调频发射机功率（千瓦） Power of Launching Instruments of Frequency Modulation (kw)	163	184	191	208
广播覆盖人口数（万人） Population of Broadcasting Covered(10000 persons)	3309	3350	3395	3422
电视 **Television**				
本年电视节目制作（小时） Produced Programs of Television the Current Year(hours)	50250	52814	55325	55424
#新闻 News and Messages	19248	19142	19555	20553
专题 Special Servics	15001	13427	13351	13377
文艺 Plays	5345	7236	5476	4713
广告 Adierticsement	7228	8320	10759	5776
本年制作电视剧（集） Produced Television Plays the Current Year(volumes)	162	219	120	287
平均每日播出时间（时：分） Average Television Time Per-day(hours and minutes)	6132:21	6091:07	6273:01	6406:17
电视发射转播台座数（座） Number of Television Transmiting and Transmission Stations (sets)	138	78	77	75
电视发射机数量（部） Number of Television Transmitter(units)	259	217	229	240
电视发射机功率（千瓦） Power of Television Transmitter(kw)	238	276	312	322
电视覆盖人口数（万人） Population of Television Covered(10000 persons)	3350	3384	3422	3444

17−12 各设区市广播电视卫星收转系统数

Number of Broadcast and Television Collection Stations and Replaying Stations by City

单位：座 (set)

地区	Area	2000	2003	2005	2007	2008	2009	2010
全　省	**Total**	**6103**	**8439**	**5881**	**222590**	**221818**	**219195**	**213142**
省直	Shengzhi	105	8	7	28	28	28	28
福州市	Fuzhou	616	711	565	8120	10584	11068	14110
厦门市	Xiamen	31	14	4	3003	3003	148	148
莆田市	Putian	90	172	152	10948	10948	10948	10948
三明市	Sanming	915	1655	1466	44643	39314	38969	38905
泉州市	Quanzhou	597	1772	225	112	70	70	54
漳州市	Zhangzhou	363	345	296	52968	52968	49342	40953
南平市	Nanping	843	1030	728	13779	12008	11328	10745
龙岩市	Longyan	1374	1092	722	58563	59550	61373	61277
宁德市	Ningde	1169	1640	1716	30426	33345	35921	35974

17−13 各设区市有线广播电视接收户数

Number of Users of Cable Radio and Television by City

单位：万户 (10000 households)

地区	Area	2000	2003	2005	2007	2008	2009	2010
全　省	**Total**	**280.00**	**370.13**	**422.98**	**490.59**	**515.72**	**527.85**	**613.16**
福州市	Fuzhou	67.82	99.50	111.75	120.88	127.79	133.79	163.91
厦门市	Xiamen	25.19	28.10	37.28	56.89	62.60	71.88	64.60
莆田市	Putian	19.85	25.40	25.34	29.10	34.27	29.88	36.70
三明市	Sanming	19.98	25.78	31.20	34.34	35.18	37.36	39.69
泉州市	Quanzhou	41.64	55.45	68.07	85.78	89.13	81.75	97.47
漳州市	Zhangzhou	19.57	33.40	37.86	42.88	46.69	53.37	73.04
南平市	Nanping	35.31	39.29	44.69	49.98	48.64	50.23	55.58
龙岩市	Longyan	24.35	28.19	29.04	31.90	32.29	31.25	33.20
宁德市	Ningde	26.29	35.02	37.75	38.84	39.13	38.33	48.97

17-14 各设区市电视人口综合覆盖率

Television Coverage of Population by City

单位：% (%)

地区	Area	2000	2003	2005	2007	2008	2009	2010
全 省	**Total**	**97.14**	**97.82**	**98.10**	**98.25**	**98.34**	**98.41**	**98.45**
福州市	Fuzhou	97.65	98.15	98.28	98.58	98.59	98.59	98.59
厦门市	Xiamen	97.05	97.11	99.59	100.00	100.00	98.68	98.68
莆田市	Putian	97.35	97.90	98.09	98.10	98.22	98.30	98.30
三明市	Sanming	98.28	98.60	98.59	98.65	99.06	99.08	99.07
泉州市	Quanzhou	97.60	97.97	98.15	98.16	98.17	98.18	97.13
漳州市	Zhangzhou	97.30	98.07	98.11	98.18	98.23	98.88	99.02
南平市	Nanping	96.07	97.09	97.44	97.77	97.91	97.94	98.00
龙岩市	Longyan	96.00	97.50	98.48	98.88	98.89	98.90	98.92
宁德市	Ningde	95.95	97.13	96.93	96.81	96.95	97.32	97.34

17-15 当年评定等级裁判员和运动员人数

Referees and Athletes by Grade in Current Year

单位：人 (person)

项目	Item	2000	2003	2005	2007	2008	2009	2010
等级裁判员	Number of Referees in Grades	297	498	569	824	762	437	480
国际级裁判	International Referees							
国家级裁判	National Referees	18	12	8	6			
一级裁判	First Grade Referees	21	43	155	219	317	137	
二级裁判	Second Grade Referees	258	443	406	599	445	300	479
等级运动员	Number of Athletes in Grades	665	710	1361	1062	1462	1203	1443
国际级运动健将	International Master of Sports	2	3	1			7	
运动健将	Master of Sports	26	33	30	8		47	
一级运动员	First Grade Sportsman		92	519	198	159	156	278
二级运动员	Second Grade Sportsman	637	582	811	856	1303	993	1164

注：一级裁判2010年数尚未正式发文认定，运动健将数国家体育总局尚未反馈。

Note:Number of First Grade Referees Has not been Formally Identified Dispatch of Digital.Number of Master of Sports State General Administration of Sports Has not Yet Feed Back.

17-16 竞技体育比赛成绩情况

Results of Athletic Games

单位：个　　(unit)

项目	Item	2000	2003	2005	2007	2008	2009	2010
世界比赛	**International Games**	**8**	**9**	**25**	**30**	**41**	**18**	**37**
金牌	Gold Medals	6	3	15	10	18	10	15
银牌	Silver Medals	1	4	8	12	12	7	12
铜牌	Bronze Medals	1	2	2	8	11	1	10
亚洲比赛	**Asia Games**	**20**	**13**	**19**	**10**	**37**	**20**	**40**
金牌	Gold Medals	10	8	8	5	24	12	22
银牌	Silver Medals	6	1	8	3	5	4	7
铜牌	Bronze Medals	4	4	3	2	8	2	11
全国比赛	**National Games**	**191**	**158**	**134**	**95**	**244**	**244**	**111**
金牌	Gold Medals	67	52	46	39	91	91	48
银牌	Silver Medals	59	53	51	24	78	78	32
铜牌	Bronze Medals	65	53	37	32	75	75	31

主要统计指标解释

文化事业机构 指从事专业文化工作和为专业文化工作服务的独立建制的单位。不包括这些单位另外举办独立核算的其他机构和各部门的业余文化组织。该指标主要反映文化事业机构发展规模水平。

艺术表演团体 指从事戏曲、音乐、舞蹈、杂技等专业艺术表演，有独立帐户的单位，不包括半工半艺、半农半艺和民间职业剧团。该指标主要反映全国专业艺术表演团体发展规模水平。

艺术表演观众人数(人次) 指售票、包场演出或民族地区免费演出的艺术表演观众人次数，不包括彩排审查和内部观摩演出的观看人次数。该指标主要反映全国观看专业艺术表演团体演出的效益规模。

等级运动员人数 指经考核正式批准授予等级运动员称号的人数。运动员等级分为国际级运动健将、运动健将、一级运动员、二级运动员、三级运动员、少年级运动员。该指标主要反映运动员队伍的技术质量水平。

等级裁判员人数 指经考核正式批准授予等级裁判员称号的人数。裁判员等级分为国际裁判、国家级裁判、一级裁判、二级裁判、三级裁判。该指标主要反映裁判员队伍的技术质量水平。

Explanatory Notes on Main Statistical Indicators

Cultural Institutions refer to units, which have their own organizational system and independent accounting system and specialize in or serve cultural development. They exclude other establishments run by these cultural institutions and amateur cultural groups established by various departments. This indicator reflects the development of cultural units.

Art Troupe refers to t he troupe which is engaged in drama, opera, music, dance, acrobatics or other art performance, opens independent accounts with banks and has self-supporting accounting system; excluding the troupes which are engaged partly in industrial or agricultural activities, partly in art performance and the professional troupes organized by the people. This indicator reflects the development of national professional art troupes.

Number of Spectators at Art Performance refers to the number of attendants at commercial shows, completely booked shows or free shows given in minority national areas, and does not include the number of spectators at rehearsals for examination and internal shows for study. This indicator reflects beneficial results of.

Number of Athletes in Grades refers to the number of athletes who have been given titles through examination. The titles of athletes include international masters of sports, masters of sports, first-grade, second- grade and third-grade sportsmen and young athletes. This indicator reflects skill of the athletes.

Number of Referees in Grades refers to the number of referees who have been given titles after examination. They are classified as international referees, national referees and referees of the first, second and third grades. This indicator reflects the skill of referees.

第十八篇　卫生事业

Chapter 18　Health

资料整理：廖捷

Datebase Editor:Liaojie

简 要 说 明

本篇资料的主要内容及来源

本篇主要反映福建省卫生事业发展情况。主要内容为卫生机构、人员、床位数，医院诊疗人次及入院人数。

上述资料由卫生厅等部门提供，是根据有关部门制定的统计报表制度进行统计、汇总整理而成的。

本篇资料由省统计局社会和科技统计处整理提供 。

Brief Introduction

Main Content and Source of Data

Data in this chapter show the development of culture, sports and public health. Data on culture cover mainly the situations on institutions, personnel and business activities of arts, libraries, mass culture, cultural relics, broadcasting, films, televisions, news and publication etc. Data on Sports cover mass sports (sports for all) and athletics sports, including mainly the number of staff and workers in sports departments, number of athletes, coaches and referees, number of stadiums and gymnasiums etc.Data on Public health include mainly the number of institutions, personnel, hospital beds, number of patients treated and inpatients.

The above mentioned data are provide By the Provincial Department of Culture , Provincial Administration of Broadcasting, film and Television，Provincial Press and Publication House，the Provincial Commission of Sports, Department of Public Health. Data are collected and tabulated in accordance with the statistical reporting schemes stipulated by the departments concerned.

Data in this chapter are provided and compiled by the Division of Social, Science and Technology Statistics of Fujian Provincial Bureau of Statistics.

18-1 主要年份卫生事业基本情况

Basic Statistics on Health in Select year

项目 Item	卫生机构数（个） Number of Health Institutions (unit)	#医院、卫生院 Hospitals	卫生机构床位数（张） Number of Beds in Health Institution (set)	#医院、卫生院 Hospitals	卫生机构技术人员数（人） Medical Technical Personnel (person)	#医生 Doctors	每千人口拥有 Per 10 000 Persons 床位数（张） Number of Beds (set)	每千人口拥有 Per 10 000 Persons 医生数（人） Doctors (persons)
1952	633	113	6933	5902	17281	11416	0.5	0.9
1957	2068	132	10898	9902	26076	15022	0.7	1.0
1962	7434	211	27058	16958	40560	18001	1.7	1.1
1965	6757	420	28246	21818	42692	20437	1.6	1.2
1970	4297	922	31520	25322	34876	15795	1.6	0.8
1975	3403	1070	44905	38746	47059	20404	1.9	0.9
1978	3809	1111	51505	45331	54855	22097	2.1	0.9
1979	4118	1117	52779	46121	56913	21393	2.1	0.9
1980	4191	1130	53001	46772	58764	21033	2.1	0.8
1981	4320	1139	54110	48913	61749	22563	2.1	0.9
1982	4533	1141	54809	48632	65684	24075	2.1	0.9
1983	4654	1149	56501	50266	69312	25202	2.1	0.9
1984	4681	1159	57306	50957	71550	26406	2.1	1.0
1985	4816	1154	58414	52041	74204	26992	2.1	1.0
1986	4822	1132	59764	53165	76339	27487	2.1	1.0
1987	4847	1158	62611	55168	79528	28551	2.2	1.0
1988	4876	1175	64314	56920	81862	32207	2.2	1.1
1989	5059	1191	66700	59252	84431	34850	2.2	1.2
1990	4885	1198	68073	60664	86772	35696	2.2	1.2
1991	4867	1206	68985	61674	88607	36448	2.2	1.2
1992	4914	1218	70554	63005	90730	37623	2.3	1.2
1993	4522	1193	71290	63488	90424	38274	2.3	1.2
1994	4537	1260	72824	64791	91209	38037	2.3	1.2
1995	4537	1257	73644	65919	92811	39130	2.3	1.2
1996	4543	1298	83684	75676	93614	40253	2.6	1.2
1997	10059	1306	88710	80935	94993	40775	2.7	1.2
1998	10159	1315	89280	81759	97361	41924	2.7	1.3
1999	10154	1313	90091	82259	97548	31652	2.7	1.0
2000	9807	1323	90091	82389	97569	41461	2.6	1.2
2001	9765	1331	89769	82125	99440	42414	2.6	1.2
2002	8740	1318	84599	80463	95059	40253	2.5	1.2
2003	8525	1323	86634	79503	96902	41252	2.5	1.2
2004	8672	1315	87836	80523	100502	43586	2.5	1.2
2005	7932	1318	88239	81268	100937	44309	2.5	1.0
2006	9652	1307	91533	84289	106586	46051	2.6	1.3
2007	9230	1307	89366	82603	111192	46628	2.5	1.3
2008	7773	1302	98482	90811	119250	50659	2.7	1.4
2009	6984	1288	104189	95980	127446	51959	3.0	1.5
2010	6999	1325	112334	103933	140133	55402	3.2	1.5

注：2002年及以后卫生机构数为登记注册数，医生系执业(助理)医师数。

Note: Number of health institutions are the number of registeration since 2002, doctors also refer to the certified (assistant) doctors.

18-2 各类卫生机构数(2004-2010年)

Number of Health Institutions(2004-2010)

单位：个 (unit)

项目　Item	2004	2005	2006	2007	2008	2009	2010
合计 Total	**8672**	**7932**	**9652**	**9230**	**7773**	**6984**	**6999**
医院 Hospitals	350	365	370	376	413	411	457
疗养院 Sanatorium	20	16	14	13	12	11	11
社区卫生服务中心(站) Health service centers in Communities	381		300	354	455	429	499
卫生院 Rural Township Hospitals	965	953	937	931	889	877	868
门诊部 Clinics	387	303	313	323	341	403	432
诊所、医务室、护理站 Clinigues,Infirmaries,Nursing Stations	6232	5572	7382	6888	5323	4497	4375
妇幼保健院、所、站 Maternity and Child Care Centers	91	89	88	88	86	86	87
专科疾病防治院 Specialized Prevention & Treatment Centers	37	34	31	31	26	27	25
急救中心 First-aid Centers	10	10	10	7	9	8	7
采供血机构 Blood Collected and Supplied Centers	15	10	9	9	9	10	9
疾病预防控制中心 Sanitation and Antiepidemic Stations	95	93	93	93	93	94	94
卫生监督所 Sanitation Supervision Centers	17	33	46	50	63	71	73
医学在职培训机构 Sanitation Supervision and Inspection Centers	32	26	25	24	26	25	25
医学科学研究机构 Research Institutions of Medical Science	10	9	8	8	8	8	8
健康教育所 Health Education Centers	9	7	5	5	1	1	1
其他卫生机构 Other Institutions	21	20	21	30	19	26	28

18-3 各类卫生机构床位数(2004-2010年)

Number of Beds in Health Institutions(2004-2010)

单位：张 (set)

项目 Item	2004	2005	2006	2007	2008	2009	2010
合　计 Total	**87836**	**88239**	**91533**	**89366**	**98482**	**104189**	**112334**
医院 Hospitals	58310	58694	62734	62410	69380	73967	80938
疗养院 Sanatorium	2743	2497	2227	2103	2073	1707	1769
社区卫生服务中心(站) Health service centers in Communities	185	516	700	560	1609	2430	2426
卫生院 Rural Township Hospitals	22213	22574	21555	20193	21453	22013	22995
门诊部 Clinics	134	116	170	182	80	133	77
妇幼保健院、所、站 Maternity and Child Care Centers	2134	2107	2142	2900	2943	3127	3383
专科疾病防治院 Specialized Prevention & Treatment Centers	2092	1628	1868	959	899	812	706
急救中心 First-aid Centers	25	15	15	29			40
其他 Others		92	122	30	45		

18-4 各类卫生技术人员数(2004-2010年)

Number of Medical Technical Personnel by Category(2004-2010)

单位：人 (person)

项目 Item	2004	2005	2006	2007	2008	2009	2010
合　计 Total	**100502**	**100937**	**106586**	**111192**	**119250**	**127446**	**140133**
执业医师 Chartered Doctors	35312	36668	38675	39354	43713	45337	48789
执业助理医师 Assistant Chartered Doctors	8274	7641	7376	7274	6946	6622	6613
注册护士 Certified Nurses	32687	34195	35910	38845	42465	47600	53820
药剂人员 Pharmacists	9702	9128	9335	9002	9692	9417	10027
检验人员 Laboratory Technicians	4332	4620	4791	4783	5148	7126	7582
其他 Others	10195	8685	10499	10854	11286	11344	13302

18-5 各类卫生事业基本情况(2010年)

Basic Statistics on Public Health(2010)

项目 Item	卫生机构（个） Number of Health Institutions (unit)	医疗床位（张） Hospital Beds (set)	卫生技术人员（人） Medical Technical Personnel (person)	#医生 Doctors	#注册护士 Certified Nurses
合　　计 **Total**	**6999**	**112334**	**140133**	**55402**	**53820**
医院 Hospitals	457	80938	83370	29730	37586
综合医院 Integrated Hospitals	293	58719	63263	22341	28983
中医医院 Hospitals of Traditional Chinese Medicine	70	10635	11279	4388	4492
中西医结合医院 Hospitals Integrating Traditional Chinese Medicine with Western Medicine	9	2070	1932	665	915
专科医院 Specialized Hospitals	82	9424	6798	2307	3170
疗养院 Sanatorium	11	1769	299	104	149
社区卫生服务中心(站) Health service centers in Communities	499	2426	7089	3165	2206
卫生院 Rural Township Hospitals	868	22995	22524	9249	6557
门诊部 Clinics	432	77	5254	2522	1525
诊所、医务室、护理站 Clinigues,Infirmaries,Nursing Stations	4375		10365	5942	3104
妇幼保健院、所 Maternity and Child Care Centers	87	3383	4924	1983	1949
专科疾病防治院 Specialized Prevention & Treatment Centers	25	706	769	349	177
急救中心 First-aid Centers	7	40	250	106	127
采供血机构 Blood Collected and Supplied Centers	9		423	78	190
疾病预防控制中心 Sanitation and Antiepidemic Stations	94		3478	2045	216
卫生监督所 Sanitation Supervision Centers	73		1083		
医学在职培训机构 Sanitation Supervision and Inspection Centers	25		68	34	17
医学科学研究机构 Research Institutions of Medical Science	8		102	54	3
健康教育所 Health Education Centers	1		2		
其他卫生机构 Other Institutions	28		133	41	14

18–6 诊所、卫生室、医务室、社区卫生服务站基本情况(2010年)
Basic Statistics on Public Health by Gategory(2010)

项目	Item	诊所 Cliniques	卫生所、医务室 Sanitation centers and Infirmaries	社区卫生服务站 Health Service Stations in Communities
机构数（个）	**Number of Institutions(unit)**	**3426**	**949**	**296**
人员数（人）	**Number of Personnel (person)**	**8848**	**1860**	**1948**
执业医师	Chartered Doctors	4207	795	729
执业助理医师	Assistant Chartered Doctors	756	184	104
注册护士	Certified Nurses	2426	678	591
药剂人员	Pharmacists	780	60	192
检验人员	Others	44	8	24
其他	Assistant Chartered Doctors	351	76	115

18–7 农村村级卫生组织情况
Health Organizations in Rural Areas at Village Level

项目	Item	2000	2003	2005	2007	2008	2009	2010
已设置医疗点村数（个）	**Number of Villages with MedicalTreatment Stations (unit)**	**14390**	**13061**	**13276**	**11916**	**11761**	**19627**	
村设置医疗点数（个）	**Medical Treatment Stations of Villages(unit)**	**17476**	**15004**	**18222**	**17470**	**18670**	**19627**	**19976**
乡村医生和卫生人员数（人）	**Number of Rural Doctors and Medical Personnel (person)**	**30769**	**27084**	**30384**	**29452**	**30132**	**28192**	**28868**
乡村医生	Rural Doctors	20974	21281	29139	28561	29688	27739	28405
卫生员	Medical Personnel	9795	5803	1245	891	444	453	463
农村接生人员（人）	**Midwives of Villages(person)**	**7248**	**1762**	**506**	**389**	**198**		

18–8 主要年份县及县以上医院工作基本情况

Working Status of Hospitals at County Level and above in Selected Years

年份 Year	诊疗人数（万人次） Total Number Of Patients Treated	#门急诊 Out-patients And Emergency Patients	入院人数（万人） Hospital Admissions (10000 persons)	出院人数（万人） Hospital Discharged (10000 persons)	治愈率（%） Cure Rate (%)	病死率（%） Death Rate (%)	病床周转数（次） Turnover of Beds (time)
1980	1561.87	1543.53	51.58	51.47	67.20	1.80	22.90
1985	1895.08	1794.93	70.98	58.39	66.40	1.60	24.60
1986	1931.00	1828.71	72.62	72.43	66.10	1.60	24.30
1987	2425.69	2293.21	83.22	68.38	67.00	1.50	24.90
1988	2460.94	2428.99	88.62	88.56	68.10	1.50	25.70
1989	2299.53	2272.22	89.57	89.65	68.50	1.30	25.00
1990	2410.01	2380.83	91.62	57.60	68.50	1.30	24.70
1991	2471.20	2328.25	97.55	79.39	69.60	1.70	26.00
1992	2496.94	2488.74	93.18	93.14	69.30	1.10	24.90
1993	2930.23	2629.02	94.29	94.33	71.50	1.00	22.60
1994	2749.75	2614.02	100.03	98.29	73.30	0.90	23.50
1995	2709.47	2580.12	91.68	91.19	70.90	0.90	21.70
1996	2838.69	2565.51	79.10	79.09	70.10	0.80	19.00
1997	3249.23	2772.14	81.58	81.44	72.00	0.70	17.60
1998	3351.09	2932.52	85.10	84.54	70.50	0.70	18.10
1999	3157.56	2984.98	89.91	89.57	67.20	0.70	18.40
2000	3326.20	3097.08	98.76	99.26	66.42	0.74	20.77
2001	3201.92	2990.75	105.81	105.81	65.73	0.68	22.21
2002	3288.68	3027.07	128.70	110.23	66.57	0.64	22.73
2003	3430.00	3315.44	115.45	116.29	65.32	0.61	23.72
2004	3767.08	3685.85	129.57	129.53	53.50	0.66	24.79
2005	4248.77	4039.31	137.95	139.26	62.06	0.56	26.26
2006	4421.39	4305.12	152.28	152.13	62.37	0.53	26.81
2007	4674.58	4522.88	167.07	166.15	59.88	0.51	30.30
2008	5872.06	5786.21	205.17	204.78	60.55	0.41	30.97
2009	5850.61	5785.27	206.81	207.10	55.30	0.37	32.53
2010	6558.16	6525.56	271.45	270.89	55.47	0.30	34.08

18–9 县及县以上各类医院工作基本情况(2010年)

Working Status of Various Hospitals at Country Level and Above(2010)

项目 Item	诊疗人数(万人次) Number of Patients Treated (10000 person-times)	#门急诊 Out-patients And Emergency Patients	入院人数(万人) Hospital Admissions (10000 persons)	出院人数(万人) Hospital Discharged (10000 persons)	治愈率(%) Cure Rate (%)	病死率(%) Death Rate (%)	病床周转数(次) Turnover of Beds (time)
医院 Hospitals	**6558.16**	**6525.56**	**271.45**	**270.89**	**55.47**	**0.30**	**34.08**
#综合医院 Integrated Hospitals	4851.85	4823.64	214.57	214.24	54.79	0.33	37.34
中医医院 Hospitals of Traditional Chinese Medicine	1107.42	1104.24	32.42	32.35	60.04	0.20	31.38
专科医院 Specialized Hospitals	451.62	450.99	18.17	18.00	60.70	0.11	18.47
卫生院 Rural Township Hospitals	**1815.40**	**1788.73**	**106.51**	**106.14**	**81.21**	**0.02**	**47.04**
妇幼保健院 Maternity and Child Care Centers	**627.60**	**625.33**	**14.86**	**14.82**	**89.34**	**0.02**	**45.84**

18–10 防病工作情况

Basic Condition of Disease Prevention and Cure

项目	Item	2007	2008	2009	2010
传染病发病总例数(甲、乙)(万个)	Number of Incidence from infectious disease(A、B) (10000 unit)	10.65	11.39	11.64	10.61
传染病发病率(1/10万)	Incidence Disease Rate (1/100 000)	356.17	417.7	456.82	559.18
传染病死亡总人数（人）	Number of Death from infectious disease(person)	203	165	233	231
传染病死亡率(1/10万)	Death Rate (1/100 000)	0.57	0.46	0.64	0.64
结核病登记病人数(例)	Number of register of Tuberculosis(person)	24242	24613	23123	20850
登记患病率（‰）	Register sicken Rate(‰)	0.72	0.69	0.65	0.57
结核病新发病人数(例)	Number of New Incidence from Tuberculosis (person)	21965	21751	21886	19439
结核病登记新发病率(1/10万)	Register New Incidence Disease Rate (1/100 000)	6.5	6.1	6.1	5.4
"五苗"接种率（%）	Five Type of bacterins inoculability Rate(%)	99.95	99.95	99.91	99.50
乙肝疫苗全程接种率（%）	Hepatitis B Bacterins Quite inoculability Rate(%)	99.97	99.96	99.97	99.75
结核病死亡人数（人）	Number of Death from Tuberculosis(person)	88	88	74	
结核病死亡率(1/10万)	Death Rate (1/100 000)	0.26	0.26	0.21	

注：结核病死亡人数和死亡率转归结果需满一年。
Note:Result of Number of Death from Tuberculosis and Death Rate Should be Turned Over to a Full Year.

18-11 法定报告传染病发病及死亡情况（2010年）
Incidence and Death from Infectious Diseases(2010)

项目	Item	传染病发病率(1/10万) Incidence Disease Rate (per100 000)	死亡率(1/10万) Death Rate(per 100 000)	病死率(%) Mortality Rate (%)
总计（或小计）	Total	559.176	0.637	0.114
病毒性肝炎	Viral Hepatitis	160.824	0.047	0.029
痢疾	Dysentery	4.486	0.006	0.123
伤寒副伤寒	Typhoid and Paratyphoid Fever	1.158		
艾滋病	AIDS	0.651	0.254	38.983
淋病	Gonorrhea	14.298	0.003	0.019
梅毒	Syphilis	48.735	0.003	0.006
麻疹	Measles	0.063		
流脑	Epidemic Encephalitis	0.008		
猩红热	Scarlet Fever	0.331		
出血热	Hemorrhage Fever	0.472	0.003	0.585
狂犬病	Hydrophobia	0.025	0.019	77.778
布氏杆菌病	Brucellosis	0.014		
乙脑	Encephalitis B	0.080	0.006	6.897
疟疾	Malaria	0.185	0.003	1.493
新生儿破伤风	Newborn Tetanus	0.084	0.002	2.857
肺结核	Pulmonary Tuberculosis	58.933	0.152	0.257

18-12 前十位疾病死亡原因及构成(2010年)
Death Rate of 10 Major Diseases(2010)

项目 Item	占疾病死亡总人数比重(%) Mortality(%)	项目 Item	占疾病死亡总人数比重(%) Mortality(%)
城市 Urban	**93.42**	**农村 Rural**	**93.31**
恶性肿瘤 Malignant Tumour	32.12	恶性肿瘤 Malignment Tumour	28.16
脑血管病 Cerebrovasular Disease	15.60	脑血管病 Cerebrovasular Disease	19.35
心脏病 Heart Trouble	18.05	呼吸系统疾病 Diseases of the Respiratory System	12.94
呼吸系统疾病 Diseases of the Respi- ratory System	10.49	心脏病 Heart Trouble	12.71
损伤和中毒 Trauma and Toxicosis	6.13	损伤和中毒 Trauma and Toxicosis	11.25
内分泌、营养和代谢 Endocrine.Nutritional & Metabolite Disease	5.27	消化系统疾病 Disease of the Digestive System	2.58
消化系统疾病 Disease of the Digestive System	2.69	内分泌、营养和代谢 Endocrine.Nutritional & Metabolite Disease	2.22
神经系统疾病 Diseases of the Nervous System	1.42	精神障碍 Mental Disorders	1.65
泌尿生殖系统疾病 Diseases of the Genitou-rinary System	0.86	泌尿生殖系统疾病 Diseases of the Genitou- rinary System	1.30
精神障碍 Mental Disorders	0.79	传染病 Infeetions Disease	1.15

主要统计指标解释

卫生机构 包括医疗机构、疾病预防控制中心(防疫站)、采供血机构、卫生监督及监测(检验)机构、医学科研和在职培训机构、健康教育所等。医疗机构包括医院、社区卫生服务中心(站)、疗养院、卫生院、门诊部、诊所(卫生所、医务室)、妇幼保健院(所、站)、专科疾病防治院(所、站)、急救中心(站)和临床检验中心。医疗机构分为非赢利性医疗机构和赢利性医疗机构。

医院 包括综合医院、中医医院、中西医结合医院、民族医院、各类专科医院和护理院。

卫生技术人员 指卫生机构中医生、护理人员、药剂人员、检验人员等卫生技术人员。

医生 指在医疗、预防保健机构工作且取得《执业医师证书》的执业医师和执业助理医师。

Explanatory Notes on Main Statistical Indicators

Health Care Institutions refer to the units which have been qualified the Certification of Health Care Institution by the administration of public health, or qualified the Certification of Corporate Unit by the civil affairs, administration for industry and commerce, commission office for public sector reform, and engaging in medical care, disease prevention and control, health supervision and inspection, medicine research and health education, etc., including: hospitals, sanatoriums, community health service centers (stations), health centers, clinics (health stations and infirmaries), first-aid centres (stations), blood gathering and supplying institutions, women and children care agencies (centres and stations), special disease prevention and curing agencies (centres and stations), disease prevention and control centres (epidemic prevention stations), health supervision and inspection agencies, sanitary inspection institutions, medicinal scientific research and on-job training institutions, health education centres and so on.

Hospitals include: polyclinics, traditional Chinese medical hospitals, hospitals integrated with traditional Chinese therapeutics and western therapeutics, ethical hospitals, various specialties hospitals and nursing hospitals.

Medical Technical Personnel refers to doctors, assistant nurses, pharmacists, and laboratory technicians working in medical institutions.

Doctors refer to certified physicians and certified assistant physicians with certifications working in medical and health care and prevention agencies.

第十九篇　环境保护

Chapter 19　Environment Protection

资料整理：廖捷
Datebase Editor:Liaojie

简 要 说 明

本篇资料的主要内容及来源

本篇主要反映福建环境保护事业情况。主要内容包括城、乡水环境、大气 环境、固体废物、生态环境、自然灾害和环境污染治理投资以及分行业工业污染治理情况。

本篇资料来源于省环境保护局、水利厅等。

本篇资料由省统计局社会和科技统计处整理提供。

Brief Introduction

Main Content and Source of Data

This chapter contain information that reflect the condition and natural resources and data on development of environment protection ,Social welfare ,the judicial conditions, basic statistics on traffic accidents and fires etc in Fujian. including natural resources and natural condition, total water resources ,atmospheric environment, solid waste, environment noise , eco- environment protection , natural disasters and investments in the treatment of environmental pollution control ; the number of institutions and personnel, social welfare relief, and marital status etc.

The above mentioned data are provide By the Provincial Environment Protection Bureau , the Provincial Department of Water Resources,the Provincial Department of Civil Affairs and the Department of Public Security, the Provincial Meteorological Bureau.

Data in this chapter are provided and compiled by the Division of Social, Science and Technology Statistics of Fujian Provincial Bureau of Statistics.

19-1 环境保护基本情况

Basic Statistics on Environmental Protection

项目	Item	2007	2008	2009	2010
水环境	**Water**				
降水量（毫米）	Precipitation(millimeters)	1452.90	1504.20	1350.60	2084.30
水资源总量（亿立方米）	Water Resources(100 million cu.M)	1072.90	1036.93	800.81	1652.93
地表水	Surface Water Resources	1071.71	1035.70	799.59	1651.68
地下水	Grounwater Resources	311.95	303.90	246.06	353.81
人均水资源量（立方米/人）	Per Capita Water Resources(cu.m/person)	3005.74	2886.29	2214.90	4480.19
用水总量（亿立方米）	Water Supply(100 million cu.M)	196.28	198.04	201.44	202.45
#农业	Agriculture	100.94	93.87	95.29	98.85
工业	Industry	72.77	75.44	77.19	81.26
生活	Living Consumption	21.15	21.91	23.42	21.05
废水排放总量（亿吨）	Waste Water Discharge(100 million ton)	22.69	23.63	24.60	23.85
工业废水排放量	Industry	13.64	14.00	14.27	12.42
生活污水排放量	Living Consumption	9.06	9.63	10.33	11.43
工业废水排放达标量（亿吨）	Industrial Waste Water Meeting Discharge Standards(100 million ton)	13.41	13.78	14.10	12.25
工业废水排放达标率（%）	Percentage of Industrial Waste Water Meeting Discharge Standards(%)	98.27	98.40	98.80	98.68
化学需氧量排放量（万吨）	Discharge Amount of COD(10000 tons)	38.32	37.82	37.57	37.26
工业	Industry	9.11	8.44	7.54	8.29
生活	Living Consumption	29.21	29.38	30.03	28.97
氨氮排放量（万吨）	Ammounia Nitrogen Discharge(10000 tons)	2.98	3.00	3.01	2.98
工业	Industry	0.59	0.69	0.62	0.66
生活	Living Consumption	2.40	2.31	2.39	2.32
大气环境	**Atmosphere Environment**				
二氧化硫排放量（万吨）	Sulphur Dioxide Emission(10000 tons)	44.57	42.89	41.97	40.91
工业	Industry	42.69	40.93	39.92	39.12
生活	Living Consumption	1.88	1.96	2.05	1.78
烟尘排放量（万吨）	Soot Emission(10000 tons)	11.80	11.67	11.33	13.87
工业	Industry	8.15	7.45	7.07	10.00
生活	Living Consumption	3.65	4.22	4.26	3.87
工业粉尘排放量（万吨）	Industrial Dust Emission(10000 tons)	18.69	17.15	15.66	14.01
工业二氧化硫去除量（万吨）	Industrial Sulphur Pioxide Removed(10000 tons)	25.61	29.66	35.45	40.49
工业烟尘去除量（万吨）	Industrial Soot Removed(10000 tons)	479.54	485.80	606.43	740.75
工业粉尘去除量（万吨）	Industrial Dust removed(10000 tons)	221.62	226.87	249.19	570.47
固体废物	**Solid Waste**				
工业固体废物产生量（万吨）	Industrial Solid Wastes Produced(10000 tons)	4814.86	5370.86	6348.91	7486.58
#危险废物	Hazardous Wastes	10.86	10.33	8.04	8.01

19-1 续表

Continued

项目	Item	2007	2008	2009	2010
工业固体废物综合利用量（万吨）	Industrial Solid Wastes Utilizeed(10000 tons)	3401.20	3930.07	5425.81	6214.89
工业固体废物综合利用率（%）	Ratio of Industrial Solid Wastes Utilized(%)	70.50	72.86	85.37	82.89
工业固体废物排放量（万吨）	Industrial Solid Wastes Discharged(10000 tons)	2.75	2.65	2.43	3.52
“三废”综合利用产品产值（亿元）	Output Value of Products Made from Waste Gas, Waste Water & Solid Wastes(100 million yuan)	20.52	25.35	49.27	37.50
生态环境	**Eco-Environment Protection**				
森林覆盖率（%）	Forest Coverage(%)	62.96	63.10	63.10	63.10
当年造林面积（万公顷）	Area of Reforestation of the Year(10000 hectare)	3.60	3.31	16.92	2.99
自然保护区数（个）	Number of Nature Reserves(unit)	92	93	93	92
#国家级	National Level	12	12	12	12
自然保护区面积（万公顷）	Area of Nature Reserves(10000 hectare)	51.20	50.22	50.22	45.36
自然灾害	**Natural Disaster**				
发生地质灾害起数（起）	Geological Disaster(time)	1141	318	391	4189
发生地震灾害次数（次）	Seismic Disaster(time)		1	3	
海洋灾害发生次数（次）	Red Tide(time)	35	20	20	21
森林火灾次数（次）	Forest Fire(time)	237	520	579	131
环境污染治理投资	**Investment in the Treatment of Environmental Pollution**				
环境污染治理投资总额（亿元）	Total Investment in the Treatment of Environmental(100 million yuan)	77.97	83.11	87.21	129.62
城市环境基础设施投资（亿元）	Investment in Urban Environmental Infrastructure (100 million yuan)	40.21	33.83	31.49	78.04
燃气	Gas Supply	5.36	3.69	3.45	6.08
集中供热	Centralized Heating		0.98		
排水	Drainage Works	12.68	13.78	12.35	14.54
园林绿化	Gardening and Greening	17.83	7.08	6.94	36.06
市容环境卫生	Environmental Sanitation	4.34	8.31	8.75	21.35
工业污染治理投资（亿元）	Investment Completed this Year(100 million yuan)	13.80	15.58	12.87	15.33
治理废水	Waste Water	5.77	5.17	5.13	7.09
治理废气	Waste Gas	1.25	9.40	6.15	4.98
治理固体废物	Solid Wastes	0.32	0.18	0.94	0.77
治理噪声	Noise Pollution	0.01	0.01	0.11	0.06
治理其他	Others	1.89	0.82	0.54	2.42
“三同时”项目环保投资（亿元）	"Three Simultaneities" Environmental Investment for New Project(100 million yuan)	23.96	33.71	42.85	36.26

19-2 城市环境情况

Basic Statistics on City Enviroment

项目	Item	2007	2008	2009	2010
城市个数（个）	**Number of Cities(unit)**	**23**	**23**	**23**	**23**
城区人口（万人）	**Population of City(10000 persons)**	**719.09**	**718.21**	**740.86**	**750.41**
城市基础设施投资额（亿元）	**Investment on Fundation Facilities (100 million yuan)**	**296.93**	**285.23**	**290.88**	**385.08**
城市面积（平方公里）	**Area of City(sq km)**	**4411.06**	**4406.94**	**4334.36**	**4361.84**
#建成区面积（平方公里）	Developed Area(sq.km)	819.35	877.35	918.64	1059.00
年底供水综合生产能力	**Production Capacity of Top Water Supply at the Year-end**	**568.13**	**672.73**	**680.43**	**676.42**
全年供水总量（万立方米）	Volume of Top Water Supply(10000 cu.m)	121593.20	129342.84	134264.38	132626.56
#生活用量	Water Consumption for Residential Use (10000 cu.m)	53471.52	56620.03	65774.93	67462.28
人均日生活用水量（升）	Per Capital Water Consumption for Residential Use (L)	211.73	219.64	191.92	186.62
用水普及率（%）	Percentage of Population with Access to Tap Water(%)	98.86	97.47	99.18	99.50
公共交通标准运营车辆（标台）	**Number of Standard Public Vehicles under Operation(unit)**	**8661**	**9442**	**11858**	**11917**
运营车辆数（辆）	Number of Public Vehicles under Operation(unit)	6292	9084	11246	11334
年末出租车运营数（辆）	Number of Taxis under Operation at the Year-end (unit)	15736	15905	16002	18684
每万人拥有公交车辆（标台）	Number of public Transportation Vehicles Per 10000 Population(unit)	9.52	10.42	12.50	11.93
煤气供应总量（亿立方米）	**Gaswork Gas Supply**	**0.25**	**0.24**	**0.25**	**0.27**
#家庭用量（亿立方米）	Consumption of Gaswork Gas for Residential Use	0.17	0.18	0.19	0.19
液化石油气家庭用量（万吨）	Consumption of Liguefied Petroleum Gas for Residential Use(10000 tons)	40.74	19.26	19.06	18.89
用气普及率（%）	Percentage of City Population with Access to Gas (%)	97.34	97.23	98.63	98.92
道路长度（公里）	**Length of Paved Roads(km)**	**5787**	**6011**	**6380**	**6756**
道路面积（万平方米）	Area of Paved Roads(10000 sq.m)	9947	10919	11959	12560
排水管道长度（公里）	Length of Sewage Pipes(km)	7091	7962	8565	9686
建成区绿化覆盖面积（公顷）	**Green Areas of Developed City(hectare)**	**30317**	**34090**	**36478**	**43385**
建成区绿化覆盖率（%）	Ratio of Green Areas to City Areas(%)	37.00	38.86	39.71	40.97
公园绿地面积（公顷）	Green Areas of Park(hectare)	7833	9435	9986	10972
人均公园绿地面积（平方米）	Per Capita Public Green Areas(sq.m)	8.64	10.42	10.51	10.99
公园个数（个）	**Number of Parks and Zoos(unit)**	**307**	**313**	**349**	**392**
公园面积（公顷）	Area of Parks and Zoos(hectare)	5378	6882	7999	8819
生活垃圾清运量（万吨）	**Volume of Garbage, Excrement and Urine Disposal(10000 tons)**	**376.10**	**398.95**	**392.40**	**417.30**
城市生活垃圾无害化处理率（%）	Percentage of Garbage Disposal with Standard(%)	81.62	87.97	92.53	91.96
城市污水处理率(%)	**Percentage of Sewage Disposal of City(%)**	**66.72**	**72.72**	**80.31**	**84.44**
城市污水处理厂集中处理率(%)	Percentage of Sewage Collection Disposal in Factory of City(%)	49.17	54.75	64.30	76.91

19−3 农村环境情况

Basic Statistics on Rural Environment

项目	Item	2007	2008	2009	2010
农村总户数（万户）	**Number of Rural Households(10000 household)**	**693.53**	**693.53**	**693.53**	**693.53**
累计卫生厕所户数（万户）	**Number of Households with Lavatories (10000 household)**	**437.36**	**476.81**	**505.89**	**552.68**
农村卫生厕所普及率（%）	**Pencentage of Villages with Access to Lavatories (%)**	**63.06**	**68.75**	**72.94**	**79.69**
当年新增无害化卫生厕所户数（万户）	**Number of Households with Newly Built Lavatories Current Year(10000 household)**	**15.84**	**39.45**	**28.08**	**45.77**
累计使用卫生公厕户数（万户）	**Number of Households with Public Lavatories (10000 household)**	**44.90**	**51.36**	**43.43**	**45.15**
当年用于改厕投资（万元）	**Investment on Rebuilt Lavatories Current Year (10000 yuan)**	**16863.51**	**22434.97**	**30669.08**	**60429.77**
#国家	National	3789.00	3420.98	4501.77	13134.26
集体	Collective	1885.55	1619.15	4462.33	1754.08
个人	Individual	10994.65	17061.74	20962.54	44536.20
其他	Others	194.31	333.10	742.44	1005.23
农村可再生能源利用情况	**Utilization of Repeat Energy in Rural**				
沼气池产气总量（万立方米）	Marsh Gas Production(10000 cu.m)	22218.07	22218.07	21557.69	24351.31
农村户用沼气池（万口）	Number of Methane-generating Pits Used by Rural Household(10000 pits)	35.24	35.24	42.03	46.03
大中型沼气工程（处）	Large and Middle Marsh Gas Projects(set)	988	988	1063	967
生活污水净化沼气池（处）	Methane-generating Pits Used for Waste Water Treatment(set)	1907	1907	1621	1319

19–4 工业污染排放及处理利用情况

Emission and Treatment of Industrial Pollution

项目	Item	2007	2008	2009	2010
企业基本情况	**Enterprises Status**				
汇总企业数（个）	Number of Enterprises(unit)	6238	6180	6117	6080
"三废"综合利用产品产值（亿元）	Output Value of Products Made from Comprehensive Utilization of Waste Gas, Waste Water & Solid Wastes(100 million yuan)	20.52	25.35	49.27	37.50
工业废水	**Industrial Waste Water**				
工业用水总量(亿吨)	Total Volume of Water for Industrial Use (100 million tons)	72.77	75.44	77.19	81.26
废水治理设施数（套）	Number of Facilities for Treatment of Waste Water(sets)	4205	4196	3949	3153
废水治理设施处理能力（万吨/日）	Handling Ability of Facilities for Treatment of Waste Water(10000 tons-day)	936.72	987.98	990.14	1135.44
废水治理设施设备运行费用（万元）	Operation Expenditure of Facilities(10000 yuan)	105884.80	92059.80	86769.10	126817.20
工业废水排放量（万吨）	Volume of Waste Water Discharged(10000 tons)	136407.77	139996.92	142746.99	124168.21
#直接排入海的	Discharged Directly into Sea	63516.66	67540.05	73810.86	59215.46
工业废水排放达标量（万吨）	Voume of Industrial Waste Water up to the Discharge Standards(10000 tons)	134051.95	137825.30	141032.50	122524.53
工业废水排放达标率（%）	Rate of Industrial Waste Water up to the Discharge Standards(%)	98.27	98.40	98.80	98.68
工业废水中污染物去除量（吨）	Volume of pollutions in Waste Water Removed (ton)				
挥发酚	Volatils Hydroxybenzene	142.27	161.58	1011.79	407.90
氰化物	Cyanide	176.49	157.07	89.39	146.87
化学需氧量	Voume of Oxygen Required Chermically	1442161.58	645055.23	652107.10	794497.82
石油类	Petroleum	2219.77	1970.03	463.80	6507.47
氨氮	Ammonia and Nitrogen	11307.71	12756.41	16561.14	50062.14
工业废水中污染物排放量（吨）	Volume of Pollutants in Waste Water Discharged (ton)				
汞	Hydrargyrum				0.06
镉	Cadmium	0.29	0.29	0.15	0.45
六价铬	Hexadic Chromium	2.13	2.05	1.81	62.13
铅	Plumum	5.33	4.82	3.88	2.05
砷	Arsenic	0.53	0.26	0.11	1.32
挥发酚	Volatile Hydroxybenzene	17.60	4.38	3.70	10.06
氰化物	Cyanide	7.03	6.75	4.95	58.95

19-4 续表1

Continued

项目	Item	2007	2008	2009	2010
化学需氧量	Volume of Oxygen Required chemically	91084.73	84392.50	75425.07	82946.13
石油类	Petroleum	241.62	224.93	211.95	565.24
氨氮	Ammonia and Nitrogen	5882.23	6880.79	6228.23	6613.60
工业废气	**Industrial Waste Gas**				
煤炭消费总量（万吨）	Total Consumption of Coal(10000 tons)	5342.14	5481.60	5841.93	6551.03
燃料煤消费量	Consumption of Coal as Fuel	4546.97	4558.50	4818.97	5487.50
原料煤消费量	Consumption of Coal as Raw Materials	795.17	923.10	1022.95	1063.53
燃料油消费量(不含车船用)（万吨）	Consumption of Fuel Oil (Excluding that for Vehicles and Vessels)(10000 tons)	60.22	63.30	87.08	97.15
#重油	Heavy Oil	38.52	44.19	59.98	73.08
柴油	Diesel Oil	21.51	18.77	26.99	23.48
工业废气排放总量(亿标立方米)	Total Volume of Waste Gas Emission(10000 cu.m)	9747.38	9149.97	10497.10	13507.13
燃料燃烧过程中排放量	Volume of Waste Gas from the Burning Process of Fuels	6219.82	5316.88	6580.07	8322.82
生产工艺过程中排放量	Volume of Waste Gas from the Process of Production	3527.56	3833.09	3917.04	5185.32
废气治理设施数（套）	Number of Facilities for Treatment for Waste Gas (sets)	6711	6833	6931	6470
#脱硫设施数（套）	Number of Sulphur Removed Facilities(sets)	350	437	506	159
废气治理设施设备运行费用（万元）	Expenditure on Facilities for Treatment of Waste Gas(10000 yuan)	144766.80	152388.40	186136.10	237264.50
工业二氧化硫去除量（吨）	Volume of Sulphur Dioxide Removed(ton)	256062.28	296586.80	354545.58	404895.08
#燃料燃烧过程中去除的	Removed Sulphur Dioxide During Fuel Burning Process	246394.15	285390.11	340339.34	351447.92
生产工艺过程中去除的	Removed Sulphur Dioxide During Production Process	9668.13	11196.68	14206.24	53447.16
工业二氧化硫排放量（万吨）	Volume of Sulphur Dioxide Emission(10000 tons)	42.69	40.93	39.92	39.12

19-4 续表2

Continued

项目	Item	2007	2008	2009	2010
工业烟尘去除量（万吨）	Volume of soot Removed(10000 tons)	479.54	485.80	606.43	740.75
工业烟尘排放量（万吨）	Volume of soot Emission(10000 tons)	8.15	7.45	7.07	10.00
#排放达标量	Volume of Soot up to the Emmission Standards	7.82	7.31	7.07	9.52
工业粉尘去除量（万吨）	Volume of Industrial Dust Removed(10000 tons)	221.62	226.87	249.19	570.47
工业粉尘排放量（万吨）	Volume of Industrial Dust Emission(10000 tons)	18.69	17.15	15.66	14.01
#排放达标量	Volume of Sulphur Dioxide up to the Emission Standards	17.94	16.48	14.95	13.76
工业固体废物	**Industrial Solid Wastes**				
工业固体废物产生量（万吨）	Volume of Industrial Solid Wastes Produced (10000 tons)	4814.86	5370.86	6348.91	7486.58
#危险废物	Dangerous Wastes	10.86	10.33	8.04	8.01
工业固体废物综合利用量（万吨）	Volume of Industrial Solid Wastes Utilized in a Comprehesive way(10000 tons)	3401.20	3930.07	5425.81	6214.89
危险废物	Dangerous Wastes	8.51	7.74	3.94	3.44
综合利用往年贮存量（万吨）	Volume of Industrial Solid Wastes Accumulated in Previous Years and utilized in a Comprehensive way(10000 tons)	10.60	23.51	7.10	10.88
工业固体废物综合利用率（%）	Rate of Industrial Solid Wastes Utilized in a Comprehensive way(%)	70.50	72.86	85.37	82.89
工业固体废物贮存量（万吨）	Volume of Industrial Solid Wastes Accumulated (10000 tons)	95.81	89.29	55.87	107.73
#危险废物贮存量（吨）	Volume of Dangerous Wastes Accumulated(ton)	48.98	50.04	333.36	393.31
工业固体废物处置量（万吨）	Volume of Industrial Solid Wastes Treated (10000 tons)	1332.10	1373.25	874.47	1181.14
#危险废物处置量	Volume of Dangerous Wastes Treated	2.35	2.62	4.07	4.98
#处置往年贮存量	Volume of Industrial Solid Wastes Treated, Which have been Accumulated in Previous years	0.50	0.06	0.07	8.55
工业固体废物排放量（万吨）	Volume of Industrial Solid Wastes Discharged (10000 tons)	2.75	2.65	2.43	3.52

19-5 分行业工业废水处理情况(2010年)

项目	Item	废水治理设施数（套） Number of Facilities for Treatment of Waste Water (sets)
总计	**Total**	**3153**
农副食品加工业	Agricultural and Sideline Products Processing	287
食品制造业	Food Manufacturing	159
饮料制造业	Beverage Manufacturing	58
烟草制品业	Tobacco Processing	7
纺织业	Textile Industry	199
纺织服装、鞋、帽制造业	Textile Garments , Shoes and Caps Products	60
皮革、毛皮、羽毛(绒)及其制品业	Leather , Furs , Down and Relate Products	53
木材加工及木、竹、藤、棕、草制品业	Timber Processing,Bamboo,Cane,Palm Fiber and Straw Products	122
家具制造业	Furniture Manufacturing	19
造纸及纸制品业	Papermaking and Paper Products	388
印刷业和记录媒介的复制	Printing and Record Medium Reproduction	3
文教体育用品制造业	Cultural , Educational and Sports Goods	14
石油加工、炼焦及核燃料加工业	Petroleum Processing , Coking and Nuclear Fuel Processing	8
化学原料及化学制品制造业	Raw Chemical Materials and Chemical Products	311
医药制造业	Medical and Pharmaceutical Products	38
化学纤维制造业	Chemical Fiber	13
橡胶制品业	Rubber Products	19
塑料制品业	Plastic Products	46
非金属矿物制品业	Nonmetal Minerals Products	370
黑色金属冶炼及压延加工业	Smelting and Pressing of Ferrous Metals	97
有色金属冶炼及压延加工业	Smelting and Pressing of Nonferrous Metals	49
金属制品业	Metal Products	159
通用设备制造业	General Equipment	33
专用设备制造业	Special Purpose Equipment	14
交通运输设备制造业	Transport Equipment	65
电气机械及器材制造业	Electric Equipment and Machinery	68
通信设备、计算机及其他电子设备制造业	Telecommunications , Computer , and Other Electronic Equipment	61
仪器仪表及文化、办公用机械制造业	Instruments , Meters , Cultural and Clerical Machinery	20
工艺品及其他制造业	Handicraft Article and Other Manufacturing	65
废弃资源和废旧材料回收加工业	Waste Resources and Materials Recovering	9
电力、热力的生产和供应业	Production and Supply of Electric Power and Hot Power	54
燃气生产和供应业	Production and Supply of Gas	1
水的生产和供应业	Production and Supply of Water	

Discharge and Treatment of Industrial Wastes Water by Sector(2010)

废水治理设施处理能力（万吨/日）Treatment of Industrial Waste Water (10000 tons/day)	废水治理设施设备运行费用（万元）Annual Expenditure for Operati (10000 yuan)	工业废水中污染物去除量（吨）Pollutants of Industrial Waste Water(ton)				
		挥发酚 Volatile Phenol	氰化物 Cyanide	化学需氧量 COD Discharge	石油类 Oil Type	氨氮 Ammonia Nitrogen Discharge
1135.44	**126817.2**	**407.90**	**146.87**	**794497.82**	**6507.47**	**50062.14**
19.43	3210.0			21535.20		492.83
11.63	3360.4			35191.72	0.61	1722.47
10.41	4505.3			23837.29		668.68
2.04	289.7			944.28		4.50
37.51	12052.9		0.12	142062.62		749.90
5.27	1299.7			2605.96		18.85
3.29	2936.3			3011.26	21.89	174.21
2.77	486.8			1709.59		0.72
0.52	178.8			403.27	14.35	29.16
168.78	30040.3			392646.89	2.66	1064.17
	4.7			1.80		0.01
0.41	145.4			157.37	2.50	7.65
4.06	4728.2	344.42	3.27	41144.23	4197.97	15189.97
89.76	11547.0	1.28	16.25	39061.99	373.43	18800.13
2.80	2920.4			51515.83	108.56	10012.54
4.22	1385.5			8455.32	10.07	414.84
0.84	1215.1			171.43	7.24	11.83
1.63	1270.7		0.02	1206.74	0.01	18.00
26.58	3346.7	0.02		1174.08	4.88	6.81
327.02	18628.6	62.05	4.27	14761.22	914.20	59.03
19.47	1765.2			2577.47	231.75	467.90
5.84	3086.7		71.12	1750.95	176.10	31.52
0.65	219.5		0.14	116.06	12.70	0.31
0.39	103.9		0.82	61.82	1.67	1.21
1.85	752.2		4.36	2483.76	373.98	35.74
2.14	597.2		0.57	243.64	2.53	17.42
5.51	1518.7		32.66	561.74	8.85	15.33
0.67	478.0		1.66	40.97	1.63	0.45
0.84	482.6		11.62	454.39	6.61	9.44
1.49	216.3			459.98	1.31	
307.08	5109.7	0.03		599.30	2.46	0.62
0.02	8.0	0.10		69.90	1.70	30.70

19–6 工业行业二氧化硫、工业烟尘、粉尘排放及治理情况(2010年)

项目 Item	工业二氧化硫排放量（吨） Volume of Sulphur Dioxide Emission by Industry (ton)	燃料燃烧过程中排放的二氧化硫 In the burning process	生产工艺过程中排放的二氧化硫 In the Production process	工业烟尘排放量（吨） Volume of Industrial Soot Emission (ton)
总计 **Total**	**391230.53**	**347355.43**	**43973.78**	**99954.21**
煤炭开采和洗选业 Coal Mining and Dressing	126.52	117.52	9.00	110.62
石油和天然气开采业 Petroleum and Natural Gas Mining				
黑色金属矿采选业 Ferrous Metals Mining and Dressing	1274.98	1274.40	0.58	77.21
有色金属矿采选业 Nonferrous Metals Mining and Dressing				
非金属矿采选业 Nonmetal Minerals Mining and Dressing	30.09	30.09		67.53
其他采矿业 Others Mining and Quarrying				
农副食品加工业 Agricultural and Sideline Products Processing	5084.58	5084.58		2455.47
食品制造业 Food Manufacturing	5664.75	5664.75		3002.50
饮料制造业 Beverage Manufacturing	3137.97	3137.97		1688.38
烟草制品业 Tobacco Processing	707.22	707.22		117.04
纺织业 Textile Industry	17450.52	17450.52		5769.50
纺织服装、鞋、帽制造业 Textile Garments , Shoes and Caps Products	1595.15	1595.15		758.16
皮革、毛皮、羽毛(绒)及其制品业 Leather , Furs , Down and Relate Products	990.46	990.46		369.11
木材加工及木、竹、藤、棕、草制品业 Timber Processing,Bamboo,Cane,Palm Fiber and Straw Products	3044.94	3037.77	7.17	8867.31
家具制造业 Furniture Manufacturing	69.75	69.75		173.56
造纸及纸制品业 Papermaking and Paper Products	34951.27	33910.54	1040.73	12106.07
印刷业和记录媒介的复制 Printing and Record Medium Reproduction	73.88	73.88		15.80
文教体育用品制造业 Cultural , Educational and Sports Goods	79.24	79.24		52.31
石油加工、炼焦及核燃料加工业 Petroleum Processing , Coking and Nuclear Fuel Processing	3091.18	1126.97	1964.21	762.51

注：总计为全省数，各分类行业数为重点企业数,总计与行业合计数不等。

Note:Total is the data of provincial,Total of Classifcation is the key enterprises,So Total is not equal Total of Classifcation

Emission and Treatment of Industrial Wastes in Various Major enterprises(2010)

工业粉尘排放量(吨) Volume of Industrial Dust Emission (ton)	工业二氧化硫去除量(吨) Volume of Industry Sulphur Dioxide Removed (ton)	燃料燃烧过程中去除的二氧化硫 In the burning process	生产工艺过程中去除的二氧化硫 In the Production process	烟尘去除量(吨) Volume of Industrial Soot Removed (ton)	工业粉尘去除量(吨) Volume of Industrial Dust Removed (ton)	工业废气治理设施数(套) Facilities for Treatment of Waste Gas (sets)	脱硫设施数 Desulfuri-zation Facilities
140087.76	**404895.08**	**351447.92**	**53447.16**	**7407524.40**	**5704721.29**	**6470**	**159**
1.10				314.12	108.90	20	
1243.44	400.00	400.00		3984.63	8962.10	6	
37.18				21.67		5	
98.70	329.65	290.64	39.01	11718.46	1.93	204	2
57.44	355.85	324.40	31.44	24709.16	27.02	194	4
	505.07	505.07		39100.09		83	6
46.75	33.37	33.37		625.58	3148.88	73	
55.20	5720.94	5720.94		44194.48	960.00	469	4
	470.24	470.24		2687.95		98	
2.74	120.94	120.94		2030.98		75	2
5088.13	165.34	165.34		41232.18	159348.70	438	
132.91				418.74	524.76	23	
42.98	5204.90	5156.47	48.44	263041.08	1710.90	421	9
				13.23		3	
24.11				100.98	347.55	44	
216.20	40690.65	35.90	40654.75	198.19	4460.12	8	

19-6 续表

项目 Item	工业二氧化硫排放量（吨） Volume of Sulphur Dioxide Emission by Industry (ton)	燃料燃烧过程中排放的二氧化硫 In the burning process	生产工艺过程中排放的二氧化硫 In the Production process	工业烟尘排放量（吨） Volume of Industrial Soot Emission (ton)
化学原料及化学制品制造业 Raw Chemical Materials and Chemical Products	36050.00	32904.01	3145.99	13546.28
医药制造业 Medical and Pharmaceutical Products	3828.57	3828.57		642.82
化学纤维制造业 Chemical Fiber	6192.99	6192.99		1409.29
橡胶制品业 Rubber Products	1394.86	1394.86		370.57
塑料制品业 Plastic Products	7978.40	7978.40		1651.45
非金属矿物制品业 Nonmetal Minerals Products	57653.56	44934.98	12718.57	17968.42
黑色金属冶炼及压延加工业 Smelting and Pressing of Ferrous Metals	44009.04	25444.72	18564.32	5223.38
有色金属冶炼及压延加工业 Smelting and Pressing of Nonferrous Metals	6785.38	5639.52	1145.85	2083.36
金属制品业 Metal Products	438.81	438.75	0.06	200.68
通用设备制造业 General Equipment	296.21	270.55	25.66	824.61
专用设备制造业 Special Purpose Equipment	41.39	39.73	1.66	35.41
交通运输设备制造业 Transport Equipment	82.13	82.13		36.64
电气机械及器材制造业 Electric Equipment and Machinery	424.99	414.99	10.00	210.39
通信设备、计算机及其他电子设备制造业 Telecommunications , Computer , and Other Electronic Equipment	79.37	79.37		6.74
仪器仪表及文化、办公用机械制造业 Instruments , Meters , Cultural and Clerical Machinery	0.04		0.04	
工艺品及其他制造业 Handicraft Article and Other Manufacturing	216.56	216.55		111.49
废弃资源和废旧材料回收加工业 Waste Resources and Materials Recovering	4.24	4.24		15.25
电力、热力的生产和供应业 Production and Supply of Electric Power and Hot Power	123963.22	123963.22		12714.92
燃气生产和供应业 Production and Supply of Gas	19.11	19.11		19.95
水的生产和供应业 Production and Supply of Water				

Continued

工业粉尘排放量（吨） Volume of Industrial Dust Emission (ton)	工业二氧化硫去除量（吨） Volume of Industry Sulphur Dioxide Removed (ton)	燃料燃烧过程中去除的二氧化硫 In the burning process	生产工艺过程中去除的二氧化硫 In the Production process	烟尘去除量（吨） Volume of Industrial Soot Removed (ton)	工业粉尘去除量（吨） Volume of Industrial Dust Removed (ton)	工业废气治理设施数（套） Facilities for Treatment of Waste Gas (sets)	脱硫设施数 Desulfuri-zation Facilities
2651.57	1983.74	1353.21	630.53	196187.11	112247.56	456	18
	11.73	11.73		2114.84		29	1
8.35	46.20	46.20		33842.10	797.64	44	6
27.60	535.91	535.91		2114.90	97.29	73	
2.57	552.99	552.99		5634.31	32.00	173	24
82100.74	10863.19	10469.75	393.44	1453787.47	3108554.41	2297	6
27747.89	8135.82	1017.02	7118.80	250862.34	596787.31	253	13
1753.48	5189.94	682.76	4507.18	54985.09	1696717.74	84	5
121.48	66.46	48.78	17.67	817.75	475.95	166	
3114.91	0.06	0.06		97.37	5149.50	70	1
257.73				73.37	2270.36	14	
971.63				94.03	1722.88	129	
103.82	25.39	19.49	5.90	639.36	19.41	239	
48.78					11.82	123	
0.94					0.30	23	
6.53	29.26	29.26		225.61	15.54	17	
2.44				5.23			
	323457.45	323457.45		4971332.76		109	58
				230.98		1	

19-7 各设区市工业污染治理投资额

Investment on Industrial Pollution Treatment by City

单位：万元 (10000 yuan)

地区	Area	2004	2005	2006	2007	2008	2009	2010
总　计	**Total**	**224537**	**345431**	**286194**	**138007**	**155763**	**128692**	**153296**
福州市	Fuzhou	27709	34416	41419	31789	42102	15197	11641
厦门市	Xiamen	2255	65063	35062	14161	9267	5582	11854
莆田市	Putian	143	11679	167	2082	337	16128	
三明市	Sanming	20124	28978	14076	11213	15676	10757	14782
泉州市	Quanzhou	83998	113684	86695	58834	73054	72007	96421
漳州市	Zhangzhou	76196	78020	93481	1500	8797	1859	9054
南平市	Nanping	8850	4687	12505	15127	2323	6877	3021
龙岩市	Longyan	4328	3301	2590	3248	4193	285	6323
宁德市	Ningde	936	5574	199	53	15		200

19-8 各设区市工业污染排放达标率(2010年)

Rate of Industrial pollution up to the Standards(2010)

单位：% (%)

地区	Area	各地区汇总工业企业数（个） Number of Enterprises (unit)	工业废水排放达标率 Rate of Industrial Waste Water up to the Discharge Standards	工业二氧化硫排放达标率 Rate of Industrial Sulphur Dioxide up to the Discharge Standards	工业粉尘排放达标率 Rate of Industrial Dust Emission up to the Emission Standards	工业烟尘排放达标率 Rate of Infustrial Soot Emission up to the Emission Standards	工业固体废物综合利用率 Rate of Industrial Solid Wastes up to the Discharge Standards
合计	**Total**	**6080**	**98.7**	**98.0**	**98.2**	**95.2**	**82.9**
福州市	Fuzhou	539	95.0	99.0	99.9	99.8	80.4
厦门市	Xiamen	394	100.0	100.0	100.0	100.0	87.3
莆田市	Putian	424	97.3	99.3	97.1	96.5	95.7
三明市	Sanming	934	97.9	95.7	94.6	96.5	60.0
泉州市	Quanzhou	1475	99.8	100.0	100.0	100.0	95.6
漳州市	Zhangzhou	779	99.6	95.8	97.2	94.4	98.6
南平市	Nanping	562	94.0	93.1	90.4	87.1	76.0
龙岩市	Longyan	300	98.4	99.8	99.5	99.5	87.3
宁德市	Ningde	673	92.1	95.3	94.7	85.5	89.1

19-9 各设区市“三废”综合利用产品产值

Output Value of Products Made from Comperehensive Utilization of Waste Gas,Waste Water and Solid Wastes by City

单位：万元 (10000 yuan)

地区	Area	2004	2005	2006	2007	2008	2009	2010
合计	**Total**	**110677**	**148979**	**182827**	**205187**	**253523**	**492686**	**375029**
福州市	Fuzhou	6178	8614	17176	18251	25222	33844	21566
厦门市	Xiamen	25858	44357	59153	58610	59259	76761	4521
莆田市	Putian	3252	3477	3045	3778	11932	13396	2393
三明市	Sanming	33695	39616	46127	47501	49440	73361	109233
泉州市	Quanzhou	17302	18915	29044	41054	59169	52906	28969
漳州市	Zhangzhou	8668	10176	8109	10610	12653	8850	6961
南平市	Nanping	10404	10403	7899	12651	19535	20196	6691
龙岩市	Longyan	4725	13275	11046	11472	15091	211965	194348
宁德市	Ningde	596	146	1228	1262	1222	1406	348

主要统计指标解释

水资源总量 一定区域内的水资源总量指当地降水形成的地表和地下产水量，即地表径流量与降水入渗补给量之和，不包括过境水量。

地表水资源量 指河流、湖泊、冰川等地表水体中由当地降水形成的、可以逐年更新的动态水量，即天然河川径流量。

地下水资源量 指当地降水和地表水对饱水岩土层的补给量。

地表水与地下水资源重复量 指地表水和地下水相互转化的部分，即在河川径流量中包括一部分地下水排泄量，地下水补给量中包括一部分来源于地表水的入渗量。

供水总量 指各种水源工程为用户提供的包括输水损失在内的毛供水量。

地表水源水供水量 指地表水体工程的取水量，按蓄、引、提、调四种形式统计。从水库、塘坝中引水或提水，均属蓄水工程供水量；从河道或湖泊中自流引水的，无论有闸或无闸，均属引水工程供水量；利用扬水站从河道或湖泊中直接取水的，属提水工程供水量；跨流域调配指水资源一级区或独立流域之间的跨流域调配水量，不包括在蓄、引、提水量中。

地下水源供水量 指水井工程的开采量，按浅层谈水、深层承压水和微咸水分别统计。城市地下水源供水量包括自来水厂的开采量和工矿企业自备井的开采量。

其他水源供水量 包括污水处理再利用、集雨工程、海水淡化等水源工程的供水量。

用水总量 指分配给用户的包括输水损失在内的毛用水量。按用户特性分为农业、工业、生活和生态用水四大类。

农业用水 包括农田灌溉和林牧渔业用水。林牧渔业用水指林果地灌溉、草地灌溉和鱼塘补水。

工业用水 按新水取用量计，不包括企业内部的重复利用水量。

生活用水 包括城镇生活用水和农村生活用水。城镇生活用水由居民用水和公共用水（含服务业、商饮业、货运邮电业及建筑业等用水）组成；农村生活用水除居民生活用水外，还包括畜用水在内。

生态用水 仅包括河湖人工补水和城市环境用水。

工业废水排放量 指经过企业厂区所有排放口排到企业外部的工业废水量。包括生产废水、外排的直接冷却水、超标排放的矿井地下水和与工业废水混排的厂区生活污水，不包括外排的间接冷却水(清污不分流的间接冷却水应计算在内)。

工业废水排放达标量 指报告期内废水中各项污染物指标都达到国家或地方排放标准的外排工业废水量，包括未经处理外排达标的，经废水处理设施处理后达标排放的，以及经污水处理厂处理后达标排放的。

工业废水排放达标率 指工业废水排放达标量占工业废水排放量的百分率，计算公式为：

工业废水排放达标率=（工业废水排放达标量/工业废水排放量）×100%

城镇生活污水排放量 指城镇居民每年排放的生活污水。用人均系数法测算。测算公式为：

城镇生活污水排放量=城镇生活污水排放系数×市镇非农业人口×365

城镇生活污水中化学需氧量（COD）产生量 指城镇居民每年排放的生活污水中的COD的产生量。用人均系数法测算。测算公式为：

城镇生活污水中 COD 产生量=城镇生活污水中 COD 产生系数×市镇非农业人口×365

化学需氧量（COD） 测量有机和无机物质化学所消耗氧的质量浓度的水污染指数。

工业废气排放量 指报告期内企业厂区内燃料燃烧和生产工艺过程中产生的各种排入大气的含有污染物的气体的总量，以标准状态(273K，101325Pa)计算。测算公式为：

工业废气排放量=燃料燃烧过程中废气排放量+生产工艺过程中废气排放量

生活及其他 S02 排放量 指以生活及其他煤炭消费量和其含硫量为基础，根据以下公式计算：

生活及其他 SO2 排放量=生活及其他煤炭消费量×含硫量×0.8×2

工业 SO2 排放量　指报告期内企业在燃料燃烧和生产工艺过程中排入大气的 SO2 总量，计算公式为：

工业 SO2 排放量=燃料燃烧过程中 SO2 排放量+生产工艺过程中 SO2 排放量

工业烟尘排放量　指企业厂区内燃料燃烧过程中产生的烟气中夹带的颗粒物排放量。

生活及其他烟尘排放量　指除工业生产活动以外的所有社会、经济活动及公共设施的经营活动中燃烧所排放的烟尘纯重量。以生活及其他煤炭消费量为基础进行测算。

工业粉尘排放量

指企业在生产工艺过程中排放的能在空气中悬浮一定时间的固体颗粒物排放量。如钢铁企业的耐火材料粉尘、焦化企业的筛焦系统粉尘、烧结机的粉尘、石灰窑的粉尘、建材企业的水泥粉尘等。不包括电厂排入大气的烟尘。

工业固体废物产生量　指报告期内企业在生产过程中产生的固体状、半固体状和高浓度液体状废弃物的总量，包括危险废物、冶炼废渣、粉煤灰、炉渣、煤矸石、尾矿、放射性废物和其他废物等；不包括矿山开采的剥离废石和掘进废石(煤矸石和呈酸性或碱性的废石除外)。酸性或碱性废石指采掘的废石其流经水、雨淋水的 pH 值小于 4 或 pH 值大于 10.5 者。

危险废物　指列入国家危险废物名录或根据国家规定的危险废物鉴别标准和鉴别方法认定的，具有爆炸性、易燃性、易氧化性、毒性、腐蚀性、易传染疾病等危险特性之一的废物。

工业固体废物综合利用量　指报告期内企业通过回收、加工、循环、交换等方式，从固体废物中提取或者使其转化为可以利用的资源、能源和其他原材料的固体废物量(包括当年利用往年的工业固体废物贮存量)，如用作农业肥料、生产建筑材料、筑路等。综合利用量由原产生固体废物的单位统计。

工业固体废物综合利用率　指工业固体废物综合利用量占工业固体废物产生量(包括综合利用往年贮存量)的百分率。计算公式为：

工业固体废物综合利用率=工业固体废物综合利用量/（工业固体废物产生量+综合利用往年贮存量）×100%

工业固体废物贮存量　指报告期内企业以综合利用或处置为目的，将固体废物暂时贮存或堆存在专设的贮存设施或专设的集中堆存场所内的数量。专设的固体废物贮存场所或贮存设施必须有防扩散、防流失、防渗漏、防止污染大气、水体的措施。

工业固体废物处置量　指报告期内企业将固体废物焚烧或者最终置于符合环境保护规定要求的场所，并不再回取的工业固体废物量(包括当年处置往年的工业固体废物贮存量)。处置方式有填埋(其中危险废物应安全填埋)、焚烧、专业贮存场(库)封场处理、深层灌注、回填矿井及海洋处置(经海洋管理部门同意投海处置)等。

工业固体废物排放量

指报告期内企业将所产生的固体废物排到固体废物污染防治设施、场所以外的数量，不包括矿山开采的剥离废石和掘进废石(煤矸石和呈酸性或碱性的废石除外)。

“三废”综合利用产品产值　指报告期内利用“三废” 作为主要原料生产的产品价值(现行价)；已经销售或准备销售的应计算产品价值，留作生产自用的不应计算产品价值。

生活垃圾清运量　指报告期内收集和运送到垃圾处理厂(场)的生活垃圾数量。生活垃圾指城市日常生活或为城市日常生活提供服务的活动中产生的固体废物以及法律行政规定的视为城市生活垃圾的固体废物。包括：居民生活垃圾、商业垃圾、集市贸易市场垃圾、街道清扫垃圾、公共场所垃圾和机关、学校、厂矿等单位的生活垃圾。

生活垃圾无害化处理率　指报告期生活垃圾无害化处理量与生活垃圾产生量比率。在统计上，由于生活垃圾产生量不易取得，可用清运量代替。计算公式为：

生活垃圾无害化处理率=生活垃圾无害化处理量/生活垃圾产生量×100%

环境污染与破坏事故　指由于违反环境保护法规的经济、社会活动与行为，以及意外因素的影响或不可抗拒的自然灾害等原因，致使环境受到污染，国家重点保护的野生动植物、自然保护区受到破坏，人体健康受到危害，社会经济和人民财产受到损失，造成不良社会影响的突发性事件。

环境污染治理投资 指在工业污染源治理和城市环境基础设施建设的资金投入中，用于形成固定资产的资金。包括工业新老污染源治理工程投资、建设项目“三同时”环保投资，以及城市环境基础设施建设所投入的资金。

营林固定资产投资 指在报告期内进行的营林基本建设和营林更新改造活动投资。

上年末结余资金 指在上年资金来源中没有形成固定资产投资额而结余的资金。包括尚未用到工程上去的材料价值、未开始安装的需要安装设备价值及结存的现金和银行存款等。

本年完成投资 指从本年 1 月 1 日起至本年最后一天止完成的全部投资额。本年完成投资是反映本年的实际投资规模，计算有关投资效果，进行年度国民经济平衡分析的重要指标。

Explanatory Notes on Main Statistical Indicators

Total Water Resources refers to total volume of water resources measured as run-off for surface water from rainfall and recharge for groundwater in a given area, excluding transit water.

Surface Water Resources refers to total renewable resources which exist in rivers, lakes, glaciers and other collectors from rainfall and are measured as run-off of rivers.

Groundwater Resources refers to replenishment of aquifers with rainfall and surface water.

Duplicated Measurement Between Surface Water and Groundwater refers to mutual exchange between surface water and groundwater, i.e. run-off of rivers includes some depletion with groundwater while groundwater includes some replenishment with surface water.

Water Supply refers to gross water supply by supply systems from sources to consumers, including losses during distribution.

Surface Water Supply refers to withdrawals by surface water supply system, broken down with storage, flow, pumping and transfer. Supply from storage projects includes withdrawals from reservoirs; supply from flow includes withdrawals from rivers and lakes with natural flows no matter if there are locks or not; supply from pumping projects includes withdrawals from rivers or lakes with pumping stations; and supply from transfer refers to water supplies transferred from first-level regions of water resources or independent river drainage areas to others, and should not be covered under supplies of storage, flow and pumping.

Groundwater Supply refers to withdrawals from supplying wells, broken down with shallow layer freshwater, deep layer freshwater and slightly brackish water. Groundwater supply for urban areas includes water mining by both waterworks and own wells of enterprises.

Other Water Supply Sources include supplies by waste-water treatment, rain collection, seawater desalinization and other water projects.

Water Use refers to gross water use distributed to users, including loss during transportation, broken down with use by agriculture, industry, living consumption and biological protection.

Water Use by Agriculture includes uses of water by irrigation of farming fields and by forestry, animal husbandry and fishing. Water use by forestry, animal husbandry and fishing includes irrigation of forestry and orchards, irrigation of grassland and replenishment of fishing pools.

Water Use by Industry refers to new withdrawals of water, excluding reuse of water within enterprises.

Water Use by Living Consumption includes use of water for living consumption in both urban and rural areas. Urban water use by living consumption is composed of household use and public use (including services, commerce, restaurants, cargo transportation, posts, telecommunication and construction). Rural water use by living consumption includes both households and animals.

Water Use by Biological Protection includes replenishment of rivers and lakes and use for urban environment.

Waste Water Discharged by Industry refers to the volume of waste water discharged by industrial enterprises through all their outlets, including waste water from production process, directly cooled water, groundwater from mining wells which does not meet discharge standards and sewage from households mixed with waste water produced by industrial activities, but excluding indirectly cooled water discharged (It should be included if the discharge is not separated with waste water).

Industrial Waste Water Meeting Discharge Standards refers to volume of industrial waste water discharge which, with or without treatment, reaches national or local standards with regard to all pollutants.

Ratio of Industrial Waste Water Meeting Discharge Standards refers to percentage of industrial waste water meeting discharge standards over total industrial waste water discharge. It is calculated as:

Ratio of industrial waste water meeting discharge standards = (industrial waste water meeting discharge standards / total industrial waste water discharge) ×100%

Urban Non-industrial Waste Water Discharge refers to annual discharge of non-industrial waste water by urban households. It is estimated by per capita coefficient using the formula:

Urban non-industrial waste water discharge = urban non-industrial waste water discharge coefficient urban non-agricultural population 365

Volume of Chemical Oxygen Demand (COD) Generated by Urban Non-industrial Waster Water refers to chemical oxygen demand generated through the annual discharge of non-industrial waste water by urban households. It is estimated as:

Volume of chemical oxygen demand (cod) generated by urban non-industrial waster water = Coefficient of COD generated through urban non-industrial waste water× urban non-agricultural population ×365

Chemical Oxygen Demand (COD) refers to index of water pollution measuring the mass concentration of oxygen consumed by the chemical breakdown of organic and inorganic matter.

Industrial Waste Air Emission

refers to discharge into atmosphere of waste air containing pollutants generated from fuel burning and production process in enterprises within a given period of time. It is calculated at standard status (273K, 101325Pa) as:

Industrial waste air emission = emission through fuel burning + emission through production process

SO2 Emission through Non-industrial and Other Activities is calculated on the basis of consumption of coal by households and other activities and the sulphur content of coal with the following formula:

SO2 emission through non-industrial and other activities = consumption of coal by households and other activities ×sulphur content ×0.8× 2

SO2 Emission through Industrial Activities refers to volume of sulphur dioxide emission from fuel burning and production process by enterprises during a given period of time. It is calculated as:

SO2 emission through industrial activities = SO2 emission from fuel burning + SO2 emission from production process

Industrial Soot Emission refers to volume of soot in smoke emitted in process of fuel burning in premises of enterprises.

Soot Emission by Consumption and Others refers to net volume of soot emitted by fuel burning from all social and economic activities and operation of public facilities other than industrial activities. It is calculated on the basis of coal consumption by households and others.

Industrial Dust Emission refers to volume of dust emitted by production process of enterprises and suspended in the air for a given period of time, including dust from refractory material of iron and steel works, dust from coke-screening systems and sintering machines of coke plants, dust from lime kilns and dust from cement production in building material enterprises, but excluding soot and dust emitted from power plants.

Industrial Solid Wastes Produced refers to total volume of solid, semi-solid and high concentration liquid residues produced by industrial enterprises from production process in a given period of time, including hazardous wastes, slag, coal ash, gangue, tailings, radioactive residues and other wastes, but excluding stones stripped or dug out in mining (gangue and acid or alkaline stones not included). A stone is acid or alkaline depending on the pH value of the water below 4 or above 10.5 when the stone is in, or soaked by, the water.

Hazardous Wastes refers to those included in the national hazardous wastes catalogue or specified as any one of the following properties in the national hazardous wastes identification standards: explosive, ignitable, oxidizable, toxic, corrosive or liable to cause infectious diseases or lead to other dangers.

Industrial Solid Wastes Utilized refers to volume of solid wastes from which useful materials can be extracted or which can be converted into usable resources, energy or other materials by means of reclamation, processing, recycling and exchange (including utilizing in the year the stocks of industrial solid wastes of the previous year). Examples of such utilizations include fertilizers, building materials and road materials. The information shall be collected by the producing units of the wastes.

Ratio of Industrial Solid Wastes Utilized refers to the percentage of industrial solid wastes utilized over industrial solid wastes produced (including stocks of the previous years). It is calculated as:

Ratio of industrial solid wastes utilized = volume of industrial solid wastes utilized / (industrial solid wastes produced + stock of previous years) 100%

Stocks of Industrial Solid Wastes refers to volume of solid wastes placed in special facilities or special sites for purposes of utilization or disposal. The sites or facilities should take measures against dispersion, loss, seepage, and air and water contamination.

Industrial Solid Wastes Disposed refers to quantity of industrial solid wastes which are burnt or placed ultimately in the sites meeting the requirements for environmental protection and not salvaged or recycled (including disposition in the year of those wastes of previous years). The disposition includes landfill (Safe landfills should be conducted for hazardous wastes), incineration, containment spaces, deep underground disposal, backfill in mining pits and disposal at sea.

Industrial Solid Wastes Discharged refers to volume of industrial solid wastes discharged by producing enterprises to disposal facilities or to other sites. The wastes exclude stones stripped or dug from mining (gangue and acid or alkaline waste stones not included).

Output Value of Products Made from Waste Gas, Waste Water and Solid Wastes refers current value of products with waste gas, waste water and solid wastes as main materials of production. Products sold and ready to sell shall be included while those produced for own use shall not be included.

Consumption Wastes Transported refers to volume of consumption wastes collected and transported to disposal factories or sites. Consumption wastes are solid wastes produced from urban households or from service activities for urban households, and solid wastes regarded by laws and regulations as urban consumption wastes, including those from households, commercial activities, markets, cleaning of streets, public sites, offices, schools, factories, mining units and other sources.

Ratio of Consumption Wastes Treated refers to consumption wastes treated over that produced. In practical statistics, as it is difficult to estimate, the volume of consumption wastes produced is replaced with that transported. It is calculated as:

Ratio of consumption wastes treated = (consumption wastes treated / consumption wastes produced) ×100%

Environment Pollution and Destruction Accidents refer to sudden accidents, due to economic or social activities that are in contrast to environment protection laws or due to unforeseen factors or natural disasters, that lead to the environment pollution, the destruction of protected wild animals, plants or nature reserves, the damage to human health, the economic and property losses, and the negative impact on the society.

Investment in Environment Pollution Harnessing Projects refers to the proportion of investment in fixed assets in the total investment in harnessing industrial pollution and in the construction of urban environment infrastructure facilities. It includes investment in harnessing sources of industrial pollution, investment in environment protection facilities designed concurrently with projects, and investment in urban environment infrastructure facilities.

Investment in Fixed Assets for Afforestation refers to the investment in capital construction and updating projects in afforestation during the reference period.

Unspent Capitals from Last Year refer to capitals from the last year that have not been invested in the fixed assets, including value of materials that have not been used yet, the value of equipment yet to be installed, as well as cash in hand and bank deposits.

Completed Investment during the Year reflecting the actual size of investment completed during January 1 and December 31 of the reference year, this indicator is important in estimating investment efficiency and in making annual analysis of the performance of the national economy.

Social Welfare Institutions refer to institutions taking care of old pople without children, handicapped people and orphans. They include social welfare institutions run by civil affairs departments, children welfare institutions, social welfare institutions for mental patients, collective-owned old peoples homes in rural areas, convalescent homes and community service centers with the capaCity of receiving those people. This indicator reflects the input in social welfare institutions.

Number of People Taken in by Social Welfare Institutions refers to the number of old people, children, totally dependent handicapped people and mental patients taken in by social welfare institutions run by civil affairs departments and those run by collective units in urban and rural areas. This indicator reflects the cap a City of social welfare institutions.

Social Welfare Enterprises are collective owned construction

enterprises which employ the blind, deaf-mute, and other handicapped people who are able to work in cities and towns and enjoy exemption from state taxes, including welfare plants, welfare commercial services, artificial limb plants and farms, etc. This indicator reflects the preferential policies toward disabled persons.

Rural Households with Livelihood Guaranteed in Five Aspects refer to the households in which there are old people without child, orphans and handicapped people who are unable to work and without financial resources in rural areas. They are taken care of by the collective units and their food, clothing, housing, medical care, funeral expenses (or schooling for orphans) are guaranteed to be provided for. This indicator reflects the total number of disadvantageous groups of rural population.

Lawyers are certified legal workers according to law, and who are employed by legal counseling firms to act as legal advisers, agents in criminal or civil lawsuits, or defenders in criminal lawsuits, or to handle non-litigious legal affairs, to advise on matters of law or t o write legal papers for others, and provide service to the public.

Notary Personnel refers to people working for notary offices including: directors, deputy direct or, notaries, assistant notaries, and other people providing assistance.

Notary Documents refer to the judicatory notary documents drawn up by the request of the party and are in accordance with facts and laws and following certain legal proceedings. According to usage and locality, the notary documents are divided into following 4 types: domestic notary documents, domestic economic notary documents, foreign-related civil notary documents and foreign-related economic notary documents.

第二十篇　公共管理及其他社会活动

Chapter　20　Publish Administration and Others

资料整理：廖捷

Datebase Editor:Liaojie

简 要 说 明

本篇资料的主要内容及来源

本篇主要反映福建省社会福利，司法、交通事故、火灾事故等情况。主要内容包括社会福利事业的机构人员、社会福利救济、婚姻状况等。

本篇资料来源于省民政厅、省司法厅、省公安厅等。

本篇资料由省统计局社会和科技统计处整理提供。

Brief Introduction

Main Content and Source of Data

This chapter contain information that reflect the condition and natural resources and data on development of environment protection ,Social welfare ,the judicial conditions, basic statistics on traffic accidents and fires etc in Fujian. including natural resources and natural condition, total water resources ,atmospheric environment, solid waste, environment noise , eco- environment protection , natural disasters and investments in the treatment of environmental pollution control ; the number of institutions and personnel, social welfare relief, and marital status etc.

The above mentioned data are provide By the Provincial Department of Civil Affairs and the Department of Public Security, the Provincial Meteorological Bureau.

Data in this chapter are provided and compiled by the Division of Social, Science and Technology Statistics of Fujian Provincial Bureau of Statistics.

20-1 婚姻登记和离婚情况(2000-2010年)

Number of Marriages and Divorces(2000-2010)

单位：对

年份 Year	结婚登记对数 Total number of Registered Marriages	内地居民登记结婚 Registered Marriages of Mainland	涉外及华侨、港澳台居民登记结婚 Regisered Marriages with Foreigner and the Citizen of Hong Kong,Macao,Taiwan	离婚登记对数 Total Number of Divorces	内地居民登记离婚 Divorces Marriages of Mainland	涉外及华侨、港澳台居民登记离婚 Divorces with Foreigner and the Citizen of Hong Kong,Macao,Taiwan
2000	261314	246171	15143	12035	11982	53
2001	252815	231327	21488	11546	11392	154
2002	256323	236695	19628	15321	15175	146
2003	280770	256112	24658	21541	21058	483
2004	294973	279488	15485	26515	25553	962
2005	272172	258551	13621	25786	23536	2250
2006	328698	314784	13914	35227	33759	1468
2007	350877	342916	7961	32646	30112	2534
2008	364892	356814	8078	33251	31414	1837
2009	360613	351989	8624	41441	40272	1169
2010	381866	371045	10821	43935	42703	1232

注：离婚对数不包括法院判决数。

Note:Number of divorce not including court number

20-2 社会保障基本情况(2001-2010年)

Basic Statistics on Social Security(2001-2010)

年份 Year	参加保险人数（万人） Active Contributors(10000 persons)			社会保险基金（亿元） Social Insurance Funds(100 million yuan)		城镇低保人数(人) Persons Receiving Lowest Cost- of-living(person)
	养老保险 Basic Pension Insurance	失业保险 Unemploy- ment Insurance	医疗保险 Basic Medical Insurance	基金收入 Revenue	基金支出 Expenses	
2001	305.35	239.60	171.03	142.99	80.38	78027
2002	350.96	249.50	230.00	190.21	96.72	174938
2003	364.15	266.36	247.77	233.74	113.79	192890
2004	378.04	266.41	285.93	266.45	134.49	201772
2005	409.55	266.59	332.98	306.74	161.12	200904
2006	455.56	293.07	370.05	357.18	186.95	196779
2007	512.84	318.15	477.43	448.88	235.44	199408
2008	557.23	338.69	796.46	574.69	295.23	195706
2009	585.53	348.14	1137.19	629.19	344.33	186306
2010	635.27	374.18	1226.25	774.27	403.26	181530

注：2007年以后医疗保险数据含城镇居民医疗保险。

Note:Medical insurance date after 2007 including medical insurance for urban residents

20-3 社会救济与捐赠工作情况

Basic Statistics on Social Relief and Donation

项目	Item	2007	2008	2009	2010
社会救济	**Social Relief**				
城镇居民最低生活保障人数（人）	**Number of Persons Receiving Minimum Living Allowance in Rural Areas(person)**	**199408**	**195706**	**186306**	**181530**
按人员性质分类	**By Person**				
女性	Female	65293	60736	57150	59498
残疾人	Disabled Persons	21338	20724	17715	19764
三无人员	Persons without Stable Residence, Employment and Identity	17340	15535	8852	8741
按人员年龄分类	**By Age**				
老年人	Old People	45596	34138	35038	35936
成年人	Minors	116273	125086	115906	110615
未成年人	Adults	37539	36482	35362	18469
城市居民最低保障家庭数（户）	Number of Family Receiving Minimum Living Allowance in Urban Areas(household)	83644	83130	83647	84876
城市低保资金全年计划支出（万元）	The Annual Plan Expenditure of Minimum Living Allowance in Urban Areas(10000 yuan)	20124	23996	27439	28851
其他城市定期救济人数（人）	Number of Other Persons Receiving Regularly Relief in Urban Areas(person)	2086	484	168	530
城市临时救济人次数（人）	Number of Persons Receiving Temporary Relief in Urban Areas(person)	23500	9754	6083	6487
农村最低生活保障人数（人）	**Number of Persons Receiving Minimum Living Allowance in Rural Areas(person)**	**673461**	**684989**	**704093**	**713217**
女性	Female	174170	172476	196175	194465
老年人	Old People	173944	156790	161982	174188
未成年人	Minors	39607	66697	73164	80935
残疾人	Disabled Persons	47476	56017	75698	85429
农村居民最低生活保障家庭数（户）	Number of Family Receiving Minimum Living Allowance in Rural Areas(household)	273228	280693	295342	305692
社会捐赠	**Social Donation**				
直接接受捐赠情况	**Donation Directing Received**				
捐赠款数额（万元）	Donated Funds(10000 yuan)	3714.90	116189.20	4959.70	124204.40
捐赠衣被合计（万件）	Donated Clothes and Quilts(10000 piece)	23.70	76.20	0.30	8.70
捐赠其他物资价值（万元）	Valus of Other Materials Donated(10000 yuan)	3.10	1388.30	118.00	294.00
间接接受捐赠情况	**Donation Indirectly Received**				
捐赠款数额（万元）	Donated Funds(10000 yuan)	201.30	1322.50	134.50	5277.90
捐赠衣被合计（万件）	Donated Clothes and Quilts(10000 piece)	0.70			0.30
捐赠其他物资价值（万元）	Valus of Other Materials Donated(10000 yuan)		95.70		1.20
受益人数（次）	**Persons Receiving Donation(time)**	**32750**	**344630**	**100589**	**162286**
社会接收工作站、点数（个）	**Working Stations for Social Donation(unit)**	**911**	**912**	**1096**	**1233**

20–4 社会福利事业企业单位机构情况

Basic Statistics on Social Welfare of Enterprises and Institutions

单位：个 (unit)

项目	Item	2007	2008	2009	2010
收养性社会福利单位	**Adopting Social Welfare Institutions**	**801**	**780**	**811**	**839**
优抚类收养性单位	Adopting Institutions for Martyrs				
荣誉军人康复医院	Convalescent Hospitals for Honour Armymen	1	1	1	1
光荣院	Homes for Disabled Veterans	58	57	58	58
福利类收养性单位	Welfare Adopting Insitutions				
社会福利院	Social Welfare Homes	72	72	73	85
儿童福利院	Baby Welfare Homes	9	10	9	9
精神病福利院	Psychopathy Welfare Homes	10	11	14	14
城镇收养性老年性福利机构	Urban Elderly Adopting Welfare Units	108	67	72	68
农村五保户供养服务机构	Adopting Welfare Institutions in Rural Households with Five Aspects	509	546	581	601
其他收养性福利机构	Other Adopting Welfare Institutions	30	12		

20–5 收养类社会福利事业单位基本情况(2010年)

Basic Statistics on Adopting Social Welfare Institutions(2010)

项目	Item	院数（个） Number of Institutions (unit)	床位（张） Number of Beds (set)	年末收养人数（人） Number of Persons Housed in the year-end (person)
收养性社会福利单位	**Adopting Social Welfare Institutions**	**839**	**26766**	**17231**
优抚类收养性单位	Adopting Institutions for Martyrs			
荣誉军人康复医院	Convalescent Hospitals for Honour Armymen	1	250	150
光荣院	Homes for Disabled Veterans	58	1648	1069
福利类收养性单位	Welfare Adopting Insitutions			
社会福利院	Social Welfare Homes	85	5752	4102
儿童福利院	Baby Welfare Homes	9	1103	806
精神病福利院	Psychopathy Welfare Homes	14	2937	2774
城镇收养性老年性福利机构	Urban Elderly Adopting Welfare Units	68	3222	1880
农村五保户供养服务机构	Adopting Welfare Institutions in Rural Households with Five Aspects	601	11294	5910

20–6 老龄事业发展情况

Basic Statistics on Old People

项目	Item	2007	2008	2009	2010
老年人口数（人）	**Number of Old People(person)**				
60岁以上	60 and over	2919364	3434512	3503577	3743614
65岁以上	65 and over	2649487	2573439	2494342	2878658
80岁以上	80 and over	591057	569240	610800	623331
100岁以上	100 and over	1202	1036	1283	1391
老年维权	**Old People's Right-safeguarding**				
老龄系统接待来信来访次数（次）	Numbers of Letters and Visitors(time)	10448	9838	33649	12085
老年法律援助中心（个）	Old People Legal aid center(unit)	449	880	852	891
维权协调组织数（个）	Numbers of Right-safeguarding(unit)	1990	2523	2289	1851
老年服务设施	**Old People Service Equipment**				
老年活动站/中心/室数（个）	Action Stations，Center，Room number(unit)	14184	14545	14518	15166
老年福利	**Elderly Welfare**				
享受高龄补贴的老年人数（人）	Numbers of Age Allowance Old People(person)	141367	129715	234377	197587
老年医疗护理机构	**Old People Medical care**				
老年医院（个）	Old People Hospitals(unit)	38	41	40	38
其中:床位数（张）	Beds(set)	827	2155	2448	2115
老年临终关怀医院（个）	Old People Hospice care Hospitals(unit)	4	8	7	6
其中:床位数（张）	Beds(set)	328	803	738	844
年底在院人数（人）	Numbers of Old People in Hospital(person)	110	254	255	396
老年群众组织	**Mass organizations of Old People**				
老年协会（个）	Elderly association(unit)	40937	12697	13028	13827
参加人数（人）	Number of attendees(person)	2437183	2136594	2220165	2243303
老年基金会（个）	Elderly Foundation(unit)	1459	620	537	470
事业投入经费（万元）	Funds(10000 yuan)	41040	4967	3817	3370
其他老年社团组织（个）	Other Mass organizations(unit)	3158	1732	1288	1164
参加人数	Number of attendees	391217	384249	357856	261839
老年教育	**Older Education**				
老年大学个数（个）	Number of Older University (unit)	7998	6324	10770	11268
在校人数（人）	Number of Old People Enrollment(person)	639863	502493	568072	592429

20-7 社会保障统筹情况

Basic Statistics on Social Insurance

项目	Item	2008	2009	2010
各种保险总收入（亿元）	**Total Revenue of Varied Insurance(100 million yuan)**	**574.69**	**629.19**	**774.27**
各种保险总支出（亿元）	**Total Expenses of Varied Insurance(100 million yuan)**	**295.23**	**344.33**	**403.26**
养老保险	**Pension Insurance**			
城镇企业职工养老保险	**Pension Insurance for Staff and Workers of Urban Enterprises**			
期末参加基本养老保险职工人数（万人）	Number of Employment Covered at the Year-end(10000 persons)	401.49	423.27	466.88
期末参加基本养老保险离退休人数（万人）	Retiress as Covered at the Year-end(10000 persons)	84.11	88.65	93.33
基本养老保险基金收入（亿元）	Revenue(100 million yuan)	128.08	141.43	149.55
基本养老保险基金支出（亿元）	Expenses(100 million yuan)	104.90	123.20	135.85
基本养老保险基金累计结余（亿元）	Balance(100 million yuan)	122.92	146.86	104.63
机关事业单位养老保险	**Pension Insurance for Government Agencies and Institutions**			
期末参加基本养老保险职工人数（万人）	Number of Staff Covered at the Year-end(10000 persons)	53.13	54.17	54.93
基本养老保险基金收入（亿元）	Revenue(100 million yuan)	45.31	49.10	55.32
基本养老保险基金支出（亿元）	Expenses(100 million yuan)	39.77	49.17	52.65
基本养老保险基金累计结余（亿元）	Balance(100 million yuan)	31.42	33.93	36.60
农村养老保险	**Pension Insurance in Rural Areas**			
期末参加基本养老保险的职工人数（万人）	Number of Staff Covered at the Year-end(10000 persons)	150.85	145.07	144.66
期末领取基本养老保险金的职工人数（万人）	Beneficiaries at the Year-end(10000 persons)	2.04	2.37	2.57
基本养老保险基金收入（亿元）	Revenue(100 million yuan)	1.00	1.02	0.73
基本养老保险基金支出（亿元）	Expenses(100 million yuan)	1.62	0.25	0.19
基本养老保险基金累计结余（亿元）	Balance(100 million yuan)	9.73	10.51	11.04
医疗保险	**Insurance for Medical Care**			
期末参加基本医疗保险的职工人数（万人）	Number of Staff Covered at the Year-end(10000 persons)	435.73	503.71	433.01
基本医疗保险基金收入（亿元）	Revenue(100 million yuan)	86.88	87.01	106.22
#统筹基金收入（亿元）	Revenue of Funds Planned as a Whole(100 million yuan)	51.75	45.83	51.10
基本医疗保险基金收缴率（%）	Insurance Paid Rate(%)	98.70	98.84	99.29
基本医疗保险基金支出（亿元）	Expenses(100 million yuan)	51.17	67.51	88.96
#统筹基金支出（亿元）	Expenses of Funds Planned as a Whole(100 million yuan)	26.44	37.54	50.36
基本医疗保险基金累计结余（亿元）	Balance(100 million yuan)	133.24	152.73	169.99
失业保险	**Unemployment Insurance**			
期末参加失业保险人数（万人）	Population Covered at the Year-end(10000 persons)	338.69	348.14	374.18
期末领取失业保险金人数（万人）	Beneficiaries of Unemployment Insurance at the Year-end (10000 persons)	4.64	3.61	3.17
失业保险基金收入（亿元）	Revenue(100 million yuan)	13.99	11.31	11.63
失业保险基金支出（亿元）	Expenses(100 million yuan)	4.00	4.31	5.60
失业保险基金累计结余（亿元）	Balance(100 million yuan)	39.24	46.23	52.25
工伤、生育保险	**Insurance for Work Injury and Maternity**			
期末参加工伤保险的企业职工人数（万人）	Contributors of Work Injury Insurance at the Year-end (10000 persons)	305.89	331.50	368.84
工伤保险基金收入（亿元）	Revenue of Work Injury Insurance(100 million yuan)	4.67	4.52	5.36
工伤保险基金支出（亿元）	Expenses of Work Injury Insurance(100 million yuan)	1.83	2.46	2.80
工伤保险基金累计结余（亿元）	Balance of Work Injury Insurance(100 million yuan)	15.04	17.10	19.66
期末参加生育保险的企业职工人数（万人）	Beneficiaries of Maternity at the Year-end(10000 persons)	235.81	273.64	326.40
生育保险基金收入（亿元）	Revenue of Maternity Insurance(100 million yuan)	3.07	3.00	3.60
生育保险基金支出（亿元）	Expenses of Maternity Insurance(100 million yuan)	1.49	2.43	2.70
生育保险基金累计结余（亿元）	Balance of Maternity Insurance(100 million yuan)	4.35	4.91	5.82
商业保险	**Commercial Insurance**			
人身保险保费收入金额（亿元）	Personal Insurance Revenue(100 million yuan)	209.47	234.46	290.87
人身保险赔偿支出金额（亿元）	Personal Insurance Expenses(100 million yuan)	40.61	38.73	37.46
财产保险保费收入金额（亿元）	Poroperty Insurance Revenue(100 million yuan)	81.21	96.19	132.74
财产保险赔偿支出金额（亿元）	Poroperty Insurance Expenses(100 million yuan)	49.57	56.00	65.44

20-8 律师 公证 调解工作基本情况

Basic Statistics on Lawyers, Notarization and Mediation

项目　Item	2000	2003	2005	2007	2008	2009	2010
律师工作 Lawyers							
律师事务所（个） Number of Law Office(unit)	269	312	333	343	369	416	454
专职律师（人） Full-time Lawyers(person)	1803	2842	3115	3390	3571	3871	4455
兼职律师（人） Part-time Lawyers(person)	544	216	230	260	306	325	332
聘请常年法律顾问单位（个） Number of Units with Permanent Legal Advisors (unit)	8384	8251	9889	11193	11188	12062	12876
律师业务情况 Status of Lawyers'Business							
民事诉讼（件） Civil Cases(case)	41213	46256	56352	60478	67770	73578	78765
行政诉讼（件） Administrative Action(case)	2321	2408	2221	2315	2289	2099	2280
非诉讼法律事务（件） Agent of Non-Litigious Legal Affairs(case)	14649	12849	12259	9561	8632	11900	10331
解答法律咨询和代写法律事务文书（件） Agent of Legal Advisory Services (cases)	139391	115945	129436	131375	143790	153615	148256
公证工作 Notarization							
公证处（个） Number of Notary Offices(unit)	95	93	94	94	94	94	90
公证人员（人） Notarial Personnel(person)	612	622	644	658	676	686	726
公证员（人） Notaries(person)	397	388	373	364	372	372	374
办理公证书（件） Number of Notarized Documents(piece)	400748	381728	418052	460609	436117	501388	422154
国内经济合同公证 Notarization of Domestic Economic Contracts	48978	33009	20586	18061	13004	20189	22764
国内民事公证 Notarization of Domestic Civil Affairs	59366	58516	58778	86275	73870	94955	107379
涉外及港澳台 Notarization of Foreign-related,Hongkong, Macao & Taiwan Affairs	288181	290203	338688	356273	349243	386244	292011
调解工作 Number of Mediation							
人民调解委员会（个） Number of People's Mediation Committees(unit)	17180	18073	18354	18191	18176	18498	18868
调解人员（万人） Number of Mediators(10000 persons)	26	21	19	20	19	19	12
调解纠纷（万件） Number of Disputes Mediated(10000 cases)	16	15	15	16	16	17	15
专职司法助理员（人） Number of Full-time Judicial Assistants(person)	1103	1013	1356	1570	1621	1592	1842

注：1.调解纠纷数不含口头达成协议。2.民事诉讼代理已包括经济诉讼代理.

Note:a)Disputes Mediated do mot exclude those mediated by oral agreements. b)The data Number of Lawyers in 2007 is the number of lawyers with license.

20–9 国内公证文书分理情况

Domestic Notarial Documents by Type

单位：件 (case)

项目 Item	2000	2003	2005	2007	2008	2009	2010
经济公证事项 Notarized Documents on Economic Affairs	**48978**	**33009**	**20586**	**18061**	**13004**	**20189**	**22764**
购销合同 Contracts of Purchases and Sales of Products	17808	10176	578	3466	2371	3006	2672
联营合同 Joint Business Contracts	53	75	28	124	49	27	32
拍买 Auctions	866	485	230	279	278	309	341
贷款合同 Loans Contracts	12595	10986	9283	5028	1797	2645	3468
担保书 Guarantees	956	1848	185	77	33	28	1329
招标投标 Bidding	2382	1321	2533	1219	1566	1861	718
科技协作 Scientific and Technological Contracts	2	2	9			2	1
供用电合同 Supply and Use of Electric Power Contracts	46	12	10	26	23	3	5
劳务合同 Labor Contracts	1016	429	258	155	112	64	30
建筑工程承包 Construction Project Contracts	170	69	108	67	23	7	20
工商服务业承包 Industrial and Commercial Service Contracts	290	42	43	38	64	16	15
农林牧副渔业承包 Farming, Forestry, Animal Husbandry, Sideline Production and Fishery Contracts	1502	312	239	115	60	65	42
乡镇企业承包 Township Enterprise Contracts	51	25	9	2	44		2
财产租赁 Property Leases	146	47	23	73	13	38	6
企业租赁 Leases of Enterprise	40	31	6	7	20	3	10
资产经营责任制 Asset Business Contracts	4	77				2	
还款协议 Payment Contracts	461	53	68	45	22	34	51
土地使用权出让转让 Selling or Transfer of Right of Land Utilization	383	446	259	336	252	341	305
其他经济合同 Other Business Contracts	2519	1056	1307	1885	1032	959	1426
法人资格 Legal Person Identification	113	138	354	183	224	155	243
法人委托书 Legal Person Trust Deeds	549	1935	1936	2082	1657	2021	1435
公司章程 Corporation Constitution	53	33	150	111	164	16	15
执行许可证明 Operating Permits	1381	63	59	22	16	8	14
提存 Consignation	45	46	116	107	79	83	118
抵押登记 Mortgage Registration	684	153	145	109	62	48	26
公司会议记录 Minutes of Corporation Meetings	32	21	5	51	28	46	15
其他 Others	4831	3128	2645	2454	3015	8402	10425
民事公证事项 Notarized Documents On Civil Legal Relations	**59366**	**58516**	**58778**	**86275**	**73870**	**94955**	**107379**
收养 Child Adoption	76	63	29	104	60	42	15

20-9 续表

Continued

单位：件 (case)

项目 Item	2000	2003	2005	2007	2008	2009	2010
解除收养 Adoption Renouncements	9	18	26	31	86	29	32
继承权 Rights of Inheritance	4319	6073	6796	10506	10231	13514	14117
遗嘱 Testaments	1871	1598	1271	1686	1773	1730	1684
产权 Property Rights	337	510	190	64	267	271	136
亲属关系 Kinship Confirmation	12622	2839	2698	2769	1965	1914	2302
死亡 Death Certificates	297	436	405	186	190	203	217
房屋买卖 Purchases and Sale of	2739	4772	2182	1764	1454	1145	1289
房屋租赁 Houses Leases	325	83	171	32	17	7	11
留学协议 Foreign Study Contracts	30	58	39	150	86	66	49
遗赠扶养协议 Donations and Family Fostering	72	106	457	528	112	68	81
委托书 Trust Deeds	5484	8080	14893	29985	21664	38953	45350
赠与书 Presentation Documents	3500	2375	2154	3735	3472	3160	4354
声明书 Declarations	7564	8490	8528	9863	9214	13089	14261
现场监警 Field Supervision	1931	1031	747	682	734	485	1420
签名印鉴属实 Confirmation of Signatures and Seals	1308	1220	1576	2627	1718	2162	3111
文本相符 Confirmation of Copies and Photo offset Copies to Originals"	426	2150	1478	2300	2585	2173	1989
宅基地使用权 Rights to Housing Site	192	42	18	123	87	44	155
证据保全 Evidence Preservation	707	1789	1959	1988	4635	3557	3609
拆迁协议 Housing Demolition	741	327	36	178	8	105	243
计划生育 Agreements Family Planning	440	685	1077	1024	224	150	200
赡养协议 Agreements on Supporting Parents	161	109	129	244	216	206	209
合伙协议 Partnership Agreements	72	31	42	47	34	18	5
夫妻财产协议 Property Agreements Between Spouses	373	540	314	314	629	358	698
其他民事协议 Other Civil Agreements	5149	5062	3516	4115	3974	2230	2687
其他 Others	8621	10029	7501	10836	8435	9276	9155

20-10 安全生产事故起数、损失额及伤亡情况

Number of Case,Damage and Death of Work Safety Accidents

项目	Item	2000	2003	2005	2007	2008	2009	2010
事故起数（起）	**Number of Accident Case(unit)**	**65161**	**42192**	**35249**	**25557**	**19970**	**17680**	**16743**
工矿企业	Mineral Enterprises	336	450	381	341	260	247	209
消防火灾	Fire	3839	8261	8135	8366	3705	3524	3649
道路交通	Road Traffic	60719	33290	26195	21922	15658	13643	12714
水上运输	Water Traffic	46	25	26	14	14	13	12
铁路交通	Railway Traffic	221	166	227	109	98	72	67
经济损失（万元）	**Amount of Loss(10000 yuan)**	**25938**	**29148**	**21644**	**19970**	**19975**	**18673**	**18023**
工矿企业	Mineral Enterprises	2330	4300	3436	3365	3317	2845	2415
消防火灾	Fire	6915	8661	6733	8732	8636	8443	8728
道路交通	Road Traffic	13686	14230	9279	5919	4877	4706	4756
水上运输	Water Traffic	2900	1840	1137	1174	2099	1025	907
铁路交通	Railway Traffic	108	117		170	196	145	138
死亡人数（人）	**Death(person)**	**4631**	**4672**	**4901**	**4202**	**3635**	**3413**	**3239**
工矿企业	Mineral Enterprises	233	430	397	361	287	275	237
消防火灾	Fire	99	95	97	68	75	55	50
道路交通	Road Traffic	4155	3993	4125	3540	3071	2916	2822
水上运输	Water Traffic	27	51	35	25	18	20	5
铁路交通	Railway Traffic	117	103	145	71	69	49	47
受伤人员数（人）	**Population of Injured(person)**	**42868**	**26322**	**28024**	**24092**	**18990**	**16398**	**15254**
工矿企业	Mineral Enterprises	170	139	52	44	23	19	9
消防火灾	Fire	175	117	86	30	10	22	18
道路交通	Road Traffic	42417	26003	27696	23852	18832	16264	15151
水上运输	Water Traffic				1			18
铁路交通	Railway Traffic	106	63	89	39	29	24	22

注：2005、2007、2008年道路交通事故不含轻微事故。

Note:Road traffic accident of 2005,2007,2008 exclude the slight accident.

主要统计指标解释

社会福利事业单位　指集中收养社会孤老、残、幼的机构，包括由民政部门管理的社会福利院、儿童福利院、精神病人福利院和城镇集体举办的福利院及农村集体举办的敬老院以及优抚医院和具有收养能力的社区服务中心等。该指标主要反映我国在社会福利性单位投入的水平。

社会福利事业单位收养人数　包括民政部门管理和城镇、农村集体举办的社会福利事业单位中收养的老人、少年儿童、缺乏生活自理能力的残疾人员和精神病人。该指标主要反映收养性社会福利单位的收养能力。

社会福利企业单位　指以安置城镇有一定劳动能力的盲、聋、哑和肢体残疾人员就业为目的，享受国家减免税待遇的国有或集体企业。包括福利工厂、福利商业和服务业、假肢厂和安置农场等单位。该指标主要反映我国对残疾人照顾的特殊政策。

农村五保户　指农村中既无劳动能力，又无经济来源的老、弱、孤、残的农民，其生活由集体供养，实行保吃、保穿、保住、保医、保葬(孤儿保教)，简称“五保”，享受五保待遇的家庭叫五保户。该指标主要反映农村弱势群体的人员数量。

律师　指依法取得律师执业证书，担任法律顾问，民事(刑事、行政)案件代理人、刑事案件辩护人、办理非诉讼业务，解答法律询问，代写法律事务文书等，为社会提供法律服务的人员。

公证人员　指在公证处工作的人员总称，包括公证处主任、副主任、公证员、公证员助理(助理公证员)和其他从事辅助性工作的人员。

公证文书　指公证处根据当事人申请，依照事实和法律，按照法定程序制作的，具有法律效力的司法证明文书。根据公证书用途和使用地，公证书分为国内公证书、国内经济公证书、涉外民事公证书、涉外经济公证书四类。

Explanatory Notes on Main Statistical Indicators

Social Welfare Institutions refer to institutions taking care of old pople without children, handicapped people and orphans. They include social welfare institutions run by civil affairs departments, children welfare institutions, social welfare institutions for mental patients, collective-owned old peoples homes in rural areas, convalescent homes and community service centers with the capaCity of receiving those people. This indicator reflects the input in social welfare institutions.

Number of People Taken in by Social Welfare Institutions refers to the number of old people, children, totally dependent handicapped people and mental patients taken in by social welfare institutions run by civil affairs departments and those run by collective units in urban and rural areas. This indicator reflects the cap a City of social welfare institutions.

Social Welfare Enterprises are collective owned enterprises which employ the blind, deaf-mute, and other handicapped people who are able to work in cities and towns and enjoy exemption from state taxes, including welfare plants, welfare commercial services, artificial limb plants and farms, etc. This indicator reflects the preferential policies toward disabled persons.

Rural Households with Livelihood Guaranteed in Five Aspects refer to the households in which there are old people without child, orphans and handicapped people who are unable to work and without financial resources in rural areas. They are taken care of by the collective units and their food, clothing, housing, medical care, funeral expenses (or schooling for orphans) are guaranteed to be provided for. This indicator reflects the total number of disadvantageous groups of rural population.

Lawyers are certified legal workers according to law, and who are employed by legal counseling firms to act as legal advisers, agents in criminal or civil lawsuits, or defenders in criminal lawsuits, or to handle non-litigious legal affairs, to advise on matters of law or t o write legal papers for others, and provide service to the public.

Notary Personnel refers to people working for notary offices including: directors, deputy direct or, notaries, assistant notaries, and other people providing assistance.

Notary Documents refer to the judicatory notary documents drawn up by the request of the party and are in accordance with facts and laws and following certain legal proceedings. According to usage and locality, the notary documents are divided into following 4 types: domestic notary documents, domestic economic notary documents, foreign-related civil notary documents and foreign-related economic notary documents.

第二十一篇　企业调查

Chapter 21　Enterprise Survey

资料整理：方向明 陈海丹 黄长贵 吴锦洛 唐国华
Datebase Editor:Huangchanggui Chenhaidan Wujinluo Tangguohua

简要说明

本篇资料的主要内容及来源

本篇资料主要包括企业景气指数、企业家信心指数；工业、建筑业和贸易企业的主要企业名录。

企业景气指数资料由国家统计局福建调查总队统计监测处提供；销售额前 300 家工业企业由省统计局工业交通处整理提供，建筑业总产值前 300 家建筑企业由省统计局国民经济投资统计处提供，主营业务收入前 300 家贸易企业由省统计局贸易外经统计处提供。

Brief Introduction

Main Content and Source of Data

The data in this chapter mainly include main indicator of enterprises group, main indicator in finance of enterprises group, entrepreneur confidence index and enterprises business climate index.

Data on the business group and enterprises business climate index are provide by the Department of Monitoring Statistics, NBS survey office in Fujian.

21-1 企业景气指数（2010年）

Business Climate Index of Enterprises(2010)

项目 Item	第一季度 1st Quarter	第二季度 2nd Quarter	第三季度 3rd Quarter	第四季度 4th Quarter
总体状况 Total	**130.4**	**135.9**	**138.8**	**140.6**
按行业分 Grouped by Sector				
工业 Industry	123.0	137.3	135.3	138.5
采矿业 Mining and Quarrying	93.5	150.6	164.9	178.0
制造业 Manufacturing	124.2	137.6	134.5	138.8
电力、燃气及水的生产和供应业 Production and Supply of Electricity Gas and Water	113.2	132.1	141.5	132.1
建筑业 Mining and Quarrying	123.8	126.5	134.0	136.0
交通运输、仓储和邮政业 Transportation, Storage,Post and Telecommunications	120.9	113.4	114.3	118.7
批发和零售业 Wholesale and Retail Trade	155.3	146.3	159.6	162.9
房地产业 Real Estate	137.8	128.9	140.9	133.5
社会服务业 Social Services	142.4	150.4	162.0	146.4
信息传输、计算机服务和软件业 Information Transmission,Computer Services and Software Industries	171.5	168.4	168.1	179.7
住宿和餐饮业 Accommodation and Catering Services	140.4	122.8	135.1	137.4
按企业登记注册类型分 Grouped by Status of Registration				
国有企业 State-owned Enterprises	128.7	133.3	139.3	139.8
集体企业 Collective-owned Enterprises	93.3	100.3	96.6	103.3
股份合作企业 Cooperative Enterprises	92.3	100.0	84.6	92.3
有限责任公司 Limited-Liability Corporations	124.5	131.8	135.1	140.3
股份有限公司 Share Holding Corporations Ltd.	153.7	142.9	152.2	159.6
私营企业 Private Enterprises	128.3	135.7	134.2	143.4

21-1 续表

Continued

项目 Item	第一季度 1st Quarter	第二季度 2nd Quarter	第三季度 3rd Quarter	第四季度 4th Quarter
港澳台商投资企业 Enterprises with Funds from Hongkong,Macao and Taiwan	128.1	136.6	142.7	132.5
外商投资企业 Foreign Funded Enterprises	134.8	146.7	141.3	145.4
按企业规模分 **Grouped by Size of Enterprises**				
大型 Large	164.4	162.3	163.2	178.2
中小型企业 Small and medium enterprises	122.6	130.0	132.9	132.8
中型企业 Medium enterprises	135.1	143.5	147.8	145.6
小型企业 Small enterprises	111.2	117.8	119.3	121.2
按特殊群体分 **Grouped by Special Group**				
上市公司 Listed Companies	168.2	158.5	165.7	171.3
国有控股企业 State-owned and State-holding Enterprises	139.0	137.0	144.4	147.1
主要观察指标景气状况 **Climate classification**				
生产总量 Total Production	96.0	130.7	125.7	125.5
盈利(亏损)变化 Change of Profits or Losses	103.5	119.5	116.1	119.1
流动资金 Circulating Funds	114.5	115.1	115.2	117.8
货款拖欠 Delinquent Loads	104.5	96.5	100.6	102.9
劳动力需求 Demand for Labor Force	118.6	124.9	122.5	123.5
固定资产投资 Investment of Fixed Asset	104.4	109.9	115.2	112.5
产品订货 Product Order	105.9	120.9	122.6	120.1
企业融资 Accommodation	102.4	102.8	104.8	102.3

21-2 企业家信心指数（2010年）

Confidence Expectation Index of Enterpreneurs(2010)

项目 Item	第一季度 1st Quarter	第二季度 2nd Quarter	第三季度 3rd Quarter	第四季度 4th Quarter
总体状况 Total	**132.9**	**132.1**	**134.9**	**137.8**
按行业分 Grouped by Sector				
工业 Industry	130.8	135.5	135.6	138.4
采矿业 Mining and Quarrying	136.3	163.7	135.1	192.3
制造业 Manufacturing	131.0	135.2	135.6	138.8
电力、燃气及水的生产和供应业 Production and Supply of Electricity Gas and Water	128.3	137.7	137.7	128.3
建筑业 Construction	125.0	126.2	127.9	128.0
交通运输、仓储和邮政业 Transportation,Storage,Post and Telecommunications	109.3	112.9	118.3	113.6
批发和零售业 Wholesale and Retail Trade	146.2	133.4	139.4	154.8
房地产业 Real Estate	137.3	113.8	127.2	122.8
社会服务业 Social Services	146.0	142.4	148.4	148.4
信息传输、计算机服务和软件业 Information Transmission, Computer Software and Services	179.0	163.4	163.8	176.9
住宿和餐饮业 Accommdation and Catering Services	133.7	133.3	143.9	142.1
按企业登记注册类型分 Grouped by Status of Registration				
国有企业 State-owned Enterprises	130.2	127.4	130.2	138.9

21-2 续表

Continued

项目 Item	第一季度 1st Quarter	第二季度 2nd Quarter	第三季度 3rd Quarter	第四季度 4th Quarter
集体企业 Collective-owned Enterprises	80.3	83.7	90.0	93.7
股份合作企业 Cooperative Enterprises	92.3	100.0	100.0	123.1
有限责任公司 Limited-Liability Corporations	127.6	129.0	137.0	138.8
股份有限公司 Share Holding Corporations Ltd.	148.3	144.1	143.1	152.6
私营企业 Private Enterprises	132.9	134.5	134.5	131.1
港澳台商投资企业 Enterprises with Funds from HongKong,Macao and Taiwan	129.3	130.4	131.2	126.9
外商投资企业 Foreign Funded Enterprises	143.8	143.6	143.6	147.4
按企业规模分 Grouped by Size of Enterprises				
大型 Large	157.1	147.6	150.7	161.3
中小型企业 Small and medium enterprises	127.4	129.0	131.7	133.4
中型企业 Medium enterprises	141.4	143.9	146.8	146.4
小型企业 Small enterprises	114.6	115.4	118.0	121.5
按特殊群体分 Grouped by Special Group				
上市公司 Listed Companies	170.7	159.5	148.8	165.4
国有控股企业 State-owned and State-holding Enterprises	137.2	131.9	135.0	143.8

21-3 主营业务收入前300家工业企业(2010年)

Industrial Enterprises before the three hunderdth

位次 No.	企业名称 Name	位次 No.	企业名称 Name
1	福建联合石油化工有限公司	51	祥兴(福建)箱包集团有限公司
2	福建省电力有限公司	52	长乐力恒锦纶科技有限公司
3	福建捷联电子有限公司	53	厦门正新海燕轮胎有限公司
4	友达光电（厦门）有限公司	54	福建吴航不锈钢制品有限公司
5	戴尔（中国）有限公司	55	达运精密工业（厦门）有限公司
6	福建省三钢(集团)有限责任公司	56	漳州灿坤实业有限公司
7	宸鸿科技（厦门）有限公司	57	福建省长乐市供电有限公司
8	翔鹭石化股份有限公司	58	厦门ABB开关有限公司
9	厦门厦工机械股份有限公司	59	福建星网锐捷股份有限公司
10	龙岩烟草工业有限责任公司	60	华能国际电力股份有限公司福州电厂
11	泉州市三兴体育用品有限公司	61	石狮市佳龙石化纺纤有限公司
12	戴尔（厦门）有限公司	62	乔丹体育股份有限公司
13	东南（福建）汽车工业有限公司	63	福建省南平铝业有限公司
14	正兴车轮集团有限公司	64	漳州金龙客车有限公司
15	福建华冠光电有限公司	65	连江清禄鞋业有限公司
16	厦门烟草工业有限责任公司	66	福耀玻璃工业集团股份有限公司
17	福建华映显示科技有限公司	67	福建省马尾造船股份有限公司
18	华阳电业有限公司	68	中国国际钢铁制品有限公司
19	福建紫金矿业股份有限公司	69	明达实业(厦门)有限公司
20	福建省安溪新田矿产开发有限公司	70	安踏（中国）有限公司
21	厦门正新橡胶工业有限公司	71	福建三宝特钢有限公司
22	厦门金龙联合汽车工业有限公司	72	福建省长乐市金源纺织有限公司
23	冠捷显示科技（厦门）有限公司	73	福建省南安市电力有限责任公司
24	厦门银鹭食品有限公司	74	林德(中国)叉车有限公司
25	福建省晋江市电力有限责任公司	75	贵人鸟(中国)有限公司
26	宝钢德盛不锈钢有限公司	76	福建元成豆业有限公司
27	中海福建天然气责任有限公司	77	金莱克（中国）体育用品有限公司
28	联想移动通信科技有限公司	78	厦门厦顺铝箔有限公司
29	福建荣新矿业有限公司	79	福州大通机电有限公司
30	福建省安溪集荣矿业有限公司	80	路达（厦门）工业有限公司
31	福州福大自动化科技有限公司	81	英博雪津啤酒有限公司
32	福建百宏聚纤科技实业有限公司	82	福建省闽发铝业股份有限公司
33	福建省金纶高纤股份有限公司	83	腾龙特种树脂(厦门)有限公司
34	福建三安钢铁有限公司	84	厦门船舶重工股份有限公司
35	福建亿鑫钢铁有限公司	85	福建省东南造船厂
36	厦门华侨电子股份有限公司	86	厦门钨业股份有限公司
37	龙工(福建)机械有限公司	87	厦门TDK有限公司
38	南靖万利达科技有限公司	88	厦门太古飞机工程有限公司
39	泉州福海粮油工业有限公司	89	中铝瑞闽铝板带有限公司
40	福建鑫海冶金有限公司	90	喜得龙（中国）有限公司
41	华映光电股份有限公司	91	福建省圣农实业有限公司
42	厦门金龙旅行车有限公司	92	福建锦江科技有限公司
43	乐捷显示科技（厦门）有限公司	93	福建南平太阳电缆股份有限公司
44	厦门松下电子信息有限公司	94	厦门华夏国际电力发展有限公司
45	福建凯西不锈钢有限公司	95	福建省南纸股份有限公司
46	三六一度(中国)有限公司	96	中宇建材集团有限公司
47	福建佳通轮胎有限公司	97	厦门多威电子有限公司
48	福建大唐国际宁德发电有限公司	98	国电福州发电有限公司
49	福建华电可门发电有限公司	99	福建方兴化工有限公司
50	福建戴姆勒汽车工业有限公司	100	厦门翔鹭化纤股份有限公司

21-3 续表1

Continued

位次 No.	企业名称 Name	位次 No.	企业名称 Name
101	厦门众达钢铁有限公司	151	漳州百佳实业有限公司
102	福州奋安铝业有限公司	152	福州利亚船舶工程有限公司
103	福建龙净环保股份有限公司	153	福建印福油脂工业有限公司
104	福建三钢小蕉实业发展有限公司罗源分公司	154	飞毛腿电池有限公司
105	福建源盛纺织服装城有限公司	155	福建统一马口铁有限公司
106	福建康宏股份有限公司	156	飞毛腿（福建）电子有限公司
107	福建永强力加动力设备有限公司	157	大亚木业（福建）有限公司
108	龙岩畅丰车桥制造有限公司	158	福建金牛水泥有限公司
109	福建省长乐市长源纺织有限公司	159	福建省东山县海魁水产集团有限公司
110	福建南平南孚电池有限公司	160	福建凯景钢铁开发有限公司
111	厦门ABB低压电器设备有限公司	161	福建太平洋电力有限公司
112	福建省石狮市电力联营公司	162	厦门金鹭特种合金有限公司
113	鸿一粮油资源股份有限公司	163	蜡笔小新(福建)食品工业有限公司
114	闽清金盛钢业有限公司	164	泉州匹克鞋业有限公司
115	厦门宏发电声股份有限公司	165	福建省长乐市宏顺型材有限公司
116	石狮市富贵鸟集团公司	166	冠科（福建）电子科技有限公司
117	龙岩卓龙钢铁有限公司	167	福建龙和食品实业有限公司
118	九牧集团有限公司	168	福建省罗源县供电有限公司
119	厦门中盛粮油集团有限公司	169	日立数字映像（中国）有限公司
120	福建省长乐市华源纺织有限公司	170	龙岩市新罗区蓝田水泥厂
121	福建水口发电有限公司	171	虎都（中国）服饰有限公司
122	福建通达集团有限公司	172	福州福泰钢铁有限公司
123	利郎(中国)有限公司	173	漳州蒙发利实业有限公司
124	福建省福清供电有限公司	174	福建铂阳精工设备有限公司
125	中海福建燃气发电有限公司	175	长乐市聚泉食品有限公司
126	莆田新飞天鞋业有限公司	176	泉州天宇化纤织造实业有限公司
127	福建省长乐市金磊纺织有限公司	177	欣贺(厦门)服饰有限公司
128	福建三金钢铁有限公司	178	漳州中集集装箱有限公司
129	福建上杭太阳铜业有限公司	179	石狮市大帝集团有限公司
130	福建晋江天然气发电有限公司	180	柯达(厦门)数码影像有限公司
131	漳州开发区一德粮油有限公司	181	福建恒安集团有限公司
132	福建鸿星尔克体育用品有限公司	182	景智电子（厦门）有限公司
133	厦门建松电器有限公司	183	世纪宝姿服装（厦门）有限公司
134	福建亚通新材料科技股份有限公司	184	长乐力源锦纶实业有限公司
135	恒安（中国）卫生用品有限公司	185	福建田源生物蛋白科技有限公司
136	福建省大众金属有限公司	186	辅讯光电（厦门）有限公司
137	漳州新福达底盘有限公司	187	清美（中国）有限公司
138	厦门通士达照明有限公司	188	福建和诚鞋业有限公司
139	厦门正新实业有限公司	189	福建省长乐市正隆纺织有限公司
140	福建省晋江福源食品有限公司	190	福建龙麟集团有限公司
141	福建柒牌集团有限公司	191	漳州旗滨玻璃有限公司
142	斯舒郎体育用品有限公司	192	福建新世纪电子材料有限公司
143	福建省青山纸业股份有限公司	193	捷太格特转向系统（厦门）有限公司
144	厦门蒙发利科技(集团)股份有限公司	194	石狮市卡宾服饰发展有限公司
145	福建达利食品集团有限公司	195	福建省洪泰铜业有限公司
146	安踏(泉州)体育用品有限公司	196	福建德胜能源有限公司
147	龙岩盛丰机械制造有限公司	197	泉州红瑞兴纺织有限公司
148	九牧王（中国）有限公司	198	福建煤电股份有限公司
149	锐珂(厦门)医疗器材有限公司	199	恒安（中国）纸业有限公司
150	福建三宝钢铁有限公司	200	福建省莆田荔兴轻工实业有限责任公司

21-3 续表2

Continued

位次 No.	企业名称 Name	位次 No.	企业名称 Name
201	厦门太古可口可乐饮料有限公司	251	福建宏远集团有限公司
202	双翔（福建）电子有限公司	252	福建泉州匹克体育用品有限公司
203	福建省闽光新型材料有限公司	253	福建恒利集团有限公司
204	福建福马食品集团有限公司	254	莆田恒昱鞋业有限公司
205	劲霸男装股份有限公司	255	福建省长乐市金鑫纺织有限公司
206	福建省长乐市金沙港针纺实业有限公司	256	福建省冠海造船工业有限公司
207	福建经纬集团有限公司	257	福建省安溪供电有限公司
208	诚丰家具(中国)有限公司	258	福建凯邦锦纶科技有限公司
209	泉州鸿荣轻工有限公司	259	福建鑫华股份有限公司
210	莆田市东南香米业发展有限公司	260	明达玻璃（厦门）有限公司
211	福州翔隆纺织有限公司	261	厦门玉柴发动机有限公司
212	东亚电力（厦门）有限公司	262	福建三钢（集团）三明化工有限责任公司
213	福建宇星实业有限公司	263	锦兴（福建）化纤纺织实业有限公司
214	福建振云塑业股份有限公司	264	福建冠盖金属包装有限公司
215	福建新华旭专用车制造有限公司	265	石狮市华宝集团有限公司
216	南方铝业(中国)有限公司	266	厦门立达信光电有限公司
217	厦门中禾实业有限公司	267	福建希源纸业有限公司
218	福建时代包装材料有限公司	268	福建省惠安县供电有限责任公司
219	龙岩卓鹰制铁有限公司	269	明达工业(福建)有限公司
220	福建湄洲湾氯碱工业有限公司	270	晋江市锦福化纤聚合有限公司
221	福建省长乐市创造者锦纶实业有限公司	271	厦门法拉电子股份有限公司
222	石狮市益兴针织服装有限公司	272	龙工(福建)桥箱有限公司
223	福建邵化化工有限公司	273	贝莱胜电子(厦门)有限公司
224	国电泉州热电有限公司	274	捷星显示科技（福建）有限公司
225	巨茂光电（厦门）有限公司	275	福州淘帝服饰有限公司
226	福建德尔惠体育用品有限公司	276	福建鼎盛五金制品有限公司
227	福建上润精密仪器有限公司	277	福建中日达金属有限公司
228	福州吴航钢铁制品有限公司	278	乔丹（厦门）实业有限公司
229	福建省万达汽车玻璃工业有限公司	279	福建省晋江优兰发纸业有限公司
230	漳州联盛纸业有限公司	280	福州正源铝业有限公司
231	福州力鼎动力有限公司	281	莆田德信电子有限公司
232	福建福贞金属包装有限公司	282	石狮市爱登堡制衣发展有限公司
233	莆田市涵江区章圣鞋业有限公司	283	申鹭达集团有限公司
234	三六一度(福建)体育用品有限公司	284	福建省永安林业(集团)股份有限公司
235	福建宝德集团有限公司	285	福建新大陆电脑股份有限公司
236	安溪县恒珀利锰铁矿有限公司	286	福州通尔达电线电缆有限公司
237	兴业皮革科技股份有限公司	287	达派(中国)箱包有限公司
238	福建南纺股份有限公司	288	泉州闽华电器有限公司
239	福建省新威电子实业有限公司	289	福建省闽华电源股份有限公司
240	宝宸(厦门)光学科技有限公司	290	柯达（中国）股份有限公司
241	福建省长乐市华亚纺织有限公司	291	福建省莆田市德基电子有限公司
242	福建三和集团番茄制品有限公司	292	福建加多宝饮料有限公司
243	福建省龙海市供电有限公司	293	晋江腾达陶瓷有限公司
244	福建新龙马汽车股份有限公司永安汽车厂	294	晋江市恒达陶瓷有限公司
245	福建鸿星沃登卡集团有限公司	295	福建欧美龙体育用品有限公司
246	福建海壹食品饮料有限公司	296	漳州市海新饲料有限公司
247	漳平红狮水泥有限公司	297	福建省长乐市金鹤毛绒有限公司
248	泉州市燃气有限公司	298	才子服饰股份有限公司
249	福建省华威化纤染织有限公司	299	莆田市集友艺术框业有限公司
250	泉州嘉禾食品有限公司	300	福建顶津食品有限公司

21-4 建筑业总产值前300家企业(2010年)

Construction Enterprises before the three hunderdth

位次 No.	企业名称 Name	位次 No.	企业名称 Name
1	中建七局第三建筑有限公司	51	福建省华航建设工程有限公司
2	福建省闽南建筑工程有限公司	52	福建巨岸建设工程有限公司
3	福建建工集团总公司	53	福建博业建设工程有限公司
4	福建六建建设集团有限公司	54	福建省融旗建设工程有限公司
5	中交一公局厦门工程有限公司	55	福建省土木建设实业有限公司
6	福建省泷澄建设集团有限公司	56	福建省兴创建筑工程有限公司
7	中铁十七局集团第六工程有限公司	57	福建省闽西交通工程有限公司
8	福建省九龙建设集团有限公司	58	闽能集团有限公司
9	中铁二十四局集团福建铁路建设有限公司	59	福建省中木建设集团有限公司
10	福建省八方建筑工程有限公司	60	福建卓越建设工程开发有限公司
11	福建省惠五建设工程有限公司	61	莆田市建工投资集团有限公司
12	福建省中马建设工程有限公司	62	福州建工(集团)总公司
13	福建二建建设集团公司	63	宏峰集团(福建)有限公司
14	福建省第五建筑工程公司	64	福建省水利水电工程局有限公司
15	福建发展建设有限公司	65	福建省南安市第一建设有限公司
16	福建省永泰建筑工程公司	66	厦门市建安集团有限公司
17	恒晟集团有限公司	67	福建省同源建设工程有限公司
18	福建省隆盛建设工程有限公司	68	福州市一建建设股份有限公司
19	葛洲坝集团第六工程有限公司	69	福建省杭辉建设工程有限公司
20	福建鑫泰建筑集团有限公司	70	华盛置业集团建设工程有限公司
21	中国水利水电第十六工程局有限公司	71	福州铁建建筑有限公司
22	福建成森建设集团有限公司	72	福建省长乐市新纪建筑工程有限责任公司
23	中铁二十二局集团第三工程有限公司	73	福建省中大工程建设有限公司
24	福建省惠东建筑工程有限公司	74	福州亿力电力工程有限公司
25	福建省榕源建设工程有限公司	75	福建八建建筑工程有限公司
26	福建路桥建设有限公司	76	福建省吴航建筑工程有限公司
27	福建省海坛隧道工程有限公司	77	福州第七建筑工程有限公司
28	福建省隧道工程有限公司	78	福建省高德工程建设有限公司
29	福建七建集团有限公司	79	福建省第二电力建设公司
30	福建省第一建筑工程公司	80	厦门市路桥机械有限公司
31	福建省安泰建筑工程有限公司	81	福建章诚隆建设工程有限公司
32	福建地矿建设集团公司	82	福建省惠三建设发展有限公司
33	大成工程股份有限公司	83	福建省来宝建设工程有限公司
34	福建省海天建设工程有限公司	84	福建省长汀县第一建筑工程有限公司
35	厦门中联建设工程有限公司	85	福建省八闽建设工程有限公司
36	福州市第三建筑工程公司	86	厦门特房建设工程集团有限公司
37	福建璟榕工程建设发展有限公司	87	福建省高华建设工程有限公司
38	福建宏盛建设集团有限公司	88	福建省泉州市东海建筑有限公司
39	福建省第一公路工程公司	89	福建省邮电工程有限公司
40	福建兴艺建设集团有限公司	90	福建省晓沃建设工程有限公司
41	福建九鼎建设工程有限公司	91	福建亨立建设集团有限公司
42	福建三建工程有限公司	92	福建省惠建发建设工程有限公司
43	福建省恒基建设股份有限公司	93	福建恒亿建设集团有限公司
44	福建省工业设备安装有限公司	94	中标建设集团有限公司
45	福建省莆田市东风建筑工程有限公司	95	福建省九建建筑工程有限公司
46	福建省永富建设集团有限公司	96	永同昌建设集团有限公司
47	福建省环宇建筑工程有限公司	97	福建省高速公路养护工程有限公司
48	厦门源昌城建集团有限公司	98	中建（福建）建设有限公司
49	福建登凯成龙建设集团有限公司	99	福建省透堡建筑工程有限公司
50	厦门思总建设有限公司	100	福建省闽清第一建筑工程公司

21-4 续表1

Continued

位次 No.	企业名称 Name	位次 No.	企业名称 Name
101	福建宏晖市政工程有限公司	151	厦门市环海华建设集团有限公司
102	福建省中嘉建设有限公司	152	福建省第一电力建设公司
103	福建联美建设集团有限公司	153	泉州市丰泽建筑工程有限公司
104	厦门市吉兴集团建设有限公司	154	福建士联建设有限公司
105	福建海峡金岸建设工程有限公司	155	泉州市亿民建设发展有限公司
106	福建省正泰建设工程有限公司	156	福建建隆建筑工程公司
107	福建省昌源建筑工程有限公司	157	福建省浦口建筑工程有限公司
108	福建天翔建设工程有限公司	158	福建兴万祥建设集团有限公司
109	福建第二公路工程有限公司	159	福建省汀江水电工程有限公司
110	福建恒超建筑工程有限公司	160	厦门地山建设发展集团有限公司
111	福建十建建设有限公司	161	福建省龙芝建筑工程有限公司
112	福建路港集团有限公司	162	福州亨源建设工程有限公司
113	福建联泰建设工程有限公司	163	福建省福圣建设有限公司
114	厦门安能建设有限公司	164	福建成信绿集成有限公司
115	厦门中宸集团有限公司	165	厦门准信机电工程有限公司
116	福建省利恒建设工程有限公司	166	福建省兴盛建设工程有限公司
117	福建省桃城建设工程有限公司	167	福建省东霖建设工程有限公司
118	福建联发建设工程有限公司	168	福建红建工程有限公司
119	福建煤炭工业基本建设有限公司	169	福建省亿方建筑工程有限公司
120	福建四海建设有限公司	170	泉州市祥恒建筑工程有限公司
121	福建广平市政工程有限公司	171	福建中择建设有限公司
122	福建省锦秋建筑工程有限公司	172	厦门市广厦工程建设有限公司
123	福建省榕圣市政工程股份有限公司	173	福清市一建建筑工程有限公司
124	神州建设集团有限公司	174	福建省国泰建设有限公司
125	三明市第一建筑工程公司	175	厦门纵横集团建设开发有限公司
126	福建省鑫景建筑工程有限公司	176	福建省金泉建设集团有限公司
127	福建中森建设有限公司	177	厦门市聚雄市政工程有限公司
128	福建闽盛建设工程有限公司	178	福州市第二建筑工程公司
129	福建麒麟建设工程有限公司	179	福建省顺安建筑工程有限公司
130	厦门市中林建设工程有限公司	180	福建省东昇建设工程有限公司
131	福建省莆田市联发建筑工程有限公司	181	福建省隆恩建设集团有限公司
132	福建省亿鑫建设有限公司	182	厦门开联装饰工程有限公司
133	福建省永泰县第三建筑工程公司	183	龙岩市西安建筑工程有限公司
134	福建省交建集团工程有限公司	184	三明市绿源工程建设有限公司
135	龙岩市永顺路桥工程有限公司	185	龙岩市全发建筑工程有限公司
136	福建融大建设工程有限公司	186	福建省邵武三建工程有限公司
137	福建众诚建设工程有限公司	187	福建大舟建筑工程有限公司
138	福建省永太建设发展有限公司	188	福建径坊建造工程有限公司
139	福建华通路桥建设有限公司	189	福清市三建建筑工程有限公司
140	福建城建建设有限公司	190	福建省中禹水利水电工程有限公司
141	福建省惠安房屋建造实业公司	191	福建天虹建设工程有限公司
142	福建祥瑞建设发展有限公司	192	福建省惠一建设工程有限公司
143	福建名筑实业集团有限公司	193	福建省鑫宇工程建设有限公司
144	厦门市政工程公司	194	福建省泉州市第一建筑工程公司
145	福建新纪建设集团有限公司	195	福建省天闽建筑装饰有限公司
146	福建联谊建筑工程有限公司	196	厦门市同安区第一建筑工程公司
147	福建弘祥建设工程有限公司	197	福建省安立信实业集团有限公司
148	厦门辉煌装修工程有限公司	198	福建南阳建筑工程有限公司
149	福建市政建设有限公司	199	福建金宇工程有限公司
150	福建福阳建筑工程有限公司	200	福州市建筑安装工程公司

21-4 续表2

Continued

位次 No.	企业名称 Name	位次 No.	企业名称 Name
201	福建新华夏建工有限公司	251	泉州市北峰建筑工程有限公司
202	福建省琯头建筑工程有限公司	252	福建省华丰建设工程有限公司
203	福建省永旺建设工程有限公司	253	福州居屋建筑工程有限公司
204	福建省东泉建筑工程有限公司	254	福建省长鸿建筑工程有限公司
205	福建省龙洲建筑工程有限公司	255	福建省恒通路桥工程有限公司
206	福建华星建设工程有限公司	256	福建省汤头建筑工程有限公司
207	三明市水利水电工程有限公司	257	福州市第五建筑工程公司
208	厦门市嘉颐建筑工程股份有限公司	258	福建省世新工程营造有限公司
209	福建方大电力工程有限公司	259	福建新大陆电脑股份有限公司
210	福建省惠南建筑工程有限公司	260	龙岩市荣顺工程有限公司
211	中泛建设集团有限公司	261	福建向荣建设集团有限公司
212	厦门万安智能股份有限公司	262	福建省涵城建设工程有限公司
213	福建省温泉建设工程有限公司	263	福建华荣建筑工程有限责任公司
214	福建华建工程建设有限公司	264	福建建盛建设工程有限公司
215	福建惠丰建筑工程有限公司	265	福建省中城建设工程有限公司
216	福建省惠裕建设工程有限公司	266	福建省隆晟建设发展有限公司
217	福建纵横建筑工程有限公司	267	石狮市电力工程有限责任公司
218	福建名城建工有限公司	268	福建省金正建筑工程有限公司
219	福建省永辉霞建设工程有限公司	269	厦门吉昌建筑工程有限公司
220	福建省鸿官通信工程有限公司	270	福建蓝桥建筑工程有限公司
221	福建省华夏建设发展有限公司	271	福州闽发建筑工程有限公司
222	厦门市安港港口疏浚工程有限公司	272	福建莆田昌泰工程有限公司
223	福建福华建设工程有限公司	273	福州冠林智能系统集成有限公司
224	福建九九建设有限公司	274	福建省国盛建设发展有限公司
225	福建元宏建筑工程有限公司	275	福建省中晟建设投资有限公司
226	永安市宏盛工程有限公司	276	福建省龙祥建设工程有限公司
227	福建省上杭县亿鑫钢业有限公司	277	福建歌楠雅建设工程有限公司
228	福州三桥建筑工程有限公司	278	福建邮科通信技术有限公司
229	福建省闽清县第三建筑工程公司	279	漳州市先行交通建设有限公司
230	福建省东日工程有限公司	280	福建益新建筑工程有限公司
231	福建根茂建筑有限公司	281	永安市海宇建设有限责任公司
232	莆田市建宏建筑工程有限公司	282	福建省东方富隆建设工程有限公司
233	厦门电力工程集团有限公司	283	福建省兴雅达装饰装修工程有限公司
234	福建省上杭鸿阳矿山工程有限公司	284	福建金鼎建筑发展有限公司
235	福建省南铝铝材工程有限公司	285	泉州市丰业建设工程有限公司
236	福建省燕城建设工程有限公司	286	厦门金腾装饰集团有限公司
237	福建省泉发建设工程有限公司	287	福建省永发建筑工程有限公司
238	福建省同人建设工程有限公司	288	泉州亿兴电力工程建设有限公司
239	福建省城乡建设工程有限公司	289	厦门鲁班源屋营造有限公司
240	福建省金恒昌建筑工程有限公司	290	福建省鸿达电子技术开发有限公司
241	莆田市飞阳建筑工程有限公司	291	福建恒锋电子有限公司
242	福建省信通工程建设有限公司	292	福建永东南建设工程公司
243	宁德市建设工程总公司	293	厦门市港龙装修工程有限公司
244	福建青隆建筑工程有限公司	294	福建省闽鑫建设工程有限公司
245	福建省龙津建筑工程有限公司	295	福建省五建装修装饰工程公司
246	厦门市捷安工程建设有限公司	296	福鼎市第三建筑工程有限公司
247	福建省富茂建筑工程有限公司	297	福建霞浦金城建设有限公司
248	福建省莆田市电力工程有限公司	298	福州闽龙铁路工程有限公司
249	福建省鑫通建设有限公司	299	福建省金通建设集团有限公司
250	福建省成业建设工程有限公司	300	福建省浔益建筑工程有限公司

21-5 主营业务收入前300家贸易企业(2010年)

Sale Enterprises before the three hunderdth

位次 No.	企业名称 Name	位次 No.	企业名称 Name
1	厦门建发股份有限公司	51	厦门翰达进出口贸易有限公司
2	中石化森美（福建）石油有限公司	52	福州国美电器有限公司
3	厦门国贸集团股份有限公司	53	厦门华特集团有限公司
4	福建中烟工业公司	54	泉州新华都购物广场有限公司
5	厦门象屿股份有限公司	55	福建新华都购物广场股份有限公司
6	中国石油天然气股份有限公司福建销售分公司	56	厦门特步投资有限公司
7	厦门信达股份有限公司	57	福建同春药业股份有限公司
8	中国石油化工股份有限公司福建石油分公司	58	沃尔玛深国投百货有限公司福州山姆会员商店
9	福建省烟草公司泉州市公司	59	厦门市明穗粮油贸易有限公司
10	福建炼油化工有限公司	60	石狮市龙整进出口贸易有限公司
11	永辉超市股份有限公司福建福州鼓楼分公司	61	福建省泉州市侨乡建材有限公司
12	福建省烟草公司福州市公司	62	福建省闽粮购销有限公司
13	厦门安踏贸易有限公司	63	福建省电力物资有限公司
14	厦门海翼国际贸易有限公司	64	均和(厦门)商贸有限公司
15	中国航油集团福建石油有限公司	65	厦门市旺紫洲工贸有限公司
16	厦门市嘉晟对外贸易有限公司	66	中国卷烟销售公司厦门卷烟调拨站
17	福州闽台茶业有限公司	67	厦门路桥工程物资有限公司
18	福建省烟草公司漳州市公司	68	厦门佳事通贸易有限公司
19	福建凯西钢铁集团有限公司	69	厦门青岛啤酒东南营销有限公司
20	福建恒安集团厦门商贸有限公司	70	厦门育哲进出口有限公司
21	福建闽侯永辉商业有限公司	71	福建省三农碳酸钙有限责任公司
22	福建三钢国贸有限公司	72	福建省榕江进出口公司
23	福建省烟草公司三明市公司	73	厦门明鑫达贸易发展有限公司
24	福建省烟草公司厦门市公司	74	中国轻鑫工程厦门有限公司
25	福建省烟草公司南平市公司	75	福建七匹狼实业股份有限公司
26	住重中骏（厦门）建机有限公司	76	厦门中谷粮油贸易有限公司
27	厦门海翼厦工金属材料有限公司	77	厦门兴海龙石油有限公司
28	福建省烟草公司龙岩市公司	78	厦门中宝汽车有限公司
29	厦门市中信隆进出口有限公司	79	福建闽钢实业发展有限公司
30	国投京闽（福建）工贸有限公司	80	厦门森那美信昌机器工程有限公司
31	福建省福农农资集团有限公司	81	厦门宇信兴业进出口贸易有限公司
32	厦门海沧经济贸易发展总公司	82	福建和盛集团有限公司
33	厦门嘉联恒进出口有限公司	83	福建省旅游贸易公司
34	福建省饲料工业公司	84	福建省漳州市对外贸易公司
35	永恩投资（集团）有限公司	85	福建省福能电力燃料有限公司
36	龙岩鸿裕贸易有限公司	86	福建格力电器销售有限公司
37	福建省烟草公司莆田市公司	87	泉州五矿（集团）公司
38	福建新华发行（集团）有限公司	88	华信石油有限公司
39	厦门七匹狼服装营销有限公司	89	福州建发实业有限公司
40	福建荣源钢铁贸易有限公司	90	厦门市信达安贸易有限公司
41	福建省烟草公司宁德市公司	91	福州中宝汽车销售服务有限公司
42	中国航空技术厦门有限公司	92	福州麦多万嘉超市有限公司
43	福州喜盈门实业有限公司	93	鸿星尔克（厦门）投资管理有限公司
44	福州华闽进出口有限公司	94	厦门协力五金矿产进出口有限公司
45	鑫东森集团有限公司	95	国药控股福建有限公司
46	厦门夏商农产品集团有限公司	96	厦门大亮贸易有限公司
47	厦门航空开发股份有限公司	97	厦门市诚丰瑞贸易有限公司
48	厦门合鑫铜金属材料有限公司	98	福建省泉州万国发展有限公司
49	晋江市进出口有限公司	99	福建新华都综合百货有限公司
50	福建图图儿童用品有限责任公司	100	福建九州通医药有限公司

21-5 续表1

Continued

位次 No.	企业名称 Name	位次 No.	企业名称 Name
101	厦门空港航星汽车维修服务有限公司	151	福建浩伦东方资源物产有限公司
102	福州之星汽车贸易有限公司	152	福州开发区鸿宇实业有限公司
103	厦门骏泰通用机械有限公司	153	厦门市成易进出口有限公司
104	泉州福宝汽车销售服务有限公司	154	厦门三峡国际贸易有限公司
105	阳光城集团股份有限公司	155	厦门福厦苏宁电器有限公司
106	福建省新世纪经贸发展有限公司	156	福州华物实业(集团)有限公司
107	厦门森宝集团有限公司	157	沃尔玛深国投百货有限公司厦门世贸分店
108	厦门拓兴成集团有限责任公司	158	福建阳光集团有限公司
109	福建东百集团股份有限公司	159	厦门富山诚达百货商业广场有限公司
110	中国石化燃料油销售有限公司福建分公司	160	厦门大邦通商汽车贸易有限公司
111	福建小松工程机械有限公司	161	泉州闽中燃港丰石化有限公司
112	厦门亿力电力物资有限公司	162	福建中糖糖业发展有限公司
113	福建苏宁电器有限公司	163	中海石油福建新能源有限公司
114	厦门嘉华进出口贸易有限公司	164	泉州市烟草公司城区分公司
115	厦门永乐思文家电有限公司	165	福州中升丰田汽车销售有限公司
116	厦门市中鹭达进出口有限公司	166	厦门百城商贸有限公司
117	福建省南安市苏闽石油有限公司	167	福州恒瑞金属材料有限公司
118	厦门信和达电子有限公司	168	福建超大畜牧业有限公司
119	厦门海润进出口有限公司	169	厦门新日精工贸易有限公司
120	泉州鹏润国美电器有限公司	170	厦门好聚合进出口有限公司
121	厦门成大进出口贸易有限公司	171	泉州恒义信贸易发展有限公司
122	厦门新五菱汽车销售有限公司	172	福州中城大洋百货有限公司
123	厦门市海澳石油有限公司	173	漳州新鑫贸易有限公司
124	厦门锦厦科技有限公司	174	福建华夏汽车城发展有限公司
125	南安市中油油品经销有限公司	175	龙岩瑞荣通用金属材料有限公司
126	九牧王股份有限公司厦门分公司	176	厦门恒立兴机械有限公司
127	福州轻工进出口有限公司	177	福建省新特药业有限公司
128	三明市永达物资贸易有限公司	178	厦门鹏联工贸有限公司
129	福州永力通汽车贸易有限公司	179	三六一度（厦门）工贸有限公司
130	厦门市天虹商场有限公司	180	福州玖玖丰田汽车销售服务有限公司
131	中国铁路物资厦门钢铁有限公司	181	厦门国美电器有限公司
132	厦门市荣鑫行化工有限公司	182	明一世代（福建）贸易有限公司
133	莆田市宏发钢材交易市场有限公司	183	厦门英南进出口有限公司
134	东南融通(中国)系统工程有限公司	184	厦门银鹭集团有限公司
135	福州常春药业有限公司	185	厦门兴大进出口贸易有限公司
136	泉州化建股份有限公司	186	福建省莆田华闽进出口有限公司
137	福建省大东石油化工有限公司	187	厦门昌和贸易发展有限公司
138	福建天福茗茶销售有限公司	188	长乐国际机场航空油料有限责任公司
139	厦门华特爱思开有限公司	189	福建省莆田富力进出口有限公司
140	福建中鹭医药有限公司	190	福建省金属材料有限公司
141	福建省医药有限责任公司	191	厦门展志投资有限公司
142	福建中农农业生产资料有限公司	192	厦门国贸实业有限公司
143	鹭燕(福建)药业股份有限公司	193	福建省储备粮管理有限公司
144	福建省福辉珠宝有限公司	194	福州华百隆贸易有限公司
145	漳州宝鼎贸易有限公司	195	厦门森宝电子科技集团有限公司
146	厦门市东之星汽车销售有限公司	196	福建省农化经贸有限公司
147	厦门欣华晨进出口有限公司	197	福建津福贸易有限公司
148	福建福泰钢铁有限公司	198	厦门中舜进出口有限公司
149	厦门美的制冷产品销售有限公司	199	中骏重工（厦门）有限公司
150	福建新吉福企业有限公司	200	东山县裕华石油化工有限公司

21-5 续表2

Continued

位次 No.	企业名称 Name	位次 No.	企业名称 Name
201	福建闽海石化有限公司	251	福州中升雷克萨斯汽车销售服务有限公司
202	福建华贸进出口有限责任公司	252	厦门市金水商贸有限公司
203	厦门华润燃气有限公司	253	深圳市天音通信发展有限公司厦门分公司
204	福建建州闽光物资有限公司	254	泉州宝闽钢材有限公司
205	福建东南医药有限公司	255	凯捷利集团有限公司
206	福建华信能源进出口有限公司	256	三明市三元金属材料有限公司
207	福建美的制冷产品销售有限公司	257	厦门古龙进出口有限公司
208	厦门市盟友进出口有限公司	258	晋江市大长江钢管贸易有限公司
209	泉州市华田工贸有限公司	259	厦门永佳和塑胶有限公司
210	厦门美泽鑫源商贸有限公司	260	福建华信控股股份有限公司
211	厦门兴荣国际物流有限公司	261	福州万客隆经贸有限公司
212	厦门非金属矿进出口有限公司	262	福建闽东医药集团有限公司
213	厦门克利尔能源工程有限公司	263	中国船舶燃料供应福建有限公司
214	中央储备粮漳州直属库	264	福建省福维尔进出口有限公司
215	厦门市鹭欣嘉贸易有限公司	265	福州天浩贸易集团有限公司
216	厦门协力粮油食品进出口有限公司	266	厦门塞尔福汽车有限公司
217	厦门市兆千塑胶有限公司	267	福建省晋江市福明鑫化建贸易有限公司
218	厦门市盈众汽车销售有限公司	268	泉州华奥汽车销售服务有限公司
219	石狮中油通用石油销售有限公司	269	福建申泰邮电器材有限公司
220	重庆新日日顺家电销售有限公司福州分公司	270	厦门市金华穗商贸有限责任公司
221	厦门市华东海石油仓储有限公司	271	厦门市泰成汽车服务有限公司
222	福建省鹭明鑫能源发展有限公司	272	福州永达汽车销售服务有限公司
223	福建省石狮市长江实业有限公司	273	厦门龙怀进出口贸易有限公司
224	厦门钢立投资有限公司	274	福州民天实业有限公司
225	厦门良和钢铁销售有限公司	275	福建省惠明医药有限公司
226	福州中机中泰汽车销售有限公司	276	福建众和营销有限公司
227	福建盈众汽车有限公司	277	福安市良兴机电有限公司
228	厦门中马进出口有限公司	278	厦门信达通宝汽车销售服务有限公司
229	金光纸业（厦门）有限公司	279	福建省泉州闽星汽车销售服务有限公司
230	广州宝钢南方贸易有限公司厦门分公司	280	福建省晋江市华联金属材料贸易有限公司
231	龙岩市丰洲贸易有限公司	281	福州龙泽投资有限公司
232	厦门金华南进出口有限公司	282	厦门海宏物流有限公司
233	厦门市格朗经贸有限公司	283	泉州市泉港区爱德利贸易有限公司
234	福建荣强贸易有限公司	284	福建省丰吉汽车贸易有限公司
235	厦门厦工国际贸易有限公司	285	福建五丰大商场有限公司
236	福建省化工建材有限公司	286	厦门市国光工贸发展有限公司
237	厦门中兵贸易有限公司	287	福建省糖酒副食品总公司
238	厦门万盛基业能源有限公司	288	厦门华融实业有限公司
239	福建省润通汽车销售服务有限公司	289	厦门美东汽车销售服务有限公司
240	福建艾利德贸易有限公司	290	厦门新成功汽车贸易有限公司
241	福州家乐福商业有限公司	291	厦门市劲隆贸易有限公司
242	福建省安溪县对外贸易公司	292	厦门东纶贸易有限公司
243	福建省南安市华龙石油有限公司	293	片仔癀（漳州）医药有限公司
244	厦门鑫通贸易有限公司	294	福建天成集团针棉毛织品进出口有限公司
245	福建榕泰汽车销售服务有限公司	295	福建省三明市浩伦园艺植保有限公司
246	泉州市七匹狼体育用品有限公司	296	福州嘉利德斯汽车贸易有限公司
247	福建省惠安县对外加工装配公司	297	厦门中升丰田汽车销售服务有限公司
248	福州开发区福燃煤炭运销有限公司	298	福州联合实业有限公司
249	福建福日实业发展有限公司	299	厦门森宝食品贸易有限公司
250	福建闽迈特五矿有限责任公司	300	厦门市诚景进出口有限公司

主要统计指标解释

企业景气调查　是通过对部分企业家定期进行问卷调查，并根据企业家对企业经营状况及宏观经济形势的判断和预期来编制景气指数，从而对现实经济运行状况及其发展趋势进行分析和预测的一种统计调查方法。

景气指数　又称为景气度，它是对企业景气调查中的定性指标通过定量方法加工汇总，综合反映某一特定调查群体或某一社会经济现象所处的状态或发展趋势的一种指标。通过其上升和下降的动态变化，反映经济发展状态及其变化过程。景气指数取值于 0--200 之间，100 为景气指数的临界值；当景气指数大于 100 时，表明经济状况趋于上升或改善，处于景气状态；当景气指数小于 100 时，表明经济状况趋于下降或恶化，处于不景气状态。

企业家信心指数　也称宏观经济景气指数，是根据企业家对企业外部市场经济环境与宏观政策的认识、看法、判断与预期而编制的指数，用以综合反映企业家对宏观经济环境的感受与信心。

企业景气指数　也称企业综合生产经营景气指数，是根据企业家对本企业综合生产经营情况的判断与预期而编制的指数，用以反映企业的综合生产经营状况。

Explanatory Notes on Main Statistical Indicators

Enterprises Climate Survey It is a statistics survey, which compile the climate index by regular paper survey to a section of entrepreneurs, based on entrepreneur's judgement and forecast to the production situation of their own enterprises and the macro-economy situation, and thus we can analyse and predict the current situation and future trend of the economic performance.

Business climate index It is the quantitative disposition and compilation of the qualitative economic indicators of the business climate survey, which can improve a comprehensive description of the real situation or the future trend of a special survey group or a social and economic phenomenon. The business climate index is ranging from 0 to 200. 100 is the critical value, when the climate index is larger than 100, it shows that the economic performance is picking up or improving. When it is lower than 100, it shows that the economic performance is declining or worsening.

Entrepreneur confidence index also called as the macro-economy climate index. It is a index based on entrepreneur's recognition, opinion, judgement and forecast to the market circumstances and macro-policies, It is a comprehensive description of the entrepreneur's impression and confidents of the macro-economy circumstances .

Business climate index also called as the comprehensive production and management climate index of enterprises. It is compiled basing on entrepreneur's judgement on production situation of their own expectation for the future performance. It is the description of the comprehensive production and management situation of the enterprises.

第二十二篇　市县国民经济主要指标

Chapter 22　Main Economic Indicators of City Prefecture and County

资料整理：孙晓峰 陈玲 张凯 廖瑛 郑盈 林增武 程思怡 彭锦华 戴斌 张春芝 叶一标 唐洪民 胡自明 余波 陈尔琪 吴新榕 林卿 刘志昭 林武兴 陈海丹 王洵 廖捷 刘喆

Datebase Editor: Sunxiaofeng Chenling Zhangkai Liaoying zhengying linzengwu Chengsiyi Pengjinhua Daibin Zhangchunzhi Yeyibiao Tanghongmin Huziming Yubo Chenerqi Wuxinrong Linqing Liuzhizhao Linwuxing Chenhaidan Wangxun Liaojie Liuzhe

简 要 说 明

本篇资料的主要内容及来源

本篇资料反映全省各市（县）经济社会事业发展基本情况，主要包括地区生产总值、人口、从业人员、农业、工业、投资、社会消费品零售总额、财政、职工工资和教育、卫生等方面的内容。

本篇资料由省统计局各相关专业处室整理提供。

Brief Introduction

Main Content and Source of Data

Data in this chapter show the development in society and economy of Urban districts or counties or cities on the county level, mainly including GDP, population, employed persons, agriculture, industry, investment, total retail sales of consumer good，finance, income of rural households, wage of staff and works, education and public health.

Data on this chapter are compiled and provided by the related department of Bureau of Fujian Provincial Bureau of Statistics.

22-1 地区生产总值（2010年）

Gross Domestic Products(2010)

单位：亿元 (100 million yuan)

地区	Area	地区生产总值 Gross Domestic Product	第一产业 Primary Industry	第二产业 Secondary Industry	工业 Industry	建筑业 Construction	第三产业 Tertiary Industry
福州市	**Fuzhou**	**3123.41**	**282.73**	**1401.92**	**1127.59**	**274.33**	**1438.76**
福州市辖区	District under Fuzhou	1545.23	12.39	567.38	408.02	159.36	965.46
福清市	Fuqing	477.39	64.44	242.01	202.01	40.00	170.94
长乐市	Changle	303.13	28.78	193.16	180.43	12.73	81.20
闽侯县	Minhou	238.55	24.14	137.63	121.82	15.80	76.78
连江县	Lianjiang	188.53	67.02	65.42	57.10	8.32	56.09
罗源县	Luoyuan	103.89	19.21	67.23	63.51	3.71	17.45
闽清县	Minqing	84.29	15.70	47.93	41.81	6.12	20.65
永泰县	Yongtai	72.98	24.63	26.60	8.79	17.82	21.75
平潭县	Pintan	89.69	26.41	18.26	7.36	10.90	45.01
厦门市	**Xiamen**	**2060.07**	**23.06**	**1024.51**	**865.92**	**158.59**	**1012.50**
莆田市	**Putian**	**850.33**	**87.86**	**477.10**	**405.01**	**72.09**	**285.36**
莆田市辖区	District under Putian	710.53	66.71	417.29	353.66	63.63	226.53
仙游县	Xianyou	139.80	21.15	59.81	51.35	8.47	58.84
三明市	**Sanming**	**975.10**	**168.26**	**480.22**	**412.51**	**67.71**	**326.62**
三明市辖区	District under Sanming	227.46	10.64	125.97	107.39	18.58	90.85
永安市	Yongan	182.81	19.79	102.41	91.57	10.84	60.61
明溪县	Mingxi	31.76	9.65	12.25	10.55	1.70	9.86
清流县	Qingliu	42.47	10.03	18.02	15.47	2.55	14.42
宁化县	Ninghua	58.82	17.81	22.63	17.77	4.86	18.38
大田县	Datian	85.72	18.18	43.28	40.05	3.23	24.26
尤溪县	Youxi	99.95	31.45	38.54	33.09	5.45	29.97
沙县	Shaxian	104.29	17.80	53.14	48.36	4.78	33.36
将乐县	Jiangle	53.59	11.07	27.55	22.61	4.94	14.97
泰宁县	Taining	45.43	10.30	17.19	14.90	2.29	17.94
建宁县	Jianning	42.81	11.55	19.25	10.76	8.49	12.01
泉州市	**Quanzhou**	**3564.97**	**132.18**	**2144.86**	**1961.46**	**183.41**	**1287.93**
泉州市辖区	District under Quanzhou	825.88	13.36	463.47	408.78	54.69	349.04
石狮市	Shishi	370.24	14.72	209.13	192.20	16.94	146.39
晋江市	Jinjiang	908.88	15.51	591.73	562.28	29.45	301.64
南安市	Nan'an	482.28	18.39	307.42	288.49	18.92	156.48
惠安县	Huian	399.37	23.04	239.46	207.82	31.64	136.87
安溪县	Anxi	305.99	24.23	182.57	169.61	12.96	99.18
永春县	Yongchun	170.96	15.35	85.73	77.83	7.90	69.88
德化县	Dehua	101.67	7.57	57.36	46.46	10.91	36.74
漳州市	**Zhangzhou**	**1430.71**	**254.70**	**652.04**	**570.56**	**81.48**	**523.97**
漳州市辖区	District under Zhangzhou	349.04	9.39	163.80	135.26	28.54	175.85

22-1 续表

Continued

单位：亿元 (100 million yuan)

地区	Area	地区生产总值 Gross Domestic Product	第一产业 Primary Industry	第二产业 Secondary Industry	工业 Industry	建筑业 Construction	第三产业 Tertiary Industry
龙海市	Longhai	365.50	39.59	216.32	200.25	16.07	109.58
云霄县	Yunxiao	73.31	21.08	25.56	21.83	3.74	26.66
漳浦县	Zhangpu	150.00	43.17	51.71	39.11	12.61	55.12
诏安县	Zhao'an	97.22	29.63	34.72	30.81	3.91	32.87
长泰县	Changtai	78.99	11.60	45.00	43.22	1.77	22.39
东山县	Dongshan	78.41	20.11	33.07	30.01	3.06	25.23
南靖县	Nanjing	107.20	31.35	44.10	40.22	3.88	31.75
平和县	Pinghe	87.73	36.47	18.77	14.08	4.70	32.49
华安县	Hua'an	43.31	12.30	18.98	15.78	3.20	12.03
南平市	**Nanping**	**728.65**	**159.53**	**304.79**	**243.80**	**60.99**	**264.33**
南平市辖区	District under Nanping	176.43	21.46	97.46	73.98	23.47	57.52
邵武市	Shaowu	106.19	19.23	47.85	38.89	8.96	39.11
武夷山市	Wuyishan	65.79	12.53	21.95	13.75	8.20	31.31
建瓯市	Jian’ou	103.24	28.82	35.43	30.56	4.86	38.99
建阳市	Jianyang	78.55	18.96	33.76	29.14	4.63	25.83
顺昌县	Shunchang	51.65	11.85	18.63	16.04	2.59	21.17
浦城县	Pucheng	64.65	18.67	22.72	17.97	4.76	23.26
光泽县	Guangze	34.32	12.09	11.90	10.86	1.04	10.33
松溪县	Songxi	23.86	8.08	7.71	6.04	1.67	8.07
政和县	Zhenghe	23.97	7.84	7.37	6.57	0.80	8.76
龙岩市	**Longyan**	**990.90**	**128.89**	**527.69**	**447.99**	**79.70**	**334.32**
龙岩市辖区	District under Longyan	409.73	19.89	262.66	233.76	28.90	127.18
漳平市	Zhangping	101.60	14.93	41.66	33.30	8.36	45.01
长汀县	Changting	88.30	18.80	37.44	28.32	9.12	32.06
永定县	Yongding	110.97	18.77	55.03	47.37	7.66	37.17
上杭县	Shanghang	126.66	20.66	70.50	56.75	13.75	35.49
武平县	Wuping	74.16	18.89	26.73	18.74	7.99	28.53
连城县	Liancheng	79.48	16.95	33.66	29.74	3.91	28.87
宁德市	**Ningde**	**738.61**	**136.61**	**317.22**	**261.74**	**55.48**	**284.78**
宁德市辖区	District under Ningde	126.82	18.52	39.68	21.76	17.93	68.62
福安市	Fu'an	177.17	23.88	96.11	87.01	9.09	57.18
福鼎市	Fuding	133.85	19.36	66.90	59.52	7.38	47.59
霞浦县	Xiapu	93.87	24.65	28.09	19.59	8.50	41.13
古田县	Gutian	81.87	23.20	31.03	27.54	3.49	27.64
屏南县	Pingnan	34.38	7.96	13.04	11.02	2.01	13.39
寿宁县	Shouning	36.34	9.66	14.57	11.02	3.56	12.11
周宁县	Zhouning	27.23	4.87	12.96	10.96	2.00	9.41
柘荣县	Zherong	27.08	4.53	14.83	13.32	1.51	7.72

22-2 地区生产总值指数（2010年）

Indices of Gross Domestic Products(2010)

单位：以上年为100 (preceding year=100)

地区	Area	地区生产总值 Gross Domestic Product	第一产业 Primary Industry	第二产业 Secondary Industry	工业 Industry	建筑业 Construction	第三产业 Tertiary Industry
福州市	**Fuzhou**	**114.2**	**103.9**	**119.1**	**118.8**	**120.8**	**111.5**
福州市辖区	District under Fuzhou	113.7	86.8	116.2	114.7	120.8	112.6
福清市	Fuqing	113.5	104.1	118.6	118.3	120.6	109.1
长乐市	Changle	114.0	104.7	116.9	116.7	119.7	110.0
闽侯县	Minhou	119.8	104.0	128.8	129.8	120.2	109.4
连江县	Lianjiang	113.5	104.3	124.8	125.5	120.4	110.8
罗源县	Luoyuan	119.5	104.3	130.6	131.5	115.9	104.5
闽清县	Minqing	111.9	104.4	117.1	116.8	120.8	104.6
永泰县	Yongtai	111.5	104.5	119.1	114.6	121.8	109.4
平潭县	Pintan	115.0	104.1	128.2	128.7	127.9	116.5
厦门市	**Xiamen**	**115.1**	**103.1**	**116.9**	**118.8**	**105.8**	**113.5**
莆田市	**Putian**	**115.3**	**103.9**	**120.4**	**120.1**	**122.5**	**110.5**
莆田市辖区	District under Putian	115.3	103.8	120.1	119.6	122.9	110.1
仙游县	Xianyou	115.6	104.4	122.3	122.7	119.9	111.9
三明市	**Sanming**	**113.9**	**103.2**	**120.8**	**120.7**	**121.7**	**110.1**
三明市辖区	District under Sanming	112.9	103.6	113.7	111.9	124.3	113.0
永安市	Yongan	114.0	103.4	121.4	123.0	106.1	106.4
明溪县	Mingxi	113.5	99.1	131.3	126.1	165.7	107.6
清流县	Qingliu	114.2	104.8	124.9	126.0	116.8	110.1
宁化县	Ninghua	113.9	103.4	127.3	126.7	129.6	109.6
大田县	Datian	114.4	102.9	122.8	122.8	123.2	109.5
尤溪县	Youxi	114.4	103.3	126.2	128.7	112.6	109.9
沙县	Shaxian	114.7	103.5	123.5	123.6	122.6	109.0
将乐县	Jiangle	114.7	103.2	127.4	126.7	130.6	104.7
泰宁县	Taining	113.2	102.7	113.6	116.8	95.4	117.9
建宁县	Jianning	114.3	104.9	121.9	112.1	137.8	112.1
泉州市	**Quanzhou**	**112.8**	**103.0**	**116.7**	**116.5**	**119.4**	**107.8**
泉州市辖区	District under Quanzhou	113.5	101.6	116.6	117.1	113.3	110.1
石狮市	Shishi	112.8	102.9	117.1	116.7	122.6	107.9
晋江市	Jinjiang	111.9	106.2	114.0	113.8	119.7	107.9
南安市	Nan'an	113.4	101.9	116.7	116.5	120.2	108.2
惠安县	Huian	112.9	100.6	115.0	114.4	119.2	111.3
安溪县	Anxi	113.7	105.0	120.9	120.7	124.9	104.2
永春县	Yongchun	112.5	102.3	116.7	115.9	125.8	109.6
德化县	Dehua	110.1	102.3	113.4	109.5	136.5	106.5
漳州市	**Zhangzhou**	**114.9**	**104.2**	**121.6**	**121.7**	**121.0**	**111.5**
漳州市辖区	District under Zhangzhou	114.1	102.3	118.8	118.9	118.3	110.1

22-2 续表

Continued

单位：以上年为100　　　　(preceding year=100)

地区	Area	地区生产总值 Gross Domestic Product	第一产业 Primary Industry	第二产业 Secondary Industry	工业 Industry	建筑业 Construction	第三产业 Tertiary Industry
龙海市	Longhai	115.1	104.1	118.7	117.9	130.4	111.9
云霄县	Yunxiao	116.0	103.7	138.2	145.2	107.8	108.1
漳浦县	Zhangpu	114.4	103.5	129.9	127.9	136.6	110.0
诏安县	Zhao'an	114.9	103.9	127.4	129.6	109.4	111.4
长泰县	Changtai	117.5	104.5	122.9	124.0	101.5	112.9
东山县	Dongshan	117.6	104.7	126.6	128.5	110.0	116.2
南靖县	Nanjing	114.0	104.5	117.9	117.8	119.9	115.6
平和县	Pinghe	114.1	106.2	130.6	132.4	124.3	112.7
华安县	Hua'an	116.5	103.1	122.2	126.4	103.2	119.7
南平市	**Nanping**	**111.7**	**102.9**	**117.6**	**116.9**	**120.8**	**110.1**
南平市辖区	District under Nanping	110.7	101.8	116.1	115.8	117.0	105.8
邵武市	Shaowu	113.0	102.9	117.8	116.9	122.8	111.7
武夷山市	Wuyishan	112.9	102.6	120.5	119.3	122.8	111.6
建瓯市	Jian'ou	112.5	103.0	120.3	120.0	122.0	112.2
建阳市	Jianyang	112.6	102.8	118.1	117.4	122.5	112.1
顺昌县	Shunchang	109.0	102.6	113.1	110.8	133.6	108.1
浦城县	Pucheng	112.6	102.8	118.5	117.2	123.9	113.6
光泽县	Guangze	111.2	106.9	114.7	114.1	120.8	111.3
松溪县	Songxi	110.8	102.9	124.1	124.5	122.4	106.6
政和县	Zhenghe	111.0	101.8	120.9	120.7	123.1	110.1
龙岩市	**Longyan**	**113.9**	**103.5**	**119.2**	**118.4**	**123.7**	**110.5**
龙岩市辖区	District under Longyan	113.5	100.4	117.4	116.7	123.8	108.1
漳平市	Zhangping	115.1	104.8	124.7	122.3	134.0	111.9
长汀县	Changting	114.2	103.6	128.0	126.8	131.9	107.2
永定县	Yongding	115.5	103.5	120.4	119.8	124.8	114.0
上杭县	Shanghang	113.0	102.8	115.8	113.7	120.1	115.2
武平县	Wuping	113.4	105.9	122.1	123.9	118.2	110.9
连城县	Liancheng	113.2	104.5	118.9	120.6	109.0	112.3
宁德市	**Ningde**	**115.0**	**104.6**	**125.4**	**127.1**	**118.0**	**109.2**
宁德市辖区	District under Ningde	114.5	104.9	123.7	129.8	116.4	112.1
福安市	Fu'an	118.2	105.1	124.5	125.9	112.6	113.1
福鼎市	Fuding	118.1	104.7	133.1	135.8	113.5	105.5
霞浦县	Xiapu	111.8	105.1	124.9	128.2	117.8	107.2
古田县	Gutian	111.1	103.8	120.8	121.0	119.8	106.0
屏南县	Pingnan	113.2	104.7	120.9	120.5	122.9	110.2
寿宁县	Shouning	115.2	104.3	131.3	128.0	142.0	107.1
周宁县	Zhouning	112.5	104.6	120.0	117.3	140.0	106.2
柘荣县	Zherong	112.5	100.9	118.6	120.0	108.4	108.4

22-3 年末户籍统计人口数（2010年）

Total Population at the Year-end(2010)

单位：人 (person)

地区	Area	年末户籍统计总人口 Total Population at the Year-end	按城乡分 By Residence		按性别分 By sex	
			非农业 Non-agriculture	农业 Agriculture	男 Male	女 Female
福州市	**Fuzhou**	**6458966**	**2663508**	**3795458**	**3330500**	**3128466**
福州市辖区	District under Fuzhou	1885939	1574662	311277	948253	937686
福清市	Fuqing	1275016	365478	909538	658146	616870
长乐市	Changle	685105	242028	443077	361478	323627
闽侯县	Minhou	647567	65249	582318	336369	311198
连江县	Lianjiang	632223	144981	487242	328512	303711
罗源县	Luoyuan	255397	67086	188311	133821	121576
闽清县	Minqing	312887	67552	245335	165353	147534
永泰县	Yongtai	363698	61032	302666	193636	170062
平潭县	Pintan	401134	75440	325694	204932	196202
厦门市	**Xiamen**	**1802060**	**1450695**	**351365**	**901825**	**900235**
莆田市	**Putian**	**3235356**	**632803**	**2602553**	**1640502**	**1594854**
莆田市辖区	District under Putian	2154469	432878	1721591	1085174	1069295
仙游县	Xianyou	1080887	199925	880962	555328	525559
三明市	**Sanming**	**2727313**	**884814**	**1842499**	**1421612**	**1305701**
三明市辖区	District under Sanming	282956	220127	62829	144055	138901
永安市	Yongan	324893	168730	156163	168299	156594
明溪县	Mingxi	115939	32167	83772	59927	56012
清流县	Qingliu	146241	35016	111225	75869	70372
宁化县	Ninghua	357182	51262	305920	186008	171174
大田县	Datian	368461	90233	278228	195801	172660
尤溪县	Youxi	421877	66849	355028	224792	197085
沙县	Shaxian	254502	118034	136468	132103	122399
将乐县	Jiangle	174273	46608	127665	90430	83843
泰宁县	Taining	131446	29783	101663	67896	63550
建宁县	Jianning	149543	26005	123538	76432	73111
泉州市	**Quanzhou**	**6852668**	**1964703**	**4887965**	**3510303**	**3342365**
泉州市辖区	District under Quanzhou	1031121	627181	403940	519875	511246
石狮市	Shishi	316643	97520	219123	161050	155593
晋江市	Jinjiang	1065770	366775	698995	542812	522958
南安市	Nan'an	1504147	375309	1128838	777371	726776
惠安县	Huian	961370	139913	821457	476657	484713
安溪县	Anxi	1094007	138362	955645	573071	520936
永春县	Yongchun	562174	152608	409566	293064	269110
德化县	Dehua	317436	67035	250401	166403	151033
漳州市	**Zhangzhou**	**4739464**	**1385401**	**3354063**	**2434145**	**2305319**
漳州市辖区	District under Zhangzhou	554954	359428	195526	277212	277742

22-3 续表

Continued

单位：人　　(person)

地区	Area	年末户籍统计总人口 Total Population at the Year-end	按城乡分 By Residence 非农业 Non-agriculture	农业 Agriculture	按性别分 By sex 男 Male	女 Female
龙海市	Longhai	804201	159213	644988	405289	398912
云霄县	Yunxiao	436481	70334	366147	228617	207864
漳浦县	Zhangpu	841690	253862	587828	431891	409799
诏安县	Zhao'an	602044	86611	515433	312905	289139
长泰县	Changtai	196507	40210	156297	99772	96735
东山县	Dongshan	209185	109797	99388	104973	104212
南靖县	Nanjing	352194	93133	259061	180118	172076
平和县	Pinghe	578380	155969	422411	308374	270006
华安县	Hua'an	163828	56844	106984	84994	78834
南平市	**Nanping**	**3138967**	**1094518**	**2044449**	**1624665**	**1514302**
南平市辖区	District under Nanping	497331	261389	235942	257109	240222
邵武市	Shaowu	305705	137098	168607	157074	148631
武夷山市	Wuyishan	230419	80600	149819	118106	112313
建瓯市	Jian'ou	538910	163757	375153	278292	260618
建阳市	Jianyang	343412	147880	195532	177420	165992
顺昌县	Shunchang	240424	68455	171969	123400	117024
浦城县	Pucheng	425753	96524	329229	220407	205346
光泽县	Guangze	162747	39701	123046	84720	78027
松溪县	Songxi	164764	41606	123158	85625	79139
政和县	Zhenghe	229502	57508	171994	122512	106990
龙岩市	**Longyan**	**2957273**	**864811**	**2092462**	**1520480**	**1436793**
龙岩市辖区	District under Longyan	482990	317283	165707	244249	238741
漳平市	Zhangping	280800	85322	195478	147668	133132
长汀县	Changting	508897	151606	357291	263301	245596
永定县	Yongding	481480	102282	379198	249031	232449
上杭县	Shanghang	497075	83275	413800	252080	244995
武平县	Wuping	372973	74612	298361	191490	181483
连城县	Liancheng	333058	50431	282627	172661	160397
宁德市	**Ningde**	**3384834**	**1040811**	**2344023**	**1782602**	**1602232**
宁德市辖区	District under Ningde	435730	130120	305610	225638	210092
福安市	Fu'an	652332	195101	457231	345347	306985
福鼎市	Fuding	581323	206091	375232	301979	279344
霞浦县	Xiapu	531468	174267	357201	280078	251390
古田县	Gutian	425708	146465	279243	224690	201018
屏南县	Pingnan	186135	41885	144250	99701	86434
寿宁县	Shouning	265250	51602	213648	140778	124472
周宁县	Zhouning	202348	65079	137269	109128	93220
柘荣县	Zherong	104540	30201	74339	55263	49277

22–4 第六次全国人口普查数（2010年）

Basic Statistics on National Population Census(2010)

单位：万人 (10000 persons)

地区	Area	常住人口数 Total Population on Census	城镇人口 Urban	乡村人口 Rural	城镇化水平(%) Lever of Township(%)
福州市	**Fuzhou**	**711.54**	**440.81**	**270.73**	**62.0**
福州市辖区	District under Fuzhou	292.18	282.44	9.74	96.7
福清市	Fuqing	123.48	47.08	76.40	38.1
长乐市	Changle	68.26	27.80	40.46	40.7
闽侯县	Minhou	66.21	29.47	36.74	44.5
连江县	Lianjiang	56.15	19.77	36.38	35.2
罗源县	Luoyuan	20.77	7.64	13.13	36.8
闽清县	Minqing	23.76	7.26	16.50	30.6
永泰县	Yongtai	24.95	7.96	16.99	31.9
平潭县	Pintan	35.78	11.39	24.39	31.8
厦门市	**Xiamen**	**353.13**	**311.91**	**41.22**	**88.3**
莆田市	**Putian**	**277.85**	**141.10**	**136.75**	**50.8**
莆田市辖区	District under Putian	195.38	110.72	84.66	56.7
仙游县	Xianyou	82.47	30.38	52.09	36.8
三明市	**Sanming**	**250.34**	**127.98**	**122.36**	**51.1**
三明市辖区	District under Sanming	37.55	32.88	4.67	87.6
永安市	Yongan	34.70	21.37	13.33	61.6
明溪县	Mingxi	10.27	4.69	5.58	45.7
清流县	Qingliu	13.62	5.46	8.16	40.1
宁化县	Ninghua	27.24	8.28	18.96	30.4
大田县	Datian	31.16	13.36	17.80	42.9
尤溪县	Youxi	35.21	12.96	22.25	36.8
沙县	Shaxian	22.67	12.98	9.69	57.3
将乐县	Jiangle	14.89	7.03	7.86	47.2
泰宁县	Taining	11.03	4.77	6.26	43.2
建宁县	Jianning	12.00	4.20	7.80	35.0
泉州市	**Quanzhou**	**812.85**	**474.95**	**337.90**	**58.4**
泉州市辖区	District under Quanzhou	143.52	115.47	28.05	80.5
石狮市	Shishi	63.67	47.00	16.67	73.8
晋江市	Jinjiang	198.64	117.28	81.36	59.0
南安市	Nan'an	141.85	71.86	69.99	50.7
惠安县	Huian	94.42	46.56	47.86	49.3
安溪县	Anxi	97.74	33.60	64.14	34.4
永春县	Yongchun	45.22	23.86	21.36	52.8
德化县	Dehua	27.79	19.32	8.47	69.5
漳州市	**Zhangzhou**	**481.00**	**224.76**	**256.24**	**46.7**
漳州市辖区	District under Zhangzhou	70.56	61.47	9.09	87.1

22-4 续表

Continued

单位：万人　　(10000 persons)

地区	Area	常住人口数 Total Population on Census	城镇人口 Urban	乡村人口 Rural	城镇化水平(%) Lever of Township(%)
龙海市	Longhai	87.78	42.30	45.48	48.2
云霄县	Yunxiao	41.58	16.60	24.98	39.9
漳浦县	Zhangpu	80.30	30.26	50.04	37.7
诏安县	Zhao'an	59.78	19.64	40.14	32.9
长泰县	Changtai	20.68	8.47	12.21	41.0
东山县	Dongshan	21.15	10.28	10.87	48.6
南靖县	Nanjing	33.40	13.57	19.83	40.6
平和县	Pinghe	49.85	16.24	33.61	32.6
华安县	Hua'an	15.92	5.93	9.99	37.2
南平市	**Nanping**	**264.56**	**134.23**	**130.33**	**50.7**
南平市辖区	District under Nanping	46.79	30.14	16.65	64.4
邵武市	Shaowu	27.51	18.34	9.17	66.7
武夷山市	Wuyishan	23.36	12.28	11.08	52.6
建瓯市	Jian'ou	45.22	19.26	25.96	42.6
建阳市	Jianyang	28.93	15.07	13.86	52.1
顺昌县	Shunchang	19.16	8.75	10.41	45.7
浦城县	Pucheng	30.46	12.94	17.52	42.5
光泽县	Guangze	13.41	5.60	7.81	41.8
松溪县	Songxi	12.55	5.14	7.41	41.0
政和县	Zhenghe	17.17	6.71	10.46	39.1
龙岩市	**Longyan**	**255.95**	**115.22**	**140.73**	**45.0**
龙岩市辖区	District under Longyan	66.24	46.01	20.23	69.5
漳平市	Zhangping	24.02	11.37	12.65	47.3
长汀县	Changting	39.34	16.18	23.16	41.1
永定县	Yongding	36.27	13.65	22.62	37.6
上杭县	Shanghang	37.40	11.48	25.92	30.7
武平县	Wuping	27.82	8.23	19.59	29.6
连城县	Liancheng	24.86	8.30	16.56	33.4
宁德市	**Ningde**	**282.20**	**135.23**	**146.97**	**47.9**
宁德市辖区	District under Ningde	42.93	25.25	17.68	58.8
福安市	Fu'an	56.36	32.60	23.76	57.8
福鼎市	Fuding	52.95	26.68	26.28	50.4
霞浦县	Xiapu	46.12	17.52	28.60	38.0
古田县	Gutian	32.37	11.02	21.35	34.0
屏南县	Pingnan	13.77	5.03	8.74	36.5
寿宁县	Shouning	17.59	7.22	10.36	41.0
周宁县	Zhouning	11.27	4.91	6.36	43.6
柘荣县	Zherong	8.84	5.00	3.84	56.6

22-5 城镇单位年末从业人员数（2010年）

Persons Employed in Urban Units at the Year-end (2010)

单位：人 (person)

地区	Area	单位从业人员数 Number of persons Employed in Units	在岗职工 Number of Staff and Workers on the Job	国有 State-Owned Units	城镇集体 Urban Collective - Owned Units	其他 Units of Other Types of Ownerships	其他从业人员 Other Employed Persons
福州市	**Fuzhou**	**1054803**	**1001114**	**340064**	**32872**	**628178**	**53689**
福州市辖区	District under Fuzhou	609823	571491	225604	15304	330583	38332
福清市	Fuqing	221406	214760	30309	7890	176561	6646
长乐市	Changle	40859	36970	15636	1148	20186	3889
闽侯县	Minhou	80241	78408	19277	2869	56262	1833
连江县	Lianjiang	42466	41219	12482	952	27785	1247
罗源县	Luoyuan	13449	13185	7320	281	5584	264
闽清县	Minqing	19601	19467	10214	3551	5702	134
永泰县	Yongtai	12064	11813	9476	483	1854	251
平潭县	Pintan	14894	13801	9746	394	3661	1093
厦门市	**Xiamen**	**953339**	**929526**	**168795**	**26477**	**734254**	**23813**
莆田市	**Putian**	**287834**	**277992**	**94869**	**9598**	**173525**	**9842**
莆田市辖区	District under Putian	245604	236536	74725	8225	153586	9068
仙游县	Xianyou	40936	40162	19173	1359	19630	774
三明市	**Sanming**	**215210**	**205917**	**123126**	**8422**	**74369**	**9293**
三明市辖区	District under Sanming	73132	68959	29751	3329	35879	4173
永安市	Yongan	31413	29978	18700	802	10476	1435
明溪县	Mingxi	6593	6287	5371	234	682	306
清流县	Qingliu	9716	9694	6477	576	2641	22
宁化县	Ninghua	11265	10712	9717	515	480	553
大田县	Datian	19292	18729	12924	528	5277	563
尤溪县	Youxi	15472	15169	11352	630	3187	303
沙县	Shaxian	20882	19599	9220	1121	9258	1283
将乐县	Jiangle	11103	10836	7167	180	3489	267
泰宁县	Taining	8625	8418	5689	170	2559	207
建宁县	Jianning	7717	7536	6758	337	441	181
泉州市	**Quanzhou**	**1421681**	**1389329**	**220976**	**37454**	**1130899**	**32352**
泉州市辖区	District under Quanzhou	343982	335490	91663	7677	236150	8492
石狮市	Shishi	75545	72581	5917	8764	57900	2964
晋江市	Jinjiang	535899	532457	30448	5109	496900	3442
南安市	Nan'an	87356	84321	28851	9842	45628	3035
惠安县	Huian	235220	230153	18746	2364	209043	5067
安溪县	Anxi	74335	66493	21138	1495	43860	7842
永春县	Yongchun	41278	40767	14797	1527	24443	511
德化县	Dehua	28066	27067	9416	676	16975	999
漳州市	**Zhangzhou**	**401108**	**357908**	**142649**	**11612**	**203647**	**43200**
漳州市辖区	District under Zhangzhou	113627	103370	45572	3724	54074	10257
龙海市	Longhai	73309	69258	17239	1358	50661	4051

22-5 续表

Continued

单位：人 (person)

地区	Area	单位从业人员数 Number of persons Employed in Units	在岗职工 Number of Staff and Workers on the Job	国有 State-Owned Units	城镇集体 Urban Collective - Owned Units	其他 Units of Other Types of Ownerships	其他从业人员 Other Employed Persons
云霄县	Yunxiao	22762	16261	10473	927	4861	6501
漳浦县	Zhangpu	58958	47354	17875	1267	28212	11604
诏安县	Zhao'an	26967	21976	10706	725	10545	4991
长泰县	Changtai	28970	27930	5794	991	21145	1040
东山县	Dongshan	17962	17206	9194	265	7747	756
南靖县	Nanjing	24625	23811	8909	1089	13813	814
平和县	Pinghe	20327	17941	11603	700	5638	2386
华安县	Hua'an	13601	12801	5284	566	6951	800
南平市	**Nanping**	**235481**	**222967**	**117641**	**7494**	**97832**	**12514**
南平市辖区	District under Nanping	71018	69364	32607	1988	34769	1654
邵武市	Shaowu	35612	32802	13331	958	18513	2810
武夷山市	Wuyishan	20903	19363	11093	759	7511	1540
建瓯市	Jian'ou	21230	19793	12689	1194	5910	1437
建阳市	Jianyang	18400	17157	11739	666	4752	1243
顺昌县	Shunchang	18564	17806	8283	723	8800	758
浦城县	Pucheng	17071	15372	10089	646	4637	1699
光泽县	Guangze	17871	17262	5867	104	11291	609
松溪县	Songxi	6609	6190	5937	197	56	419
政和县	Zhenghe	8203	7858	6006	259	1593	345
龙岩市	**Longyan**	**305465**	**292767**	**113520**	**13131**	**166116**	**12698**
龙岩市辖区	District under Longyan	133728	127112	40745	7290	79077	6616
漳平市	Zhangping	24190	23163	12547	1039	9577	1027
长汀县	Changting	51800	50859	11365	1224	38270	941
永定县	Yongding	24265	23800	15268	1287	7245	465
上杭县	Shanghang	35611	34259	13605	1062	19592	1352
武平县	Wuping	19254	17360	10137	484	6739	1894
连城县	Liancheng	16617	16214	9853	745	5616	403
宁德市	**Ningde**	**165484**	**154738**	**108555**	**6713**	**39470**	**10746**
宁德市辖区	District under Ningde	50913	45778	27578	922	17278	5135
福安市	Fu'an	27700	27449	20223	1279	5947	251
福鼎市	Fuding	22139	21356	13984	1127	6245	783
霞浦县	Xiapu	17202	15818	11390	828	3600	1384
古田县	Gutian	15833	14598	10944	1222	2432	1235
屏南县	Pingnan	8608	8376	6651	366	1359	232
寿宁县	Shouning	9307	8364	7547	137	680	943
周宁县	Zhouning	7194	6718	5942	533	243	476
柘荣县	Zherong	6588	6281	4296	299	1686	307

22–6 城镇固定资产投资（2010年）

Fixed Asset Investment in Urban(2010)

单位：万元 (10000 yuan)

地区	Area	固定资产投资 Investment in Fixed Assets	按三次产业分 Gruop by Three Stata of Industry			本年新增固定资产 Newly Increased Fixed Assests	本年住宅竣工面积（平方米） Floor Space of Completed Residential Buildings (sq.m)
			第一产业 Primary Industy	第二产业 Secondary Industy	第三产业 Tertiary Industy		
福州市	**Fuzhou**	**20273309**	**130465**	**5031025**	**15111819**	**5999159**	**3379411**
福州市辖区	District under Fuzhou	11955927	100485	1286442	10569000	3160484	1047519
福清市	Fuqing	2770329	5100	1492414	1272815	540246	660598
长乐市	Changle	1451820		922153	529667	1022909	127940
闽侯县	Minhou	1648358	4935	563284	1080139	444828	579083
连江县	Lianjiang	1085062	990	246086	837986	286382	307772
罗源县	Luoyuan	604468	6655	377294	220519	137182	54776
闽清县	Minqing	133962		79337	54625	74880	40725
永泰县	Yongtai	159263		24669	134594	49141	53376
平潭县	Pintan	464120	12300	39346	412474	283107	507622
厦门市	**Xiamen**	**9047413**	**2469**	**1872267**	**7172677**	**4124266**	**4608895**
莆田市	**Putian**	**3675444**	**6593**	**1354786**	**2314065**	**1172639**	**990963**
莆田市辖区	District under Putian	3139888	3000	1106714	2030174	1064172	719801
仙游县	Xianyou	535556	3593	248072	283891	108467	271162
三明市	**Sanming**	**5582480**	**158863**	**3102920**	**2320697**	**3216103**	**1579122**
三明市辖区	District under Sanming	1240953	23998	641231	575724	568615	568093
永安市	Yongan	894241	9020	495273	389948	365049	207848
明溪县	Mingxi	197699	16378	123405	57916	101385	46200
清流县	Qingliu	250293	23881	99520	126892	126206	25510
宁化县	Ninghua	390546	22039	222928	145579	201072	68983
大田县	Datian	477002	1268	332192	143542	322183	36066
尤溪县	Youxi	492727	3600	348672	140455	389680	212191
沙县	Shaxian	817734	13180	405432	399122	680713	333555
将乐县	Jiangle	364914	26731	209808	128375	227004	22971
泰宁县	Taining	256759	13141	110252	133366	102794	7634
建宁县	Jianning	199612	5627	114207	79778	131402	50071
泉州市	**Quanzhou**	**10827913**	**24041**	**5125956**	**5677916**	**2970674**	**3296552**
泉州市辖区	District under Quanzhou	2450682	1503	710880	1738299	408199	494613
石狮市	Shishi	1250095		668716	581379	268984	110285
晋江市	Jinjiang	3007571	5562	1541010	1460999	643854	980984
南安市	Nan'an	1374441	4290	671842	698309	848497	1174578
惠安县	Huian	1576349	3752	1122421	450176	259095	363997
安溪县	Anxi	646905		205127	441778	393652	121209
永春县	Yongchun	248205		88668	159537	34904	35953
德化县	Dehua	273665	8934	117292	147439	113489	14933
漳州市	**Zhangzhou**	**6736684**	**57433**	**3496117**	**3183134**	**2400966**	**2635380**
漳州市辖区	District under Zhangzhou	1493095		358796	1134299	744996	1279685

注：1.本表不包含城镇私人建房投资；2.本表不包含跨区建设的高速公路、铁路项目投资。

Note: a)The data in this table excluded the Investment in private housing construction. b)The data in thsd excluded the investment of highway.

22-6 续表

Continued

单位：万元 (10000 yuan)

地区	Area	固定资产投资 Investment in Fixed Assets	按三次产业分 Gruop by Three Stata of Industry 第一产业 Primary Industy	第二产业 Secondary Industy	第三产业 Tertiary Industy	本年新增固定资产 Newly Increased Fixed Assests	本年住宅竣工面积（平方米） Floor Space of Completed Residential Buildings (sq.m)
龙海市	Longhai	1302137	6550	593987	701600	511205	592327
云霄县	Yunxiao	288732		176533	112199	78139	
漳浦县	Zhangpu	1295203	10624	1047197	237382	137614	131835
诏安县	Zhao'an	317806	3702	213028	101076	163238	91336
长泰县	Changtai	660863	9506	409239	242118	156422	187171
东山县	Dongshan	393843		198058	195785	175768	77575
南靖县	Nanjing	422785	10665	202116	210004	229016	114981
平和县	Pinghe	230773	13386	93138	124249	99265	69611
华安县	Hua'an	331447	3000	204025	124422	105303	90859
南平市	**Nanping**	**3955564**	**197532**	**1987785**	**1770247**	**2182959**	**1233908**
南平市辖区	District under Nanping	719837	22982	406666	290189	350616	330077
邵武市	Shaowu	627781	22577	358474	246730	461890	280921
武夷山市	Wuyishan	724617	12654	197844	514119	455083	93152
建瓯市	Jian'ou	431738	9044	282947	139747	268224	79262
建阳市	Jianyang	553379	10566	261925	280888	335504	84446
顺昌县	Shunchang	156620	7864	85003	63753	30767	61541
浦城县	Pucheng	529696	48729	322055	158912	212763	152710
光泽县	Guangze	128360	61488	44994	21878	29504	42749
松溪县	Songxi	52267	1628	16293	34346	25768	63605
政和县	Zhenghe	31269		11584	19685	12840	45445
龙岩市	**Longyan**	**4126301**	**47854**	**2110544**	**1967903**	**1954993**	**943910**
龙岩市辖区	District under Longyan	1793453	11392	762419	1019642	773234	432330
漳平市	Zhangping	423988	5860	252900	165228	173827	89412
长汀县	Changting	356922	11242	208596	137084	264592	65198
永定县	Yongding	308641	3115	169839	135687	145228	33110
上杭县	Shanghang	499586	172	287149	212265	99910	129920
武平县	Wuping	404126	755	226108	177263	283256	12425
连城县	Liancheng	339585	15318	203533	120734	214946	181515
宁德市	**Ningde**	**2962807**	**13614**	**1775070**	**1174123**	**1026360**	**858229**
宁德市辖区	District under Ningde	1322811	5702	984110	332999	314954	130617
福安市	Fu'an	445634		244681	200953	62216	42809
福鼎市	Fuding	417027		226135	190892	220200	109403
霞浦县	Xiapu	256174	6527	115449	134198	106566	312748
古田县	Gutian	117174	100	29295	87779	33008	87179
屏南县	Pingnan	96473		33270	63203	99531	98690
寿宁县	Shouning	147729	895	53786	93048	94139	59885
周宁县	Zhouning	70749		27574	43175	44609	16898
柘荣县	Zherong	89036	390	60770	27876	51137	

22–7 房地产开发投资（2010年）

Investment in Real Estate Development(2010)

单位：万元 (10000 yuan)

地区	Area	房地产投资 Investment in Real Estate Development	按工程用途分 By use of Project 住宅 Residential Buildings	办公楼 Office Buildings	商业营业用房 Houses for Business Use	其他 Other	本年新增固定资产 Newly Increased Fixed Assests	本年住宅竣工面积（平方米） Floor Space of Completed Residential Buildings (sq.m)
福州市	**Fuzhou**	**6706940**	**3842829**	**249356**	**482384**	**2132371**	**945411**	**2945671**
福州市辖区	District under Fuzhou	4665991	2506892	248834	388889	1521376	450351	983456
福清市	Fuqing	488124	204756	10	12368	270990	88687	501886
长乐市	Changle	361901	282244	23	10282	69352	31600	122540
闽侯县	Minhou	527051	373566	310	26218	126957	125964	383668
连江县	Lianjiang	298088	210570	139	21150	66229	78780	307772
罗源县	Luoyuan	124456	88234	40	7091	29091	20703	46336
闽清县	Minqing	33674	25121		4722	3831	10689	40725
永泰县	Yongtai	70510	31290		1544	37676	17330	51666
平潭县	Pintan	137145	120156		10120	6869	121307	507622
厦门市	**Xiamen**	**3961254**	**2074276**	**168819**	**362439**	**1355720**	**1209139**	**4336252**
莆田市	**Putian**	**879135**	**444361**	**9138**	**138726**	**286910**	**231013**	**634345**
莆田市辖区	District under Putian	773380	385258	8536	129042	250544	196231	478771
仙游县	Xianyou	105755	59103	602	9684	36366	34782	155574
三明市	**Sanming**	**948189**	**450910**	**9178**	**78244**	**409857**	**285294**	**1235255**
三明市辖区	District under Sanming	258385	114292	883	20584	122626	101358	548544
永安市	Yongan	214102	93041	5969	18139	96953	56681	206248
明溪县	Mingxi	26804	10535		200	16069	7048	22601
清流县	Qingliu	31615	18834	716	5486	6579	2550	3000
宁化县	Ninghua	39776	34171	1000	3210	1395	23651	68983
大田县	Datian	66650	17593		3932	45125	6050	34566
尤溪县	Youxi	85893	31821		7282	46790	57800	165699
沙县	Shaxian	124189	73278	10	5241	45660	23596	127909
将乐县	Jiangle	52134	26876		12623	12635		
泰宁县	Taining	30256	19781		100	10375	910	7634
建宁县	Jianning	18385	10688	600	1447	5650	5650	50071
泉州市	**Quanzhou**	**2031121**	**1026835**	**7926**	**192422**	**803938**	**792826**	**2871361**
泉州市辖区	District under Quanzhou	560838	311170	593	45660	203415	96684	353553
石狮市	Shishi	212317	110409	1646	24292	75970	21455	107034
晋江市	Jinjiang	608869	173367	2967	67685	364850	330812	940184
南安市	Nan'an	321484	186582	384	23541	110977	232687	1038453
惠安县	Huian	154193	116803	5	10521	26864	80522	363997
安溪县	Anxi	98767	78510	2281	13896	4080	13762	30654
永春县	Yongchun	38714	26120		2998	9596	7100	35053
德化县	Dehua	35939	23874	50	3829	8186	9804	2433
漳州市	**Zhangzhou**	**1596212**	**841754**	**18730**	**137986**	**597742**	**590665**	**2442421**
漳州市辖区	District under Zhangzhou	799479	423399	13245	77473	285362	308076	1173589

22-7 续表

Continued

单位：万元　　　　(10000 yuan)

地区	Area	房地产投资 Investment in Real Estate Development	按工程用途分 By use of Project 住宅 Residential Buildings	办公楼 Office Buildings	商业营业用房 Houses for Business Use	其他 Other	本年新增固定资产 Newly Increased Fixed Assests	本年住宅竣工面积(平方米) Floor Space of Completed Residential Buildings (sq.m)
龙海市	Longhai	330585	159688	340	16678	153879	141565	578701
云霄县	Yunxiao	38635	13395		1199	24041		
漳浦县	Zhangpu	57101	38138	249	9273	9441	23986	129550
诏安县	Zhao'an	26119	18040		2801	5278	17334	91336
长泰县	Changtai	119953	63757	660	3482	52054	43674	186191
东山县	Dongshan	112759	59339	1226	7303	44891	17353	77575
南靖县	Nanjing	44330	24457	3010	8115	8748	10340	65281
平和县	Pinghe	37908	27801		1649	8458	11038	67411
华安县	Hua'an	29343	13740		10013	5590	17299	72787
南平市	**Nanping**	**671312**	**409453**	**3639**	**84678**	**173542**	**326782**	**1126243**
南平市辖区	District under Nanping	156846	106690	38	10146	39972	114747	330077
邵武市	Shaowu	60611	41769		14187	4655	81910	280921
武夷山市	Wuyishan	87477	56031	950	5807	24689	20330	28152
建瓯市	Jian’ou	50083	31555	348	11047	7133	17531	79262
建阳市	Jianyang	148676	63414	2083	25197	57982	14466	67643
顺昌县	Shunchang	18418	13834	50	3246	1288	11582	61541
浦城县	Pucheng	100689	57953	160	9660	32916	25886	127348
光泽县	Guangze	12777	12521		256		13080	42749
松溪县	Songxi	18596	14004		383	4209	16800	63605
政和县	Zhenghe	17139	11682	10	4749	698	10450	44945
龙岩市	**Longyan**	**808227**	**287787**	**26897**	**97489**	**396054**	**214215**	**849581**
龙岩市辖区	District under Longyan	491599	123122	23988	68160	276329	126193	416812
漳平市	Zhangping	56953	38953	971	6420	10609	19077	78356
长汀县	Changting	54290	38430		2072	13788	9606	61884
永定县	Yongding	34170	13219		2957	17994	5993	18789
上杭县	Shanghang	51609	21627	134	2574	27274	26341	110034
武平县	Wuping	80355	35184	1023	13094	31054	7694	4419
连城县	Liancheng	39251	17252	781	2212	19006	19311	159287
宁德市	**Ningde**	**586180**	**373144**	**3031**	**48966**	**161039**	**213268**	**717586**
宁德市辖区	District under Ningde	149495	111034	40	14907	23514	27163	130617
福安市	Fu'an	104663	42740	2055	7913	51955	12289	26739
福鼎市	Fuding	116892	54524	115	4320	57933	48823	109403
霞浦县	Xiapu	71434	52819	114	13364	5137	80292	288288
古田县	Gutian	49154	43713	309	2527	2605	17652	77679
屏南县	Pingnan	25951	16692	398	5229	3632	20062	53077
寿宁县	Shouning	42650	33530		500	8620	3062	14885
周宁县	Zhouning	15849	8356		50	7443	3925	16898
柘荣县	Zherong	10092	9736		156	200		

22-8 城镇单位在岗职工平均工资（2010年）

Average Annual Wages of Staff and Worker on the Job in Urban Areas(2010)

单位：元 (yuan)

地区	Area	在岗职工平均工资 Total Wages of Staff and Workers on the Job	国有 State-Owned Units	城镇集体 Urban Collective-Owned Unit	其他 Units of Other Types of Ownerships	在岗职工平均工资比上年增长(%) Increase Rate in 2010 over 2009(%)
福州市	**Fuzhou**	**34806**	**43481**	**23335**	**30736**	**13.4**
福州市辖区	District under Fuzhou	37978	45455	21170	33756	12.7
福清市	Fuqing	29310	37000	25447	28129	16.4
长乐市	Changle	34295	44200	23382	27386	11.8
闽侯县	Minhou	30264	43373	22376	26129	11.4
连江县	Lianjiang	29799	39081	22822	25843	15.0
罗源县	Luoyuan	31859	36912	27742	25460	16.7
闽清县	Minqing	35215	43457	28539	25295	29.7
永泰县	Yongtai	31246	34134	21857	18391	11.4
平潭县	Pintan	34245	37539	19892	26832	23.3
厦门市	**Xiamen**	**40284**	**64219**	**22980**	**35383**	**10.5**
莆田市	**Putian**	**27813**	**35626**	**30508**	**23443**	**12.8**
莆田市辖区	District under Putian	28014	36200	31217	23903	13.1
仙游县	Xianyou	26584	33424	26325	20155	10.8
三明市	**Sanming**	**30610**	**31505**	**25783**	**29661**	**11.8**
三明市辖区	District under Sanming	34054	32684	21903	36274	11.6
永安市	Yongan	31424	35168	22554	25409	10.2
明溪县	Mingxi	28309	29946	24511	16588	8.3
清流县	Qingliu	27778	30769	23700	21366	9.8
宁化县	Ninghua	30032	31408	17240	15731	13.3
大田县	Datian	25546	28786	40367	15945	13.4
尤溪县	Youxi	28118	29029	29905	24462	14.4
沙县	Shaxian	29690	32223	28665	27043	18.4
将乐县	Jiangle	28496	29510	35202	25993	7.0
泰宁县	Taining	27468	31846	21994	17595	6.7
建宁县	Jianning	28532	28581	46268	14530	12.1
泉州市	**Quanzhou**	**28908**	**44678**	**32813**	**25689**	**14.4**
泉州市辖区	District under Quanzhou	29296	44258	27145	23775	10.4
石狮市	Shishi	26610	51311	32407	23091	14.6
晋江市	Jinjiang	29019	54597	32867	27427	13.5
南安市	Nan'an	30938	42702	39033	22216	20.2
惠安县	Huian	29506	48444	30942	27512	22.1
安溪县	Anxi	27279	40156	38578	20724	16.8
永春县	Yongchun	26743	35736	34262	20840	10.5
德化县	Dehua	24541	35082	21383	18747	11.6
漳州市	**Zhangzhou**	**29535**	**35784**	**30058**	**25074**	**17.9**
漳州市辖区	District under Zhangzhou	33430	41239	23557	27132	16.4
龙海市	Longhai	32184	37194	36618	30424	17.5

22-8 续表
Continued

单位：元 (yuan)

地区	Area	在岗职工平均工资 Total Wages of Staff and Workers on the Job	国有 State-Owned Units	城镇集体 Urban Collective-Owned Unit	其他 Units of Other Types of Ownerships	在岗职工平均工资比上年增长(%) Increase Rate in 2010 over 2009(%)
云霄县	Yunxiao	27576	32301	21147	18683	20.8
漳浦县	Zhangpu	25510	31613	34154	21182	24.4
诏安县	Zhao'an	23933	28702	27082	18522	13.2
长泰县	Changtai	26639	39599	40675	22499	21.3
东山县	Dongshan	26246	32533	56314	17887	16.8
南靖县	Nanjing	28466	36985	20984	23737	18.6
平和县	Pinghe	26392	28793	41585	19760	14.3
华安县	Hua'an	28339	35015	40515	22263	17.0
南平市	**Nanping**	**28319**	**33414**	**21957**	**22605**	**12.0**
南平市辖区	District under Nanping	30751	37604	19777	24890	13.2
邵武市	Shaowu	26725	35234	29807	20438	10.8
武夷山市	Wuyishan	27325	31035	18889	22790	13.6
建瓯市	Jian'ou	27931	31316	17803	22728	15.5
建阳市	Jianyang	29219	33341	23286	19904	10.1
顺昌县	Shunchang	26036	29641	22000	22842	13.3
浦城县	Pucheng	28741	32821	26411	20068	10.6
光泽县	Guangze	24513	32014	9144	20558	11.0
松溪县	Songxi	29135	29365	27015	12375	14.1
政和县	Zhenghe	26795	27202	25174	25533	(0.7)
龙岩市	**Longyan**	**30836**	**36029**	**29173**	**27213**	**11.6**
龙岩市辖区	District under Longyan	34473	43867	25110	30187	11.6
漳平市	Zhangping	32551	35534	37654	28071	9.3
长汀县	Changting	22257	29356	34611	19549	14.0
永定县	Yongding	31892	32609	36158	29378	16.9
上杭县	Shanghang	32823	33204	35929	32395	7.3
武平县	Wuping	27924	30188	22639	24904	16.4
连城县	Liancheng	24599	27791	29989	18020	15.8
宁德市	**Ningde**	**31292**	**32596**	**28641**	**28082**	**14.7**
宁德市辖区	District under Ningde	35566	39180	28694	29935	16.1
福安市	Fu'an	29722	30379	23045	28781	16.2
福鼎市	Fuding	33856	33812	43849	32157	22.9
霞浦县	Xiapu	27548	29391	26054	22053	17.3
古田县	Gutian	28731	31045	23617	20813	5.9
屏南县	Pingnan	26134	28357	31419	13682	10.7
寿宁县	Shouning	28482	28355	30000	29580	7.4
周宁县	Zhouning	26526	26860	21426	29349	6.3
柘荣县	Zherong	30321	31956	29073	26325	5.2

22-9 农民人均纯收入及生活消费支出（2010年）

Peasants' Net Income and Consumption Expenditure Per Capita(2010)

单位：元 (yuan)

地区	Area	农民人均纯收入 Per Capita Net Income of Rural Residence	人均生活消费支出 Per Capita Living Expenditure	#食品 Food	#衣着 Clothing	#居住 Residence	农民人均纯收入比上年增长(%) Increase Rate in 2010 over 2009(%)
福州市	**Fuzhou**	**8543**	**6071**	**2761**	**410**	**910**	**11.4**
福州市辖区	District under Fuzhou	11568	7499	3421	523	964	11.9
福清市	Fuqing	10147	5639	2578	327	1056	9.5
长乐市	Changle	9967	5759	2776	307	813	11.5
闽侯县	Minhou	8027	6928	3071	534	1769	12.6
连江县	Lianjiang	7744	5224	2474	366	705	11.5
罗源县	Luoyuan	6962	4530	2202	257	681	10.1
闽清县	Minqing	6953	5151	2106	322	460	9.7
永泰县	Yongtai	6197	6522	3084	402	959	11.1
平潭县	Pintan	6585	6269	2640	576	927	12.3
厦门市	**Xiamen**	**10033**	**7523**	**3109**	**424**	**1320**	**9.6**
莆田市	**Putian**	**7663**	**5679**	**2648**	**277**	**1014**	**10.7**
莆田市辖区	District under Putian	8001	6017	2809	249	1137	10.7
仙游县	Xianyou	6497	4511	2092	376	587	10.8
三明市	**Sanming**	**6949**	**4862**	**2244**	**308**	**685**	**9.8**
三明市辖区	District under Sanming	7987	5986	2654	396	723	8.8
永安市	Yongan	7389	4600	2198	358	506	9.3
明溪县	Mingxi	6726	4286	2035	186	751	8.6
清流县	Qingliu	6901	4742	2283	205	830	11.1
宁化县	Ninghua	6188	4887	2282	389	681	10.5
大田县	Datian	6839	4910	2345	276	553	12.4
尤溪县	Youxi	7112	6190	2640	444	622	11.3
沙县	Shaxian	7770	3874	1758	230	676	9.0
将乐县	Jiangle	6738	4621	2113	276	778	8.4
泰宁县	Taining	6710	3488	1607	236	520	8.1
建宁县	Jianning	6319	6464	2977	464	996	9.8
泉州市	**Quanzhou**	**9296**	**6782**	**2868**	**408**	**1134**	**8.6**
泉州市辖区	District under Quanzhou	8797	6323	2853	333	1028	8.8
石狮市	Shishi	12492	6099	2519	507	793	8.1
晋江市	Jinjiang	10542	6206	2496	306	1013	7.3
南安市	Nan'an	9565	4949	2128	369	864	9.6
惠安县	Huian	9551	5811	2523	342	1206	9.3
安溪县	Anxi	8405	8821	3505	523	898	9.1
永春县	Yongchun	7822	9249	3810	703	1800	8.4
德化县	Dehua	7357	6631	2830	256	1354	8.0
漳州市	**Zhangzhou**	**7861**	**5524**	**2577**	**254**	**1103**	**11.4**
漳州市辖区	District under Zhangzhou	8267	6073	2509	311	1488	10.2
龙海市	Longhai	8056	4549	2492	215	527	12.1

22-9 续表

Continued

单位：元 (yuan)

地区	Area	农民人均纯收入 Per Capita Net Income of Rural Residence	人均生活消费支出 Per Capita Living Expenditure	#食品 Food	#衣着 Clothing	#居住 Residence	农民人均纯收入比上年增长(%) Increase Rate in 2010 over 2009(%)
云霄县	Yunxiao	7296	5649	2456	209	1096	11.2
漳浦县	Zhangpu	8004	4953	2353	179	1092	11.1
诏安县	Zhao'an	7306	6848	3136	257	1317	11.5
长泰县	Changtai	7911	5723	2902	278	978	12.1
东山县	Dongshan	8487	5160	2412	323	866	12.2
南靖县	Nanjing	7481	4655	2247	168	1159	11.9
平和县	Pinghe	7606	5812	2530	286	1398	13.0
华安县	Hua'an	8006	5646	2751	301	955	10.1
南平市	**Nanping**	**6759**	**4991**	**2268**	**338**	**854**	**10.5**
南平市辖区	District under Nanping	7690	5447	2299	411	1178	10.9
邵武市	Shaowu	7857	4663	2198	240	866	11.2
武夷山市	Wuyishan	7784	4255	2087	217	637	10.4
建瓯市	Jian'ou	7932	4749	2193	300	743	10.9
建阳市	Jianyang	7066	4648	2203	358	742	11.9
顺昌县	Shunchang	6789	4535	2139	293	744	10.0
浦城县	Pucheng	6742	5040	2317	584	414	10.4
光泽县	Guangze	5787	5020	2122	331	1125	9.3
松溪县	Songxi	4887	6252	2800	283	1081	9.2
政和县	Zhenghe	5119	5410	2387	366	942	9.3
龙岩市	**Longyan**	**6931**	**5245**	**2403**	**262**	**760**	**10.9**
龙岩市辖区	District under Longyan	9538	6808	3194	418	666	11.3
漳平市	Zhangping	7000	4870	2244	152	1062	11.2
长汀县	Changting	5966	5418	2660	362	537	11.4
永定县	Yongding	7536	5395	2714	179	532	10.3
上杭县	Shanghang	6213	5194	2177	170	1034	10.2
武平县	Wuping	6404	4631	2132	293	617	10.8
连城县	Liancheng	6359	4596	1807	306	819	10.4
宁德市	**Ningde**	**6542**	**4469**	**2113**	**292**	**772**	**12.1**
宁德市辖区	District under Ningde	6466	4058	2070	227	597	11.9
福安市	Fu'an	7027	4888	2437	261	839	12.4
福鼎市	Fuding	6878	4216	1808	295	766	12.9
霞浦县	Xiapu	6943	4348	2045	236	804	9.8
古田县	Gutian	7625	3849	1831	390	445	12.4
屏南县	Pingnan	5910	4312	2112	153	913	12.1
寿宁县	Shouning	5824	3695	1724	222	756	11.6
周宁县	Zhouning	6124	5211	2469	483	875	11.8
柘荣县	Zherong	5992	5521	2447	339	939	13.4

22-10 地方财政收入（2010年）

Budgetary Revenue of Local Government(2010)

单位：万元 (10000 yuan)

地区	Area	地方财政收入 Budgetary Revenue of Local Government	#增值税 Value-added Tax	#营业税 Business Tax	#企业所得税 Enterprises' Income Tax	#个人所得税 Individual Income Tax
福州市	**Fuzhou**	**2478206**	**251099**	**736861**	**313955**	**154288**
福州市辖区	District under Fuzhou	1612563	135355	516197	215920	115249
福清市	Fuqing	254099	34542	63338	31423	10042
长乐市	Changle	143689	21720	27273	19617	9857
闽侯县	Minhou	213523	28061	54928	21432	7089
连江县	Lianjiang	98044	9757	29484	11600	4442
罗源县	Luoyuan	41373	6908	11883	2770	3011
闽清县	Minqing	37074	11360	3709	2523	2386
永泰县	Yongtai	21028	1953	6783	2741	740
平潭县	Pintan	56813	1443	23266	5929	1472
厦门市	**Xiamen**	**2891748**	**393912**	**732081**	**415309**	**145084**
莆田市	**Putian**	**476336**	**54302**	**125739**	**55827**	**18010**
莆田市辖区	District under Putian	404558	47640	107662	50545	15660
仙游县	Xianyou	71778	6662	18077	5282	2350
三明市	**Sanming**	**496415**	**70755**	**161948**	**39624**	**28068**
三明市辖区	District under Sanming	177144	26089	65841	14115	9995
永安市	Yongan	97674	13002	29337	7703	6096
明溪县	Mingxi	9633	1336	3246	913	554
清流县	Qingliu	13001	2201	4808	1122	995
宁化县	Ninghua	22006	1638	5970	1523	1056
大田县	Datian	39696	6789	9619	2463	2016
尤溪县	Youxi	35151	6193	8892	3244	2222
沙县	Shaxian	50443	5860	16607	4530	2688
将乐县	Jiangle	27018	5337	8953	1946	1058
泰宁县	Taining	13852	1481	5174	964	775
建宁县	Jianning	10797	829	3501	1101	613
泉州市	**Quanzhou**	**1815324**	**339389**	**434428**	**254391**	**110833**
泉州市辖区	District under Quanzhou	561445	97892	167299	69488	33576
石狮市	Shishi	192670	28083	47346	26089	11459
晋江市	Jinjiang	452026	123228	77607	90328	29926
南安市	Nan'an	207278	36355	46023	25759	16494
惠安县	Huian	183239	22873	42428	25745	8768
安溪县	Anxi	103503	14814	26665	7487	4358
永春县	Yongchun	65541	7850	16351	4185	3057
德化县	Dehua	49622	8294	10709	5310	3195
漳州市	**Zhangzhou**	**885656**	**100469**	**205084**	**90229**	**33574**
漳州市辖区	District under Zhangzhou	337969	33165	90297	40291	16266
龙海市	Longhai	228732	31945	42273	26215	6964

22-10 续表

Continued

单位：万元 (10000 yuan)

地区	Area	地方财政收入 Budgetary Revenue of Local Government	#增值税 Value-added Tax	#营业税 Business Tax	#企业所得税 Enterprises' Income Tax	#个人所得税 Individual Income Tax
云霄县	Yunxiao	28917	1417	8855	1264	952
漳浦县	Zhangpu	66386	8226	17224	8214	2191
诏安县	Zhao'an	30866	2242	6018	1273	753
长泰县	Changtai	44689	6837	10174	3598	1937
东山县	Dongshan	45268	3948	11832	4877	1096
南靖县	Nanjing	51182	6121	8497	2128	1749
平和县	Pinghe	29656	3119	5643	1187	816
华安县	Hua'an	21991	3449	4271	1182	850
南平市	**Nanping**	**385886**	**45772**	**120321**	**37530**	**19111**
南平市辖区	District under Nanping	119760	20433	30927	16671	7330
邵武市	Shaowu	55269	6442	16470	4669	2148
武夷山市	Wuyishan	47476	1766	19034	4789	1887
建瓯市	Jian'ou	38537	4352	12916	2465	1837
建阳市	Jianyang	42268	3735	14558	3487	1735
顺昌县	Shunchang	19459	4145	4655	995	719
浦城县	Pucheng	27036	1997	8723	1657	1084
光泽县	Guangze	13992	942	5040	1723	1138
松溪县	Songxi	10736	917	3082	476	501
政和县	Zhenghe	11353	1043	4916	598	732
龙岩市	**Longyan**	**667481**	**110916**	**154805**	**79686**	**30189**
龙岩市辖区	District under Longyan	381399	70954	88657	33862	15773
漳平市	Zhangping	42141	6384	11758	4446	2187
长汀县	Changting	32139	5058	8091	3153	1182
永定县	Yongding	71525	19333	12453	5447	3590
上杭县	Shanghang	85087	4243	16497	27092	4228
武平县	Wuping	28951	2435	8550	2798	1585
连城县	Liancheng	26239	2509	8799	2888	1644
宁德市	**Ningde**	**405056**	**44419**	**132144**	**30243**	**22197**
宁德市辖区	District under Ningde	128808	7212	45877	8491	6879
福安市	Fu'an	87721	16431	21129	7230	4835
福鼎市	Fuding	77406	6593	26185	5640	5078
霞浦县	Xiapu	32308	1658	12605	1883	1675
古田县	Gutian	31107	3280	9484	2623	1654
屏南县	Pingnan	12537	2157	5211	886	562
寿宁县	Shouning	13169	2900	4609	1119	598
周宁县	Zhouning	13695	2477	4198	1977	500
柘荣县	Zherong	8305	1711	2846	394	416

22-11 财政支出（2010年）

Budgetary Expenditures of Local Government(2010)

单位：万元 (10000 yuan)

地区	Area	地方财政支出 Budgetary Expenditure	#一般公共服务支出 Expenditure for General Public Service	#教育支出 Expenditure for Education	#科学技术支出 Expenditure for Science	#农林水事务支出 Expenditure for Agriculture Forestry and Water Conservancey
福州市	**Fuzhou**	**2624208**	**304557**	**559878**	**41759**	**147086**
福州市辖区	District under Fuzhou	1261659	142437	240999	29420	22939
福清市	Fuqing	336006	39263	83209	5048	19424
长乐市	Changle	184349	25158	51328	2527	17653
闽侯县	Minhou	292028	27170	56382	1929	18855
连江县	Lianjiang	162872	25298	40606	1436	20439
罗源县	Luoyuan	77463	11397	16953	723	13105
闽清县	Minqing	72590	8510	20458	316	7458
永泰县	Yongtai	82431	10891	22936	205	12124
平潭县	Pintan	154810	14433	27007	155	15089
厦门市	**Xiamen**	**3069468**	**443693**	**433820**	**95969**	**95989**
莆田市	**Putian**	**793185**	**93382**	**279560**	**12234**	**68208**
莆田市辖区	District under Putian	616366	75587	207609	10602	47918
仙游县	Xianyou	176819	17795	71951	1632	20290
三明市	**Sanming**	**970095**	**126043**	**206919**	**12692**	**155478**
三明市辖区	District under Sanming	212443	31473	36047	3437	20000
永安市	Yongan	136500	19278	23756	1651	13847
明溪县	Mingxi	42220	4892	8478	668	9062
清流县	Qingliu	52379	5285	9902	747	12189
宁化县	Ninghua	84023	8616	20677	1110	20031
大田县	Datian	94279	9321	28024	1267	13550
尤溪县	Youxi	88268	12347	26976	725	15418
沙县	Shaxian	85326	16037	19134	928	13625
将乐县	Jiangle	63775	6227	13349	924	13764
泰宁县	Taining	60840	6432	11463	540	11816
建宁县	Jianning	50042	6135	9113	695	12176
泉州市	**Quanzhou**	**2296427**	**310528**	**602096**	**47247**	**211417**
泉州市辖区	District under Quanzhou	586640	101207	130045	16638	33833
石狮市	Shishi	211476	31495	34115	4225	19835
晋江市	Jinjiang	485593	43020	105700	12070	50247
南安市	Nan'an	335809	30112	104517	3444	30698
惠安县	Huian	259078	42201	80565	5915	23721
安溪县	Anxi	193237	31673	77940	919	22584
永春县	Yongchun	121646	19159	40193	2491	14023
德化县	Dehua	102948	11661	29021	1545	16476
漳州市	**Zhangzhou**	**1475168**	**174635**	**286072**	**18014**	**160568**
漳州市辖区	District under Zhangzhou	401238	55185	52592	5881	25673
龙海市	Longhai	297491	27946	48036	4579	24950

22-11 续表

Continued

单位：万元 (10000 yuan)

地区	Area	地方财政支出 Budgetary Expenditure	#一般公共服务支出 Expenditure for General Public Service	#教育支出 Expenditure for Education	#科学技术支出 Expenditure for Science	#农林水事务支出 Expenditure for Agriculture Forestry and Water Conservancey
云霄县	Yunxiao	86494	8749	24469	1260	15034
漳浦县	Zhangpu	154155	16863	42776	787	21587
诏安县	Zhao'an	87914	13328	21844	1231	11413
长泰县	Changtai	85259	13124	12979	995	12087
东山县	Dongshan	90903	9994	14897	467	18513
南靖县	Nanjing	111943	11584	28615	1721	9550
平和县	Pinghe	109064	12004	31839	419	13425
华安县	Hua'an	50707	5858	8025	674	8336
南平市	**Nanping**	**870249**	**95596**	**177679**	**10074**	**131336**
南平市辖区	District under Nanping	209849	25058	34974	3398	23904
邵武市	Shaowu	95192	11199	22220	503	16382
武夷山市	Wuyishan	92891	8890	14821	1121	13505
建瓯市	Jian'ou	101077	10496	23890	1056	16085
建阳市	Jianyang	92767	11050	20880	1050	14703
顺昌县	Shunchang	56974	6960	15007	539	8856
浦城县	Pucheng	87730	7799	19231	1148	13508
光泽县	Guangze	50165	5248	9449	270	10520
松溪县	Songxi	40432	4905	7814	302	6186
政和县	Zhenghe	43172	3991	9393	687	7687
龙岩市	**Longyan**	**1108134**	**134066**	**228393**	**14846**	**130288**
龙岩市辖区	District under Longyan	396689	54808	63005	6905	25848
漳平市	Zhangping	97999	15633	18491	1070	14055
长汀县	Changting	113395	9887	24401	1321	18593
永定县	Yongding	151446	11169	34458	1775	18877
上杭县	Shanghang	159105	18054	37097	756	22056
武平县	Wuping	103478	12659	33195	1767	16098
连城县	Liancheng	86022	11856	17746	1252	14761
宁德市	**Ningde**	**866062**	**118496**	**193169**	**8216**	**121098**
宁德市辖区	District under Ningde	199805	40161	36382	3369	18167
福安市	Fu'an	158284	20611	34778	997	18648
福鼎市	Fuding	129586	13693	33002	528	18871
霞浦县	Xiapu	99649	10917	28536	389	21885
古田县	Gutian	87507	8497	18789	682	13414
屏南县	Pingnan	49204	5567	9881	765	8241
寿宁县	Shouning	55827	7314	13532	372	8410
周宁县	Zhouning	47255	6305	10863	187	6738
柘荣县	Zherong	38945	5431	7406	927	6724

22-12 金融机构货币存货款余额（2010年）

Deposits and Loans of Financial institutions by Country and City

单位：万元 (10000 yuan)

地区	Area	金融机构人民币各项存款余额 RMB Deposits of National Banking System	企业存款 Deposits by Enterprises	储蓄存款 Savings Deposits	金融机构人民币各项贷款余额 RMB Loans of National Banking System	中长期贷款 Medium-term & Long-term Loans	短期贷款 Short-term Loans
福州市	**Fuzhou**	**59610664**	**18485231**	**23290905**	**50055312**	**32424131**	**16831542**
福州市辖区	District under Fuzhou	45971058	16532470	14536588	42172323	28825080	12627061
福清市	Fuqing	4514097	517240	3474496	2450015	1128793	1250075
长乐市	Changle	3246310	430632	1894371	2405598	747948	1654076
闽侯县	Minhou	1842920	317934	963071	891856	489937	398973
连江县	Lianjiang	1558843	241413	1033484	774135	512973	261092
罗源县	Luoyuan	432280	71850	236562	326211	147593	178618
闽清县	Minqing	605334	80010	445658	237259	41720	193819
永泰县	Yongtai	496469	80328	325967	199518	105024	94494
平潭县	Pintan	943353	213353	380708	598398	425064	173334
厦门市	**Xiamen**	**42345250**	**16158938**	**13578029**	**33379763**	**20928475**	**11124611**
莆田市	**Putian**	**7162665**	**1083917**	**4748679**	**6167065**	**2606104**	**3548544**
莆田市辖区	District under Putian	6857377	1118115	4415719	6335784	2736854	3585462
仙游县	Xianyou	1365250	121741	1055703	805183	316772	487675
三明市	**Sanming**	**7544711**	**1567363**	**3972498**	**6947590**	**3533569**	**3336374**
三明市辖区	District under Sanming	2498143	705649	1058421	2770881	1189055	1526009
永安市	Yongan	1168832	275213	613735	1104561	584457	511338
明溪县	Mingxi	287892	51624	179724	116917	47031	69886
清流县	Qingliu	264749	37174	151703	185783	122403	63380
宁化县	Ninghua	445305	46936	296187	204675	131913	72762
大田县	Datian	510338	61322	302440	341556	200279	140525
尤溪县	Youxi	561217	69881	390643	580342	431632	144085
沙县	Shaxian	798944	160096	434626	967491	450584	509233
将乐县	Jiangle	409681	70070	226998	362903	226967	135927
泰宁县	Taining	320719	60719	160573	183845	96505	87336
建宁县	Jianning	278891	28679	157446	128637	52744	75893
泉州市	**Quanzhou**	**32762343**	**6938056**	**18602087**	**26005591**	**10903942**	**14933951**
泉州市辖区	District under Quanzhou	11802434	3449226	4769567	10841919	5685775	5055858
石狮市	Shishi	3531322	452879	2485897	2686717	928408	1753950
晋江市	Jinjiang	7972978	1732741	4737081	5518533	1972990	3510369
南安市	Nan'an	4299272	617200	2972468	3539221	916177	2616589
惠安县	Huian	2132273	300905	1493882	1390351	610326	772027
安溪县	Anxi	1510989	207911	1083043	1103372	467322	633146
永春县	Yongchun	889022	71815	680837	487746	145143	336742
德化县	Dehua	624053	105380	379312	437732	177801	255270
漳州市	**Zhangzhou**	**10854933**	**2078534**	**6033326**	**7989656**	**3269849**	**4651458**
漳州市辖区	District under Zhangzhou	4640032	1033121	2034545	4242171	1680637	2505931
龙海市	Longhai	2099529	459663	1224121	1295723	461179	829197

22-12 续表

Continued

单位：万元 (10000 yuan)

地区	Area	金融机构人民币各项存款余额 RMB Deposits of National Banking System	企业存款 Deposits by Enterprises	储蓄存款 Savings Deposits	金融机构人民币各项贷款余额 RMB Loans of National Banking System	中长期贷款 Medium-term & Long-term Loans	短期贷款 Short-term Loans
云霄县	Yunxiao	621545	65052	442506	233106	90989	141917
漳浦县	Zhangpu	816760	146226	523057	499215	315758	183457
诏安县	Zhao'an	483246	70367	347205	215478	81024	134454
长泰县	Changtai	471834	76478	284601	283522	101626	181730
东山县	Dongshan	423842	86523	268671	403694	235882	167812
南靖县	Nanjing	494466	55665	326141	380350	94480	279270
平和县	Pinghe	576802	62330	414123	236231	101816	134415
华安县	Hua'an	226877	23109	168355	200167	106457	93276
南平市	**Nanping**	**7518585**	**1612829**	**4004979**	**6152453**	**3250948**	**2837657**
南平市辖区	District under Nanping	2317417	709218	958276	2646159	1627235	975676
邵武市	Shaowu	856553	145158	542343	660217	301152	354119
武夷山市	Wuyishan	693233	142966	411170	529876	226779	303097
建瓯市	Jian'ou	844870	135214	478107	694517	338944	355417
建阳市	Jianyang	833931	192356	414964	556661	263600	282571
顺昌县	Shunchang	455700	54864	295554	266107	138360	124278
浦城县	Pucheng	617874	79779	420557	339620	157322	180759
光泽县	Guangze	317137	68008	167132	160625	79193	81432
松溪县	Songxi	302861	48707	157562	181900	64399	117501
政和县	Zhenghe	279008	36559	159316	116771	53964	62807
龙岩市	**Longyan**	**7847614**	**2041580**	**3944782**	**7233897**	**3697639**	**3479000**
龙岩市辖区	District under Longyan	3646814	907197	1708710	4336080	2440845	1862754
漳平市	Zhangping	579369	140197	321571	485313	277896	206121
长汀县	Changting	601451	97025	356485	482473	194860	285396
永定县	Yongding	786054	133471	479367	457663	155751	301072
上杭县	Shanghang	1457560	595595	600846	946751	412335	514373
武平县	Wuping	411774	79964	257538	279032	97215	181817
连城县	Liancheng	364592	88130	220264	246584	118737	127467
宁德市	**Ningde**	**6696761**	**1166539**	**2816218**	**7185581**	**3111715**	**4073001**
宁德市辖区	District under Ningde	2439815	418495	577942	2225681	1135728	1089564
福安市	Fu'an	1334635	252175	609536	1680717	524101	1156416
福鼎市	Fuding	948875	150292	516115	1641320	716430	924890
霞浦县	Xiapu	468727	90743	250815	455250	266446	188528
古田县	Gutian	585070	79268	416709	351902	112729	239173
屏南县	Pingnan	207065	31809	126329	269388	149102	120286
寿宁县	Shouning	223079	31670	153548	186440	98108	88332
周宁县	Zhouning	358720	93377	94466	210278	56907	153372
柘荣县	Zherong	130776	18710	70758	164606	52164	112441

22-13 农作物播种面积（2010年）

Sown Areas of Farm Crops(2010)

单位：千公顷 (1000 hectares)

项目	Item	农作物播种面积 Sown Areas of Farm Crops	粮食作物 Grain Crops	春收粮食播种面积 Sown Areas of Spring Harvested Farm Crops	夏收粮食播种面积 Sown Area of Summer Harve- sted Farm Crops	秋收粮食播种面积 Sown Area of Autumn Harve- sted Farm Crops	非粮作物 Non-grain Crops
福州市	**Fuzhou**	**261.69**	**115.99**	**8.67**	**22.99**	**84.33**	**145.70**
福州市辖区	District under Fuzhou	15.25	2.09		0.37	1.73	13.15
福清市	Fuqing	52.89	24.39	1.17	7.30	15.92	28.50
长乐市	Changle	32.33	16.73	2.49	5.93	8.31	15.60
闽侯县	Minhou	39.03	14.21	0.95	2.25	11.01	24.83
连江县	Lianjiang	21.40	10.50	0.57	2.43	7.50	10.90
罗源县	Luoyuan	14.45	9.23	0.58	0.29	8.36	5.22
闽清县	Minqing	31.70	12.22	0.39	1.58	10.26	19.47
永泰县	Yongtai	40.87	21.11	2.03	2.62	16.46	19.76
平潭县	Pintan	13.75	5.50	0.51	0.21	4.78	8.25
厦门市	**Xiamen**	**29.18**	**7.94**	**1.48**	**2.53**	**3.93**	**21.23**
莆田市	**Putian**	**109.08**	**54.89**	**2.52**	**18.58**	**33.79**	**54.18**
莆田市辖区	District under Putian	66.23	29.99	1.69	10.11	18.20	36.23
仙游县	Xianyou	42.85	24.90	0.83	8.47	15.59	17.95
三明市	**Sanming**	**406.70**	**212.44**	**11.44**	**33.18**	**167.82**	**194.26**
三明市辖区	District under Sanming	13.14	5.55	0.19	0.57	4.79	7.60
永安市	Yongan	36.55	18.98	0.49	3.91	14.58	17.56
明溪县	Mingxi	28.66	17.92	1.23	3.03	13.66	10.73
清流县	Qingliu	30.46	17.21	1.15	3.30	12.76	13.25
宁化县	Ninghua	61.64	35.00	1.55	3.85	29.61	26.64
大田县	Datian	55.24	25.02	3.13	5.75	16.14	30.23
尤溪县	Youxi	68.39	35.03	2.61	6.09	26.33	33.36
沙县	Shaxian	28.30	15.24	0.33	3.32	11.59	13.06
将乐县	Jiangle	23.73	13.97	0.44	0.70	12.83	9.76
泰宁县	Taining	21.96	12.20	0.28	0.76	11.16	9.76
建宁县	Jianning	38.65	16.32	0.05	1.90	14.38	22.33
泉州市	**Quanzhou**	**255.58**	**159.87**	**20.44**	**48.53**	**90.90**	**95.71**
泉州市辖区	District under Quanzhou	22.34	13.28	1.43	4.81	7.05	9.06
石狮市	Shishi	5.08	2.58	0.36	0.62	1.61	2.50
晋江市	Jinjiang	28.17	12.03	1.37	3.70	6.96	16.15
南安市	Nan'an	53.74	34.40	2.94	13.91	17.55	19.33
惠安县	Huian	42.01	26.79	3.26	7.45	16.07	15.22
安溪县	Anxi	43.62	30.73	3.69	10.23	16.80	12.89
永春县	Yongchun	35.51	25.02	3.66	7.66	13.70	10.49
德化县	Dehua	25.11	15.04	3.73	0.14	11.17	10.07
漳州市	**Zhangzhou**	**258.52**	**119.15**	**10.61**	**47.87**	**60.67**	**139.37**
漳州市辖区	District under Zhangzhou	6.86	1.40	0.09	0.51	0.80	5.46

22-13 续表

Continued

单位：千公顷　　(1000 hectares)

项目	Item	农作物播种面积 Sown Areas of Farm Crops	粮食作物 Grain Crops	春收粮食播种面积 Sown Areas of Spring Harvested Farm Crops	夏收粮食播种面积 Sown Area of Summer Harve- sted Farm Crops	秋收粮食播种面积 Sown Area of Autumn Harve- sted Farm Crops	非粮作物 Non-grain Crops
龙海市	Longhai	37.72	17.35	2.61	6.84	7.90	20.37
云霄县	Yunxiao	26.72	16.32	1.15	6.99	8.19	10.39
漳浦县	Zhangpu	65.23	32.41	3.66	13.06	15.68	32.82
诏安县	Zhao'an	33.61	19.28	1.96	7.98	9.35	14.32
长泰县	Changtai	18.55	6.04	0.03	2.62	3.39	12.51
东山县	Dongshan	6.36	1.36	0.14	0.16	1.06	5.00
南靖县	Nanjing	23.69	8.97	0.20	3.36	5.41	14.72
平和县	Pinghe	31.26	13.32	0.68	5.51	7.13	17.94
华安县	Hua'an	8.53	2.70	0.08	0.84	1.78	5.83
南平市	**Nanping**	**424.85**	**251.12**	**7.24**	**34.78**	**209.10**	**173.73**
南平市辖区	District under Nanping	33.43	18.49	0.63	3.30	14.56	14.94
邵武市	Shaowu	57.69	37.70	1.64	9.32	26.74	19.99
武夷山市	Wuyishan	37.31	22.90	1.09	1.47	20.35	14.41
建瓯市	Jian’ou	70.52	38.29	0.76	6.20	31.34	32.23
建阳市	Jianyang	53.89	33.87	0.46	4.88	28.54	20.01
顺昌县	Shunchang	24.40	14.25	0.32	1.34	12.59	10.15
浦城县	Pucheng	84.04	44.56	1.63	4.47	38.46	39.48
光泽县	Guangze	22.46	14.80	0.22	0.26	14.32	7.66
松溪县	Songxi	18.89	11.32	0.37	1.21	9.74	7.56
政和县	Zhenghe	22.23	14.92	0.12	2.32	12.48	7.31
龙岩市	**Longyan**	**296.99**	**176.00**	**7.50**	**55.84**	**112.66**	**120.99**
龙岩市辖区	District under Longyan	23.37	12.36	0.60	3.86	7.89	11.01
漳平市	Zhangping	25.46	13.66	0.37	3.91	9.38	11.80
长汀县	Changting	54.44	31.95	2.66	10.71	18.57	22.49
永定县	Yongding	36.93	22.10	0.51	5.92	15.68	14.83
上杭县	Shanghang	51.16	28.64	0.31	9.75	18.58	22.52
武平县	Wuping	58.10	37.84	0.76	13.08	24.00	20.25
连城县	Liancheng	47.54	29.45	2.29	8.60	18.56	18.09
宁德市	**Ningde**	**228.30**	**134.90**	**16.33**	**11.39**	**107.17**	**93.41**
宁德市辖区	District under Ningde	18.90	11.62	0.65	1.68	9.29	7.28
福安市	Fu'an	43.12	22.33	3.55	2.82	15.96	20.79
福鼎市	Fuding	30.81	16.92	2.29	2.22	12.41	13.89
霞浦县	Xiapu	31.33	17.49	2.08	3.63	11.79	13.83
古田县	Gutian	34.98	26.43	1.52	0.25	24.65	8.55
屏南县	Pingnan	18.10	10.87	1.24	0.03	9.60	7.23
寿宁县	Shouning	21.24	12.47	1.67	0.41	10.39	8.77
周宁县	Zhouning	12.98	8.02	1.45	0.08	6.49	4.96
柘荣县	Zherong	16.86	8.75	1.88	0.27	6.60	8.11

22-14 主要农产品产量（2010年）

Output of Major Agricultural Products(2010)

单位：吨 (ton)

地区	Area	粮食 Grain Crops	油料 Oil-bearing	甘蔗 Sugercane	茶叶 Tea	园林水果 Fruit	肉类 Meat	水产品 Aquatic Products
福州市	**Fuzhou**	**606917**	**45887**	**26329**	**16578**	**528975**	**253053**	**1771046**
福州市辖区	District under Fuzhou	11463	10		1360	34846	12924	144715
福清市	Fuqing	130263	29104		82	68016	118686	316511
长乐市	Changle	91784	1319	1396	85	52311	25758	116632
闽侯县	Minhou	78089	1155	9940	571	73668	39211	31000
连江县	Lianjiang	49662	1092	1898	4408	58903	10269	675207
罗源县	Luoyuan	45624	103		5115	11843	7309	112020
闽清县	Minqing	61615	971	1116	1101	99582	12190	6661
永泰县	Yongtai	113516	3028	11979	3856	126181	19908	7279
平潭县	Pintan	24901	9105			3625	6798	361021
厦门市	**Xiamen**	**43018**	**9429**	**4219**	**1340**	**18859**	**72007**	**37940**
莆田市	**Putian**	**306167**	**43940**	**52517**	**3777**	**182778**	**129061**	**726190**
莆田市辖区	District under Putian	165030	30800	31817	508	113590	98808	710496
仙游县	Xianyou	141137	13140	20700	3269	69188	30253	15694
三明市	**Sanming**	**1119567**	**22618**	**43985**	**27388**	**1114632**	**152614**	**76570**
三明市辖区	District under Sanming	29317	347	1123	272	168664	11329	2940
永安市	Yongan	107282	1783	11984	1463	126633	23982	9441
明溪县	Mingxi	91559	2476	775	1558	41895	5140	4701
清流县	Qingliu	87907	3817	4717	1019	59301	8310	14428
宁化县	Ninghua	191927	5930	349	1836	55155	15246	7760
大田县	Datian	114342	1717	17949	5677	125425	21968	4407
尤溪县	Youxi	167602	1435	1340	9069	199063	18191	7257
沙县	Shaxian	86372	1991	2688	4787	176171	26573	6423
将乐县	Jiangle	78013	1220	2782	332	45136	8184	4287
泰宁县	Taining	64121	1435		530	25446	6945	9856
建宁县	Jianning	101125	467	278	845	91743	6746	5070
泉州市	**Quanzhou**	**807929**	**54735**	**11641**	**52404**	**462280**	**232275**	**994480**
泉州市辖区	District under Quanzhou	68526	8151	3337	413	22544	23854	120195
石狮市	Shishi	12297	1503			4373	1521	370294
晋江市	Jinjiang	61420	8353	960		15351	24266	208769
南安市	Nan'an	190199	12600	3102	652	77996	59999	35134
惠安县	Huian	119407	22814		8	17804	34621	255493
安溪县	Anxi	140544	1051	2168	41096	26457	37955	1715
永春县	Yongchun	129839	203	2074	9503	229001	23923	1250
德化县	Dehua	85697	60		732	68754	26136	1630
漳州市	**Zhangzhou**	**700788**	**38677**	**333909**	**49425**	**2551085**	**256930**	**1445170**
漳州市辖区	District under Zhangzhou	6124	476	27822	194	86977	54932	17231

注：本表粮食产量中的稻谷产量为原报面积推算的抽样调查数,非稻谷部分产量为全面统计数.各设区市数为所辖县(市、区)汇总数。

Note:The grain output in this table is calculated on spot check basis.

22-14 续表

Continued

单位：吨 (ton)

地区	Area	粮食 Grain Crops	油料 Oil-bearing	甘蔗 Sugercane	茶叶 Tea	园林水果 Fruit	肉类 Meat	水产品 Aquatic Products
龙海市	Longhai	110973	2912	9257	59	86037	43115	345491
云霄县	Yunxiao	100301	4090	3750	525	202115	12512	166619
漳浦县	Zhangpu	197740	18254	34001	457	346820	34800	334761
诏安县	Zhao'an	106115	5006	3075	4716	132100	12622	243255
长泰县	Changtai	35458	2151	171962	3513	85852	20440	19000
东山县	Dongshan	7270	2554			14914	4328	298092
南靖县	Nanjing	47335	672	7295	12470	385815	37032	11500
平和县	Pinghe	74288	2332		10197	1144427	24802	6421
华安县	Hua'an	15183	230	76747	17294	66028	12347	2800
南平市	**Nanping**	**1391332**	**26816**	**85978**	**47052**	**893529**	**295366**	**89250**
南平市辖区	District under Nanping	87491	845	2198	1237	109037	96002	8076
邵武市	Shaowu	201761	5456	2557	7146	64067	19238	16218
武夷山市	Wuyishan	136567	2105	8545	9770	45739	11794	8245
建瓯市	Jian'ou	210816	3506	35535	9075	346807	16736	14821
建阳市	Jianyang	216527	1258	4509	2699	114963	9819	8194
顺昌县	Shunchang	74500	850	1515	79	104119	7735	5552
浦城县	Pucheng	231756	9736	6896	1439	35456	16817	14913
光泽县	Guangze	82081	1310	308	687	4343	107814	6507
松溪县	Songxi	64237	1256	8540	4950	46426	4624	5034
政和县	Zhenghe	85596	494	15375	9970	22572	4787	1690
龙岩市	**Longyan**	**986294**	**19433**	**14963**	**13392**	**337856**	**432490**	**62115**
龙岩市辖区	District under Longyan	74244	2961	912	1158	41445	122526	6598
漳平市	Zhangping	78725	556	1483	6018	54716	23162	7904
长汀县	Changting	171561	5875	6549	1385	58457	50583	10283
永定县	Yongding	123233	1572	2078	969	61101	68896	5337
上杭县	Shanghang	168140	1759	612	1028	42331	70607	9546
武平县	Wuping	205831	2857	1962	2258	34355	60803	8978
连城县	Liancheng	164561	3853	1367	576	45451	35913	13469
宁德市	**Ningde**	**656900**	**4907**	**41972**	**61260**	**337659**	**77182**	**671422**
宁德市辖区	District under Ningde	55800	459	9863	5415	29839	15382	140605
福安市	Fu'an	103740	1070	22940	17397	163203	19042	66787
福鼎市	Fuding	78749	488	2913	13807	17570	7092	141184
霞浦县	Xiapu	79458	1854	3656	3589	38736	7473	298208
古田县	Gutian	143847	99		1306	60431	8579	17944
屏南县	Pingnan	59363			1078	15580	6532	2287
寿宁县	Shouning	62098	43		10663	8877	4995	1810
周宁县	Zhouning	39964	75	2600	5569	2743	4337	1576
柘荣县	Zherong	33881	819		2436	680	3750	1021

22-15 规模以上工业总产值（2010年）

Gross Output Value of Industrial Enterprises above Designated Size(2010)

单位：亿元 (100 million yuan)

地区	Area	工业总产值 Total	轻工业 Light Industy	重工业 Heavy Industry	工业总产值比上年增长（%） Ratio（%）
福州市	**Fuzhou**	**4545.41**	**1819.62**	**2725.79**	**25.0**
福州市辖区	District under Fuzhou	1655.38	643.65	1011.74	18.6
福清市	Fuqing	1034.78	318.27	716.51	21.4
长乐市	Changle	854.16	613.11	241.06	25.8
闽侯县	Minhou	430.98	111.73	319.24	41.6
连江县	Lianjiang	193.19	92.04	101.15	37.4
罗源县	Luoyuan	224.92	13.70	211.22	56.8
闽清县	Minqing	105.17	8.35	96.82	21.5
永泰县	Yongtai	24.05	15.01	9.04	23.4
平潭县	Pintan	22.78	3.76	19.02	53.7
厦门市	**Xiamen**	**3688.95**	**1219.21**	**2469.73**	**31.9**
莆田市	**Putian**	**1266.53**	**874.07**	**392.46**	**31.9**
莆田市辖区	District under Putian	1107.78	759.19	348.60	31.4
仙游县	Xianyou	158.75	114.89	43.86	35.8
三明市	**Sanming**	**1328.85**	**371.84**	**957.01**	**36.4**
三明市辖区	District under Sanming	375.57	45.33	330.24	22.2
永安市	Yongan	294.16	101.89	192.27	38.1
明溪县	Mingxi	31.71	12.06	19.65	52.7
清流县	Qingliu	37.46	8.12	29.34	51.1
宁化县	Ninghua	40.41	11.41	29.00	50.2
大田县	Datian	114.58	12.01	102.57	54.0
尤溪县	Youxi	92.24	52.75	39.49	47.4
沙县	Shaxian	211.21	88.86	122.35	39.8
将乐县	Jiangle	62.32	9.29	53.02	46.2
泰宁县	Taining	31.31	9.22	22.09	21.3
建宁县	Jianning	37.87	20.90	16.97	50.5
泉州市	**Quanzhou**	**6260.41**	**3651.21**	**2609.19**	**28.4**
泉州市辖区	District under Quanzhou	1758.09	816.24	941.85	32.9
石狮市	Shishi	563.16	467.15	96.01	24.4
晋江市	Jinjiang	1859.57	1401.76	457.81	22.6
南安市	Nan'an	764.27	227.74	536.53	28.1
惠安县	Huian	611.04	393.09	217.95	25.2
安溪县	Anxi	426.05	142.24	283.82	53.4
永春县	Yongchun	169.62	121.04	48.58	29.0
德化县	Dehua	108.60	81.95	26.65	19.8
漳州市	**Zhangzhou**	**1938.92**	**1034.21**	**904.72**	**36.4**
漳州市辖区	District under Zhangzhou	466.62	189.43	277.19	28.6

注：本表工业总产值比上年增长速度为现价工业总产值增长速度。

Note:Growth ratio of Industrial Output Value in this table is acculated according to the current price.

22-15 续表

Continued

单位：亿元 (100 million yuan)

地区	Area	工业总产值 Total	轻工业 Light Industy	重工业 Heavy Industry	工业总产值比上年增长（%） Ratio（%）
龙海市	Longhai	710.87	358.01	352.87	31.3
云霄县	Yunxiao	69.86	46.09	23.77	82.4
漳浦县	Zhangpu	109.76	73.20	36.56	40.2
诏安县	Zhao'an	90.65	70.63	20.02	50.1
长泰县	Changtai	146.71	74.50	72.21	49.3
东山县	Dongshan	99.78	76.87	22.91	60.8
南靖县	Nanjing	150.41	103.28	47.13	23.3
平和县	Pinghe	44.32	29.65	14.66	59.6
华安县	Hua'an	49.93	12.54	37.39	58.0
南平市	**Nanping**	**777.36**	**350.52**	**426.84**	**30.0**
南平市辖区	District under Nanping	258.08	99.78	158.30	31.0
邵武市	Shaowu	138.82	53.22	85.60	29.0
武夷山市	Wuyishan	35.74	30.51	5.23	31.0
建瓯市	Jian’ou	95.10	50.94	44.15	30.3
建阳市	Jianyang	94.70	37.80	56.90	27.5
顺昌县	Shunchang	46.26	5.50	40.76	24.9
浦城县	Pucheng	45.68	29.67	16.01	33.4
光泽县	Guangze	31.96	23.59	8.36	26.3
松溪县	Songxi	16.57	9.70	6.87	41.5
政和县	Zhenghe	14.47	9.81	4.66	37.2
龙岩市	**Longyan**	**1177.34**	**364.53**	**812.81**	**38.1**
龙岩市辖区	District under Longyan	620.74	195.51	425.24	28.7
漳平市	Zhangping	87.02	24.33	62.68	42.5
长汀县	Changting	82.48	57.99	24.49	50.7
永定县	Yongding	112.81	21.07	91.74	47.9
上杭县	Shanghang	145.16	7.90	137.26	61.1
武平县	Wuping	51.26	19.88	31.37	52.8
连城县	Liancheng	77.87	37.84	40.03	44.8
宁德市	**Ningde**	**917.45**	**233.89**	**683.57**	**47.5**
宁德市辖区	District under Ningde	89.13	33.37	55.76	29.8
福安市	Fu'an	363.61	38.60	325.01	49.4
福鼎市	Fuding	207.88	79.83	128.05	62.6
霞浦县	Xiapu	46.34	16.94	29.40	52.6
古田县	Gutian	70.02	29.31	40.71	39.2
屏南县	Pingnan	28.38	9.12	19.26	41.3
寿宁县	Shouning	35.94	4.83	31.11	51.2
周宁县	Zhouning	33.64	3.51	30.14	43.3
柘荣县	Zherong	42.52	18.39	24.13	39.0

22-16 规模以上工业企业主要财务指标（2010年）

Finacial Indicators of Industrial Enterprises above Designated Size(2010)

单位：万元　　(10000 yuan)

地区	Area	固定资产净值年末数 Net Value of Fixed Assets at the Year-end	流动资产年末数 Annual Average Balance of Circulating Funds	主营业务收入 Sale of Products	利润总额 Total Profits	利税总额 Total Pre-tax Profits
福州市	**Fuzhou**	**9466001**	**17490023**	**42024659**	**3240153**	**4411530**
福州市辖区	District under Fuzhou	2022464	6414414	14402724	1133847	1504694
福清市	Fuqing	1572678	3444457	9685842	816948	1039110
长乐市	Changle	2497320	3646904	8247104	523138	663331
闽侯县	Minhou	889438	1781821	4091962	250876	549991
连江县	Lianjiang	979051	576335	1821131	185794	229060
罗源县	Luoyuan	759813	1244308	2277322	148466	184556
闽清县	Minqing	516107	230494	1031125	153442	199289
永泰县	Yongtai	114932	89151	253076	7864	15161
平潭县	Pintan	114198	62140	214372	19778	26339
厦门市	**Xiamen**	**7659483**	**19035260**	**36775751**	**2767462**	**3862060**
莆田市	**Putian**	**2921269**	**3553409**	**12410548**	**927304**	**1213369**
莆田市辖区	District under Putian	2686965	3108431	10859668	675027	932718
仙游县	Xianyou	234304	444978	1550880	252277	280651
三明市	**Sanming**	**3354285**	**3753062**	**13003996**	**412153**	**910774**
三明市辖区	District under Sanming	1037121	1283070	3731362	84602	191607
永安市	Yongan	560090	689882	2859629	63851	169554
明溪县	Mingxi	108018	52103	310460	14903	22691
清流县	Qingliu	129042	123492	346552	25410	40552
宁化县	Ninghua	79583	68889	388869	13792	35045
大田县	Datian	166515	235440	1117582	43140	108740
尤溪县	Youxi	419222	308029	870265	17609	47395
沙县	Shaxian	485795	675228	2080983	85122	175329
将乐县	Jiangle	157933	168440	614316	23410	49533
泰宁县	Taining	135040	80468	311012	20503	36104
建宁县	Jianning	75926	68023	372966	19812	34223
泉州市	**Quanzhou**	**13797758**	**21131671**	**59933157**	**6273215**	**8965501**
泉州市辖区	District under Quanzhou	4498653	6126216	16336998	1180715	2208703
石狮市	Shishi	1244024	1881598	5523641	507239	640712
晋江市	Jinjiang	4047888	8357885	17857180	2008155	2758467
南安市	Nan'an	1493046	2784110	7475106	1002606	1216947
惠安县	Huian	956108	637889	5842529	539920	809783
安溪县	Anxi	940444	675895	4171990	806065	981840
永春县	Yongchun	349895	372377	1671486	159074	232676
德化县	Dehua	267700	295702	1054227	69441	116373
漳州市	**Zhangzhou**	**3853059**	**8205679**	**18679663**	**1616077**	**2345561**
漳州市辖区	District under Zhangzhou	580812	2188693	4274621	374430	518253
龙海市	Longhai	1478673	3126221	6917669	714203	972273

22-16 续表

Continued

单位：万元 (10000 yuan)

地区	Area	固定资产净值年末数 Net Value of Fixed Assets at the Year-end	流动资产年末数 Annual Average Balance of Circulating Funds	主营业务收入 Sale of Products	利润总额 Total Profits	利税总额 Total Pre-tax Profits
云霄县	Yunxiao	122948	188031	687359	31300	46797
漳浦县	Zhangpu	310207	476997	1067322	78012	120151
诏安县	Zhao'an	112231	208628	896036	39824	84489
长泰县	Changtai	334329	588649	1454274	128249	195133
东山县	Dongshan	254421	379298	975813	57668	132729
南靖县	Nanjing	262437	656953	1471579	125561	172632
平和县	Pinghe	106642	147899	438290	32116	48115
华安县	Hua'an	290360	244311	496701	34714	54989
南平市	**Nanping**	**2286123**	**2831190**	**7293609**	**456144**	**656437**
南平市辖区	District under Nanping	892673	1169724	2288993	132418	184308
邵武市	Shaowu	278090	382304	1359726	46712	80131
武夷山市	Wuyishan	86341	117189	339917	48231	60088
建瓯市	Jian’ou	243890	286747	905242	86111	125591
建阳市	Jianyang	183352	331966	923258	46438	67250
顺昌县	Shunchang	207248	161232	450866	18048	33412
浦城县	Pucheng	96805	87244	431158	23398	35740
光泽县	Guangze	222128	164408	297226	26365	31776
松溪县	Songxi	31929	68411	156389	13141	17424
政和县	Zhenghe	43666	61964	140835	15283	20717
龙岩市	**Longyan**	**3174345**	**5072271**	**11278959**	**1362701**	**2422371**
龙岩市辖区	District under Longyan	1463744	2621258	5879145	552753	1404898
漳平市	Zhangping	313977	350507	855737	143197	196600
长汀县	Changting	191113	347961	804258	48366	76269
永定县	Yongding	450228	309061	1121505	81907	118501
上杭县	Shanghang	306047	1156566	1357064	433217	469972
武平县	Wuping	292190	129005	505640	41747	61888
连城县	Liancheng	157045	157913	755611	61514	94243
宁德市	**Ningde**	**2703748**	**2760820**	**8519607**	**428326**	**756238**
宁德市辖区	District under Ningde	1065106	418277	1073026	55322	84694
福安市	Fu'an	502880	1301412	3093490	130432	221222
福鼎市	Fuding	261023	523971	1993550	113937	170392
霞浦县	Xiapu	162112	134219	460984	22642	34383
古田县	Gutian	123337	82402	556803	28989	45922
屏南县	Pingnan	208075	92271	274913	22084	43552
寿宁县	Shouning	153433	97103	336510	23482	36832
周宁县	Zhouning	158873	48374	319699	21875	65351
柘荣县	Zherong	68910	62793	410631	9563	53891

22-17 运输邮电基本情况（2010年）

Basic Indicators of Transportation and Post(2010)

单位：公里 (KM)

地区	Area	邮路单程长度 Length of Postal Route	农村投递路线总长度 Rural Delivery Routes	公路通车里程 Length of Highways in Operation
福州市	**Fuzhou**	**71662**	**10251**	**10234**
福州市辖区	District under Fuzhou	68767	1076	805
福清市	Fuqing	545	1356	1620
长乐市	Changle	121	1238	965
闽侯县	Minhou	399	1544	1428
连江县	Lianjiang	219	1213	1067
罗源县	Luoyuan	435	862	850
闽清县	Minqing	274	921	1337
永泰县	Yongtai	420	1395	1631
平潭县	Pintan	482	646	531
厦门市	**Xiamen**	**87637**	**5645**	**1866**
莆田市	**Putian**	**2557**	**4596**	**5552**
莆田市辖区	District under Putian	2230	2830	3327
仙游县	Xianyou	327	1766	2225
三明市	**Sanming**	**5764**	**11008**	**13661**
三明市辖区	District under Sanming	2188	557	1017
永安市	Yongan	343	1345	1358
明溪县	Mingxi	303	548	982
清流县	Qingliu	443	872	825
宁化县	Ninghua	361	1313	1514
大田县	Datian	336	1372	1436
尤溪县	Youxi	601	1905	2360
沙县	Shaxian	267	779	1195
将乐县	Jiangle	205	1208	1048
泰宁县	Taining	346	631	890
建宁县	Jianning	371	478	1036
泉州市	**Quanzhou**	**30048**	**20736**	**14253**
泉州市辖区	District under Quanzhou	27201	1966	1282
石狮市	Shishi	102	201	334
晋江市	Jinjiang	337	1898	1271
南安市	Nan'an	109	6779	2482
惠安县	Huian	149	6293	695
安溪县	Anxi	774	1539	3391
永春县	Yongchun	466	981	2651
德化县	Dehua	910	1079	2147
漳州市	**Zhangzhou**	**5081**	**8614**	**10105**
漳州市辖区	District under Zhangzhou	2084	841	539
龙海市	Longhai	523	1752	1369

22-17 续表

Continued

单位：公里 (KM)

地区	Area	邮路单程长度 Length of Postal Route	农村投递路线总长度 Rural Delivery Routes	公路通车里程 Length of Highways in Operation
云霄县	Yunxiao	407	510	597
漳浦县	Zhangpu	462	1120	1111
诏安县	Zhao'an	366	981	987
长泰县	Changtai	136	286	894
东山县	Dongshan	298	412	268
南靖县	Nanjing	155	1305	2001
平和县	Pinghe	315	934	1182
华安县	Hua'an	335	473	1157
南平市	**Nanping**	**6940**	**10537**	**13663**
南平市辖区	District under Nanping	3055	1470	1716
邵武市	Shaowu	573	834	1462
武夷山市	Wuyishan	437	833	1146
建瓯市	Jian’ou	262	1333	2259
建阳市	Jianyang	359	1391	1379
顺昌县	Shunchang	476	900	1154
浦城县	Pucheng	724	1258	1805
光泽县	Guangze	382	553	945
松溪县	Songxi	261	691	761
政和县	Zhenghe	411	1274	1037
龙岩市	**Longyan**	**5650**	**8429**	**12161**
龙岩市辖区	District under Longyan	2441	1263	1889
漳平市	Zhangping	604	1858	1909
长汀县	Changting	627	1693	2156
永定县	Yongding	311	1006	1505
上杭县	Shanghang	723	1139	1831
武平县	Wuping	625	885	1226
连城县	Liancheng	319	585	1645
宁德市	**Ningde**	**4554**	**9616**	**9521**
宁德市辖区	District under Ningde	1752	831	1098
福安市	Fu'an	488	2094	1539
福鼎市	Fuding	430	977	1227
霞浦县	Xiapu	469	1469	1074
古田县	Gutian	235	1356	1310
屏南县	Pingnan	358	635	810
寿宁县	Shouning	466	879	1173
周宁县	Zhouning	168	868	772
柘荣县	Zherong	188	507	519

22-18 普通教育教师及在校学生数（2010年）

Number of Teachers and Students Enrollment in Regular Schools(2010)

单位：人 (person)

项目	Item	专任教师数 Full-time Teachers			在校生数 Students Enrollment		
		普通高中 Regular Senior Secondary Schools	普通初中 Regular Junior Secondary Schools	小学 Primary Schools	普通高中 Regular Senior Secondary School	普通初中 Regular Junior Secondary Schools	小学 Primary Schools
福州市	**Fuzhou**	**9156**	**17328**	**26550**	**123050**	**235327**	**446005**
福州市辖区	District under Fuzhou	3190	5038	7793	41108	70307	159155
福清市	Fuqing	1914	3589	5395	28345	56122	92246
长乐市	Changle	783	1576	2475	10958	20656	40948
闽侯县	Minhou	681	1551	2345	8734	20477	42673
连江县	Lianjiang	789	1584	2300	8569	16761	32127
罗源县	Luoyuan	286	727	1150	4222	7316	12506
闽清县	Minqing	387	974	1636	4182	10605	19738
永泰县	Yongtai	401	920	1447	5763	12980	17626
平潭县	Pintan	725	1369	2009	11169	20103	28986
厦门市	**Xiamen**	**3317**	**5607**	**9245**	**42461**	**79166**	**188340**
莆田市	**Putian**	**5244**	**9394**	**16048**	**69861**	**132039**	**211571**
莆田市辖区	District under Putian	3579	5802	10421	45429	76639	134494
仙游县	Xianyou	1512	3170	4822	22211	50301	69483
三明市	**Sanming**	**3918**	**8271**	**13529**	**52062**	**93381**	**156402**
三明市辖区	District under Sanming	516	900	1363	8317	11626	22185
永安市	Yongan	502	1026	1630	5455	11428	20723
明溪县	Mingxi	161	311	577	1751	3853	7172
清流县	Qingliu	163	489	661	1976	4409	8311
宁化县	Ninghua	511	896	1613	7066	10601	16576
大田县	Datian	523	1133	1522	7764	12911	17139
尤溪县	Youxi	663	1484	2308	9534	14732	21538
沙县	Shaxian	359	775	1424	3787	8924	18364
将乐县	Jiangle	237	514	840	2755	5662	9504
泰宁县	Taining	146	319	769	1777	4226	7187
建宁县	Jianning	137	424	822	1880	5009	7703
泉州市	**Quanzhou**	**11218**	**19677**	**29248**	**165515**	**249448**	**538128**
泉州市辖区	District under Quanzhou	2624	3680	5329	35570	44215	84745
石狮市	Shishi	642	996	1711	8941	13269	44304
晋江市	Jinjiang	1806	3340	5053	27281	52021	149567
南安市	Nan'an	2273	4115	5385	33081	48450	88585
惠安县	Huian	1178	2059	2727	18467	22479	44493
安溪县	Anxi	1300	2759	4771	22346	36307	63683
永春县	Yongchun	663	1480	2323	8489	18286	30621
德化县	Dehua	516	729	1221	7685	8873	18532
漳州市	**Zhangzhou**	**6107**	**13026**	**20060**	**80028**	**175387**	**336922**
漳州市辖区	District under Zhangzhou	1119	1882	2319	14841	27004	47233

22-18 续表

Continued

单位：人 (person)

项目	Item	专任教师数 Full-time Teachers			在校生数 Students Enrollment		
		普通高中 Regular Senior Secondary Schools	普通初中 Regular Junior Secondary Schools	小学 Primary Schools	普通高中 Regular Senior Secondary School	普通初中 Regular Junior Secondary Schools	小学 Primary Schools
龙海市	Longhai	1128	2149	3152	15128	28090	55912
云霄县	Yunxiao	560	1188	2127	6652	16240	32711
漳浦县	Zhangpu	955	2457	3044	13216	25325	51792
诏安县	Zhao'an	591	1295	2241	8296	23121	40338
长泰县	Changtai	238	539	879	2822	6788	11961
东山县	Dongshan	289	520	892	4127	7101	12675
南靖县	Nanjing	446	941	1656	5027	11852	20066
平和县	Pinghe	525	1550	2767	7305	24036	52226
华安县	Hua'an	182	419	783	1789	4521	9205
南平市	**Nanping**	**3659**	**8072**	**15224**	**49958**	**104268**	**180611**
南平市辖区	District under Nanping	570	1336	2376	7633	17756	30210
邵武市	Shaowu	379	829	1582	5668	10286	16747
武夷山市	Wuyishan	245	669	1248	3705	6890	14044
建瓯市	Jian'ou	563	1177	2309	7651	16543	30819
建阳市	Jianyang	395	879	1639	5303	12533	19913
顺昌县	Shunchang	392	761	1224	5121	7951	11694
浦城县	Pucheng	390	995	2011	5094	13998	24586
光泽县	Guangze	208	379	898	2821	6202	10072
松溪县	Songxi	230	431	856	2933	4252	8643
政和县	Zhenghe	287	616	1081	4029	7857	13883
龙岩市	**Longyan**	**5192**	**8715**	**12128**	**59135**	**93201**	**159949**
龙岩市辖区	District under Longyan	782	1402	2147	9114	15474	37351
漳平市	Zhangping	513	797	1388	5553	6757	14723
长汀县	Changting	683	1236	2004	9779	18337	28608
永定县	Yongding	1000	1615	2126	8779	13056	24191
上杭县	Shanghang	932	1424	1755	10839	17121	22728
武平县	Wuping	660	1122	1521	7259	11325	17983
连城县	Liancheng	622	1119	1187	7812	11131	14365
宁德市	**Ningde**	**4325**	**9243**	**14569**	**64299**	**113546**	**170989**
宁德市辖区	District under Ningde	637	1195	2008	9466	12123	23331
福安市	Fu'an	922	1810	2659	14284	25484	36211
福鼎市	Fuding	694	1561	2489	11435	21574	30102
霞浦县	Xiapu	565	1312	2032	8152	14856	25421
古田县	Gutian	611	1085	1601	7714	10621	17898
屏南县	Pingnan	189	551	931	2475	5359	8134
寿宁县	Shouning	276	770	1358	4475	10674	14847
周宁县	Zhouning	273	582	942	3603	7573	8897
柘荣县	Zherong	158	267	527	2695	4214	5613

22-19 卫生主要指标(2010年)

Main Indicators of Sanitation(2010)

地区	Area	卫生机构床位数(张) Number of Beds in Health Institutions (set)	卫生技术人员数(人) Medical Technical Personnel (person)	执业医师(人) Medical practitioner (person)	执业助理医师(人) Assistant doctor of the operation (person)	注册护士(人) Registered Nurse (person)
福州市	**Fuzhou**	**24754**	**35396**	**13082**	**1129**	**13890**
福州市辖区	District under Fuzhou	16076	24042	9397	418	9788
福清市	Fuqing	2277	2659	888	115	934
长乐市	Changle	1572	2116	688	115	724
闽侯县	Minhou	1013	1714	583	124	628
连江县	Lianjiang	668	1283	401	114	418
罗源县	Luoyuan	816	849	233	51	312
闽清县	Minqing	993	855	246	90	356
永泰县	Yongtai	620	848	323	27	320
平潭县	Pintan	719	1030	323	75	410
厦门市	**Xiamen**	**10769**	**17829**	**7121**	**442**	**6903**
莆田市	**Putian**	**6172**	**7690**	**2863**	**355**	**2831**
莆田市辖区	District under Putian	4713	6052	2280	255	2285
仙游县	Xianyou	1459	1638	583	100	546
三明市	**Sanming**	**10029**	**11607**	**3842**	**741**	**4495**
三明市辖区	District under Sanming	2330	2856	932	86	1216
永安市	Yongan	2004	2231	762	53	1049
明溪县	Mingxi	401	371	116	37	125
清流县	Qingliu	462	580	169	56	197
宁化县	Ninghua	986	1021	292	97	358
大田县	Datian	787	1035	393	81	357
尤溪县	Youxi	953	1141	355	83	392
沙县	Shaxian	770	897	313	73	340
将乐县	Jiangle	538	450	177	18	144
泰宁县	Taining	447	598	193	69	194
建宁县	Jianning	351	427	140	88	123
泉州市	**Quanzhou**	**19862**	**22128**	**7607**	**1257**	**8146**
泉州市辖区	District under Quanzhou	6413	8809	3164	343	3478
石狮市	Shishi	1320	1936	630	108	716
晋江市	Jinjiang	3458	3488	1172	254	1130
南安市	Nan'an	3035	2566	795	212	950
惠安县	Hui'an	2034	2000	684	137	713
安溪县	Anxi	1753	1609	531	85	612
永春县	Yongchun	1295	1100	338	77	387
德化县	Dehua	554	620	293	41	160
漳州市	**Zhangzhou**	**10786**	**11619**	**3813**	**764**	**4313**
漳州市辖区	District under Zhangzhou	3662	3989	1452	143	1583
龙海市	Longhai	1529	1629	524	119	572

22-19 续表

Continued

地区	Area	卫生机构床位数(张) Number of Beds in Health Institutions (set)	卫生技术人员数(人) Medical Technical Personnel (person)	执业医师(人) Medical practitioner (person)	执业助理医师(人) Assistant doctor of the operation (person)	注册护士(人) Registered Nurse (person)
云霄县	Yunxiao	713	852	301	62	304
漳浦县	Zhangpu	1562	1644	411	156	621
诏安县	Zhao'an	682	626	205	51	230
长泰县	Changtai	483	558	191	33	195
东山县	Dongshan	398	660	212	33	227
南靖县	Nanjing	652	735	228	77	243
平和县	Pinghe	797	643	212	67	220
华安县	Hua'an	308	283	77	23	118
南平市	**Nanping**	**9917**	**11315**	**3584**	**602**	**4497**
南平市辖区	District under Nanping	2335	2604	820	122	1075
邵武市	Shaowu	1322	1515	458	69	636
武夷山市	Wuyishan	531	848	256	88	292
建瓯市	Jian'ou	1479	1622	554	62	668
建阳市	Jianyang	1207	1345	386	53	627
顺昌县	Shunchang	660	514	193	37	205
浦城县	Pucheng	979	1088	380	79	374
光泽县	Guangze	390	577	143	45	231
松溪县	Songxi	442	506	160	24	167
政和县	Zhenghe	572	696	234	23	222
龙岩市	**Longyan**	**11213**	**12592**	**3807**	**646**	**5078**
龙岩市辖区	District under Longyan	4103	5323	1732	162	2421
漳平市	Zhangping	1059	890	260	59	333
长汀县	Changting	1447	1567	413	94	612
永定县	Yongding	1465	1383	369	151	395
上杭县	Shanghang	1223	1421	415	82	564
武平县	Wuping	1030	1005	298	51	397
连城县	Liancheng	886	1003	320	47	356
宁德市	**Ningde**	**8832**	**9957**	**3070**	**677**	**3667**
宁德市辖区	District under Ningde	1932	2427	711	90	1028
福安市	Fu'an	1874	1704	606	93	620
福鼎市	Fuding	1585	1851	565	139	652
霞浦县	Xiapu	1070	1248	384	95	441
古田县	Gutian	782	939	297	106	318
屏南县	Pingnan	459	487	149	34	190
寿宁县	Shouning	432	491	130	48	154
周宁县	Zhouning	371	469	115	41	154
柘荣县	Zherong	327	341	113	31	110

22-20 社会消费品零售总额（2010年）

Total Retail Sales of Consumer Goods(2010)

单位：万元 (10000 yuan)

地区	Area	社会消费品零售总额 Total Retail Sales of Consumer Goods 数量 Value	比上年增长(%) Ratio(%)
福州市	**Fuzhou**	**16242808**	**21.3**
福州市辖区	District under Fuzhou	11801298	21.5
福清市	Fuqing	1556831	18.6
长乐市	Changle	723684	22.6
闽侯县	Minhou	709187	25.4
连江县	Lianjiang	442266	20.3
罗源县	Luoyuan	241189	18.5
闽清县	Minqing	225344	18.1
永泰县	Yongtai	228239	18.1
平潭县	Pintan	314770	21.2
厦门市	**Xiamen**	**6850248**	**21.0**
莆田市	**Putian**	**2903654**	**18.0**
莆田市辖区	District under Putian	2445164	18.7
仙游县	Xianyou	458490	14.1
三明市	**Sanming**	**2455812**	**18.8**
三明市辖区	District under Sanming	695671	20.1
永安市	Yongan	458229	14.5
明溪县	Mingxi	77543	16.3
清流县	Qingliu	91019	16.8
宁化县	Ninghua	155234	20.4
大田县	Datian	205780	21.6
尤溪县	Youxi	216974	21.5
沙县	Shaxian	261357	22.2
将乐县	Jiangle	106110	15.9
泰宁县	Taining	102338	17.6
建宁县	Jianning	85558	16.6
泉州市	**Quanzhou**	**12344277**	**17.0**
泉州市辖区	District under Quanzhou	3405994	21.0
石狮市	Shishi	1902471	14.7
晋江市	Jinjiang	2413714	15.1
南安市	Nan'an	1737198	17.9
惠安县	Huian	1154546	14.4
安溪县	Anxi	899163	13.9
永春县	Yongchun	487868	20.4
德化县	Dehua	343324	13.2
漳州市	Zhangzhou	4726326	18.1
漳州市辖区	District under Zhangzhou	1824151	23.4
龙海市	Longhai	746231	13.8
云霄县	Yunxiao	267080	13.6
漳浦县	Zhangpu	528843	15.6
诏安县	Zhao'an	391173	14.5
长泰县	Changtai	122457	18.2
东山县	Dongshan	220751	17.2
南靖县	Nanjing	225578	13.7
平和县	Pinghe	328375	15.9
华安县	Hua'an	71688	20.9
南平市	**Nanping**	**2620382**	**16.3**
南平市辖区	District under Nanping	674403	16.6
邵武市	Shaowu	458432	18.5
武夷山市	Wuyishan	247896	16.5
建瓯市	Jian'ou	346732	18.5
建阳市	Jianyang	231348	14.8
顺昌县	Shunchang	157985	12.4
浦城县	Pucheng	224147	16.0
光泽县	Guangze	102155	14.9
松溪县	Songxi	87931	12.7
政和县	Zhenghe	89354	12.6
龙岩市	**Longyan**	**3121663**	**19.2**
龙岩市辖区	District under Longyan	1321241	18.7
漳平市	Zhangping	303294	17.9
长汀县	Changting	291409	18.9
永定县	Yongding	359670	18.9
上杭县	Shanghang	321996	14.1
武平县	Wuping	230535	18.2
连城县	Liancheng	293518	31.4
宁德市	**Ningde**	**2346438**	**16.1**
宁德市辖区	District under Ningde	526949	20.9
福安市	Fu'an	450882	17.0
福鼎市	Fuding	412060	14.3
霞浦县	Xiapu	381982	15.2
古田县	Gutian	238385	14.4
屏南县	Pingnan	85738	14.7
寿宁县	Shouning	103551	11.1
周宁县	Zhouning	84815	12.1
柘荣县	Zherong	62076	13.6

22-21 社会保险和低保参保人数（2010年）

Total Retail Sales of Consumer Goods(2010)

单位：万人　　　　(10000 persons)

地区	Area	期末参加基本养老保险职工人数 Number of People Participated in Basic Pension Insurance at the Year-end	期末参加基本医疗保险的职工人数 Number of People Participated in Basic Medical Insurance at the Year-end	城镇居民最低生活保障人数 Number of Person Receiving Minimum Living Allowance in Urban Areas	农村居民最低生活保障人数 Number of Persons Receiving Minimum Living Allowance in Rural Areas	期末参加新型农村医疗保险人数 Number of People Participated in New Medical Insurance in Rural Areas
福州市	**Fuzhou**	**101.44**	**103.23**	**2.20**	**9.08**	**370.19**
福州市辖区	District under Fuzhou	70.79	73.15	1.22	0.76	27.09
福清市	Fuqing	11.73	10.49	0.26	1.06	99.93
长乐市	Changle	3.35	2.89	0.09	0.84	48.81
闽侯县	Minhou	4.87	4.74	0.08	1.10	51.46
连江县	Lianjiang	3.04	3.49	0.07	0.97	48.46
罗源县	Luoyuan	1.52	1.82	0.15	1.02	18.70
闽清县	Minqing	2.30	2.29	0.09	0.87	21.89
永泰县	Yongtai	1.66	1.96	0.08	0.83	27.27
平潭县	Pintan	2.17	2.40	0.17	1.63	26.57
厦门市	**Xiamen**	**129.66**	**144.62**	**2.10**	**1.11**	
莆田市	**Putian**	**23.82**	**23.91**	**1.37**	**8.15**	**233.94**
莆田市辖区	District under Putian	20.18	19.69	0.70	3.93	149.03
仙游县	Xianyou	3.64	4.22	0.66	3.83	84.91
三明市	**Sanming**	**32.89**	**39.28**	**1.73**	**6.19**	**189.96**
三明市辖区	District under Sanming	10.31	14.34	0.40	0.08	6.53
永安市	Yongan	6.19	7.49	0.14	0.25	17.95
明溪县	Mingxi	1.10	1.39	0.13	0.39	7.81
清流县	Qingliu	1.29	1.35	0.10	0.48	11.31
宁化县	Ninghua	1.97	1.87	0.13	0.91	28.57
大田县	Datian	2.10	2.68	0.18	1.16	29.06
尤溪县	Youxi	2.52	2.56	0.20	1.32	35.47
沙县	Shaxian	3.51	3.41	0.16	0.41	17.91
将乐县	Jiangle	1.59	1.65	0.12	0.40	13.16
泰宁县	Taining	1.23	1.34	0.08	0.29	10.50
建宁县	Jianning	1.10	1.21	0.09	0.50	11.67
泉州市	**Quanzhou**	**73.35**	**71.16**	**2.43**	**10.53**	**548.57**
泉州市辖区	District under Quanzhou	27.31	30.23	0.41		48.75
石狮市	Shishi	5.72	4.90	0.46		27.63
晋江市	Jinjiang	17.81	12.27	0.58	1.64	95.64
南安市	Nan'an	7.34	7.36	0.11	2.38	122.49
惠安县	Huian	5.89	5.65	0.33	2.08	88.62
安溪县	Anxi	3.33	4.76	0.15	1.89	91.84
永春县	Yongchun	2.81	3.22	0.10	0.92	45.69
德化县	Dehua	3.14	2.78	0.06	0.55	27.90
漳州市	Zhangzhou	48.96	43.63	2.68	10.44	362.03
漳州市辖区	District under Zhangzhou	16.33	15.98	0.54	0.55	26.61

22-21 续表

Continued

单位：万人 (10000 persons)

地区	Area	期末参加基本养老保险职工人数 Number of People Participated in Basic Pension Insurance at the Year-end	期末参加基本医疗保险的职工人数 Number of People Participated in Basic Medical Insurance at the Year-end	城镇居民最低生活保障人数 Number of Person Receiving Minimum Living Allowance in Urban Areas	农村居民最低生活保障人数 Number of Persons Receiving Minimum Living Allowance in Rural Areas	期末参加新型农村医疗保险人数 Number of People Participated in New Medical Insurance in Rural Areas
龙海市	Longhai	8.35	5.82	0.53	1.74	68.44
云霄县	Yunxiao	2.76	2.23	0.21	1.26	32.83
漳浦县	Zhangpu	5.75	5.38	0.21	1.61	72.45
诏安县	Zhao'an	2.34	2.19	0.17	1.81	45.53
长泰县	Changtai	3.91	2.47	0.10	0.47	16.74
东山县	Dongshan	2.08	2.60	0.34	0.40	12.92
南靖县	Nanjing	3.53	2.98	0.20	0.85	28.35
平和县	Pinghe	2.75	2.76	0.21	1.20	45.15
华安县	Hua'an	1.16	1.22	0.16	0.49	13.03
南平市	**Nanping**	**32.77**	**38.62**	**2.23**	**7.10**	**199.85**
南平市辖区	District under Nanping	11.17	11.41	0.47	0.65	27.59
邵武市	Shaowu	4.24	4.80	0.26	0.62	19.74
武夷山市	Wuyishan	2.19	2.76	0.20	0.55	16.55
建瓯市	Jian’ou	3.27	5.11	0.24	1.31	41.02
建阳市	Jianyang	2.91	3.92	0.34	0.86	24.89
顺昌县	Shunchang	2.72	3.12	0.22	0.56	16.25
浦城县	Pucheng	3.06	3.24	0.13	1.05	33.09
光泽县	Guangze	1.65	1.76	0.16	0.48	11.62
松溪县	Songxi	0.76	1.21	0.07	0.52	11.97
政和县	Zhenghe	0.81	1.29	0.13	0.50	16.88
龙岩市	**Longyan**	**29.79**	**33.40**	**1.42**	**9.71**	**230.07**
龙岩市辖区	District under Longyan	12.64	14.54	0.21	0.42	27.51
漳平市	Zhangping	2.43	3.12	0.18	0.75	22.17
长汀县	Changting	2.97	2.68	0.31	1.88	41.33
永定县	Yongding	3.57	3.57	0.26	1.64	38.54
上杭县	Shanghang	3.51	3.88	0.14	1.78	42.99
武平县	Wuping	2.41	2.86	0.18	1.53	30.62
连城县	Liancheng	2.26	2.76	0.13	1.70	26.92
宁德市	**Ningde**	**23.98**	**23.67**	**1.98**	**9.03**	**234.41**
宁德市辖区	District under Ningde	6.02	5.91	0.27	0.87	26.56
福安市	Fu'an	5.31	4.33	0.50	2.26	42.90
福鼎市	Fuding	4.89	3.75	0.27	1.00	44.25
霞浦县	Xiapu	2.67	2.74	0.31	1.08	37.24
古田县	Gutian	1.90	2.51	0.23	1.11	29.37
屏南县	Pingnan	0.72	1.20	0.05	0.77	14.18
寿宁县	Shouning	1.12	1.30	0.17	0.84	19.87
周宁县	Zhouning	0.64	1.02	0.08	0.64	11.58
柘荣县	Zherong	0.70	0.91	0.10	0.45	8.45

第二十三篇　海峡西岸经济区主要经济指标

Chapter 23　Main Economic and Social Indicators of the Economic Zone on the West Coast of Taiwan Straits

---

资料整理：苏雅彤 饶晓燕

Datebase Editor:Suyatong Raoxiaoyan

简要说明

本篇资料的主要内容及来源

本篇资料反映海峡西岸经济区各设区的市经济社会发展基本情况，主要包括行政区划、人口、地区生产总值及其构成、劳动工资、财政、农业、工业、投资、建筑业、交通运输、国内贸易、进出口、价格指数等方面的资料。

本篇资料由江西省统计局、浙江省统计局、广东省统计局和福建省统计局综合统计处整理提供。

Brief Introduction

Main Content and Source of Data

Data in this chapter reflect the basic socio-economic development of some Urban districts of the region In the west side of the Straits Economic Area, mainly including divisions of administrative areas, population, GDP and its components, wages, finance, agriculture, industry, investment, construction industry, communications, domestic trade, exports and imports, price indices and livelihood etc.

Data in this chapter are compiled and provided by the Division of Comprehensive Statistics of Jiangxi, Zhejiang, Guangdong and the Divison of Comprehensive Satatistics of the Fujian Provincial Bureau of Statistics.

23-1 各市生产总值

Gross Domestic Products by City

地区	Area	地区生产总值（亿元） Gross Domestic Product(100 million yuan)							
		2007		2008		2009		2010年	
		总计 Total	比上年增长(%) Ratio(%)	总计 Total	比上年增长(%) Ratio(%)	总计 Total	比上年增长(%) Ratio(%)	总计 Total	比上年增长(%) Ratio(%)
总计	**Total**	**16329.03**	**15.5**	**19191.27**	**13.1**	**21095.80**	**12.0**	**25162.13**	**13.8**
福州市	Fuzhou	2029.28	15.8	2355.67	13.7	2604.04	13.0	3123.41	14.2
厦门市	Xiamen	1402.58	17.0	1610.71	13.5	1737.23	8.0	2060.07	15.1
莆田市	Putian	511.77	16.5	610.01	14.7	691.42	14.5	850.33	15.3
三明市	Sanming	571.76	15.9	723.01	14.7	800.24	13.2	975.10	13.9
泉州市	Quanzhou	2343.30	16.9	2795.63	15.0	3069.50	12.5	3564.97	12.8
漳州市	Zhangzhou	877.63	15.1	1002.39	13.6	1178.01	13.3	1430.71	14.9
南平市	Nanping	466.07	15.0	559.20	14.1	621.65	13.9	728.65	11.7
龙岩市	Longyan	595.16	16.6	734.06	15.1	824.88	14.0	990.90	13.9
宁德市	Ningde	457.45	16.3	542.98	14.5	612.28	13.3	738.61	15.0
温州市	Wenzhou	2158.91	14.3	2424.29	8.5	2527.88	8.5	2925.57	11.1
丽水市	Lishui	433.94	15.9	505.68	11.8	542.02	10.6	644.04	12.5
衢州市	Quzhou	478.50	16.5	580.05	13.0	617.50	11.1	752.78	13.3
汕头市	Shantou	829.49	14.0	951.81	10.5	1035.73	10.7	1203.25	13.7
梅州市	Meizhou	411.62	14.0	479.61	10.2	509.51	9.8	612.36	14.1
潮州市	Chaozhou	372.80	13.5	438.08	12.0	480.19	12.5	559.20	14.1
揭阳市	Jieyang	585.99	13.7	724.23	16.0	815.77	16.0	1008.99	19.6
上饶市	Shangrao	528.12	18.1	628.34	13.5	728.50	13.6	901.00	14.8
鹰潭市	Yingtan	204.78	13.0	256.62	14.2	256.52	12.3	342.70	14.1
抚州市	Fuzhou	367.92	12.5	434.05	14.2	502.91	13.9	630.01	15.0
赣州市	Ganzhou	701.97	14.2	834.85	13.2	940.02	13.3	1119.47	13.8

23-2 各市规模以上工业增加值

Value-added of Industrial Enterprises above Designated Size by City

地区	Area	工业增加值（亿元） Gross Industrial Value-added(100 million yuan)							
		2007		2008		2009		2010	
		总计 Total	比上年增长(%) Ratio(%)	总计 Total	比上年增长(%) Ratio(%)	总计 Total	比上年增长(%) Ratio(%)	总计 Total	比上年增长(%) Ratio(%)
总计	**Total**	**5829.97**	**23.1**	**7172.21**	**17.8**	**7600.52**	**14.0**	**10813.95**	**18.4**
福州市	Fuzhou	744.54	21.6	881.63	17.0	873.53	14.1	1127.59	18.8
厦门市	Xiamen	661.53	16.9	707.58	12.0	686.79	2.8	865.92	18.9
莆田市	Putian	223.40	23.6	283.24	22.2	319.17	18.7	405.01	20.1
三明市	Sanming	200.28	23.4	274.36	24.8	301.26	19.6	412.51	20.7
泉州市	Quanzhou	1037.39	21.7	1352.21	19.1	1440.65	14.0	1961.46	16.5
漳州市	Zhangzhou	265.37	21.8	313.00	20.4	399.75	15.8	570.56	21.7
南平市	Nanping	126.86	22.6	165.46	20.3	172.79	18.6	243.80	16.9
龙岩市	Longyan	229.11	26.7	311.58	18.6	322.55	14.6	447.99	18.4
宁德市	Ningde	110.21	36.4	143.16	25.8	158.63	19.8	261.74	25.4
温州市	Wenzhou	737.68	15.8	872.30	5.5	815.25	6.0	1389.31	12.7
丽水市	Lishui	139.46	24.7	198.81	23.3	216.13	16.1	272.39	16.2
衢州市	Quzhou	151.72	22.8	203.21	20.5	224.14	16.1	347.62	16.7
汕头市	Shantou	270.75	38.1	322.28	18.0	377.17	15.4	457.29	17.6
梅州市	Meizhou	109.68	16.3	127.15	9.5	134.95	8.1	164.33	18.7
潮州市	Chaozhou	115.36	23.8	131.25	14.5	149.36	13.6	183.65	20.0
揭阳市	Jieyang	156.23	40.7	214.73	36.7	274.41	26.8	438.66	38.9
上饶市	Shangrao	134.17	30.5	178.99	26.6	221.08	20.4	379.29	19.5
鹰潭市	Yingtan	134.34	40.7	143.48	22.1	128.82	15.8	205.04	14.8
抚州市	Fuzhou	93.31	28.7	114.64	22.1	133.60	22.0	254.65	19.4
赣州市	Ganzhou	188.56	20.8	233.15	22.3	250.49	20.2	425.14	17.9

23-3 各市全社会固定资产投资

Total Investment in Fixed Assets by City

地区	Area	全社会固定资产投资（亿元） Total Investment in Fixed Assets(100 million yuan)							
		2007		2008		2009		2010	
		总计 Total	比上年增长(%) Ratio(%)	总计 Total	比上年增长(%) Ratio(%)	总计 Total	比上年增长(%) Ratio(%)	总计 Total	比上年增长(%) Ratio(%)
总计	**Total**	**7264.23**	**31.3**	**8808.49**	**21.3**	**10744.80**	**22.0**	**13718.22**	**27.7**
福州市	Fuzhou	1001.45	36.7	1252.71	25.1	1646.72	31.5	2317.44	40.7
厦门市	Xiamen	927.70	40.1	931.38	0.4	882.12	-5.3	1009.98	14.5
莆田市	Putian	240.93	45.9	301.83	25.3	362.70	20.2	496.52	36.9
三明市	Sanming	363.14	50.5	512.73	41.2	678.26	32.3	847.81	25.0
泉州市	Quanzhou	695.11	40.6	860.66	23.8	976.47	13.5	1250.81	30.0
漳州市	Zhangzhou	327.04	36.6	441.40	35.0	579.21	31.2	837.11	44.5
南平市	Nanping	299.48	38.7	396.29	32.3	502.03	26.7	622.02	23.9
龙岩市	Longyan	248.63	50.8	322.61	29.8	433.97	34.5	582.95	34.3
宁德市	Ningde	181.31	14.8	237.22	30.8	287.15	21.0	371.71	29.4
温州市	Wenzhou	737.03	14.2	758.44	2.9	837.78	10.5	925.98	10.5
丽水市	Lishui	237.26	6.8	248.85	4.9	279.19	12.2	320.38	14.8
衢州市	Quzhou	317.00	15.9	361.19	13.9	415.40	15.0	481.80	16.0
汕头市	Shantou	206.69	18.0	261.36	26.3	291.90	11.7	361.68	23.9
梅州市	Meizhou	125.00	15.3	140.54	14.0	162.98	16.0	195.52	20.0
潮州市	Chaozhou	120.83	11.9	128.31	6.2	162.98	27.0	182.78	12.2
揭阳市	Jieyang	203.19	34.1	265.79	32.0	393.50	48.0	564.07	43.3
上饶市	Shangrao	411.04	29.1	516.91	25.8	612.38	42.9	805.36	33.6
鹰潭市	Yingtan	95.03	30.0	128.00	34.7	184.24	42.3	242.02	32.6
抚州市	Fuzhou	226.05	42.5	336.27	48.8	461.14	42.2	614.16	34.7
赣州市	Ganzhou	300.32	34.7	406.00	35.2	594.70	46.5	688.13	31.8

23-4 各市社会消费品零售总额

Total Retail Sales of Consumer Goods by City

地区	Area	社会消费品零售总额（亿元） Total Retail Sales of Consumer Goods(100 million yuan)							
		2007		2008		2009		2010	
		总计 Total	比上年增长(%) Ratio(%)	总计 Total	比上年增长(%) Ratio(%)	总计 Total	比上年增长(%) Ratio(%)	总计 Total	比上年增长(%) Ratio(%)
总计	**Total**	**6063.13**	**18.3**	**7328.56**	**20.9**	**8591.02**	**17.2**	**10277.88**	**19.6**
福州市	Fuzhou	947.37	21.6	1144.64	20.8	1338.64	16.9	1624.28	21.3
厦门市	Xiamen	410.85	19.9	495.86	20.7	566.12	14.2	685.02	21.0
莆田市	Putian	178.44	19.8	215.06	20.5	246.13	14.4	290.37	18.0
三明市	Sanming	142.60	16.7	172.09	20.7	206.65	20.1	245.58	18.8
泉州市	Quanzhou	754.05	16.7	903.54	19.8	1055.20	16.8	1234.43	17.0
漳州市	Zhangzhou	289.08	15.3	342.75	18.6	400.21	16.8	472.63	18.1
南平市	Nanping	165.85	13.6	195.34	17.8	225.22	15.3	262.04	16.3
龙岩市	Longyan	174.70	16.5	220.00	25.9	261.97	19.1	312.17	19.2
宁德市	Ningde	149.39	13.1	177.28	18.7	202.03	14.0	234.64	16.1
温州市	Wenzhou	906.46	16.3	1082.95	19.5	1264.72	16.8	1498.10	18.5
丽水市	Lishui	169.07	16.1	202.98	20.1	232.62	14.6	266.13	14.4
衢州市	Quzhou	179.45	16.6	215.61	20.2	250.25	16.1	290.82	16.2
汕头市	Shantou	473.21	18.1	569.16	20.3	672.59	18.2	830.41	25.8
梅州市	Meizhou	184.04	19.0	228.03	23.9	273.39	19.9	319.05	19.4
潮州市	Chaozhou	141.52	19.8	170.63	20.6	210.63	23.4	245.47	18.4
揭阳市	Jieyang	208.92	24.3	265.29	27.0	340.45	28.3	446.62	31.2
上饶市	Shangrao	186.92	18.3	231.51	23.9	276.36	19.4	330.50	19.6
鹰潭市	Yingtan	49.50	17.4	61.27	23.8	72.67	18.6	86.62	19.4
抚州市	Fuzhou	135.46	17.1	167.61	23.7	199.21	18.9	230.72	19.0
赣州市	Ganzhou	216.24	17.1	266.95	23.5	317.14	18.8	372.28	18.6

23–5 各市进出口总额

Total Exports and Imports by City

地区	Area	进出口总额（亿美元） Gross Value of Imports and Exports(100 million USD)							
		2007		2008		2009		2010	
		总计 Total	比上年增长(%) Ratio(%)	总计 Total	比上年增长(%) Ratio(%)	总计 Total	比上年增长(%) Ratio(%)	总计 Total	比上年增长(%) Ratio(%)
总计	**Total**	**1031.62**	**20.1**	**1174.97**	**13.9**	**1121.77**	**-4.5**	**1529.58**	**36.4**
福州市	Fuzhou	186.41	12.0	203.21	9.0	178.49	-12.2	245.86	37.7
厦门市	Xiamen	397.78	21.3	453.77	14.1	433.07	-4.6	570.31	31.7
莆田市	Putian	21.49	25.7	23.21	8.0	23.47	1.1	34.22	45.8
三明市	Sanming	8.71	44.0	7.95	-8.7	8.81	10.8	12.80	45.2
泉州市	Quanzhou	68.51	24.8	85.03	24.1	81.79	-3.8	112.56	37.6
漳州市	Zhangzhou	46.48	9.0	53.19	14.4	47.99	-9.8	73.98	54.2
南平市	Nanping	6.26	20.1	7.62	21.8	8.28	8.6	10.83	30.8
龙岩市	Longyan	2.71	37.6	5.39	99.0	6.81	26.3	15.13	122.1
宁德市	Ningde	6.17	40.9	8.84	43.1	7.78	-11.9	12.11	55.7
温州市	Wenzhou	122.48	23.8	139.92	14.3	132.79	-5.1	170.94	28.7
丽水市	Lishui	8.43	48.2	12.68	50.4	11.11	-12.4	15.33	38.0
衢州市	Quzhou	10.61	65.8	13.25	24.9	11.84	-10.6	18.89	59.5
汕头市	Shantou	61.12	12.9	62.98	3.1	60.28	-4.3	73.64	22.2
梅州市	Meizhou	5.28	13.8	7.62	44.5	7.89	3.5	11.73	48.7
潮州市	Chaozhou	21.73	-5.4	22.31	2.7	27.88	24.9	38.23	37.2
揭阳市	Jieyang	20.87	23.6	24.62	18.0	29.82	21.1	36.27	21.6
上饶市	Shangrao	2.99	65.3	5.62	88.2	6.44	14.6	16.67	158.9
鹰潭市	Yingtan	21.89	74.9	21.94	0.2	20.39	-7.1	38.19	78.2
抚州市	Fuzhou	2.57	96.4	3.04	18.4	4.77	57.0	5.59	17.2
赣州市	Ganzhou	9.16	32.4	12.79	39.7	12.07	-5.6	16.30	34.5

23–6 各市进口总额

Total Imports by City

单位：亿美元

地区	Area	进口总额（亿美元） Imports(100 million USD)							
		2007		2008		2009		2010	
		总计 Total	比上年增长(%) Ratio(%)	总计 Total	比上年增长(%) Ratio(%)	总计 Total	比上年增长(%) Ratio(%)	总计 Total	比上年增长(%) Ratio(%)
总计	**Total**	**322.79**	**18.2**	**359.22**	**11.3**	**349.51**	**-2.7**	**493.21**	**41.1**
福州市	Fuzhou	63.31	10.4	67.34	6.4	58.39	-13.3	82.75	41.7
厦门市	Xiamen	142.24	15.8	159.79	12.3	156.47	-2.1	217.12	38.7
莆田市	Putian	6.00	39.9	6.05	0.7	6.73	11.2	12.32	83.1
三明市	Sanming	0.62	-8.2	0.93	50.7	1.19	27.5	1.53	28.4
泉州市	Quanzhou	18.70	28.6	27.08	44.8	22.90	-15.5	29.74	30.0
漳州市	Zhangzhou	12.31	-4.0	14.43	17.2	14.15	-2.1	23.30	65.0
南平市	Nanping	1.23	34.0	1.28	4.1	1.83	43.0	1.74	-4.9
龙岩市	Longyan	0.27	-34.3	0.80	199.8	0.88	11.0	2.00	124.3
宁德市	Ningde	0.42	150.7	0.59	39.3	0.79	33.7	2.37	201.0
温州市	Wenzhou	21.00	15.9	20.89	-0.6	23.43	12.2	25.51	8.9
丽水市	Lishui	0.94	336.9	2.37	151.8	1.76	-25.7	1.84	4.5
衢州市	Quzhou	3.39	92.3	4.26	25.7	4.54	6.6	6.85	50.9
汕头市	Shantou	22.00	14.0	19.75	-10.1	20.12	1.9	24.30	20.7
梅州市	Meizhou	0.92	10.6	1.84	101.0	1.18	-35.9	2.22	88.5
潮州市	Chaozhou	4.27	-13.6	4.76	11.6	9.18	92.7	14.82	61.5
揭阳市	Jieyang	3.18	16.9	3.64	14.8	4.57	25.4	5.46	19.5
上饶市	Shangrao	0.18	12.5	0.80	342.0	0.60	-25.1	1.46	142.9
鹰潭市	Yingtan	19.35	110.9	19.52	0.9	18.48	-5.3	34.56	77.0
抚州市	Fuzhou	0.01	-67.2	0.04	305.5	0.03	-32.1	0.13	509.0
赣州市	Ganzhou	2.45	27.0	3.05	24.9	2.33	-23.6	3.20	37.3

23-7 各市出口总额

Total Exports by City

单位：亿美元

地区	Area	出口总额（亿美元） Exports(100 million USD)							
		2007		2008		2009		2010	
		总计 Total	比上年增长(%) Ratio(%)	总计 Total	比上年增长(%) Ratio(%)	总计 Total	比上年增长(%) Ratio(%)	总计 Total	比上年增长(%) Ratio(%)
总计	**Total**	**708.84**	**21.0**	**815.75**	**15.1**	**772.22**	**-5.3**	**1036.37**	**34.2**
福州市	Fuzhou	123.09	12.8	135.87	10.4	120.11	-11.6	163.08	35.8
厦门市	Xiamen	255.54	24.6	293.99	15.0	276.58	-5.9	353.24	27.7
莆田市	Putian	15.48	21.0	17.16	10.8	16.74	-2.5	21.90	30.8
三明市	Sanming	8.09	50.6	7.02	-13.3	7.62	8.6	11.27	47.9
泉州市	Quanzhou	49.80	23.4	57.95	16.4	58.91	1.7	82.79	40.6
漳州市	Zhangzhou	34.17	14.6	38.76	13.4	33.87	-12.6	50.68	49.7
南平市	Nanping	5.03	17.2	6.34	26.1	6.45	1.7	9.09	41.0
龙岩市	Longyan	2.44	56.5	4.59	87.9	5.92	29.0	13.13	121.8
宁德市	Ningde	5.75	36.7	8.25	43.4	6.99	-15.2	9.74	39.3
温州市	Wenzhou	101.48	25.6	119.04	17.3	109.34	-8.1	145.43	33.0
丽水市	Lishui	7.49	36.9	10.31	37.7	9.35	-9.3	13.49	44.3
衢州市	Quzhou	7.22	55.6	8.99	24.6	7.30	-19.0	12.05	65.1
汕头市	Shantou	39.12	12.3	43.23	10.5	40.16	-7.1	49.35	22.9
梅州市	Meizhou	4.36	14.4	5.78	32.6	6.71	16.0	9.51	41.7
潮州市	Chaozhou	17.46	-3.1	17.55	0.5	18.70	6.5	23.41	25.2
揭阳市	Jieyang	17.69	24.9	20.98	18.6	25.25	20.4	30.80	22.0
上饶市	Shangrao	2.81	70.6	4.81	70.0	5.84	21.3	15.21	160.5
鹰潭市	Yingtan	2.54	-23.9	2.41	-5.0	1.90	-21.1	3.63	90.8
抚州市	Fuzhou	2.56	100.7	2.99	4.5	4.74	58.4	5.45	14.9
赣州市	Ganzhou	6.71	34.4	9.73	45.0	9.74	0.1	13.10	33.9

23-8 各市实际利用外商直接投资

Direct Foreign Investment Actually Used by City

地区	Area	实际利用外资（亿美元） Foreign Capital Actually Used(100 million USD)							
		2007		2008		2009		2010	
		总计 Total	比上年增长(%) Ratio(%)	总计 Total	比上年增长(%) Ratio(%)	总计 Total	比上年增长(%) Ratio(%)	总计 Total	比上年增长(%) Ratio(%)
总计	**Total**	**63.07**	**24.9**	**78.38**	**24.3**	**77.30**	**-1.4**	**81.89**	**5.9**
福州市	Fuzhou	7.00	5.9	10.02	43.1	10.32	3.1	11.85	14.8
厦门市	Xiamen	12.72	33.2	20.42	60.6	16.87	-17.4	16.97	0.6
莆田市	Putian	1.20	26.3	1.30	8.3	1.83	40.4	2.30	25.4
三明市	Sanming	0.54	5.9	0.66	23.4	0.75	13.0	0.86	15.8
泉州市	Quanzhou	12.75	38.6	17.00	33.3	17.20	1.2	14.93	-13.2
漳州市	Zhangzhou	4.50	12.2	5.01	11.1	5.50	9.9	7.01	27.4
南平市	Nanping	0.48	20.0	0.59	22.5	0.62	5.3	0.68	10.1
龙岩市	Longyan	1.20	55.8	1.34	11.7	1.52	13.4	1.65	8.4
宁德市	Ningde	0.22		0.38	76.1	0.57	48.7	0.71	25.1
温州市	Wenzhou	6.18	33.5	2.62	-57.6	2.34	-10.7	1.76	-24.8
丽水市	Lishui	0.22	14.2	0.81	264.3	0.29	-64.0	0.38	31.0
衢州市	Quzhou	0.41	2.9	0.58	43.3	0.64	9.8	0.62	-1.6
汕头市	Shantou	1.72	22.9	1.94	13.0	2.04	5.2	2.56	25.2
梅州市	Meizhou	1.12	36.9	1.29	14.3	0.80	-37.7	0.90	11.9
潮州市	Chaozhou	0.82	21.0	0.91	20.7	1.01	11.1	1.12	11.0
揭阳市	Jieyang	0.91	30.0	1.27	45.5	1.32	4.1	1.49	12.5
上饶市	Shangrao	2.57	38.5	3.01	15.0	3.49	16.0	5.04	44.5
鹰潭市	Yingtan	0.85	4.8	1.02	20.5	1.11	8.8	1.20	8.1
抚州市	Fuzhou	1.08	22.5	1.22	3.1	1.36	11.2	1.52	11.5
赣州市	Ganzhou	6.58	11.5	7.00	11.0	7.72	10.3	8.36	8.3

23-9 各市地方财政一般预算收入

General Budgetary Revenue of Local Government by City

地区	Area	地方财政一般预算收入（亿元） General Budgetary Revenue of Local Government (100 million yuan)							
		2007		2008		2009		2010	
		总计 Total	比上年增长(%) Ratio(%)	总计 Total	比上年增长(%) Ratio(%)	总计 Total	比上年增长(%) Ratio(%)	总计 Total	比上年增长(%) Ratio(%)
总计	**Total**	**1046.15**	**28.2**	**1249.66**	**19.5**	**1423.08**	**13.9**	**1780.62**	**25.1**
福州市	Fuzhou	146.56	26.8	168.86	15.2	195.26	15.6	247.82	26.9
厦门市	Xiamen	186.53	37.0	220.23	18.1	240.55	9.2	289.17	20.2
莆田市	Putian	23.82	28.8	29.56	24.1	37.91	28.3	47.63	25.7
三明市	Sanming	27.49	24.8	32.96	19.9	37.96	15.2	49.64	30.8
泉州市	Quanzhou	114.61	23.2	137.17	19.7	150.05	9.4	181.53	21.0
漳州市	Zhangzhou	47.41	35.2	60.49	27.6	70.95	17.3	88.57	24.8
南平市	Nanping	23.89	29.7	28.05	17.4	31.31	11.6	38.59	23.0
龙岩市	Longyan	36.66	28.7	46.28	26.2	54.34	17.4	66.75	22.8
宁德市	Ningde	20.18	28.2	24.22	20.0	27.54	13.8	40.51	47.1
温州市	Wenzhou	157.03	21.9	180.15	14.7	195.64	8.6	228.49	16.8
丽水市	Lishui	32.66	31.0	36.15	10.7	37.42	3.5	44.94	20.1
衢州市	Quzhou	29.35	24.7	34.39	17.2	37.85	10.1	46.98	24.1
汕头市	Shantou	42.49	21.6	51.22	20.6	58.54	14.3	72.65	24.1
梅州市	Meizhou	22.97	25.9	27.11	18.0	30.77	13.5	38.95	26.6
潮州市	Chaozhou	13.50	26.8	16.02	18.8	18.25	13.9	23.25	27.4
揭阳市	Jieyang	17.32	25.9	22.37	29.1	28.87	29.0	38.65	33.9
上饶市	Shangrao	32.06	26.3	36.65	14.3	48.10	31.2	72.56	50.9
鹰潭市	Yingtan	12.54	46.8	16.34	30.3	18.11	10.9	29.51	62.9
抚州市	Fuzhou	20.15	44.7	26.00	29.0	35.59	36.9	55.43	55.7
赣州市	Ganzhou	38.93	27.8	55.47	42.5	68.08	22.8	79.00	16.0

23-10 各市城镇居民人均可支配收入

Per Capita Disposable Income of Urban Areas by City

单位：元 (yuan)

地区	Area	城镇居民人均可支配收入（元） Per Capita Disposable Income in Urban Areas(yuan)							
		2007		2008		2009		2010	
		总计 Total	比上年增长(%) Ratio(%)	总计 Total	比上年增长(%) Ratio(%)	总计 Total	比上年增长(%) Ratio(%)	总计 Total	比上年增长(%) Ratio(%)
福州市	Fuzhou	16642	17.1	19009	16.0	20289	9.1	22723	12.0
厦门市	Xiamen	21503	16.2	23948	11.4	26131	9.1	29253	12.0
莆田市	Putian	14351	16.9	16495	16.2	17308	10.1	19068	10.2
三明市	Sanming	14246	12.8	16013	13.8	16500	9.4	18194	10.3
泉州市	Quanzhou	18097	13.3	20420	12.8	22913	8.0	25155	9.8
漳州市	Zhangzhou	14153	13.1	16023	15.9	16616	10.0	18482	11.2
南平市	Nanping	13161	17.1	15098	16.4	15867	7.9	17332	9.2
龙岩市	Longyan	14128	20.6	15689	13.4	16572	10.6	18406	11.1
宁德市	Ningde	12504	16.4	13936	11.5	15147	9.8	16815	11.0
温州市	Wenzhou	20922	-3.7	22855	9.2	24467	7.1	27250	11.4
丽水市	Lishui	15910	14.0	17710	11.3	19018	7.4	21093	10.9
衢州市	Quzhou	16388	12.7	18069	10.3	19539	8.1	21811	11.6
汕头市	Shantou	11716	7.0	12542	7.0	13651	8.8	15179	11.2
梅州市	Meizhou	10802	16.7	12109	12.1	13113	8.3	14728	12.3
潮州市	Chaozhou	10391	8.5	11320	8.9	12398	9.5	13669	10.3
揭阳市	Jieyang	10751	9.2	11757	9.4	13169	12.0	14907	13.2
上饶市	Shangrao	11341	15.3	12676	11.8	13989	10.4	15535	11.0
鹰潭市	Yingtan	11290	17.0	12808	13.4	14140	10.4	15618	10.5
抚州市	Fuzhou	11101	17.7	12293	10.7	13119	6.7	14445	10.1
赣州市	Ganzhou	10540	15.2	11834	12.3	12901	9.0	14203	10.1

23-11 各市农村居民人均纯收入

Per Capita Disposable Income of Rural Areas by City

单位：元 (yuan)

地区	Area	农民人均纯收入（元） Per Capita Disposable Income in Rural Areas(yuan)							
		2007		2008		2009		2010	
		总计(或小计) Total	比上年增长(%) Ratio(%)	总计 Total	比上年增长(%) Ratio(%)	总计 Total	比上年增长(%) Ratio(%)	总计 Total	比上年增长(%) Ratio(%)
福州市	Fuzhou	6286	12.4	7142	13.6	7669	7.4	8543	11.4
厦门市	Xiamen	7637	11.2	8475	11.0	9153	8.0	10033	9.6
莆田市	Putian	5628	14.3	6436	14.4	6921	7.5	7663	10.7
三明市	Sanming	5141	12.5	5853	13.8	6327	8.1	6949	9.8
泉州市	Quanzhou	7244	9.7	7973	10.1	8563	7.4	9296	8.6
漳州市	Zhangzhou	5696	12.3	6506	14.2	7054	8.4	7861	11.4
南平市	Nanping	5059	14.7	5712	12.9	6116	7.1	6759	10.5
龙岩市	Longyan	5086	13.2	5775	13.5	6252	8.2	6931	10.9
宁德市	Ningde	4687	14.1	5404	15.3	5838	8.0	6542	12.1
温州市	Wenzhou	8591	13.9	9469	10.2	10100	7.1	11416	13.0
丽水市	Lishui	4373	13.0	5050	15.5	5703	12.9	6537	14.6
衢州市	Quzhou	6071	13.3	6843	12.7	7336	7.2	8270	12.7
汕头市	Shantou	4581	4.0	4885	6.6	5260	7.7	6518	16.6
梅州市	Meizhou	4613	5.6	5038	9.2	5390	7.0	6367	18.1
潮州市	Chaozhou	4599	6.5	4977	8.2	5492	10.4	6373	13.0
揭阳市	Jieyang	4561	5.2	4926	8.0	5433	10.3	6128	12.8
上饶市	Shangrao	3902	10.7	4353	11.6	4701	8.0	5317	13.1
鹰潭市	Yingtan	4406	13.4	5100	15.8	5510	8.0	6249	13.4
抚州市	Fuzhou	4096	14.9	4718	15.2	5117	8.5	5848	14.3
赣州市	Ganzhou	3271	9.0	3570	9.1	3856	8.0	4182	8.5

中国统计出版社最新图书简目

(仅供参考,以最后出书为准)

统计资料

中国统计年鉴-2011
中国统计摘要-2011
国际统计年鉴-2011
2011中国发展报告
中国第三产业统计年鉴-2011
中国区域经济统计年鉴-2011
中国劳动统计年鉴-2011
中国社会统计年鉴-2011
中国城市统计年鉴-2009
中国建筑业统计年鉴-2011
中国人口和就业统计年鉴-2011
中国工业经济统计年鉴-2011
中国商品交易市场统计年鉴-2011
中国房地产统计年鉴-2011
中国能源统计年鉴-2011
中国民政统计年鉴-2011
中国贸易外经统计年鉴-2011
2011中国地区经济监测报告
中国科技统计年鉴-2011
中国农村统计年鉴-2011
中国农产品价格调查年鉴-2011
中国高技术产业统计年鉴-2011
中国教育经费统计年鉴-2010
中国农村贫困监测报告-2011
全国农产品成本收益资料汇编-2011
中国科学技术协会统计年鉴-2011
工业企业科技活动资料-2011
大中型批发零售和住宿餐饮企业统计年鉴-2011
中国城市(镇)生活与价格年鉴-2011
中国县（市）社会经济统计年鉴-2011
中国农村住户调查年鉴-2011（中、英文）
中国农村全面建设小康监测报告-2011
第二次全国R&D资源清查资料汇编－综合卷
第二次全国R&D资源清查资料汇编－工业企业卷
中国零售和餐饮连锁企业统计年鉴-2011
2010年中国第六次人口普查公报

2011年省级综合统计年鉴系列

北京 天津 河北 山西 内蒙古 辽宁 吉林 黑龙江 上海 江苏 浙江 安徽 福建 江西 山东
河南 湖北 湖南 广东 广西 海南 重庆 四川 贵州 云南 西藏 陕西 甘肃 青海 宁夏
新疆 新疆生产建设兵团

2011年市(县)级综合统计年鉴系列

天津滨海新区 石家庄 唐山 邯郸 太原 大同 长治 阳泉 晋城 朔州 晋中
运城 忻州 临汾 呼和浩特 包头 沈阳 大连 长春 吉林市 四平 哈尔滨 黑龙江垦区
上海浦东新区 苏州 无锡 常州 徐州 南通 盐城 镇江 江阴 丹阳
杭州 宁波 绍兴 台州 温州 金华 嘉兴 衢州 福州 福州经济技术开发区
厦门经济特区 南昌 上饶 济南 青岛 潍坊 郑州 洛阳 三门峡 南阳 武汉 宜昌
十堰 荆州 咸宁 长沙 广州 东莞 惠州 深圳 桂林 南宁 柳州 来宾 河池 海口 成都 绵阳
贵阳 昆明 庆阳 西安 兰州 银川 乌鲁木齐

“十一五”规划教材

非参数统计 医学统计学 概率论与数理统计 统计学 现代金融投资统计分析
多元统计分析 经济计量学教程 应用时间序列分析 统计指数理论及应用
统计数据处理概论 质量管理统计方法 社会统计学 多元统计分析实验
企业经营管理统计 市场调查与预测 统计学原理（非统计专业使用）
统计学:从数据到结论 国民经济核算教程(国民经济统计学) 概率论与数理统计(经济、管理类专业使用)

重点图书

挑大学选专业2011—高考志愿填报指南 挑大学选专业2011—考研择校指南

《福建统计年鉴-2011》光盘（CD-ROM）介绍

《福建统计年鉴—2011》（光盘）是一部信息高度密集的统计资料书的电子版。全书系统收录了 2010 年福建省全省及各地区、各部门经济和社会发展各方面的统计数据，以及重要年份福建国民经济主要指标的统计数据，是一部全面反映福建经济和社会发展情况的资料性年刊。

全书内容分为23个部分：全书内容分为23个部分：1. 综合；2. 国民经济核算；3. 人口、就业和职工工资；4. 固定资产投资；5. 对外经济；6. 能源；7. 人民生活；8. 价格指数；9. 城市概况；10. 财政金融；11. 农业；12. 工业；13. 建筑业；14. 交通运输和邮电通信业；15. 批发零售、住宿餐饮和旅游业；16. 科学和教育；17. 文化和体育；18. 卫生事业；19. 环境保护；20. 公共管理和其他社会活动；21. 企业调查；22. 市县国民经济主要指标；23. 海峡西岸经济区主要经济指标。各篇末均附有《主要统计指标解释》。

《福建统计年鉴—2011》（光盘）为中英文双语版，操作简便，还设有转换Excel文件功能。

Introduction to CD-ROM

Fujian Statistical Yearbook 2011 (CD-ROM) is an annual statistic publication of comprehensive information with highly density. The yearbook covers very comprehensive data in 2010 and some selected data series in important years of provincial and regional levels and in different departments , reflects various aspects of Fujian social and economic development.

The CD-ROM contains the following twenty-three chapters: 1.General Survey；2.National Economy Accounting；3. Population,Employment and Wages；4.Investment in Fixed Assets；5 .Foreign Trade；6. Energy；7. People's Living Conditions；8.Price Indices；9.General Survey of Cities；10.Finance；11.Agriculture；12.Industry；13.Construction；14. Transportation, Postal and Telecommunication Services；15.Wholesale,Retail Trades, Hotels and Catering Services and International Tourism；16.Science and Education；17.Culture and Sports；18.Health；19. Environment Protection；20.Publish Administration and Others；21. Enterprise Survey；22.Main Economic Indicators of City Prefecture and County；23. Main Economic and Social Indicators of the Economic Zone on the West Coast of Taiwan Straits etc. At the end of each chapter, Explanatory Notes on Main Statistical Indicators are included.

Fujian Statistical Yearbook 2011 (CD-ROM) is Compiled in Chinese and English and is Easy to used. The Tables in the CD-ROM can be converted to Excel Documents.

光盘（CD-ROM）操作说明

系统要求：Windows98及以上版本　IE4.0以上浏览器

显示设置：建议使用800×600像素分辨率

运行方法：光盘插入驱动器后自动运行，或直接运行INDEX.HTM文件

How to use the CD-ROM

System Requirement: Windows 98 or above versions, IE4.0or above browers.

Monitor:800*600 resolution suggested.

How to Start: The CD-ROM will run automatically once inserted into the driver or run INDEX.htm.